Rolf Elberfeld

Sprache und Sprachen

VERLAG KARL ALBER A

Im Horizont der Frage nach der Bedeutung der Vielfalt der Sprachen für das Philosophieren in Europa werden wirkmächtige Positionen der Sprachphilosophie interpretiert: Platon, Aristoteles, Leibniz, Herder, Wilhelm von Humboldt, Nietzsche, Cassirer und Heidegger. Daran anschließend werden ausgehend von elementaren Fragestellungen, was überhaupt eine Sprache ist, welche Sprachtypen und Sprachfamilien es gibt und welche Rolle dabei Lautsysteme und Schriftarten spielen, grammatikalische und strukturelle Analysen verschiedener Sprachen – vor allem Sanskrit, Altgriechisch, Latein, Deutsch, Chinesisch und Japanisch – in philosophischer Perspektive vorgestellt.

Die Interpretationen leiten über zum Hauptteil des Buches, in dem es um Fragen des Selbst-, Fremd- und Weltverstehens im Zusammenhang mit verschiedenen Sprachen und Sprachebenen geht. Unter besonderer Berücksichtigung der interkulturellen Philosophie fragt Rolf Elberfeld nach dem Verständnis von Vergangenheit, Zukunft und Gegenwart, nach den Auffassungen von Subjekt und Objekt, von Aktivität und Passivität sowie nach den vielfältigen Kategorien, mit denen wir unsere Wirklichkeit sprachlich beschreiben.

In einem weiteren Kapitel werden kulturelle Schlüsselwörter analysiert, die deutlich machen, wie eng unsere jeweiligen Sprachen, Denkformen und Lebensweisen miteinander verbunden sind. Außerdem werden die Frage nach der Übersetzung philosophischer Texte, die Wirkweise philosophischer Texte im interkulturellen Kontext und die Bedeutung der ostasiatischen Schreibkunst für das Denken der Gegenwart reflektiert.

Der Autor

Rolf Elberfeld, Jahrgang 1964, hat nach dem Studium der Philosophie, Japanologie, Sinologie und Religionsgeschichte 1995 in Würzburg bei Heinrich Rombach promoviert. 2001 wurde er in Wuppertal habilitiert. Seit 2008 ist er Professor für Kulturphilosophie in Hildesheim.

Rolf Elberfeld

Sprache und Sprachen

Eine philosophische Grundorientierung

Verlag Karl Alber Freiburg/München

2. Auflage 2013

© VERLAG KARL ALBER
in der Verlag Herder GmbH, Freiburg im Breisgau 2012
Alle Rechte vorbehalten
www.verlag-alber.de

Satz: SatzWeise, Föhren
Herstellung: CPI buch bücher.de Gmbh, Birkach

Gedruckt auf alterungsbeständigem Papier (säurefrei)
Printed on acid-free paper
Printed in Germany

ISBN 978-3-495-48476-0

Für
Katrin, Naomi und Noel

»Die Sprache erscheint in Wirklichkeit nur als ein Vielfaches. Wenn man allgemein von Sprache redet, so ist dies eine Abstraktion des Verstandes.«

Wilhelm von Humboldt, Über die Verschiedenheit des menschlichen Sprachbaus

Inhalt

Einleitung ... 11

1. **Die Frage nach Sprache und Sprachen in der europäischen Philosophie** ... 19
   1.1 Platon und Aristoteles ... 19
   1.2 Sperone Speroni *Dialogo delle lingue* ... 22
   1.3 Europäische Expansion und Missionarslinguistik ... 26
   1.4 Francis Bacon ... 30
   1.5 Gottfried Wilhelm Leibniz ... 33
   1.6 Johann David Michaelis ... 36
   1.7 Johann Gottfried Herder ... 41
   1.8 Wilhelm von Humboldt ... 48
   1.9 Friedrich Nietzsche ... 64
   1.10 Ernst Cassirer und Martin Heidegger ... 81

2. **Sprache, Sprachen, Sprachfamilien – Eine Grundorientierung** ... 87
   2.1 Sprachen und Sprache ... 87
   2.2 Natürliche Sprachen ... 91
   2.3 Wie viele natürliche Sprachen gibt es auf der Welt? ... 93
   2.4 Die 20 gegenwärtig größten Sprachen der Welt ... 96
   2.5 Sprachen Europas ... 99
   2.6 Sprachen in Deutschland ... 101
   2.7 Die indoeuropäische Sprachfamilie ... 102
   2.8 Andere Sprachfamilien ... 108
   2.9 Schrift(en) und Sprache(n) ... 113

3. **Der grammatische Bau verschiedener Sprachen – Eine Grundorientierung** ... 127
   3.1 Was bezeichnet das Wort *Grammatik*? ... 127

Inhalt

- 3.2 Ausgewählte Sprachen der indoeuropäischen Sprachfamilie 138
  - 3.2.1 Sanskrit 138
  - 3.2.2 Altgriechisch 143
  - 3.2.3 Latein 145
  - 3.2.4 Deutsch 147
- 3.3 Zwei Sprachen anderer Sprachfamilien 148
  - 3.3.1 Chinesisch 148
  - 3.3.2 Japanisch 165

4. **Philosophische Sprachenbetrachtung zwischen Europa und Asien** 182
   - 4.1 Das Subjekt in Sprache und Denken 190
     - 4.1.1 Das Subjekt in der deutschen Sprache 193
     - 4.1.2 Das Subjekt im Sprachgebrauch der Philosophie 199
     - 4.1.3 Das Subjekt im Altchinesischen 209
       - 4.1.3.1 Wesentlich subjektlose Sätze 209
       - 4.1.3.2 Subjektoffene Sätze 213
       - 4.1.3.3 Sätze mit ausgefallenem Subjekt 213
       - 4.1.3.4 Thema / Rhema-Sätze 214
       - 4.1.3.5 Subjekt-Prädikat-Sätze 215
     - 4.1.4 Das Subjekt in der japanischen Sprache 216
   - 4.2 Handlungsformen in verschiedenen Sprachen: Aktiv, Passiv, Medium 228
     - 4.2.1 *Genera verbi* in der deutschen Sprache 228
     - 4.2.2 Das Medium im Sanskrit und Altgriechischen 232
     - 4.2.3 Das Medium im Japanischen 242
     - 4.2.4 Das Medium in der neueren westlichen Philosophie 249
     - 4.2.5 Das Medium in der modernen japanischen Philosophie – Nishida und Nishitani 252
     - 4.2.6 Beispiele aus dem Bereich des Zen-Buddhismus 255
     - 4.2.7 Gebrauchsformen des Mediums in verschiedenen Sprachen – Wiedergewinnung einer alten Sprachform für das Denken der Gegenwart 258
   - 4.3 Grammatikalisierung der Zeit 260
     - 4.3.1 Die Tempora in der deutschen Sprache 263
     - 4.3.2 Der »Aspekt« in der russischen Sprache 266

Inhalt

4.3.3 Spezielle Formen des Vergangenheitsbezugs in
türkischer und japanischer Sprache 268
4.3.4 Zeit im Altchinesischen 272
4.4 Philosophisch bedeutsame Wortfelder in verschiedenen
Sprachen 277
 4.4.1 Das Wortfeld *Kultur* in europäischen Sprachen . 280
  4.4.1.1 cultura / Kultur 281
  4.4.1.2 Kulturen 289
  4.4.1.3 Kulturationen und Kulturalitäten 294
  4.4.1.4 Weitere Wortbildungen und andere
   Sprachen 301
  4.4.1.5 Ist das Beschreibungsmuster *Kultur*
   am Ende? 302
 4.4.2 Das Wortfeld des Zeichens 氣 (qi / ki) im
  Chinesischen und Japanischen 303
4.5 Philosophie und Übersetzung im Kontext verschiedener
Sprachen 312
 4.5.1 Die Übersetzung des Buddhismus von Indien
  nach China – Sanskrit und Chinesisch 314
  4.5.1.1 Linguistische Aspekte der Übertragung . 315
  4.5.1.2 Geschichtliche und übersetzungs-
   technische Aspekte 318
  4.5.1.3 Kulturelle Aspekte 322
 4.5.2 Die Übersetzung von Dōgens *Uji* in europäische
  Sprachen 326
4.6 Philosophische Textpragmatik 336
 4.6.1 Vom Sinn philosophischer Sprachpragmatik . . 337
 4.6.2 Philosophische Textpragmatik in Ostasien . . . 340
  4.6.2.1 Frühe Textpragmatik in China:
   Das *Yijing* 340
  4.6.2.2 Textpragmatik in den Kommentaren der
   chinesischen Denktradition 342
  4.6.2.3 Textpragmatik im Chan-Buddhismus in
   China 347
  4.6.2.4 Textpragmatik im Zen-Buddhismus bei
   Dōgen 358
4.7 Philosophieren und Schreiben – Kitarō Nishida als
Schreibkünstler 364

Inhalt

5. Fazit: Vielfalt der Sprachen und
   Transformative Phänomenologie 377

Persönliches Nachwort 385

Anhang 391

Literaturverzeichnis 403

Einleitung

Gewöhnlich sind wir jeden Tag dazu gezwungen, uns der Sprache in gesprochener oder geschriebener Form zu bedienen, um mit Menschen ins Gespräch zu kommen, eigene Wünsche auszudrücken, das eigene Wissen weiterzugeben bzw. das Wissen anderer aufzunehmen, uns selbst in unseren Erlebnissen, Gefühlen und Erfahrungen zurechtzufinden und – um nachzudenken. Sprache in Wort und Schrift ist Grundelement des Lebens für die Mehrzahl der Menschen. Gerade die Muttersprache wird uns im Laufe der Zeit so selbstverständlich, dass wir nur selten ein eigenes Bewusstsein für ihre Struktur und ihre Wirkweisen ausbilden. Erst in Situationen, wo uns die Worte fehlen und es zu Missverständnissen kommt, wir neue Zusammenhänge erlernen müssen oder uns sprachlich in besonderer Weise zu präsentieren haben, taucht die Sprache *als Sprache* aus ihrer unbewussten Selbstverständlichkeit in uns auf und wir werden mit Fragen konfrontiert, die sich im alltäglichen Sprachgebrauch nicht stellen. Die Fragen mehren sich, wenn wir beginnen, eine andere Sprache zu erlernen. Solange es sich dabei um Englisch, Französisch oder Latein handelt, finden wir gewöhnlich schnell Brücken zur deutschen Sprache, da sich Strukturen und Wortschatz ähneln. Erst wenn der Versuch unternommen wird, eine außereuropäische Sprache wie das Hebräische, Hindi oder Chinesisch zu erlernen, kann sich die Erfahrung ausweiten und vertiefen, wie unterschiedlich sich Sprachen in Wort und Schrift verhalten und ihre Wirkung entfalten.

Im Vergleich zu früheren Jahrhunderten ist das Nebeneinander weit voneinander entfernter Sprachen in unserer Gesellschaft immer mehr zur Normalität geworden. Zu Recht kann daher gesagt werden:

»Wir leben im modernen Babylon. Nie zuvor wurden in Europa so viele Sprachen gesprochen, standen so viele verschiedene Kulturen im Kontakt wie heutzutage. Die moderne Vielsprachigkeit in Europa ist aber nur ein relativ kleiner Ausschnitt aus der kulturellen Vielfalt der Welt. Die Zahl der Spra-

Einleitung

chen in der Welt ist zu keiner Zeit stabil gewesen. Kontinuierlich sterben Sprachen, behaupten sich vitale Sprachen und spalten sich neue Sprachvarianten ab.«[1]

Die Realität der Sprachenvielfalt ist ein Faktum, das heute nicht nur die internationale Politik und Wirtschaft bestimmt, sondern zunehmend auch den Alltag vieler Menschen nachhaltig berührt. Vor allem in den Großstädten der Welt besteht die Möglichkeit, dass man die Sprache vorübergehender Menschen nicht mehr zuzuordnen weiß, da es sich nicht um geläufige Sprachen aus Nachbarländern handelt. Zudem ergeben sich immer wieder Situationen, in denen keine gemeinsam gesprochene Sprache für ein Gespräch gefunden werden kann. Auch wenn die englische Sprache häufig eine Brückenfunktion erfüllen kann, so ist dies nicht immer der Fall. In weiten Teilen Südamerikas, den französisch sprechenden Teilen Afrikas oder in China hilft Englisch in den meisten Fällen nicht weiter. Selbst in den USA kann es vorkommen, dass die Frau am Kiosk der englischen Sprache nicht mächtig ist, weil sie vor allem für koreanischsprachige Kunden ihr Geschäft betreibt.

Auf der einen Seite mag man bedauern, dass wir nicht in jeder Situation mit anderen Menschen eine gemeinsame Sprache finden können. Auf der anderen Seite liegt jedoch in der Vielfalt der menschlichen Sprachen ein Reichtum an Erfahrungen und Weltdeutungen verborgen, der gewöhnlich durch den begrenzten Zugang zu anderen Sprachen kaum in unsere Aufmerksamkeit tritt. Das Studium verschiedener Sprachen macht uns daher zum einen vertraut mit den eigenen sprachlichen Grenzen. Zum anderen lässt es aber auch die den Menschen gemeinsame Möglichkeit hervortreten, sich durch und in Sprachen mit sich selbst, den anderen Menschen und der Welt auf verschiedene Weise vertraut zu machen.

Bereits hier ist eine Unterscheidung zu treffen und einzuführen, die für das gesamte Buch von zentraler Bedeutung ist. Denn wenn bereits im Titel von *Sprache und Sprachen* die Rede ist, so zeigen sich in der Verwendung der Wörter grammatische Formen, die mehrdeutig sind. Das erste Wort im Titel *Sprache* bezeichnet man im Deutschen und nach den herkömmlichen Regeln der Grammatik als ein Substantiv im Singular. Wenn aber hier vom Phänomen Sprache die Rede sein wird, so ist dies nicht nur ein Singular, sondern ein Singularetantum.

---

[1] Haarmann, Kleines Lexikon der Sprachen. Von Albanisch bis Zulu, 9 f.

Das heißt, ein Singular, zu dem kein Plural gebildet werden kann. Denn in der Wendung »das Phänomen Sprache« ist der Horizont des Sprachlichen selbst in seiner ganzen Allgemeinheit gemeint, in dem es unterschiedliche sprachliche Formen geben kann. Der uns geläufige Plural *Sprachen* gehört somit nicht zu diesem Singularetantum, sondern bildet selbst einen Singular, der aber etwas anderes meint, nämlich eine einzelne Sprache. Sprechen wir gewöhnlich von einer Sprache, dann meinen wir eine bestimmte natürliche Sprache wie die deutsche, englische, japanische Sprache usw. Dieser Singular bezeichnet gerade nicht die Sprache im Allgemeinen, sondern eine jeweilige Sprache im Rahmen der Vielfalt der Sprachen. Es liegt hier der Fall vor, in dem zwei Singularformen des gleichen Wortes etwas grundsätzlich Verschiedenes meinen, was zumal für das philosophische Thematisieren von Sprache und Sprachen eine eminente Bedeutung besitzt. Denn interessiert man sich allein für das Singularetantum *Sprache*, so geht es um die allgemeinen Strukturen von Sprache überhaupt, die in jeder einzelnen Sprache zu finden sind, wobei dann die Vielfalt der Sprachen überstiegen und unwichtig wird. Geht man hingegen von der Vielfalt der *Sprachen* aus, so werden die Einzelsprachen jeweils zu Modellen von Sprache, wobei durch jede weitere Einzelsprache die Vorstellung von Sprache überhaupt modifiziert wird und letztlich nie ein von jeder Einzelsprachlichkeit abgehobenes Bild von *der* Sprache im Allgemeinen möglich ist.

Der von mir gewählte Weg nimmt seinen Ausgang von der Vielfalt der sogenannten natürlichen Sprachen und zwar in der gesprochenen und geschriebenen Form. Die Überlegungen und Reflexionen beschränken sich bewusst auf einen bestimmten Bereich von Sprache, so dass *nicht* der Anspruch erhoben wird, das Phänomen *Sprache* als Ganzes in den Blick zu nehmen und auszulegen. Es wird kein wissenschaftlicher Metastandpunkt eingenommen, der Ausgangspunkt ist vielmehr die deutsche Sprache mit den ihr zur Verfügung stehenden sprachlichen Mitteln und Beschreibungsformen. Dabei ist eine Hauptabsicht, den Sprachgebrauch in der deutschsprachigen Philosophie – und durch die strukturellen Ähnlichkeiten kommen hier auch andere europäische Sprachen ins Spiel – im Kontrast vor allem zum Chinesischen und Japanischen in bestimmten, philosophisch zentralen Hinsichten zu beleuchten und, wenn möglich, im Rahmen dieser kontrastiv-phänomenologischen Untersuchung philosophisch zu transformieren.

Auch wenn der zentrale Ausgangspunkt die Vielfalt der Sprachen

Einleitung

ist, so gehe ich mit Denkern wie Herder, Humboldt und Nietzsche davon aus, dass der Umgang mit Sprache im Allgemeinen eine grundsätzlich wirklichkeitserschließende Funktion besitzt und damit in alle Lebensbereiche des Menschen hineinspielt. Sprache und Kultur der Menschen sind auf das engste miteinander verknüpft. Dasselbe gilt für die Bereiche Religion, Philosophie, Politik, Wissenschaft, Technik und Wirtschaft. Ohne sprachliche Mittel könnten sich diese Felder der Wirklichkeit nicht in höherer Differenziertheit entfalten. In allen genannten Bereichen ist Sprache eine Voraussetzung für deren Entwicklung.

Die Vielfalt der Sprachen, mit denen man in allen Bereichen des Lebens konfrontiert werden kann, bereitet häufig Schwierigkeiten, nicht nur im Alltag. Nach dem ersten Kennenlernen der Vielfalt der Sprachen ergeben sich verschiedene Möglichkeiten, mit dieser Vielfalt umzugehen. In der Politik, Wirtschaft und Technik werden Dolmetscher eingesetzt, im Vertrauen darauf, dass die sprachlichen Gehalte übersetzbar sind. Dies lässt sich häufig an den praktischen Folgen und Ergebnissen überprüfen. In den Religionen stehen immer wieder einzelne Sprachen im Zentrum der Offenbarung bzw. besonderer Überlieferungen. Auf diese Weise können sich Sprachen zusammen mit einzelnen Religionen über die Welt verbreiten, wie dies im Fall der arabischen Sprache geschehen ist. In anderen Fällen erfahren jedoch die Religionen eine Veränderung, wenn sie sich in einem anderen Kulturraum neu mit anderen Sprachen verbinden. Ein zentrales Beispiel hierfür ist die Übertragung des Buddhismus von Indien nach China.

In einigen Wissenschaften, zumal in den Sprachwissenschaften, geht es in bestimmten Forschungsrichtungen darum, die Vielfalt der Sprachen zu transzendieren hin zu einer Ebene, auf der allgemeingültige Aussagen zu Strukturen von Sprache im Allgemeinen getroffen werden, die nicht mehr begrenzt sind durch bestimmte Einzelsprachen und ihre Ausdrucksmöglichkeiten. Im alltäglichen Umgang der Menschen, auch im Rahmen der Wissenschaft, besteht hingegen nur die Möglichkeit, eine gemeinsame Einzelsprache zu finden, ohne die ein Gespräch nicht möglich wird. Auch die allgemeinsten Betrachtungen zur Sprache sind immer auf eine Einzelsprache angewiesen, da man sich im Rahmen einer rein formalen Sprache nicht verständigen kann.

In der europäischen Philosophie spielte die Sprachenvielfalt über Jahrhunderte keine besondere Rolle, da die europäische Tradition des Denkens sich zunächst in die altgriechische und dann in die lateinische

Sprache eingenistet hatte und zudem das Denken säuberlich von der Sprache trennte. Erst im Übergang zur Neuzeit, nachdem neue Nationalsprachen wie das Italienische langsam zu Gelehrtensprachen wurden und zahllose Berichte über andere Sprachen in Europa und aus der ganzen Welt bekannt wurden, bemerkte man zunehmend, dass die *Sprache als Medium des Denkens* einer verstärkten philosophischen Betrachtung bedurfte. Auch hier waren wieder zwei Strategien zu beobachten: Zum einen versuchte man, sich zu beschränken und zu konzentrieren auf allgemeine Denkgesetze, die alle Unterschiedlichkeit des Ausdrucks in den verschiedenen Sprachen zu übersteigen versprachen. Zum anderen wurde dafür argumentiert, dass das Denken selber in tiefer Weise mit den Strukturen der einzelnen Sprache verbunden sei, so dass die Erkundung dieser Strukturen mit ins Zentrum der philosophischen Bemühungen gehörte.

Die *universalisierende* und die *relativierende* Betrachtung der Sprache bzw. der Sprachen bildeten im 20. Jahrhundert die zwei Hauptrichtungen der Forschung. Die universalisierende Betrachtung ist insbesondere mit dem Namen Noam Chomsky (geb. 1928) verbunden, dem es in seinen Forschungen darum geht, die universalen Strukturen aufzufinden, durch die das *Sprachvermögen* der Menschen im Allgemeinen und unabhängig von den Einzelsprachen bestimmt ist. Die relativierende Betrachtung ist immer noch mit den Namen Edward Sapir (1884–1939) und Benjamin Lee Whorf (1897–1941) verbunden, die versucht haben zu zeigen, dass jede Sprache die Welt in sich neu hervorbringt und so die verschiedenen Welten der Sprachen radikal voneinander verschieden und somit nicht kompatibel sind. Beide Ansätze erscheinen auf den ersten Blick unvereinbar und haben in den Wissenschaften immer wieder zu erbittertem Streit geführt.

Die Überlegungen, die im vorliegenden Buch entfaltet werden, versuchen, weder die eine noch die andere Seite als die »richtige« erscheinen zu lassen, so dass weder Chomsky noch Sapir / Whorf Ausgangspunkte bilden. Ich gehe vielmehr davon aus, dass beide Herangehensweisen in verschiedenen Hinsichten ihre Berechtigung besitzen und es daher sinnvoll ist, sie nicht in einem einfachen Gegensatz zu verfestigen, der schon zu häufig unfruchtbare Folgen hatte. Wichtig ist dann anzugeben, ob es gerade darum geht, die Einheit oder die Verschiedenheit zu betonen, so dass sich beide Seiten nicht gegenseitig ausschließen müssen. Es war Wilhelm von Humboldt, der in seiner Sprachbetrachtung immer beide Seiten im Blick gehalten hat. Aus diesem Grund werden seine Gedanken ausführlicher zu Wort kommen und einen besonderen Leitfaden für die Reflexionen zur Sprache und den Sprachen bilden.

Die folgenden Reflexionsgänge werden sich zwischen der Darstellung der Vielfalt der Sprachen sowie ausgewählter konkreter Beispiele und ihrem Zusammenhang mit verschiedenen Kulturen und insbesondere verschiedensprachiger Traditionen der Philosophie bewegen. Es handelt sich weder nur um eine sprachwissenschaftliche Einführung noch um eine ausschließlich kultur- und sprachphilosophische Untersuchung. Es soll einerseits die konkrete Realität verschiedener Sprachen einbezogen werden wie andererseits auch deren Bedeutung für das Philosophieren zwischen verschiedensprachigen Traditionen des Denkens. Im Verlauf der Darstellungen und Überlegungen wird wiederholt die Perspektive verändert, wodurch die verschiedenen Ebenen einen neuen Zusammenhang erhalten sollen.

Der 22. Weltkongress für Philosophie fand 2008 erstmalig in Asien statt.[2] In Seoul versammelten sich über 2000 Philosophierende unter dem Gesamtthema *Rethinking Philosophy today*. Auf diesem Kongress wurde eine große Vielfalt von Themen diskutiert, wobei die Teilnehmer aus Asien in besonders hoher Zahl vertreten waren. Die koreanischen Organisatoren hatten sich bereits im Vorfeld darum bemüht, Ergebnisse koreanischer Philosophie aus ihrer älteren Geschichte und den Denkansätzen im 20. Jahrhundert zusammenzutragen. Neben den Sprachen Englisch, Französisch, Deutsch, Spanisch und Russisch waren erstmalig asiatische Sprachen – Chinesisch und Koreanisch – offizielle Sprachen eines Weltkongresses für Philosophie. Diese Neuerung unterstreicht, dass die zukünftigen Entwicklungen in der Philosophie sicher nicht auf die europäischen Sprachen begrenzt sein werden, was sie im Grunde schon seit dem Beginn des 20. Jahrhunderts nicht mehr sind. Abgesehen von der Auseinandersetzung mit den alten indischen, chinesischen und anderen außereuropäischen Texten wird mit dieser Erweiterung der Konferenzsprachen eine Entwicklung manifest, die auf der Konferenz selbst in philosophischer Hinsicht thematisiert wurde. In einer Podiumsdiskussion wurde der Frage nachgegangen, was es für die zukünftige Entwicklung bedeuten könnte, wenn sich zunehmend kreative und zeitgenössische Philosophieansätze in chinesi-

---

[2] Vgl. Elberfeld, Globale Wege der Philosophie im 20. Jahrhundert. Die Weltkongresse für Philosophie 1900–2008.

scher Sprache entwickeln. Sicher ist, dass die zeitgenössische chinesische Philosophie auf eine ebenso alte Tradition des Denkens zurückgreifen kann wie die europäische. Im chinesischsprachigen Raum wird es dabei immer selbstverständlicher – und in Japan ist dies bereits seit über hundert Jahren der Fall –, dass Philosophierende nicht nur auf europäische und nordamerikanische Philosophie, sondern auch auf chinesische und indische Traditionen zurückgreifen. Wie der Weltkongress in Seoul mit Nachdruck gezeigt hat, entwickeln sich zahlreiche *zeitgenössische* philosophische Diskurse in Südamerika, Afrika, Indien, China, Korea, Japan und in anderen Ländern auf hohem Niveau. Um diese Entwicklungen zu verstehen und in ihren Auswirkungen auf die zukünftige Entfaltung der Philosophie einschätzen zu können, bedarf es eines erheblichen hermeneutischen Aufwandes. Es wird dabei nicht genügen, sich auf einen universalen Geltungsanspruch logischer Gesetze oder eine die Vielfalt der Sprachen transzendierende Sprachphilosophie zurückzuziehen, da so vor allem in hochbrisanten Bereichen der Ethik, Ästhetik, Erkenntnistheorie und Sprachphilosophie keine den gegenwärtigen und globalen Bedürfnissen entsprechenden Perspektiven entwickelt werden können. Philosophie kann zu Beginn des 21. Jahrhunderts weniger denn je auf die Diskurse in Europa und Nordamerika beschränkt werden. *Es gilt daher, die Vielfalt der Sprachen erneut als Herausforderung für die Entwicklung der Philosophie im 21. Jahrhundert ernst zu nehmen und für das Philosophieren in einer globalen Welt zu reflektieren. Philosophie ist mehr denn je angewiesen auf die Vielfalt der Sprachen – das ist die zentrale These der folgenden Überlegungen.*

1. Die Frage nach Sprache und Sprachen in der europäischen Philosophie

1.1 Platon und Aristoteles

Das explizit philosophische Nachdenken über Sprache in Europa reicht bis in die Anfänge der griechischen Philosophie zurück.[1] Reflexionen über die Sprache als dem »Werkzeug« des Denkens begleiten bereits die großen Entwürfe von Platon und Aristoteles.[2]

Platon lässt in seinem Dialog *Kratylos* – der als eine zentrale Gründungsschrift sprachphilosophischer Reflexion in Europa gelten kann – zunächst zwei einander widersprechende Thesen vertreten. Die erste These besagt, dass jedes Ding eine ihm von Natur aus zukommende richtige Bezeichnung habe und es daher eine natürliche Richtigkeit der Bezeichnung von Dingen gebe. Die zweite These besagt, dass es keine Richtigkeit der Wörter gebe, sondern diese nur auf der Anordnung und Gewohnheit der Menschen beruhten, die die Wörter gemäß der Gewohnheit gebrauchten. In der ersten These ist eine innere Verbundenheit von dem, was bezeichnet wird, d. h. den Sachverhalten, und

---

[1] Bereits im *Alten Testament* finden sich für die spätere europäische Tradition zentrale Erzählungen zur Bedeutung der Sprache bei Gott und den Menschen. Im Buch *Genesis* wird erzählt, wie Gott die Welt durch Sprache schafft, das Gespräch der Schlange mit den Menschen zum Sündenfall führt und der Turmbau zu Babel eine unendliche Sprachverwirrung zur Folge hat. Es handelt sich zwar nicht um philosophische Reflexionen zur Sprache, aber das entworfene Bild von der Bedeutung der Sprache war wirkungsreich. »Der Fokus der Sprachreflexion der Bibel […] liegt dort nicht in der kognitiven, sondern in der *kommunikativen* Dimension der Sprache. […] Kommunikation ist sündhaft und schuldig, daher wird sie in Babel unmöglich gemacht. […] Mit ihrem Blick auf die Kommunikation artikuliert die Bibel nicht so sehr die Sehnsucht nach *Sprachlosigkeit* als vielmehr die Sehnsucht nach *sprachlicher Einheit*.« Trabant, Mithridates im Paradies, 29. Vgl. auch zu den verschiedenen Erzählungen, ebd., 15 ff. Trabants Buch bietet für den vorliegenden Zusammenhang einen exzellenten Überblick.
[2] Vgl. Borsche (Hg.), Klassiker der Sprachphilosophie. Von Platon bis Noam Chomsky. Coseriu, Geschichte der Sprachphilosophie von der Antike bis zur Gegenwart.

dem, wodurch es bezeichnet wird, d. h. den Wörtern, gesetzt. Sprache und Wirklichkeit ständen demnach in engem Zusammenhang, der sich aus den sprachlichen Zeichen selber ablesen ließe. In der zweiten These ist dieser Zusammenhang aufgelöst zugunsten einer Betrachtung, die von der Willkürlichkeit – oder wie es in der Sprachwissenschaft heißt: Arbitrarität – der sprachlichen Zeichen ausgeht. Nach längeren Erörterungen werden letztlich beide Positionen als in sich widersprüchlich erkannt, und am Ende des Dialogs weist Platon dann auf eine Form der Erkenntnis, die vielmehr jenseits der Sprache anzusiedeln ist:

»Sokrates: Wenn man also zwar auch wirklich die Dinge durch die Wörter kann kennenlernen, man kann es aber auch durch sie selbst, welches wäre dann wohl die schönere und sichere Art, zur Erkenntnis zu gelangen? Aus dem Bilde erst dieses selbst kennenzulernen, ob es gut gearbeitet ist, und dann auch das Wesen selbst, dessen Bild es war, oder aus dem Wesen erst dieses selbst, und dann auch sein Bild, ob es ihm angemessen gearbeitet ist?
Kratylos: Notwendig, ja, dünkt mich, die aus dem Wesen.
Sokrates: Auf welche Weise man nun die Erkenntnis der Dinge erlernen oder selbst finden soll, das einzusehen sind wir vielleicht nicht genug, ich und du; es genügt uns aber schon, darin übereinzukommen, dass nicht durch die Worte, sondern weit lieber durch sie selbst man sie erforschen und kennenlernen muß als durch die Worte.«[3]

Die ideale Vorstellung von philosophischer Erkenntnis, die Platon hier vorschwebt, ist letztlich die einer *sprachlosen* Erkenntnis, da es um die Erkenntnis der Dinge in ihrem *Wesen* geht, das selbst nicht sprachlich verfasst ist. Somit ist für die höchste Form der Erkenntnis weder die Vielfalt der Sprachen noch die Sprache überhaupt von Wichtigkeit.

Ähnliches lässt sich auch für Aristoteles sagen, der in einem der wirkungsreichsten Texte der europäischen Philosophiegeschichte – *Peri hermeneias* (Über die Interpretation) – ganz zu Anfang folgende Bestimmungen vornimmt:

»Es sind also die Laute, zu denen die Stimme gebildet wird, Zeichen (symbola) der in der Seele hervorgerufenen Vorstellungen, und die Schrift ist wieder Zeichen der Laute. Und wie nicht alle dieselbe Schrift haben, so sind auch die Laute nicht bei allen dieselben. Was aber durch beide an erster Stelle angezeigt wird, die einfachen seelischen Vorstellungen, sind bei allen Menschen dieselben, und ebenso sind es die Dinge, deren Abbilder die Vorstellungen sind.«[4]

---

[3] Platon, Kratylos 439 a/b.
[4] Aristoteles, Kategorien/Lehre vom Satz, 16, 95.

Die Frage nach Sprache und Sprachen in der europäischen Philosophie

In dieser zentralen Textpassage werden sowohl die gesprochene wie auch die geschriebene Sprache als etwas Sekundäres zu den Vorstellungen und Gedanken in der Seele gekennzeichnet. Zwar sind die Sprachen in gesprochener und geschriebener Form verschieden, aber die Vorgänge in der Seele, wie z. B. das Denken, sind bei allen Menschen gleich. Somit ergibt sich auch bei Aristoteles kein besonderer Anlass, den *verschiedenen* Sprachen weiter nachzugehen. Denken und artikulierte Sprache sind sowohl bei Platon wie auch bei Aristoteles im Hinblick auf die philosophische Wahrheit voneinander getrennt. Sprache ist zwar als ein »Werkzeug« für das Denken zu reflektieren, aber darüber hinaus nicht von zentraler Bedeutung für die Wahrheit selbst.

»Man kann beileibe nicht sagen, die Griechen hätten sich nicht für Sprache interessiert, schließlich haben sie Logik, Rhetorik und Grammatik erfunden, die alle etwas mit Sprache zu tun haben. Und die gesellschaftlich-politische Einrichtung des griechischen Lebens war mit dem Sprechen eng verflochten. Der *Logos* in allen Formen beschäftigte die Griechen intensiv. Aber die Griechen haben sich eigentlich nur für das *eigene* Sprechen, für das Griechische, interessiert, nicht für fremde Sprachen. [...] Sofern sie die Sprache der Anderen auf eine geradezu staunenerregende Weise uninteressant fanden, haben die Griechen über das wesentliche und auffällige Merkmal der Sprache gleichsam hinweggesehen, nämlich ihr Vorkommen als verschiedene historische Sprachen.«[5]

Da die alten Griechen nicht nachhaltig genug in Kontakt standen mit einer anderen, ähnlich differenzierten Sprachen wie beispielsweise dem Sanskrit in Indien, war es vielleicht nicht naheliegend, ein philosophisches Bewusstsein von der Bedeutung verschiedener Sprachen für das Denken zu entwickeln. Zu diesem Schritt kam es auch noch nicht, als sich neben der altgriechischen die lateinische Sprache seit dem 2. Jh. v. u. Z. langsam als Bildungs- und Philosophiesprache entwickelte. Die Sprache Latiums trug noch lange die Merkmale einer typischen Bauernsprache und hatte mit vielen Schwierigkeiten im Ausdruck zu kämpfen, um die wissenschaftlichen und philosophischen Terminologien aus dem Altgriechischen zu übernehmen.[6] Diese Schwierigkeiten traten aber spätestens seit Cicero, Horaz und Vergil in den Hintergrund zugunsten eines Bewusstseins von einer neu geborenen klassischen Bildungssprache. Dass man seit dieser Zeit in Europa auf zwei Bildungs-

---

[5] Trabant, Mithridates im Paradies, 24.
[6] Vgl. Puelma, Die Rezeption der Fachsprache griechischer Philosophie im Lateinischen.

sprachen zurückgreifen konnte, worüber hinaus in der weiteren Entwicklung auch die hebräische und arabische Sprache eine bedeutende Rolle spielten, führte noch immer nicht zu einer grundsätzlichen philosophischen Reflexion der Vielfalt der Sprachen in ihrer Bedeutung für das Denken. Der Grund hierfür liegt wohl vor allem darin, dass die platonische und aristotelische Auffassung von der Bedeutungslosigkeit der Vielfalt der Sprachen im philosophischen Denken zur Hauptströmung im Nachdenken über Sprache in Europa geworden war. Eine bedeutende Veränderung ergab sich erst, als in der frühen Neuzeit zum einen die Nationalsprachen (Italienisch, Französisch, Englisch) erwachten und zum anderen durch die aus der Welt zurückkehrenden Missionare eine immer größere Anzahl von besonders fremden Sprachen bekannt wurde.

1.2 Sperone Speroni *Dialogo delle lingue*

Die Herausbildung einer gelehrten Volkssprache ab dem 14. Jahrhundert im nördlichen Italien zog viele Diskussionen nach sich, die in einer Schrift aus dem 16. Jahrhundert in vorbildlicher Weise nachvollzogen werden. Sperone Speroni (1500–1588) publizierte seinen *Dialogo delle lingue* (Dialog über die Sprachen)[7] im Jahre 1542.[8] In diesem Dialog werden grundsätzlich drei Positionen vorgetragen und verteidigt. Die erste Position, vertreten von Lazaro, stellt das Griechische und das Lateinische als die beiden vollkommenen Sprachen überhaupt dar, wobei der lateinischen im Gespräch noch mehr Gewicht als der griechischen zukommt und die aufkommende toskanische Gelehrtensprache vehement abgewehrt wird. Die zweite Position, vertreten durch Bembo, verteidigt die Entwicklung des Toskanischen als einer Gelehrtensprache und entwickelt dabei anfängliche Überlegungen, in welcher Weise die Verschiedenheit der Sprachen eine Rolle für das Denken spielen könnte. Die dritte Position, vertreten durch den Aristoteliker Peretto, weist auf die Universalität des Denkens hin, die in jeder beliebigen Sprache entwickelt werden könne. Im Anschluss daran behauptet Paretto, Aristoteles sehr gut verstehen zu können, ohne die griechische Sprache zu beherrschen, da es ja lateinische Übersetzungen gebe. Im Laufe des

---

[7] Speroni, Dialogo delle lingue.
[8] Vgl. hier auch die Interpretation in: Trabant, Mithridates im Paradies, 84 ff.

Gesprächs wird über verschiedene Sprachen gesprochen: Griechisch, Latein, Toskanisch, Hebräisch, Arabisch, Mantuanisch, Indisch und über die Sprachen der »Mohren und Türken«. Im Dialog bleiben die Positionen nebeneinander stehen, ohne dass eine Lösung für die Kontroverse gefunden wird. Das Gespräch spiegelt ein aufkommendes philosophisches Bewusstsein für die Frage nach der Vielfalt der Sprachen und ihrer Bedeutung für das Denken. Ohne an dieser Stelle den Dialog in seiner ganzen Fülle analysieren zu können, sollen die drei Positionen lediglich exemplarisch vor Augen geführt werden, um einen Eindruck von den Diskussionen zu vermitteln.

Schon in den Anfangspassagen kommt Lazaro, der neu ernannte Professor für Griechisch und Latein an der Universität Padua, ausführlich zu Wort. Er hält eine flammende Lobrede auf die griechische und lateinische Sprache, die er als die vollkommensten Sprachen der Welt preist:

»Wer deshalb als Mensch vollkommen sein will, muß sich bemühen, im Reden und Schreiben vollkommen zu werden. Und von dem, der dies vermag, wird man mit Recht sagen können, er verhalte sich zu den anderen Menschen wie das Geschlecht der Menschen zu den Tieren. Dieses Vermögen, zu reden und zu schreiben, eigneten sich die Griechen und Römer fast in gleichem Maße an. Daher sind ihre Sprachen die einzigen unter allen der Welt, die uns durch ihre Vollkommenheit von den Barbaren und instinktgetriebenen Geschöpfen unterscheiden. Und das trifft zu, weil sich unter den volkssprachlichen Dichtern keiner befindet, der nach dem Urteil der Florentiner sich mit Vergil oder Homer vergleichen ließe, noch unter den Rednern mit Demosthenes oder Marcus Tullius. [...] In welcher anderen Sprache würde man ihresgleichen finden?«[9]

Für Lazaro ist Sprache ganz allgemein das Medium, durch das der Mensch sich bildet und vom Tier unterscheidet. Durch diese Voraussetzung liegt auf der Hand, dass der Mensch sich daher am besten bildet durch Sprachen, die den höchsten Grad an Vollkommenheit erreicht haben. Im Europa des 16. Jahrhunderts ist es naheliegend, Griechisch und Latein als die vollkommensten aller Sprachen anzusehen, da die Kunde von anderen, sehr fremden Sprachen sich noch kaum verbreitet hatte. Lazaro setzt ganz auf die beiden Traditionssprachen der europäischen Geschichte und kann dabei mit Recht auf eine große literarische Tradition der beiden Sprachen verweisen. Seine Position kann als kon-

---

[9] Speroni, Dialogo delle lingue, 73.

servativ und traditionalistisch bezeichnet werden, da ihm die Experimente mit der heranwachsenden toskanischen Sprache mehr als suspekt erscheinen. Ganz anders sieht dies Bembo, der die neuesten Sprachentwicklungen in Norditalien in höchstem Maße willkommen heißt:

»[…] die Wortgewandtheit ist die einzige oder hauptsächliche Ursache dafür, daß in uns so wunderbare Wirkungen entstehen. Um das einzusehen, lest Vergil in Volkssprache, Homer auf Lateinisch, Boccaccio in einem anderen Dialekt als dem toskanischen, und sie würden diese Wunder nicht tun! Insofern hat Messer Lazaro recht, wenn er den Grund für solche Wirkungen in die Sprache verlegt. Dennoch beweist das seine These nicht, daß man keine andere Sprache als das Lateinische und das Griechische lernen dürfe. Wenn also unsere Volkssprache heutzutage noch nicht so vortreffliche Autoren aufweist, so ist es nicht unmöglich, daß sie irgendwann fast so hervorragende wie Vergil und Homer besitzen wird; d. h. daß diese für die Volkssprache das bedeuten würden, was jene für das Griechische und Lateinische sind.«[10]

Bembo verweist auf die Möglichkeiten, die in der neuen Sprache liegen. Er sieht zwar deutlich, dass das Toskanische noch nicht den gleichen Rang erreicht hat wie das Griechische und Lateinische, aber sein Blick richtet sich in die Zukunft und er bringt die berechtigte Hoffnung zum Ausdruck, dass sich das Toskanische bald zu einer klassischen Sprache entwickeln wird. Er stimmt mit Lazaro darin überein, dass es die Wortgewandtheit sei, die die besonderen Wirkungen der Sprache nach sich ziehe. Er betont aber gegen Lazaro, dass es nicht prinzipiell unmöglich sei, dass auch in anderen Sprachen als dem Griechischen und Lateinischen eine Vervollkommnung möglich ist. Lazaro versucht das Bestehende zu bewahren und Bembo vertraut auf die Innovationskraft der Sprachen durch ihren gelehrten Gebrauch. Er betont damit die Lebendigkeit der Sprachen, die in sich selbst eine Geschichte entfalten und eine je unterschiedliche Form der Wortgewandtheit entwickeln.

Genau diese Verschiedenheit der Sprachen sieht der Aristoteliker Peretto in keiner Weise. Für ihn sind alle Sprachen äußerliche Werkzeuge des Geistes, die eher hinderlich für den Ausdruck des Gedankens sind, was auch zur Folge hat, dass für ihn alle Sprachen gleich sind und die Verschiedenheit nicht die geringste Rolle spielt.

»Ich bin fest davon überzeugt, daß alle Sprachen, das Arabische wie das Indische, das Römische wie das Attische, von gleichem Wert sind, und daß sie von

---

[10] Ebd., 75.

Menschen mit Vernunft für einen bestimmten Zweck geschaffen worden sind. […] Und so gebrauchen wir die Sprachen dann auch als Zeugen unseres Geistes, indem wir einander mit ihrer Hilfe unsere Gedanken mitteilen. Die Dinge, die die Natur geschaffen hat, und die Wissenschaften von ihnen sollten in allen vier Teilen der Welt gleich sein.«[11]

»Das Glück aber liege in der Einsicht in die Sachen und nicht im Klang der Wörter und folglich müsse man jede Sprache und Schrift gebrauchen, die am leichtesten zu lernen seien. Gewiß wäre es am vorteilhaftesten gewesen, wenn die Menschen nur eine einzige Sprache besessen und auf natürliche Weise gebraucht hätten.«[12]

»Die Kenntnis von Sprachen ist tatsächlich nicht beneidens- sondern hassenswert, man sollte sich darum nicht bemühen, sondern sie verabscheuen und Sprachen nicht lernen und sie für geistige Speise halten, sondern für den Traum und den Schatten der wahren Speise des Intellekts.«[13]

Die alte aristotelische Position könnte kaum drastischer zum Ausdruck gebracht werden. Sie verweist allein auf die Sache, so dass die Sprachen als Sprachen zu hassenswerten und behindernden Objekten werden. Hier drückt sich auch die Sehnsucht aus, endlich von der Vielfalt der Sprachen befreit zu sein und jenseits aller sprachlichen Grenzen rein im Geiste wohnen und denken zu können. Sowohl Platon wie auch Aristoteles sahen darin ein zentrales Ziel des Philosophierens. Wie dies allerdings zum Ausdruck kommen soll, bleibt fraglich. Denn der reine Geist ohne jeden Ausdruck, d. h. ohne jede Sprache, bleibt nur in sich und kann, wenn überhaupt, nur sich selbst genießen.

In dem Gespräch zwischen Peretto und Lascardi, das in dem Dialog lediglich von einem Scholaren vorgetragen wird, äußert Lascardi einen wegweisenden Gedanken, der im weiteren Verlauf der Sprachenreflexion in Europa von zentraler Bedeutung werden soll:

»In den verschiedenen Sprachen lassen sich nicht alle Dinge gleich gut ausdrücken.«[14]

In diesem Satz wird weder behauptet, dass sich in bestimmten Sprachen gewisse Gedanken gar nicht ausdrücken lassen, noch wird festgestellt, dass sich in allen Sprachen alles gleich gut sagen ließe. Das zentrale Argument ist – dies entspricht der »Wortgewandtheit« in der Äuße-

---

[11] Ebd., 117.
[12] Ebd., 125.
[13] Ebd., 123.
[14] Ebd., 118 f.

rung von Bembo –, dass sich bestimmte Gedanken in einigen Sprachen leichter und in anderen umständlicher ausdrücken lassen. Die Grade von Leichtigkeit und Umständlichkeit sind es, die dann jedoch bestimmte Gedanken in einzelnen Sprachen nahelegen oder als abwegiger erscheinen lassen. Genau hier liegt ein zentraler Grund dafür, dass die Verschiedenheit der Sprachen auch für das Denken eine entscheidende Rolle spielen kann. Dieser Gedanke entfaltet sich jedoch erst bei Wilhelm von Humboldt, der weiter unten ausführlicher zu Wort kommen wird.

1.3 Europäische Expansion und Missionarslinguistik

Als das Gespräch über die Sprachen von Sperone Speroni in Italien erschien, entfaltete gleichzeitig ein anderes geschichtliches Ereignis seine Wirkung, das in Europa tiefgreifende Veränderungen hinsichtlich der Betrachtung von verschiedenen Sprachen mit sich brachte. Seit der europäischen Expansion, die mit der Entdeckung und Eroberung Amerikas durch Kolumbus im Jahre 1492 begann, gelangten immer mehr Informationen über weit entlegene Sprachen nach Europa. Im Zuge dieser Entwicklung erschien im Jahre 1555 das berühmte Werk von Conrad Gesner *Mithridates sive de differentiis linguarum tum veterum tum quae hodie apud diversas nationes in usu sunt* (Mithridates oder über die Verschiedenheit der Sprachen, sowohl der alten als auch derer, die heute bei den verschiedenen Nationen in Gebrauch sind), die erste europäische Sprachenenzyklopädie, die die *Verschiedenheit der Sprachen* in möglichst umfassender Perspektive darzustellen unternahm. In kürzeren und längeren Abschnitten werden einzelne Sprachen oder Sprachgebiete alphabetisch nacheinander abgehandelt. Es werden afrikanische Sprachen ebenso wie indische Sprachen vorgestellt, wobei Ostasien noch nicht mit einbezogen wird. Der Autor selbst enthält sich einer Bewertung der Sprachen zugunsten der Darstellung ihrer Verschiedenheit. Es werden Vokabellisten erstellt und das *Vater unser* in möglichst vielen Sprachen angeführt. Mit diesem Buch setzt eine Linie der Sprachenbetrachtung ein, die bis ins 19. Jahrhundert führt.

Auch wenn dieses Buch neue Standards setzt, so sind es doch vor allem die christlichen Missionare, die weltweit und vor allem schon früh in Amerika mit den fremden Sprachen vor Ort konfrontiert sind. Ihnen wird schnell klar, dass die Christenmission nur Erfolg haben kann, wenn sie die Sprachen der zu missionierenden Menschen beherrschen. Aus diesem Grund entstand das, was heute in der Sprachwissenschaft *Missionars-* oder *Missionslinguistik* genannt wird.

»Schritt für Schritt wurden dann erste Wörter erfragt. Wieder und wieder mußten sich die Missionare die Bedeutung bestimmter Gegenstände erklären lassen. Das war bei den australischen Aborigines nicht anders als bei den Tiruray des südlichen Mindanao. Ungleich schwerer war es noch, abstrakte Begriffe und Vorstellungen zu erfragen. [...] So zentral diese philologische Tätigkeit für die evangelisatorische Arbeit war, so zeitraubend und langwierig ging sie vonstatten. Nicht selten waren zwei, manchmal sogar mehrere Generationen von Missionaren nötig, um den Wortschatz oder die Struktur einer Sprache zu erfassen und in Wörterbüchern und Grammatiken festzuhalten. Die Nachfolger konnten auf dem aufbauen, was die Generation der Pioniere vor ihnen erarbeitet hatte. Erste Hilfsmittel lagen vor, die nicht nur den Spracherwerb erleichterten, sondern auch weiterreichende Studien förderten. Außerdem erhielten Neuankömmlinge regelrechten Sprachunterricht, in Indien ebenso wie in Peru oder Mexiko, bei Jesuiten wie Prostestanten.«[15]

Die Bedeutung der europäischen Expansion für die Wahrnehmung und die darauf folgende grammatische Kolonialisierung verschiedener Sprachen kann kaum überschätzt werden. In unendlicher Kleinarbeit erforschten Missionare weltweit Sprachen, um ihren Glauben in fremden Sprachen zu verkünden. Auch wenn die Beschreibung und Grammatikalisierung fremder Sprachen nicht das primäre Ziel der Missionare war, so ist dennoch aus linguistischer Perspektive ein reiches Wissen über die verschiedensten Sprachen entstanden.

»So hat die Missionslinguistik in Amerika, und nicht nur dort, eine stolze Erfolgsbilanz aufzuweisen. [...] Die gängigen Listen verzeichnen bereits für das 16. Jahrhundert sieben Wörterbücher und fünf Grammatiken bisher unbekannter amerikanischer Sprachen, für das 17. Jahrhundert dann sechs Wörterbücher und 14 Grammatiken. Es gab also bereits vier gedruckte Grammatiken von Indianersprachen, als 1584 die erste englische Grammatik erschien. Schon im 16. Jahrhundert wurden die wichtigen Sprachen Nahuatl, Ketschua und Tupi erschlossen, im 17. folgen Aymará, Chibcha, Guaraní und Maya. Die Gesamtzahl wird für das 16. Jahrhundert auf 212, für das 17. auf 250 linguistische Veröffentlichungen veranschlagt, ausnahmslos von Missionaren. [...] Eine Art Summe der frühneuzeitlichen Missionarslinguistik, die ja gleichzeitig auch viele asiatische Sprachen in derselben Weise erschlossen hat,

---

[15] Wendt (Hg.): Wege durch Babylon: Missionare, Sprachstudien und interkulturelle Kommunikation, 19.

schrieb Ende des 18. Jahrhunderts der gelehrte Jesuit Lorenzo Hervas y Panduro in seinem sechsbändigen ›Catalogo de las Lenguas de las Naciones Conocidas‹, Abschluß einer Gattung, die mit Werken wie Gessner und Duret begonnen hatten. [...] Indirekt freilich hat die humanistisch vervollkommnete abendländische Philologie entscheidend zur Verwirklichung von Sprachbeherrschung beigetragen, [...] indem der Europäer via Sprachenlernen für seine Zwecke in die geistige Welt des Indianers eindringt, ihr als Philologe durch Verschriftlichung und Erstellung von Grammatiken und Wörterbüchern Gesetze gibt und die so unter seine Kontrolle gebrachte Sprache als Beeinflussungs- und Herrschaftsinstrument nutzt.«[16]

Die Herrschaft über die Welt durch die Herrschaft über die Beschreibungsparadigmen der verschiedenen Sprachen der Menschen ist eine bisher noch zu wenig beachtete Seite im Interesse an den verschiedenen Sprachen der Welt. Diese Herrschaft ist subtil und kommt ohne großes Kampfgerät aus. Diesen verdeckten Eurozentrismus zu reflektieren und zu transformieren bleibt heute immer noch eine wichtige Aufgabe. Die andere, auch für die Philosophie mit Nachdruck relevant werdende Seite ist jedoch, dass im Gegenzug dazu in der europäischen Geisteswelt selbst ein beispielloser und bis heute anhaltender Prozess der Reflexion der Verschiedenheit der Sprachen begonnen hat. Auch wenn in Europa bereits vor diesem Prozess ein erstes Interesse an der sprachlichen Verschiedenheit zu beobachten war,[17] so waren die Abweichungen im Wortschatz und grammatischen Bau nicht so gravierend. Dies wird vor allem im Vergleich zu den neu bekannt werdenden Sprachen z. B. aus Amerika und vor allem der chinesischen Sprache deutlich, die in ihrer besonderen Verschiedenheit von allen europäischen Sprachen schon bald eine wichtige Rolle in der Reflexion über Sprache und Sprachen spielte. In der Erstellung der neuen Grammatiken bemerkte man zunehmend, dass die lateinische Sprache nicht immer als Vorbild dienen konnte, auch wenn sie unbestritten der Ausgangspunkt der Betrachtung war.

---

[16] Reinhard, Sprachbeherrschung und Weltherrschaft. Sprache und Sprachwissenschaft in der europäischen Expansion, 26 f. Noch 1910 wurde eine »Zeitschrift für Kolonialsprachen« begründet, in der Aufsätze über das Studium der Sprachen in den Kolonien erschienen.

[17] »Die humanistische Aufmerksamkeit auf die (lateinische) Sprache richtet sich ja schon im 15. Jahrhundert auch auf das Griechische und schließlich auf die dritte heilige Sprache, das Hebräische.« Trabant, Mithridates im Paradies, 116.

»Wert und Funktionalität einer Sprache waren zuerst einmal über strukturelle Parallelen mit dem Lateinischen, der Sprache *par excellence*, nachzuweisen. *In der Applikation des Modells der lateinischen Grammatik auf die amerindischen Sprachen erweist sich die Missionarslinguistik somit als unmittelbare Fortsetzung eines europäischen Projektes.*
Dies ist aber nur die halbe Wahrheit. Die Grammatikalisierung der amerindischen Sprachen stellt nach unserer Überzeugung trotzdem eine grundsätzlich andere Leistung dar und hat wissensgeschichtlich auch andere Konsequenzen. Zum einen war die typologische Differenz zum ›lateinischen Basismodell‹ im Fall der amerindischen Sprachen ungleich größer, eine Transformation der etablierten Konzepte erschien damit dringlicher. Gerade in dieser Hinsicht gibt es eine Reihe von Autoren, die eben dort, wo Sprachen sich vom Lateinischen stärker unterscheiden, ausdrücklich anraten, vom lateinischen Vorbild abzuweichen; sie bestehen förmlich darauf, ›neue grammatische Regeln‹ zu formulieren, und das heißt auch kategoriale Innovationen vorzunehmen. [...] Worin der Beitrag der Missionarslinguistik besteht, wird also erst erkennbar, wenn die in den Beschreibungen der außereuropäischen Sprachen implizierten Transformationen der Sprachidee für sich selbst erfaßt sind und in einem zweiten Schritt abgeglichen werden mit den Transformationen in der Sprachbeschreibung und Sprachtheorie in Europa selbst.«[18]

Im Rahmen der Missionarslinguistik entwickelt die Betrachtung der Sprachen in Europa eine kaum zu überschätzende Aufmerksamkeit für die Verschiedenheit der Sprachen, da die überwältigende Anzahl von Sprachen und Schriften, die nach und nach bekannt wurden, nicht mehr mit den althergebrachten Kategorien zu fassen war, so dass die philosophische Idee von der Sprache selbst eine Transformation durchlief. Die Aufmerksamkeit für die Verschiedenheit richtete sich aber zunächst vor allem noch auf die grammatischen Strukturen. Erst als sich die Kenntnisse über außereuropäische Sprachen immer mehr verbreiteten, trat eine Frage in den Blick, die für den vorliegenden Zusammenhang von besonderer Bedeutung ist: Stehen die verschiedenen Sprachen in Wortschatz und Struktur in irgendeinem Zusammenhang mit der besonderen Geistes- und Lebensart der verschiedenen Völker? Francis Bacon war einer der ersten, der Sprache und Denken bzw. Lebensart in einem gegenseitigen Bestimmungsverhältnis zueinander betrachtete. Diese Frage und Vermutung löste in der europäischen Geistesgeschichte zwei

---

[18] Oesterreicher / Schmidt-Riese, Amerikanische Sprachenvielfalt und europäische Grammatiktradition. Missionarslinguistik im Epochenumbruch der frühen Neuzeit, 72 f., 89.

Die Frage nach Sprache und Sprachen in der europäischen Philosophie

grundlegend verschiedene Reaktionen aus: Zum einen verstärkte sie den Wunsch, eine Universalsprache zu konzipieren, die alle sprachlichen Unterschiede zu übersteigen versprach, so dass allein das reine Denken zum Tragen kommen könne. Zum anderen löste die Frage verschiedene Bemühungen aus, immer weiter in den Horizont einzelner Sprachen einzudringen, um die Verschiedenheit menschlicher Denk- und Lebensweisen zu verstehen und in ihrer Wirkweise zu reflektieren. Die im Folgenden ausführlicher zu Wort kommenden Denker Bacon, Leibniz, Michaelis, Herder, Humboldt und Nietzsche gingen im Rahmen der beiden Extrempositionen jeweils verschiedene Wege, die heute mit den Bezeichnungen Universalismus und Relativismus verbunden werden. In der Darstellung der verschiedenen Positionen werden immer wieder längere Textpassagen zitiert, um ein Gefühl für die Sprache der zitierten Denker zu erzeugen. Es geht somit im Folgenden nicht um eine jeweilige Gesamtinterpretation der herangezogenen Positionen, sondern darum, die Entfaltung der Frage nach der Vielfalt der Sprachen in ihrer Bedeutung für das philosophische Denken in zuspitzender Weise in den Blick zu bringen.

1.4 Francis Bacon

Francis Bacon (1561–1626) gilt als einer der wichtigsten Begründer der modernen Naturwissenschaften. Sein empirischer Ansatz und die Betonung experimenteller Verfahren ließen ihn zum Verfechter einer neuen Wissenschaft werden, die vor allem dem *Auffinden neuer Erkenntnisse* dienen sollte. Durch die Schaffung und Entwicklung von experimentell gesichertem Wissen versprach sich Bacon eine größere Beherrschung der Naturkräfte. In seinem Werk *Über die Würde und den Fortgang der Wissenschaften* nimmt er eine Einteilung der Wissenschaften vor. Dort spricht er in einigen Passagen über die Bedeutung der Sprachen und stellt eine Verknüpfung her, die für den weiteren Umgang mit den Sprachen in der Philosophie von großer Bedeutung ist.

»Dabei wird man die Wörter selbst nicht als unwesentlich ansehen, sondern vielmehr (was mancher vielleicht nicht glaubt) als der Betrachtung würdig,[19] weil man aus den Sprachen der Völker und Nationen auf ihre Geistesart und

---

[19] Hier meint Bacon die lange Tradition in der europäischen Philosophie, die auf Platon und Aristoteles zurückgeht.

Sitten schließen kann. Ich lese immer gern Ciceros Bemerkung, daß die Griechen kein Wort haben, das das lat. ineptus [Pedant] wiedergibt, weil den Griechen, wie er sagt, dieser Fehler so geläufig war, daß sie ihn nicht einmal an sich selbst erkannten. [...] Was hat es zu besagen, daß die Griechen die Wortzusammensetzung mit so viel Freiheit gebrauchen, die Römer sich hingegen hierin so enthaltsam zeigen? Man kann ganz einfach daraus schließen, daß die Griechen mehr für die Künste und Wissenschaften, die Römer mehr für praktisches Handeln befähigt waren. Denn die Unterscheidungen der Künste und Wissenschaften machen die Wortzusammensetzungen fast erforderlich, die Dinge und Tätigkeiten (Geschäfte) aber benötigen nur einfache Wörter.«[20]

Bacon stellt einen Zusammenhang zwischen den Sprachen und der Geistesart bzw. den Sitten von »Völkern« und »Nationen« her.[21] Diese Verbindung bezieht sich auf zwei verschiedene Ebenen. Zum einen behauptet er, dass die Wörter einer Sprache Aufschluss über die Mentalität eines Volkes geben, so dass allein aus dem Vorhandensein oder Nichtvorhandensein einzelner Wörter bestimmte Schlüsse gezogen werden können. Zum anderen hält er fest, dass es in der griechischen Sprache möglich sei, viele Wortzusammensetzungen vorzunehmen (ähnlich wie es auch in der deutschen Sprache möglich ist), so dass in relativ freier Weise neue, zusammengesetzte Wörter gebildet werden können. In der lateinischen Sprache hingegen ist dies nicht möglich, woraus Bacon den Schluss zieht, dass die Griechen, da sie in ihrer Sprache bessere Möglichkeiten besitzen, kreativer mit der Bildung von Wörtern zu verfahren, eher eine Neigung zu den Künsten und Wissenschaften gehabt hätten. Wohingegen die lateinische Sprache, die die Freiheit der Wortbildung nicht besitze, besser geeignet sei, um erfolgreich ein praktisches Handeln zu motivieren.

Die beiden von Bacon angeführten Beispiele wirken eher zufällig und letztlich nicht besonders überzeugend. Zu oberflächlich bleibt der Zusammenhang, der auf den beiden Sprachebenen angesetzt wird. Interessant ist dennoch zu beobachten, wie er die strukturelle Analogie zwischen Sprache und Geistesart bzw. Sitte herstellt, ohne sie jedoch ausführlicher zu begründen. An einer weiteren Stelle tritt auch die chi-

---

[20] Zitiert nach: Arens, Sprachwissenschaft, 68.
[21] Als Bacon diese Zeilen schrieb, hatte sich der Kulturbegriff noch nicht in der Weise entwickelt, als dass er die beiden Begriffe *Volk* und *Nation* hätte ersetzen können. Heute könnte man sagen, dass eine bestimmte Sprache sich in einer bestimmten Kultur und umgekehrt niederschlägt.

nesische Sprache auf die Bühne der europäischen Philosophie, die von Bacon in Hinblick auf ihre besondere Schriftform betrachtet wird:

»Ehe wir zur Grammatik und ihren Teilen kommen, ist noch von der Mitteilung im allgemeinen zu sprechen. Denn offenbar gibt es noch andere Arten der Mitteilung als Wörter und Buchstaben. Dies muß eindeutig festgestellt werden: alles, was Differenzierungen erlaubt, die zahlreich genug sind, um die Mannigfaltigkeit der Begriffe auszudrücken (wenn nur diese Unterscheidungen für die Sinne wahrnehmbar sind), kann zum Vehikel der Vorstellungen von Mensch zu Mensch gemacht werden. Denn wir sehen, daß Völker mit ganz verschiedenen Sprachen sich nicht schlecht durch Gesten verständigen können. Außerdem sehen wir, wie manche, die von Geburt taubstumm, aber im Übrigen erfinderisch waren, mit ihren Freunden, die ihre Gesten genau gelernt haben, erstaunliche Zwiegespräche führen. Es ist auch inzwischen bekannt geworden, daß in China und in Ländern des Fernen Ostens heutzutage gewisse reale, nicht nominelle Schriftzeichen im Gebrauch sind, die nämlich nicht Buchstaben oder Worte bezeichnen, sondern Sachen und Vorstellungen. Daher können eine ganze Reihe von Völkern mit ganz verschiedenen Sprachen, aber mit diesen gemeinsamen Schriftzeichen (die bei ihnen weite Verbreitung gefunden haben), sich schließlich verständigen; so daß jedes Volk ein beliebiges Buch, das mit diesen Zeichen geschrieben ist, in seiner Sprache lesen und wiedergeben kann.«[22]

Bacon möchte von der »Mitteilung im allgemeinen« sprechen und meint damit, dass es noch andere als die für selbstverständlich gehaltene Art gibt, sich mit gesprochenen Wörtern zu verständigen und Schrift in Form eines phonetischen Alphabets zu gestalten. Für beides führt er Beispiele an. Zum einem spricht er über Gebärdensprachen, wie man heute sagen würde, und zum anderen geht er kurz auf die Schrift der chinesischen Sprache ein. Beide Beispiele werden herangezogen, um die gewöhnliche Auffassung von Sprache und Schrift zu erweitern und zu relativieren. Es ist besonders beachtlich, dass Bacon bereits zu diesem Zeitpunkt eine so genaue Vorstellung von der chinesischen Schrift besessen hat. Die auffällige Andersheit der chinesischen Sprache beginnt bereits hier in der Form zu wirken, dass die gewöhnlichen Vorstellungen von Sprache und Schrift mit grundsätzlich anderen Möglichkeiten ihrer Ausformung konfrontiert werden.

Bacon, der in erstaunlicher Weise auch über fremde Sprachen informiert war, blieb letztlich nicht an der kontrastierenden Gegenüber-

---

[22] Zitiert nach: Arens, Sprachwissenschaft, 66 f.

stellung von verschiedenen Sprachen interessiert. Sein Traum und Wunsch bestand vielmehr darin, durch einen umfassenden Vergleich der Sprachen und Grammatiken die Vorteile und Nachteile einer jeden zu bestimmen, um auf diesem Wege einen Ausgleich zwischen den verschiedenen Sprachen in Gang zu bringen. Das Ziel dieses Ausgleichs sollte in einer vollkommen klaren Sprache bestehen, in der sich alle Gedanken und Absichten der Menschen in höchster Klarheit und Sachhaltigkeit ausdrücken ließen. Auch wenn Bacon die Verschiedenheit der Sprachen bemerkte und beschrieb, so war sie ihm doch ein Dorn im Auge. Dennoch glaubte er nicht mehr einfach an eine sprachunabhängige Denkebene, die bei allen Menschen identisch ist und eigentlich ohne Sprache auskommt.

»Kein sprachunabhängiges universelles Denken geht mehr dem Sprechen voran, das dieses Denken bezeichnet und verlautbart [wie bei Aristoteles, R. E.], sondern die natürlichen, vulgären Sprachen ziehen dem Denken willkürliche Grenzlinien.«[23]

Bacon ging es darum, diese Grenzlinien im Vergleich der Sprachen aufzudecken, um durch die Verschiedenheit der Sprachen hindurch zu einem wissenschaftlichen und philosophischen Denken vorzustoßen, das diese Grenzlinien hinter sich zu lassen versprach. Er erkannte jedoch die Sprachen als Medium des Denkens in grundsätzlicher Weise an.

1.5 Gottfried Wilhelm Leibniz

Knapp hundert Jahre nach Bacon zeigte der Universalgelehrte Leibniz (1646–1716) ein großes Interesse an verschiedenen Sprachen und ihrer Bedeutung für das Denken. Nach seiner Ausbildung in Philosophie, Mathematik und Rechtswissenschaft verzichtete Leibniz auf eine Karriere an der Universität. Er zog es vor, an Fürstenhöfen tätig zu sein und in freier Weise akademische Gesellschaften zu gründen. Seine Schriften bilden keinen stringenten Zusammenhang, sondern bestehen aus vielen Gelegenheitsschriften, die häufig erst nach seinem Tode publiziert wurden. Er war von einem besonderen Wissensdrang getrieben, der ihn in immer neue Gebiete des Wissens geführt hat. Seine Offenheit gegenüber anderen Lebensformen und Denkweisen ist im folgenden Zitat

---
[23] Trabant, Mithridates im Paradies, 130.

Die Frage nach Sprache und Sprachen in der europäischen Philosophie

deutlich zu erkennen, eine Offenheit, die auch heute in der europäischen Philosophie noch nicht selbstverständlich ist.

»Wenn die Lateiner, die Griechen, die Hebräer und Araber einmal erschöpft sein werden, so werden die Chinesen, die noch alte Bücher besitzen, an die Reihe kommen und der Wißbegierde unserer Kritiker Stoff geben. Ohne hier von manchen alten Büchern der Perser, der Armenier, der Kopten und Brahmanen zu reden, die man mit der Zeit aus der Verborgenheit ziehen wird, *um keine Aufklärung zu vernachlässigen,* die das Altertum uns durch die Überlieferung der Lehrmeinungen und durch die Geschichte der Tatsachen geben kann.«[24]

In der Zeit, als Leibniz seine Werke verfasste, waren die lateinische, griechische, hebräische und arabische Tradition bereits selbstverständliche Bestandteile der europäischen Tradition. Auch wenn das Christentum als die größte – und für Leibniz als die beste – der Religionen galt, so wurden dennoch Judentum und Islam als feste Bestandteile europäischen Geisteslebens empfunden. Nach den europäischen Traditionen nannte Leibniz dann als erstes die Chinesen, für die er ein besonderes Interesse entwickelt hatte. Regelmäßig ließ er sich über die Geisteswelt Chinas durch in China tätige Jesuiten informieren. Er schrieb Texte über das Neueste aus China und zur chinesischen Philosophie.[25] Wie aus dem Zitat hervorgeht, erhoffte er sich neuen Stoff für die »Kritik« eigener und allzu selbstverständlicher Ansichten. Sein Blick beschränkte sich aber nicht nur auf China, sondern richtete sich auch auf Teile des vorderen Orients bis hin nach Indien. Sein Wunsch war es, »keine Aufklärung zu vernachlässigen«, wobei die besondere Verwendung von »Aufklärung« zu beachten ist. Leibniz verstand die anderen Traditionen offensichtlich als Aufklärungen eigener Art, um die es sich zu bemühen lohnte, wobei den verschiedenen Sprachen eine besondere Bedeutung zukam:

»Und wenn es kein altes Buch mehr zu prüfen geben wird, so werden die Sprachen an die Stelle der Bücher treten, denn sie sind die ältesten Denkmähler des menschlichen Geschlechts. Man wird mit der Zeit alle Sprachen des Weltalls aufzeichnen, sie in Wörterbücher und Grammatiken bringen und *miteinander vergleichen,* und dies wird vom größten Nutzen sowohl für die

---

[24] Leibniz, Neue Abhandlungen über den menschlichen Verstand, 384f.
[25] Vgl. Li / Poser (Hg.), Das Neueste aus China. G. W. Leibnizens *Novissima Sinica* von 1697.

Erkenntnis der Dinge sein [...] als auch für die Erkenntnis unseres Geistes und der wunderbaren Mannigfaltigkeit seiner Verrichtungen. Nicht zu reden von dem Ursprung der Völker, den man mittels begründeter Etymologien, welche die Sprachvergleichung am besten liefern kann, erkennen wird.«[26]

In diesem Zitat formuliert Leibniz eine Vision, die letztlich auch heute noch nicht realisiert worden ist. Nicht alle Sprachen sind erforscht, geschweige denn miteinander verglichen. Leibniz konnte sich wahrscheinlich noch nicht wirklich ein Bild von der weltweiten Vielfalt der Sprachen machen. Sein Bild von den »ältesten Denkmählern« menschlicher Errungenschaften zeigt, wie hoch er den Wert der verschiedenen Sprachen schätzte. Er sah, dass es vor den schriftlichen Aufzeichnungen bereits Sprachen gegeben hat, die vom Leben der Menschen Zeugnis ablegen. Er hob insbesondere »Wörterbücher« und »Grammatiken« hervor, die es erlauben, Sprachen auf verschiedenen Ebenen zu vergleichen. Hatte Bacon noch eher zufällig einzelne Wörter und grammatische Möglichkeiten herangezogen, so erscheint bei Leibniz die Möglichkeit des *systematischen* Vergleichs von Sprachen.[27] Der Nutzen, den er sich davon versprach, ist zum einen auf die »Erkenntnis der Dinge« gerichtet und zum anderen auf die »Erkenntnis des menschlichen Geistes« bezogen. Leibniz gesteht damit der Untersuchung der Sprachen eine *erkenntnistheoretische* Bedeutung zu, womit der Gedanke nahegelegt wird, dass menschliches Erkennen in einem komplexen und philosophisch bedeutsamen Verhältnis zu der Sprache steht, in der es stattfindet. Im Zitat geht Leibniz noch einen Schritt weiter und erhofft sich durch die Erforschung der Etymologien, d. h. der Herkunft einzelner Wörter aus sprachgeschichtlich älteren Wortformen, einen Aufschluss über den Ursprung der Völker.

Leibniz verbindet ähnlich wie Bacon mit der Erforschung der verschiedenen Sprachen letztlich den Wunsch, eine Universalsprache zu konzipieren. Anders als bei Bacon ist die Gestalt einer solchen Sprache jedoch formaler Natur und soll sich anhand von Zahlen ausdrücken lassen, die ein Beziehungs- und Aussagegefüge von höchster Klarheit ergeben. Leibniz ist mit seinen Versuchen, eine Universalsprache zu entwickeln, zu einem wichtigen Ausgangspunkt für die Entwicklung for-

---

[26] Leibniz, Neue Abhandlungen über den menschlichen Verstand, 384 f.
[27] Vgl. Borsche, Die Säkularisierung des tertium comparationis. Eine philosophische Erörterung der Ursprünge des vergleichenden Sprachstudiums bei Leibniz und Humboldt.

maler Sprachen geworden, die ab dem 19. Jahrhundert zu einer Art Revolution im Rahmen der Logik geführt haben.[28]

1.6 Johann David Michaelis

Im Jahr 1700 wurde Leibniz der erste Präsident der neu gegründeten *Kurfürstlich-Brandenburgischen Societät der Wissenschaften*, die später *Königlich-Preußische Akademie der Wissenschaften* heißen sollte. Nach einer langen Gründungsphase und der institutionellen Festigung begann die Akademie der Wissenschaften 1744 damit, wissenschaftliche Preisfragen zu wichtigen Problemen der Wissenschaften auszuschreiben. Im Jahr 1759 lautete die Preisfrage, die der damaligen Gewohnheit gemäß in französischer Sprache formuliert wurde, wie folgt: *Quelle est l'influence réciproque des opinions du peuple sur le langage et du langage sur les opinions?*[29] Es ging somit um die »Beantwortung der Frage von dem Einfluß der Meinungen eines Volks in seine Sprache, und der Sprache in die Meinungen«. Diesen deutschsprachigen Titel trug die preisgekrönte Schrift des Göttinger Orientalisten Johann David Michaelis (1717–1791), der das Thema beherzt aufgriff und anhand von vielen Beispielen erläuterte. Allein das Stellen dieser Preisfrage zeigt, dass man sich philosophisch mit der Vielfalt der Sprachen beschäftigte und noch keine letzte Lösung für das Problem sah. Michaelis unterteilte seine Schrift in vier Abschnitte:

»Ich will erst von dem Einfluß der Meinungen eines Volks in seine Sprache handeln: und weil dieses nach dem eigenen Urtheil der Academie die leichteste Seite der Frage ist, will ich hier einen unläugbaren Satz nur mit wenigen Beispielen erläutern. [...] Ich will ferner 2) den vortheilhaften, und 3) den nachtheilhaften Einfluß einiger Sprachen in die Meinungen und Wissenschaften der Völker vorstellen, und 4) die Mittel untersuchen, wie dem schädlichen Einfluß vorzubeugen, und der vortheilhafte zu befördern sei.«[30]

---

[28] Diese Neuerung ging vor allem von Gottlob Frege aus, der in seinem Werk *Begriffsschrift* (1879) die Grundlagen dafür legte.
[29] Vgl. zur Geschichte der Preisfragen: Harnack, Geschichte der königlich preussischen Akademie der Wissenschaften zu Berlin, 409 f.
[30] Michaelis, Beantwortung der Frage von dem Einfluß der Meinungen eines Volks in seine Sprache, und der Sprache in die Meinungen, 3 f.

Der Orientalist Michaelis geht wie selbstverständlich von einer dynamischen Sprachenbetrachtung aus. Für ihn bilden sich die einzelnen Sprachen durch ihren Gebrauch im Volk. Auf diese Weise wird jede Sprache dauernd auch durch die Meinungen und Einstellungen geprägt, die im Volk herrschen. Entstehen irgendwo sprachliche Innovationen, so setzen sie sich nur im allgemeinen Sprachgebrauch durch, wenn diese von vielen Menschen verwendet werden:

»Nicht alle und jede Meinungen gehen in die Sprache über. Der Gelehrte mag seine Sätze noch so gewiß glauben, und befehlen, die Sachen richtig zu benennen: man erkennet in den Sprachen seine Verordnungen oder Beweise nicht. Ihre Gesetze sind democratisch: nur das, was den meisten gefällt, wird gebräuchlich, und was gebräuchlich ist, das ist nach Horazens Ausspruch auch richtig und gesetzmäßig [...] Die Meinungen und Einsichten des Volkes bilden die Sprache: Wird ein sehr großer Theil des Volks gelehrt und cultivirt, und dauert diese Periode eine lange Zeit, so wird die Gelehrsamkeit einen Einfluß in die Sprache haben.«[31]

Aber nicht nur das allgemeine Volk, sondern auch die Wissenschaften und die Philosophie prägen die Sprachen in erheblichem Maße. Denn je mehr in einer Sprache gedacht und zum Ausdruck gebracht wird, umso differenzierter werden der Wortschatz und die Ausdrucksformen.

»Einer von der Philosophie noch nicht bearbeitete Sprache muß es nothwendig an vielen solchen Wörtern fehlen, die etwas nicht in die äußern Sinne fallendes, vornehmlich metaphysische Ideen ausdrücken [...] Hat hingegen eine Sprache mehrere Revolutionen der Philosophie erlebt, so verändern sich auch die Bedeutungen der philosophischen Wörter.«[32]

Im letzten Satz weist Michaelis darauf hin, dass einzelne Wörter in einer Sprache eine Geschichte ihrer Verwendung entfalten, ein Gedanke der im 20. Jahrhundert Begriffsgeschichte genannt werden wird. Auch hier wird deutlich, wie Michaelis Sprachen als geschichtliche Gestalten auffasst, die bei wachsender Differenzierung einen positiven Einfluss auf die Gedankenentwicklung eines Volkes oder der Philosophie haben können. In Bezug auf den vorteilhaften Einfluss der Sprachen auf die Meinungen sieht Michaelis zwei zentrale Punkte:

»Aller vortheilhafte Einfluß der Sprachen in die Denkungsart ihres Volks, läßt sich auf zwei Hauptstücke bringen. Diese sind 1) ein Reichthum an Wörtern,

---
[31] Ebd., 5.
[32] Ebd., 8f.

der, wenn ich ihn vollkommen, oder vielmehr unendlich bilden soll, so weit gehen muß, daß alles und jedes, was der Mensch denken kann, sein eigenes, deutliches, einheimisches Wort hat, damit es ohne lange Umschreibung bezeichnet werden kann, ja daß man auch im Stande sei, es unter mehr als einem Gesichtspuncte vorzustellen. [...] Ich habe diesen Reichthum in seiner Vollkommenheit bilden müssen, allein ich gestehe zugleich, daß er in derselben unmöglich wird. Denn nicht alle Wörter einer so reichen Sprache würden wegen Kürze des menschlichen Lebens, und wegen Einschränkung unserer Einsichten, oft genug ausgesprochen werden, um gleichsam in den Cours zu kommen, und das Gepräge, so sie gültig und bekannt macht, zu erhalten. Nur die Wörter haben einen Einfluß in die Denkungsart des Volks, die bekannt sind: ein einheimisches Wort hingegen, das der Gelehrte in dem Lexico nachschlagen muß, und der Ungelehrte auch nicht versteht, ist fast nicht besser als ein lateinisches. 2) Etymologien und Redensarten, die an interessanten Wahrheiten reich, und nicht durch den übermäßig häufigen Gebrauch der Aufmerksamkeit des Redenden entzogen sind. Daß jede Sprache von dieser Vollkommenheit noch weit entfernet ist, brauche ich nicht zu erinnern. Sie sind ja alle menschlich.«[33]

Im Grunde sind es drei Ebenen, die einen positiven Einfluss auf die Meinungen haben können: 1. Wortreichtum, 2. Etymologien, 3. Redensarten. Auffällig ist, dass Michaelis hier nur auf der Ebene der Semantik argumentiert und grammatische Phänomene nicht in den Blick treten lässt. Dies gilt für all seine Ausführungen. Wobei gerade auf den angeführten Ebenen die Dynamik der Sprachen besonders gut zu beobachten ist. Denn die grammatischen Phänomene unterliegen nicht einer ähnlich schnellen Veränderung, wie sie im Gebrauch der Wörter und Redensarten immer wieder vorkommt.

Den nachteiligen Einfluß der Sprachen auf die Meinungen differenziert Michaelis in sechs Punkte:

»Der nachtheilige Einfluß der Sprachen kommt, so viel ich urtheilen kann, auf folgende Stücke an: 1) Armuth derselben. 2) Tadelhaften und verführerischen Überfluß. 3) Zweideutigkeit. 4) Nebenideen oder ungegründete Beurtheilungen, die von der Hauptbedeutung nicht wohl getrennet werden können. 5) Falsche oder gemisdeutete Etymologien und Redensarten. 6) Einen gewissen Eigensinn und übermäßige Liebe willkürlich dafür erklärter Schönheiten.«[34]

---

[33] Ebd., 38 f.
[34] Ebd., 39.

Alle Punkte sind gut nachvollziehbar und geben Kriterien an die Hand, in welcher Hinsicht eine einzelne Sprache und der Sprachgebrauch zu untersuchen sind. Dass dies in jeder Sprache möglich ist, davon geht Michaelis aus, auch wenn es nicht immer einfach ist, bestimmte Mängel im Sprachgebrauch zu durchblicken. Hier sieht Michaelis eine zentrale Bedeutung der Philosophie, die sich denkend auf die Formen der Sprachen und den Sprachgebrauch richten kann, um so die sprachlichen Irrtümer und Schwierigkeiten zu reflektieren:

»Kann die Sprache durch einen noch dazu nicht ganz unrichtigen Ausdruck, in einer Sache, die sich mathematisch berechnen und zugleich fast mit Händen greifen läßt, in einer Sache, auf welche die Aufmerksamkeit der Menschen so sehr gerichtet ist, so viele blenden: was haben wir nicht in abstracten, in metaphysischen Streitfragen von ihr zu erwarten, wenn wir uns nicht vor ihren Tücken hüten. Doch wir sind nicht ohne Verwahrungsmittel gegen die Streiche, die sie uns spielet: das grosse Gebot der Philosophie, zu zweifeln, und die Veränderung der Redensarten, werden sie unkräftig machen. Wer nach den Gesetzen einer gewissen trockenen Methode einerlei Ausdruck beständig behält, als hätte er darauf geschworen, der steht in viel grösserer Gefahr, von der Sprache verführt zu werden, als wer auf Platonisch philosophiert, und den abstractesten Materien die Abwechselung der schönen Schreibart, und gleichsam das Eigenthum der Dichtkunst leihet.«[35]

Michaelis empfiehlt an dieser Stelle, um den Tücken der Sprache nicht anheimzufallen, zum einen philosophisches Zweifeln und zum anderen den Variationsreichtum im Sprachgebrauch. An dieser Stelle wird seine Grundintuition deutlich, nicht der immer gleichen, scheinbar klaren Rede den Vorzug zu geben, sondern die Verschiedenheit und die Verschiebungen im Sprachgebrauch als Quelle des Denkens in positiver und innovativer Hinsicht zu nutzen. Vereinfacht gesagt, kommt man der Wahrheit näher, wenn man eine Sache immer wieder aus neuen Perspektiven zur Sprache bringt, statt sie auf eine einzige, unveränderliche Formel zu bringen. Der Variationsreichtum von Sprache wird auf diese Weise im radikalen Sinne mit der Fruchtbarkeit des Denkens verbunden. Hierin besteht eine zentrale Regel, um nach Michaelis den schädlichen Einfluss der Sprachen auf die Meinungen einzudämmen:

»1) Glaube keinem Satz darum, weil er in der Etymologie liegt, oder zu liegen scheint. Die Etymologie ist die Stimme der Menge: diese muß dem Philosophen verdächtig sein, ob er gleich nie unterläßt, sie mit Aufmerksamkeit zu

---

[35] Ebd., 58f.

hören. 2) Verändere die Redensarten: hüte dich vor der trockenen Methode zu philosophieren, und suche Gründlichkeit mit Mannigfaltigkeit des Ausdrucks zu verbinden. Denn die Irrthümer einer Sprache sind nicht systematisch.«[36] Michaelis betont in seinem Text an verschiedenen Stellen, dass durch Vergleichung sich die Irrtümer der Sprachen leichter auffinden lassen. Denn in einer Sprache kann Bestimmtes sachlich zutreffender gefasst werden als in einer anderen. Dieser Gedanke führt dazu, dass es hilfreich ist, so viele Sprachen wie möglich zu kennen. Denn jede einzelne Sprache zeigt Vor- und Nachteile, ein Gedanke, den bereits Bacon gedacht hat, wobei Michaelis deutlich andere Konsequenzen daraus zieht. Denn er sieht nicht in der letzten, eineindeutigen Formulierung die vollkommene Annäherung an die Wahrheit, sondern für ihn sind alle Sprachen und jeder Sprachgebrauch menschlich und damit endlich. Für ihn liegt der leitende Umgang mit der Vielfalt darin, die Vielfalt der Sprachen zu erweitern und den Variationsreichtum des Sprachgebrauchs im Zusammenhang mit der Gründlichkeit des Denkens zu steigern.

Michaelis hat neben dem Altgriechischen und Lateinischen auch Hebräisch und Arabisch beherrscht. Auch wenn dies bereits ein relativ weiter Horizont ist, so ist auch dieser im Vergleich zu den Sprachen, die damals bereits bekannt waren, nur begrenzt. Vor diesem Hintergrund äußert er, seine eigene Begrenztheit reflektierend, einen philosophischen Gedanken von größter Tragweite. Er fragt sich, wenn bestimmte sprachliche Irrtümer sich gleicherweise in bestimmten verwandten Sprachen eingenistet haben, ob diese dann überhaupt zu bemerken sind. Denn Vergleich hilft an dieser Stelle nicht weiter. Die einzige Lösung, die er sieht, ist der Vergleich mit noch fremderen Sprachen, die ihm selbst nicht zur Verfügung standen:

»Die sämtlichen Europäischen Sprachen haben in der Art des Ausdrucks eine gewisse Verwandtschaft, die nicht von der Verwandtschaft der Völker, auch nicht von Handel und Wandel herkommt: sondern von der Sprache der Gelehrten, und der Kirche, d. i. von der Lateinischen. Nach dieser haben wir uns gebildet: die Grammatik aller Sprachen hat mehr oder weniger von der Lateinischen angenommen, weil wir diese zuerst regelmäßg lernen: der Gelehrte denkt zum Theil Lateinisch, und was mancher in seiner Muttersprache schreibt, ist wirklich eine Uebersetzung Lateinischer Gedanken in Deutsche oder andere Worte. [...] alle diese [europäischen] Sprachen haben daher in

---

[36] Ebd., 75.

der Tournure [d. h. im Wesen und der Wendung, R. E.] der Gedanken so viel ähnliches, daß es nicht ungereimt ist, einerlei Irrthum bei ihnen allen zu vermuten. [...] Ich weiß zwar keinen: wüßte ich ihn, so hätte ich ihn schon eben hierdurch verbessert, und eine Entdeckung gemacht, die allein diesen Völkern fehlte: allein das geht über meine Kräfte und Hoffnung. Vielleicht ist es auch nicht nöthig. Ich wünschte inzwischen, daß ein philosophisches Genie, das mit genauer Kenntniß unserer Sprachen eine ganz fremde Sprache, etwa die Chinesische, oder eine Americanische, in einer Vollkommenheit verstände, seine Aufmerksamkeit hierauf richten wollte.«[37]

An anderer Stelle wird der gleiche Gedanke wie folgt variiert:

»Wer etwas zum Vergnügen der Academie schreiben soll, der müßte mit sehr vieler philosophischen Einsicht, mit einem Urtheil, das auch die überall angenommenen Irrthümer entdeckt, eine sehr große Kenntnis vieler Sprachen verbinden. Ganz entfernte Sprachen, die mit der unsrigen nicht so verwandt sind, als ich oben von allen Europäischen und den sogenannten morgenländischen behauptete, z. B. die Chinesische, müßte er als seine Muttersprache verstehen, und dabei als ein Gelehrter ihre Etymologien einsehen: die unsrigen, d. i. Europäischen und morgenländischen müßten ihm billig eben so bekannt sein, und dann müßte er noch die Historie der Meinungen dieser Völker in seiner Gewalt haben. Von wem ist dies zu fordern!«[38]

Das Genie, auf das Michaelis all seine Hoffnungen setzt, wird nur kurze Zeit später mit Wilhelm von Humboldt in Erscheinung treten. Er wird eine Vielfalt von Sprachen in seine philosophischen Überlegungen einbeziehen, die bis heute kaum erreicht ist. Doch bevor Humboldt zu Wort kommen soll, ist der bahnbrechende sprachphilosophische Ansatz von Herder in die Betrachtung einzubeziehen.

1.7 Johann Gottfried Herder

Herder (1744–1803) gehört in der zweiten Hälfte des 18. Jahrhunderts neben Goethe, Schiller und Wieland zu den vier großen literarischen Persönlichkeiten der Weimarer Klassik. Seine Schriften umfassen philosophische, theologische, literarische und andere Themen.[39] Er gilt als

---

[37] Ebd., 72 f.
[38] Ebd., 77.
[39] Borsche (Hg.), Herder im Spiegel der Zeiten: Verwerfungen der Rezeptionsgeschichte und Chancen einer Relektüre.

Die Frage nach Sprache und Sprachen in der europäischen Philosophie

der Schöpfer des modernen Kulturbegriffs. Herders Verwendung des Wortes *Kultur* bezieht sich auf verschiedene Grade und Stufen der Kultivierung und Bildung ganzer Völker. Beginnt ein Volk sich zu bilden, so besitzt es bereits einen gewissen Grad an Kultur. In den *Ideen zur Philosophie der Geschichte der Menschheit* geht Herder davon aus, dass Kultur ein Prozess der Kultivierung verschiedener Völker sei. Er spricht von »gebildeten« Völkern und Nationen, die ihre »Wildheit« überwinden und sich damit mehr und mehr abheben von der »Natur«.[40] Mit der Kultivierung der Völker ist für Herder das positive Ziel der »Humanität« verbunden.[41] Seine Deutung legt immer wieder nahe, dass eine Teleologie in der Geschichte wirksam sei, die in sich verschiedene Grade aufweist.[42] Durch seinen Kulturbegriff, der bei ihm jedoch noch nicht den Plural *Kulturen* zulässt, wird die Geschichte der *gesamten* Menschheit als ein Prozess der Kultur und Kultivierung verstanden. Für diesen Prozess, der innig mit der Entfaltung der Vernunft verbunden ist, sind für Herder die Sprache und die Sprachen von besonderer Bedeutung:

> »Lasset uns also die gütige Vorsehung anbeten, die durch das zwar unvollkommene, aber allgemeine Mittel der Sprache im Innern die Menschen einander gleicher machte, als es ihr Äußeres zeigt. Alle kommen wir zur Vernunft nur durch Sprache und zur Sprache durch Tradition, durch Glauben ans Wort der Väter.«[43]

---

[40] »Je mehr die Kultur der Länder zunimmt, desto enger wird die Wüste, desto seltener ihre wilden Bewohner. Gleichergestalt hat auch in unserm Geschlecht die zunehmende Kultur der Menschen schon diese natürliche Wirkung, dass sie mit der tierischen Stärke des Körpers auch die Anlage zu wilden Leidenschaften schwächt und ein zarteres menschliches Gewächs bildet.« Herder, Ideen zur Philosophie der Geschichte der Menschheit, 639.

[41] »Der Verfolg der Geschichte zeigt, dass mit dem Wachsen wahrer Humanität auch der zerstörenden Dämonen des Menschengeschlechts wirklich weniger geworden sei; und zwar nach inneren Naturgesetzen einer sich aufklärenden Vernunft und Staatskunst.« Ebd, 639.

[42] »Wollen wir diese zweite Genesis des Menschen, die sein ganzes Leben durchgeht, von der Bearbeitung des Ackers Kultur oder vom Bilde des Lichts Aufklärung nennen, so stehet uns der Name frei; die Kette der Kultur und Aufklärung reicht aber sodann bis ans Ende der Erde. Auch der Kalifornier und Feuerländer lernte Bogen und Pfeile machen und sie gebrauchen; er hat Sprache und Begriffe, Übungen und Künste, die er lernte, wie wir sie lernen; sofern ward er also wirklich kultiviert und aufgekläret, wiewohl im niedrigsten Grade. Der Unterschied zwischen aufgeklärten und unaufgeklärten, zwischen kultivierten und unkultivierten Völkern ist also nicht spezifisch, sondern nur gradweise.« Ebd., 340.

[43] Ebd., 352.

Johann Gottfried Herder

Herder steht als Vertreter des Protestantismus fest in der christlichen Tradition und ist ganz davon überzeugt, dass die älteste Sprache, auf die alle anderen zurückgehen, das Hebräische ist. In der göttlichen Vorsehung ist die Sprache als eine Fähigkeit in den Menschen gelegt worden, durch die alle Menschen im Innern miteinander verbunden sind. Sie ist zugleich das Medium, durch das sich die Vernunft im Menschen entfalten kann. Diese enge Verbindung von Sprache und Vernunft richtet Herder zusammen mit Hamann, seinem in dieser Hinsicht wegweisenden Lehrer, gegen die Auffassungen Kants, der in seiner *Kritik der reinen Vernunft* der Sprache als dem Medium von Vernunft keine besondere Aufmerksamkeit geschenkt hatte. Durch die Verbindung von Sprache und Vernunft wird nicht nur ein neuer Blick auf das Denken und seine Formen geworfen, vielmehr rückt die Sprache selbst ins Zentrum philosophischer Reflexion und Begründung. Ernst Cassirer bringt diesen zentralen Aspekt in der Sprachbetrachtung bei Herder auf den Punkt:

»Der Naturgegebenheit der Perzeptionen steht nicht mehr ein künstliches System von Zeichen gegenüber, sondern die Perzeption schließt selbst, kraft ihrer geistigen Eigenart, schon ein eigentümliches Formmoment in sich, das, vollständig entwickelt, in der Form des Wortes und der Sprache sich darstellt. Daher ist die Sprache – wenngleich Herder fortfährt, von ihrer ›Erfindung‹ zu sprechen – für ihn niemals ein bloß Gemachtes, sondern ein von innen her und notwendig Gewordenes. Sie ist ein Faktor im synthetischen Aufbau des Bewußtseins selbst, kraft dessen sich die Welt der sinnlichen Empfindungen erst zu einer Welt der Anschauung gestaltet: Sie ist somit keine Sache, die hervorgebracht wird, sondern eine Art und eine Bestimmtheit des geistigen Zeugens und Bildens.«[44]

Die Entfaltung der Sprache und der Sprachen ist zugleich die Entfaltung vernünftigen Menschseins, worin alle Menschen zumindest der Fähigkeit nach übereinkommen. Der aristotelische Satz, nach dem der Mensch das Lebewesen sei, das Sprache *(logos)* besitze, gewinnt hier, vor dem Hintergrund der in damaliger Zeit stark gewachsenen Kenntnisse über die Vielfalt der Sprachen, einen neuen Stellenwert für das Denken und die Philosophie. In diesem Sinne verstärkt sich die Linie, die von Bacon über Leibniz zu Herder führt.

---

[44] Cassirer, Philosophie der symbolischen Formen, 95.

Die Frage nach Sprache und Sprachen in der europäischen Philosophie

»Warum kann ich noch kein Werk nennen, das den Wunsch Bacons, Leibniz, Sulzers u. a. nach einer allgemeinen Physiognomik der Völker aus ihren Sprachen nur einigermaßen erfüllt habe? Zahlreiche Beiträge zu demselben gibts in den Sprachbüchern und Reiseberichten einzelner Nationen. [...] An lehrreicher Anmut würde es keinen Schritt fehlen, weil alle Eigenheiten der Völker in ihrem praktischen Verstande, in ihren Phantasien, Sitten und Lebensweisen wie ein Garten des Menschengeschlechts dem Beobachter zum mannigfaltigsten Gebrauch vorlägen, und am Ende sich die reichste Architektonik menschlicher Begriffe, die beste Logik und Metaphysik des gesunden Verstandes daraus ergäbe. Der Kranz ist noch aufgesteckt, und ein andrer Leibniz wird ihn zu seiner Zeit finden.«[45]

Im vollen Bewusstsein um die Tradition, in der er mit seinen Gedanken steht, sieht Herder, wie weit der Weg zu einer »Physiognomik der Völker aus ihren Sprachen« noch ist. Ähnlich wie seine beiden Vorläufer erhofft sich auch Herder letztlich reichere Begriffe, eine bessere Logik und eine vertiefte Metaphysik. Er selbst macht jedoch keine Versuche, eine ideale oder universale Sprache zu entwerfen. Seine Hoffnung besteht vielmehr darin, durch die inhaltlichen Hinweise, die sich aus anderen Sprachen schöpfen lassen, einen verbesserten Gebrauch der Vernunft zu erreichen. Darüber, wie sich dies genau und konkret vollziehen soll, gibt er keine nähere Auskunft. Fest steht jedoch, dass sich die Vernunft mit jeder Sprache ein neues Gesicht gibt, das zu erforschen sich lohnt. Bei Herder verschiebt sich das Gewicht im Vergleich zu Bacon und Leibniz hin zur philosophisch fruchtbaren Betrachtung der Vielfalt der Sprachen, auch wenn der Wunsch bestehen bleibt, über die Verschiedenheit der Sprachen hinaus etwas Allgemeineres zu schaffen und zu erreichen. Die ihm zur Verfügung stehenden Kenntnisse waren seit dem Beginn des 18. Jahrhunderts so angewachsen, dass sich immer größerer Reichtum auftat:

»Der schönste Versuch über die Geschichte und mannigfaltige Charakteristik des menschlichen Verstandes und Herzens wäre also eine philosophische Vergleichung der Sprachen; denn in jede ist der Verstand eines Volks und sein Charakter geprägt. Nicht nur die Sprachwerkzeuge ändern sich mit den Regionen, und beinah jeder Nation sind einige Buchstaben und Laute eigen; sondern die Namengebung selbst, sogar in Bezeichnung hörbarer Sachen, ja in den unmittelbaren Äußerungen des Affekts, den Interjektionen, ändert sich überall auf der Erde. Bei den Dingen des Anschauens und der kalten Betrach-

---

[45] Herder, Ideen zur Philosophie der Geschichte der Menschheit, 354.

tung wächst diese Verschiedenheit noch mehr, und bei den uneigentlichen Ausdrücken, den Bildern der Rede, endlich beim Bau der Sprache, beim Verhältnis, der Ordnung, dem Konsensus der Glieder zueinander ist sie beinah unermeßlich.«[46]

Herder zählt in dieser Passage verschiedene Ebenen auf, die für einen Vergleich herangezogen werden können. Mit den *Sprachwerkzeugen* meint er die anatomischen und physiologischen Grundlagen der Sprache, die sich jeweils nach *Lautstruktur* verschieden ausprägen und verglichen werden können. Mit den *Buchstaben* spricht Herder die Schriftsysteme an, die einen breiten Variationsreichtum zeigen. Mit den *Bezeichnungen hörbarer Sachen* meint er beispielsweise das Bellen des Hundes, das in der deutschen Sprache mit »wau-wau« und im Japanischen mit »wan-wan« wiedergegeben wird. Ähnlich unterschiedlich sind die Laute direkter *Gefühlsäußerungen*, z. B. bei Erstaunen im Deutschen »oh« und im Japanischen »hē«. Im Weiteren spricht Herder von den *Metaphern*, die sich in den Sprachen für verschiedene Sachverhalte ausprägen, wie man beispielsweise im Chinesischen 知音 *zhi yin* (den Ton kennen) sagt, wenn man einen Menschen gut kennt. Zuletzt weist Herder auf den *Bau der Sprache* hin, der sich im Verhältnis und in der Ordnung der Wörter und anderer Zeichen zeigt. Seine Differenzierungen sind damit aber noch nicht erschöpft:

»Ob z. B. eine Nation viele Namen oder viel Handlung hat, wie es Personen und Zeiten ausdrückt, welche Ordnung der Begriffe es liebet, alle dies ist oft in feinen Zügen äußerst charakteristisch. Manche Nation hat für das männliche und weibliche Geschlecht eine eigene Sprache; bei andern unterscheiden sich im bloßen Wort *Ich* gar die Stände. Tätige Völker haben einen Überfluß von modis der Verben, feinere Nationen eine Menge Beschaffenheiten der Dinge, die sie zu Abstraktionen erhöhten. Der sonderbarste Teil der menschlichen Sprache endlich ist die Bezeichnung ihrer Empfindungen, die Ausdrücke der Liebe und Hochachtung, der Schmeichelei und der Drohung.«[47]

Mit *Namen* sind hier Substantive gemeint und mit *Handlungen* Verben. Nach Herder würde es einen Unterschied machen, ob eine Sprache vor allem mit *Substantiven* operiert, wozu z. B. das klassische Sanskrit neigte, oder ob eine Sprache Sachverhalte vor allem in *verbale Ausdrücke* kleidet, was der alten chinesischen Sprache nachgesagt wird. Das System der *Personalpronomina* und der *Zeitstrukturierung* vor allem

---
[46] Ebd., 353.
[47] Ebd., 353.

durch das Verb sind ausgezeichnete Mittel, um die Strukturierungsleistung der Sprachen genauer zu untersuchen. In manchen Sprachen lässt sich das *Geschlechterverhältnis* anhand von starken sprachlichen Differenzierungen studieren. So besitzt die japanische Sprache eine »Männer-« und eine »Frauen-Sprache«, die bis in das Vokabular hinein verschieden sind. Ebenso differenziert die japanische Sprache die Worte für das »*Ich*« je nach sozialem Kontext. Als *Modus des Verbs* kennt die deutsche Sprache den Indikativ, Konjunktiv und Imperativ. Die arabische Sprache kennt darüber hinaus z. B. den »Energikus«, der auf *grammatischer* Ebene die Nachdrücklichkeit einer Behauptung unterstreicht. Die sprachlichen Möglichkeiten, auf der einen Seite *Dingqualitäten* und auf der anderen Seite menschliche *Empfindungen* auszudrücken, sind in den einzelnen Sprachen sehr unterschiedlich entwickelt. Hinsichtlich beider Bereiche können sich jeweils eigene *Wortfelder* ausprägen, die zumeist auf das Engste mit kulturellen Entwicklungen oder religiösen Anschauungen verbunden sind.

In den beiden zuvor zitierten Abschnitten benennt Herder ein ganzes Bündel von Möglichkeiten, anhand derer ein Vergleich zwischen Sprachen durchgeführt werden kann. Eine bisher nur am Rande erwähnte Ebene erhält im folgenden Abschnitt ihr volles Gewicht:

»Endlich die Tradition der Traditionen, die Schrift. Wenn Sprache das Mittel der menschlichen Bildung unsres Geschlechts ist, so ist Schrift das Mittel der gelehrten Bildung. [...] Aber was bei der Sprache sichtbar war, ist hier noch viel mehr sichtbar, nämlich dass auch dies Mittel der Verewigung unsrer Gedanken den Geist und die Rede zwar bestimmt aber auch eingeschränkt und auf mannigfaltige Weise gefesselt habe. Nicht nur, dass mit den Buchstaben allmählich die lebendigen Akzente und Gebärden erloschen, sie, die vorher der Rede so starken Eingang ins Herz verschafft hatten; nicht nur, dass der Dialekte, mithin auch der charakteristischen Idiome einzelner Stämme und Völker dadurch weniger ward, auch das Gedächtnis der Menschen und ihre lebendige Geisteskraft schwächte sich bei diesem künstlichen Hülfsmittel vorgezeichneter Gedankenformen. [...] Dies alles indessen hindert nicht, die Tradition der Schrift als die dauerhafteste, stilleste, wirksamste Gottesanstalt anzusehen, dadurch Nationen auf Nationen, Jahrhunderte auf Jahrhunderte wirken und sich das ganze Menschengeschlecht vielleicht mit der Zeit an einer Kette brüderlicher Tradition zusammenfindet.«[48]

---

[48] Ebd., 355.

Schrift ist für Herder die Erweiterung der gesprochenen Sprache. Wenn sich durch Sprache die Vernunft des Menschen entfaltet, so entwickelt sich im Medium der Schrift eine Gelehrsamkeit, die der »Verewigung« unserer Gedanken gleichkommt. Schrift macht das, was in der gesprochenen Sprache je und je geschieht, auf andere Weise wiederholt nachvollziehbar. Die schriftlich festgehaltenen Gedanken können so über lange Zeiten hinweg wirksam bleiben. Mit diesen Möglichkeiten der Schrift verbindet Herder die Hoffnung, dass die verschiedenen Traditionen zusammenfinden können, da sie, so die christliche Überzeugung Herders, im Letzten und Innersten dem gleichen Ursprung entstammen. Um diese Einheit zu verstehen, ist die Schrift ein ausgezeichnetes Medium.

Im gleichen Atemzuge sieht Herder jedoch auch die Nachteile und Schwierigkeiten der Schrift. Ganz in der Tradition Platons, der in dem Dialog *Phaidros* ähnliche Argumente gegen die Verschriftung von Gedanken anführt, sieht Herder in der geschriebenen Sprache die »lebendigen Akzente und Gebärden« verlorengehen. Beim Lesen der Schrift ist der Mensch, der den Text geschrieben hat, zumeist nicht anwesend. Seine Sprache hat sich in der Verschriftung von seinem Körper abgetrennt und ist somit in ein neues Medium überführt worden. Konnte man in alten Handschriften den Schriftzug des einzelnen Menschen noch erkennen, so wurde durch die Möglichkeiten des Buchdrucks auch dieser Bezug zum Schreiber noch abgeschnitten. Gedruckte Texte lassen Gedanken sprachlich in eigentümlicher Neutralität wirken, die jedoch in anderer Hinsicht auch neue Ebenen der Rezeption eröffnet.

Herder benennt darüber hinaus noch zwei andere zentrale Kritikpunkte, die mit den besonderen Kennzeichen der lebendigen Rede zusammenhängen. Durch die Verbreitung schriftlicher Traditionen wird zum einen die Vielfalt der regionalen Dialekte und Idiome verringert und zum anderen die Gedächtniskraft der Menschen geschwächt. Beides bewirkt Verschiebungen im Gebrauch der Sprache, die wiederum Vor- und Nachteile mit sich bringen.

Bezogen auf gesprochene *und* geschriebene Sprache betont Herder in dem Abschnitt, dass der Mensch durch beide Formen »eingeschränkt« und »gefesselt« werde. Der Gebrauch beider Sprachformen findet statt im Rahmen der endlichen Möglichkeiten des Menschen. Da es sich bei jedem Sprachgebrauch um eine bestimmte Sprache mit begrenzten Regeln und einem endlichen Wortschatz handelt, bieten die Sprachen zwar auf der einen Seite reiche Möglichkeiten, die Vernunft des Menschen zu entfalten, auf der anderen Seite ziehen sie aber auch die Grenzen menschlicher Erkenntnis, mit denen es umzugehen gilt. Vor dem Hintergrund der behandelten Textpassagen ist deutlich geworden, wie sich bei Herder der Blick für die verschiedenen Möglichkeiten des Sprachenvergleichs erweitert. Seine feste Bindung an die christliche Tradition und die Überzeugung, dass die hebräische Sprache die Ursprache aller Sprachen sei, verhindern eine weitergehende Position, die sich erst im 19. Jahrhundert bei Humboldt und Nietzsche entwickelt. Herder konnte nicht mehr zur Kenntnis nehmen, dass die europäischen Sprachen zusammen mit verschiedenen Sprachen Indiens und des Vorderen Orients eine große Sprachfamilie bilden. Mit der Verbreitung dieser Einsicht tritt der Vergleich der Sprachen in eine neue Phase der Forschung.

1.8 Wilhelm von Humboldt

Wilhelm von Humboldt (1767–1835) wirkte als Politiker und Gelehrter.[49] Er ist zwar der Begründer der Humboldt-Universität zu Berlin, war selber aber nie als Professor an einer Universität tätig. Seine Versuche, dem Wesen des Menschen auf die Spur zu kommen, reichen zurück in die 90er Jahre des 18. Jahrhunderts. In einem unveröffentlichten Manuskript mit dem Titel *Plan einer vergleichenden Anthropologie* entwirft Humboldt ein beeindruckendes Bild von der schöpferischen Entfaltung menschlicher Kultur. In diesem Text kommt er nur beiläufig auf die Sprache zu sprechen. Zu diesem Zeitpunkt hatte er das Thema, das zum Zentrum seiner späteren Studien werden sollte, noch nicht entdeckt. Erst die beiden Reisen, die er von Paris aus 1799 und 1801 in das Baskenland unternahm, brachten ihn mit einer fremden Sprache in Kontakt, die seinen Forschungen eine neue Ausrichtung geben sollte. Bei der baskischen Sprache handelt es sich um eine »isolierte Sprache«, die keiner bisher bekannten Sprachfamilie zugeordnet werden kann. Humboldt, der sich selbstverständlich in den klassischen Sprachen Griechisch und Latein bestens auskannte und auch andere lebende Sprachen Europas erlernt hatte, stieß mitten in Europa auf eine fremde Sprache, die anderen Regeln gehorchte als jene Sprachen, die er kannte. Angefeuert durch diese Neuentdeckung begann er, sich immer

---

[49] Zu Humboldts Leben und Werk vgl. Borsche, Wilhelm von Humboldt.

Wilhelm von Humboldt

intensiver dem Sprachenstudium zu widmen. Er sammelte Materialien zu den Sprachen Amerikas, wobei er auch von seinem Bruder Alexander von Humboldt unterstützt wurde. Mit großem Eifer lernte er Sanskrit, die Sprache, die zu Beginn des 19. Jahrhunderts zur Neuinterpretation der europäischen Geistesgeschichte beigetragen hatte. Schließlich studierte er Chinesisch und verschiedene malaiische Sprachen. Darüber hinaus sammelte er alle Literatur, die zur damaligen Zeit das Thema Sprache behandelte.

Es waren aber nicht nur die empirischen Fakten zu den verschiedenen Sprachen, die ihn bewegten. Ihm ging es vielmehr um das Wesen der Sprache und der Sprachen selbst. Je mehr er sich mit den verschiedenen Sprachen beschäftigte, umso deutlicher wurde ihm, dass die Sprache das eigentliche »Organ des Denkens« bildet. Bei Humboldt bilden Sprachwissenschaft und Sprachphilosophie eine innige Einheit. Die Betrachtung der verschiedenen Sprachen wird zum Zentrum einer Philosophie, nach der Denken und Sprache so eng miteinander verwoben sind, dass das eine nicht ohne das andere existieren kann. Sprache wird mithin zum eigentlichen Medium, durch das sich die Welt erschließt. Denn ein differenzierendes Bewusstsein von der Welt hat der Mensch nach Humboldt nur im Medium der Sprache. Mit diesem Gedanken hat sich das Vorhaben des Vergleichs der verschiedenen Sprachen zu einem eigenständigen philosophischen Ansatz vertieft, der im 20. Jahrhundert und darüber hinaus eine breite Wirkung entfaltet hat. Im Folgenden möchte ich anhand von ausgewählten Zitaten die Position Humboldts in ihren Grundzügen vorstellen.

»[…] Weltansicht aber ist die Sprache nicht bloß, weil sie, da jeder Begriff soll durch sie erfaßt werden können, dem Umfang der Welt gleichkommen muß, sondern auch deswegen, weil erst die Verwandlung, die sie mit den Gegenständen vornimmt, den Geist zur Einsicht des von dem Begriff der Welt unzertrennlichen Zusammenhanges fähig macht. Denn erst indem sie den Eindruck der Wirklichkeit auf die Sinne und die Empfindung in das, als Organ des Denkens eigens vorbereitete Gebiet der artikulierten Töne hinüberführt, wird die Verknüpfung der Gegenstände mit den klaren und reinen Ideen möglich, in welchen der Weltzusammenhang ans Licht tritt. Der Mensch lebt auch hauptsächlich mit den Gegenständen, so wie sie ihm die Sprache zuführt, und da Empfinden und Handeln in ihm von seinen Vorstellungen abhängt, sogar ausschließlich so.«[50]

---

[50] Wilhelm von Humboldt, Über die Verschiedenheit des menschlichen Sprachbaues, in: Schriften zur Sprachphilosophie, 224.

Die Frage nach Sprache und Sprachen in der europäischen Philosophie

Die zentrale These lautet: Sprache ist Weltansicht. An diesem Punkt geht es noch nicht um die verschiedenen Sprachen, sondern darum, was es für den Menschen bedeutet, Sprache zu besitzen. Zugespitzt könnte man die These variieren: Ohne Sprache wird die Welt für den Menschen nicht zur Welt. Erst in der Verwandlung der Gegenstände in Sprache werden die Gegenstände und damit die Welt zu einem *Zusammenhang*, über den man nachdenken kann und der besprechbar ist. Der Geist, der eine Einsicht in den Zusammenhang der Welt gewinnen möchte, kann dies nicht tun, ohne eine Möglichkeit zu haben, sich von den einzelnen, konkreten und zufälligen sinnlichen Eindrücken und Empfindungen zu lösen. In der Sprache findet eine Verwandlung all dieser sinnlichen Eindrücke und Empfindungen statt, die es erlaubt, die weltlichen Zusammenhänge auf einer neuen und anderen Ebene anzuschauen und zu objektivieren. Sprache bildet die Welt neu anhand der sprachlichen Mittel und wird somit zu einer »Welt-ansicht« mit eigenen Gesetzen. Ohne Sprache wäre der Mensch nicht fähig, den Zusammenhang der Welt zu erforschen und in sich selbst zu objektivieren. Allein der Begriff der Welt ist nur als ein sprachlich erzeugter Begriff möglich.

Die Sprache ist somit das »Organ des Denkens«, da sie die Möglichkeit in sich birgt, einen Zusammenhang von eigener Art zu stiften, in dem die verschiedenen Eindrücke eine Verknüpfung erfahren und im Rahmen der Sprache durchsichtig werden. Die artikulierten Töne, obwohl sie selber sinnlich sind, besitzen die Qualität, diesen Zusammenhang und die verschiedenen Verknüpfungen über den einzelnen Augenblick hinaus als Beziehungseinheit verstehbar zu machen. Humboldt geht so weit, zu behaupten, dass unser Empfinden und Handeln zutiefst von unseren sprachlich erzeugten und gewachsenen Vorstellungen abhängen und unser Umgang mit der Welt grundsätzlich sprachlich geprägt ist. Das Leben mit den Gegenständen wird selber sprachlich gestaltet. Sprache ist das Medium, in dem der Mensch sich eine Ansicht der Welt erzeugt. In dieser Weltansicht lebt der Mensch – je länger er darin lebt – zunehmend unbemerkt. Erst dann, wenn wir uns wiederum in der Sprache auf die Sprache selber richten, bemerken wir, wie sehr die Sprache immer schon unser Bild und unsere Wahrnehmung der Wirklichkeit mitbestimmt.

Der Gebrauch der Sprache ist ein komplexes Geschehen, an dem verschiedene Momente beteiligt sind:

»In die Bildung und den Gebrauch der Sprache geht notwendig die ganze Art der subjektiven Wahrnehmung der Gegenstände über. Denn das Wort entsteht ja aus dieser Wahrnehmung, und ist nicht ein Abdruck des Gegenstandes an sich, sondern des von diesem in der Seele erzeugten Bildes. Da aller objektiven Wahrnehmung unvermeidlich Subjektivität beigemischt ist, so kann man schon unabhängig von der Sprache jede menschliche Individualität als einen eigenen Standpunkt der Weltsicht betrachten. Sie wird aber noch viel mehr dazu durch die Sprache, da das Wort sich, der Seele gegenüber, auch wieder selbst zum Objekt macht, und eine neue, vom Subjekt sich absondernde Eigentümlichkeit hinzubringt, so dass nunmehr in dem Begriff ein Dreifaches liegt, der Eindruck des Gegenstandes, die Art der Aufnahme desselben im Subjekt, die Wirkung des Worts, als Sprachlaut. In dieser letzten herrscht in derselben Sprache notwendig eine durchgehende Analogie, und da nun auch auf die Sprache in derselben Nation eine gleichartige Subjektivität einwirkt, so liegt in jeder Sprache eine eigentümliche Weltsicht.«[51]

In dem Zitat wird die Sprache als etwas Drittes gedeutet, das sich zwischen subjektiver und objektiver Wahrnehmung etabliert. Sprache ist demnach nicht ein bloßer Abdruck der Gegenstände, sondern aus dem Zusammenwirken von objektiven und subjektiven Anteilen entsteht Sprache als ein Mittleres zwischen Objektivität und Subjektivität. Die Sprache gehört einem Bereich an, der weder nur objektive Tatsachen abbildet noch nur subjektive Empfindungen zum Ausdruck bringt. In ihr verbinden sich Objektives und Subjektives auf eine eigentümliche Weise, so dass der Mensch in der Sprache zugleich innen und außen ist. Sprache verbindet den Menschen in besonderer Weise mit Dingen und Menschen. In der Sprache als einem Zwischenbereich von Welt und Mensch bilden sich die Welt, die anderen Menschen und der Einzelne in eigener Weise.

Humboldt unterscheidet drei Hauptmomente in der Bildung und im Gebrauch von Sprache: 1. Der Eindruck des Gegenstandes, 2. die Art der Aufnahme im Subjekt und 3. die Wirkung des Wortes in einer Sprache. Zwischen den beiden ersten Polen entfaltet sich ein eigener Bereich der Wirkungen, der sich mit sprachlichen Äußerungen verbindet. Es sind die Wirkungen der Wörter, die innerhalb einer Sprache in »Analogie« zueinander stehen. Analogie bezeichnet dabei ein Verhältnis, das weder in völliger Gleichheit noch in völliger Verschiedenheit besteht. Die Wirkungen der Wörter in einer Sprache entsprechen einander bei verschiedenen Menschen, sind aber niemals ganz identisch,

---

[51] Ebd., 223 f.

Die Frage nach Sprache und Sprachen in der europäischen Philosophie

da sie immer auch in Verbindung mit der Subjektivität des Einzelnen entstehen und hervorgebracht werden. Durch das Wirken der Analogien und durch die Weise, wie Sprache hervorgeht, ist es dennoch möglich, dass eine Sprache entsteht, die als Sprache über den einzelnen Menschen hinausgeht. Zum einen gehört mir die Sprache ganz an, weil ich sie immer in mir hervorbringen muss. Zum anderen gehört sie mir aber nicht alleine an, da ich zusammen mit anderen Menschen in einer Sprache lebe und weil notwendig auch anderes (Menschen und Dinge) als ich selbst am Hervorbringen der Sprache beteiligt ist. In diesem Sinne wird jeder Mensch schon früh in die Weltansicht einer bestimmten Sprache hineinerzogen. Je mehr ich die betreffende Sprache beherrsche, umso freier werde ich in ihrem Gebrauch, der sich dadurch verändert und erneuert. Das eigentümlich individuelle *und* gemeinsame Hervortreten einer bestimmten Sprache im Rahmen einer Gemeinschaft beschreibt Humboldt mit folgenden Worten:

»Das Dasein der Sprachen beweist aber, dass es auch geistige Schöpfungen gibt, welche ganz und gar nicht von Einem Individuum aus auf die übrigen übergehen, sondern nur aus der gleichzeitigen Selbsttätigkeit Aller hervorbrechen können. In den Sprachen also sind, da dieselben immer eine nationelle Form haben, die Nationen, als solche, eigentlich und unmittelbar schöpferisch.«[52]

Das Hervorbringen und das Leben einer Sprache ist niemals nur Sache einzelner Individuen. In Millionen von sprachlichen Äußerungen wird jede einzelne Sprache immer wieder neu am Leben erhalten und dabei zugleich erweitert und verändert. In jedem einzelnen Gespräch zwischen Menschen wird dies erneut bestätigt. Wenn Humboldt an dieser Stelle von »Nationen« spricht, so regt sich heute vermutlich Widerstand gegen diese Bezeichnung und die einfache Gleichsetzung von Sprache und Nation. Heute könnte man offener von »Kulturen« sprechen, obgleich auch dies im Rahmen der Vielfalt der Sprachen und der Wirkweisen von Sprache nicht wirklich zutrifft. Denn Sprachen halten sich weder an nationale noch an kulturelle Grenzen. Dort, wo die Sprechergemeinschaft einer einzelnen Sprache entsteht, wird diese Sprache lebendig. Heute können wir nicht mehr mit ähnlicher Leichtigkeit Einteilungen vornehmen, wie Humboldt sie noch für sinnvoll halten konn-

---

[52] Humboldt, Über die Verschiedenheit des menschlichen Sprachbaues und ihren Einfluss auf die geistige Entwicklung des Menschengeschlechts, in: Schriften zur Sprachphilosophie, 410.

te. Aber der Widerstand, der sich im Rahmen der Bezeichnungen regt, ist selber nichts anderes als eine Antwort auf Wahrnehmungen und Erfahrungen, die nach neuen sprachlichen Formulierungen suchen. Auch wenn der Zusammenhang von Sprache und Nation heute nicht mehr auf diese Weise gedacht werden kann, so bleibt die Beobachtung immer noch zutreffend, dass jede Sprache unablässig aus der gemeinsamen und selbsttätigen Bewegung vieler hervorgeht. Sprache ist daher immer eine Tätigkeit:

»Die Sprache, in ihrem wirklichen Wesen aufgefaßt, ist etwas beständig und in jedem Augenblicke Vorübergehendes. Selbst ihre Erhaltung durch die Schrift ist immer nur eine unvollständige, mumienartige Aufbewahrung, die es doch erst wieder bedarf, dass man dabei den lebendigen Vortrag zu versinnlichen sucht. Sie selbst ist kein Werk (Ergon), sondern eine Tätigkeit (Energeia). Ihre wahre Definition kann daher nur eine genetische sein. Sie ist nämlich die sich wiederholende Arbeit des Geistes, den artikulierten Laut zum Ausdruck des Gedankens fähig zu machen. Unmittelbar und streng genommen, ist dies die Definition des jedesmaligen Sprechens [...]. Das Zerschlagen in Wörter und Regeln ist nur ein totes Machwerk wissenschaftlicher Zergliederung.«[53]

Wenn wir gewöhnlich von der französischen, englischen oder japanischen Sprache sprechen, so kann der Eindruck entstehen, als ob diese Sprachen als bloße Fakten vorliegen würden und sie sich durch Grammatiken und Wörterbücher vergegenständlichen ließen. Beginnt man aber eine fremde Sprache zu erlernen, so wird schnell deutlich, dass sich die einzelnen Sprachen als festliegende Objekte entziehen und immer nur im konkreten Sprachgebrauch, sei er mündlich oder schriftlich, lebendig werden. Humboldt geht daher mit seiner berühmten Auffassung, dass Sprache nicht ein »Werk« *(ergon)*, sondern eine »Tätigkeit« *(energeia)* sei, zurück auf den Akt der Hervorbringung und das Entstehen von Sprache. Er lenkt den Blick weg von Regeln und Wörtern, die eine Sprache auszumachen scheinen, hin auf den Prozess, in dem und durch den Sprache entsteht. Mit dieser dynamischen Sicht von Sprache werden Prozesse menschlicher Wirklichkeitsbildung in die Aufmerksamkeit gehoben, die gewöhnlich nicht bewusst werden. Die »genetische« Betrachtung ist in vielerlei Hinsicht von entscheidender Bedeutung. Denn wäre eine Sprache nur ein feststehendes Gebäude, an dem

---

[53] Ebd., 418 f.

sich unter keinen Umständen etwas ändern könnte, so wären wir alle in die von uns erlernten Sprachen eingesperrt. Sprachen kämen dann Käfigen gleich, die keinen Bezug zueinander aufnehmen könnten. Im 20. Jahrhundert sind Sprachen und ihre Verbindung zur Kultur immer wieder in dieser Weise missverstanden worden. Man deutete die Sprachen und ihre jeweilige »Weltansicht« als statische Größe und ließ die Dynamik und Prozessualität der Sprache aus dem Blick geraten. Wie bereits dargestellt, bedeutet der Gedanke der »Weltansicht« bei Humboldt kein Eingesperrtsein in eine begrenzte Weltanschauung, sondern ist in radikalem Sinne ein erkenntnistheoretischer Vorgang, durch den sich im Rahmen des Sprachgebrauchs Welt in eigener Weise erschließt. Die Welterschließung selber ist dabei immer in Bewegung, genauso wie die Sprache als Tätigkeit gedacht nie stillsteht. Dass dieser Prozess immer in einer bestimmten Sprachform und Sprache stattfindet, eröffnet eine Vielfalt von Wirklichkeitserschließungen, die jeweils anderes in den Vordergrund rücken lassen. Erst in dieser Perspektive macht die Frage nach dem Zusammenhang von Sprachen und Kulturen bzw. Lebensformen einen philosophischen Sinn. Sie birgt die fruchtbare Möglichkeit, in ein Gespräch über diese Verschiedenheiten einzutreten, immer in dem Bewusstsein, dass dies in einer bestimmten Sprache geschieht. Allem Sprachgebrauch ist eine dynamische Form von Wirklichkeitserschließung eigen, wobei die strukturellen Gewichtungen, die durch die Grammatik und den Wortschatz vorgegeben sind, in hohem Maße variieren. Durch diese Differenzen ist ein Verstehen zwischen verschiedenen Sprachen nicht grundsätzlich unmöglich, dennoch bewegt sich ein Verstehen immer im Rahmen seiner eigenen Grenzen. Diese Grenzen der eigenen Sprache und des eigenen Verstehens können jedoch selbst durch die Einsicht in die Weisen der sprachlichen Welterschließung erkannt werden.

»Die Menschen verstehen einander nicht dadurch, dass sie sich Zeichen der Dinge wirklich hingeben, auch nicht dadurch, dass sie sich gegenseitig bestimmen, genau und vollständig denselben Begriff hervorzubringen, sondern dadurch, dass sie gegenseitig in einander dasselbe Glied der Kette ihrer sinnlichen Vorstellung und inneren Begriffserzeugungen berühren, dieselbe Taste ihres geistigen Instruments anschlagen, worauf alsdann in jedem entsprechende, nicht aber dieselben Begriffe hervorspringen. Nur in diesen Schranken und mit diesen Divergenzen kommen sie auf dasselbe Wort zusammen. Bei der Nennung des gewöhnlichen Gegenstandes, z. B. eines Pferdes meinen sie alle dasselbe Tier, jeder aber schiebt dem Wort eine andere Vorstellung, sinnlicher oder rationeller, lebendiger, als einer Sache oder näher den toten Zeichen u. s. f. unter.«[54]

Das Verständnis der Sprache bei Humboldt hat grundlegende Folgen für das Verstehen des »Verstehens«. Humboldt zeigt, wie sich im gemeinsamen Gespräch der Gebrauch von Wörtern nicht wie ein bloßer Mechanismus verhält, der ohne jeden Verlust beim anderen Menschen in jeder Hinsicht die gleiche Wirkung hervorruft. Vielmehr verbindet jeder Mensch mit einzelnen Wörtern sehr unterschiedliche Assoziationen. Auch wenn sie an der Oberfläche schnell bei der Bezeichnung von Dingen übereinkommen können, so ist dennoch vom Prozess des Sprachgebrauchs her gesehen der Bedeutungsrahmen ein je anderer. Humboldt bezeichnet dieses Übereinkommen, das zugleich ein Nichtübereinkommen ist, mit dem Wort »entsprechen«. Ähnlich wie das Wort »Analogie« bedeutet »entsprechen« bzw. »Entsprechung«, dass sich nicht einfach Gleiches ereignet, sondern Ähnliches, das gleichwohl eine Verständigung ermöglicht.

Erst wenn wir beginnen, die Verständigung über einzelne Sachverhalte zu vertiefen, können wir bemerken, dass bisher als unstrittig Angesehenes sich in verschiedene Verstehensmöglichkeiten aufzulösen beginnt. Dies ist besonders dann zu beobachten, wenn ein Kleinkind immer wieder das gerade Erklärte in Frage stellt und letztlich die Erklärung in einer Tautologie endet, wie z. B. Zeit ist eben Zeit. Nehmen wir diesen Prozess der Sprache ernst, so vertieft, erneuert und erweitert sich die Sprache und das Verstehen immer wieder aufs Neue, ohne jemals an ein Ende zu kommen. An anderer Stelle fasst Humboldt den entwickelten Gedanken in folgender Weise zusammen:

»Keiner denkt bei dem Wort gerade das, was der andre denkt, und die noch so kleine Verschiedenheit zittert, wenn man die Sprache mit dem beweglichsten aller Elemente vergleichen will, durch die ganze Sprache fort. Bei jedem Denken und Empfinden kehrt, vermöge der Einerleiheit der Individualität, dieselbe Verschiedenheit zurück, und bildet eine Masse aus einzeln Unbemerkbarem. Alles Verstehen ist daher immer zugleich ein Nicht-Verstehen, eine Wahrheit, die man auch im praktischen Leben trefflich benutzen kann, alle Übereinstimmung in Gedanken und Gefühlen zugleich ein Auseinandergehen. Dies wird nur da nicht sichtbar, wo es sich unter der Allgemeinheit des Begriffs und der Empfindung verbirgt; wo aber die erhöhte Kraft die Allgemeinheit durchbricht, und auch für das Bewußtsein schärfer individualisiert,

---

[54] Ebd., 559 f.

da tritt es deutlich ans Licht. So wird niemand ableugnen, dass jeder bedeutende Schriftsteller seine eigene Sprache besitzt.«[55]

Man könnte Humboldt nach diesen Äußerungen vorwerfen, dass unter diesen Umständen kein Verstehen unter Menschen möglich sei. Wenn jedes »Verstehen« zugleich ein »Nicht-Verstehen« und die »Übereinstimmung« zugleich ein »Auseinandergehen« ist, so scheint ein Verstehen ausgeschlossen. Dringt man jedoch in den Gedanken ein, so lässt sich der Vorwurf nicht aufrechterhalten. Humboldt versucht mit seiner Deutung sprachlicher Verständigung der sich ausschließenden Alternative von »Verstehen« oder »Nicht-Verstehen« zu entgehen. Der philosophische Grund hierfür ist, dass Humboldt ähnlich wie Kant davon ausgeht, dass im Rahmen *menschlicher* Erkenntnis kein absolutes Erkennen und Verstehen möglich ist. In der Tradition der europäischen Philosophie wurde diese Möglichkeit vor allem dem Erkennen Gottes zugesprochen. Die Menschen hingegen können nur in endlicher Weise erkennen und verstehen. Während Kant die Endlichkeit des Erkennens im Rahmen einer reinen, also sprachunabhängigen Erkenntniskritik entwickelt hat, deckt Humboldt die für das Erkennen konstitutive Funktion von Sprache auf und gelangt auf einem anderen Weg zu einem ähnlichen Ergebnis. Durch seine Analyse der Sprache und des Sprachgebrauchs wird dem Menschen zum einen die eigene Endlichkeit gezeigt, aber zum anderen auch deutlich gemacht, dass die verschiedenen Sprachen einen Reichtum der Möglichkeiten von Welterschließung geschaffen haben, der noch längst nicht ausgeschöpft ist. Hier zeichnet sich die Möglichkeit ab, durch das Kennenlernen und Erlernen verschiedener Sprachen philosophische Potentiale des Denkens zu erschließen, die z. B. bisher in der europäischen Tradition verschlossen geblieben sind, da die wichtigen Sprachen dieser Tradition die Aufmerksamkeit und das Verstehen beständig in eine bestimmte Richtung gelenkt haben, so dass andere Möglichkeiten, selbst wenn sie auch in Europa vereinzelt gedacht wurden, immer wieder aus dem Blick gedrängt worden sind. Hier kommt nun die Frage nach der grundsätzlichen Vielfalt der Sprache in den Blick.

»Die Sprache erscheint in Wirklichkeit nur als ein Vielfaches. Wenn man allgemein von Sprache redet, so ist dies eine Abstraktion des Verstandes; in der

---

[55] Humboldt, Über die Verschiedenheit des menschlichen Sprachbaues, in: Schriften zur Sprachphilosophie, 228.

Tat tritt die Sprache immer nur als eine besondre, ja nur in der allerindividuellsten Gestalt, als Mundart, auf.«[56]

Schon am Anfang der Überlegungen tauchte die Frage auf, was eigentlich unter Sprache zu verstehen sei. Bei der vorläufigen Beantwortung wurde zunächst versucht, nach den verschiedenen Bedeutungen von Sprache im Sprachgebrauch zu fragen. Es stellte sich dabei heraus, dass zumeist unter Sprache *verschiedene* Sprachen verstanden werden. Humboldt meint an dieser Stelle aber nicht nur dies, sondern den Sachverhalt, dass über Sprache zwar im Allgemeinen gesprochen werden kann, aber dies wiederum nur in einer *bestimmten* Sprache geschieht. Wir können nicht in einer von allen Einzelsprachen unabhängigen allgemeinen Sprache über Sprache sprechen. Jedes Sprechen und jeder Sprachgebrauch geschehen in einer bestimmten Sprache. Ist dies nicht der Fall, bleibt das Sprechen unverständlich. Sprache und Sprachen verschränken sich somit auf besondere Weise. Ohne die Möglichkeit von Sprache als Sprache im Allgemeinen gäbe es keine Sprachen. Ohne die verschiedenen Sprachen könnte der Gedanke einer Sprache im Allgemeinen aber nicht in Erscheinung treten. Selbst wenn in der Philosophie formale Sprachen versuchen, die Unschärfe und Vielheit der natürlichen Sprachen durch Steigerung der Allgemeinheit von Zeichen zu überwinden, so zeigt die Verschiedenheit der formalen Sprachen selbst, dass bisher noch keine formale Sprache entwickelt werden konnte, die einen absoluten und damit unbedingten Blick auf alle anderen Sprachen ermöglicht. Denn auch formale Sprachen kommen nicht ohne Bestimmungen und Eingrenzungen aus. Es lässt sich somit nach Humboldt im Rahmen menschlicher Möglichkeiten kein sprachlicher Standpunkt finden, von dem aus man einen absoluten und uneingeschränkten Blick auf Sprache und Sprachen werfen kann. Auch dies ist eine Konsequenz des Gedankens, dass Verstehen immer zugleich ein Nicht-Verstehen ist. Jede Sprachäußerung findet immer schon im Rahmen bestimmter Sprachformen statt. Der Mensch ist aber dennoch nicht nur in eine Sprache eingesperrt, sondern durch die Allgemeinheit der *Möglichkeit* von Sprache kann er hinübergehen in eine andere Sprache, was jedoch mit bestimmten Konsequenzen verbunden ist:

»Durch denselben Akt, vermöge dessen der Mensch die Sprache aus sich heraus spinnt, spinnt er sich in dieselbe ein, und jede Sprache zieht um die Na-

---

[56] Ebd., 295.

Die Frage nach Sprache und Sprachen in der europäischen Philosophie

tion, welcher sie angehört, einen Kreis, aus dem nur insofern hinauszugehen möglich ist, als man zugleich in den Kreis einer andren Sprache hinübertritt. Die Erlernung einer fremden Sprache sollte daher die Gewinnung eines neuen Standpunktes in der bisherigen Weltansicht sein, da jede das ganze Gewebe der Begriffe und der Vorstellungsweise eines Teils der Menschheit enthält. Da man aber in eine fremde Sprache immer mehr oder weniger seine eigene Welt-, ja seine eigene Sprachansicht hinüberträgt, so wird dieser Erfolg nie rein und vollständig empfunden.«[57]

Gewöhnlich geschieht das Hervorbringen von Sprache bei den meisten Menschen durch das Erlernen einer Muttersprache in ihrer Kindheit. Indem die Menschen bereits in frühen Jahren in eine Sprache hineinwachsen, bleibt von dem frühen Prozess des Hineinwachsens selbst kaum eine bewusste Erinnerung zurück. So wird die Sprache, die das Kind aus sich heraus spinnt, immer mehr zu einer Selbstverständlichkeit. Je mehr der Mensch sich in einer Sprache auszudrücken lernt, umso mehr wird er von dieser Sprache umfasst und lebt somit *in* einer Sprache. Da in wachsendem Maße alles durch eine bestimmte Sprache besprechbar und denkbar zu werden scheint, nimmt in gleichem Maße die Vorstellung ab, etwas könnte auch anders gedacht und zum Ausdruck gebracht werden. Erst wenn dieser Prozess durch das Erlernen einer anderen Sprache durchkreuzt wird, tritt die Erfahrung einer Differenz auf. Zunächst ist die Erfahrung der Differenz nicht besonders stark, da man weiterhin von der eigenen Sprache her denkt und geneigt ist, alles in sie zurückzuübersetzen. Erst wenn sich die andere Sprache nach und nach als eine andere Weltansicht etabliert und so flüssig wird, dass mit dem Sprechen auch der Körper reagiert, kann die Differenzerfahrung zu einem lebendigen Element im eigenen Denken werden. Letztlich wird dann die »Entsprechung« zwischen verschiedenen Sprachen im einzelnen Menschen erfahren. Man bemerkt, dass bestimmte Gedanken in der einen Sprache sich leicht formulieren lassen und in der anderen sich schon aufgrund der Struktur eher Schwierigkeiten im Ausdruck ergeben. Besonders auffällig ist, wenn sich in der einen Sprache in einem Wort im Laufe der Zeit ein komplexer Zusammenhang gebündelt hat (z. B. Wahrheit, Vernunft, Gott usw.), der in der anderen Sprache nur in der Kombination von verschiedenen Gedanken und Wörtern zum Ausdruck gebracht werden kann. Selbst wenn es fast nicht möglich ist, eine fremde Sprache so weit zu erlernen, dass in ihr

---

[57] Ebd., 224 f.

die gleiche Spontaneität des Ausdrucks im Vergleich zur eigenen Muttersprache gefunden wird, so bietet die Erfahrung des Erlernens einer anderen Sprache auf verschiedenen Ebenen eine Bereicherung der eigenen Wirklichkeitserfahrung. So ist es auch für das Philosophieren, ohne die Philosophie allein darauf festlegen zu wollen, von unschätzbarem Wert, die Verschiedenheit der Sprachen für das eigene Denken fruchtbar zu machen.

Um diese Erfahrung zu motivieren, müsste das Erlernen der Sprache selber in einem Bewusstsein dieser Möglichkeit geschehen. Solange das Erlernen nur ein Auswendiglernen von Stammformen und Grammatikregeln bleibt, die in ihrer inhaltlichen Bedeutung nicht verstanden werden, kann sich die genannte Erfahrung kaum einstellen. Einer solchen veräußerlichten Vorstellung vom Erlernen der Sprachen leisten zumeist die Grammatik-Bücher Vorschub. Ohne einen Sinn für die Formen selber zu wecken, liefern sie Tabellen und Regeln. Hinzu kommt, dass die meisten Grammatiken anhand der Form des Lateinischen erstellt worden sind. Dies kann zu dem Eindruck führen, dass letztlich alle Sprachen eine sehr ähnliche Form aufweisen. Bei genauerem Hinsehen kann man dann erstaunt feststellen, dass durch dieses Vorgehen ganze grammatische Formen unterschlagen und aufgeteilt in verschiedene Einzelelemente unter anderen Formen behandelt werden. Ein Beispiel hierfür wird im vierten Kapitel ausführlicher besprochen. In diesem Sinne müssen die folgenden Worte Humboldts sehr ernst genommen werden:

»Da man nämlich gewöhnlich zu dem Studium einer unbekannten Sprache von dem Gesichtspunkt einer bekannteren, der Muttersprache, oder der Lateinischen, hinzugeht, so sucht man auf, wie die grammatischen Verhältnisse dieser in der fremden bezeichnet zu werden pflegen, und benennte nun die dazu gebrauchten Wortbeugungen oder Stellungen geradezu mit dem Namen der grammatischen Form, die in jeder Sprache, oder auch nach allgemeinen Sprachgesetzen dazu dient. Sehr häufig sind diese Formen aber gar nicht in der Sprache vorhanden, sondern werden durch andre ersetzt und umschrieben. Man muß daher, um diesen Fehler zu vermeiden, jede Sprache dergestalt in ihrer Eigentümlichkeit studieren, dass man durch genaue Zergliederung ihrer Teile erkennt, durch welche bestimmte Form sie, ihrem Baue nach, jedes grammatische Verhältnis bezeichnet.«[58]

---

[58] Humboldt, Über das Entstehen der grammatischen Formen, und ihren Einfluß auf die Ideenentwicklung, in: Schriften zur Sprachphilosophie, 35.

Die Frage nach Sprache und Sprachen in der europäischen Philosophie

Vor dem Hintergrund dieser Einsichten könnte ein Unterricht von Sprachen entwickelt werden, der den Sinn für die jeweilige Sprache weckt und die Sprache nicht als ein totes Gerippe vermittelt. Im nächsten Zitat fasst Humboldt verschiedene der bis jetzt vorgestellten Gedanken noch einmal zusammen und geht dann noch einen Schritt weiter:

»Man kann den Wortvorrat einer Sprache auf keine Weise als eine fertig daliegende Masse ansehen. Er ist, auch ohne ausschließlich der beständigen Bildung neuer Wörter und Wortformen zu gedenken, so lange die Sprache im Munde des Volks lebt, ein fortgehendes Erzeugnis und Wiedererzeugnis des wortbildenden Vermögens, zuerst in dem Stamme, dem die Sprache ihre Form verdankt, dann in der kindischen Erlernung des Sprechens und endlich im täglichen Gebrauche der Rede. Die unfehlbare Gegenwart des jedesmal notwendigen Wortes in dieser ist gewiß nicht bloß Werk des Gedächtnisses. Kein menschliches Gedächtnis reicht dazu hin, wenn nicht die Seele instinktartig zugleich den Schlüssel zur Bildung der Wörter selbst in sich trüge. Auch eine fremde erlernt man nur dadurch, dass man sich nach und nach, sei es auch nur durch Übung, dieses Schlüssels zu ihr bemeistert, nur vermöge der Einerleiheit der Sprachanlagen überhaupt und der besonderen zwischen einzelnen Völkern bestehenden Verwandtschaft derselben.«[59]

Der zentrale neue Gedanke, den Humboldt hier einführt, ist die Gleichheit der »Sprachanlagen« bei allen Menschen. Sein Argument geht dahin, dass durch die Anlage und Möglichkeit von Sprache im Menschen eine Analogie zwischen allen Sprachen herrscht. Wenn dies nicht der Fall wäre, so könnte es Sprachen geben, die *prinzipiell* nicht verstehbar sind, wodurch sie letztlich nicht mehr als Sprachen bezeichnet werden können. Es gibt somit eine Ebene, auf der Sprache in aller Allgemeinheit betrachtet werden kann, was jedoch auch wieder nur in einer bestimmten Sprache geschehen kann. Es handelt sich somit nicht um eine Allgemeinheit im anthropologischen Sinne, sondern um eine sprachlich erzeugte Allgemeinheit, die aber dennoch notwendig gedacht werden muss. Im Falle des Erlernens einer anderen Sprache tritt diese Ebene der Allgemeinheit von Sprache in der Weise in den Vordergrund, dass nach einer Zeit Verstehen möglich wird, allerdings immer unter den Bedingungen, die Humboldt für jedes menschliche und sprachliche Ver-

---

[59] Humboldt, Über die Verschiedenheit des menschlichen Sprachbaues und ihren Einfluss auf die geistige Entwicklung des Menschengeschlechts, in: Schriften zur Sprachphilosophie, 480 f.

stehen markiert hat. Es gibt Sprachforscher, die vor allem vom Gedanken der Gleichheit der Sprachanlagen fasziniert worden sind und dabei die Vielfalt der Sprachen und ihre Bedeutung für den Sinn von Sprache fast vergessen haben. Das folgende Zitat bekräftigt, dass Humboldt die allgemeine Ebene, in der sich alle Sprachen treffen, für wichtig hielt:

»Es läßt sich zwar allerdings ein solcher Mittelpunkt aller Sprachen suchen, und wirklich finden, und es ist notwendig, ihn, auch bei dem vergleichenden Sprachstudium sowohl dem grammatischen, als [auch] lexikalischen Teile, nicht aus den Augen zu verlieren. Denn in beiden gibt es eine Anzahl von Dingen, welche ganz *a priori* bestimmt, und von allen Bedingungen einer besonderen Sprache getrennt werden können. Dagegen gibt es eine weit größere Menge von Begriffen, und auch grammatischen Eigenheiten, die so unlösbar in die Individualität ihrer Sprache verwebt sind, dass sie weder am bloßen Faden der inneren Wahrnehmung zwischen allen schwebend erhalten, noch, ohne Umänderung, in eine andere übertragen werden können. Ein sehr bedeutender Teil des Inhalts jeder Sprache steht daher in so unbezweifelter Abhängigkeit von ihr, dass ihr Ausdruck für ihn nicht mehr gleichgültig bleiben kann.«[60]

In der Terminologie Kants spricht Humboldt hier von Dingen, die im grammatischen und lexikalischen Teil ganz »a priori« seien, d. h. aller Erfahrung als Form vorausgehen. Die so bezeichneten Bestandteile würden notwendig in allen Sprachen vorhanden sein müssen, da sie zur Grundform von Sprache überhaupt gehören. Hier zeigt sich die Tendenz, die bereits bei Bacon, Leibniz und Herder zu beobachten war. Waren vor allem Bacon und Leibniz von der Idee begeistert, eine Universalsprache konzipieren zu können, so betont Humboldt – im gleichen Atemzug, mit dem er die in allen Sprachen vorhandenen Elemente hervorhebt – den weit größeren Teil der Sprachinhalte, die jeweils von der einzelnen Sprache abzuhängen scheinen. Humboldt selber war nicht daran interessiert, eine formale Sprache zu entwickeln, die sich nur um die Elemente in der Sprache kümmert, die allen Sprachen gemeinsam zu sein scheinen. Dies wird auch aus folgendem Zitat deutlich:

»Das Denken ist aber nicht bloß abhängig von der Sprache überhaupt, sondern, bis auf einen gewissen Grad, auch von jeder einzelnen bestimmt. Man hat zwar die Wörter der verschiedenen Sprachen mit allgemein gültigen Zeichen vertauschen wollen, wie dieselben die Mathematik in den Linien, Zahlen,

---

[60] Humboldt, Über das vergleichende Sprachstudium in Beziehung auf die verschiedenen Epochen der Sprachentwicklung, in: Schriften zur Sprachphilosophie, 16.

und der Buchstabenrechnung besitzt. Allein es läßt sich damit nur ein kleiner Teil der Masse des Denkbaren erschöpfen, da diese Zeichen, ihrer Natur nach, nur auf solche Begriffe passen, welche durch bloße Konstruktion erzeugt werden können, oder sonst rein durch den Verstand gebildet sind. Wo aber der Stoff innerer Wahrnehmung, und Empfindung zu Begriffen gestempelt werden soll, da kommt es auf das individuelle Vorstellungsvermögen des Menschen an, von dem seine Sprache unzertrennlich ist. Alle Versuche, in die Mitte der verschiedenen einzelnen allgemeine Zeichen für das Auge, oder das Ohre zu stellen, sind nur abgekürzte Übersetzungsmethoden, und es wäre ein törichter Wahn, sich einzubilden, dass man dadurch, ich sage nicht, aus aller Sprache, sondern auch nur aus dem bestimmten und beschränkten Kreise seiner eigenen hinausträte.«[61]

Es ist Noam Chomsky, der sich den Gedanken Humboldts im Hinblick auf das »Sprachvermögen« und die in allen Sprachen existierenden Strukturen zu eigen gemacht hat. Sein Werk ist der bedeutendste Versuch im 20. Jahrhundert, die Wissenschaft von der Sprache auf eine neue Ebene zu heben, bei der nicht die Einzelsprachen jeweils im Zentrum der Betrachtung stehen, sondern die Tiefenstrukturen der Grammatik im Allgemeinen, die für alle Sprachen gleichermaßen gelten sollen. Chomsky versuchte in hoher Abstraktion die apriorischen Schemata zu eruieren, die jeder einzelnen Sprache zugrunde liegen. Dies ist bis zu einem gewissen Grade auch möglich, wie Humboldt in dem Zitat betont. Zugleich warnt dieser aber davor, Sprache und Sprachen auf diese Strukturen zu reduzieren.[62] In diesem Sinne soll hier und im Folgenden die Position Chomskys ausdrücklich nicht einfach negiert – denn sie besitzt hinsichtlich bestimmter Forschungsziele ihre eigene Fruchtbarkeit –, sondern allein eine andere Präferenz gewählt werden. Humboldts Ansatz bietet verschiedene Wege, seine Gedanken und Interpretationen weiterzuführen. Der Gedanke, der hier besonders hervorgehoben werden und im letzten Teil auch anhand von Beispielen entwickelt werden soll, ist der Zusammenhang von Sprache(n) und Denken im Sinne eines geschichtlichen Prozesses mit schöpferischen Möglichkeiten. In diese Richtung weist das folgende Zitat:

»Durch die gegenseitige Abhängigkeit des Gedankens, und des Wortes von einander leuchtet es klar ein, dass die Sprachen nicht eigentlich Mittel sind,

---

[61] Ebd., 16.
[62] Zu einer ausführlichen Kritik der Position von Chomsky ausgehend von Humboldt und Wittgenstein vgl. Stetter, Schrift und Sprache und Trabant, Mithridates im Paradies.

die schon erkannte Wahrheit darzustellen, sondern weit mehr, die vorher unerkannte zu entdecken. Ihre Verschiedenheit ist nicht eine von Schällen und Zeichen, sondern eine Verschiedenheit der Weltsichten selbst.«[63]

Wenn die Sprache nicht als ein bloßes Werkzeug zur Abbildung einer feststehenden Außenwelt begriffen, sondern selber als Prozess verstanden wird, in dem zuvor unbekannte Wahrheit entdeckt werden kann, bieten sich auch in philosophischer Hinsicht neue Möglichkeiten. Der Sprachgebrauch selbst und die Erforschung von Sprachen erhält damit eine geschichtliche Dimension, in der sich schöpferisch Möglichkeiten des Menschseins eröffnen. Diese Möglichkeiten werden umso aussichtsreicher, je mehr auch ihrem Bau nach verschiedene Sprachen einbezogen werden. Selbst wenn in allen Sprachen bestimmte logische Funktionen gleich sein sollten, so erschöpft sich der Sprachgebrauch des Menschen nicht darin. In der gegenseitigen Aufklärung durch das Studium anderer Sprachen werden wir uns erst selbst unserer eigenen Sprache bewusst, und zugleich bietet dies die Möglichkeit, uns selbst auf neue Weise und auf einer bestimmten Ebene in Frage zu stellen. Letztlich kann Menschsein selbst ähnlich wie die Sprachen nur im konkreten Vollzug lebendig sein. Wenn dies im Zusammentreffen verschiedener Sprachen geschieht, so bringt dies auch neue Möglichkeiten des Verstehens mit sich, die eine geschichtsproduktive Bedeutung gewinnen können.

»Wenn, wie es bei der Wißbegierde unserer Zeit schwerlich fehlen kann, Indische Literatur und Sprache unter uns so bekannt werden, als es die Griechischen sind, so wird der Charakter beider einesteils Spuren in der Behandlung unserer Sprache, unserem Denken und Dichten hinterlassen, andernteils aber ein mächtiges Hilfsmittel abgeben, das Gebiet der Ideen zu erweitern, und die mannigfaltigen Wege auszuspähen, auf welchen der Mensch mit demselben vertraut wird. Von dieser Seite gewinnt die Verschiedenheit der Sprache eine welthistorische Ansicht. Das Zusammentreten verschiedenartiger Eigentümlichkeiten leiht dem Denken neue Formen, auf die nachfolgenden Geschlechter überzugehen.«[64]

---

[63] Humboldt, Über das vergleichende Sprachstudium in Beziehung auf die verschiedenen Epochen der Sprachentwicklung, in: Schriften zur Sprache, 19.
[64] Wilhelm von Humboldt, Über den Nationalcharakter der Sprachen, in: Schriften zur Sprache, 71f.

1.9 Friedrich Nietzsche

Friedrich Nietzsche (1844–1900) begann im Jahre 1864 sein Studium der Theologie zusammen mit seinem Freund Paul Deussen, dem großen Kenner der indischen Philosophie. Ein Jahr später ging Nietzsche nach Leipzig, um Altphilologie, d. h. Griechisch und Latein, zu studieren. Bereits mit 25 Jahren im Jahr 1869 erhielt er eine außerordentliche Professur für alte Sprachen in Basel. Er war bereits früh mit den Problemen der Grammatik und Übersetzung vertraut. Schon kurz nach seiner Berufung veröffentlichte er das Werk, durch das er bekannt werden sollte: *Die Geburt der Tragödie* (1872). In diesem Buch gelang ihm der Durchbruch zur Philosophie. Fortan können alle weiteren Schriften der Philosophie zugerechnet werden, auch wenn er die Erfahrungen aus dem Gebiet der Altphilologie weiterhin fruchtbar machen konnte.

In der kleinen Schrift *Ueber Wahrheit und Lüge im aussermoralischen Sinne*, Anfang der 70er Jahre des 19. Jahrhunderts in Basel entstanden und von Nietzsche nie veröffentlicht, findet sich der Ansatz zu einer philosophischen Sprachkritik, die in der Absicht gipfelt, den Begriff der objektiven Wahrheit zu entlarven. Ähnlich wie Humboldt blickt Nietzsche in der genannten Schrift in die Abgründe sprachlicher Vollzüge, die einerseits auf ihre Weise Wirklichkeit zu öffnen vermögen, aber andererseits durch die Erstarrung von sprachlichen Konventionen auch einem Dogmatismus Vorschub leisten, der nicht leicht zu durchblicken ist. Haben sich gewisse Überzeugungen einmal mit einer bestimmten sprachlichen Form verbunden, so bedarf es einer nachhaltigen Reflexion, um die erstarrten Formen aufzubrechen. Nietzsches Schrift ist anders als die Schriften Humboldts nicht in einem wissenschaftlichen Duktus verfasst. In jedem Satz spürt man vielmehr die Leidenschaft, in der er mit einem alten Erbe ringt, das vor allem das Erbe Platons ist. Seine Intuitionen, die er im späteren Werk noch weiter vertieft, wirken bis in die Philosophie unserer Tage.

»[W]ie steht es mit jenen Conventionen der Sprache? Sind sie vielleicht Erzeugnisse der Erkenntniss, des Wahrheitssinnes: decken sich die Bezeichnungen und die Dinge? Ist die Sprache der adäquate Ausdruck aller Realitäten?«[65]

---

[65] Nietzsche, Ueber Wahrheit und Lüge im aussermoralischen Sinne, in: Kritische Studienausgabe, Bd. 1, 878.

Friedrich Nietzsche

Nietzsche spricht in den drei Fragen verschiedenste Sachverhalte an: Konventionen, Sprache, Erzeugnisse, Erkenntnis, Wahrheitssinn, Bezeichnungen, Dinge, Adäquatheit, Ausdruck und Realität. All diese Sachverhalte stehen in engem Verhältnis zu einem alten Wahrheitsbegriff, nach dem Wahrheit die Übereinstimmung von Intellekt und Dingen ist (veritas adaequatio intellectus et rei). Nach diesem Begriff ist die Frage nach der Wahrheit damit verbunden, wie der menschliche Intellekt die Dinge, die er in einer Außenwelt wahrnimmt, adäquat erkennt. Vorausgesetzt ist dabei, dass dies möglich sei. Wichtig ist, dass der Gedanke einer möglichen Übereinstimmung von Intellekt und Dingen das Denken in eine bestimmte Richtung drängt. Da der Intellekt sich der Mittel der Sprache bedient, werden diese so ausgerichtet und behandelt, dass sie dem Gedanken und dem Wunsch nach Übereinstimmung dienen. Wichtig ist auch, dass in der Definition die Sprache als eigene Ebene nicht vorkommt, sondern nur als Werkzeug eine nebengeordnete Rolle spielt. In der Entwicklung der Wahrheitsidee entstehen sprachliche Konventionen, die die Überzeugung suggerieren, durch sie könne eine Übereinstimmung von Intellekt und Dingen erreicht werden. Bereits die Formulierungen der Wahrheitskriterien selbst, z. B. dass es um »die Wahrheit« geht, bewegen sich in sprachlichen Konventionen, die durch die Form des Ausdrucks bestimmte Vorentscheidungen enthalten. Solange die Sprache nur als ein äußerliches Hilfsmittel verstanden wird, das selbst in seiner Form keiner besonderen Aufmerksamkeit bedarf, bleibt das Wirken der Sprache unbemerkt.

Nietzsche stellt den Zusammenhang grundsätzlich in Frage, wonach ohne weiteres davon ausgegangen wird, dass durch Sprache »Realität« »adäquat« auszudrücken sei. Er zeigt, dass die Frage nach der adäquaten »Darstellung« von »Realität« durch Sprache selbst bereits eine Auslegung von Sprache enthält, die er nicht für angemessen hält. Die Frage nach der Adäquatheit scheint ihm fragwürdig und er vermutet, dass die Konventionen der Sprache im Rahmen der Wahrheitssuche aus der selbstverständlich vorausgesetzten Idee von Wahrheit als Übereinstimmung zwischen Sache und Idee bzw. Denken erzeugt werden, ohne dass man darauf achtet, dass sowohl die Formulierung der Idee wie auch die Ausarbeitung der Idee selbst sprachlich verfasst sind. In diesen Fragen ahnt Nietzsche, dass die Sprache selbst eine Dimension der Wirklichkeitserzeugung bildet, die im Denken und der Wahrheitssuche nicht unreflektiert bleiben darf.

Die Frage nach Sprache und Sprachen in der europäischen Philosophie

»Jetzt wird nämlich das fixirt, was von nun an ›Wahrheit‹ sein soll d. h. es wird eine gleichmässig gültige und verbindliche Bezeichnung der Dinge erfunden und die Gesetzgebung der Sprache giebt auch die ersten Gesetze der Wahrheit: denn es entsteht hier zum ersten Male der Contrast von Wahrheit und Lüge [...].«[66]

In der Frage nach Wahrheit im Sinne von Übereinstimmung wittert Nietzsche einen Prozess, der die sprachlichen Grundlagen, in denen er sich vollzieht, nur im Rahmen der benutzten Sprache verwendet, ohne diesen Rahmen selbst noch einmal in Frage zu stellen. Es werden zwar die sprachlichen Mittel der gegebenen Sprache bis in minutiöse Details hinein verfolgt, aber die Form dieser Mittel selbst nicht weiter hinterfragt. In diesem Sinne sagt Nietzsche, dass die »Gesetzgebung der Sprache« zugleich auch die ersten »Gesetze der Wahrheit« gibt und erzeugt.

Die Einsichten, die bei Humboldt im Gedanken der »Sprache als Weltansicht« zum Durchbruch gekommen sind, werden bei Nietzsche in ein sprachkritisches Philosophieren gewendet. Er ist kein Sprachwissenschaftler, dem es um die Erforschung verschiedener Sprachen geht, er steht vielmehr in der Tradition europäischen Denkens und bemerkt, dass dieses Denken auf der Grundlage von Sprachen ruht, die bisher noch kaum beachtet worden sind. Denn wenn die Sprache als »Organ des Denkens« tatsächlich mit den »Gesetzen der Wahrheit« etwas zu tun haben sollte, wäre es unumgänglich, die »Gesetzgebung der Sprache« – und der Sprachen, könnte man hinzufügen – zu studieren. Denn je länger sich ein philosophischer Sprachgebrauch nur mit einer Sprache verbindet, umso selbstverständlicher werden die Ausdrucksformen und die Überzeugung, nur so könne die Wahrheit erfasst werden.

Die Form der Fixierung der Wahrheit impliziert – und darum geht es Nietzsche in dem Zitat –, dass nun eine klare Bewertung möglich wird, anhand derer man zwischen Wahrheit und Lüge unterscheiden kann. Unbemerkt wird die Gesetzgebung der Sprache Ausgangspunkt für die »Erfindung« der Wahrheit und somit zur Grundlage für die höchsten Werte.

»Was ist ein Wort? Die Abbildung eines Nervenreizes in Lauten. Von dem Nervenreiz aber weiterzuschließen auf eine Ursache ausser uns, ist bereits das Resultat einer falschen und unberechtigten Anwendung des Satzes vom Grunde. Wie dürften wir, wenn die Wahrheit bei der Genesis der Sprache, der Gesichtspunkt der Gewissheit bei den Bezeichnungen allein entscheidend ge-

---

[66] Ebd., 877.

wesen wäre, wie dürften wir doch sagen: der Stein ist hart: als ob uns ›hart‹ noch sonst bekannt wäre und nicht nur als eine ganz subjektive Reizung! Wir theilen die Dinge nach Geschlechtern ein, wir bezeichnen den Baum als männlich, die Pflanze als weiblich: welche willkürlichen Übertragungen! Wie weit hinausgeflogen über den Canon der Gewissheit!«[67]

Nietzsche unterscheidet hier die »Genesis der Sprache« und den »Gesichtspunkt der Gewißheit« als Wahrheit. Indem beides unterschieden wird, kann deutlich werden, dass die Genesis der Sprache anderen Regeln folgt, als sich nur an äußeren »Gewißheiten« zu orientieren. Bezeichnungen entstehen in verschiedensten Situationen im Rahmen lebendigen Sprachgebrauchs, an denen vor allem auch der Körper beteiligt ist. Wenn Nietzsche behauptet, ein Wort habe mit den Nervenreizen in unserem Körper zu tun, dann meint er Ähnliches wie Humboldt, der sagt, dass jeder Sprachgebrauch mit subjektiver Wahrnehmung verbunden sei. Mit dem Kriterium der Gewissheit wird der bewegte Zusammenhang, in dem Mensch und Welt sich befinden, eingeengt auf ein faktisches Gegebensein, das selbst letztlich nur an Festigkeit interessiert ist. Denn sobald die Dinge in Bewegung geraten, ist es mit der festen und sicheren Gewissheit vorbei.

Mit seinen Beispielen vom Stein und den Geschlechtern dringt Nietzsche weiter in den Gedanken ein, dass Sprache keinesfalls in einem Abbildungsverhältnis zur äußeren Welt steht. Denn all die Qualitäten, die einen sprachlichen Ausdruck gefunden haben, stehen immer im Zusammenhang mit unseren Empfindungen. Die Qualität der »Härte« könnte allein sprachlich nicht vermittelt werden. Was kann es dann aber bedeuten, dass Sprache und Realität in einem »ursächlichen« Verhältnis zueinander stehen? Bei genauerem Hinsehen entstehen Fragen über Fragen, die weiter in das Wirken der Sprache vordringen lassen.

»Welche willkürlichen Abgrenzungen, welche einseitigen Bevorzugungen bald der bald jener Eigenschaft eines Dinges! Die verschiedenen Sprachen neben einander gestellt zeigen, dass es bei den Worten nie auf die Wahrheit, nie auf einen adäquaten Ausdruck ankommt: denn sonst gäbe es nicht so viele Sprachen. Das Ding an sich (das würde eben die reine folgenlose Wahrheit sein) ist auch dem Sprachbildner ganz unfasslich und ganz und gar nicht erstrebenswert. Er bezeichnet nur die Relationen der Dinge zu den Menschen und nimmt zu deren Ausdrucke die kühnsten Metaphern zu Hülfe. Ein Nervenreiz zuerst übertragen in ein Bild! erste Metapher. Das Bild wieder nach-

---

[67] Ebd., 878.

geformt in einem Laut! Zweite Metapher. Und jedesmal vollständiges Ueberspringen der Sphäre, mitten hinein in eine ganz andere und neue. […] Wir glauben etwas von den Dingen selbst zu wissen, wenn wir von Bäumen, Farben, Schnee und Blumen reden und besitzen doch nichts als Metaphern der Dinge, die den ursprünglichen Wesenheiten ganz und gar nicht entsprechen. […] Logisch geht es also jedenfalls nicht bei der Entstehung der Sprache zu, und das ganze Material worin und womit später der Mensch der Wahrheit, der Forscher, der Philosoph arbeitet und baut, stammt, wenn nicht aus Wolkenkukuksheim, so doch jedenfalls nicht aus dem Wesen der Dinge.«[68]

Nietzsche verweist auf die verschiedenen Sprachen als Argument dafür, dass die »Abgrenzungen« und »Bevorzugungen« in der Sprache so unterschiedlich ausfallen. Vergleicht man verschiedene Sprachen, so fällt schnell auf, dass Unterscheidungen durch bestimmte in einer Sprache zur Verfügung stehende Wörter und Wortfelder sehr verschieden ausfallen können. Ein einfaches, aber doch klares Beispiel hierfür ist das englische Wort »mind«. Immer wieder gibt es Probleme selbst bei der Übersetzung ins Deutsche. Soll man »Geist« oder »Herz« oder »Sinn« sagen? In der Bedeutung dieses Wortes sind verschiedene Ebenen zusammengewachsen, die in anderen Sprachen nicht zusammen genannt werden können, da immer nur verschiedene Worte das Ganze der Bedeutung umfassen. Worte setzen Grenzen, auch wenn diese im Gebrauch der Sprache immer wieder fließend sind. Je mehr sich ein Sprachgebrauch oder auch ein Wort etabliert, umso selbstverständlicher scheinen die Unterscheidungen, die mit jedem Sprachgebrauch gemacht werden.

Ein Wort der deutschen Sprache, das kaum in andere Sprachen übersetzbar scheint, ist »gemütlich«. In diesem Wort bündeln sich Gefühle, Atmosphären und zwischenmenschliche Beziehungen. Es nennt mit einem Schlag einen Sachverhalt, der sich in anderen Sprachen vermutlich nur selten durch ein einzelnes Wort zum Ausdruck bringen lässt. Nietzsche spricht davon, dass Sprache die Relationen der Dinge zu den Menschen bezeichnet. Das Wort »gemütlich« zeigt dies in besonders klarer Weise. Denn es geht nicht darum, ein besonderes Ding in seiner Qualität festzulegen, sondern vielmehr um das Beziehungsgeschehen zwischen Dingen und Menschen. Wenn Nietzsche von »Relationen« spricht, so könnte auch »Wechselverhältnis« gesagt werden, was dem Gedanken Humboldts entsprechen würde. Die Genesis der

---

[68] Ebd., 879.

Sprache vollzieht sich im Rahmen der verschiedenen Relationen, die in sich nicht nach dem Vorbild einer formalen und logischen Struktur aufgebaut sind, so die Behauptung Nietzsches. Es geht im Hervorgang der Sprachen viel menschlicher und sprunghafter zu. Erst nachdem sich auf den verschiedensten Wegen und den unterschiedlichsten Relationen Sprachen gebildet haben, beginnen die »Menschen der Wahrheit« und die »Forscher« diese Vorlage als das Selbstverständlichste der Welt zu benutzen. Vergessen wird dann die Bewegtheit und Unberechenbarkeit des sprachlichen Hervorgangs zugunsten der Idee einer Gewissheit und Übereinstimmung, die lange Zeit die Philosophen in Europa in Atem gehalten hat.

Nietzsches Sprachkritik zielt auf die lange Zeit vergessene Genesis der Sprache in der Philosophie und das Nichtbeachten der sprachlichen Formen, auf denen das Philosophieren in größter Selbstverständlichkeit aufbaut.

»Denken wir besonders noch an die Bildung der Begriffe: jedes Wort wird sofort dadurch Begriff, dass es eben nicht für das einmalige ganz und gar individualisirte Urerlebniss, dem es sein Entstehen verdankt, etwa als Erinnerung dienen soll, sondern zugleich für zahllose, mehr oder weniger ähnliche, d. h. streng genommen niemals gleiche, also auf lauter ungleiche Fälle passen muss. Jeder Begriff entsteht durch Gleichsetzen des Nicht-Gleichen. So gewiss nie ein Blatt einem anderen ganz gleich ist, so gewiss ist der Begriff Blatt durch beliebiges Fallenlassen dieser individuellen Verschiedenheiten, durch ein Vergessen des Unterscheidenden gebildet und erweckt nun die Vorstellung, als ob es in der Natur ausser den Blättern etwas gäbe, das Blatt wäre, etwa eine Urform, nach der alle Blätter gewebt, gezeichnet, abgezirkelt, gefärbt, gekräuselt, bemalt wären, aber von ungeschickten Händen, so dass kein Exemplar correkt und zuverlässig als treues Abbild der Urform ausgefallen wäre.«[69]

Ist ein Begriff einmal etabliert, so wird die Genesis des Begriffs schnell vergessen. Da die meisten Menschen in eine Sprache hineinwachsen, die sie zwar vorfinden, aber nicht selber erfinden, ist bereits beim Erlernen der Worte die Genesis vergessen. Denn wenn den Kindern immer wieder gesagt wird: dies hier ist ein Blatt, so kann der Eindruck entstehen, dass das »Blatt« als Wort ein Abbild des Blattes ist, das man gerade vor Augen sieht. Erst wenn man dann genauer hinschaut und vielleicht zwei Blätter miteinander vergleicht, so zeigt sich, wie jedes einzelne

---

[69] Ebd., 879 f.

Blatt am Baum Eigenheiten besitzt, die unter dem Wort »Blatt« subsumiert werden zugunsten einer Ähnlichkeit, der es nicht um Individualität geht. Das je Individuelle muss geopfert werden, um die Sprache praktikabel zu machen. Denn wenn viele Blätter einen Namen erhalten würden, könnte man sich nicht mehr verständigen, da die Sprache dann nur noch im engsten Kreis der Eingeweihten verständlich wäre. Im Übergang vom Begriff zum Namen wird die ganze Problematik deutlich. Namen für Personen aber auch für Tiere lassen das, was sie benennen, einmalig werden. Mit einem Namen verbindet man ein individuelles Leben, das keinesfalls in einem allgemeinen Begriff aufgeht. Denn der Hund, den wir gerne haben, ist nicht nur ein »Hund« im allgemeinen Sinne, sondern der Hund, dem wir einen Namen gegeben haben. Genau genommen besagt das Wort »Hund« nichts Konkretes, sondern umfasst eine unzählige Menge an Möglichkeiten, die sich erst durch das Zeigen auf einen Hund mit einer konkreten Wirklichkeit verbinden. In dem Wort »Hund« sind somit völlig ungleiche Lebewesen gleichgesetzt, die sich erst dann weiter differenzieren, wenn wir »Dackel« oder »Schäferhund« sagen. Diese Differenzierung fasst nun ihrerseits eine große Anzahl von Tieren zusammen, die auch nicht untereinander gleich sind. Cassirer gibt in seinem Buch über die Sprache ein beeindruckendes Beispiel für diesen Zusammenhang:

»Das Arabische z. B. hat für einzelne Tier- und Pflanzenvarietäten eine so erstaunliche Fülle von Bezeichnungen entwickelt, dass man es als Beleg dafür anführen konnte, wie durch die bloße Philologie und Wörterkunde das Studium der Naturgeschichte und der Physiologie unmittelbar gefördert werden könne. Hammer hat in einer eigenen Abhandlung nicht weniger als 5744 Namen für das Kamel im Arabischen zusammengestellt, die je nach dem Geschlecht, nach dem Alter oder nach irgendwelchen individuellen Kennzeichen des Tieres variieren.«[70]

Wenn man über diesen Zusammenhang hinaus *alle* Tiere »Tier« und *alle* Menschen »Mensch« nennt und dann darüber nachdenkt, in welcher Weise Mensch und Tier voneinander verschieden sind und welches Verhältnis sie zueinander haben, dann findet diese Reflexion im Rahmen einer sprachlichen Konstruktion statt, die von einzelnen Begriffen ausgeht und zumeist diese Form der sprachlichen Unterscheidung in Einzelbegriffe, die sich von der konkreten Realität abgehoben haben,

---

[70] Cassirer, Philosophie der symbolischen Formen, 263 f.

nicht mit in die Reflexion einbezieht. Nietzsche weist uns darauf hin, dass wir dieses sprachliche Verfahren auch im Vergleich mit verschiedenen Sprachen untersuchen müssen, damit das Verfahren auch im Hinblick auf seine Mittel durchsichtig werden kann. Das Denken in »Begriffen«, wie sie Nietzsche hier kennzeichnet, wird dann umso schwieriger, wenn es sich nicht mehr um konkrete Dinge oder Lebewesen handelt, sondern um Tugenden oder Ideen.

»Wir nennen einen Menschen ehrlich; warum hat er heute so ehrlich gehandelt? fragen wir. Unsere Antwort pflegt zu lauten: seiner Ehrlichkeit wegen. Die Ehrlichkeit! das heisst wieder: das Blatt ist die Ursache der Blätter. Wir wissen ja gar nichts von einer wesenhaften Qualität, die die Ehrlichkeit hieße, wohl aber von zahlreichen individualisirten, somit ungleichen Handlungen, die wir durch Weglassen des Ungleichen gleichsetzen und jetzt als ehrliche Handlungen bezeichnen; zuletzt formuliren wir aus ihnen eine qualitas occulta mit dem Namen: die Ehrlichkeit. Das Uebersehen des Individuellen und Wirklichen giebt uns den Begriff, wie es uns auch die Form giebt, wohingegen die Natur keine Formen und Begriffe, also auch keine Gattungen kennt, sondern nur ein für uns unzugängliches und undefinirbares X. Denn auch unser Gegensatz von Individuum und Gattung ist anthropomorphisch und entstammt nicht dem Wesen der Dinge, wenn wir auch nicht zu sagen wagen, dass er ihm nicht entspricht: das wäre nämlich eine dogmatische Behauptung und als solche ebenso unerweislich wie ihr Gegentheil.«[71]

Ebenso wie mit dem Begriff des Blattes verhält es sich mit dem Begriff der »Ehrlichkeit«. Wie selbstverständlich benutzt man diesen Begriff immer mit einem vagen Wissen darum, was man darunter versteht. Wird man jedoch gefragt, was der Begriff genau zu bedeuten hat, so fehlen zumeist die Worte. Gerade dieser Prozess kann als die Ausgangsposition des europäischen Philosophierens betrachtet werden. In den frühen Dialogen Platons, die er dem Sokrates in den Mund legt, trifft Sokrates auf Menschen, die genau zu wissen meinen, was sie unter einer bestimmten Tugend verstehen. Erst in der geduldigen und genauen Nachfrage des Sokrates zeigt sich dann, dass der Befragte sich mehr und mehr in Widersprüche verwickelt. Letztlich tauchen Ansichten auf, die in genauem Gegensatz zu dem ursprünglich Behaupteten zu stehen scheinen. Alle diese frühen Dialoge enden aporetisch, d.h. in einem Widerspruch, der immer nur zu neuen Fragen führt. Diese Auswegslosigkeit zu überwinden, ist das Anliegen der späteren Philosophie Pla-

---

[71] Nietzsche, Ueber Wahrheit und Lüge, in: Kritische Studienausgabe, Bd. 1, 880.

tons. Hier wird deutlich, wie ein Problem, das sich in den Mitteln der Sprache auftut, anhand anderer sprachlicher Möglichkeiten aufgenommen und zu lösen versucht wird.

Nietzsche lenkt den Blick auf ein zentrales Problem im Umgang mit den Sprachen, wie er in den meisten Traditionen europäischen Philosophierens für selbstverständlich gehalten wird. Indem man durch Verallgemeinerung einen Begriff wie »Ehrlichkeit« mit einer »wesenhaften Qualität« verbindet, die als unwandelbar angenommen wird und damit einer Garantie ihrer Geltung gleichkommt, wird das Problem der Individualität durch die Bildung eines Begriffs eliminiert. »Die Ehrlichkeit« ist somit weder nur »Ehrlichkeit« oder »eine Ehrlichkeit«, sondern »die Ehrlichkeit«. In diesem Satz wird deutlich, wie der bestimmte Artikel den Begriff der Ehrlichkeit mit einer Eindeutigkeit versieht, die er ohne ihn oder nur mit unbestimmtem Artikel nicht hätte. Viele Sprachen besitzen diese Wortart nicht, und es ist nicht zufällig, dass die Erfindung des bestimmten Artikels mit der Entwicklung einer wissenschaftlichen Sprache bei den alten Griechen einhergeht.[72]

Nietzsche nennt an dieser Stelle noch einen weiteren Begriff, der für die Begriffsbildung in der europäischen Denktradition von überragender Bedeutung gewesen ist. Es ist der Begriff der »Gattung« und der dazugehörige Begriff der »Art«, den Nietzsche an dieser Stelle nicht nennt, die seit Aristoteles für die Begriffsbildung leitend waren. In der Kategorienschrift des Aristoteles ringt dieser um den Begriff der Gattung ebenso wie um den der Art. Zudem reflektiert er die Frage nach der Substanz, die er in erste und zweite Substanz differenziert. Die erste Substanz ist der bestimmte Mensch in seiner konkreten Realität. Die zweite Substanz umfasst die Arten und Gattungen, zu denen jeweils die ersten Substanzen gehören. Mit dieser Unterscheidung kämpft Aristoteles um die Anerkennung des einzelnen Wesens in seiner Individualität und wirft damit Platon zugleich vor, dass er die Wesen nur im Sinne von Allgemeinbegriffen aufgefasst hätte, die sich damit von der konkreten Bestimmtheit der Einzeldinge und Wesen getrennt hätten. Aristoteles reflektiert in seiner Abhandlung *Peri hermeneias* zwar die sprachlichen Formen, nimmt aber, ohne weiter darüber zu reflektieren, die Formen der altgriechischen Sprache als etwas Selbstverständliches

---

[72] Snell, Die Entdeckung des Geistes. Studien zur Entstehung des europäischen Denkens bei den Griechen, 199 ff.

und nicht weiter Hinterfragbares hin. Genau auf dieses Problem richtet Nietzsche seine Kritik.

Damit ist weder gesagt, dass Aristoteles falsch gedacht hätte, noch dass anhand einer anderen Sprache ohne weiteres die Probleme zu lösen wären. Es wird hier vielmehr die Aufgabe sichtbar, die philosophischen Probleme der Tradition erneut im Horizont verschiedener Sprachformen zu bedenken. Die anderen Sprachen führen nicht aus der Sprache heraus, sondern tiefer in die Verbindung und Verquickung von Sprache und Denken hinein. In der philosophischen Sprachkritik wird eine Ebene philosophischer Reflexion aufgedeckt, die im Horizont verschiedener Sprachen eine erweiterte Qualität gewinnt.

»Worte sind Tonzeichen für Begriffe; Begriffe aber sind mehr oder weniger bestimmte Bildzeichen für oft wiederkehrende und zusammen kommende Empfindungen, für Empfindungs-Gruppen. Es genügt noch nicht, um sich einander zu verstehen, dass man die selben Worte gebraucht: man muss die selben Worte auch für die selbe Gattung innerer Erlebnisse gebrauchen, man muss zuletzt seine Erfahrung mit einander gemein haben. [...] In allen Seelen hat eine gleiche Anzahl oft wiederkehrender Erlebnisse die Oberhand gewonnen über seltner kommende: auf sie hin versteht man sich, schnell und immer schneller – die Geschichte der Sprache ist die Geschichte eines Abkürzungs-Prozesses –; auf dies schnelle Verstehen hin verbindet man sich, enger und immer enger. [...] Welche Gruppen von Empfindungen innerhalb einer Seele am schnellsten wach werden, das Wort ergreifen, den Befehl geben, das entscheidet über die gesammte Rangordnung ihrer Werthe, das bestimmt zuletzt ihre Gütertafel. Die Werthschätzungen eines Menschen verrathen etwas vom Aufbau seiner Seele, und worin sie ihre Lebensbedingungen, ihre eigentliche Noth sieht.«[73]

Mit der Entstehung einer Sprache geht eine konkrete Lenkung der Aufmerksamkeit einher. Indem sich verschiedene Begriffe und Worte im Rahmen unterschiedlicher Felder der Beobachtung bilden, kann die Aufmerksamkeit durch die zur Verfügung stehenden Worte leichter auf bestimmte Erfahrungen und Erlebnisse fokussiert werden. Wenn eine Sprache beispielsweise einen besonders reichen Schatz an Worten für Gefühlszustände entwickelt hat, so kann sich die Aufmerksamkeit durch das Erlernen der entsprechenden Begriffe und Wörter mit besonderer Leichtigkeit in der sprachlich zur Verfügung stehenden Differenziertheit auf die eigenen Gefühle richten. Kann die eigene Beobachtung

---

[73] Nietzsche, Jenseits von Gut und Böse, in: Kritische Studienausgabe, Bd. 5, 221.

nicht durch vorhandene Wörter geleitet werden, so bleibt vieles diffus und man kann leicht den Eindruck gewinnen, dass es sich bei den eigenen Beobachtungen nur um schlechte »Einbildungen« handele. An dieser Stelle entsteht ein normatives Problem, dass durch die einzelnen Sprachen gesetzt wird, je mehr sie als »fertige« Sprache empfunden werden. Denn wenn in der geschichtlichen Entfaltung einer Sprache bestimmte Felder der Wirklichkeit nicht über ein bestimmtes Maß hinaus differenziert wurden, kann, vor allem wenn man die Sprache für die Abbildung der Realität zu halten gewohnt ist, die Überzeugung entstehen, dass nur das »richtig« und »wahr« sei, was auch mit ihren sprachlichen Ausdrucksmöglichkeiten eindeutig und einfach zu erfassen ist.

Wenn wir mit Nietzsche davon ausgehen, dass die Geschichte der Sprache ein Abkürzungsprozess ist, in dem vieles an konkreten Beobachtungen und Erfahrungen nicht aufgenommen werden konnte, so zeigt ein Vergleich der Sprachen jeweils andere mögliche Bedeutungen. In der Erforschung von Wortfeldern verschiedener Sprachen, die damit in sprachlicher Form verschiedene Wirklichkeitsfelder erzeugen und strukturieren, kann die eigene Aufmerksamkeit in neuer Weise geschult werden. Es können sich Neuentdeckungen ergeben, die nicht nur in einer bloßen Vervielfältigung der Empfindungen enden, sondern sprachkritisch eigene Voraussetzungen, Unterscheidungen und Bewertungen hinterfragbar machen, die sich im Rahmen bestimmter sprachlicher Konventionen verfestigt haben. Auch die philosophische Disziplin der Ethik könnte in dieser Perspektive einer Revision unterzogen werden, so dass bisher unlösbare Probleme sich als Verwicklungen der Sprache mit sich selbst auflösten. Nietzsche hat dafür in seinen späteren Schriften einen bisher kaum eingelösten Ansatz geliefert.

»Die Sprache als vermeintliche Wissenschaft. – Die Bedeutung der Sprache für die Entwickelung der Cultur liegt darin, dass in ihr der Mensch eine eigne Welt neben die andere stellte, einen Ort, welchen er für so fest hielt, um von ihm aus die übrige Welt aus den Angeln zu heben und sich zum Herrn derselben zu machen. Insofern der Mensch an die Begriffe und Namen der Dinge als an *aeternae veritates* durch lange Zeitstrecken hindurch geglaubt hat, hat er sich jenen Stolz angeeignet, mit dem er sich über das Thier erhob: er meinte wirklich in der Sprache die Erkenntniss der Welt zu haben. Der Sprachbildner war nicht so bescheiden, zu glauben, dass er den Dingen eben nur Bezeichnungen gebe, er drückte vielmehr, wie er wähnte, das höchste Wissen über die Dinge mit den Worten aus; in der Tat ist die Sprache die erste Stufe der Be-

mühung um die Wissenschaft. *Der Glaube an die gefundene Wahrheit* ist es auch hier, aus dem die mächtigsten Kraftquellen geflossen sind. Sehr nachträglich – jetzt erst – dämmert es den Menschen auf, dass sie einen ungeheuren Irrthum in ihrem Glauben an die Sprache propagirt haben. [...] Auch die Logik beruht auf Voraussetzungen, denen Nichts in der wirklichen Welt entspricht, z. B. auf Voraussetzung der Gleichheit von Dingen, der Identität des selben Dinges in verschiedenen Puncten der Zeit: aber jene Wissenschaft entstand durch den entgegengesetzten Glauben (dass es dergleichen in der wirklichen Welt allerdings gebe). Ebenso steht es mit der Mathematik, welche gewiss nicht entstanden wäre, wenn man von Anfang an gewusst hätte, dass es in der Natur keine exact gerade Linie, keinen wirklichen Kreis, kein absolutes Grössenmaass gebe.«[74]

Nietzsche spricht zu Anfang des Zitats von der Bedeutung der Sprache für die Entwicklung der Kultur und beschreibt die Sprache als eine »Welt«, die der Mensch neben die »wirkliche« Welt stelle. An diesem Punkt steht Nietzsche in voller Übereinstimmung mit Humboldt, der herausgehoben hat, dass die Sprache als »Weltansicht« nicht etwas Festes, sondern etwas Lebendiges und Wandelbares sei. Da die Menschen aber im Laufe der Geschichte, insbesondere in der europäischen Geistestradition, immer wieder die Sprache als eine direkte Abbildung *der* »Wirklichkeit« verstanden, glaubte man, dass im Rahmen der Wissenschaften mit und durch die Sprache die »wahre Wirklichkeit« irgendwann erreicht werden könne. In diesem Glauben wurde die Sprache als Sprache eigentlich nicht weiter betrachtet, da es ja um die als real und unmittelbar gegebene »Wirklichkeit« ging, die es *abzubilden* galt. Man bemerkte nicht, dass die Sprache als Medium, in dem die »wissenschaftlichen Erkenntnisse« abgebildet werden, eigene Strukturen und Gesetze besitzt, die in all diese Erkenntnisse zumindest hineinwirken. Aus diesem Grunde steht über dem ganzen Aphorismus von Nietzsche der Titel »Sprache als vermeintliche Wissenschaft«. Denn letztlich ist es die Sprache, in der Wissenschaft erzeugt wird, da Wissenschaft ohne Sprache nicht vorstellbar ist. Was aber bedeutet es, dass Wissenschaft in diesem Maße an Sprache gebunden ist?

In der Entwicklung von Logik und Mathematik kann ein Ausweg aus diesem Dilemma gesehen werden. Beides entwickelt sich im Rahmen einer »formalen Sprache«, die möglichst alle sinnlichen und ge-

---

[74] Nietzsche, Menschliches, Allzumenschliches I, in: Kritische Studienausgabe, Bd. 2, 30 f.

fühlsbezogenen Komponenten abgeworfen hat. Hiermit kann auf der einen Seite eine Steigerung der Exaktheit verbunden werden, auf der anderen Seite ist damit aber das Band mit der sogenannten »Wirklichkeit« noch weiter gelockert. Nietzsche sagt, dass es weder die Verhältnisse der Logik noch der Mathematik in der Wirklichkeit gebe. Dies ist ein zusätzlicher Hinweis darauf, dass Sprache eine eigene Welt herausbildet, die in keinem Abbildungsverhältnis zur Welt der Gegenstände steht. Über den Zusammenhang, was genau der Status von logischen und mathematischen Sätzen sein kann, ist trefflich zu diskutieren. In dieser Diskussion ist es aber unumgänglich, die formale Sprache als Sprache in ihrer Struktur und Wirkweise zu bedenken, um nicht von Anfang an ein Wahrheitsverhältnis zur Wirklichkeit vorauszusetzen, das selbst nur aus Vorurteilen über die Sprache erzeugt worden ist.

»Die Worte liegen uns im Wege! – Überall, wo die Uralten ein Wort hinstellten, da glaubten sie eine Entdeckung gemacht zu haben. Wie anders stand es in Wahrheit! – sie hatten an ein Problem gerührt und indem sie wähnten, es *gelöst* zu haben, hatten sie ein Hemmniss der Lösung geschaffen. – Jetzt muss man bei jeder Erkenntniss über steinharte verewigte Worte stolpern, und wird dabei eher ein Bein brechen, als ein Wort.«[75]

Im Rahmen einer bestimmten philosophischen Tradition haben sich zentrale Begriffe gebildet, die über lange Jahrhunderte in den Diskussionen immer wieder zu Eckpfeilern der geistigen Suche wurden. In der deutschen Sprache sind dies Begriffe wie »die Wahrheit«, »die Vernunft«, »der Mensch«, »das Wesen«, »der Grund«, »das Denken«, »das Ich«, »das Gute«, »das Böse«, »der Gott« usw. Die bestimmten Artikel wurden bewusst hinzugefügt, um die grammatische Form zu markieren, die für das Denken entscheidend gewesen ist. Diese Begriffe stehen in der Geschichte der griechischen und lateinischen Tradition des Denkens, die ähnliche, aber ihrem Klang nach doch andere Begriffe als Eckpfeiler ausgebildet haben. Bei den alten Griechen, wo beispielsweise Aristoteles immer wieder neue Begriffe für sein Denken erfunden hat, um seinen Gedanken zu fassen, stoßen wir auf folgende Begriffe: *sophia* (Weisheit), *aletheia* (›Unverborgenheit‹, Wahrheit), *eidos* (Aussehen, Gestalt, Form), *dynamis* (Vermögen, Kraft), *eudaimonia* (Glück, Glückseligkeit), *aition* (Grund, Ursache), *nous* (Intellekt, Verstand, Vernunft). In der lateinischsprachigen Philosophie, die in ihrem Grund-

---

[75] Nietzsche, Morgenröthe, in: Kritische Studienausgabe, Bd. 3, 53.

wortschatz erst durch Cicero geprägt werden musste, da die lateinische Sprache im 4. Jahrhundert v. u. Z. noch keinen differenzierten Wortschatz für die Philosophie erreicht hatte, und daran anschließend im Rahmen der christlichen Tradition weiter entwickelt wurde, stoßen wir auf folgende Begriffe: *intellectus* (Geist, Vernunft), *veritas* (Wahrheit), *adaequatio* (Übereinstimmung, Angleichung), *ratio* (Vernunft; Gedanke, Idee, Begriff; Grund, Beweisgrund), *scientia* (Wissen, Wissenschaft), *virtus* (Kraft), *potentia* (Möglichkeit, Seinsmöglichkeit), *persona* (Person).

Begriffe aus der griechischen, lateinischen und deutschen Tradition wurden deswegen so ausführlich zitiert, um zu verdeutlichen, was Nietzsche meinen könnte, wenn er von »verewigten Worten« spricht, die »steinhart« geworden sind. Die angeführten Begriffe, die nicht nach systematischen Gesichtspunkten ausgewählt wurden, besitzen alle eine Wortgeschichte, die verbunden ist mit langen Diskussionen, die kaum ein einzelner Mensch mehr in ihrer Gesamtheit nachvollziehen kann. In diesen Begriffen haben sich somit teilweise Jahrtausende andauernde geistige Bemühungen abgelagert, die in ihrer Dynamik dem einzelnen Begriff kaum noch anzusehen sind. Erst wenn man dann z. B. im kürzlich vollendeten *Historischen Wörterbuch der Philosophie* nachschlägt, in dem alle Begriffe durch die Geschichte ihrer Verwendung verfolgt werden, beginnt man zu ahnen, was sich hinter dem einzelnen Begriff an geschichtlicher Differenziertheit verbirgt.

Nietzsches Kritik richtet sich darauf, dass zu dem Zeitpunkt, als der Begriff gebildet wurde und er nach und nach an Bedeutung gewann, mit ihm eine Entdeckung verbunden war, die kurz nach seiner Bildung noch spürbar war. Erst nach einer langen Tradition des Denkens, die zwar auch immer wieder neue Begriffe gebildet hat, wirken bestimmte Begriffe wie versteinerte Realitäten, zu denen es keine Alternative zu geben scheint. Allein auf diese Ebene hinzuweisen, ist eine sprachkritische Reflexion, die zumindest den Prozess der Entstehung von Begriffen wieder in Erinnerung ruft.

An dieser Stelle weist Nietzsche zwar nicht auf andere Sprach- und Begriffskulturen hin, aber die Erweiterung des Gedankens liegt auf der Hand. So drängt sich auf, nach den »Begriffen« anderer Traditionen des Denkens zu fragen, wie sie z. B. in Indien und China ähnlich wie in Europa über Jahrtausende entwickelt worden sind. Man kann sich fragen, welche Strategien der Unterscheidung in den anderen Kulturen in der Bildung von Wörtern wirksam gewesen sind. So haben beispiels-

Die Frage nach Sprache und Sprachen in der europäischen Philosophie

weise bestimmte Traditionen des Denkens das »Denken« zum Bereich der Sinne gezählt, so dass man nicht von den gewöhnlichen fünf, sondern von sechs Sinnen ausging.[76] Welche Grundkonzepte haben sich entwickelt und sind vielleicht auch dort zu versteinerten Stolpersteinen geworden? Durch den kurzen Aphorismus reißt Nietzsche eine mögliche Forschungsperspektive auf, die im Vergleich verschiedener Sinnstrategien im Rahmen der Begriffsbildung in unterschiedlichen Sprachen und Denktraditionen verwirklicht werden könnte.

Nietzsche macht an einigen Stellen Vorschläge für derartige Untersuchungen, von denen hier nur einer zitiert werden soll, um diesen dann im vierten Kapitel in vergleichender Perspektive zu erörtern.

»*Das sogenannte ›Ich‹.* – Die Sprache und die Vorurtheile, auf denen die Sprache aufgebaut ist, sind uns vielfach in der Ergründung innerer Vorgänge und Triebe hinderlich: zum Beispiel dadurch, dass eigentlich Worte allein für *superlativische* Grade dieser Vorgänge und Triebe da sind –; nun aber sind wir gewohnt, dort, wo uns Worte fehlen, nicht mehr genau zu beobachten, weil es peinlich ist, dort noch genau zu denken; ja, ehedem schloss man unwillkürlich, wo das Reich der Worte aufhöre, höre auch das Reich des Daseins auf. Zorn, Hass, Liebe, Mitleid, Begehren, Erkennen, Freude, Schmerz, – das sind Alles Namen für *extreme* Zustände: die milderen mittleren und gar die immerwährend spielenden niederen Grade entgehen uns, und doch weben sie gerade das Gespinnst unseres Charakters und Schicksals. Jene extremen Ausbrüche – und selbst das mässigste *uns bewusste* Wohlgefallen oder Missfallen beim Essen einer Speise, beim Hören eines Tones ist vielleicht immer noch, richtig abgeschätzt, ein extremer Ausbruch – zerreissen sehr oft das Gespinnst und sind dann gewaltthätige Ausnahmen, zumeist wohl in Folge von Aufstauungen: – und wie vermögen sie als solche den Beobachter irre zu führen! Nicht weniger, als sie den handelnden Menschen in die Irre führen. *Wir sind Alle nicht Das*, als was wir nach den Zuständen erscheinen, für die wir allein Bewusstsein und Worte – und folglich Lob und Tadel – haben; wir *verkennen* uns nach diesen gröberen Ausbrüchen, die uns allein bekannt werden, wir machen einen Schluss aus einem Material, in welchem die Ausnahmen die Regel überwiegen, wir verlesen uns in dieser scheinbar deutlichsten Buchstabenschrift unseres Selbst. *Unsere Meinung über uns* aber, die wir auf diesem falschen Wege gefunden haben, das sogenannte ›Ich‹, arbeitet fürderhin mit an unserem Charakter und Schicksal.«[77]

---

[76] Als Beispiel ist hierfür vor allem der Buddhismus zu nennen.
[77] Nietzsche, Morgenröthe, in: Kritische Studienausgabe, Bd. 3, 107.

Das Wort bzw. der Begriff des »Ich« spielt seit der neuzeitlichen Philosophie, die im engeren Sinne mit Descartes ihren Anfang nimmt, eine besondere Rolle in der europäischen Denktradition. Descartes hat in seinem Werk und seinen Briefen verschiedene Formen wie »je pense, donc je suis«, »ego cogito, ergo sum, sive existo« oder die wohl berühmteste Formel »cogito ergo sum« geprägt, um einen Gedanken zu unterstreichen, der in der Rückwendung auf die Tätigkeit des eigenen Geistes die Philosophie neu begründen sollte.[78] In dieser Begründung spielte das »Ich« eine entscheidende Rolle. Mit diesem Begriff schien sich etwas bündeln zu lassen, das in der Verbindung mit dem »Denken« eine zweifelsfreie Begründung menschlicher Existenz und Wirklichkeit versprach. Das »Ich« avancierte dann in der Linie von Descartes bis Fichte zu einem Grundbegriff des Philosophierens überhaupt. Darüber hinaus ist das »Ich« bis heute eine wichtige Instanz in vielen Wissenschaften. Von der allgemeinen Öffentlichkeit noch fast unbemerkt, wurde der Ausgang vom »Ich« von Nietzsche tiefgehend in Zweifel gezogen als eine Instanz, die unsere Existenz hält und begründet. Erst mit Sigmund Freud wurde das »Ich« öffentlichkeitswirksam entthront und ein Bereich offengelegt, den Nietzsche in dem angeführten Aphorismus bereits beschreibt, ihn aber nicht wie Freud mit bestimmten Begriffen wie »Über-Ich« oder »Es« belegt.

Nietzsche geht in feinen Wendungen dem nach, was sich eigentlich unterhalb des Bewusstseins, das die meisten Menschen gewöhnt sind mit dem eigenen »Ich« zu identifizieren, ereignet und unserer Beobachtung vermutlich auch durch sprachliche Undifferenziertheiten entgeht. Was dort verborgen liegt, kann beispielsweise in einem der größten Romane des 20. Jahrhunderts, *Auf der Suche nach der verlorenen Zeit* von Marcel Proust, in endlosen Beschreibungen von Situationen und Bewegtheiten nachvollzogen werden. Dort wird das Ich nicht nur aufgebrochen in verschiedene »Iche«, sondern auch in seinem Zustandekommen betrachtet.

In der europäischen Philosophie verbindet sich die Frage nach dem Ich zugleich mit der Frage nach dem Subjekt. Durch diese beiden Themen sind weite Teile der europäischen Philosophie des 20. Jahrhunderts in Atem gehalten worden. Eine letzte Lösung dieser Fragen steht noch nicht in Aussicht. Nietzsche verweist uns an einer Stelle auf eine andere Sprachfamilie, in der sich diese Probleme anders darstellen sollen mit

---

[78] Brands, »Cogito ergo sum«. Interpretationen von Kant bis Nietzsche, 55 ff.

dem Hinweis auf eine »Philosophie der Grammatik«, der es im vierten Teil konkreter nachzugehen gilt.

»Die wunderliche Familien-Ähnlichkeit alles indischen, griechischen, deutschen Philosophierens erklärt sich einfach genug. Gerade, wo Sprach-Verwandtschaft vorliegt, ist es gar nicht zu vermeiden, dass, dank der gemeinsamen Philosophie der Grammatik – ich meine dank der unbewußten Herrschaft und Führung durch gleiche grammatische Funktionen – von vornherein alles für eine gleichartige Entwicklung und Reihenfolge der philosophischen Systeme vorbereitet liegt: ebenso wie zu gewissen andern Möglichkeiten der Welt-Ausdeutung der Weg wie abgesperrt erscheint. Philosophen des uralaltaischen Sprachbereichs (in dem der Subjekt-Begriff am schlechtesten entwickelt ist) werden mit großer Wahrscheinlichkeit anders ›in die Welt‹ blicken und auf andern Pfaden zu finden sein als Indogermanen oder Muselmänner.«[79]

Nietzsche spricht an dieser Stelle lediglich eine Vermutung aus, der er selber nicht weiter nachgehen kann. Dies zu tun, stellt den Forscher und Philosophen jedoch vor eine größere Herausforderung, die nur langsam und mit Bedacht anzugehen ist. Denn es kann nicht darum gehen, leichtfertig Begriffe über Bord zu werfen, nur weil andere Sprachen andere Vorstellungen entwickelt haben. Es soll auch nicht die eigene Sprache als »schlechter« bewertet werden als andere. Der entscheidende Punkt in den hier vorgelegten Überlegungen ist vielmehr die Frage, welche Möglichkeiten bestehen, das Kritikpotential, das uns vor allem durch Sprachen anderer Sprachfamilien zuwachsen kann, philosophisch fruchtbar zu machen. Dies wird im Hinblick auf die Frage nach dem Subjekt im Sprachgebrauch der Philosophie im ersten Abschnitt des vierten Kapitels geschehen. Dort wird die Vermutung Nietzsches erneut aufgenommen und im Zusammenhang mit der chinesischen und japanischen Sprache erörtert. Da die dort entwickelten Überlegungen aber ein Vorwissen um die Vielfalt sprachlicher Strukturen voraussetzen, werden zunächst in Kapitel zwei und drei verschiedene Verstehenshorizonte hinsichtlich der Vielfalt der Sprachen eröffnet, die immer wieder auch an die Grenzen unserer eigenen Sprache und damit auch an die Grenzen unserer eigenen Welt führen. Erst im Kontrast zu erheblich anders strukturierten Sprachen wie dem Chinesischen oder Japanischen ist zu bemerken, wie sehr die eigenen Vorstellungen und

---

[79] Nietzsche, Jenseits von Gut und Böse, in: Kritische Studienausgabe, Bd. 5, 34 f.

Unterscheidungen mit den Strukturen der eigenen Sprache verbunden sind. Ausgehend von den eigenen Unterscheidungsstrukturen neigen wir immer wieder dazu, die eigenen sprachlichen Mittel als klarer und stringenter zu beurteilen, und anders funktionierende Sprachen als verworren und undurchsichtig zu empfinden. Bevor jedoch diese vorbereitenden Wege beschritten werden, ist noch auf zwei philosophische Ansätze im 20. Jahrhundert einzugehen, um den in diesem Buch entwickelten Horizont der Sprachenbetrachtung weiter zu konturieren.

1.10 Ernst Cassirer und Martin Heidegger

Der wohl bedeutendste Entwurf für eine Betrachtung der verschiedenen Sprachen im Rahmen der Philosophie im 20. Jahrhundert stammt von Ernst Cassirer (1874–1945). In seiner dreibändigen *Philosophie der symbolischen Formen* (1923–1929) behandelt der erste Band die Sprache auf der Grundlage von Herders und Humboldts Sprachphilosophie als eine der grundlegenden Symbolisierungsformen des menschlichen Geistes. In Cassirers »Plan einer allgemeinen Theorie der geistigen Ausdrucksformen« nimmt die Sprache eine zentrale Stellung ein. Sie ist eine – nicht die – Grundform des Verstehens von Welt überhaupt. Nach einer längeren Einleitung zum Sprachproblem in der Geschichte der europäischen Philosophie untersucht Cassirer auf der Grundlage von verschiedenen europäischen und außereuropäischen Sprachen den *sinnlichen* (z. B. Gebärdensprache und Onomatopoetika), *anschaulichen* (im Sinne der äußeren Anschauung: Raum-, Zeit- und Zahlausdrücke; im Sinne der inneren Anschauung: Ich- und Personbegriffe) und *begrifflichen* Ausdruck (abstrakte Begriffsbildung) von Sprache. Dabei ist in seiner Betrachtung eine in philosophischer Hinsicht aufsteigende Linie der Reflexivität zu erkennen, die von der Sinnlichkeit hin zur Begrifflichkeit führt. Die gesamte Betrachtung der Sprache als symbolische Form ist in diesen philosophischen Horizont eingespannt, der letztlich die europäischen Sprachen als in philosophischer Hinsicht besonders gereift und prädestiniert erscheinen lässt. Da die Fragestellungen des vorliegenden Buches sich zum einen verwandt mit der Herangehensweise von Cassirer fühlen, zum anderen aber deutlich andere Akzente setzen und in der philosophischen Zielrichtung nicht übereinstimmen, ist an dieser Stelle ein längeres Zitat von Cassirer erlaubt. Im Zitat beschreibt Cassirer seine hermeneutische Situation, die zum einen durch einen philosophisch-systematischen Anspruch gekennzeichnet ist und zum anderen Sprachphilosophie immer im Zusammenhang mit den Ergebnissen der Sprachwissenschaft zu treiben versucht. Bereits Cassirer war mit einer Situation konfrontiert, in der auch wir heute stehen. Denn bei dem Versuch, gegenwärtiges Philosophieren mit der Vielfalt der Sprachen in einen philosophischen Zusammenhang zu bringen, sieht man sich konfrontiert mit einem gigantischen sprachwissenschaftlichen Wissen, das in mühsamer Kleinarbeit in den letzten zwei Jahrhunderten erarbeitet wurde. Es stellt sich somit an jedem Punkt die methodische Frage, wie man philosophisch mit der Fülle des Materials umzugehen hat. Seinen Umgang mit dem Problem reflektiert Cassirer in den folgenden Textpassagen:

»Eine Betrachtung der Sprache nach ihrem rein philosophischen Gehalt und unter dem Gesichtspunkt eines bestimmten philosophischen ›Systems‹ bedeutet freilich ein Wagnis, das seit den ersten grundlegenden Arbeiten Wilhelm von Humboldts kaum jemals wieder unternommen worden ist. Wenn Humboldt, wie er im Jahre 1805 an Wolf schrieb, die Kunst entdeckt zu haben glaubte, die Sprache als ein Vehikel zu gebrauchen, um das Höchste und Tiefste und die Mannigfaltigkeit der ganzen Welt zu durchfahren, so schien durch die Richtung, die die Sprachforschung und die Sprachphilosophie im neunzehnten Jahrhundert genommen haben, ein solcher Anspruch mehr und mehr zurückgedrängt zu werden.«[80] »Aus dieser Sachlage ergibt sich, daß die vorliegende Darstellung sich in philosophischer Hinsicht nicht innerhalb eines fest abgesteckten Gedankenkreises bewegen konnte, sondern daß sie überall versuchen mußte, sich ihren methodischen Weg selbst zu bahnen. Um so reicher waren dagegen die Hilfsquellen, die sich ihr für die Durchführung ihres Themas aus der Entwicklung ergaben, die die Sprachwissenschaft seit der Zeit Wilhelm von Humboldts genommen hat. Wenn der Gedanke einer wahrhaft universellen Sprachbetrachtung bei Humboldt noch als ein Postulat der idealistischen Philosophie erscheinen kann, so scheint dieses Postulat sich seither mehr und mehr seiner konkreten wissenschaftlichen Erfüllung genähert zu haben. Die philosophische Betrachtung wird freilich gerade durch diesen Reichtum des empirisch-wissenschaftlichen Forschungsmaterials vor eine kaum zu überwindende Schwierigkeit gestellt. Denn sie kann ebensowenig auf dieses Detail verzichten, wie sie sich ihm, wenn sie ihrer eigenen Absicht und Aufgabe getreu bleiben will, ganz gefangen geben darf. Diesem methodischen Dilemma gegenüber blieb keine andere Entscheidung übrig, als die Fragen, mit denen hier an die Sprachforschung herangetreten wurde, zwar in systematischer Allgemeinheit zu formulieren, die Antwort auf diese Fragen

---

[80] Cassirer, Philosophie der symbolischen Formen, Vorrede, VIIf.

aber in jedem einzelnen Falle aus der empirischen Forschung selbst zu gewinnen. Es mußte versucht werden, einen möglichst weiten Überblick nicht nur über die Erscheinungen eines einzelnen Sprachkreises, sondern über die Struktur verschiedener und in ihrem gedanklichen Grundtypus weit voneinander abweichender Sprachkreise zu gewinnen. Der Kreis der sprachwissenschaftlichen Literatur, die bei der Durcharbeitung der Probleme beständig zu Rate gezogen werden mußte, erfuhr hierdurch freilich eine so große Erweiterung, daß das Ziel, das diese Untersuchung sich anfangs gesteckt hatte, immer weiter in die Ferne rückte, ja daß ich mich immer von neuem vor die Frage gestellt sah, ob dieses Ziel für mich überhaupt erreichbar sei. Wenn ich trotzdem auf dem einmal beschrittenen Wege weiterging, so geschah es, weil ich, je mehr sich mir ein Einblick in die Mannigfaltigkeit der Spracherscheinungen erschloß, um so deutlicher wahrzunehmen glaubte, wie auch hier alles Einzelne sich wechselseitig erhellt und wie es sich gleichsam von selbst einem allgemeinen Zusammenhang einfügt. Auf die Herausarbeitung und Verdeutlichung dieses Zusammenhangs, nicht auf die Betrachtung irgendwelcher Einzelerscheinungen, sind die folgenden Untersuchungen gerichtet. Wenn der erkenntniskritische Grundgedanke, an dem sie orientiert sind, sich bewährt, wenn die Darstellung und Charakteristik der reinen Sprachform, wie sie hier versucht worden ist, sich als gegründet erweist, so wird vieles, was im einzelnen übersehen oder versehen worden ist, bei einer künftigen Bearbeitung des Themas leicht seine Ergänzung und Berichtigung finden können.«[81]

Die in diesem Buch vorgelegten Überlegungen und Reflexionen erheben im Gegensatz zu Cassirer nicht den Anspruch, aus der überwältigenden Materialmenge der sprachwissenschaftlichen Forschungsergebnisse eine »reine Sprachform« herauszukristallisieren. Dies scheint mir heute kein sinnvolles philosophisches Ziel mehr zu sein. Anders als Cassirer soll nicht von Anfang an auf eine Einheit, die in gewisser Weise bereits vorausgesetzt ist, hingearbeitet werden, vielmehr gilt es, die Bedeutung der Verschiedenheit der Sprachen in möglichst radikaler Weise philosophisch zu beleuchten und für das *gegenwärtige* Denken fruchtbar zu machen. Dies soll nicht bedeuten, dass es bloß um die Verschiedenheit der Sprachen geht. Sie sind das unumgängliche Medium, um in der je eigenen Sprache einen philosophischen Ansatz zu profilieren, in dem dann die Bedeutung von Identität und Verschiedenheit geklärt werden kann. Die zentrale philosophische Behauptung, die in diesem Buch vertreten wird, besteht darin, dass heute *Sprachphilosophie im Besonderen und Philosophie im Allgemeinen in radikaler Weise die*

---

[81] Ebd., IXf.

Die Frage nach Sprache und Sprachen in der europäischen Philosophie

Vielfalt der Sprachen in globaler Perspektive zu reflektieren hat. Tut sie dies nicht, büßt sie einen wesentlichen Teil ihres kritischen Anspruchs ein. Diese Vielfalt meint nicht nur eine innereuropäische Vielfalt. Sie muss aus philosophischen Gründen auch Sprachen anderer Sprachfamilien umfassen. Diese These und der damit verbundene philosophische Anspruch soll in den folgenden Kapiteln begründet und evident gemacht werden.

Neben Cassirer war es Martin Heidegger (1889–1976), der in seinen Reflexionen zur Sprache in radikaler Weise auf die Verschiedenheit der Sprachen in ihrer Bedeutung für die Philosophie verwiesen hat. Auch wenn er sich nicht wie Cassirer den sprachwissenschaftlichen Ergebnissen ausgesetzt hat, so zeigt sich bei ihm ein deutliches Bemühen, die Bedeutung der Verschiedenheit der Sprache für das Philosophieren in die Aufmerksamkeit zu heben. Berühmt und berüchtigt ist dabei seine Rede von der Sprache als dem »Haus des Seins« geworden, die an zentraler Stelle in Heideggers Text *Aus einem Gespräch von der Sprache. Zwischen einem Japaner und einem Fragenden* angeführt wird:

»F: Vor einiger Zeit nannte ich, unbeholfen genug, die Sprache das Haus des Seins. Wenn der Mensch durch seine Sprache im Anspruch des Seins wohnt, dann wohnen wir Europäer vermutlich in einem ganz anderen Haus als der ostasiatische Mensch.
J: Gesetzt, daß die Sprachen hier und dort nicht bloß verschieden sondern von Grund aus anderen Wesens sind.
F: So bleibt denn ein Gespräch von Haus zu Haus beinahe unmöglich.
J: Sie sagen mit Recht ›beinahe‹. Denn ein Gespräch war es immer noch; und, wie ich vermuten möchte, ein erregendes.«[82]

In der kleinen Passage wird deutlich, wie stark Heidegger in dem fiktiven Gespräch mit einem Japaner die Verschiedenheit der Sprachen gewichtet. Dennoch bleibt ein Gespräch nicht unmöglich, aber die Schwierigkeiten, die sich darin ergeben können, dürfen nicht unterschätzt werden. Diese Schwierigkeiten zu reflektieren, ist aber nicht leicht, da der Horizont, in dem diese Reflexionen durchgeführt werden, jeweils die eigene Sprache ist. Um diesen Horizont näher beleuchten zu können, ist es notwendig, sich mit anderen Sprachen und, wenn möglich, mit Sprachen anderer Sprachfamilien vertraut zu machen. Heidegger hat diesen Schritt auf seinem Denkweg nicht mehr realisieren können, auch wenn er immer wieder vornehmlich mit Ostasiaten über diese

---

[82] Heidegger, Unterwegs zur Sprache, 90.

Verschiedenheit gesprochen und diskutiert hat, wodurch ihm wohl die Schwierigkeiten eines solchen Gespräches immer deutlicher vor Augen standen. Heideggers Position ist somit für die vorliegenden Überlegungen immer die Warnung, die Bedeutung der Verschiedenheit für das Philosophieren nicht zu leicht zu nehmen. Gleichzeitig ermutigt er, die philosophische Auseinandersetzung im Horizont der verschiedenen Sprachen zu vertiefen, die heute zunehmend auch in globaler und geschichtlicher Perspektive unumgänglich wird.

Es soll im Folgenden nicht darum gehen, Elemente einer Universalsprache ausfindig zu machen, durch die sich alle Menschen verbunden fühlen können bzw. eine einheitliche systematisch-philosophische Perspektive für alle Sprachen zu finden im Sinne Cassirers. Es soll aber auch nicht darum gehen, andere Kulturen und Sprachen als ganz andere erscheinen zu lassen, so dass jede Verständigung unmöglich wäre, wie man ausgehend von Heidegger her meinen könnte. Der Ausgangspunkt soll vielmehr die von Humboldt und Nietzsche vertretene Auffassung von Sprache und Sprachen sein, nach der diese als lebendige Prozesse aufzufassen sind, in denen sich Wirklichkeit auf je eigene Weise und gerade auch durch Übersetzungen zwischen verschiedenen Sprachen findet und gestaltet. In dieser dynamischen Gestaltungsperspektive in und zwischen den Sprachen ist es möglich, in ein philosophisches Gespräch zwischen verschiedenen Sprachen einzutreten, das vertiefte Formen der Sprach- und Denkkritik ermöglicht, ohne von Anfang an die eine oder andere Sprache endgültig bewerten oder einordnen zu müssen.

In den drei folgenden Kapiteln wird das Thema Sprache und Sprachen auf drei verschiedenen Ebenen entfaltet. In dem Kapitel *Sprache, Sprachen, Sprachfamilien* wird die Vielfalt der Sprachen als gesprochene und geschriebene in sprachwissenschaftlicher Perspektive vorgestellt, wobei die Darstellung von Anfang an philosophische Akzente setzt. In dem Kapitel *Der grammatische Bau verschiedener Sprachen* ist zunächst nach dem Begriff der Grammatik und seinen verschiedenen Bedeutungen in der Betrachtung von Sprache und Sprachen zu fragen. Daran anschließend werden fünf verschiedene Sprachen aus drei unterschiedlichen Sprachfamilien auf der Ebene der Schulgrammatik vorgestellt und ansatzweise philosophisch verglichen und interpretiert. Diese Form der Betrachtung wird in der Sprachwissenschaft nur noch wenig betrieben, da sich diese in struktureller Hinsicht häufig vor allem für das Singularetantum Sprache im Sinne eines universalen Phänomens interessiert. Das Kapitel dient vor allem dazu, bei den vorgestellten indoeuropäischen Sprachen (Sanskrit, Altgriechisch, Deutsch) auf die Verschiedenheit grammatischer Phänomene aufmerksam zu machen. Zudem werden ansatzweise die Struktur und das Funktionieren der chinesischen und japanischen Sprache erschlossen. Im vierten Kapitel *Philosophische Sprachenbetrachtung zwischen Europa und Asien* wird anhand ausgewählter sprachlicher Phänomene eine interlinguale Sprach- und Denkkritik erprobt, in der die Verschiedenheit der Sprachen in philosophischer Perspektive zum Motor philosophischer Gedankenentwicklung wird. In diesem letzten Kapitel wird keine systematische Perspektive entfaltet, vielmehr werden verschiedene Wege philosophischer Sprachenbetrachtung erprobt und in ihrer Tragweite geprüft. Es geht nicht um einen systematischen Überblick, sondern um ein radikalisiertes Eindringen in die Frage nach der Bedeutung der Vielfalt der Sprachen für das gegenwärtige Philosophieren. Das Eindringen in die Frage kann heute aber nicht mehr aus philosophischer Vogelperspektive durchgeführt werden. Notwendig wird daher im vierten Kapitel der mitunter mühevolle Gang durch Detailbetrachtungen verschiedener Sprachen im Zusammenhang mit komplexen philosophischen Gedankenentwürfen in Europa und Asien.

2. Sprache, Sprachen, Sprachfamilien – Eine Grundorientierung

2.1 Sprachen und Sprache

Der Plural *Sprachen*, wie er dem ersten Kapitel ohne weiteren Ausweis zugrunde gelegt wurde, scheint sich auf den ersten Blick in seiner Bedeutung von selbst zu verstehen und keiner genaueren Abgrenzung zu bedürfen, da wir uns beim Gebrauch der eigenen Sprache bereits inmitten dieser Sprache bewegen und sie als Einzelsprache im Unterschied zu anderen Einzelsprachen wie Englisch oder Japanisch voraussetzen. Bedenkt man jedoch den Gebrauch des Plurals »Sprachen« genauer, so begegnet man schnell verschiedenen Bedeutungen. Es ist nicht nur die Rede von »Bienensprache«, »Gebärdensprache«, »Körpersprache« »gesprochener und geschriebener Sprache«, sondern auch von »künstlicher Sprache«, »formaler Sprache« oder von »Programmiersprache«. Schon nach kurzem Innehalten eröffnet sich ein Spektrum von Bedeutungen, das in seiner Zusammengehörigkeit nicht gleich durchsichtig und überschaubar ist. Bevor weiter die Rede von verschiedenen *Sprachen* sein wird, sind aufgrund der Vieldeutigkeit des Plurals einige vorläufige Klärungen und Abgrenzungen notwendig.

Von einer »Bienensprache« spricht man in übertragener Bedeutung. Da die Bienen ein so komplexes Kommunikationsverhalten zeigen, das zum einen nicht leicht durchschaubar ist und sich zum anderen komplexer Mittel bedient, spricht die Forschung von einer »Sprache« der Bienen in Analogie zur menschlichen Sprache. Durch ihre »sprachlichen« Austauschmöglichkeiten werden vielfältige Beziehungen zwischen den Bienen geregelt, ohne die ein Bienevolk nicht lebensfähig wäre.[1]

---

[1] Vgl. Frisch, Tanzsprache und Orientierung der Bienen. Vgl. zudem die Forschungen von Charles Hockett, der die Parallelen der Sprache bei Menschen und Tieren untersucht hat: Crystal, Die Cambridge Enzyklopädie der Sprache, 396 f.

In einer »Gebärdensprache«, die zumeist von tauben Menschen für den Austausch genutzt wird, werden der Körper und seine Teile in ihren Bewegungen und Haltungen so gestaltet, dass ein sinnhafter Bezug zum anderen Menschen im Rahmen des Visuellen hervortritt. Gebärdensprachen besitzen sehr differenzierte Möglichkeiten der Aspektmodulation, die beispielsweise durch Gesichtsmienen und Bewegungsgeschwindigkeit der Hände zum Ausdruck gebracht werden. Unter Menschen, die blind und taub sind, haben sich auch Ausdrucksmöglichkeiten entwickelt, die nur anhand des Tastsinns eine »sprachliche« Beziehung ermöglichen.[2]

Unter »Körpersprache« eines Menschen wird zumeist die Ebene des körperlichen Ausdrucks verstanden, die sich ohne gesprochene Worte nur durch leibliche Bewegungen oder Haltungen kundtut. Hierzu zählen beispielsweise einladende oder ablehnende Gesten, das vielfältige Muskelspiel im Gesicht, aufrechte oder gebeugte Körperhaltung, beschwingtes oder bedrücktes Gehen und vieles mehr. All dies kann bewusst oder unbewusst ausgeführt werden. Gewöhnlich haben Menschen keinen vollständigen Überblick über ihre körpersprachlichen Ausdruckshandlungen. Diese können aber im Rahmen verschiedener Übungen bewusst gemacht werden und so gezielt zum Beispiel in Vortragssituationen zum Einsatz kommen, so dass sie Teil der Rhetorik werden.[3]

Da die »gesprochene Sprache« das höchste Maß an Selbstverständlichkeit besitzt, gilt sie in den meisten Fällen als das Paradigma für »Sprache« überhaupt. Dabei gilt aber zu beachten, dass in der »gesprochenen Sprache« vor allem die Gebärden von Mund- und Halsbereich, verbunden mit der Tonerzeugung in den Stimmbändern, in spezieller Weise entwickelt werden. Die gesprochene Sprache ist in hohem Maße auf den Körper des Menschen angewiesen und gehört zum leiblichen Ausdruck des Menschen. Durch die lautliche Verständigung kann im Medium des Hörens zum einen eine Wechselrede von hoher Flexibilität erreicht werden und zum anderen wird ein Austausch ermöglicht, der auch ganz auf die Ebene des Visuellen verzichten kann, etwa dann, wenn man im Gespräch die Augen schließt. Die gesprochene Sprache ist zudem gebunden an die jeweilige Gegenwart des Sprechens. Selbst

---

[2] Vgl. hierzu: Braem, Einführung in die Gebärdensprache und ihre Erforschung.
[3] Vgl. Jackob / Petersen / Roessing, Strukturen der Wirkung von Rhetorik. Ein Experiment zum Wirkungsverhältnis von Text, Betonung und Körpersprache.

Sprachen und Sprache

wenn es inzwischen möglich ist, gesprochene Sprache aufzuzeichnen, so kann man jedoch mit den Aufzeichnungen selbst nicht im eigentlichen Sinne des Wortes »sprechen«. Gesprochene Sprache ereignet sich daher immer im Gespräch unter Menschen oder im Selbstgespräch.[4]

Erst lange nachdem sich unter Menschen die gesprochene Sprache entwickelt hatte, begannen sie, eine »geschriebene Sprache« zu entwickeln. In der geschriebenen Sprache tritt die Schrift als Medium von Sprache auf. Die Schrift ermöglicht durch eine bestimmte Art von »Fixierung« neue Formen des Erinnerns, Überliefernens und Wiederholens. Durch schriftliche Überlieferungen können Menschen, die nicht zur gleichen Zeit auf der Erde leben, in eine sprachliche Beziehung treten. Die Schriften der alten Griechen und Chinesen können uns somit heute noch etwas »sagen«. Durch die Verschriftlichung von gesprochener Sprache in den verschiedensten Schriftformen haben sich über lange Zeiten und verschiedene Kulturen hinweg nicht nur neue Verständigungsformen, sondern auch neue Möglichkeiten ergeben, Sprache zu beobachten und zu beschreiben.[5]

Die Entwicklung von komplexen »formalen Sprachen« ist an das Medium der Schrift gebunden. In formalen Sprachen, wie sie in der Mathematik und Logik zu finden sind, werden Strukturen von Beziehungen zwischen abstrakten Elementen zum Ausdruck gebracht, so dass sie denk- und besprechbar werden. Formale Sprachen versuchen das Moment des Sinnlichen so weit es geht zu reduzieren, so dass in möglichst radikaler Abstraktion und Allgemeinheit Strukturen als solche betrachtet und gedacht werden können. Der alltägliche Gebrauch von Sprache wird somit überstiegen hin zu einer Ebene der Allgemeinheit, auf der es nicht um konkrete Inhalte, sondern um die rein formale Struktur eines Sachverhalts geht.[6] Ähnliches kann von Programmiersprachen gesagt werden, bei denen konkrete Sachverhalte in formal lesbare Zeichen umgesetzt werden.

Im Blick auf die Vielfalt der Sprachen – nicht nur des Menschen – stellt sich die Frage nach dem, was »Sprache« im Allgemeinen sein kann. Gibt es eine innere Beziehung zwischen den verschiedenen Sachverhalten, die jeweils mit Sprache bezeichnet werden? Wo treffen sich die ver-

---

[4] Inzwischen gibt es eine eigene Sprechwissenschaft: Pabst-Weinschenk (Hg.), Grundlagen der Sprechwissenschaft und Sprecherziehung.
[5] Vgl. hierzu: Haarmann, Universalgeschichte der Schrift.
[6] Vgl. hierzu: Rozenberg / Salomaa (Hg.), Handbook of Formal Languages.

schiedenen Verwendungsweisen? Vorläufig und allgemein gesagt ist allen angeführten Formen und Gestalten von Sprache gemeinsam, dass durch sie *Ausdrucksbeziehungen* gestiftet und gestaltet werden, in denen zugleich Unterscheidungen getroffen und aufrechterhalten werden, unter den Bienen ebenso wie unter Menschen oder im Rahmen formaler Strukturen. Die Formen und Medien, anhand derer dies geschieht, sind jeweils verschieden. Es sind Bewegungen wie bei den Bienen, Bewegungen und Gebärden wie in der Gebärden- und Körpersprache, Bewegungen, Gesten und Laute wie in der gesprochenen Sprache, schriftliche Zeichen kombiniert zu einem Text wie in der geschriebenen Sprache, schriftliche Zeichen und formale Gedanken wie in formalen Sprachen. In jeder Form von Sprache gehen Sinn- und Ausdrucksbeziehungen in Kombinationen mit unterschiedlichen Medien hervor. Sprache ist sehr allgemein gefasst ein Sinn- und Bedeutungsgeschehen im Rahmen von sinnlich artikulierten Ausdrucksbeziehungen und Unterscheidungen bei Tieren und bei Menschen.

Im Gebrauch von Sprache tritt in dem Moment eine besondere Form von sprachlicher Beziehung auf, wenn in und durch Sprache ein Selbstbezug zu denjenigen entsteht, die Sprache verwenden, und zum Sprachgebrauch selbst. Ob ein Selbstbezug nur in der Sprache und nur bei Menschen möglich ist, soll an dieser Stelle nicht entschieden, vielmehr soll hervorgehoben werden, dass Menschen durch Sprache im stillen oder expliziten Selbstgespräch einen Bezug zu sich selbst und zu ihrem Sprachgebrauch zu erzeugen vermögen, der ihnen verschiedene Formen von »Reflexion« und »Selbstbewusstsein« ermöglicht. Reflexion und Selbstbewusstsein im weiten Sinne bedeuten das Sichzurückwenden auf sich selbst, so dass sie ermöglichen, die Wirklichkeitsprozesse, in denen ich selbst entstehe, in die Aufmerksamkeit zu heben. Sprache ist für diese Form des Selbstbezugs ein ausgezeichnetes Medium. In und mit der Sprache kann jeder über Sprache und Sprachen sprechen und denken. Aber genau dies geschieht immer in verschiedenen Sprachen, die von Menschen gesprochen und geschrieben werden und nicht in *der Sprache*. Dies ist der Grund dafür, dass sich Sprache und nicht nur sie in den verschiedenen Sprachen jeweils verschieden zeigt.

Ohne Anspruch auf Vollständigkeit war es notwendig, eine erste Orientierung zum Bedeutungshorizont der Vielfalt der Spachen und zum Phänomen *Sprache* im Allgemeinen zu geben, um die in Frage stehenden Phänomene für die Überlegungen im zweiten Kapitel sinnvoll einschränken und konturieren zu können. Im Folgenden soll an ausgewählten Beispielen der Horizont für die Verschiedenheit von sogenannten *natürlichen Sprachen* geöffnet werden. Alle anderen Gestalten von Sprache werden im Weiteren nicht mehr in Betracht gezogen, da allein die Vielfalt der natürlichen Sprachen so komplex und unübersichtlich ist, dass auch in diesem Rahmen nur sehr ausgewählte Themen eingehender reflektiert werden können.

2.2 Natürliche Sprachen

Unter *natürlichen Sprachen* versteht man die Sprachen, die unter Menschen gesprochen werden oder in schriftlicher Form nachvollziehbar sind, auch wenn niemand mehr diese Sprache spricht. Natürliche Sprachen haben sich unter Menschen gebildet und werden durch das Sprechen der Sprache und den *Sprachgebrauch* von einer Generation zur nächsten überliefert. Wenn eine natürliche Sprache so weit vergessen wurde, dass nur noch ein Mensch sie spricht, ist sie kaum noch überlebensfähig. Natürliche Sprachen leben und entfalten sich dadurch, dass sie gesprochen oder nur noch geschrieben werden, wie im Fall von Gelehrtensprachen. Beim Verhältnis von gesprochener und geschriebener Sprache gilt als sicher, dass die Menschen zuerst gesprochen haben und erst sehr viel später eine Schrift hervorbrachten, mit der die gesprochene Sprache aufgezeichnet werden konnte.

Auf diese Weise entwickelten und entwickeln sich verschiedene natürliche Sprachen durch eine situativ gebundene Sprachpraxis in bestimmten menschlichen Gemeinschaften, die von unterschiedlicher Größe sein können. Sprache ist angewiesen auf ihren alltäglichen Gebrauch, da sie ansonsten umgehend zu »sterben« droht. Nur im Sprechen und Schreiben werden natürliche Sprachen erzeugt und in ihrer Kraft, Ausdrucksbeziehungen zu stiften, entwickelt und gestaltet. Die Beziehung stiftende Kraft zeigt sich vor allem darin, dass sich der Gebrauch von natürlichen Sprachen immer in konkreten Situationen des menschlichen Lebens vollzieht. Die Situationen, in denen Sprache zum Einsatz kommt, zeigen, ob die sprachlichen Beziehungen gelingen oder nicht.

Da Sprachen an die Sprachpraxis gebunden sind und durch sie hervorgebracht werden, sind alle Sprachen einer ständigen Veränderung unterworfen. Sprachen können an Profil gewinnen, aber auch wieder verlieren, wie es die Geschichte verschiedener Sprachen zeigt. Natürliche Sprachen sind aus diesem Grunde durch und durch geschichtlich, da sie zu keiner Zeit ein nur formales und unveränderliches Ausdruckssystem bilden, mit dem nur eindeutige Informationen ausgetauscht werden. Die Geschichtlichkeit der Sprachen reicht so weit, dass die Geschichte einer natürlichen Sprache mit jedem Menschen verbunden ist, der diese Sprache spricht. Dies wird dann besonders bedeutsam, wenn sprachschöpferische Entwürfe in Dichtung und Literatur von einzelnen Menschen geschaffen werden, die einen nachhaltigen Einfluss auf die jeweilige einzelne Sprache auszuüben vermögen, wie die Sprachwerke von Martin Luther und Johann Wolfgang von Goethe paradigmatisch für die deutsche Sprache zeigen.

Hat eine natürliche Sprache große Vorbilder im Sprachgebrauch hervorgebracht, so kommen diese häufig im Unterricht und Studium zum Einsatz, um den Gebrauch der Sprache einzuüben, aber auch um ihn zu vereinheitlichen. Diese Tendenz zur Vereinheitlichung tritt dann besonders hervor, wenn sich die Sprachen auch im Medium der Schrift entfalten, so dass ihr Erlernen nicht nur in mündlicher Form, sondern auch anhand von Texten erfolgt. Da eine ausschließlich gesprochene Sprache nur unter Menschen, die tatsächlich miteinander sprechen, verständlich und lebendig bleibt, lässt sich eine Sprache im Rahmen einer sehr großen Sprechergemeinschaft hingegen nur in der Kombination von gesprochener und geschriebener Sprache als eine einheitliche aufrechterhalten. Erst durch geschriebene Texte wird die Geschwindigkeit sprachlicher Veränderungen auf ein Maß vermindert, so dass sich große Sprechergemeinschaften bilden können, die einen gemeinsamen Raum der Verständigung zu entfalten vermögen, was sich in einer standardisierten Schriftsprache und einem literarischen Erbe ausdrückt.

Trotz der Vereinheitlichungstendenz der geschriebenen Sprache kann die Vielfalt der gesprochenen Sprache im Rahmen einer natürlichen Sprache nicht gänzlich verhindert werden. In jeder größeren Sprache ist daher zu beobachten, wie sich regionale Sprechweisen und Dialekte ausbilden. Wann genau ein »Dialekt« zu einer eigenständigen Sprache wird, ist eine Frage, die nicht leicht zu beantworten ist und der Sprachwissenschaft bereits viel Kopfzerbrechen bereitet hat.[7] Welche Kriterien können herangezogen werden, um beispielsweise die deutsche von der holländischen Sprache zu unterscheiden? Ist ein Deutschspra-

---

[7] Vgl. Löffner, Probleme der Dialektologie.

chiger des plattdeutschen Dialekts mächtig, so versteht er weite Teile einer Unterhaltung in holländischer Sprache. Wenn man in diesem Fall das Kriterium der Nichtverstehbarkeit als Grenzlinie zwischen zwei Sprachen heranziehen würde, so gehörte das Plattdeutsche zum Holländischen oder aber das Holländische zur deutschen Sprache. Schon in einem solch einfachen Falle stößt man auf Schwierigkeiten in der Zuschreibung. Wo und wie genau sind die Grenzen zu ziehen?

Ein Kriterium für die Eigenständigkeit einer Sprache ist, ob es sich dabei um eine »Ausbausprache« handelt oder nicht. Dies ist dann der Fall, wenn sich die betreffende Sprache mit den neu entstehenden Themen der Gegenwart weiter entwickelt und ihr Wortschatz ausgebaut wird. In der deutschen Sprache sind beispielsweise in den letzten Jahrzehnten viele neue Wörter wie »Interkulturalität«, »Postmoderne« oder »Stammzellenforschung« gebildet worden. Im Plattdeutschen werden diese Worte demgegenüber nicht als eigene Formen gebildet, so dass es sich in diesem Sinne nicht um eine »Ausbausprache« handelt.

Bei näherer Betrachtung des Problems der Sprachenabgrenzung wird man jedoch einsehen müssen, dass es vor allem im Bereich der gesprochenen Sprache keine eindeutigen Grenzen geben kann. Ob die Sprache der Schweizer eine eigenständige Sprache ist oder nicht, hängt letztlich davon ab, welche Kriterien der Beurteilung angelegt werden. In den Einschätzungen ergeben sich vielfältige Detailfragen, die im folgenden Abschnitt nur so weit berücksichtigt werden konnen, insofern sie bei der Frage »Wie viele Sprachen gibt es?« weiterhelfen.

2.3 Wie viele natürliche Sprachen gibt es auf der Welt?

Die Frage nach der Anzahl der Sprachen auf der Welt ist entsprechend der Schwierigkeiten bei der Grenzziehung zwischen einer Sprache und ihren Dialekten nicht eindeutig zu beantworten. Würde man alle Dialekte in die Gesamtzahl der Sprachen aufnehmen, so ergäbe sich eine weit größere Zahl, als wenn nur die Sprachen als einzelne gezählt würden, die einen hohen Grad an Eigenheit und Eigenständigkeit zeigen. Geht man von dem Kriterium der Verständlichkeit aus, nach dem zwei Sprachen voneinander verschieden und eigenständig sind, wenn die Sprecher zweier Sprachen sich nicht verstehen können, so ergeben sich erneut Probleme, wenn durch die inzwischen weltweit verbreitete Einteilung geographischer Gebiete in Nationalstaaten Sprachen als Einzelsprachen bezeichnet werden, die nur in geringem Maße voneinander abweichen. Dieses Problem ergibt sich beispielsweise bei Norwegisch, Schwedisch und Dänisch, deren Sprecher sich untereinander mehr oder weniger verstehen können, aber durch die Gliederung in Nationalstaaten als unterschiedliche Sprachen betrachtet werden. Auf ähnliche Weise können ethnische Unterscheidungen (Serbisch und Kroatisch) oder religiöse Unterscheidungen (Hindi und Urdu) zur Unterscheidung von Einzelsprachen herangezogen werden, die in ihrer Struktur vergleichsweise geringe Unterschiede aufweisen. Wiederum ein anderer Fall ergibt sich in China, wo zahllose Einzeldialekte, die sich untereinander in gesprochener Form so gut wie nicht verstehen können, durch eine gemeinsame und vereinheitlichte Schrifttradition, die als solche über 3000 Jahre zurückreicht, als eine Sprache angesehen werden.

Aufgrund der genannten Probleme ist es nahezu unmöglich, eindeutige Zahlen zu nennen. Dennoch werden immer wieder Angaben über die Zahl der Sprachen gemacht, die zwischen 2500 und 10000 variieren. Harald Haarmann sucht hier einen Mittelweg zwischen oberflächlicher Zusammengehörigkeit und einer Atomisierung der Sprachgruppen. Er kommt zu folgenden Angaben zu den Sprachen der Welt:

Geographische Großregion	Gesamtzahl der Sprachen	Anzahl der Mio.-Sprachen	Anzahl der kleineren Sprachen	Anzahl der Zwergsprachen
Welt	6417 (100 %)	273 (4,2 %)	4162 (64,8 %)	1982 (30,8 %)
Asien	1906 (100 %)	126 (6,6 %)	1549 (81,3 %)	231 (12,1 %)
Afrika	1821 (100 %)	92 (5,1 %)	1607 (88,2 %)	122 (6,7 %)
Pazifik	1268 (100 %)	1 (0,1 %)	507 (40 %)	775 (61,1 %)
Amerika	1013 (100 %)	10 (0,9 %)	428 (42,2 %)	575 (56,7 %)
Australien	266 (100 %)	–	11 (4,2 %)	255 (95,8 %)
Europa	143 (100 %)	44 (30,7 %)	69 (48,3 %)	15 (10,5 %)

Größenkategorien:
- *Mio.-Sprachen:* Sprachen, die von 1 Mio. oder mehr Menschen gesprochen werden (z. B. Englisch, Thai, Hausa)
- *Kleinere Sprachen:* Sprachen, die von mehr als 1000, aber weniger als 1 Mio. Menschen gesprochen werden (z. B. Baskisch, Maasai, Tahitianisch)

Wie viele natürliche Sprachen gibt es auf der Welt?

– *Zwergsprachen:* Sprachen, deren Sprecherzahl zwischen 1 und 1000 liegt (z. B. Liwisch, Hawaiianisch, Ainu)[8]

Nach diesen Angaben können wir von etwas mehr als 6400 natürlichen Sprachen ausgehen, die sinnvoll und nach mehr oder weniger scharfen Kriterien unterschieden werden können, wobei deren Zahl beständig variiert aufgrund der Veränderlichkeit und Geschichtlichkeit der Sprachen selber. Ebenso wie Sprachen aussterben können, entstehen auch immer wieder neue Sprachen. Die Zahl der natürlichen Sprachen ist daher weder konstant, noch lässt sich eine endgültige Prognose über die zukünftige Entwicklung abgeben.

Bei der näheren Erforschung der verschiedenen Sprachen der Welt wurde ein Vorurteil, das vor allem in Europa lange Zeit nicht nur die Sprachwissenschaft beherrschte, gründlich widerlegt:

»[…] Es gibt in der Welt keine ›primitive Sprache‹, weder in der Geschichte noch in der Gegenwart, weder bei traditionalen Wildbeutern (Jägern und Sammlern) noch bei isoliert lebenden Gruppen […]. Alle menschlichen Sprachen weisen komplexe Strukturen auf.«[9]

Dieser Hinweis ist deswegen so wichtig, weil noch immer aufgrund von mangelnden Kenntnissen ein Bild vorherrscht, demzufolge Sprachen mit nur geringer Sprecherzahl »einfacher« oder gar »primitiver« sein sollen. Dieses Bild und Vorurteil ist durch vielfältige Forschungen widerlegt worden. Entgegen diesem Vorurteil lässt sich sogar oft das Umgekehrte beobachten. Kleine Sprachen können weitaus komplexer strukturiert sein im Vergleich zu größeren Sprachen. Komplexität allein kann daher kein Kriterium sein, um Sprachen zu beurteilen. Bevor Sprachen in ihren Qualitäten beschrieben und beurteilt werden können, bedarf es der differenzierten Erforschung ihrer Struktur, ihrer Geschichte, ihres Wortschatzes und ihrer Anwendung, wobei immer in Betracht gezogen werden muss, dass Sprachen, wenn sie von genügend Sprechern gesprochen werden, niemals erstarren können. Erst wenn kein Mensch sie mehr spricht und in ihr keine neuen Texte verfasst werden, liegt uns eine Sprache – allerdings nur in ihrer verschriftlichten Form – in gewissem Sinne als eine Ganze vor, die sich nicht mehr entwickelt. Diese Möglichkeit hat sich jedoch noch einmal verändert, seitdem auch

---

[8] Haarmann, Kleines Lexikon der Sprachen, 12.
[9] Ebd. 10 u. 23.

gesprochene Sprache aufgezeichnet werden kann. Aber selbst im Falle des vollständigen Absterbens einer Sprache bleibt nicht ausgeschlossen, dass sie wiederbelebt werden kann und sich aufs Neue in verschiedenen Situationen der Lebenswelt erweitert und ausbildet, wie das Beispiel der alten hebräischen Sprache heute unter dem Namen Ivrit zeigt.

2.4 Die 20 gegenwärtig größten Sprachen der Welt

Die »Größe« einer Sprache lässt sich nach der Anzahl der sie Sprechenden ermessen. Bei der Festlegung der Sprecherzahl ergeben sich jedoch Schwierigkeiten, die aus der Tatsache entstehen, dass Menschen in der Lage sind, mehrere Sprachen erlernen und sprechen zu können. Würde man nur die sogenannten Muttersprachler – auch bi- und trilinguale Menschen – zählen, so ergäben sich sehr verschiedene Zahlen im Vergleich mit der Zählung, die zudem die Sprecher berücksichtigt, die eine Sprache als Zweitsprache erlernen und sprechen, weil sie als Amtssprache eines Landes gesetzlich vorgeschrieben ist. In den USA sprechen nicht alle dort lebenden Menschen Englisch, wohingegen in Indien die Bildungsschicht weitgehend die englische Sprache beherrscht. Ein besonderer Fall ist auch hier wieder China, wo die chinesische Schrift viele einzelne Sprachen zu einer Sprache zusammenbindet. Die folgende Tabelle differenziert nach Gesamtsprecherzahl – die zugleich ausschlaggebend für die Positionierung innerhalb der Tabelle ist –, verzeichnet also auch Primär- und Zweitsprachler. Die Zahlen sind mit aller Vorsicht zu genießen, geben aber dennoch eine Tendenz an, die aufschlussreich für die Verteilung der Sprecherzahlen ist.[10]

Sprache	Sprecherzahl	Primärsprachler	Zweitsprachler
1. Chinesisch	1,2 Milliarden	Keine Angaben	Keine Angaben
2. Englisch	572 Mio.	337 Mio.	235 Mio.
3. Hindi	418 Mio.	182 Mio.	236 Mio.
4. Spanisch	352 Mio.	266 Mio.	86 Mio.
5. Russisch	233 Mio.	164 Mio.	69 Mio.
6. Arabisch	209 Mio.	202 Mio.	7 Mio.

---

[10] Die Angaben sind den einzelnen Artikeln bei Haarmann, Kleines Lexikon der Sprachen, entnommen.

Die 20 gegenwärtig größten Sprachen der Welt

Sprache	Sprecherzahl	Primärsprachler	Zweitsprachler
7. Bengalisch	196 Mio.	189 Mio.	7 Mio.
8. Portugiesisch	182 Mio.	170 Mio.	12 Mio.
9. Indonesisch	162 Mio.	21 Mio.	141 Mio.
10. Französisch	131 Mio.	76 Mio.	55 Mio.
11. Japanisch	126 Mio.	124 Mio.	2 Mio.
12. Deutsch	101 Mio.	96,5 Mio.	4,5 Mio.
13. Koreanisch	75 Mio.	Keine Angaben	Keine Angaben
14. Türkisch	74 Mio.	69,5 Mio.	4,5 Mio.
15. Telugu	73 Mio.	Keine Angaben	Keine Angaben
16. Tamilisch	71 Mio.	62,5 Mio.	8,5 Mio.
17. Persisch	65 Mio.	38 Mio.	26 Mio.
18. Vietnamesisch	68 Mio.	Keine Angaben	Keine Angaben
19. Italienisch	63 Mio.	59,5 Mio.	3,5 Mio.
20. Urdu	56 Mio.	Keine Angaben	Keine Angaben

Aus der Tabelle geht deutlich hervor, dass der größere Teil der Menschheit – nach den zugrunde gelegten Zahlen etwa 4,4 Milliarden – sich auf zwanzig Sprachen verteilt, seien es Primär- oder Zweitsprachler. Zählt man die Sprecherzahl der rund 270 Sprachen zusammen, die jeweils von über einer Million Menschen gesprochen wird, so machen diese rund 85 % der Weltbevölkerung aus. Blickt man demgegenüber auf die ca. 2000 Zwergsprachen, so umfasst die Gesamtsprecherzahl kaum eine halbe Million. Aufgrund der Machtverhältnisse zwischen größeren und kleineren Sprachen entsteht unter heutigen Bedingungen ein wachsender Druck für Sprecher kleinerer Sprachen, zumindest eine größere Sprache zu erlernen.

Hier werden Fragen der Sprach(en)politik berührt, die zurückreichen bis in die Zeit der europäischen Expansion, als ausgehend von der Eroberung Amerikas durch Kolumbus die weltweite Verbreitung europäischer Sprachen begann. Dass heute Englisch, Spanisch, Portugiesisch und Französisch jeweils von vergleichsweise vielen Menschen gesprochen werden, ist eine direkte Auswirkung des europäischen Kolonialismus, der nicht nur die europäische Kultur und Technik, sondern auch bestimmte europäische Sprachen über die Welt verbreitet hat. Auch wenn heute der größte Teil der Bevölkerung Südamerikas Spanisch und Portugiesisch spricht, sollten die politischen Ursachen für diese Situation hinterfragt sowie die zurückgedrängten Sprachen in Erinnerung gerufen werden. Auch die immer noch zunehmende Verbreitung des Englischen muss in postkolonialer Perspektive betrachtet und reflektiert werden.[11]

Durch die Zahlen der Tabelle und die zuletzt genannten geschichtlichen Hintergründe wird deutlich, dass einzelne Sprachen nicht in allen Fällen mit einzelnen Staaten identifiziert werden dürfen. Spanisch, Portugiesisch, Englisch, Russisch, Arabisch, aber auch Deutsch werden in verschiedenen Staaten gesprochen, obwohl der Name der Sprachen mit bestimmten Territorien verbunden ist.

Da in der Tabelle nur lebende Sprachen berücksichtigt werden, ist an dieser Stelle darauf hinzuweisen, dass Sprachen als gesprochene sterben, aber dennoch als Gelehrtensprachen von fortdauernder Bedeutung sein können. Drei große Sprachen, die von überragender Bedeutung auch für verschiedene kulturgeschichtliche Entwicklungen waren, seien hier genannt, um das Bild der großen Sprachen der Welt zu vervollständigen.

Das *Hebräische* ist die Sprache des *Alten Testaments*, die im Laufe des 1. Jahrtausends v. u. Z. durch die Aufzeichnungen von damals gesprochenen Dialekten kodifiziert wurde. Diese Sprache hörte um das 2. Jahrhundert n. u. Z. auf zu existieren, da sie in das Aramäische übergegangen war, jener Sprache, die auch Jesus gesprochen haben soll. Erst vor über hundert Jahren wurde das Hebräische revitalisiert; es wird heute im Staat Israel von über 4 Mio. Menschen gesprochen und trägt jetzt den Namen *Ivrit*.[12] Das Hebräische hat nicht nur als Sakralsprache des Judentums eine überragende Bedeutung, sondern auch in der europäischen Geistesgeschichte kommt ihm eine zentrale Stellung zu.

Das *Sanskrit*, eine alte indische Gelehrtensprache, geht auf das 2. Jahrtausend v. u. Z. zurück. Im Sanskrit sind nicht nur viele heilige Texte verschiedener Religionen wie Hinduismus, Jainismus und Buddhismus überliefert, sondern es entfalteten sich in ihr auch mathematische, politische, grammatische und andere Wissenstraditionen.[13]

---

[11] Kwan, The Overdominance of English in Global Education – Is an Alternative Scenario Thinkable.
[12] Vgl. Rabin, Die Entwicklung der hebräischen Sprache.
[13] Vgl. Windisch, Geschichte der Sanskrit-Philologie und Indischen Altertumskunde.

Der Kulturwortschatz vieler der meisten heute noch in Indien gesprochenen Sprachen ist durch das Sanskrit geprägt. Durch die Übertragung des Buddhismus von Indien nach China verbreiteten sich Sanskritausdrücke bis hin nach Japan. Weiter unten wird noch die Rede von der besonderen Rolle sein, die das Sanskrit für die meisten europäischen Sprachen besitzt.

In der Reihe der großen alten Sprachen darf das *Latein* nicht fehlen. Noch 300 v. u. Z., als das Griechische im Mittelmeerraum die dominierende Sprache darstellte, wurde Latein nur in einem kleinen Bereich südlich der Landschaft Latium gesprochen. Mit dem Aufstieg des Römischen Reichs erlangte es dann eine Ausdifferenzierung und Ausbreitung, die für die gesamte Entwicklung der europäischen Geistesgeschichte von überragender Bedeutung sein sollte. In lateinischer Sprache hat sich nicht nur eine überwältigende Rechtsliteratur entwickelt, auch für das Christentum und für die europäische Philosophie war das Latein über Jahrhunderte die alles verbindende Sprache.[14] Heute kann Latein als eine der erfolgreichsten und produktivsten Kultursprache der Welt gelten. Es hat sich nicht nur seine Schrift weltweit verbreitet, sondern auch eine nicht zu überblickende Zahl von Wörtern ist in die Sprachen der Welt eingegangen.

An dieser Stelle sollen zumindest noch das Altgriechische,[15] das Altchinesische[16] und das Arabisch des Korans[17] genannt werden. Diese Sprachen kann man aus zwei Gründen nicht einfach als »tot« bezeichnen: Sie werden einerseits jeweils in stark modifizierter Weise weiter gesprochen und sind als Gelehrtensprachen weiterhin von Bedeutung. Dennoch können Muttersprachler der modernen griechischen, chinesischen und arabischen Sprache sie nicht mehr ohne ein besonderes Studium lesen.

2.5 Sprachen Europas

Nachdem ein erster Überblick über die Sprachenverteilung weltweit gegeben wurde, sollen die Sprachen Europas noch gesondert in den

---

[14] Vgl. Leonhardt, Latein. Geschichte einer Weltsprache.
[15] Vgl. Adrados, Geschichte der griechischen Sprache. Von den Anfängen bis heute.
[16] Vgl. Karlgren, Schrift und Sprache der Chinesen.
[17] Vgl. Naji, Einführung in die arabische Sprache und Kultur.

Blick treten. Auch wenn nicht alle Sprachen angeführt werden können, so gilt es dennoch für die Sprachenvielfalt in Europa zu sensibilisieren. Durch die Einteilung in klar voneinander abgetrennte Staaten entsteht zu leicht der Eindruck, dass in einem Staat nur eine Sprache gesprochen wird. Dies ist häufig hinsichtlich der Amtsprache zutreffend. Dabei wird aber leicht und zu schnell übersehen, dass in fast allen Staaten Minderheiten leben, die häufig eigene Sprachen sprechen. Das Bild einer Einheit von Nation, Kultur, Religion und Sprache, das in Schriften des 18. und 19. Jahrhunderts vermittelt wird, entspricht heute in keiner Hinsicht mehr der gesellschaftlichen Realität.[18] Hinter diesem Bild steht immer wieder der Wunsch nach Einheit, die aber auch geschichtlich gesehen in der gewünschten Reinheit nie bestanden haben dürfte.

Die Zahlen in einer Übersicht zu den Sprachen Europas müssen nach den Primärsprecherzahlen der einzelnen Sprachen geordnet werden und nicht nach Staaten. Im Falle Europas ergeben sich bei der Zählung Schwierigkeiten, da beispielsweise Russland und die Türkei nur teilweise mit ihrem Staatsgebiet in Europa liegen. Auch dies zeigt, wie problematisch geographische Einteilungen sind – z. B. Europa und Asien –, wenn es um verschiedene Sprachen und Kulturen geht. Diese halten sich in ihrer Verbreitung nicht an äußerliche Einteilungen. Denn auch im Fall der spanischen Sprache entsteht das Problem, dass diese Sprache präziser Kastilianisch heißen sollte, da sie neben Katalanisch, Galicisch und Baskisch die Hauptsprache in Spanien ist, aber nicht von allen als Primärsprache gesprochen wird und zudem auch in Südamerika weit verbreitet ist. Nach der weiter oben angeführten Tabelle existieren in Europa 143 Sprachen, die in sehr unterschiedlichen Ländern verbreitet sind.[19] In vielen Staaten Europas existieren verschiedene Sprachen nebeneinander. Spanien, Belgien, Russland und die Schweiz sind besondere Beispiele dafür, wie in einem Staat verschiedene Sprachen nicht nur von Minderheiten gesprochen werden. Richtet man seinen Blick auf außereuropäische Staaten, so ist dies noch viel häufiger der Fall. Die Einteilung der Erde in Staaten ist daher in keiner Weise deckungsgleich mit der Einteilung der Menschen nach ihren Primärsprachen. Dennoch spielen die politischen Realitäten für die verschiedenen Sprachen eine wichtige Rolle. Dies ist auch im Rahmen der Europäi-

---

[18] Vgl. Anderson, Die Erfindung der Nation. Zur Karriere eines folgenreichen Konzepts.
[19] Für eine Übersicht von 50 europäischen Sprachen vgl. im Anhang Tabelle I.

schen Union besonders sichtbar. In der erweiterten EU mit 27 Mitgliedstaaten wurden nunmehr 23 Amtssprachen festgelegt, die in den Funktionsorganen der EU offiziell gesprochen und geschrieben werden. Alle Menschen, die in Behörden oder Gremien der EU arbeiten wollen, sind gezwungen, neben ihrer Primärsprache zumindest eine dieser Sprachen zu lernen. Es ergeben sich somit politisch erzeugte Sachzwänge, die einen nachhaltigen und noch nicht abzusehenden Einfluss auf die Sprachenlandschaft Europas ausüben werden. Die Vielsprachigkeit ist für die EU sowohl eine dem Gleichheitsgrundsatz geschuldete Pflicht als auch eine dem Freiheitsgrundsatz zu verdankende Vielfalt.

2.6 Sprachen in Deutschland

Die meisten Menschen – etwa 76 Mio. – sprechen in Deutschland als Primärsprache das Standarddeutsch. Die moderne deutsche Sprache hat sich etwa seit 1750 vor allem durch große literarische Werke langsam herausgebildet. Dieser Sprache gehen verschiedene Perioden der Entwicklung voraus: Althochdeutsch (8. Jh.–11. Jh.), Mittelhochdeutsch (11. Jh.–14. Jh.), Frühneuhochdeutsch (14. Jh.–18. Jh.).[20]

Neben der deutschen Sprache sind jedoch seit 1999, angestoßen durch die »Europäische Charta zum Schutz der Regional- und Minderheitensprachen«, fünf weitere Sprachen offiziell als in Deutschland geschützte Sprachen anerkannt: (Ober- und Nieder-)Sorbisch, Dänisch, (Nord- und Sater-)Friesisch und Romanes, die Sprache der Sinti und Roma als Minderheitensprachen und das Niederdeutsche als Regionalsprache. Deutschland hat sich durch die Ratifizierung der genannten Charta verpflichtet, die genannten Sprachen in Behörden, Schulen, Medien und Kulturinstitutionen zu fördern.

Die zweitgrößte Primärsprache in Deutschland ist das Türkische mit über 2 Mio. Sprechern. Nachdem in den 60er Jahren des 20. Jahrhunderts verstärkt Arbeitskräfte aus der Türkei nach Deutschland kamen, sind inzwischen viele Familien in der 2. und 3. Generation in Deutschland heimisch geworden. Wie genau die Sprachverteilung unter

---

[20] Zur Geschichte der deutschen Sprache vgl. die umfangreiche Darstellung: Besch et al. (Hg.), Sprachgeschichte. Ein Handbuch zur Geschichte der deutschen Sprache und ihrer Erforschung.

den Menschen mit türkischem Kulturhintergrund zu bestimmen ist, lässt sich kaum statistisch ermitteln, da die Jüngeren inzwischen zweisprachig aufgewachsen sind oder nur noch die deutsche Sprache beherrschen. Neben der türkischen Sprache werden beispielsweise auch die kroatische, griechische, italienische und kurdische Sprache von mehr als 100.000 Menschen gesprochen.

In Deutschland existieren zudem verschiedene Dialekte der deutschen Hochsprache, die nicht als eigenständige Sprachen anerkannt sind. Die Dialektgruppen werden in eine oberdeutsche, mitteldeutsche und niederdeutsche Zone eingeteilt. Zur oberdeutschen Zone gehören beispielsweise alemannische Dialekte, Bayrisch, Ostfränkisch und Mainfränkisch. Zur mitteldeutschen Zone gehören Dialekte wie Rheinfränkisch, Pfälzisch, Hessisch, Sächsisch und Berlin-Brandenburgisch. Zur niederdeutschen Zone gehören z. B. Niederrheinisch, Plattdeutsch, Westfälisch, ostfriesisches Platt, Nordmärkisch und Mecklenburg-Pommersch. Die drei Zonen beziehen sich auf den süddeutschen, den mitteldeutschen und den norddeutschen Bereich. Eine eindeutige Einteilung der Dialekte lässt sich nicht vornehmen, da bereits von Dorf zu Dorf Unterschiede festzustellen sind. Gerade im Bereich der Dialekte zeigt sich, dass Sprachen und ihre Dialekte lebendige Realitäten sind, die einem ständigen Wandel unterworfen sind.

Die Vielfalt der Sprachlandschaft in Deutschland wird vor allem durch den weitgehend vereinheitlichten Sprachgebrauch in den deutschlandweiten Medien wie Fernsehen, Rundfunk und Presse nur wenig bemerkbar. Da in diesen Medien die anderen Sprachen so gut wie nicht benutzt werden, begegnet man ihnen nur regional in der Begegnung mit den Menschen vor Ort oder im Lokalradio.

2.7 Die indoeuropäische Sprachfamilie

Nachdem auf verschiedenen Ebenen – Welt, Europa, Deutschland – die Vielfalt der Sprachen vorgestellt worden ist, können folgende Fragen auftauchen: Stehen all diese Sprachen in einem Zusammenhang miteinander? Muss es nicht eine gegenseitige Beeinflussung oder einen wechselseitigen Entwicklungszusammenhang zwischen ihnen geben? In Europa herrschte unter Gelehrten und Theologen sehr lange die Ansicht, dass die hebräische Sprache, die Sprache des Alten Testamentes, die Stammmutter aller Sprachen sei, da in ihr der Schöpfungsbericht

Die indoeuropäische Sprachfamilie

überliefert wurde.[21] In der unumstößlichen Gewissheit, dass das Alte Testament den einheitlichen Rahmen für die Weltgeschichte des Menschen insgesamt abgab, wurde denjenigen Beobachtungen lange wenig Aufmerksamkeit geschenkt, die auf andere Wege hätten führen können. Obwohl man schon im Altertum Kenntnisse über die Verwandtschaft zwischen dem Altgriechischen und dem Latein besaß, war dies durch die geographische Nachbarschaft nur allzu leicht erklärbar und schien damit nicht sonderlich zu verwundern. Die Verwandtschaft einzelner Wörter zwischen der deutschen und persischen Sprache schien da schon erstaunlicher zu sein, ließ sich aber auch durch die Annahme von Völkerwanderungen noch leicht erklären. Erst als man in Europa zu ahnen begann, wie groß der Reichtum der Sprachen der Welt in Wirklichkeit ist,[22] und man anfing, die Sprachen *systematisch* vergleichend zu betrachten,[23] war das Erstaunen groß, als im Jahre 1786 William Jones (1746–94), ein Engländer, der zur damaligen Zeit als Jurist in Indien tätig war, zwischen weit voneinander entfernten Sprachen einen Zusammenhang feststellte, den man sich zuvor kaum hätte träumen lassen:

»Wie altertümlich das Sanskrit auch sein mag, es hat einen wunderbaren Bau; es ist vollkommener als das Griechische, reichhaltiger als das Lateinische und übertrifft beide an erlesener Verfeinerung, während es bezüglich der Wurzeln der Wörter und der grammatischen Formen zu beiden eine stärkere Affinität aufweist als durch Zufall hätte entstehen können; diese ist so stark, dass kein Philologe alle drei betrachten könnte, ohne zu glauben, dass diese Sprachen einer gemeinsamen Quelle entsprangen, die vielleicht nicht mehr existiert. Ebenso besteht ein wenn auch nicht so zwingender Grund für die Annahme, dass auch das Gotische und das Keltische, die sich zwar mit einer anderen Sprache gemischt haben, derselben Herkunft sind wie das Sanskrit; auch das Altpersische könnte man mit dieser Familie vereinigen.«[24]

Nach den Beobachtungen von Jones sollten Sanskrit, Altpersisch, Griechisch, Latein, Gotisch und Keltisch miteinander verwandt sein. Die geographische Reichweite dieser Verwandtschaft erstreckte sich somit

---

[21] Vgl. Gessinger / Rahden (Hg.), Theorien vom Ursprung der Sprache.
[22] Hier sticht vor allem der sehr frühe Überblick von Gesner hervor: Gesner, Mithridates sive de differentiis linguarum.
[23] Vgl. zur Geschichte des Sprachenvergleichs: Arens (Hg.), Sprachwissenschaft. Der Gang ihrer Entwicklung von der Antike bis zur Gegenwart.
[24] Zitiert nach: Arens, Sprachwissenschaft, Bd. 1, 128.

von Indien bis nach Nordeuropa, was nicht mehr so leicht herzuleiten war.[25] Das langsame Bekanntwerden dieser Beobachtungen löste in Europa Verwunderung, aber auch Begeisterung aus. Zu Beginn des 19. Jahrhunderts begann man verstärkt die alte indische Gelehrtensprache Sanskrit zu studieren, so dass schon bald verschiedene Grammatiken verfasst wurden. Das Studium der Philologie erlebte durch die neue Forschungsrichtung einen großen Aufschwung, aber auch eine gänzliche Neuausrichtung, so dass man hier den eigentlichen Anfang der Sprachwissenschaft als einer wissenschaftlich eigenständigen Disziplin sehen kann. Das erste Buch, in dem die Verwandtschaft der Sprachen wissenschaftlich belegt und ausgeführt wurde, stammt von Franz Bopp aus dem Jahre 1816: *Über das Conjugationssystem der Sanskritsprache in Vergleichung mit jenem der griechischen, lateinischen, persischen und germanischen Sprache*. Einige Jahre später baute er seine vergleichenden Studien aus in einem weiteren Pionierwerk: *Vergleichende Grammatik des Sanskrit, Zend, Griechischen, Lateinischen, Litthauischen, Gothischen und Deutschen* aus dem Jahre 1833. Dort heißt es in der Vorrede über diese in der damaligen Forschung brandneue Perspektive:

»In der Behandlung unserer europäischen Sprachen mußte in der That eine neue Epoche eintreten durch die Entdeckung eines neuen sprachlichen Welttheils, nämlich des Sanskrit, von dem es sich erwiesen hat, dass es in seiner grammatischen Einrichtung in der innigsten Beziehung zum Griechischen, Lateinischen, Germanischen etc. steht, so daß es erst dem Begreifen des grammatischen Verbandes der beiden klassisch genannten Sprachen unter sich, wie auch des Verhältnisses derselben zum Germanischen, Litthauischen, Slawischen eine feste Grundlage gegeben hat. Wer hätte vor einem halben Jahrhundert es sich träumen lassen, dass uns aus dem fernsten Orient eine Sprache würde zugeführt werden, die das Griechische in allen seinen ihm als Eigenthum zugetrauten Form-Vollkommenheiten begleitet, zuweilen überbietet, und überall dazu geeignet ist, den im Griechischen bestehenden Dialekten-Kampf zu schlichten, indem sie uns sagt, wo ein jeder derselben das Ächteste, Älteste aufbewahrt hat.«

In seinem Werk *Über die Sprache und Weisheit der Indier* preist Friedrich Schlegel die revolutionäre Entdeckung bereits einige Jahre früher mit großer Begeisterung. Er schreibt:

---

[25] Wiese, Eine Zeitreise zu den Ursprüngen unserer Sprache. Wie die Indogermanistik unsere Wörter erklärt.

»Das alte indische Sanskrito d. h. die gebildete oder vollkommene [...] Schrift oder Büchersprache hat die größte Verwandtschaft mit der römischen und griechischen so wie mit der germanischen und persischen Sprache. [...] Bei der Vergleichung ergibt sich ferner, dass die indische Sprache die ältere sei, die anderen aber jünger und aus jener abgeleitet.«[26] »Hier [in Indien] ist eigentlich die Quelle aller Sprachen, aller Gedanken und Gedichte des menschlichen Geistes; alles, alles stammt aus Indien ohne Ausnahme.«[27]

Mit ähnlicher Begeisterung schreibt auch Hegel:

»Es ist eine große Entdeckung – wie einer neuen Welt – in der Geschichte, die seit etlichen und zwanzig Jahren über die Sanskritsprache und den Zusammenhang der europäischen Sprachen mit derselben gemacht worden ist. Diese hat insbesondere eine Ansicht über die Verbindung der germanischen Völkerschaften mit den indischen gegeben, eine Ansicht, die so große Sicherheit mit sich führt, als in solchen Materien nur gefordert werden kann. Noch gegenwärtig wissen wir von Völkerschaften, welche kaum eine Gesellschaft, viel weniger einen Staat bilden, aber schon lange als existierend bekannt sind; von anderen, deren gebildeter Zustand uns vornehmlich interessieren muß, reicht die Tradition über die Stiftungsgeschichte ihres Staates hinaus, und viele Veränderungen sind jenseits dieser Epoche mit ihnen vorgegangen. In dem angeführten Zusammenhange der Sprachen so weit auseinanderliegender Völker haben wir ein Resultat vor uns, welches uns die Verbreitung dieser Nationen von Asien aus und die zugleich so disparate Ausbildung einer uranfänglichen Verwandtschaft als ein unwidersprechliches Faktum zeigt, das nicht aus der beliebten räsonierenden Kombination von Umständen und Umständchen hervorgeht, welche die Geschichte mit so vielen für Fakta ausgegebenen Erdichtungen bereichert hat und immerfort bereichern wird. Jenes in sich so weitläufig scheinende Geschehene aber fällt außerhalb der Geschichte: es ist derselben vorangegangen.«[28]

Die Entdeckung – auch wenn sie von Hegel als etwas »Vorgeschichtliches« beschrieben wird – rüttelte am Selbstverständnis der europäischen Geschichtsdeutung, das über Jahrhunderte in Übereinstimmung mit den biblischen Vorstellungen entwickelt worden war. Man entdeckte einen Zusammenhang, der weder in der Bibel zu finden war, noch durch eine andere religiöse Autorität gestützt zu sein schien. Allein die Sprachen selbst zeigten und belegten einen Zusammenhang, der von Indien bis Island reichte und kaum bezweifelt werden konnte. Inzwi-

---

[26] Schlegel, Über die Sprache und Weisheit der Indier, 3.
[27] Zitiert nach Halbfass, Indien und Europa, 93.
[28] Hegel, Vorlesungen über die Philosophie der Geschichte, in: Werke, Bd. 12, 82.

schen ist die Indoeuropäistik – oder Indogermanistik wie das Fach früher hieß – längst zu einer gewöhnlichen Disziplin im Rahmen der Wissenschaften geworden. Die langjährigen Forschungen haben detaillierte Erkenntnisse über die phonetischen und grammatischen Verwandtschaften verschiedener Sprachen hervorgebracht. Im Rahmen dieser Forschungen hat sich der Begriff der »Sprachfamilie« eingebürgert, der längst auch auf Sprachgruppen in anderen Teilen der Welt übertragen worden ist.

Sprachfamilien sind aus sprachlichen Kontakten hervorgegangen,[29] die sich über Jahrhunderte oder gar Jahrtausende gebildet haben. Es handelt sich um historische Kontaktsprachen, unter denen ein Wortschatz, phonetische Elemente oder anderes weitergegeben wurden. Die sich mit diesen Sprachverwandtschaften beschäftigenden Forschungen sind zum größten Teil historisch orientiert und geben damit eine Einteilung vor, die bis vor hundert Jahren für den in Betracht gezogenen Zeitraum noch relativ stabil gewesen ist. Inzwischen hat sich die Situation geändert. Am Beispiel des Japanischen könnte gezeigt werden, wie sehr es sich durch die Übernahme der europäischen und US-amerikanischen Kultur und Sprache verändert hat. Es sind nicht nur eine kaum zu überblickende Fülle an Wörtern neu gebildet worden, sondern es sind auch viele Wörter direkt in die japanische Sprache eingegangen wie »arubaito« (»Arbeit« für »Job«), »basu (»Bus«), »nyusu« (»news«) usw.[30] Es ist, bevor die indoeuropäische Sprachfamilie in ihrer historischen Form vorgestellt werden soll, zumindest darauf hinzuweisen, dass sich schon heute und in Zukunft neue Familienzugehörigkeiten gebildet haben und bilden werden, die bei dem schnellen Sprachwandel vieler Sprachen bisher kaum angemessen nachvollzogen wurden. In diesem Sinne ist das moderne Japanisch auch mit europäischen Sprachen verwandt, da sich eine Fülle von Lehnwörtern fest im Japanischen etabliert hat. Dies macht deutlich, dass die Einteilung in Sprachfamilien selbst einem geschichtlichen Wandel unterworfen und nicht als ein festes, für immer geltendes Gerüst anzusehen ist.

In der folgenden Tabelle lassen sich, gemäß den historischen Forschungen, die Verwandtschaftsverhältnisse ausgewählter Sprachen im

---

[29] Vgl. Földes, Was ist Kontaktlinguistik? Notizen zu Standort, Inhalten und Methoden einer Wissenschaftskultur im Aufbruch.
[30] Vgl. Yanabu, Modernisierung der Sprache. Eine kulturhistorische Studie über westliche Begriffe im japanischen Wortschatz.

Die indoeuropäische Sprachfamilie

Rahmen der »indoeuropäischen Sprachfamilie« erkennen. Gemäß der bisherigen Darstellung lässt sich leicht erahnen, dass es sich zum einen insgesamt um sehr viel mehr Sprachen handelt, als hier aufgeführt werden können, und zum anderen bedarf es keiner besonderen Phantasie sich vorzustellen, dass die genauen Unterscheidungen und Beziehungen sehr viel komplexer sind, als dies aus der vereinfachten Tabelle hervorgeht. Zutreffend ist, dass alle Sprachen miteinander »verwandt« sind, die in der folgenden Tabelle aufgeführt werden.

Indoeuropäische Sprachfamilie							
Keltisch	Romanisch	Germanisch	Balto-Slawisch		Griechisch	Indo-Iranisch	
	Latein				Albanisch		
Schottisch	Italienisch	Englisch	Baltisch	Slawisch	Armenisch	Indisch	Iranisch
Irisch	Spanisch	Deutsch	Litauisch	Russisch	Tocharisch		
Walisisch	Portugiesisch	Niederländisch	Lettisch	Polnisch		Sanskrit	Avestisch
Bretonisch	Französisch	Dänisch		Tschechisch		Hindi / Urdu	
Gallisch	Rumänisch	Norwegisch		Bulgarisch		Gujarati	Persisch
	Schwedisch		Serbisch / Kroatisch			Bengali	Pashtu
	Isländisch					Punjabi	Kurdisch

Diese Einteilungen bleiben so lange abstrakt und sagen nicht viel, bis man an sprachlichen Beispielen nachvollziehen kann, wie die Verwandschaften aussehen und klingen.[31]

Auch heute noch ist die Indoeuropäistik in Europa häufig die Basis für das Fach *Allgemeine Sprachwissenschaft*, wodurch bestimmte Paradigmen für das Verständnis von Sprache überhaupt gesetzt werden. Dies führte und führt in der Forschung immer noch dazu, dass man zwar die Sprachen von Indien bis nach Island untersucht, aber vergleichsweise wenige Sprachen außerhalb dieses Bereichs in die Überlegungen einbezieht. Die Komplexität der Zusammenhänge ist allerdings so groß, dass es die Möglichkeiten einzelner Menschen weit übersteigt. Denn niemand kann tatsächlich all diese Sprachen »lernen«.

---

[31] Im Anhang sind daher in Tabelle III 55 Sprachfassungen des »Vater unser« aus der berühmten Schrift von Adelung *Mithridates* in lateinischer Umschrift nachzulesen, die zur indoeuropäischen Sprachfamilie gehören.

Dennoch ist es nicht nur sprachwissenschaftlich, sondern auch in philosophischer Hinsicht von entscheidender Bedeutung, den Rahmen der indoeuropäischen Sprachfamilie zu verlassen.

2.8 Andere Sprachfamilien

Parallel zu der Bestimmung der indoeuropäischen Sprachfamilie begann man in der vergleichenden Sprachenforschung auch andere »Sprachfamilien« zu eruieren.[32] Wenn man von ca. 6400 Sprachen weltweit ausgeht, so ergibt sich ein unübersehbares Feld der Forschung, das sich bis heute in Bewegung befindet. Es haben sich bestimmte Bezeichnungen für verschiedene Sprachfamilien durchgesetzt, die letztlich nur Hilfskonstruktionen sein können, um der Vielfalt der Sprachen eine bestimmte Ordnung abzuringen. In der folgenden Darstellung ausgewählter Sprachfamilien können jeweils nur bestimmte Sprachen hervorgehoben und signifikante Besonderheiten benannt werden.

Uralische Sprachen

Die Sprachfamilie zerfällt in zwei Hauptzweige: Finno-Ugrisch und Samojedisch. Das Gebiet, in dem die Sprachen gesprochen werden, erstreckt sich von Finnland über den Ural bis weit hinein nach Sibirien. Eine von diesem Gebiet isolierte Sprache, die gleichwohl zu dieser Familie gehört, ist das Ungarische. Sie gehört nicht, wie man vermuten könnte, zur indoeuropäischen Sprachfamilie, sondern zum Zweig der finno-ugrischen Sprachen. Zu diesem Zweig gehören auch Finnisch, Estnisch und Lappisch. Zum samojedischen Zweig gehören Sprachen, die in einem riesigen Gebiet Sibiriens und am Rande der Arktis gesprochen werden. Viele dieser Sprachen drohen auszusterben, da das Russische zunehmend an Einfluss gewinnt.

Altaische Sprachen

Die Familie der altaischen Sprachen erstreckt sich über ein riesiges Gebiet von der Türkei bis an die Grenzen Ostasiens. Sie ist unterteilt in drei Hauptgruppen: Turksprachen, Mongolische Sprachen und Tungusische Sprachen. Der wichtigste Zweig der Turksprachen ist das Türki-

---

[32] Ein früher Versuch ist folgender: Schmidt, Die Sprachfamilien und Sprachenkreise der Erde. Als neuere Literatur vgl. Gordon (Hg.), Ethnologue. Languages of the World.

Andere Sprachfamilien

sche, das somit verwandt ist mit Sprachen, die in Ostasien verbreitet sind. In der Forschung hat man zu zeigen versucht, dass das Türkische sogar mit dem Japanischen verwandt sei, wofür es einige Anzeichen zu geben scheint. Neben Türkisch gehören Sprachen wie Aserbaidschanisch, Turkmenisch, Kasachisch, Usbekisch, Tatarisch und Tschuwaschisch zu dieser Gruppe. Die Hauptsprache der mongolischen Gruppe ist das Mongolische, das auch in der heutigen Mongolei gesprochen wird. Daneben existieren kleinere Sprachen, bei denen nicht immer sicher die Unterteilung nach Sprache und Dialekt vorgenommen werden kann. In der tungusischen Gruppe sind das Tungusische und Mandschu die Hauptsprachen. Die Mandschusprache, die heute nur noch von wenigen Menschen im Nordosten Chinas gesprochen wird, war einst eine große und bedeutende Sprache im Rahmen der chinesischen Kultur. Sie spielte eine wichtige Rolle im Austausch zwischen China und anderen Kulturen.

Sino-tibetische Sprachen

Die sino-tibetische Sprachfamilie umfasst mehrere hundert Sprachen. Die Einteilungen sind insgesamt umstritten. Die beiden wichtigsten Sprachen dieser Gruppe sind das Chinesische und das Tibetische, die eine weit zurückreichende Verwandtschaft aufzuweisen scheinen. Da die Schriften der beiden Sprachen sehr unterschiedlich sind (Chinesisch besitzt eine Zeichenschrift mit mehreren zehntausend Zeichen, das Tibetische wird mit einer Silbenschrift aufgezeichnet), ist es nicht leicht, die genauen Zusammenhänge zu bestimmen. Insbesondere das Chinesische mit seiner über 3000 Jahre zurückreichenden Schrifttradition und der größten Primärsprecherzahl weltweit nimmt im Rahmen der Sprachen der Menschheit eine besondere Stellung ein. Kaum eine andere Sprache kann auf eine so lange und durchgehende Schrift- und Sprachtradition zurückblicken, die auch heute noch gepflegt und ausgebaut wird.

Hamito-semitische Sprachen

Diese Sprachfamilie umfasst ausgestorbene und noch lebendige Sprachen. Die ältesten Sprachen dieser Gruppe sind das Ägyptische, Akkadische und Phönizische, die einst im Nahen Osten verwendet wurden und im Zusammenhang stehen mit großen kulturellen Leistungen der frühen Hochkulturen. Ebenso zu dieser Sprachfamilie gehört das Hebräische, die Sprache der Bibel, sowie das Aramäische, die Sprache Jesu.

Sprache, Sprachen, Sprachfamilien – Eine Grundorientierung

Das Amharische, das heute die offizielle Sprache in Äthiopien ist, war zugleich die Sprache einer sehr alten christlichen Tradition in Nordafrika. Die größte und heute am weitesten verbreitete Sprache dieser Gruppe ist das Arabische. Es ist nicht nur die Sprache des Korans, sondern auch die Primärsprache vieler Menschen im Mahgreb und dem Nahen Osten. Das Maltesische, das auf der Insel Malta gesprochen wird und offizielle Amtssprache in der EU ist, gehört ebenso zu dieser Sprachfamilie.

Kaukasussprachen

In der Kaukasusregion, die einen südlichen Teil Russlands, Georgien und Aserbaidschan umfasst und kaum größer ist als das Gebiet der Bundesrepublik, existieren etwa 40 Sprachen, die eine eigene Sprachfamilie bilden. Da auch hier die Grenzen zwischen Sprache und Dialekt nicht immer sicher gezogen werden können, kommt es zu unterschiedlichen Zählungen. Wichtige Sprachen sind beispielsweise das Georgische, Abchasische und Awarische.

Die Sprachen Afrikas

Die Erforschung der Sprachen Afrikas gehört zu den umstrittensten Bereichen der vergleichenden Sprachwissenschaft. Afrika ist der Kontinent mit den meisten Sprachen – ca. 1300 mit ungefähr 400 Mio. Sprechern –, die aus verschiedenen Gründen noch lange nicht ausreichend erforscht worden sind. Aus diesem Grunde fungieren häufig Sprachen wie Arabisch, Suaheli, Haussa, Englisch oder Französisch als übergeordnete Verkehrssprachen. Eine gängige Einteilung der Sprachen Afrikas geht von vier Hauptgruppen aus: Niger-Kongo-Sprachen, Nilo-Saharische-Sprachen, Khoisan-Sprachen und Hamito-Semitische-Sprachen. Die letzte Gruppe wurde in der vorliegenden Darstellung bereits als eigene Sprachfamilie vorgestellt. Das Gebiet der Niger-Kongo-Sprachen reicht vom östlichen Horn von Afrika über das Gebiet westlich des Nils bis hin zum Bereich südlich der Sahara. In dieser Gruppe sind vor allem drei Sprachen hervorzuheben – Yoruba, Igbo und Akan –, da sie im Rahmen der afrikanischen Philosophietradition eine wichtige Rolle spielen.[33] In der Gruppe der Nilo-Saharischen Sprachen sticht vor allem das Nubische heraus, das über eine bis in das 8. Jahrhundert zurückreichende Schrifttradition verfügt. Die Khoisan-

---

[33] Vgl. z. B. Wiredu, The concept of truth in the Akan Language.

Andere Sprachfamilien

Sprachen, mit etwa 50 Sprachen die kleinste der angeführten Gruppen, sind vor allem durch ihr komplexes System von »Schnalz-« und »Klicklauten« bekannt geworden. Sie spielen vor allem in der Phonologie eine wichtige Rolle. Über einen mit Zunge und Gaumen ausgeführten Schnalzlaut, der Missbilligung zum Ausdruck bringt, verfügt beispielsweise auch die deutsche Sprache.

Dravidische Sprachen

Die Gruppe der dravidischen Sprachen sind vor allem im Süden Indiens und Sri Lanka verbreitet. Die ältesten schriftlichen Zeugnisse dieser Sprachfamilie reichen bis ins 3. Jahrhundert v. u. Z. zurück. Die größten Sprachen dieser Gruppe sind Telugu, Tamil, Kannada und Malajalam, die jeweils auch Amtssprachen in den südlichen Bundesstaaten Indiens sind.

Malaiisch-polynesische Sprachen

Der Bereich dieser Familie reicht von Madagaskar über Neuseeland bis Hawaii. Diese Familie umfasst auch das Gebiet von Neuguinea, das mit seinen 600 Sprachen die größte Sprachendichte weltweit besitzt. Andere wichtige Sprachen dieser Gruppe sind Filipino, Malaiisch, Tahitisch, Tonganisch und Samoanisch.

Die Sprachen Amerikas

Die alten Sprachen Amerikas werden in Nord-, Mittel- und Südamerikanische Sprachen eingeteilt. Diese Sprachen werden häufig auch als »Indianersprachen« bezeichnet, ein Name, der auf das Engste mit der kolonialistischen Vergangenheit Europas verbunden ist. Zu der nördlichen Gruppe gehören Sprachen wie Eskimo und Navajo, zur mittelamerikanischen das Aztekische sowie das Mixtekische und zu den südlichen das Quechua, die Sprache der Inkas, und das Guaraní, die einzige Indianersprache, die in einem Land von der Mehrheit der Bevölkerung gesprochen wird.[34]

---

[34] Die alten Sprachen Amerikas spielten vor allem bei Sapir und Whorf eine besondere Rolle dabei, die Frage nach dem Zusammenhang von Sprache und Weltbild zu erforschen.

Isolierte Sprachen

In der großen Sprachenvielfalt der Welt kommt es immer wieder vor, dass einzelne Sprachen nicht befriedigend bestimmten Sprachfamilien zugeordnet werden können. Dies gilt beispielsweise für die beiden großen ostasiatischen Sprachen Koreanisch und Japanisch. Selbst wenn diese Sprachen bestimmte Ähnlichkeiten mit der altaiischen Sprachgruppe aufweisen, so lassen sie sich dennoch nicht dort einordnen. In Europa ist es vor allem das Baskische, das den Sprachforschern Schwierigkeiten bereitet. Bisher ist es nicht gelungen, diese Sprache begründet einer bestimmten Sprachfamilie zuzuordnen. Sie bildet mitten in Europa einen Pol sprachlicher Fremdheit, der sich der wissenschaftlichen Einordnung entzieht. Über die genannten Sprachen hinaus gibt es zahlreiche Sprachen, die als isolierte Sprachen angesehen werden müssen. Diese Sprachen zeigen auch, dass es sich bei den Ordnungsmustern für Sprachen um Einteilungen handelt, die nicht naturgegeben sind, sondern einer wissenschaftlichen Heuristik entspringen, die auch in Zukunft in Bewegung bleiben wird.

Pidgin- und Kreolsprachen

In der Begegnung von Menschen, die verschiedene, nicht gegenseitig verständliche Sprachen sprechen, aber dennoch aus verschiedenen Gründen miteinander sprechen wollen, sind in der Sprachgeschichte immer wieder Behelfssprachen bzw. Mischsprachen entstanden. Diese Sprachen sind häufig grammatisch simplifiziert und umfassen einen relativ geringen Wortschatz. Dennoch ermöglichen sie eine Kommunikation, die den Anforderungen der jeweiligen Situation gerecht wird. Gewöhnlich werden sie nicht als Muttersprache gesprochen. Es handelt sich dabei um kreative Neuschöpfungen, die sich aus verschiedenen Sprachen herleiten. Durch die Neubildung derartiger Sprachen lässt sich der Sprachwandel, der durch die Bedingungen menschlicher Kommunikation hervorgerufen wird, besonders gut erforschen. Aufgrund ihrer Zweckgebundenheit leben Pidgin- und Kreolsprachen häufig nur eine geringe Zeit. Sie entstehen für einige Jahre und vergehen schnell wieder, wenn die Situation sich ändert. Sie existieren weltweit und in Handbüchern werden bis zu hundert derartiger Sprachen aufgeführt.[35]

---

[35] Vgl. Boretzky, Kreolsprachen, Substrate und Sprachwandel; DeCamp, The Development of Pidgin and Creole Studies.

Welthilfssprachen oder künstliche Sprachen

Es ist ein alter europäischer Wunsch, eine Universalsprache zu besitzen, mit der sich die gesamte Wirklichkeit klar und deutlich erfassen und aussagen lässt. Dieser Wunsch veranlasste Forscher in Europa dazu, künstliche Sprachen zu schaffen, die vor allem im 17. Jahrhundert ausgehend von abstrakten Klassifikationen entwickelt wurden, so dass sie strengen logischen Anforderungen gerecht werden sollten. Später versuchte man ausgehend von verschiedenen Elementen westeuropäischer Sprachen eine Sprachstruktur aufzubauen, die, wie z. B. in dem bekannten Esperanto, keine Ausnahmen zuließ. Seit dem 19. Jahrhundert sind zahlreiche künstliche Sprachen entstanden.[36]

Wie anhand der angeführten Einteilungen deutlich geworden sein sollte, eröffnet sich einerseits ein extrem unübersichtliches Feld von verschiedenen Sprachen und andererseits stößt man auf Versuche, die verschiedenen Sprachen in Sprachfamilien einzuteilen, ihre gegenseitige Abhängigkeit zu untersuchen und neue Sprache nach bestimmten Vollkommenheitskriterien zu konstruieren. All diese Phänomene sind in der Philosophie in den meisten Fällen nur marginal einbezogen worden. Angesichts der Vielfalt stellt sich daher verschärft die Frage, in welcher Weise man im Rahmen der Philosophie überhaupt reagieren kann und welche Rolle die Vielfalt der Sprachen für das Philosophieren insgesamt spielt. Bevor auf einzelne Sprachen in ihrer Struktur eingegangen wird, muss noch ein weiteres Themengebiet in Bezug auf die Verschiedenheit der Sprachen angesprochen werden, das insbesondere für die Philosophie von überragender Bedeutung ist.

2.9 Schrift(en) und Sprache(n)

Die Erfindung von Schriftsystemen markiert in der Entwicklung der Sprachen, in denen sich dies vollzog, einen bedeutsamen Wandel.[37] Wenn Gesprochenes im Medium der Schrift aufgezeichnet wird, erhält Sprache in vielerlei Hinsicht eine neue Qualität. Sie wird dem Kontext der unmittelbaren Rede entrissen und damit zugänglich für all diejeni-

---

[36] Vgl. Eco, Die Suche nach der vollkommenen Sprache.
[37] Vgl. hierzu die umfassenden Darstellungen: Günther / Ludwig (Hg.), Schrift und Schriftlichkeit. Ein interdisziplinäres Handbuch, 96.

gen, die verschriftete Worte zu lesen verstehen.[38] Das Gesprochene wird mehr und mehr abgelöst von der körpergebundenen Hervorbringung in der lebendigen Rede und auf neue Weise mit dem Akt des Lesens verbunden.[39] Beim Lesen von Texten begegnet der Leser den Gedanken anderer Menschen, ohne dass diese anwesend sein müssten. Anders als im Gespräch besteht die Möglichkeit, im Text auch hin und her zu wandern, ohne fürchten zu müssen, dass er sich währenddessen verändert. Texte gewähren einen dauerhafteren Bezug zu dem, was einmal in Worte gefasst worden ist, und entlasten damit das Gedächtnis in erheblichem Maße.[40] Ein Gedanke muss nicht sprachlich verinnerlicht werden, sondern kann in textlicher Form immer wieder aufs Neue gelesen, analysiert und interpretiert werden, so dass er zu einem vergleichsweise stabilen Bezugspunkt für Sprechen und Denken wird. Die Schrift kann aber auch selbst zu einem Medium werden, in dem sich Gedanken anders als in der gesprochenen Form gestalten und versinnlichen lassen. Die Schrift und der Akt des Schreibens – und dies wäre beispielsweise an der chinesischen und japanischen Schrift zu entwickeln – werden selbst zum eigenständigen Medium des Denkens, das sich deutlich von der gesprochenen Sprache unterscheidet.[41] Diese Sicht ist in Europa nur selten verfolgt worden,[42] da der Gebrauch der Alphabetschrift diesen Gedanken nicht nahe legt.

Für Wilhelm von Humboldt, der damit eine lange europäische Tradition bestätigt, ist klar: »Allein das tönende Wort ist gleichsam eine Verkörperung des Gedankens, die Schrift eine des Tons.«[43] Es ist genau

---

[38] Vgl. Brockmeier, Literales Bewusstsein. Schriftlichkeit und das Verhältnis von Sprache und Kultur.
[39] Vgl. Stein, Schriftkultur. Eine Geschichte des Schreibens und Lesens. Iser, Der Akt des Lesens – Theorie ästhetischer Wirkung.
[40] »Das aber ist gerade der wichtigste Unterscheidungspunkt in dem Zustande mit und ohne Schrift, dass in dem ersteren das Gedächtnis nicht mehr die Hauptrolle in den geistigen Bestrebungen spielt.« Humboldt, in: Schriften zur Sprache, 111. Assmann / Assmann / Hardmeier (Hgg.), Schrift und Gedächtnis. Beiträge zur Archäologie der literarischen Kommunikation.
[41] Ortner, Schreiben und Denken. Ludwig, Geschichte des Schreibens, Bd. 1, Von der Antike bis zum Buchdruck. Zur Geste des Schreibens vgl.: Flusser, Gesten. Versuch einer Phänomenologie.
[42] Im europäischen Mittelalter wurden interessante Varianten des Schriftgebrauchs entwickelt, die aber weitgehend aus dem Blick geraten sind. Vgl. Meier et al. (Hg.), Pragmatische Dimensionen mittelalterlicher Schriftkultur.
[43] Humboldt, Schriften zur Sprachphilosophie, 84.

Andere Sprachfamilien

dann besonders nahe liegend, dass die Schrift *allein* eine Verkörperung des Tons der gesprochenen Sprache ist, wenn im Rahmen einer Alphabetschrift die Laute eines Wortes in einzelne Teile zerlegt werden, um so in der Schrift die gesprochene Sprache in ihrem Lautbild darzustellen.[44] Die Schrift hat in dieser Interpretation ausschließlich eine Darstellungsfunktion für den Laut und nicht selbst eine Denkfunktion. Hier wäre aber zu fragen, ob der all zu selbstverständliche Gebrauch der Alphabetschrift nicht selbst bereits eine Interpretation von Sprache erzeugt, die – beispielsweise ausgehend von der chinesischen Schrift – nicht mehr in gleicher Weise als selbstverständlich erscheint. Humboldt verbindet mit seiner Interpretation auch einen Entwicklungsgedanken, den es in den folgenden Überlegungen anhand verschiedener Beispiele zu überdenken gilt:

»Die alphabetische Schrift thut dies klarer und anschaulicher, als es auf irgend einem andren Wege geschehen könnte, und man behauptet nicht zu viel, wenn man sagt, dass durch das Alphabet einem Volke eine ganz neue Einsicht in die Natur der Sprache aufgeht. Da die Articulation das Wesen der Sprache ausmacht, die ohne dieselbe nicht einmal möglich seyn würde, und der Begriff der Gliederung sich über ihr ganzes Gebiet, auch wo nicht bloss von Tönen die Rede ist, erstreckt; so muss die Versinnlichung und Vergegenwärtigung des gegliederten Tons vorzugsweise mit der ursprünglichen Richtigkeit und der allmählichen Entwicklung des Sprachsinns in Zusammenhang stehen. Wo diese stark und lebendig ist, wird ein Volk aus eignem Drange der Erfindung des Alphabets entgegengehen, und wo ein Alphabet einer Nation von der Fremde her zukommt, wird es die Sprachbildung in ihr befördern und beschleunigen.«[45]

In dem Zitat wird deutlich, dass Humboldt in der Alphabetschrift den alleinigen Entwicklungshöhepunkt in der Schriftentwicklung sieht. Er ist der Ansicht, dass nur anhand einer solchen Schriftform der Sprachsinn und der Geist sich in eigentlicher Weise entfalten können. Humboldt ahnte zwar selbst, dass vor allem die chinesische Schrift im Rahmen dieser Ansicht nicht hinreichend zu beschreiben ist, aber ihm standen noch nicht die nötigen Mittel zur Verfügung, um ein grund-

---

[44] Bis weit ins 20. Jahrhundert hinein ist dies auch in der Sprachwissenschaft die Ausgangsüberzeugung: »Die Väter dieser die Linguistik dieses Jahrhunderts [des 20. Jahrhunderts] beherrschenden Richtung auf beiden Seiten des Atlantik, Ferdinand de Saussure und Leonard Bloomfield, waren sich aus unterschiedlichen Motiven einig, die Schrift aus dem Objektbereich der Linguistik zu verbannen.« Coulmas, Über Schrift, 22.
[45] Humboldt, Schriften zur Sprachphilosophie, 92.

sätzlich anderes Bild vom Zusammenhang von Schrift und gesprochener Sprache zu entwickeln.

Seit der Zeit Humboldts hat sich neben der Erforschung der Sprachen eine Erforschung der verschiedenen Schriften entwickelt, die hinsichtlich ihrer kulturellen Bedeutung im Allgemeinen und ihrer philosophischen Bedeutung im Besonderen noch lange nicht abgeschlossen ist. Erst in den letzten Jahrzehnten entwickeln sich Ansätze, die den selbstverständlichen Schriftgebrauch des Alphabets mit der Entwicklung bestimmter Denkformen in Zusammenhang gebracht haben. Auch das philosophische Denken steht erst am Anfang, die theoretische Aufmerksamkeit auf die Bedeutung der jeweiligen Schriftform für das Denken zu lenken.

»Daß zwischen geschriebener und gesprochener Sprache eine Relation der Isomorphie bestehen soll, ist ein Ideal des Sprachwissenschaftlers, nicht unbedingt des normalen Schriftbenutzers, denn für letztere ist Schrift nicht in erster Linie ein Instrument zur getreuen Abbildung der Rede, das deren möglichst exakte Analyse ermöglichen soll, sondern Mittel einer anderen, von der Rede verschiedenen und anderen Regularitäten gehorchenden Kommunikationsform, eben der geschriebenen Sprache.«[46]

Die theoretische Aufmerksamkeit für die Schrift und ihre Form und Wirkung auch in Differenz zwischen verschiedenen Schriften zu entwickeln ist nicht einfach, da sich jeder in der Wissenschaft Tätige immer schon in ein bestimmtes Schriftsystem eingelebt hat. Menschen in Ostasien haben diese Differenz – oft unreflektiert – immer vor Augen, da sie seit einem Jahrhundert in vielen Fällen mit mindestens zwei sehr verschiedenen Schriftsystemen aufwachsen. Da es in Europa aber noch selten ist, dass Soziologen, Religionswissenschaftler, Sprachwissenschaftler, Philosophen und andere in den Wissenschaften Tätige Chinesisch, Koreanisch oder Japanisch lernen, werden diese Menschen in ihrem wissenschaftlichen Leben zumeist nicht mit einer prinzipiell anderen Schriftform konfrontiert. Beschäftigen sie sich wider Erwarten doch mit einer anderen Schrift, so muss dies noch nicht notwendig dazu führen, dass sie über die Schrift *als* Schrift in ihrer Bedeutung für Gedankenbildung im Allgemeinen nachdenken müssten. Es *kann* aber dazu kommen und wie bei Christian Stetter in seinem Buch *Schrift und*

---

[46] Coulmas, Über Schrift, 35.

Sprache dazu führen, das Verhältnis von Schrift, Sprache und Denken neu zu bestimmen:

»Auf die Grundthese des Buchs haben mich Erfahrungen nicht wissenschaftlicher oder philosophischer, sondern durchaus lebenspraktischer Art gebracht, die ich in Japan gemacht habe, ausgerüstet mit nicht mehr als den allerrudimentärsten Kenntnissen der japanischen Sprache und der japanischen Schrift. Gerade dieses Defizit war – mit Kant zu sprechen – Bedingung der Möglichkeit für eine einzigartige Erfahrung: sich nämlich als kognitiv offenbar nicht defekter, literarisch und philosophisch halbwegs gebildeter Mensch zunächst wie ein Analphabet in einer Umwelt zu bewegen, die voller Zeichen ist. Ich *wusste* natürlich von ihnen, dass sie lesbar sind, aber ich konnte sie nicht lesen. […] Es hat sich bei mir – in vielen Begegnungen und Diskussionen mit japanischen wie chinesischen Kollegen ebenso wie beim Einkaufen im Supermarkt von Hiyoshi – der Eindruck befestigt, daß mit dem fremden Typ von Schriftzeichen ein andersartiger Typ von Denken einhergeht.«[47]

Man achte darauf, dass Stetter hier nicht »ein ganz anderes Denken« sagt, sondern ein »andersartiger Typ von Denken«. Nach seiner These ist Denken nicht unabhängig von den Formen, in denen es geschieht. Aber zu diesen Formen gehören nicht nur die Struktur der Grammatik, sondern auch die Formen der Schrift, mit denen eine Sprache verschriftet wird. Dass darüber hinaus auch die Formen der Grammatik selbst ein Produkt der Schriftform sind, darin liegt eine besondere Pointe in der von Stetter entwickelten These, auf die im Weiteren immer wieder Bezug genommen wird.

Noch lange bevor Stetter seine These zwischen Philosophie und Sprachwissenschaft entwickelte, hat Jacques Derrida in der Philosophie mit großer Wirkungskraft den Zusammenhang von Schrift und Sprache ins Zentrum seines Denkens gerückt. Vor allem seine frühe Philosophie kann als tiefgehende Kritik am europäischen Phonozentrismus verstanden werden, der es um einen umfassenderen Sprachbegriff im Zusammenhang mit der Schrift geht. Derrida stellt fest:

»Das massive Faktum der phonetischen Schrift bestimmt unsere ganze Kultur und Wissenschaft, und das ist gewiß kein Faktum unter anderen.«[48]

---

[47] Stetter, Schrift und Sprache, 11 f. In diesem Zusammenhang kann auch an Roland Barthes' Buch *Im Reich der Zeichen* erinnert werden, der offenbar ganz ähnliche Erfahrungen wie Stetter machte und diese in sein Denken aufnahm.
[48] Derrida, Grammatologie, 55.

Er selbst nimmt mit seinem Buch *Grammatologie* Tendenzen der Zeit auf, in deren Weiterführung eine neue Perspektive entfaltet werden soll:

»Mit einer behutsamen Bewegung, deren Notwendigkeit kaum wahrzunehmen ist, beginnt alles, was seit wenigstens zwei Jahrtausenden sich unter dem Namen der Sprache zu versammeln trachtete und damit schließlich auch Erfolg hatte, sich nun in den Namen der Schrift zu verlagern, zumindest darunter sich zusammenfassen zu lassen. Mit einer Notwendigkeit, die kaum wahrzunehmen ist, scheint der Begriff der Schrift zusehends die Extension der Sprache zu überschreiten; er hört auf, eine besondere und abgeleitete, eine Hilfsform der Sprache im allgemeinen [...] zu bezeichnen. Es hat den Anschein, als ob die Schrift die Sprache begreifen würde (in allen Bedeutungen dieses Wortes). Nicht dass das Wort ›Schrift‹ aufhörte, den Signifikanten des Signifikanten zu bezeichnen; in einem ungewohnten Licht aber wird deutlich, dass ›Signifikant des Signifikanten‹ nicht länger eine akzidentelle Verdoppelung und abgefallene Sekundarität definiert. [...] Strenggenommen läuft dies auf die Destruktion des Begriffs ›Zeichen‹ und seiner ganzen Logik hinaus.«[49]

Diese Destruktion versucht Derrida in seinem Werk durchzuführen. Dazu entwickelt er eine Philosophie der Schrift bzw. der »Urschrift«, die Sprache in umfassender Weise in ihrer Wirksamkeit erschließt, die sich im Gebrauch zugleich immer als Feststellbare entzieht. Die Philosophie der Schrift, die zugleich auch eine positive Wissenschaft sein kann, nennt Derrida *Grammatologie*. Am Ende des ersten Teils kommt Derrida zentral auf die chinesische Schrift zu sprechen, die sich, auch wenn sich in ihr – wie weiter unten noch darzustellen ist – durchaus phonetische Elemente finden lassen, nicht allein ausgehend von phonetischen Modellen erklären lässt. Dies nimmt Derrida als Argument auf, um nach der Vielfältigkeit der Ursprünge von Schrift zu fragen. Diese Vielfältigkeit der Ursprünge gesprochener und geschriebener Sprache selbst nennt er »Urschrift«, die sich noch vor den Phonozentrismus schiebt und erlaubt, diesen zu hinterfragen:

»Wenn man schon den Versuch machen will, das zu denken und zu durchdringen, was unter dem Namen der Schrift weit mehr als bloße Notationstechniken voneinander trennt, muß man sich dann nicht auch neben anderen ethnozentrischen Vorurteilen einer Art graphischen Monogenetismus entledigen, der alle Differenzen in Verirrungen oder Verzögerungen, Zufälle oder

---

[49] Ebd. 17 f.

Andere Sprachfamilien

Abweichungen verwandelt hat? Und muß man nicht auf jene heliozentrische Vorstellung vom gesprochenen Wort reflektieren?«[50]

Selbst wenn man die philosophische Fragestellung, von der Derrida ausgeht, nicht in vollem Umfange übernehmen will, so stellt Derrida dennoch eine grundlegende Frage an die sprachliche Verfasstheit des Denkens zwischen gesprochener und geschriebener Sprache. Es liegt nahe, dass die Frage Derridas heute verstärkt mit der konkreten Analyse verschiedener Schriften und insbesondere der chinesischen Schrift und ihrem Schriftgebrauch in der Philosophie erörtert werden muss. Vor allem im Rahmen der chinesischen Schrift scheint ein Weg der Verschriftlichung entstanden zu sein, der sich nicht ausgehend von einer rein phonetischen Verschriftlichung verstehen lässt. Es kommen Elemente ins Spiel, die sich aus der Perspektive einer alphabetischen Schriftkultur kaum vorstellen lassen. Bevor diese Elemente im nächsten Kapitel vorgestellt werden, sei ein kurzer Einblick in verschiedene Schriftformen angefügt, um den Horizont für die folgenden Erörterungen weiter zu öffnen.

Auch wenn die Anzahl der Schriftsysteme bei weitem nicht die Anzahl der Sprachen erreicht, so existiert dennoch eine erhebliche Zahl von Schriften, die bis heute verwendet werden.

»Von der Gesamtzahl aller lebenden Sprachen der Welt sind nur etwa 13 % verschriftet, d. h. die große Mehrheit aller Einzelsprachen ist schriftlos. Zu den Schriftsprachen gehören alle Weltsprachen, deren Sprecher zusammen über 60 % der Weltbevölkerung ausmachen. Allein die Sprachgemeinschaften des Chinesischen, Englischen, Spanischen, Russischen, des Hindi und des Deutschen stellen etwa die Hälfte der Bevölkerung der Erde dar. Dies bedeutet konkret, daß die Schriftkultur bei den meisten Bewohnern unseres Planeten verbreitet ist.«[51]

Der Aufbau der Schriften ist sehr verschieden.[52] Man unterscheidet grundsätzlich zwischen nicht-phonologischen und phonologischen Systemen. Rein nicht-phonologische Systeme zeigen nicht, wie die Wörter ausgesprochen werden, sondern vermitteln nur die Bedeutung eines Wortes in Form von Bildern. Rein phonologische Systeme geben

---

[50] Ebd. 165 f.
[51] Haarmann, Universalgeschichte der Schrift, 19.
[52] Vgl. Coulmas, The Blackwell Encyclopedia of Writing Systems.

ausschließlich den Laut von Wörtern an, ohne in sich bildliche Elemente zu enthalten. Bei genauerer Unterscheidung lassen sich folgende Zeichenformen differenzieren:
1. Piktogramme: Hierbei handelt es sich um reine Bildzeichen, die den Gehalt abzubilden versuchen. Die Anzahl der Piktogramme kann beliebig hoch sein.
2. Ideogramme: Hierbei handelt es sich um abstraktere Zeichen, die nicht mehr direkt einen Gegenstand abbilden, sondern Bedeutungen symbolisieren wie beispielsweise die Zeichen für Frau ♀ und Mann ♂. Die Anzahl der Ideogramme bestimmt sich aus den Gehalten der Sprache.
3. Logogramme: Mit diesem Verlegenheitsbegriff bezeichnet man beispielsweise die Schriftzeichen der chinesischen Sprache, die eine Mischung von piktographischen, ideographischen und phonologischen Elementen sind. Da die chinesische Schrift weiter unten noch ausführlicher vorgestellt wird, kann an dieser Stelle auf eine nähere Charakterisierung verzichtet werden.
4. Phonogramme: Mit diesem Wort bezeichnet man schriftliche Aufzeichnungen, die sich primär auf die Aussprache und das gesprochene Wort beziehen. Bei Phonogrammen kann man zwei Typen unterscheiden.
   a. Silbenschrift: In einer Silbenschrift wird in der Regel ein Konsonant-Vokal-Paar mit einem Zeichen wiedergegeben, so dass beispielsweise für die japanische Silbe »ka«, die im lateinischen Alphabet mit zwei Buchstaben wiedergegeben wird, nur ein Zeichen verwendet wird »か«. Die Anzahl der Silbenzeichen schwankt zwischen 50 und mehreren hundert. In der Darstellung der japanischen Sprache wird ein derartiges Schriftsystem noch genauer betrachtet.
   b. Alphabetschrift: In den Alphabetschriften besteht ein direkter Zusammenhang zwischen dem gesprochenen Laut und dem geschriebenen Wort, der mehr oder weniger ausgeprägt sein kann. Die Phönizier entwickelten um 1700 v. u. Z. die erste Alphabetschrift, die zunächst nur aus Konsonanten bestand und keine Vokale anzeigte. In der Übertragung dieser Schrift von den Phöniziern zu den Griechen entstand später ein Alphabet, das sowohl Konsonanten als auch Vokale verzeichnete. Dieses um 1000 v. u. Z. entstandene Alphabet diente den Etruskern als Vorbild für ihre Schrift, die schließlich zum

Andere Sprachfamilien

lateinischen Alphabet wurde, von dem auch die hier verwendeten Buchstaben abgeleitet sind.[53]

Die Verschriftung von Sprache bringt in erheblichem Maße für die Kulturen wie auch für das Denken in verschiedenen Sprachen neue Spielräume mit sich. Sie ermöglicht es vor allem, die Sprache selbst auf neue Weise zu reflektieren. Denn solange Sprache nur gesprochen oder in ihr gedacht wird, lässt sie sich im Grunde nicht als Ganze überblicken. Allein im Medium der gesprochenen Sprache kann wohl kaum »Grammatik« als eigenständige Beschreibungsform von Sprache entstehen. Erst durch die geschriebene Form werden Wortunterschiede und strukturelle Merkmale im Rahmen einer Sprache umfassend beschreibbar und analysierbar. Durch den Gebrauch von Schrift wird Sprache zu etwas anderem:

»Erzeugt wird somit im kontinuierlichen Gebrauch der Schrift tatsächlich ein Konstrukt: der Begriff der Sprache als eines Systems miteinander kombinierbarer arbiträrer Elemente, der seinen realen Grund in all den Operationen hat, die wir mit und an dem Geschriebenen vornehmen können: Texte in Wörter auflösen, diese nach bestimmten Prinzipien ordnen, alphabetisch oder nach der Anzahl und Reihenfolge der Striche, Deklinations- und Konjugationstabellen erstellen, syntaktische Regeln zusammenstellen usf. Für all dies gibt es im Bereich oraler Kommunikation kaum Analoga.«[54]

Unser Verständnis von Sprache ist tief verbunden mit der Schrift, in der wir gewohnt sind, die jeweilige Sprache aufzuzeichnen. So geht der gerade zitierte Stetter in seinem Buch *Schrift und Sprache* so weit zu behaupten, die Alphabetschrift der Griechen sei auf das Engste verbunden mit der Entwicklung der europäischen Tradition von Logik und Grammatik. Seine These lautet,

»dass das in der Idee der Grammatik sozusagen kondensierte Sprachbild nur ein Aspekt eines formalen Weltverständnisses ist, dessen Genese gleichfalls mit der Evolution des Alphabets zusammenhängt.«[55]

Auf der Betrachtungsebene der Schrift ist der Zusammenhang von Sprache, Kultur und Denken besonders augenfällig. Zum einen ist die Entwicklung einer Schrift eine herausgehobene kulturelle Leistung, die

---

[53] Vgl. Dürscheid, Einführung in die Schriftlinguistik, 63 f.
[54] Stetter, Schrift und Sprache, 43.
[55] Ebd., 11.

dazu führt, das Denken in spezifische Bahnen zu lenken. Zum anderen sind die Unterschiede der Schriften so erheblich, dass allein dieser Sachverhalt eine vorschnelle universalisierende Sicht suspekt erscheinen lässt. Vor allem in der Auseinandersetzung mit der chinesischen Schrift, die sicher eine herausgehobene Stellung im Rahmen aller Schriften einnimmt, und dem Verständnis von Sprache, das sich daraus ableitet, sind noch weitere, grundlegende Einsichten zum Sprach- und Schriftgebrauch zu erwarten. Ob sich durch diese Auseinandersetzung auch ein anderes und neues Bild von »Sprache« ergibt, bleibt abzuwarten.

Eine der bekanntesten alten Schriften ist die ägyptische Hieroglyphen-Schrift,[56] die erst zu Beginn des 19. Jahrhunderts von dem französischen Sprachwissenschaftler Jean-François Champollion für die moderne Wissenschaft entziffert wurde. Bei der Entzifferung stellte sich heraus, dass es sich nicht um eine reine Bilderschrift handelte – wie zunächst angenommen wurde –, sondern verschiedene Bilder auch phonetische Bedeutung besitzen. Es handelt sich daher um eine Mischschrift, in der die Zeichen verschiedene Funktionen übernehmen können.

»Die Hieroglyphenschrift ist die Schrift der Monumente. Die in dieser Schrift aufgezeichneten Texte sind für die Ewigkeit bestimmt. Sie ist aufgrund ihrer Bildhaftigkeit und der Exklusivität ihrer Schreiber, bei denen es sich vielfach um Priester handelt, für die Beschriftung von offiziellen Denkmälern am bes-

---

[56] Vgl. Schlott, Schrift und Schreiber im Alten Ägypten.

Andere Sprachfamilien

ten geeignet. Es galt als etwas Besonderes, wenn ein Schreiber in die Hieroglyphenschrift eingeweiht war.«[57]

Die Hieroglyphenschrift ist in einem langen kulturgeschichtlichen Prozess entstanden und wurde etwa 3000 Jahre ausgehend von den ersten Belegen verwendet. Um 400 n. u. Z. kommt sie außer Gebrauch und wird erst im 19. Jahrhundert wieder zugänglich. Sie war Ausgangspunkt von verschiedenen Schriftentwicklungen im vorderen Orient.

Eine in vielerlei Hinsicht sehr verschiedene Schrift ist die der koreanischen Sprache. Es handelt sich dabei um eine der wenigen Schriften, die von einer Einzelperson – König Sejong – in den Jahren 1443 / 44 entwickelt wurde.[58] Der Name dieser Schrift ist *Hangul*. Es handelt sich um eine Mischung von Alphabet- und Silbenschrift mit 14 Umlauten und 10 Vokalen, die jeweils kombiniert zu einzelnen Silben zusammengesetzt werden.

Konsonanten	Vokale	ㅏ	ㅑ	ㅓ	ㅕ	ㅗ	ㅛ	ㅜ	ㅠ	ㅡ	ㅣ
		a	ya	ŏ	yeo	o	yo	u	yu	eu	i
ㄱ	g(k)	가	갸	거	겨	고	교	구	규	그	기
ㄴ	n	나	냐	너	녀	노	뇨	누	뉴	느	니
ㄷ	d	다	댜	더	뎌	도	됴	두	듀	드	디
ㄹ	r(l)	라	랴	러	려	로	료	루	류	르	리
ㅁ	m	마	먀	머	며	모	뵤	무	뮤	므	미
ㅂ	b	바	뱌	버	벼	보	뵤	부	뷰	브	비
ㅅ	s	사	샤	서	셔	소	쇼	수	슈	스	시
ㅇ	✲	아	야	어	여	오	요	우	유	으	이
ㅈ	j	자	쟈	저	져	조	죠	주	쥬	즈	지
ㅊ	ch	차	챠	처	쳐	초	쵸	추	츄	츠	치
ㅋ	k	카	캬	커	켜	코	쿄	쿠	큐	크	키
ㅌ	t	타	탸	터	텨	토	툐	투	튜	트	티
ㅍ	p	파	퍄	퍼	펴	포	표	푸	퓨	프	피
ㅎ	h	하	햐	허	혀	호	효	후	휴	흐	히

---

[57] Buske, Einführung in die Hieroglyphenschrift, 15.
[58] Vgl. Ramsey, The Invention and Use of the Korean Alphabet.

Sprache, Sprachen, Sprachfamilien – Eine Grundorientierung

Der Anlass für die Entwicklung der Schrift war der Überlieferung nach das Bedürfnis des Königs, vielen Menschen das Schreiben zu erleichtern und zu ermöglichen, was durch die damals im Gebiet des heutigen Koreas verwendete chinesische Schrift erschwert schien. So wurde damals versucht, die chinesische Schrift durch das *Hangul* zu ersetzen, was zunächst erfolgreich war, dann aber wieder stärker zurückgedrängt wurde. Erst im 20. Jahrhundert konnte sich das *Hangul* mehr und mehr als die zentrale Schrift der koreanischen Sprache durchsetzen. Seit den 1990er Jahren wurden zunehmend alle chinesischen Zeichen, die neben dem *Hangul* in verschiedenen Texten häufig zu finden waren, systematisch durch *Hangul* ersetzt, so dass auch in der Öffentlichkeit immer weniger chinesische Zeichen zu sehen waren. Die koreanische Schrift *Hangul* fungierte und fungiert somit als ein Symbol koreanischer Identität und Unabhängigkeit vor allem im Vergleich zur chinesischen Kultur und Sprache. Die Geschichte der koreanischen Schrift zeigt demnach eine tiefe Verbindung zur Entwicklung der koreanischen Kultur insgesamt. Problematisch an den neueren Entwicklungen ist sicher, dass viele Koreaner die chinesische Schrift nicht mehr ausreichend beherrschen, um die alten koreanischen Texte in chinesischer Schrift lesen zu können. Wie es überhaupt möglich war, dass die koreanische Sprache vor der Einführung des *Hangul* mit chinesischen Zeichen geschrieben werden konnte, wird weiter unten anhand der japanischen Schrift erläutert. Obwohl die chinesische und koreanische Sprache sehr verschieden in ihrem Aufbau sind, war dies aufgrund der besonderen Form der chinesischen Zeichen möglich.

Als Abschluss dieses Kapitels möchte ich noch auf die Entwicklung der Alphabetschrift eingehen, die immer wieder als der Höhepunkt der Schriftentwicklung überhaupt bezeichnet worden ist. Die erste Alphabetschrift stammt von den Phöniziern und ist in der ersten Hälfte des 2. Jahrtausends v. u. Z. entstanden. Diese Schrift umfasst 22 Buchstaben, wobei es sich ausschließlich um Konsonanten handelt. Dieses erste Alphabet wurde Ausgangspunkt für die weitere Entwicklung der Alphabetschrift und war auch Grundlage für das griechische und lateinische Alphabet:

»Die Ausbreitung des Alphabets erfolgte in praktisch alle vier Himmelsrichtungen: nach Westen (Italien), nach Osten (Kleinasien), nach Süden (Ägypten) und – zeitlich viel später – nach Norden (Makedonien, Bulgarien, Russ-

Andere Sprachfamilien

land). Bereits in der ältesten Phase der griechischen Schriftkultur erfolgte die Vermittlung des Alphabets an die Etrusker in Italien.«[59]

Das phönizische Alphabet sah wie folgt aus:

✷	alef	I	sajin	ʟ	lamed	↳	sade
ᔕ	bet	ᄇ	chet	ᄁ	mem	ᵠ	kof
∧	gimel	⊕	tet	ꋯ	nun	ᑫ	resch
⊿	dalet	⇃	jod	⩷	samech	W	schin
ᴈ	he	⅄	kaf	ο	ajin	✗	taw
⅄	waw			⁊	pe		

Die Erfindung der phonetischen Wiedergabe von gesprochener Sprache ist unzweifelhaft von enormer Wirkung gewesen für den Sprachgebrauch und das Selbstverständnis vieler Menschen. Angesichts der chinesischen Schriftgeschichte ist es dennoch nicht die einzige Möglichkeit, in vergleichbarer Weise kulturell produktiv und erfolgreich Sprache zu verschriftlichen. Auch wenn die alphabetische und die chinesische Schrift sicher nicht in einem absoluten Gegensatz stehen,[60] so können dennoch gravierende Unterschiede auch in der Bedeutung die-

---

[59] Haarmann, Universalgeschichte der Schrift, 289.
[60] Vgl. Yan, Der geheime Phono- und Eurozentrismus des Redens von Schrift und Holenstein, China ist nicht ganz anders. Die Forschungen zur »Schriftbildlichkeit« in dem gleichnamigen Graduiertenkolleg an der FU-Berlin versuchen einen neuen Schriftbegriff zu entwerfen, der diese Einseitigkeit unterläuft: »Während die Schrift zumal im Horizont eines ›abendländischen Alphabetzentrismus‹ vorrangig als aufgeschriebene mündliche Sprache gilt, sollen Schriften in jenen Dimensionen untersucht werden, in denen sie mehr leisten, als ›nur‹ ein Medium zum Aufzeichnen mündlicher Sprachen zu sein. Was wir beim schriftlichen Rechnen, in der korrigierenden Arbeit am Text, beim Umgang mit naturwissenschaftlichen Formeln, im Entwerfen von Diagrammen, beim Erstellen musikalischer Partituren, in der Konkreten Poesie oder beim Programmieren machen, kann sinnvoll nicht durch den Bezug auf die Lautsprache beschrieben werden. Überdies bergen die außereuropäischen, nichtalphabetischen Schriftsysteme immer schon ein bemerkenswertes ikonographisches Potenzial. Das Kolleg möchte also zur Überwindung eines phonographisch reduzierten und eurozentrisch verengten Schriftbegriffes beitragen. Die zugrundeliegende Hypothese ist, dass Schriften Hybridbildungen sind aus Diskursivem (Sprache) und Ikonischem (Bild); und dies gilt für alphabetische wie für nichtalphabetische Notationen.«
http://www.geisteswissenschaften.fu-berlin.de/v/schriftbildlichkeit/kolleg/idee/index.html (27.8.2011)

ser Schriften für den Prozess des Denkens markiert werden. Nach meiner Auffassung sollte die sprachwissenschaftliche Fragestellung, ob die chinesische Schrift phonetischen Charakter besitze oder nicht, nicht die einzige Perspektive sein, in der man die beiden Schriftsysteme reflektiert. Denn es ist kaum zu leugnen, dass sich im Rahmen der chinesischen Schrift eine Schreibkunst entwickelt hat, die in gewissen Ansätzen auch im Rahmen von Alphabetschriften entstanden ist, aber in einem anderen Sinne. Bereits anhand der genannten Beispiele wird deutlich, wie verschieden Sprachen verschriftet werden können. Dieses Phänomen wird im weiteren Verlauf der Überlegungen auch in seiner philosophischen Qualität weiter reflektiert.

3. Der grammatische Bau verschiedener Sprachen – Eine Grundorientierung

Nachdem im zweiten Teil ein Eindruck von der Vielfalt der Sprachen weitgehend nur durch die Nennung ihrer Namen gegeben und ein erster Einblick in den Zusammenhang von Schrift(en) und Sprache(n) entwickelt wurde, soll im Folgenden der Versuch unternommen werden, an bestimmte Einzelsprachen verschiedener Sprachfamilien primär auf der Ebene der Grammatik heranzuführen. Um diese Herangehensweise zu verdeutlichen, muss zunächst die Frage gestellt und vorläufig beantwortet werden, was mit dem Wort *Grammatik* gemeint ist. Im Anschluss daran werden Grundtypen des grammatischen Baus von Sprachen im Allgemeinen vorgestellt. In drei Unterabschnitten wird daran anschließend der grammatische Bau ausgewählter indoeuropäischer Sprachen, der chinesischen Sprache und der japanischen Sprache erläutert, wobei im Fall des Chinesischen und Japanischen auch die Besonderheiten der Schrift mit einbezogen werden müssen, um den Bau der Sprachen verständlich zu machen. Im Fall der indoeuropäischen Sprachen bleibt die Darstellung weitgehend auf Übersichten beschränkt, die untereinander leicht in eine vergleichende Perspektive gerückt werden können, da sie in ihrer grammatischen Struktur nicht grundsätzlich verschieden sind.

3.1 Was bezeichnet das Wort *Grammatik*?

Da natürliche Sprachen sich nicht im Hinblick auf eine Grammatik entwickeln, sondern eine Grammatik immer nachträglich versucht, eine Ordnung im Rahmen einer gesprochenen Sprache zu beschreiben, nach der ihr Wirken verdeutlicht werden kann, entsteht notwendig eine Diskrepanz zwischen grammatischer Beschreibung und alltäglichem Gebrauch der Sprache. Korrekter und wohlgeformter Sprachgebrauch steht immer zwischen den beiden Polen »alltäglicher« Sprachgebrauch und »korrekte« Grammatik, die sich ihrerseits geschichtlich verändern. Ein virulentes und umstrittenes Beispiel des gegenwärtigen deutschen Sprachgebrauchs ist der Gebrauch des Genitivs, der im alltäglichen Sprachgebrauch in bestimmten Fällen zunehmend durch den Dativ abgelöst wird. So kann man immer wieder hören: »Wegen dem schlechten Wetter bin ich zu Hause geblieben«. Grammatisch korrekt lautet der Satz: »Wegen des schlechten Wetters bin ich zu Hause geblieben«. Oder es heißt immer wieder: »Wegen dir habe ich das so gemacht«. Grammatisch korrekt lautet der Satz: »Deinetwegen habe ich das so gemacht«.[1] Interessant an diesen Fällen ist, dass hier ein dialektaler Sprachgebrauch in die grammatisch geregelte Standardsprache eindringt und sich so auch in der Standardsprache ein bestimmter Sprachgebrauch zunehmend verbreitet, der normativ gesehen als grammatisch inkorrekt gilt. Auch in sprachgeschichtlicher Perspektive gab es unterschiedliche Verwendungsformen des Genitivs und Dativs, die heute aus der Sicht der deutschen Standardsprache als grammatisch inkorrekt bezeichnet würden. An diesem Beispiel wird deutlich, dass lebendiger Sprachgebrauch und grammatische Beschreibung in einem dynamischen Verhältnis zu sehen sind und es die ein für alle Mal richtige Grammatik einer Sprache nicht geben kann. Zu bestimmten Zeiten gelten bestimmte grammatische Regeln, wenn sie als solche beschrieben werden, die aber immer wieder dem lebendigen Sprachgebrauch anzupassen sind, da sich dieser nur in bestimmten Grenzen grammatisch beaufsichtigen lässt. Dies bedeutet nicht, dass die Regeln der Grammatik unwichtig wären, vielmehr zeigt es, dass auch die jeweilige Grammatik ein geschichtlich gewachsenes System der Beschreibung von Sprache ist, das selbst keinen absoluten und überzeitlichen Blick auf Sprache und Sprachen gewährleisten kann. Dieser Situation wird in der neueren Grammatikschreibung Rechnung getragen:

»Dem Umstand, daß das sprachliche System nicht homogen und stabil ist, versucht die Duden-Grammatik [von 1995] durch eine differenzierte, der unterschiedlichen Strukturiertheit entsprechende Darstellung und eine offene Norm gerecht zu werden. Sie beschreibt primär, sie führt die Breite des Üblichen vor, verschweigt nicht konkurrierende Wortformen und Verwendungsweisen, sondern erläutert sie, und sie achtet darauf, daß Sprachgebrauch und kodifizierte Norm nicht auseinanderklaffen. Das Bekenntnis zu einer grund-

---

[1] Vgl. Sick, Der Dativ ist dem Genitiv sein Tod – Ein Wegweiser durch den Irrgarten der deutschen Sprache.

sätzlich deskriptiven Orientierung bedeutet auf der anderen Seite keinen Verzicht auf normative Geltung – diese ergibt sich überdies bereits aus der Kodifizierung der Standardsprache! Die Duden-Grammatik führt somit die sprachkulturelle Aufgabe fort, sie bleibt nicht bei der Deskription stehen, sondern klärt – im Rahmen wissenschaftlich begründeter Sprachpflege – auch Normunsicherheiten und wirkt den Zentrifugalkräften in der Sprache entgegen. Die Legitimation dazu leitet sie aus der Überzeugung ab, daß eine Sprachgemeinschaft eine über regionale, soziale, berufliche und andere Schranken hinweg verständliche, in der Schule lehr- und erlernbare Sprache braucht.«²

Die Grammatikschreibung steht seit ihren Anfängen zwischen den Polen des lebendigen Sprachgebrauchs und bestimmter normativer Ansprüche. Eine der ältesten Grammatiken ist uns aus der indischen Tradition überliefert. Die berühmte Grammatik des Sanskrit stammt vermutlich aus dem 4. Jh. v. u. Z. und wurde von dem Inder Pānini zusammengestellt. Man hat behauptet, dass diese Grammatik entwickelt wurde, als der Gebrauch des Sanskrit als gesprochene Sprache bereits zu einem Ende gekommen und man sich der grammatischen Formen nicht mehr sicher war.³ Dies ist durchaus plausibel, da die nur gesprochene Sprache und auch der schriftliche Gebrauch einer Sprache prinzipiell keiner Grammatik bedürfen, solange der Sprachgebrauch direkt von Lehrer zu Schüler im lebendigen Gebrauch übermittelt wird. Grammatische Reflexionen setzen dann ein, wenn Unsicherheiten im Sprachgebrauch auftreten oder Vereinheitlichungen vorgenommen werden sollen. Grammatik ist in diesem Falle der Versuch, die Regeln für die Wohlgeformtheit von Sätzen festzulegen und zu kontrollieren. Dies geschah gewöhnlich durch die Unterscheidung eigener Kategorien wie der Deklination von Substantiven und Konjugation von Verben. Wichtig ist dabei zu beachten, dass diese Form der Grammatik immer die Beschreibung einer Einzelsprache *in einer bestimmten Sprache* und damit nicht die Beschreibung von *Sprache an sich* ist. Wir befinden uns somit im Rahmen der Grammatik auf einer Metaebene zum gewöhnlichen Sprachgebrauch, die selbst dennoch immer an eine bestimmte Sprache gebunden bleibt.

Der bisher stillschweigend vorausgesetzte Begriff der Grammatik ist der der Schulgrammatik. Unter Schulgrammatik versteht man die

---

² Drosdowski (Hg.), Vorwort des Herausgebers, Duden. Grammatik der deutschen Gegenwartssprache, 5. Aufl., 9.
³ Die erste deutsche Übersetzung dieser Grammatik stammt bereits aus dem 19. Jahrhundert: Böhtlingk (Hg.), Pānini's Grammatik.

Der grammatische Bau verschiedener Sprachen – Eine Grundorientierung

Form der Grammatik, die mit normativem Anspruch den Gebrauch einer Sprache beschreibt und für das Erlernen einer einzelnen natürlichen Sprache eingesetzt wird. Dies ist heute wohl das Bild von Grammatik, das am weitesten verbreitet ist. Dennoch bleibt das Wort Grammatik dabei mehrdeutig.

»Erstens können wir mit Grammatik das Inventar aller morphologisch fassbaren grammatischen Ordnungseinheiten vom Morphem bis zum Text bezeichnen sowie die Regeln für die Kombination von Subeinheiten zu komplexeren Einheiten. Zweitens können wir mit Grammatik das System von Aussagen über die grammatischen Ordnungseinheiten und Kombinationsregeln bezeichnen. Drittens können wir mit Grammatik auch die Bücher bezeichnen, in denen grammatische Aussagen niedergelegt worden sind.«[4]

Die erste und dritte Bedeutung umfassen das, was in der deutschen Sprache mit Schulgrammatik bezeichnet wird. Derartige Schulgrammatiken, die im Umfang erheblich variieren können, sind in einem langen geschichtlichen Prozess entstanden, der in Europa mit der Grammatikschreibung in der altgriechischen Sprache beginnt. Die erste Grammatik des Altgriechischen wird dem in Alexandria geborenen Autor Dionysios Thrax zugeschrieben, der vermutlich im 2. Jh. v. u. Z. lebte. In seinem Buch Τέχνη γραμματική (techne grammatike) trägt er das Wissen zur griechischen Sprache der damaligen Zeit zusammen. Dort heißt es zu dem Wort Grammatik im ersten Paragraphen des Textes:

»Grammatik ist die auf Erfahrung beruhende Kenntnis des üblichen Sprachgebrauchs der Dichter und Prosaschriftsteller. Sie besteht aus sechs Teilen. Erstens: Geübtes Vorlesen unter Beachtung der Prosodie (Betonung, Behauchung, Silbenqualität); zweitens: Auslegung der vorkommenden dichterischen Wendungen; drittens: geläufige Erklärungen der seltenen Wörter und der Geschichten; viertens: Auffinden der Grundbedeutungen (Etymologien) der Wörter; fünftens Darlegung der Regelmäßigkeiten (Analogien); sechstens: Beurteilung der Dichtungen – dies ist von allem das Schönste in dieser Lehre.«[5]

Diese Auskunft ist zunächst gar nicht das, was man gewöhnlich unter Grammatik versteht. Wichtig ist aber, dass sich die Grammatik von Anfang an in Europa auf die Hochsprache der Dichter und Schriftsteller bezog, die zum einen in geschriebener Form vorlag und zum anderen

---

[4] Köller, Philosophie der Grammatik. Vom Sinn grammatischen Wissens, 26.
[5] Kürschner (Übers.), Die Lehre des Grammatikers Dionysios, 179.

Was bezeichnet das Wort Grammatik?

aber vom lauten Vorlesen her interpretiert wurde.[6] Der weitere Aufbau der Grammatik des Dionysios folgt nicht streng den sechs Teilen, sondern besteht vor allem in der Beschreibung der Laute in Form der altgriechischen Buchstaben und der Silben sowie der Wortarten. Für die Wortarten werden bei Dionysios zentrale Kategorien festgelegt:

»Das Wort (lexis) ist der kleinste Teil des zusammengefügten Satzes (logos). Der Satz ist eine Wortverbindung in der Prosa, die einen in sich abgeschlossenen Gedanken (dianoian) mitteilt. Es gibt acht Teile des Satzes (logou mere): Nomen, Verb, Partizip, Artikel, Pronomen, Präposition, Adverb, Konjunktion.«[7]

Bei Dionysios wird erstmalig die Einteilung von acht Redeteilen bzw. Wortarten vorgenommen. Jede einzelne Wortart wird von ihm erklärt und anhand von Beispielen erläutert. Für unser heutiges Verständnis der Wortarten ist vor allem auffällig, dass Dionysios die Wortart »Adjektiv« nicht unterscheidet, sondern diese weitgehend unter das Nomen subsumiert. Im Weiteren ist auffällig, dass sein Text zwar die Redeteile eines Satzes unterscheidet, aber keine weiteren Analysen zur Struktur des Satzes enthält. Diese werden erst – gemäß der jetzigen Überlieferungslage – im 2. Jahrhundert n. u. Z. bei Apollonios Dyskolos durchgeführt, der ebenfalls in Alexandria geboren wurde. In seiner überaus wirksamen Schrift *Über Syntax* (peri syntaxeos) anlaysiert er unter anderem das Zusammenfügen von Wörtern zu Sätzen für die altgriechische Sprache·

»Als die beiden Hauptkriterien für einen korrekten Satz nennt Apollonios die Kongruenz der einzelnen Teile (die Wohlgeformtheit, was wenig später consequentia genannt wird) und die Vollständigkeit, die sich daran erkennen lasse, ob ein Satz sinnvoll sei. Das Minimalequipment eines Satzes besteht aus einem Nomen und einem Verb. Apollonios führt als Legitimation das berühmt gewordene ›Sinnkriterium‹ an: Ein Satz, bei dem Verb oder Nomen fortgelassen werden, ist sinnlos. Fehlen dagegen andere Teile, bildet der Rest noch immer eine Sinneinheit.«[8]

Mit den Analysen von Dionysios Thrax und Apollonios Dyskolos war die Struktur der Schulgrammatiken im Wesentlichen vorgeformt. Heu-

---

[6] Vgl. Stein, Schriftkultur. Eine Geschichte des Schreibens und Lesens.
[7] Kürschner (Übers.), Die Lehre des Grammatikers Dionysios, 187.
[8] Jungen / Lohnstein, Geschichte der Grammatiktheorie. Von Dionysios Thrax bis Noam Chomsky, 52.

Der grammatische Bau verschiedener Sprachen – Eine Grundorientierung

te noch bestehen viele dieser Grammatiken aus den Bestandteilen Lautlehre, Formenlehre, Satzlehre oder kürzer gefasst: Laut, Wort, Satz. In dieser Einteilung spiegelt sich deutlich die Struktur der griechischen und lateinischen Sprache. Diese Struktur wurde in der weiteren Geschichte der Schreibung von Grammatiken zahllosen Sprachen übergeworfen. Selbst die Überzeugung, dass zu einem Satz immer mindestens Nomen und Verb oder in anderer Terminologie Subjekt und Prädikat gehören, wird bis heute auch in der Konzeption der Grammatik für die chinesische Sprache übernommen. Ob dies sinnvoll ist oder nicht vielmehr aus philosophischen Gründen zurückgewiesen werden muss, wird ausführlich im vierten Teil in den Erörterungen über das Subjekt in der Sprache reflektiert.

Die weitere Geschichte der Grammatikschreibung führt in Europa zur lateinischen Sprache. Man orientierte sich zunächst grundlegend an der Grammatik des Altgriechischen und versuchte, diese direkt auf die lateinische Sprache zu übertragen. Dabei musste natürlich auffallen, dass z. B. im Rahmen der Wortarten keine vollständige Analogie hergestellt werden konnte. Da die Wortart *Artikel* im Lateinischen nicht existiert, man aber die Achtzahl der Wortarten beibehalten wollte, erfand man die Wortart *Interjektion*, unter der ein Wort für einen Ausruf verstanden wurde. Dieses Beispiel macht deutlich, dass durch die Schreibung der Grammatiken langsam auch ein Bewusstsein von der Verschiedenheit der einzelnen Sprachen wuchs. Die Griechen hatten noch mit voller Überzeugung die Grammatik ihrer Sprache im Sinne einer Grammatik von Sprache überhaupt verstanden. Durch die direkte Kontrasterfahrung war dies im Lateinischen nicht mehr so einfach möglich.

Eine wichtige neue Etappe im Verständnis von Grammatik bahnt sich im frühen Mittelalter an und kommt im 13. Jahrhundert zur klaren Entfaltung. Es handelt sich um die Verbindung von Grammatik, Ontologie und Logik, die zur Entwicklung einer »spekulativen Grammatik« führt, der es um eine universalisierende Betrachtung des Bezeichnens durch Sprache geht. Mit diesen Entwicklungen wird die Grammatik selbst zunehmend zu einer Theorie der Sprache, der Wirklichkeit und des Bezeichnens.

»Die Entwicklung der neuen, philosophisch orientierten Grammatikkonzeption im 13. Jh. steht im Zusammenhang mit der Rezeption der Originalschriften von Aristoteles und stellt den groß angelegten Versuch dar, dessen *Kate-*

gorienlehre für die Sprachbetrachtung fruchtbar zu machen. Es entstand die Idee einer *apriorischen* Grammatik, weil sich das Interesse von der Betrachtung konkreter sprachlicher Ordnungsformen insbesondere der lateinischen Sprache auf das Interesse für die *Prinzipien* und *Invarianten* von sprachlichen Ordnungsstrukturen überhaupt verschoben hatte. Die philologisch ausgerichtete Betrachtungweise der Sprache wich einer philosophisch-spekulativen, in der die grammatischen Reflexionen insbesondere eine Neuorientierung an der Logik suchten. Der Inhalt des Terminus *Grammatik* wurde dadurch so verändert, dass er ungefähr dem entsprach, was wir heute mit den Termini *Sprachlogik* oder *Sprachphilosophie* bezeichnen würden. Aus der Grammatik als einer empirischen und normativen Hilfswissenschaft für den Umgang mit Texten (grammatica positiva) wurde auf diese Weise die *grammatica speculativa*. [...] Ein Herzstück der *grammatica speculativa* [...] war [..] die sogenannte Lehre von den *modi significandi*.«[9]

Dies führt später bei Leibniz dazu, eine *characteristica universalis* bzw. *lingua universalis* – auch inspiriert durch seine Kenntnisse der chinesischen Sprache – über den Unterschied aller einzelnen Sprachen hinaus zu entwickeln.[10] Mit diesen Ansätzen versuchte man, über die Metaebene der beschreibenden Grammatik hinaus eine Metaebene der Metaebene zu etablieren, auf der die *Möglichkeit von Sprache überhaupt* und damit die Theorie einer Grammatik überhaupt beschreibbar ist. Diese Entwicklung kulminiert im 20. Jahrhundert vor allem bei Noam Chomsky.[11] Mit seinen Bemühungen, eine Universalgrammatik zu konzipieren, scheinen zunächst alle Fragen, die in den vorliegenden Überlegungen von zentraler Bedeutung sind, unnötig und sinnlos zu werden. So war auch in den 1980er und 1990er Jahren in den Sprachwissenschaften zu beobachten, dass das Interesse an Grammatiken von Einzelsprachen zurückging, da man sich verstärkt im Sinne Chomskys auf die universalen grammatischen Strukturen von Sprache im Allgemeinen konzentrierte. Inzwischen hat jedoch eine Reflexion eingesetzt, die die Formen der Grammatik und der grammatischen Theoriebildung selbst einer philosophischen Kritik und Differenzierung unterzieht. In einer jüngeren Arbeit mit dem Titel »*Grammatische Praxis*«. *Probleme der grammatischen Theoriebildung und der Grammatikschreibung* von Markus Meyer wird die Frage nach der Grammatik zwischen Sprachwissenschaft und Philosophie in neuer Weise auf-

---

[9] Köller, Philosophie der Grammatik. Vom Sinn grammatischen Wissens, 22.
[10] Vgl. Patzig, Leibniz, Frege und die sogenannte ›*lingua characteristica universalis*‹.
[11] Vgl. zur Einführung in seinen linguistischen Ansatz: Grewensdorf, Noam Chomsky.

Der grammatische Bau verschiedener Sprachen – Eine Grundorientierung

geworfen. In der Arbeit wird gezeigt, dass mit jeder Grammatikschreibung und -theorie eine *bestimmte* Praxis und ein *bestimmtes* Interesse verbunden sind. Dieses Interesse ist selbst nur philosophisch zu bestimmen und nicht durch eine Theorie der Grammatik zu motivieren. Grammatik kann somit in verschiedener Weise aufgebaut und verwendet werden.

»Keine Grammatik, auch nicht die Universalgrammatik Chomskys, kommt ohne derartige Vorannahmen aus, in die eine durch und durch soziokulturelle Größe konstitutiv eingeht, nämlich der Geschmack des Linguisten bei der Beurteilung seines ›Materials‹. [...] Jede Rede über eine Sprache beruht in letzter Instanz darauf, dass eine jede ›natürliche‹ Sprache ein reflexives Vokabular enthält, das auf sie selbst ›metasprachlich‹ anwendbar ist.«[12]

In der Sprachwissenschaft des 20. Jahrhunderts sind inzwischen die verschiedensten Typen von Grammatik entworfen worden, die zum Teil in Konkurrenz zueinander stehen. All diese Theorien verbindet, dass sie sich deutlich von der alten, normativen Vorstellung der Schulgrammatiken unterscheiden.

»Die Sprachwissenschaft hat – nach mühsamer Abnabelung von der Tradition der Schulgrammatik – verschiedene und verschiedenartige Grammatiktheorien entwickelt: Dependenzgrammatik, Kasusgrammatik, Rektions- und Bindungstheorie usw. [...] Es gehört zur Ambivalenz des Begriffs der Grammatik, dass wir solch reflektierten Umgang mit ihr als einer besonderen Theorie des Gegenstandes Sprache in aller Regel nicht lernen, denn wir lernen Grammatiken nicht als Theorien.«[13]

In den vorliegenden Überlegungen geht es nicht primär um die universalen Strukturen von Sprache, so dass es auch nicht darum gehen kann, verschiedene Sprachen aus der Perspektive einer allgemeinen Grammatiktheorie zu betrachten. Um die Verschiedenheiten der Sprachen in den Blick zu bringen, muss zunächst von den konventionellen Vorstellungen beschreibender Grammatik ausgegangen werden, immer eingedenk der Tatsache, dass diese sich in Europa anhand der altgriechischen und lateinischen Sprache ausgebildet haben. Im Durchgang durch die verschiedenen Sprachen wird dann versucht, die Kategorien dieser Grammatik zu reflektieren und zu hinterfragen in Bezug auf ihre Bedeutung für die philosophische Begriffsbildung und den philosophi-

---

[12] Stetter, Schrift und Sprache, 94 f.
[13] Ebd. 82.

schen Sprachgebrauch. Die europäischen Kategorien der Grammatikschreibung werden dann vor allem durch die Beschreibung der chinesischen und japanischen Sprache gebrochen und ausgehend von den strukturellen Eigenheiten dieser beiden Sprachen kritisch reflektiert. Dabei wird nicht der Anspruch erhoben, diese Sprachen anhand anderer Kategorien endgültig beschreiben zu können. Ähnlich wie in der Sprache ein *An-sich* von Wörtern und Begriffen kritisch hinterfragt wird, müssen auch die grammatischen Kategorien als *an-sich* bestehende Entitäten kritisch beleuchtet werden, was nicht einfach ist, da man sich auf diese immer schon in irgendeiner Weise bezieht:

»Jede grammatische Kategorie ist mithin eine Kategorisierung, deren Sinn sich ausschließlich im Rahmen des Sprachspiels definiert, innerhalb dessen sie formuliert wurde. Einen darüber hinaus gehenden ›objektiven‹ Sinn kann sie nicht haben. Die Sprache, in der eine Grammatik geschrieben wird, ist daher nicht gleichgültig. [...] Grammatische Kategorienfehler entstehen, wenn man Formen einer Sprache benutzt, um die einer anderen zu beschreiben.«[14]

In der Geschichte der Sprachenbeschreibung stehen wir schon seit längerer Zeit an einem Punkt, an dem nicht nur die Europäer zumeist im Rahmen der lateinischen Grammatik andere Sprachen beschreiben. Inzwischen werden auch die Sprachbeschreibungstraditionen anderer Sprachen einbezogen,[15] und weltweit versucht man zudem, in verschiedenen Sprachen vor dem Hintergrund der je eigenen Tradition Beschreibungsformen für die eigene und für andere Sprachen zu finden.[16] Erst langsam kann sich daher die Grammatikschreibung von ihrem kolonialistischen Erbe befreien und einen Bescheibungspluralismus entwickeln, der die Alleinherrschaft der lateinzentrierten Grammatik durchbricht. Es wird aber sicher noch einige Zeit dauern, bis der Eurozentrismus der Grammatiktheorie überwunden ist.

---

[14] Ebd. 100 f.
[15] Vgl. hierzu: Raster, Perspektiven einer interkulturellen Linguistik: Von der Verschiedenheit der Sprachen zur Verschiedenheit der Sprachwissenschaften.
[16] Ein berühmtes Beispiel hierfür sind die Arbeiten von Yamada Yoshio, der im 20. Jahrhundert versucht hat, eine Synthese von europäischer und japanischer Sprachbetrachtung in der Beschreibung der japanischen Sprache durchzuführen. Vgl. hierzu: Eschbach-Szabó, Sprache und Denken in der Japanischen Sprachforschung während der Zeit des *Kokugaku*.

Der grammatische Bau verschiedener Sprachen – Eine Grundorientierung

Bevor mit der Darstellung und Untersuchung der konkreten Sprachen begonnen werden soll, ist es hilfreich, ansatzweise eine in der Sprachwissenschaft verbreitete, allgemeine Typologie des Baus verschiedener Sprachen vorzustellen. Gewöhnlich teilt man den Bau verschiedener Sprachen in flektierende, isolierende, agglutinierende und polysynthetische Typen ein.

1. Als flektierende Sprachen gelten diejenigen, in denen zumeist durch die Endung eines Wortes eine oder auch mehrere grammatische Funktionen angezeigt werden. Im Lateinischen zeigt sich dies sehr deutlich: *templum* (Nom. Sing., der Tempel), *templi* (Gen. Sing., des Tempels), *templorum* (Gen. Plur., der Tempel) usw. Dasselbe kann an Verben aufgezeigt werden.
2. Als isolierende Sprachen gelten diejenigen, die keine Flexion der Substantive und Verben besitzen und in denen grammatische Bezüge hauptsächlich durch die Stellung der Wörter im Satzgefüge angezeigt werden. Das Altchinesische, auf das weiter unten ausführlicher eingegangen werden soll, gilt als eine weitgehend isolierende Sprache.
3. Als agglutinierende Sprachen gelten diejenigen, die grammatische Funktionen vor allem durch an einzelne Wörter angehängte Partikeln anzeigen. Die Partikeln zeigen jeweils eine grammatische Funktion an, so dass es zu einer Reihung verschiedener Partikeln am Ende eines Wortes kommen kann, um verschiedene Funktionen anzuzeigen. Zu diesem Sprachtyp zählt die japanische Sprache, die weiter unten ausführlicher behandelt wird.
4. Als polysynthetische Sprachen gelten diejenigen, in denen grammatische Funktionen sich innerhalb eines Wortes an jeder Stelle – vorne, inmitten und am Ende – einbauen lassen. Einen solchen Sprachbau zeigen beispielsweise das Türkische und verschiedene Indianersprachen.

Wie bei allen grammatisch motivierten Einteilungen lassen sich Beispiele finden, die darauf hinweisen, dass nicht jede Sprache eindeutig einem der genannten Sprachtypen zuzuordnen ist. So zeigt das moderne Chinesisch eine Tendenz zu Morphembildungen,[17] wohingegen die englische Sprache durch die zunehmende Vereinfachung grammati-

---

[17] So fungiert z. B. das Zeichen *le* (了) mehr und mehr als Anzeige der Vergangenheit und der Vollendung einer Handlung.

scher Strukturen mehr und mehr Kennzeichen einer isolierenden Sprache aufweist. Vor diesem Hintergrund sind derartige Einteilungen immer mit Vorsicht zu behandeln, auch wenn sie für eine erste Orientierung hilfreich sein können.[18]

In dem folgenden Überblick zu verschiedenen Sprachen sind unterschiedliche Darstellungsformen gewählt worden. Für die Darstellung der vier indoeuropäischen Sprachen Sanskrit, Altgriechisch, Latein und Deutsch wurde eine Zusammenstellung grundlegender grammatischer Strukturen in tabellarischer Form versucht. Da der prinzipielle Aufbau flektierender Sprachen aufgrund der Referenzsprache Deutsch, in der der vorliegende Text verfasst ist, bekannt ist, wurde dieses Vorgehen für die zugrundeliegende Fragerichtung einer philosophischen Sprachenbetrachtung als sinnvoll und ausreichend erachtet. Damit ist weder der Versuch verbunden, diese Sprachen umfassend darzustellen, noch der Anspruch, die grammatischen Funktionen besonders innovativ auszulegen. Es wird vielmehr ein konventioneller Referenzrahmen grammatischer Kategorien in Anspruch genommen, um einen Vergleich der Oberflächenstruktur zu ermöglichen. Neben den tabellarischen Übersichten wird zudem nur kurz auf einige Besonderheiten eingegangen, vor allem auf die, die für den philosophischen Sprachgebrauch von besonderer Bedeutung sind. Für die Darstellung der chinesischen und japanischen Sprache wird demgegenüber ein anderes Verfahren gewählt, da die grammatischen Kategorien des Chinesischen und Japanischen nicht mit dem indoeuropäischen Grammatikrahmen erfasst werden können. Im Vergleich zu den indoeuropäischen Sprachen wird vielmehr die Schrift einen wichtigen Ausgangspunkt der Beschreibung bilden. Da es nicht möglich ist, im Rahmen dieses Überblicks eine ausführliche grammatische Beschreibung des Chinesischen oder Japanischen zu präsentieren, wird versucht, Grundstrukturen der beiden Sprachen durchsichtig und nachvollziehbar zu machen, um daran anschließend in philosophischer Perspektive hervorstechende und differenztheoretisch fruchtbare Besonderheiten zu thematisieren.

---

[18] Für eine ausführlichere Kritik an diesen Einteilungen vgl. Störig, Abenteuer Sprache, 331 ff.

Der grammatische Bau verschiedener Sprachen – Eine Grundorientierung

3.2 Ausgewählte Sprachen der indoeuropäischen Sprachfamilie

3.2.1 Sanskrit

Das Wort *Sanskrit*[19] – *samskrta: sam* = zusammen, *krta* = gemacht – bedeutet »das Zurechtgemachte«, »das gut Gefügte«, »das Geordnete«, »das Geschmückte«. Die erste Grammatik des Sanskrit stammt von Pāṇini, die in der Welt des Sanskrit lange Jahrhunderte als wichtige Orientierung diente. Aber auch nach Pāṇini gab es verschiedene Versuche, das Sanskrit zu beschreiben.[20] Die ersten Kenntnisse über das Sanskrit in Europa lassen sich bis ins 16. und 17. Jahrhundert zurückverfolgen. Die europäische Sanskrit-Philologie im engeren Sinne beginnt jedoch erst gegen Ende des 18. Jahrhunderts.[21] Im 19. Jahrhundert werden verschiedene Grammatiken des Sanskrit in europäischen Sprachen und vor allem auch in der deutschen Sprache verfasst.[22]

Schrift: Devanagari, das in der heute geläufigen Form erst vor gut 1000 Jahren entstanden ist und auf älteren Schriftformen in Indien basiert, ist eine Mischschrift aus Alphabet- und Silbenschrift. Mit dieser Schrift wird heute nicht nur das Sanskrit verschriftet, sondern auch Hindi und andere indische Sprachen. Die Schrift umfasst 13 Vokale, 33 Konsonanten und zwei Zusatzzeichen.[23] Darüber hinaus verwendet man Ligaturen, d. h. Vokal- und Konsonantenzeichen, die sich beim Zusammentreffen von zwei Zeichen in eine neue Form verwandeln. Als Beispiele seien an dieser Stelle nur die Vokale und Konsonanten angeführt. Die ersten drei Zeilen zeigen – vereinfacht gesagt – die Vokale sowie die zwei Zusatzzeichen und die Zeichen in den folgenden Zeilen die Konsonanten:

---

[19] Zur Geschichte des Sanskrit als Sprache vgl.: Wackernagel, Altindische Grammatik, Bd. 1, Einleitung IXff.
[20] Auroux (Hg.), Geschichte der Sprachwissenschaften. Ein internationales Handbuch zur Entwicklung der Sprachforschung von den Anfängen bis zur Gegenwart, 1. Teilbd., Die Anfänge der Sanskritforschung [in Indien], 113ff.
[21] Vgl. Windisch, Geschichte der Sanskrit-Philologie und indischen Altertumskunde.
[22] Als Meilensteine der Grammatikschreibung des Sanskrit im 19. Jahrhundert in deutscher Sprache gelten: Bopp, Ausführliches Lehrgebäude der Sanskrita-Sprache, 1827. Stenzler, Elementarbuch der Sanskrit-Sprache, 1868. Wackernagel, Altindische Grammatik, 1896/1905.
[23] Dieses ergibt sich aus der Darstellung in der Sanskrit-Grammatik von Stenzler. Alternative Darstellungen gehen von 35 Konsonanten aus.

Ausgewählte Sprachen der indoeuropäischen Sprachfamilie

अ	आ	इ	ई	उ	ऊ
a	ā	i	ī	u	ū
ऋ	ॠ	ऌ			
ṛ	ṝ	ḷ			
ए	ऐ	ओ	औ	अं	अः
e	ai	o	au	aṃ	aḥ
क	ख	ग	घ	ङ	
ka	kha	ga	gha	ṅa	
च	छ	ज	झ	ञ	
ca	cha	ja	jha	ña	
ट	ठ	ड	ढ	ण	
ṭ	ṭha	ḍa	ḍha	ṇa	
त	थ	द	ध	न	
ta	tha	da	dha	na	
प	फ	ब	भ	म	
pa	pha	ba	bha	ma	
य	र	ल	व		
ya	ra	la	va		
श	ष	स	ह		
śa	ṣ	sa	ha		

Wortarten: Für die Wortarten hält Wackernagel schon zu Anfang seiner *Altindischen Grammatik* fest: »Das Altindische enthält dieselben Wortklassen wie die übrigen indogermanischen Sprachen«.[24] In seinen folgenden Kommentaren wird diese Aussage dahingehend relativiert, dass bestimmte Wortarten sich nicht genauso verhalten wie in der deutschen Sprache. Wackernagel und andere, die eine Grammatik des Sanskrit geschrieben haben, gingen wie selbstverständlich von der altgriechisch-lateinischen Tradition der Grammatikschreibung aus und übertrugen das System der Wortarten auf das Sanskrit. Bei Pāṇini selbst findet man jedoch im Grunde nur zwei bzw. drei Wortarten differenziert. Die Wörter, die einen Nominalstamm besitzen und dekliniert werden, sowie die Wörter, die eine Verbalwurzel besitzen und konjugiert werden. Die dritte, aber nicht klar abgegrenzte Wortart ist die der

---

[24] Wackernagel, Altindische Grammatik, Bd. 2, Einleitung zur Wortlehre. Nominalkomposition, 1.

»unveränderlichen Wörter«.[25] In verschiedenen europäischen Grammatiken des Sanskrit findet man keine einheitlichen Unterteilungen. Genannt werden Substantive, Verben, Adjektive, Pronomen, Numerale, Verbalnomen, Konjunktionen, Präpositionen, Postpositionen, Partikeln. Bei dem Versuch, die Wörter des Sanskrit nach Wortarten einzuteilen, wird mit Nachdruck deutlich, dass diese Unterscheidungen selbst theoretische Konstrukte sind, die in keiner Weise als natürlich gegeben aufgefasst werden dürfen.[26]

Auch die folgenden grammatischen Unterscheidungen wurden aufgrund einer längeren Tradition der Grammatikschreibung seit dem 19. Jahrhundert entwickelt. Es handelt sich nicht um Originalbezeichnungen der indischen Grammatiktradition. Um in diesem Feld die Unterschiede und Beschreibungsmuster zu erforschen und zu vergleichen, bedarf es noch ausführlicher Forschungen im Rahmen der interkulturellen Linguistik, der es darum geht, die verschiedenen sprachwissenschaftlichen Traditionen (z. B. in Indien, China und im arabischen Raum) als selbstverständliche Bezugsmöglichkeiten auch in sprachwissenschaftlichen Theoriebildungen in Europa zu etablieren.

»Für diese Form der Sprachwissenschaft werden die sprachwissenschaftlichen Traditionen verschiedener Kulturen nichts anderes sein als verschiedene Schulen oder Richtungen, deren man sich nach Belieben zum Erreichen bestimmter Zwecke bedienen kann. So wie sich heute jeder Linguist mit den Grammatikmodellen der verschiedenen Schulen und Richtungen der westlichen Linguistik vertraut machen und diese auf eine Vielzahl von Sprachen anwenden kann, so sollte es im Rahmen einer interkulturellen Sprachwissenschaft auch möglich sein, dass sich ein Linguist der indischen Grammatiktheorie bedient, um sie auf Sprachen anzuwenden, die bisher nach den Modellen der westlichen Linguistik beschrieben worden sind. Die mit dieser Aussicht implizierte Forderung, dass Linguisten in verschiedenen wissenschaftlichen

---

[25] Diese Einteilung arbeitet Peter Raster heraus in einem innovativen Aufsatz: Raster, Wortarten des Deutschen aus der Sicht der indischen Grammatiktradition, in: Essener Linguistische Skripte – elektronisch, Jahrgang 1, Heft 2, 2001, 7–46. Abrufdatum 27.4.2011: http://www.uni-due.de/imperia/md/content/elise/ausgabe_2_2001_raster.pdf.

[26] Einen bemerkenswerten Versuch, die Wortarten grundsätzlich anders einzuteilen, findet sich beispielsweise bei Hempel: Wortklassen und Bedeutungsweisen. Hempel unterscheidet dort: Nennwörter (Pferd, braun, oben, laufen), Zeigwörter (hier, dieser, ich, haben), Modalwörter (müssen, wollen, können), Fügwörter oder syntaktische Wörter (und, aber, desto, deswegen). Ich möchte nicht behaupten, dass diese Einteilung besser wäre, aber sie kann unser herkömmliches Bild von den Wortklassen fruchtbar irritieren.

Ausgewählte Sprachen der indoeuropäischen Sprachfamilie

Traditionen zu Hause sein sollten, bedeutet weder eine unnötige Belastung noch einen Luxus.«[27]

Diese erweiterte Perspektive, die für die Entfaltung der Sprachenbetrachtung von besonderer Bedeutung ist, kann in der folgenden Kurzdarstellung nur punktuell berücksichtigt werden. Es wäre eine reizvolle Arbeit, die hier einbezogenen Sprachen – Sanskrit, Altgriechisch, Latein, Deutsch, Chinesisch und Japanisch – aus der Perspektive von mindestens zwei sprachwissenschaftlichen Beschreibungstraditionen vergleichend darzustellen. Aufgrund der Komplexität der Anforderungen kann dies im Folgenden nicht geschehen, vielmehr werde ich mich weitgehend auf die üblichen Unterscheidungen im Rahmen der europäischen Grammatikschreibung stützen, um auf diese Weise ansatzweise vergleichende Perspektiven zu ermöglichen.

1. Kategorien der Deklination: (Substantiv, Adjektiv, Partizip)
    a) drei Genera: Maskulinum, Femininum, Neutrum
    b) drei Numeri: Singular, Dual, Plural
    c) acht Kasus: Nominativ, Akkusativ, Instrumental, Dativ, Ablativ, Genitiv, Lokativ, Vokativ

Deklination der Substantive und Adjektive stimmen überein.

2. Kategorien der Konjugation (Verben)
    a) drei Genera: Aktiv, Medium, Passiv
    b) sechs Tempora: Präsens, Imperfekt, Aorist, Perfekt, Futur, Konditional
       Tempusstämme: Präsensstamm, Futurstamm, Perfektstamm, Aoriststamm
    c) drei Modi: Indikativ, Optativ, Imperativ
    d) drei Numeri: Singular, Dual, Plural
    e) drei Personen je Numerus

Durch Hinzutreten von Suffixen und Endungen können von einer Verbalwurzel bis zu 216 grammatisch beschreibbare Formen des Verbs gebildet werden.

---

[27] Raster, Perspektiven einer interkulturellen Linguistik, 200.

3. Infinite Verbformen: Partizip des Präsens (Aktiv, Medium), Partizip des Perfekts (Aktiv, Medium), Partizip des Präteritum (Aktiv, Passiv), Gerundiv (Partizip der Notwendigkeit), Infinitiv

4. Adjektive: Steigerungsformen – Komparativ, Superlativ

5. Pronomen: Ungeschlechtliche Personalpronomen gibt es im Sanskrit für die erste und zweite Person aller drei Numeri, für die dritte Person fungiert ein einzelnes Wort; Geschlechtliche Pronomen; Relativpronomen; Demonstrativpronomen, Korrelativpronomen (wie groß ... so groß, wie viele ... so viele), Interrogativpronomen (wer, welcher), Indefinitpronomen (wer auch immer, durch wen auch immer), Possessivpronomen (mein, dein, unser, euer), Pronominaladjektive (jeder, der andere, der folgende)

6. Im Weiteren werden unterschieden: Numeralia, Konjunktionen, Präpositionen, Partikeln.

Als hervorstechende Besonderheiten im Vergleich mit der deutschen Sprache können folgende grammatische Formen benannt werden: Bei den Wortarten – unterteilt man diese gemäß der europäischen Grammatiktradition – fällt auf, dass im Sanskrit kein Artikel existiert. Die Bedeutung dieser Tatsache soll im Anschluss an die Darstellung zum Altgriechischen kurz erörtert werden. Als Numerus wird neben Singular und Plural der Dual genannt. Diese grammatische Form zeigt an, wenn es sich jeweils um *zwei* Menschen, Tiere, Dinge usw. handelt. Die grammatische Form des Duals ist durch eine berühmte Abhandlung Wilhelm von Humboldts bekannt geworden, in der er diese Form aus philosophischer Perspektive interpretiert.[28] Im Sanskrit existieren neben den vier gleichlautenden Kasus im Deutschen noch weitere vier Kasus, die in der Deklination der Substantive unterschieden werden. Als Genus verbi wird neben Aktiv und Passiv noch das Medium genannt, das im vierten Teil ausführlich behandelt werden soll, da es philosophisch von besonderem Interesse ist. Das Medium wird gewöhnlich als Reflexivform gedeutet, was dieser Form aber in philosophischer Perspektive nicht gerecht wird. In der Aufzählung der Zeiten wird der Ao-

---

[28] Humboldt, Über den Dualis, in: Schriften zur Sprachphilosophie, 113–143.

rist genannt, eine Zeitform, die im Deutschen nicht existiert. Auch diese Form wird im vierten Teil erläutert.

3.2.2 Altgriechisch[29]

Schrift: 24 Buchstaben mit Groß- und Kleinschreibung.[30]

Α	α	Alpha	Η	η	Eta	Ν	ν	Nü	Τ τ	Tau
Β	β	Beta	Θ	ϑ	Theta	Ξ	ξ	Xi	Υ υ	Ypsilon
Γ	γ	Gamma	Ι	ι	Iota	Ο	ο	Omikron	Φ φ	Phi
Δ	δ	Delta	Κ	κ	Kappa	Π	π	Pi	Χ χ	Chi
Ε	ε	Epsion	Λ	λ	Lambda	Ρ	ρ	Rho	Ψ ψ	Psi
Ζ	ζ	Zeta	Μ	μ	Mü	Σ	σ	Sigma	Ω ω	Omega

Wortarten: Nach der ältesten Einteilung der Redeteile bzw. Wortarten von Dionysios Thrax werden die folgenden acht unterschieden: Nomen, Verb, Partizip, Artikel, Pronomen, Präposition, Adverb, Konjunktion. Nach Einteilungen in neueren Grammatiken, in denen weitgehend eine Angleichung verschiedener Sprachen erzeugt wird, werden folgende Wortarten unterschieden: Substantiv, Adjektiv, Verb, Pronomen, Artikel, Numeralia, Partikeln, Adverbien, Präpositionen, Konjunktionen, Interjektionen.

1. Kategorien der Deklination (Substantiv, Adjektiv, Partizip)
a) drei Genera: Maskulinum, Femininum, Neutrum
b) drei Numeri: Singular, Dual, Plural
c) vier (fünf) Kasus: Nominativ, Genitiv, Dativ, Akkusativ, (Vokativ)

2. Artikel
Bestimmter Artikel (ho, he, to / maskulin, feminin, neutrum)

3. Kategorien der Konjugation (Verb)
Finite Verbformen
a) drei Personen: erste, zweite, dritte Person
b) drei Numeri: Singular, Dual, Plural
c) drei Genera verbi: Aktiv, Medium, Passiv

---

[29] Adrados, Geschichte der griechischen Sprache. Von den Anfängen bis heute.
[30] Vgl. Havelock, Schriftlichkeit. Das griechische Alphabet als kulturelle Revolution.

d) vier Modi: Indikativ, Konjunktiv, Optativ, Imperativ
e) sieben Tempora:
Haupttempora: Präsens, Futur, Perfekt, Perfektfutur
Nebentempora: Imperfekt, Aorist, Plusquamperfekt

4. Infinite Verbformen
Infinitive und Partizipien (beide besitzen im Präsens, Futur, Aorist und Perfekt zu jedem der zwei bzw. drei Genera verbi eigene Formen)

5. Adjektive: (Steigerungsformen) Komparativ, Superlativ

6. Pronomen: Personalpronomen, Reflexivpronomen, Possessivpronomen, Interrogativ- und Indefinitpronomen, Demonstrativpronomen, Relativpronomen, Korrelativpronomen

7. Numeralia, Konjunktionen, Partikeln (großer Formenreichtum), Interjektionen (Empfindungswörter).

Ähnlich wie im Sanskrit fallen der Dual, das Medium und der Aorist als Unterschiede zur deutschen Sprache auf. An dieser Stelle sei besonders hervorgehoben, dass ähnlich wie im Deutschen im Altgriechischen drei bestimmte Artikel existieren. Diese Tatsache ist aus dem Grunde philosophisch wichtig, da der Artikel im Altgriechischen als besondere Wortart erfunden worden ist und damit – so vermutet Bruno Snell – eine zentrale grammatische Kategorie entstanden ist, die für die Entwicklung der philosophischen Sprache im alten Griechenland von zentraler Bedeutung war.

»In Griechenland beginnen die sprachlichen – und das heißt zugleich die geistigen – Voraussetzungen für eine wissenschaftliche Begriffsbildung sich schon in den ältesten Zeiten zu entwickeln. Es ist z. B. nicht abzusehen, wie in Griechenland Naturwissenschaft und Philosophie hätten entstehen können, wäre nicht im Griechischen der bestimmte Artikel vorhanden gewesen. Denn wie kann wissenschaftliches Denken solcher Wendungen entraten wie ›das Wasser‹, ›das Kalte‹, ›das Denken‹? [...] Wie hätte man das Allgemeine als ein Bestimmtes setzen, wie hätte man etwas Adjektivisches oder Verbales begrifflich fixieren können, wenn der bestimmte Artikel nicht die Möglichkeit geboten hätte, solche ›Abstraktionen‹, wie wir sagen, zu bilden? [...] Solch Ansatzpunkt für den wissenschaftlichen Begriff ist der bestimmte Artikel, der sich im Griechischen erst langsam aus dem Demonstrativpronomen über den speziellen zum generellen Artikel entwickelt. […] Der Artikel vermag ein Adjektiv oder ein Verbum zum Dingwort zu machen; solche ›Substantivierungen‹ setzen in wissenschaftlich-philosophischer Sprache dem Denken feste ›Gegenstände‹. Aber die Substantiva, die damit entstehen, bezeichnen etwas anderes als die gewöhnlichen Ding- und Gegenstandsworte, und die eigentlichen Dinge und Gegenstände sind verschieden von den durch Substantivierungen bezeichneten ›Gegenständen des Denkens‹. Genau so wenig wie die deutsche Bezeichnung trifft aber auch die lateinische (aus dem Griechischen übernommene) Bezeichnung ›Nomen‹, ›Name‹, das Wesen solcher Substantivierungen. Offenbar gibt es drei verschiedene Formen des Substantivs: den Namen, das Dingwort und das Abstractum. […] Der bestimmte Artikel leistet in solchen Substantivierungen Dreifaches: Er fixiert das Undingliche, setzt es als Allgemein-Ding, vereinzelt dies Allgemeine aber auch zu einem Bestimmten, über das ich Aussagen machen kann. Daß der allgemeine bestimmte Artikel so dem Substantiv zugleich Abstraktums-, Dingwort- und Namenscharakter gibt, wird noch deutlicher dort, wo er das Dingwort zum allgemeinen Begriff erhebt. […] Der einzelne Löwe, auf den ich mit dem bestimmten Artikel hinweise, ist Gegenstand einer Aussage: ›Der Löwe ist alt‹ usw. Das Dingwort mit bestimmtem Artikel fixiert und individualisiert, ganz wie ein Name, ein Bestimmtes, das Löwe ›ist‹. Der generelle Artikel macht nun das, was ursprünglich Aussage ist, seinerseits zum Gegenstand der Aussage. ›Der‹ Löwe als wissenschaftlicher Begriff umfaßt all das, was Löwe ›ist‹. So wird ein neuer Gegenstand gesetzt. Der Löwe unterscheidet sich von den ›Löwen‹ oder bloß ›Löwen‹ dadurch, daß er jenseits der empirischen, dinglichen Löwen ist, und daß er trotz seiner Einzahl die Summe aller bekannten oder aufweisbaren Löwen umfaßt.«[31]

3.2.3 Latein[32]

Schrift: 24 Buchstaben

Wortarten: Die Liste der traditionellen Wortarten, die seit der frühen Grammatikschreibung in lateinischer Sprache galt, lautet: Nomen, Verb, Partizip, Pronomen, Präposition, Adverb, Interjektion, Konjunktion. Indem die Wortart des altgriechischen Artikels durch die Wortart der Interjektion ersetzt wurde, konnte die Achtzahl der Wortarten er-

---

[31] Snell, Die naturwissenschaftliche Begriffsbildung im Griechischen, in: ders., Die Entdeckung des Geistes, 199 ff.
[32] Vgl. Leonhardt, Latein. Geschichte einer Weltsprache.

halten und die Beschreibung zugleich an die lateinische Sprache angepasst werden. Auch wenn die Beschreibungen explizit an der altgriechischen Grammatik orientiert blieben, war dadurch ein weiterer Schritt zur Eigenständigkeit getan. In heutigen Schulgrammatiken der lateinischen Sprache findet man folgende Einteilung: Substantiv, Adjektiv, Verb, Pronomen, Numeral, Verb, Adverb, Präposition, Konjunktion, Interjektion.

1. Kategorien der Deklination
a) drei Genera: Maskulinum, Femininum, Neutrum
b) zwei Numeri: Singular, Plural
c) sechs Kasus: Nominativ, Genitiv, Dativ, Akkusativ, Ablativ, Vokativ

2. Kategorien der Konjugation
a) drei Personen: erste, zweite, dritte Person
b) zwei Genera verbi: Aktiv und Passiv
c) zwei Numeri: Singular, Plural
d) drei Modi: Indikativ, Konjunktiv, Imperativ
e) sechs Tempora: Präsens, Imperfekt, Perfekt, Plusquamperfekt, Futur I, Futur II

3. Infinite Verbformen
Verbalsubstantiva: Infinitiv, Supinum
Verbaladjektiva: Partizip Präsens aktiv, Partizip Perfekt passiv, Partizip Futur aktiv

4. Adjektive: (Steigerungsformen) Komparativ, Superlativ

5. Pronomen: Personalpronomen, Possessivpronomen, Demonstrativpronomen, Interrogativpronomen, Indefinitpronomen, Korrelativpronomen

6. Numeralia, Konjunktionen, Interjektionen, Präpositionen

3.2.4 Deutsch

Schrift: 24 Buchstaben mit Sonderzeichen

Wortarten: Bei Adelung findet sich 1782 die in vielen Grammatiken der deutschen Sprache bis heute gebräuchliche Einteilung der Wortarten im Deutschen.[33] Er unterscheidet Substantiv, Artikel, Zahlwörter, Adjektive, Pronomen, Adverb, Verb, Präposition, Konjunktion, Interjektion.

1. Kategorien der Deklination (Substantiv, Adjektiv, Partizip)
a) drei Genera: Maskulinum, Femininum, Neutrum
b) zwei Numeri: Singular, Plural
c) vier Kasus: Nominativ, Genitiv, Dativ, Akkusativ

2. Artikel
Bestimmter Artikel (der, die, das)
Unbestimmter Artikel (ein, eine, ein)

3. Kategorien der Konjugation
a) zwei Genera verbi: aktiv, passiv (Vorgangs- und Zustandspassiv)
b) sechs Tempora: Präsens, Präteritum, Perfekt, Plusquamperfekt, Futur I, Futur II
c) drei Personen: erste, zweite, dritte Person
d) drei Modi: Indikativ, Konjunktiv, Imperativ
e) zwei Numeri: Singular, Plural

4. Infinite Verbformen
Infinitiv, Partizip Präsens aktiv, Partizip Perfekt passiv

5. Pronomen: Personalpronomen (ich, du / Sie, er / sie / es, wir, ihr / Sie, sie); Reflexivpronomen (mich, sich, meiner, etc.); Possessivpronomen (mein, dein, sein etc.); Demonstrativpronomen (dieser, dieses, diese etc.); Relativpronomen (der, die, das, welcher, welche, welches etc); Interrogativpronomen (wer, wessen, wozu, warum etc.); Indefinitpronomen (etwas, jeder, jedermann, niemand, kein, manch etc.)

6. Adjektiv: (Steigerungsformen) Komparativ, Superlativ

---

[33] Adelung, Umständliches Lehrgebäude der Deutschen Sprache, 267 ff.

Der grammatische Bau verschiedener Sprachen – Eine Grundorientierung

7. Numeralia: Kardinalzahlen, Ordinalzahlen

8. Adverbien: lokal: dort, da, dorthin; temporal: bald, gestern, vorher, nachher; modal: gerne, sehr, außerdem; kausal: darum, trotzdem, dennoch

9. Präpositionen: lokal: an, auf, in, nach, bei, zu; temporal: bis, seit, während, in; modal: gegen, anstatt, wider; kausal: durch, für, infolge, zwecks, zu

10. Konjunktionen: und, oder, aber, denn

11. Interjektionen: autsch, oh, eia, auch, uff, oha, ätsch, hm

Die grammatische Struktur der vier angeführten Sprachen ist auf der Ebene der Wortarten vergleichsweise ähnlich. Die Ähnlichkeit wird umso deutlicher, wenn man den Bereich der indoeuropäischen Sprachfamilie verlässt. Lernt man nur Sprachen aus dem Bereich der indoeuropäischen Sprachfamilie, so ist die Form der Verschiedenheit im Vergleich mit Sprachen anderer Sprachfamilien oft nur schwer vorstellbar. Denn der Horizont für die Form der Verschiedenheit entsteht erst dann, wenn man beginnt, beispielsweise die chinesische oder japanische Sprache zu lernen. Wilhelm von Humboldt sagte daher, wer nur eine Sprache kennt, kennt keine. Spitzt man diesen Gedanken weiter zu, dann kann gesagt werden: wer nur Sprachen einer Sprachfamilie kennt, kennt keine Sprachfamilie. Aus dem genannten Grunde ist es im Folgenden notwendig, zumindest erste Einblicke in die Strukturen des Chinesischen und Japanischen zu geben.

3.3 Zwei Sprachen anderer Sprachfamilien

3.3.1 *Chinesisch*

Die moderne chinesische Sprache (das Mandarin) wird heute von der prozentual gesehen größten Sprechergruppe der Welt gesprochen und von noch mehr Menschen in Form der chinesischen Schrift verstanden und benutzt. Wie es zu diesem für die europäische Schriftkultur kaum nachvollziehbaren Unterschied kommen kann, wird im Folgenden erklärt. Nicht nur die Schrift, sondern auch die Struktur dieser Sprache ist anders als das, was von der indoeuropäischen Sprachfamilie aus gesehen als selbstverständlich gilt. Humboldt stellte daher schon vor fast zweihundert Jahren fest:

»Die Bearbeitung der allgemeinen Sprachkunde macht es notwendig, wenn man auch die Unmöglichkeit fühlt, *jede* Sprache tief zu ergründen, sich doch auf gewissen Punkten recht festzusetzen, und nun gibt es in ihr keine so leuchtenden, so die Ansicht des ganzen Sprachgebiets beherrschenden, als das Sanskrit und das Chinesische. Beide Sprachen stellen sich in ihrem grammatischen Bau dergestalt einander gegenüber, dass sie das ganze Feld unter sich teilen, und keine dritte in dieselbe Reihe treten kann.«[34]

Für ihn sind Sanskrit und Chinesisch zwei Extreme, an denen in besonderer Weise die Verschiedenheit des menschlichen Sprachbaus studiert werden kann. Selbst wenn sich heute diese zuspitzende Entgegensetzung nicht mehr aufrechterhalten ließe, so ist noch immer zutreffend, dass diese beiden Sprachen in besonderem Maße verschieden sind, nicht nur auf der Ebene der Schrift.

Aufgrund der heute nachvollziehbaren 3000-jährigen Geschichte der chinesischen Sprache und Schrift ist zu erwarten, dass sich durch die Jahrhunderte hindurch vielfältige Veränderungen ergeben haben. Ähnlich wie man von Althochdeutsch, Mittelhochdeutsch und Neuhochdeutsch spricht, werden die verschiedenen sprachgeschichtlichen Perioden in Protochinesisch (?–11. Jh. v. u. Z.), Altchinesisch (11. Jh. v. – ca. 1. Jh. v. u. Z.), Mittelchinesisch (1. Jh. n. – 10. Jh. n. u. Z.), Neuchinesisch (ab dem 11. Jh. n. u. Z.) und modernes Chinesisch (ab dem 20. Jh.) eingeteilt. Für den vorliegenden Zusammenhang wird vor allem das Altchinesische berücksichtigt, da es zu einer Zeit in Gebrauch war, als die großen philosophischen Werke der klassischen Periode chinesischer Kultur zwischen dem 5. Jh. v. und dem 2. Jh. n. u. Z. geschrieben wurden.[35]

Auch wenn das Chinesische als gesprochene Sprache zur sino-tibetischen Sprachfamilie zählt, ist die chinesische Schrift eine eigenständige Entwicklung, die auf eine lange Geschichte zurückblicken kann und in dieser Hinsicht mit keiner anderen Sprache verwandt ist. Um den Zugang zu erleichtern, soll vor der Sprache die Schrift in Grundzügen vorgestellt werden. Schrift und Sprache bilden im Chinesischen

---

[34] Humboldt, Schriften zur Sprachphilosophie, 179.
[35] Zur Einführung vgl.: Karlgren, Schrift und Sprache der Chinesen.

Der grammatische Bau verschiedener Sprachen – Eine Grundorientierung

einen so eigentümlichen Zusammenhang, dass er anhand indoeuropäischer Sprachgewohnheiten nicht gut darlegbar ist. Denn ist man gewohnt, eine Alphabetschrift zu verwenden, so sind die Schriftzeichen immer primär auf die *gesprochene* Sprache bezogen, die schon bei Aristoteles als Grundparadigma von Sprache überhaupt betrachtet wird. Würde man Sprache umgekehrt primär von der Schrift her verstehen, was für das Chinesische eine diskutierenswerte und auch naheliegende Möglichkeit ist, dann würde sich das Grundverständnis von Sprache signifikant verändern. Zweifellos geht die gesprochene Sprache der geschriebenen Sprache voraus. In einer Sprache kann es jedoch zu einer Entwicklung kommen, die dazu führt, dass die Schrift zur grundlegenden Dimension dieser Sprache wird, was meines Erachtens schon seit dem 4. Jh. v. u. Z. im Chinesischen der Fall ist. Dies ist nicht nur für die Sprachwissenschaft, sondern auch für die Philosophie eine besondere Herausforderung. Wilhelm von Humboldt schreibt hierzu in seinem berühmten Brief über die chinesische Sprache an Abel-Rémusat:

»Diejenigen, die sich darüber wundern, daß die Chinesen nicht die Buchstabenschrift übernommen haben, wenden ihre Aufmerksamkeit nur den Unannehmlichkeiten und Verlegenheiten zu, die die chinesische Schrift mit sich bringt; aber diese Forscher scheinen darüber hinwegzusehen, daß die Schrift in China ein wirklicher Teil der Sprache ist, und daß sie eng mit der Art und Weise verknüpft ist, wie die Chinesen von ihrem Standpunkt aus die Sprache im allgemeinen ansehen müssen. Nach meinen Begriffen ist es fast unmöglich, daß die Umstellung zur Buchstabenschrift jemals stattfindet.[36] Wenn die Literatur einer Nation nicht schon vor der Einführung der Schrift vorhanden ist, dann entsteht sie gewöhnlich zugleich mit der Schrift, und es ist wahrscheinlich, daß in China das letzere der Fall gewesen ist, weil die dort entwickelte Schreibweise schon in sich in gewisser Weise eine philosophische Arbeit beweist. Dieser Umstand sowie die Beziehung zwischen dem Aufbau chinesischer Schriftzeichen und den durch sie ausgedrückten Begriffen, nach denen uns die Schriftzeichen zu suchen veranlassen, sowie die Zusammengehörigkeit dieser Schrift mit dem grammatischen System der Sprache, scheint zu erklären, wie die chinesische Sprache von dem Stadium, wo sie die Ähn-

---

[36] Zu Beginn des 20. Jahrhunderts flammten in China Diskussionen auf, die chinesische Schrift abzuschaffen und die Sprache mit dem lateinischen Alphabet aufzuzeichnen. Die Bemühungen hatten keinen Erfolg und es ist auch heute nicht mehr zu erwarten, dass die chinesische Schrift abgeschafft wird. Ironischerweise könnte der Gebrauch des Computers dazu geführt haben, dass Abschaffungsbemühungen endgültig der Vergangenheit angehören, da die chinesische Schrift inzwischen ohne Probleme mit dem Computer verarbeitet werden kann.

Ausgewählte Sprachen der indoeuropäischen Sprachfamilie

lichkeit mit den sehr unvollkommenen Sprachen entwickelt hat, zu einer Form, in der sie für die höchste Entwicklung der intellektuellen Fähigkeiten geeignet war, übergehen konnte, ohne daß man ein Zwischenstadium zwischen diesen beiden Zuständen vorfände. Denn das Phänomen, das uns in der chinesischen Sprache vorliegt, besteht letzten Endes darin, daß sie einen Mangel in eine Tugend verkehrt hat.«[37]

In dem Zitat wird einerseits deutlich, dass Humboldt sehr klar die besondere Stellung der chinesischen Schrift für die chinesische Kultur sieht und anerkennt. Anderseits klingt mit, dass er im Grunde davon überzeugt ist, dass nur eine Alphabetschrift, so wie sie sich für die europäischen Sprachen entwickelt hat, zu hohen intellektuellen und philosophischen Leistungen befähigt. Dennoch ist er offen auch für andere Möglichkeiten, die er in der chinesischen Schrift realisiert findet. Leider hat er nicht weiter ausgeführt, was er meint, wenn die Schreibweise der chinesischen Schrift selbst bereits »eine philosophische Arbeit beweist«. Dieser Gedanke ist selbst eine philosophische Herausforderung, die inzwischen angenommen und kontrovers diskutiert wird.[38] Bevor im vierten Teil diese Frage wieder aufgenommen werden soll, erfolgt zunächst ein erster Einblick in den Aufbau der chinesischen Schrift.[39]

---

[37] Humboldt, Brief an M. Abel-Rémusat über die Natur grammatischer Formen im allgemeinen und über den Geist der chinesischen Sprache im besonderen, 81.

[38] Eine besonders intensive und von Humboldt ausgehende Arbeitet leistet: Kwan, Abstract Concept Formation in Archaic Chinese Script Forms: Some Humboldtian Perspectives. Eine umfangreiche und kritische Diskussion unter anderem von Kwans Thesen, die vom Primat der gesprochenen Sprache ausgeht, bietet: Holenstein, Chinesisches in europäischen Alphabetschriften. Ein Versuch in vergleichender Schriftgeschichte, in: ders., China ist nicht ganz anders. Vier Essays in global vergleichender Kulturgeschichte, 99–173. Ich werde mich im Weiteren immer wieder auch mit den Thesen von Holenstein auseinandersetzen, die nach meiner Interpretation zu stark vom Primat der gesprochenen Sprache ausgehen und die Besonderheit der Schrift auch für die Entwicklung der chinesischen Philosophie unterschätzen. Dies soll weiter unten an verschiedenen Beispielen belegt und diskutiert werden.

[39] An dieser Stelle sei auf drei Grammatiken des Altchinesischen hingewiesen: Gabelentz, Chinesische Grammatik. Mit Ausschluss des niederen Stils und der heutigen Umgangssprache. Pulleyblank, Outline of Classical Chinese Grammar. Gassmann, Grundstrukturen der antikchinesischen Syntax. Eine erklärende Grammatik. Die Grammatik von Gabelentz ist ein noch immer ergiebiges Werk zur Interpretation der chinesischen Sprache und als eine der frühesten Grammatiken der chinesischen Sprache von besonderer kulturhistorischer Bedeutung. Die Grammatiken von Pulleyblank und Gassmann wählen jeweils unterschiedliche Vorgehensweisen, die chinesische Sprache zu beschreiben. Gassmann wählt den Weg, ausschließlich die Syntax ins Zentrum der Betrachtung zu rücken, was aufgrund der Sprachstruktur auch naheliegt.

Am Anfang der chinesischen Schrift stehen konkrete Bilder. Dennoch ist die chinesische Schrift keine Bilderschrift, wie früher häufiger behauptet wurde.[40] Die Dinge liegen deutlich komplizierter. Wir sind daran gewöhnt, dass Worte aus Buchstaben zusammengesetzt sind, die jeweils für sich – a, e, i, k, b usw. – einen Lautwert besitzen. Dieser Lautwert geht ein in eine Kombination, durch die ein »Wort« gebildet wird: »W o r t«. Sprechen wir die einzelnen Buchstaben nur für sich genommen aus, so entsteht das Wort nicht. Erst wenn wir die Buchstaben in einem Atemzug sprechen, können wir das »Wort« verstehen. Im Rahmen der chinesischen Schrift gibt es kein Alphabet, es gibt aber auch nicht nur Bilder, die aneinander gereiht würden. Es existieren vielmehr nach einer alten Einteilung, an die ich mich in der Darstellung halten werde, sechs Arten von Schriftzeichen, die auf unterschiedliche Weise gebildet werden. Die sechs Prinzipien der Verschriftlichung, die in einem im 1. Jh. n. u. Z. entstandenen Wörterbuch unterschieden werden, sind folgende:[41]

1. Bilder von Gegenständen (象形 xiang xing)

In der jeweils zweiten Zeile werden auch die Herleitungen der heutigen Standardschriftzeichen in ihren bildlichen Herleitungen aus älteren Schriftstufen angegeben.

人 (ren: Mensch)

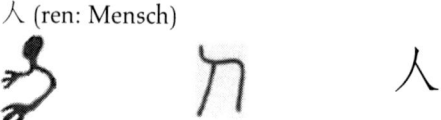

---

[40] Vgl. Unger, Aspekte der Schrifterfindung. Das Beispiel China. Die These von Unger lautet, »daß Piktographie, jedenfalls im chinesischen Kulturbereich, eher als eine Nebenwirkung der Schrift, nicht aber unbedingt als deren Vorläufer anzusehen ist.« 26. Wie genau es sich mit dem Verhältnis von Schrift und Bild verhält, ist jedoch weiterhin umstritten. Vgl. hierzu auch die phänomenologischen Interpretation von Kwan, Abstract Concept Formation in Archaic Chinese Script Forms: Some Humboldtian Perspectives.
[41] Für eine ausführlichere sinologische Information zu den sechs Arten von Schriftzeichen vgl. Trauzettel, Bild und Schrift oder: Auf welche Weise sind chinesische Schriftzeichen Embleme?.

Ausgewählte Sprachen der indoeuropäischen Sprachfamilie

女 (nü: Frau, weiblich)

日 (ri: Sonne, Tag, täglich; Japan)

月 (yue: Mond, Mondschein; Monat)

馬 (ma: Pferd, Reiterei)

山 (shan: Berg)

川 (chuan: Fluss)

2. Symbolische Bilder (指事 zhi shi)

一 (yi: ein, eins, erste, derselbe, gleichförmig, ganz, Einheit, bestimmt, einzig)
上 (shang: oben, auf, über, obere, beste; früher, vorig; Gipfel; Obrigkeit; hinaufgehen, hinaus, besteigen, einsteigen; überreichen, darbringen)
外 (wai: außen, draußen, außerhalb, äußere; jenseits; auswärtig; ausländisch, fremd; besonders, außerordentlich)

中 (zhong: Mitte, mitten, Mittel-, mittlere; Vermittler; mittelmäßig; innen, in, unter (= inmitten); halbwegs, zeitweilig; China, chinesisch)

3. Symbolische Zusammensetzungen (會意 hui yi)

明 (ming [zusammengesetzt aus »Sonne« und »Mond«]: hell; leuchten, scheinen; glänzend; berühmt; offen, sichtbar; klar, deutlich; erklären; Verstand, verstehen, erkennen, wissend, klug; morgen)
好 (hao [zusammengesetzt aus »Frau« und »Kind«]: gut, schön; wohl; richtig; gütig; befreundet; angenehm, leicht, bequem; können; sehr)
仁 (ren [zusammengesetzt aus »Mensch« und »zwei«]: Menschliebe, Menschlichkeit, Menschenwürde, menschlich sein; Wohltätigkeit, Güte; Gefühl; Kern)
信 (xin [zusammengesetzt aus »Mensch« und »Wort, sprechen«]: glauben, vertrauen; Glaube, Treue, Zuversicht; Wahrheit, Aufrichtigkeit; sich anpassen, sich fügen; nach Belieben; Zeichen, Siegel, Pfand; Urkunde, Schriftstück, Brief; Nachricht)
囚 (qiu [zusammengesetzt aus »Umzäunung« und »Mensch«]: Gefängnis, Gefangener, einsperren, eingesperrt sein)

4. Zeichen mit Bedeutungsabwandlung (轉注 zhuan zhu)

Der Ausgangspunkt dieser Kategorie ist ein bestimmtes Zeichen, das durch Kombination mit anderen Zeichen eine Bedeutungsveränderung erfährt. In dem angeführten Falle bedeutet das Ausgangszeichen »alt«. Durch die Kombination mit anderen Zeichen werden dann bestimmte Altersstufen zum Ausdruck gebracht.
老 (lao: alt an Jahren oder Dauer; altern; Greis; ehrwürdig; höfliche Anredeform; erfahren in etwas; lange; hart; dunkel; sehr)
耆 (qi: 60 Jahre alt; alt, alte Leute; alt und erfahren)
耄 (mao: 80 oder 90 Jahre alt; Greis)

5. Phonetische Lehnzeichen (假借 jia jie)

Hierbei handelt es sich um Zeichen, die in Kombinationen als phonetische Elemente dienen können, wobei sie als eigenständige Zeichen jedoch auch eine Bedeutung vermitteln.

來 (lai: kommen; künftig; dient als Bestandteil vieler Zeitwörter)
萬 (wan: zehntausend; sehr große Anzahl, unzählig, alle; äußerst, durchaus)
之 (zhi: er, sie, es; dieser, jener; Zeichen des Genitivs oder genitivischer Verhältnisse; hingehen, gehen; Zickzack)
而 (er: und dabei, und demgemäß, gleichwie; aber, sondern, jedoch, und doch, indessen; du, dein)

6. Zeichen, die aus einem Bedeutungs- und einem phonetischen Lehnzeichen zusammengesetzt sind (形聲 xing sheng)

騋 (Aussprache: lai [phonetisches Lehnzeichen 來] / [der erste Bestandteil ist 馬 ma: *Pferd*] Bedeutung: über sieben Fuß großes Pferd)
鰊 (lai: [der erste Bestandteil ist 魚 yu: Fisch] Aal)
恫 (Aussprache: dong [phonetisches Lehnzeichen 同] / [der erste Bestandteil ist 心 xin: Herz] Bedeutung: Schmerz, schmerzlich; stöhnen; unzufrieden)
挏 (dong: [der erste Bestandteil ist shou: Hand] führen, leiten; herausziehen, schütteln; schlagen)
洋 (Aussprache: yang [phonetisches Lehnzeichen 洋] / [der erste Bestandteil ist 水 shui: Wasser] Bedeutung: Meer, Ozean, Weltmeer; weit, ausgedehnt: reich, reichlich, befriedigt, saturiert; überseeisch, ausländisch, fremd)
烊 (yang: [der erste Bestandteil ist 火 huo: Feuer] rösten, erhitzen; schmelzen; läutern)

Der größte Teil der chinesischen Zeichen gehört der letzten Gruppe an. Durch die Unterteilung wird deutlich, dass sich bestimmte Teile der chinesischen Schrift zwar auf Bilder zurückführen lassen, der größte Teil der Zeichen aber keine unmittelbar bildliche Bedeutung zum Ausdruck bringt. Über Jahrtausende hinweg haben sich nach den Angaben der größten Lexika um die 80.000 Zeichen gebildet. Die meisten dieser Zeichen sind nicht mehr gebräuchlich und bezeichnen Orte oder lokale Umstände. Um heute eine Zeitung lesen zu können, benötigt man je nach Schwierigkeitsgrad 2000–4000 Zeichen, für literarische Texte jedoch häufig weit mehr als 4000 Zeichen. Die gängigen Zeichensätze der elektronischen Textverarbeitungsprogramme umfassen zwischen 8000 und 9000 Zeichen. Je mehr ein Mensch »sich bildet«, umso mehr Zei-

Der grammatische Bau verschiedener Sprachen – Eine Grundorientierung

chen kann er lesen und unter Umständen auch schreiben, wobei es normal ist, mehr Zeichen lesen als schreiben zu können.

Schon beim ersten Anblick der Zeichen stellen sich verschiedene Fragen: Wenn die Zeichen nicht ausschließlich Bilder sind, handelt es sich dann um Wörter in unserem Sinne? Oder vielleicht doch um etwas anderes?

Nach den Zeichen wurde jeweils in Lautumschrift eine Aussprache angegeben. In der letzten Gruppe waren es jeweils zwei gleiche Aussprachen, weil in diesem Falle der eine Bestandteil des Zeichens als Lautangeber fungiert. Eigentlich kann das Zeichen aber in seinen Bedeutungsebenen, von denen es zumeist verschiedene besitzt, ohne jede Angabe zur Aussprache verstanden werden, da seine Bedeutung in den meisten Fällen nicht von einem bestimmten Laut abhängig ist. In gewisser Hinsicht bilden im Fall der chinesischen Schrift Schrift und Sprache zwei verschiedene Systeme, so dass die Schrift auch mit jeweils anderen Aussprachen versehen werden kann. Beispielsweise wird das chinesische Zeichen 禪 *chan* im Japanischen *zen* gelesen, so dass der japanische Zen-Buddhismus, der eigentlich aus China stammt, auf chinesisch Chan-Buddhismus heißt, aber traditionell jeweils mit dem gleichen Zeichen geschrieben wird. In dieser Trennung zwischen Aussprache und Bedeutungsträger liegt das Geheimnis für den Umstand, dass viele Menschen die chinesische Schrift lernen und lesen können, obwohl sie unterschiedliche Sprachen sprechen.

Es wird in der Übersicht vielleicht aufgefallen sein, dass ein Zeichen häufig nicht nur eine Bedeutung besitzt. Die Bandbreite reicht so weit, dass mit einem Zeichen ein Substantiv aber auch ein Verb oder andere Wortformen verbunden werden. Handelt es sich also bei den chinesischen Zeichen weder um Substantive noch um Verben? Gibt es keine Wortarten im Chinesischen? Für das Altchinesische muss mit allem Nachdruck festgehalten werden, »dass die Schriftzeichen keine Wörter sind, sondern dass sie für Wörter stehen bzw. die Schriftform verschiedener Wörter sein können«.[42] Ein Zeichen kann je nach Gebrauchskontext die Funktion einer bestimmten Wortart annehmen. Es ist nicht in sich auf eine einzelne Wortart festgelegt, sondern in jeweils bestimmten Grenzen *wortartoffen*. So kann das Zeichen 死 mit der Aussprache *si* in einigen Fällen zum Verb »sterben« oder »tot sein«, Adjektiv »tot« oder Substantiv »Tod« oder »Toter« werden.

---

[42] Gassmann, Grundstrukturen der antikchinesischen Syntax, 24.

Ausgewählte Sprachen der indoeuropäischen Sprachfamilie

Für die Grammatik indoeuropäischer Sprachen wirkt die lexikalische Einteilung der Wortbestände in Wortarten wie Verb, Substantiv, Adjektiv, Präposition, Personalpronomen, Demonstrativpronomen usw. fast wie ein Naturgesetz. Ein Substantiv kann normalerweise nicht ohne Veränderung der Schreib- oder Sprechweise zum Verb oder Adjektiv werden. Es gibt zwar die Möglichkeit für ein Wort, die Wortart zu wechseln, aber die Grenzen zwischen den Wortarten sind relativ scharf, so dass ein Wort normalerweise, ohne die Form zu ändern, nicht gleichzeitig zwei oder drei Wortarten angehören kann.

Im Gegensatz dazu kann man bei einem chinesischen Zeichen zunächst auf lexikalischer Ebene nicht von Wortarten sprechen. Nur durch die Funktion im Satz lässt sich eingrenzen, in welcher Wortartfunktion es den Sprachgebrauchskonventionen gemäß im betreffenden Satz fungiert. Einzelne chinesische Zeichen haben eine gewisse Affinität zu bestimmten Wortartfunktionen, wobei das Maß der Wortartoffenheit jeweils verschieden ist. Einige Zeichen können nur in ein oder zwei Wortartfunktionen verwendet werden, andere dagegen in fünf oder sechs. Ähnlich wie in der deutschen Sprache Substantive im Nominativ, Genitiv, Dativ und Akkusativ stehen können, ist es für chinesische Zeichen möglich, – so könnte man sagen – im Substantialis oder Verbalis zu stehen.[43]

Zwei Beispielsätze aus dem *Zhuangzi* können den Sachverhalt verdeutlichen:
生生者不生 sheng sheng zhe bu sheng
[Das] Be-lebende, [das] leben [lässt], [ist selber] nicht lebendig / kein
   Lebendiges / lebt nicht.
物物者非物 wu wu zhe fei wu
Das Be-dingende, das dingen lässt, ist selber nicht dinglich / kein Ding /
   dingt nicht.
Die einzelnen Worte lassen sich in Bezug auf die Wortart im Deutschen variieren. Die chinesischen Sätze sind jedoch ohne diese Differenzierung in eindringlicher Eleganz und Einfachheit aussagekräftig und verständlich.

Vielleicht ist es aber auch hinderlich, das Problem der Wortarten

---

[43] Diese Bezeichnungen stammen von Christoph Harbsmeier. Sie scheinen mir eine gute Erklärungsbrücke zu bilden. Humboldt, Brief an Abel-Remusat und die philosophische Grammatik des Altchinesischen, 189.

Der grammatische Bau verschiedener Sprachen – Eine Grundorientierung

aus der Erfahrung der europäischen Sprachen auf die chinesische Schrift zu projizieren, da sie in dieser Hinsicht anders funktioniert. Denn fraglich ist bereits die Einteilung in bestimmte Wortarten, die für uns in ihrem Grundbestand – Substantiv, Verb, Adjektiv – unbestritten scheint. In der chinesischen Sprache ist über die bisher aufgeworfene Problematik hinaus nicht eindeutig, ob man z. B. wirklich von *Adjektiven* sprechen kann oder nicht vielmehr von »Zustandsverben« oder »Qualitätsverben« sprechen muss. »Adjectives must be classed as verbs in Classical, as well as in Modern Chinese, since they form predicates without a copula or final [...].«[44] Der Wortart *Adjektiv* liegt in der deutschen Sprache die ontologische Einteilung von Substanz, d. h. einem unveränderlichen Kern, und Akzidens, d. h. einer zufälligen Eigenschaft, zugrunde, wie sie ausgehend von der Philosophie des Aristoteles auch heute noch unseren Sprachgebrauch prägt. Ein Adjektiv bezeichnet normalerweise eine akzidentell gegebene Qualität an einer Substanz, die selbst von dieser zufälligen Eigenschaft nicht verändert wird. Im Chinesischen scheinen die Adjektive, die wir als solche identifizieren würden, nicht zufällige *Eigenschaften zu sein, als vielmehr selber als Tätigkeiten verstanden zu werden*. Ein Beispiel aus der deutschen Sprache kann dies verdeutlichen: Ein Ding ist nicht »grün« als eine zufällige Eigenschaft eines unveränderlichen Wesens, sondern es ist vielmehr z. B. etwas »Grünendes«, wie in der Wendung »es grünt im Frühling die Wiese« gesagt werden kann. »Grünen« als Tätigkeit sagt etwas anderes als »grün« im Sinne einer Eigenschaft. Festzuhalten bleibt, dass wir nicht in gleicher Deutlichkeit von Wortarten im Chinesischen sprechen können, wie wir dies von unserer eigenen Sprache her gewohnt sind.

Es drängt sich von hier aus die Frage auf: Wenn die Zeichen nicht eindeutig einer Wortart zugehören, gibt es dann im Chinesischen keine Deklination und Konjugation? Genau dies ist der Fall. In der altchinesischen Sprache gibt es keine Flexionen, weder für das Substantiv noch für das Verb. Bestimmte Funktionen, die in indoeuropäischen Sprachen durch die Flexionen erfüllt werden, können im Chinesischen durch Wortstellung und zusätzliche Zeichen zum Ausdruck gebracht werden. In diesem Sinne wird das Verhältnis

---

[44] Pulleyblank, Outline of Classical Chinese Grammar, 24.

»zum ganzen Satz nicht durch irgendein ihnen *selbst anhaftendes Kennzeichen* zum Ausdruck gebracht, sondern in erster Linie durch eine bestimmte Regelung der *Folge* und dann auch, jedoch ganz entschieden erst in zweiter Linie, durch einen Zusatz von solchen Wörtern, deren ursprünglich sinnliche Bedeutung wenigstens so weit verblaßt ist, dass eine Verwendung zu formalem Zweck etwa wie bei unseren sogenannten Hilfswörtern möglich ist.«[45]

Den Zeichen selber haften somit keine grammatischen Kennzeichen an, ihnen steht vielmehr offen, in einem Zusammenhang eine bestimmte grammatische Funktion zu übernehmen. Jedes Zeichen trägt in sich ein bestimmtes Bedeutungsfeld, ohne dass diese Bedeutung als ein festliegendes Wesen verstanden werden könnte, da es ja *in sich* keine eindeutige Determination enthält.

Die Betrachtung der chinesischen Sprache in der Schriftform kann aus diesem Grund nicht von dem »Wort« als Grundbestandteil der Sprache ausgehen. Um eine sinnvolle Äußerung machen zu können, bedarf es eines sprachlichen Zusammenhangs und häufig auch eines Handlungskontextes. Ohne jeden Zusammenhang bilden chinesische Zeichen keinen eindeutig verstehbaren sprachlichen Sinn. Man kann somit zu der eigentümlichen Festellung kommen, dass *sie weder bloße Bilder noch Wörter sind*. Die einzige Möglichkeit, einem geschriebenen Satz in altchinesischer Sprache einen Sinn zu entlocken, ist, jedes Zeichen im Rahmen seines Bedeutungs- und Funktionsfeldes in Beziehung zu den anderen Zeichen des Satzes einen Sinn gewinnen zu lassen. Es ist immer der Satz und darüber hinaus der ganze Text, aus dem ein einzelnes Zeichen nach und nach einen Sinn gewinnt.

Wie weit dieser Unterschied reicht, bemerkt man, wenn man sich daran erinnert, dass die philosophische Rede vom »Begriff« darin ihren Hauptsinn hat, dass einzelne Wörter wie »Vernunft«, »Mensch« oder »Sprache« möglichst eindeutig und klar definiert werden sollen und somit ihren Sinn in sich selbst tragen. Dabei wird aber weniger darauf geachtet, dass für die Definition selber wiederum andere Wörter nötig sind, so dass letztlich auch die Definition eines Wortes nicht ohne den Kontext auskommt. Dennoch sind wir zumeist mehr daran gewöhnt, auf die einzelnen Begriffe in ihrer unabhängigen Bedeutungsgestalt zu blicken, so dass der Kontext eher nebensächlich erscheint. In der chinesischen Sprache wird genau das umgekehrte Verfahren nahegelegt. Würde man diesen Gegensatz zuspitzen, müsste man sagen, dass »Be-

---

[45] Finck, Die Haupttypen des Sprachbaus, 12.

griffe« in unserem Sinne sich in der chinesischen Sprache nicht nahelegen, da Sprachzeichen nicht isoliert vom Kontext »definiert« werden, sondern immer der Kontext des jeweiligen Sprachgebrauchs ein chinesisches Zeichen verständlich werden lässt. Jedes einzelne Zeichen gewinnt seine Bedeutung in der Beziehung zu anderen, und das durchgehend in einem Wechselverhältnis. Diese Auslegungsrichtung von Sprache ist in Europa nicht unbekannt. Es gehört zu den großen Leistungen von Ferdinand des Saussure, die Sprache in ihren verschiedenen Dimensionen so gedeutet zu haben, dass Bedeutung immer nur in Sprachkontexten entsteht und kein Wort eine dem Gebrauch vorgeordnete Bedeutung besitzt, die im Gebrauch nur abgerufen wird.[46] Mit dieser Interpretation von Sprache zeichnet sich in gewisser Hinsicht eine Annäherung zum Verständnis von Sprache im Chinesischen ab.

Um die Funktion der Zeichen näher zu beschreiben, findet sich in alten chinesischen Texten folgende Unterscheidung:[47]

»Die einheimische Grammatik unterscheidet zwischen ›vollen‹ Wörtern als Bedeutungsträgern und ›leeren‹, die im weitesten Sinne die Bedeutung eines Satzes modifizieren. Die ›vollen‹ Wörter übernehmen im Satz entweder nominale Aufgaben (Dinge, Sache) oder verbale (Tätigkeit, Eigenschaft).«[48]

In dem Zitat wird zwar von »Wörtern« gesprochen, gemeint sind aber die Zeichen in ihrer Unbestimmtheit, wie sie gerade vorgestellt wurden. Diese Zeichen werden nun in »volle« und »leere« unterteilt, so dass sich eine inhaltliche und eine funktionale Seite ergeben. Diese Einteilung wirkt zunächst einfach, ist aber überaus wirksam.

Die chinesische »Grammatik« besteht vorrangig darin, anhand von Beispielsätzen die Bedeutung verschiedener Wortstellungen und die Wirkweise der »leeren« Zeichen zu erläutern. Aus diesem Grunde gibt es in einer chinesischen Grammatik weder Deklinations- noch Konjugationstabellen. Keine Kongruenzverhältnisse, keine unterschiedlichen Formen für Singular und Plural usw. Alles ist der Konstellation und dem Kontext überlassen. Die Bedeutungen können vor allem durch den *Zeichengebrauch* in den unzähligen Texten der chinesischen Lite-

---

[46] Vgl. Saussure, Grundfragen der allgemeinen Sprachwissenschaft.
[47] Zur autochthonen Sprachwissenschaft in China vgl.: Auroux (Hg.): Geschichte der Sprachwissenschaften. Ein internationales Handbuch zur Entwicklung der Sprachforschung von den Anfängen bis zur Gegenwart, 1. Teilbd., Die Anfänge der Sprachwissenschaft in China, 19–62.
[48] Chang Tsai, Rechtes Auflichten, Einleitung der Herausgeber, XLI.

ratur erschlossen und studiert werden. Für das Verständnis von Texten ist daher vor allem eine umfassende Lektüre notwendig, die mehr und mehr mit der Verwendung der Zeichen vertraut macht. Dass in der näheren Betrachtung der chinesischen Sprache vor allem der *Gebrauch* der Zeichen in den Mittelpunkt rückt, zeigt, wie letztlich nicht *Grammatik* das Verständnis von Sprache prägt, sondern die lebendige Eingebundenheit von sprachlichen Bedeutungen in konkrete Situationen und Kontexte den Sinn von Sprache erschließt. Daher kann mit Recht behauptet werden:

»Die stillschweigende ›Europäisierung‹ der chinesischen Sprachstruktur seitens der Sprachwissenschaften übersieht, wie tief sie in abendländischen Sprachstrukturen verwurzelt ist und wie sehr sie auf bestimmten Weltauslegungen im Zuge der europäischen Philosophiegeschichte fußt.«[49]

In diesem Kontext kann daran erinnert werden, dass Wittgenstein die Bedeutung eines Wortes aus seinem *Gebrauch* in der Sprache bestimmt sieht. Möglicherweise ließe sich durch diesen sprachphilosophischen Ansatz auch die Beschreibung der chinesischen Sprache grundlegend verändern, was wiederum Einsichten für unseren eigenen Sprachgebrauch in Aussicht stellen könnte.

Wichtig ist in diesem Zusammenhang zu bemerken, dass die Schrift die gesprochene Sprache seit dem 4. Jh. v. u. Z. in verschiedener Hinsicht dominiert hat. Auch hier zeigt sich für den europäischen Kontext eine eher ungewöhnliche Perspektive.

»Das Spiel mit dem Bildwert und den figurativen Eigenschaften bildet sicherlich ein wichtiges Moment des Umgangs mit Schrift und Sprache in China selbst wie im chinesisch beeinflußten Kulturkreis. Und bemerkenswert ist, wie tief in die Ausdrucksmöglichkeiten der gesprochenen Rede hinein umgekehrt die Beherrschung schriftlicher Sprachformen zurückwirkt. Die gehörten Worte werden nicht selten zum besseren Verständnis vom Hörer in Schriftzeichen umgesetzt, was der Sprecher seinerseits sich durchaus zunutze machen kann. Sprachspiele werden somit zu ›Zeichenspielen‹ in gedanklicher Form. Auch kündet andererseits nicht zuletzt der hohe Stellenwert der Kalligraphie von dieser eigentümlichen Bildhaftigkeit des chinesischen Schreibens und Sprechens.«[50]

---

[49] Obert, Philosophische Sprache und hermeneutisches Sprechen. Kritische Überlegungen zur chinesischen Sprache und ihrer Beschreibung aus philosophischer Sicht, 560.
[50] Ebd., 550.

Der grammatische Bau verschiedener Sprachen – Eine Grundorientierung

Die bildlichen und figurativen Komponenten der chinesischen Schrift, auch wenn sie weder eine rein piktographische noch ideographische Schrift ist, legen nahe, die Bildlichkeit des Sprechens und Denkens auf neue Weise zu untersuchen.

Für den nicht mit der chinesischen Sprache und Schrift Vertrauten wird sich möglicherweise bereits die Frage ergeben haben, wie ein Lexikon der chinesischen Schrift aufgebaut sein mag. Denn wenn es kein Alphabet gibt, nach dem man die vielen Zeichen ordnen kann, die zudem häufig eine gleiche Aussprache besitzen,[51] so fragt sich, wie man ein Zeichen auffinden kann. Hierfür hat sich schon vor langer Zeit ein System von Grundzeichen gebildet, die als Grundbestandteile der chinesischen Zeichen angesehen werden können. Die Anzal dieser Grundzeichen betrug im 2. Jh. n. u. Z. noch 512 und wurde dann im 18. Jahrhundert auf die heute noch übliche Anzahl von 214 festgelegt. Um ein chinesisches Zeichen im Lexikon zu suchen, isoliert man den Bestandteil eines Zeichens, der zu den 214 Grundzeichen gehört, zählt die Strichzahl des Zeichens, um dann das Zeichen im Lexikon auffinden zu können.

Aufbau des Radikals 213 (gui) mit der Bedeutung »Schildkröte«.

---

[51] Homophone Wörter existieren auch in der deutschen Sprache wie z. B. »Bank« und »Bank«, die jeweils sehr verschiedene Bedeutungen haben. Im Chinesischen werden jedoch gleichlautende Sprachzeichen, z. B. *yi* im ersten Ton, mit verschiedenen Zeichen verschriftlicht. So kommt es, dass das Sprachzeichen *yi* im ersten Ton mit mindestens 50 verschiedenen Zeichen verschriftlicht werden kann.

Ausgewählte Sprachen der indoeuropäischen Sprachfamilie

1	一 1	丨 2	丶 3	丿 4	乙 5	亅 6	2	二 7	亠 8	人 9
儿 10	入 11	八 12	冂 13	冖 14	冫 15	几 16	凵 17	刀 18	力 19	勹 20
匕 21	匚 22	匸 23	十 24	卜 25	卩 26	厂 27	厶 28	又 29	3	口 30
囗 31	土 32	士 33	夂 34	夊 35	夕 36	大 37	女 38	子 39	宀 40	寸 41
小 42	尢 43	尸 44	屮 45	山 46	巛 47	工 48	己 49	巾 50	干 51	幺 52
广 53	廴 54	廾 55	弋 56	弓 57	彐 58	彡 59	彳 60	4	心 61	戈 62
戶 63	手 64	支 65	攴 66	文 67	斗 68	斤 69	方 70	无 71	日 72	曰 73
月 74	木 75	欠 76	止 77	歹 78	殳 79	毋 80	比 81	毛 82	氏 83	气 84
水 85	火 86	爪 87	父 88	爻 89	爿 90	片 91	牙 92	牛 93	犬 94	5
玄 95	玉 96	瓜 97	瓦 98	甘 99	生 100	用 101	田 102	疋 103	疒 104	癶 105
白 106	皮 107	皿 108	目 109	矛 110	矢 111	石 112	示 113	内 114	禾 115	穴 116
立 117	6	竹 118	米 119	糸 120	缶 121	网 122	羊 123	羽 124	老 125	而 126
耒 127	耳 128	聿 129	肉 130	臣 131	自 132	至 133	臼 134	舌 135	舛 136	舟 137
艮 138	色 139	艸 140	虍 141	虫 142	血 143	行 144	衣 145	西 146	7	見 147
角 148	言 149	谷 150	豆 151	豕 152	豸 153	貝 154	赤 155	走 156	足 157	身 158
車 159	辛 160	辰 161	辵 162	邑 163	酉 164	采 165	里 166	8	金 167	長 168

Der grammatische Bau verschiedener Sprachen – Eine Grundorientierung

門 169	阜 170	隶 171	隹 172	雨 173	青 174	非 175	9	面 176	革 177	韋 178
韭 179	音 180	頁 181	風 182	飛 183	食 184	首 185	香 186	10	馬 187	骨 188
高 189	髟 190	鬥 191	鬯 192	鬲 193	鬼 194	11	魚 195	鳥 196	鹵 197	鹿 198
麥 199	麻 200	12	黃 201	黍 202	黑 203	黹 204	13	黽 205	鼎 206	鼓 207
鼠 208	14	鼻 209	齊 210	15	齒 211	16	龍 212	龜 213	17	龠 214

Die 214 Radikale der chinesischen Schrift

Radikal 53 in drei chinesischen Zeichen

Wie an diesem Beispiel deutlich wird, bedarf es einer gewissen Übung und vor allem eines Verständnisses für den Aufbau der Schrift, um ein Zeichen im Lexikon zu finden. Durch den regelmäßigen Gebrauch fällt es aber immer leichter, mit dem Lexikon umzugehen. Im Zeitalter des Computers ist es inzwischen auch möglich, ein Zeichen auf eine Bildschirmoberfläche zu schreiben, so dass das Programm das Zeichen im Lexikon findet. Dafür jedoch muss man in gewissem Maße das Schreiben von chinesischen Zeichen beherrschen, was wiederum einer längeren Übung bedarf.

Im Rahmen der chinesischen Schrift mag es nicht verwundern, dass dem Akt des Schreibens eine besondere Rolle zukommt. Dies hat sich kulturell so ausgewirkt, dass in China eine eigene hohe Kunstform entstanden ist, die in westlichen Sprachen häufig mit »Kalligraphie« bezeichnet wird. Es handelt sich aber nicht nur um ein »Schönschreiben«, wie das Wort direkt aus dem Griechischen übersetzt werden kann, sondern vielmehr um eine »Kunst des Schreibens« im höchsten Sinne des Wortes. Als vermutlich ab dem 3. Jh. v. u. Z. in China der Pinsel langsam als Schreibmedium in Gebrauch kam und im 2. Jh. n. u. Z. das Papier erfunden wurde, waren damit die materiellen Voraussetzungen geschaffen, um die Kunstform des Schreibens zu entwickeln,[52] die sich in China in engem Zusammenhang mit der Malerei entwickelt hat.[53] Auf die philosophische Bedeutung dieser Entwicklung werde ich im letzten Abschnitt des vierten Kapitels noch einmal ausführlicher eingehen.

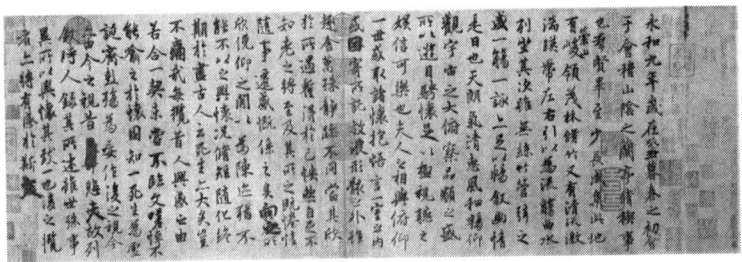

Bei diesem Schreibkunstwerk handelt es sich um das berühmte »Vorwort zur dichterischen Zusammenkunft am Orchideenpavillon« (Lantingji xu 蘭亭集序) aus dem 4. Jh. n. u. Z. von Wang Xizhi 王羲之, 303–361.

3.3.2 Japanisch

Die japanische Sprache gilt immer noch als isolierte Sprache, deren Ursprünge sich weitgehend im Dunkeln verlieren. Bisher konnte keine eindeutige Zuordnung zu einer anderen Sprachfamilie vorgenommen werden. Längere Forschungen haben ergeben, dass im Japanischen ein Lehnwortschatz aus dem Koreanischen existiert, der jedoch auch im Zusammenhang mit anderen Strukturen nicht ausreicht, eine gemeinsame Sprachfamilie zu bilden. Darüber hinaus sind Hinweise auf eine Nähe zur Familie der altaischen Sprachen festgestellt worden, zu der manche Forscher auch das Koreanische zu zählen versuchen. Einige

---

[52] Für eine erste Einführung vgl. Chen, Chinese Calligraphy.
[53] Vgl. zur theoretischen Reflexion dieser Entwicklung: Obert, Welt als Bild. Die theoretische Grundlegung der chinesischen Berg-Wasser-Malerei zwischen dem 5. und dem 12. Jahrhundert.

Der grammatische Bau verschiedener Sprachen – Eine Grundorientierung

phonetische Elemente scheint das Japanische mit dem Türkischen, Mongolischen und Mandschurischen gemeinsam zu besitzen.[54] Insgesamt zeigt sich an der Erforschung der altaischen Sprachfamilie, wie schwierig es ist, eine einheitliche »Sprachfamilie« zu eruieren und zu postulieren. Im Rahmen der indoeuropäischen Sprachfamilie mag dies weitgehend gelingen, in anderen Sprachzusammenhängen scheinen die Ergebnisse noch lange nicht gesichert zu sein.

Mit der chinesischen Sprache ist das Japanische nicht verwandt. Der strukturelle Aufbau des Japanischen ist im Vergleich zum Chinesischen grundlegend verschieden. Dennoch wurde die chinesische Schrift spätestens ab dem 5. Jahrhundert n. u. Z., zu einem Zeitpunkt, an dem die Japaner selber noch keine Schrift besaßen, in Japan eingeführt. Aufgrund der großen sprachlichen Unterschiede – das Chinesische ist eine weitgehend isolierende Sprache, wohingegen das Japanische eine agglutinierende Sprache ist – dauerte es mehrere Jahrhunderte, bis die japanische Sprache durch die Erfindung von zwei zusätzlichen Silbenalphabeten in befriedigender Weise verschriftet werden konnte. Zudem wurde ein umfangreicher Lehnwortschatz aus der chinesischen Sprache übernommen. Es scheint verwunderlich, dass die beiden Sprachen dennoch nicht als »verwandt« gelten. Dies rührt daher, dass für die Festlegung einer »Verwandtschaft« zumeist eine gemeinsame älteste Ursprache angenommen werden muss. In der Ableitung aus dieser ältesten Sprache ergeben sich weitere, die aber in ihrem Kern eine Verwandtschaft aufweisen. Im Falle der chinesischen und japanischen Sprache sind die Unterschiede im Sprachbau so signifikant, dass sich keine Verwandtschaft postulieren lässt. Wie tief sie dennoch miteinander verflochten sind, wird die Darstellung zeigen. Um beide Ebenen deutlich werden zu lassen, wird im Folgenden zunächst die Struktur der Sprache und erst dann die japanische Schrift vorgestellt.

In der japanischen Sprachtradition entwickelten sich erst relativ spät Ansätze zu einer Beschreibung der eigenen Sprache. Hundert Jahre bevor Japan 1868 begann, die europäische und nordamerikanische Kultur in atemberaubendem Tempo zu übernehmen, existierten bereits beachtenswerte Entwürfe, die japanische Sprache noch unabhängig von

---

[54] Lewin, Abriß der japanischen Grammatik auf der Grundlage der klassischen Schriftsprache, 3 ff.

jeder europäischen Grammatikterminologie zu beschreiben.[55] Mit der sogenannten Meiji-Restauration wurde jedoch ohne weitere Infragestellung des Übernommenen damit begonnen, die Struktur der japanischen Sprache vor allem mit den Mitteln der lateinischen Grammatik zu beschreiben.

»Heute wissen wir, dass Japan in diesem Punkt böse in die Irre geführt wurde. [...] Unter dem Strich ergab sich für die Japaner, dass sie noch heute daran arbeiten müssen, all das wieder zu vergessen, was sie sich in diesem Zeitraum angeeignet haben.«[56]

Die unbefragte und unreflektierte Übernahme grammatischer Beschreibungsformen ist sicher ein Ausdruck der damaligen Machtverhältnisse, in denen die europäische Kultur sich selber über alle anderen Kulturen stellte. Dass dies bis heute in die Traditionen der Grammatikschreibung hinein wirksam ist, kann immer noch die Nachhaltigkeit des europäischen Überlegenheitsbewusstseins bis weit ins 20. Jahrhundert vor Augen führen. Der Hinweis Humboldts, dass nicht alle Sprachen mit der gleichen Form von Grammatik beschrieben werden sollten, um ihre Wirkweisen und Strukturformen angemessen reflektieren zu können, muss immer noch besonders unterstrichen werden. Grammatikschreibung ist in dieser Perspektive selbst zutiefst mit bestimmten kulturellen Denktraditionen verbunden. Da man aber annimmt, dass es sich um ein »wissenschaftliches« und »objektives« Verfahren handelt, Sprache zu beschreiben, bemerkt man in vielen Fällen nicht, dass man sich auch in den Beschreibungen der Sprachen von bestimmten sprachlichen und grammatischen Vorurteilen der eigenen Sprachtradition leiten lässt.

Da die japanische Sprache als eine agglutinierende Sprache gilt, gibt es weder eine Konjugation der Verben noch eine Deklination der Substantive im Sinne der deutschen Sprache. Vieles wird im Vergleich zum Deutschen nicht oder anders grammatikalisiert. Um einen Eindruck vom grammatischen Bau des Japanischen geben zu können, bietet es sich an, zunächst wichtige Wortarten und ihre grammatischen Formen vorzustellen. Ähnlich wie in der chinesischen Sprache ist die Be-

---

[55] Miller, Die japanische Sprache, 318 ff. Zu den frühen Beschreibungsversuchen vgl. auch: Auroux (Hg.), Geschichte der Sprachwissenschaften, 1. Teilbd., Abschnitt VI.
[56] Miller, Die japanische Sprache, 321.

schreibung der Wortarten allerdings nicht so eindeutig, wie man es erwarten könnte. Auch wenn im Japanischen die Wortarten deutlicher unterschieden werden können im Vergleich zum Chinesischen, da es sich um eine agglutinierende Sprache handelt, die die Wortarten grammatisch durch bestimmte Formen trennt, ist nicht von Anfang an klar, wie diese Wortarten zu unterscheiden und zu verstehen sind. Weder die Anzahl der Wortarten noch ihr genaues Wirken sind ohne weiteres nach dem Muster der lateinischen Sprache zu verstehen. So ist selbst der Unterschied zwischen Substantiv und Verb für den Zusammenhang des Altjapanischen in Frage zu stellen. Peter Hartmann geht in seiner Studie *Einige Grundzüge des japanischen Sprachbaus* so weit, für das Altjapanische den Unterschied von Substantiv und Verb weitgehend zu negieren:

»Aufgrund des Fehlens einer Scheidung von Nomen und Verb im Altjapanischen scheint die Vermutung berechtigt, dass ein Gegenstand und der von ihm vollzogene Vorgang als Einheit, d. h. als nicht voneinander geschieden wahrgenommen werden.«[57]

Nehmen wir diese Äußerung ernst, so könnte angenommen werden, dass vor der Trennung von Substantiv und Verb eine Sprachebene existiert haben könnte, die die Gegenstände als reine Vollzüge zum Ausdruck gebracht hat, so dass der Unterschied von Substantiv und Verb nicht gemacht werden konnte. Erst als beides getrennt voneinander betrachtet wurde, konnte der Gegenstand zu etwas Beharrendem werden, das im Rahmen einer Aktion und Tätigkeit eine Rolle spielen kann. Hartmann führt weiter aus:

»Wird der die Bedeutung tragende Wortkern ohne Zusätze (Suffixe usw.) verwandt, entbehrt er aller formalen Kennzeichen eines Verbs, dessen Wesen es ja ist, einen Vorgang irgendwie modifiziert darzustellen. Nur die Grundbedeutung kann in diesem Fall entscheiden, zu welcher Begriffsklasse – wenn sie überhaupt besonders empfunden wird – ein solches Wort gehört. Das ist besonders im Japanischen der Fall, wo der Aufbau der Wortkerne bei Nomina und Verba gleich ist und wo man sich mit der Feststellung begnügen muß, dass ein Wort Gegenstands- bzw. Vorgangsinhalt hat.«[58]

---

[57] Hartmann, Einige Grundzüge des japanischen Sprachbaus, vorgezeigt an den Ausdrücken für das Sehen, 34.
[58] Ebd., 36.

In der Perspektive der »Wortkerne« rückt das Japanische stärker in seiner Grundstruktur an das Chinesische heran, wobei der Gebrauch der Suffixe weiterhin den entscheidenden Unterschied markiert. Es scheint nicht nur für jede Sprache, sondern auch für jede sprachgeschichtliche Stufe einer Sprache erneut nach den Wortkategorien gefragt werden zu müssen. Betrachten wir jetzt mit aller Vorsicht die weiteren Wortarten des Japanischen.

Das Verb

Bei Verben der japanischen Sprache handelt es sich um eigenständige Wörter, die eine Art von Flexion bilden, ohne dabei jedoch Genus, Numerus oder Person anzuzeigen. Bei den Flexionsformen werden seit dem 19. Jahrhundert sechs Grundformen differenziert, die durch das Hinzufügen von Suffixen grammatikalisch weiter determiniert werden können. Die sechs Formen wurden erstmalig zu Anfang des 19. Jahrhunderts von dem japanischen Grammatiker Tōjō Gion herausgearbeitet und trugen dann in standartisierter Form die folgenden Namen:
1. Indefinitform (mizenkei)
2. Konjunktionalform (renyōkei)
3. Finalform (shūshikei)
4. Attributivform (rentaikei)
5. Konditionalform (izenkei)
6. Imperativform (meireikei)[59]

In heutigen Grammtiken finden sich jedoch leicht abweichende Bezeichnungen, die den Verhältnissen der japanischen Sprache noch besser gerecht werden wollen. Ohne an dieser Stelle auf die verschiedenen Varianten eingehen zu können, soll nur die Einteilung aus einer Grammtik angeführt werden, um die Einteilung der Verben besser nachvollziehen zu können. Die Einteilungen für das Verb 書く *kaku* (schreiben) in einer neueren Form der Einteilung lauten wie folgt:

---

[59] Vgl. Lewin, Abriß der japanischen Grammatik, 104 f.

Der grammatische Bau verschiedener Sprachen – Eine Grundorientierung

	Stamm	Formanzeiger	Suffix	
1.	kak	a	-nai, -zu -reru -seru, -su etc.	Negation (nicht schreiben) Passiv (geschrieben werden) Kausativ (schreiben lassen)
2.	kak	i	-masu -tai etc.	Höflichkeitsforum (schreiben) Absicht (schreiben wollen)
3.	kak	u		Form im Lexikon Nominalform
4.	kak	e	-ba	Konditionalform (wenn ich schreibe)
5.	kak	e		Imperativ (schreibe!)
6.	kak	ō		Tentativ (lass mich / uns schreiben)[60]

Die Anzahl der Suffixe ist erheblich höher als aus der Tabelle hervorgeht. Sie lassen sich zudem untereinander kombinieren, wobei sich die Suffixe auch verändern können. So heißt die Vergangenheitsform der höflichen Form von »schreiben« (kaki-masu) dann »kaki-mashi-ta«. Das Suffix »ta« folgt der 2. Flexionsform, so dass das Suffix »masu« zu »mashi« wird. Im Rahmen der Möglichkeiten, in freier Form Suffixe anzuhängen und zu kombinieren, können durch das Verb komplexe Sachverhalte zum Ausdruck gebracht werden, ohne dass dabei die Person (ich, du, er-sie-es) oder der Numerus eine Rolle spielen würde. Diese beiden Ebenen können durch das Verb auf der Ebene der Grammatik nicht angezeigt werden.

Über das Anhängen von Suffixen an das Verb hinaus existieren verschiedene Wendungen, die dem Verb folgen können und eine hochgradige Konventionalisierung erfahren haben. Sie erweitern vor allem die inhaltlichen Bestimmungsmöglichkeiten der einzelnen Verben.

Insgesamt bildet das Verb das Zentrum des japanischen Satzes. Das kann vor allem daran abgelesen werden, dass es Sätze gibt, die nur aus Verben bestehen. Hier tritt einerseits eine gewisse Ähnlichkeit zum Chinesischen hervor und andererseits ein Unterschied zum Lateinischen. Auch im Lateinischen kann es Sätze nur mit einem Verb geben, der entscheidende Unterschied zum Japanischen besteht aber darin, dass im lateinischen Verb immer auch Person, Numerus und Tempus mit angezeigt werden, was im japanischen Verb nicht der Fall sein muss.

---

[60] Vgl. Matsuoka McClain, Handbook of modern Japanese Grammar, 8.

Auch wenn alle drei Komponenten nicht angezeigt werden, kann ein Satz aus einem Verb bestehen. Es sind hiermit Besonderheiten der japanischen Sprache angezeigt, die später noch ausführlich im Zusammenhang mit der Frage nach dem Subjekt in sprachkritischer Perspektive erörtert werden sollen.

Gibt es Adjektive im Japanischen?

Was in Bezug auf das Altchinesische nur ausgehend von wenigen Merkmalen diskutiert werden kann, wird im Japanischen explizit: Der Unterschied zwischen Verb und Adjektiv, wie er in indoeuropäischen Sprachen üblich ist, kann nicht einfach auf die japanische Sprache übertragen werden. Inzwischen hat sich eine Dreiteilung durchgesetzt: Verba *(dōshi)*, Qualitativa *(keiyōshi)*, verbale Qualitativa *(keiyōdōshi)*.[61] Alle drei Wortkategorien werden zusammenfassend *yōgen*[62] genannt. Bei *yō* handelt es sich um ein altes chinesisches Zeichen, dessen Grundbedeutung »wirken« ist, zum einen im Sinne von »etwas wirkt als eine Qualität« und zum anderen »wirken als Tätigsein«. Beide Bedeutungen zeigen etwas Aktives, jedoch in unterschiedlicher *Weise*. Es handelt sich aber nicht einfach um eine *Aktion*, sondern um ein *Wirken* in den beiden angegebenen Bedeutungen. Man könnte somit übersetzen: »Worte des Wirkens«. Durch die gemeinsame Bezeichnung von Verba und Adjektiva rücken die beiden Wortarten eng zusammen, bleiben aber dennoch differenziert. Die Wortkategorie *keiyōdōshi* (verbale Qualitativa) wurde von Otsuki eingeführt, allerdings »auf die Qualitativa allgemein bezogen, um ihren verbalen Charakter gegenüber den englischen Adjektiva zu betonen«.[63] In der Diskussion ist immer wieder zu merken, dass die europäische Einteilung in Verba und Adjektiva im Wege steht, um die sprachliche Wirkung der in Frage stehenden Worte zu verstehen und zu beschreiben. Ein älterer Terminus der Edo-Philologen für »Qualitativa« kann hier vielleicht noch ein Stück weiterhelfen: *arikata-no-kotoba*.[64] Das Wort *arikata* wird heute als Übersetzung für Heideggers »Seinsweise« verwendet. Ursprünglich bedeutet es einfach die *Weise, wie etwas da ist*. Mit dieser Querbindung zu Heidegger können wir

---
[61] Zur grammatischen Unterscheidung vgl. Lewin, Abriß der japanischen Grammatik, §117, §145, §152.
[62] Lewin übersetzt mit »Aktionswörter«, ebd., §117.
[63] Ebd., §152.
[64] Ebd., §145.

die Qualitativa so beschreiben, dass sie sprachlich eine *Wirkweise* bezeichnen, die nicht als Akzidens einer Substanz verstanden werden darf, sondern das Ganze, das durch ein Qualitativ näher bestimmt wird, in seiner *Wirkweise* zeigt. Auf diese Weise kommt zum Ausdruck, dass Qualitäten aktiv am Wirklichkeitsgeschehen teilhaben und auf ihre *Weise wirken* (ein *yō* ausüben), wodurch sie sehr nah an die Verba heranrücken. In diesem Sinne ist der Rasen nicht *grün* als eine zufällige Eigenschaft, sondern der Rasen *grünt*. Versucht man zu Adjektiven, die gewöhnlich keine Verbalform im Deutschen besitzen, eine Verbalform zu bilden, gibt dies einen Eindruck von der anderen Qualität des Gesagten: Die Rose ist rot – Die Rose rotet. Oder noch ungewöhnlicher: Die Blume ist schön – Die Blume schönt.

Ähnlich wie im Altchinesischen können wir auch für das Japanische feststellen, dass der scharfe Unterschied zwischen Verb und Adjektiv nicht besteht und die Qualitativa nicht vom Substanz-Akzidens-Schema aus verstanden werden sollten. Die weiter oben gekennzeichnete zentrale Stellung des Prädikats als Ereignis bzw. Erlebnis kann nun näher präzisiert werden unter dem Stichwort *Worte des Wirkens*, die vor allem als Prädikate eine zentrale Rolle spielen.

Das Substantiv

Das Substantiv besitzt im Japanischen keine Deklination, kein Geschlecht und zeigt auch keinen Numerus an. Grammatisch wird somit durch die Substantive selbst fast nichts angezeigt als nur ihre Bedeutung. Ähnlich wie dem Verb können dem Substantiv zahlreiche hoch konventionalisierte Suffixe und Wendungen folgen. So heißt beispielsweise das Wort »kodomo« auf Japanisch »Kind« und mit dem Suffix »poi«, also »kodomopoi«, bedeutete es »kindisch«, wodurch es dann auch attributiv verwendet werden kann. Grammatisch gesehen entstehen hier häufig Mischformen auch der Wortarten, die nicht in das gewöhnliche Schema zu passen scheinen.

Das Personalpronomen

Das Personalpronomen ist in der japanischen Sprache in einer Weise differenziert, die wir in der deutschen Sprache nur ansatzweise nachvollziehen können. Es existieren zahlreiche Worte für die erste und zweite Person – die dritte Person konnte auf älteren Sprachstufen nicht bezeichnet werden –, ohne dass jedoch eine Bezeichnung darunter wäre, die ein abstraktes »Ich« oder »Du« zum Ausdruck bringen könnte.

Ausgewählte Sprachen der indoeuropäischen Sprachfamilie

Denn jeder Ausdruck für ein »ich« oder »du« im Japanischen ist verbunden mit einer bestimmten Beziehung der Personen untereinander und zeigt zudem ein bestimmtes Geschlecht an, da bestimmte Wörter für *ich* nur von Frauen und andere nur von Männern verwendet werden. Dies ist bereits im Kindesalter der Fall. Da auch dieser Sachverhalt an späterer Stelle noch ausführlicher beschrieben werden soll, kann hier eine erste Aufzählung verschiedener Formen genügen und eine kleine Geschichte von Tawada Yoko, die den Sachverhalt auf prägnante Weise zum Ausdruck bringt.

1. Person Singular: watakushi, watashi, atashi, atakushi, washi, boku, ore, onore, wagahai (alle Wörter bedeuten *ich*)
2. Person Singular: anata, anta, omae (alle Wörter bedeuten *du*)
3. Person Singular: kare (= *er*)

»Unsere Wohnung in Tokyo, die sich in einer Siedlung befand, trug die Nummer zwei-sechs-zwei-null-drei. In dieser Siedlung gab es viele Mädchen in meinem Alter. Eines dieser Mädchen fiel mir besonders auf, weil es sich wie ein Junge als ›boku‹ bezeichnete. Wir gingen zusammen zur Grundschule. Die meisten Mädchen in dem Alter bezeichneten sich als ›atashi‹, einige frühreife Mädchen dagegen schon als ›watashi‹, ein Mädchen aus einer vornehmen Familie benutzte das Wort ›atakushi‹, dieses Wort roch nach Zypressenholz. Die meisten Jungen nannten sich ›boku‹, einige freche oder stolze Jungen dagegen ›ore‹. Es gab natürlich keinen Jungen in dem Alter, der sich schon als ›watashi‹ oder ›watakushi‹ bezeichnet hätte. Das hätte lächerlich geklungen, dafür mussten sie noch viel älter werden.

Ich hatte Schwierigkeiten mit all diesen Wörtern, die ›ich‹ bedeuten. Ich fühlte mich weder wie ein Mädchen noch wie ein Junge. Als Erwachsene kann man sich in das geschlechtsneutrale Wort ›watashi‹ flüchten, aber bis man so weit ist, ist man gezwungen, ein Junge oder ein Mädchen zu sein. Wie einfach wäre meine Kindheit gewesen, wenn ich eine andere Sprache – zum Beispiel Deutsch – gesprochen hätte. Ich hätte dann einfach immer ›ich‹ sagen können. Man muss sich weder weiblich noch männlich fühlen, um das Wort ›ich‹ zu verwenden.

In der Kindheit vermied ich es, die Worte, die es im Japanischen für ›ich‹ gibt, zu benutzen. Wenn ich betonen wollte, dass ein Wunsch mein Wunsch war, benutzte ich das Wort ›diesseits‹: ›Was diesseits betrifft, ist es gut, wenn wir morgen in den Zoo gehen. Was meine Schwester betrifft, ist es nicht besonders günstig, aber machbar. Also gehen wir morgen in den Zoo.‹ Ich fühlte mich wie ein Ufer, und auf der gegenüberliegenden Seite des Flusses sah ich meine Gesprächspartnerin. Zwischen uns lag ein Fluss. Das Wasser war tief und unruhig, aber wenn man wollte, konnte man den Fluss überqueren.

Der grammatische Bau verschiedener Sprachen – Eine Grundorientierung

Der Raum zwischen den deutschen Worten ›ich‹ und ›du‹ hingegen bleibt abstrakt, man kann ihn nicht durchqueren. […] Anders als dieses Mädchen, das sich ›boku‹ nannte, konnte ich mich nicht als ›boku‹ fühlen. Die Jungen waren mir fremd, ich spielte nur mit Mädchen, ohne mich aber selbst als Mädchen zu fühlen.
Als ich später studierte, sagte mir ein Freund, dass er sich eigentlich immer als ›boku‹ bezeichne und daher sich in einen Mann, der das Wort ›ore‹ benutzt, verlieben könne, ohne homosexuelle Fähigkeiten zu besitzen. Die Männer, die sich als ›ore‹ bezeichneten, schienen ihm die Eigenschaften zu besitzen, die er selber nicht besaß und die ihn deshalb faszinierten. Er konnte nicht erklären, welche Eigenschaften das waren. Ein ›boku‹ habe in dieser Gesellschaft einen anderen Ort als ein ›ore‹, sagte er, ›deshalb verhalten sie sich anders.‹ Als er mir das sagte, wurde mir bewusst, dass die ›ore‹-Männer auf mich körperlich anders wirkten als die ›boku‹-Männer. Es gebe unter den Erwachsenen also mindestens vier Geschlechter, sagte ich zu ihm, ›ore‹, ›boku‹, ›atashi‹ und ›watashi‹.
Das Mädchen, das sich ›boku‹ nannte, verlor ich irgendwann aus den Augen. Das Problem der Selbstbezeichnung verlor ich auch aus den Augen. Denn ich zog nach Europa und fand das Wort ›ich‹, bei dem man sich keine solchen Gedanken mehr machen musste. Ein Ich muss kein bestimmtes Geschlecht haben, kein Alter, keinen Status, keine Geschichte, keine Haltung, keinen Charakter. Jeder kann sich einfach ›ich‹ nennen. Dieses Wort besteht nur aus dem, was ich spreche, oder genauer gesagt aus der Tatsache, dass ich überhaupt spreche. Das Wort zeigt nur auf den Sprecher, ohne eine weitere Information über ihn hinzuzufügen. ›Ich‹ wurde zu meinem Lieblingswort. So leicht und *leer*[65] wie dieses Wort wollte ich mich fühlen. […]«[66]

Onomatopoetika

Diese Wortart ist in kaum einer anderen Sprache so ausgeprägt wie im Japanischen. Es handelt sich um Wörter, bei denen sich die Bedeutung vor allem aus ihrem Lautwert ableitet. Gewöhnlich versteht man unter Onomatopoetika sprachliche Wendungen, die Naturlaute nachahmen. Der japanische Sprachgebrauch geht weit über diese Vorstellung hinaus. Man unterscheidet zwei Formen dieser Wörter: *giseigo* (Wendungen, die Laute nachahmen) und *gitaigo* (Wendungen, die Handlungen nachahmen). Einige Wendungen fallen unter beide Kategorien.

---

[65] Hervorhebung R. E.
[66] Tawada, Eine leere Flasche, 55 f.

Ausgewählte Sprachen der indoeuropäischen Sprachfamilie

	Giseigo	Gitaigo
batabata	Flattern der Fahne oder eines Vogels	Eine Arbeit nach der anderen erledigen
boribori	Knabbern	Sich stark kratzen
dokidoki		Nervös, Herzklopfen
gatagata	Klappern	Zittern (der Knie)
geragera	Laut Lachen	
kotsukotsu	Klopfen (an der Tür)	Emsig (arbeiten)
mojimoji		Verlegen zögern
pachipachi	Applaus / Knacken des Feuers	
pekopeko		Leerer Bauch
Zāzā	Starker Regen	

Die angeführten Beispiele sind ein Bruchteil der im Japanischen geläufigen Onomatopoetika, die mit dem Klang in der angeführten Weise spielen. Warum sich diese Sprachformen entwickelt haben, lässt sich nicht mit Sicherheit sagen. Zu beobachten ist heute noch, dass vor allem der japanische Sommer eine Vielzahl von Tierlauten vor allem von Insekten bietet, die für die japanische Kultur eine gewichtige Rolle spielen. Sie werden nicht nur immer wieder in Gedichten besungen, sondern man lauscht ihnen auch im Alltag. Das Besondere an dem hier dargestellten japanischen Sprachgebrauch ist aber darüber hinaus, dass auch einzelne Tätigkeiten und Zustände mit Lauten verbunden werden. Wenn beispielsweise in der Situation, in der man einen leeren Bauch hat bzw. hungrig ist, gesagt wird »onaka (Bauch) ga pekopeko«, dann hat dies nicht direkt mit dem Geräusch des Bauches zu tun, der wahrscheinlich eher gluckert. Mit diesen Worten wird vermutlich in der übertragenen Verwendung vielmehr eine Atmosphäre verbunden, die durch das lautmalende Wort besonders gut zum Ausdruck gebracht werden kann. Festzuhalten bleibt, dass diese Sprachform eine bedeutende Rolle für die japanische Kultur spielt.

Höflichkeitssprache

Eine weitere Besonderheit der japanischen Sprache bildet die Höflichkeitssprache. Auch wenn in der Gegenwartssprache sich die Formen verändern und nicht mehr in gleicher Strenge wie früher verwendet werden, so hat sich diese Ebene fest mit den gesamten Formen der japanischen Sprache verbunden. Eigentlich kann kein Satz einfach nur neutral gesagt werden, da jede Ebene des Ausdrucks im Rahmen einer bestimmten Sprechersituation auch im Hinblick auf den Grad der Höflichkeit eine Bedeutung gewinnt. Man kann den gleichen Inhalt auf verschiedenen Höflichkeitsebenen zum Ausdruck bringen. Die verschiedenen Ebenen der Höflichkeitssprache haben zudem zu einer Differenzierung zwischen Frauen- und Männersprache geführt. Die Frauen benutzen in der Regel höflichere Formen als die Männer.

Ein wirkliches Beherrschen der Höflichkeitssprache erfordert es, immer genau über die Konstellationen der Situation im Bilde zu sein, so dass die richtige Sprachebene gewählt werden kann. Aus der deutschen Sprache ist uns der Unterschied zwischen »Sie« und »Du« geläufig, wobei die Unterhaltung auf der Ebene des »Sie« auch eine Veränderung des gesamten Gestus der Rede nach sich zieht, was sich vor allem in der Wortwahl ausdrückt. Im Japanischen reichen die Veränderungen in der Höflichkeitssituation bis in die Wortformen und die Wortwahl.

In einer Situation, in der man einen Menschen hat warten lassen, können folgende Wendungen gesagt werden, je nach Bezug zu der Person.

»1. mataseta wa ne
2. mataseta ne
3. mataseta na
4. o-matase shimashita
5. o-matase itashimashita
Wortbedeutung: (Ich) habe Sie warten lassen
Funktionale Entsprechung: Bitte entschuldigen Sie meine / die Verspätung
[Die Wendung besitzt zwei Grundbedeutungen:]
a) Wenn man jemanden wirklich hat warten lassen, z. B. bei einer Verabredung.
b) Von den Bediensteten in Institutionen (z. B. vom Kellner in einem Restaurant): Wenn er die bestellten Speisen bringt, sagt er F4 / 5.
[Weitere Situationen, in denen die Wendungen gebraucht werden:]
F 1–3 nicht von unten nach oben, F 1 von fremden Frauen zu Kindern, F 4 / 5 nicht zu Kindern, F 4 neutral, nicht allzu enge Bekanntschaft, nicht allzu fremde Person, F 5 wenig bekannte Person. Beziehung zwischen den Beteiligten ziemlich eng, aber minimal distanzierende Formen: F 2 / 3.«[67]

---

[67] Coulmas, Kleines Formellexikon Japanisch-Deutsch, 73.

Ausgewählte Sprachen der indoeuropäischen Sprachfamilie

Es könnten unzählige verschiedene Beispiele mit ähnlicher Differenzierung in den Endungen der Wörter gegeben werden. Bei verschiedenen Verben gibt es darüber hinaus verschiedene Wörter in bestimmten Höflichkeitssituationen. So gehören zu dem Verb *iu* (sagen), das man auch in vertrauten Kontexten in dieser Form verwenden kann, die Verben *ossharu* und *mōshiageru*. Das erste wird dann verwendet, wenn über das gesprochen wird, was z. B. der Lehrer gesagt hat (*ossharu tori:* wie Sie gesagt haben …). Das zweite wird verwendet, wenn der Sprecher selbst über sein Sprechen spricht und sich höflich zurücknehmen will.

Auch wenn sich am faktischen Inhalt der Rede nichts ändert, so hat die richtig gewählte Ebene der Höflichkeit eine ebenso starke Wirkung für das Gespräch selbst, wie wenn der falsche Ton angeschlagen wird. Auf dieser Ebene kann man die körperlichen und atmosphärischen Wirkungen von sprachlichen Äußerungen intensiv studieren. Die japanische Sprache ist in einem Ausmaß von den Formen der Höflichkeitssprache durchdrungen, wie es beispielsweise für Deutschsprachige kaum vorstellbar ist. Im Rahmen der japanischen Kultur erfüllt sie eine zentrale Funktion für die Beziehung der Menschen untereinander. Allein die Untersuchung der verschiedenen Höflichkeitsformen brächte einen erheblichen Einblick in die Formen japanischer Kultur.

Die japanische Schrift

Wie weiter oben bereits erwähnt, wurde im 6. Jh. n. u. Z. in Japan die chinesische Schrift eingeführt und übernommen. Da diese aber nicht ohne Umstände mit der japanischen Sprache zusammengeführt werden konnte, extrahierte man aus den chinesischen Zeichen nach einigen Jahrhunderten zwei Silbenalphabete, mit denen man unabhängig von den chinesischen Zeichen die eigene Sprache aufzuzeichnen versuchte. Diese beiden Silbenalphabete setzten sich jedoch nicht als alleinige Schrift für das Japanische durch, sondern wurden auf eigene Weise mit den chinesischen Schriftzeichen verbunden. Im heutigen Japanisch wird zudem die lateinische Schrift mit eingebunden, so dass unter Umständen vier verschiedene Schriften in einem japanischen Text zu finden sind. Die chinesischen Schriftzeichen haben sich im Laufe der Jahrhunderte in Japan leicht verändert, sind aber im Wesentlichen mit den alten Zeichen in China kompatibel. Insgesamt sind aber in Japan immer weniger Schriftzeichen in Gebrauch gewesen als in China, da im Laufe der Zeit im Japanischen nicht alle Funktionszeichen mit chinesischen Zei-

Der grammatische Bau verschiedener Sprachen – Eine Grundorientierung

chen aufgezeichnet werden mussten, sondern die neuen Silbenalphabete verwendet werden konnten.

Hiragana					Katagana					Lautumschrift				
あ	い	う	え	お	ア	イ	ウ	エ	ヲ	a	i	u	e	o
か	き	く	け	こ	カ	キ	ク	ケ	コ	ka	ki	ku	ke	ko
さ	し	す	せ	そ	サ	シ	ス	セ	ソ	sa	shi	su	se	so
た	ち	つ	て	と	タ	チ	ツ	テ	ト	ta	chi	tsu	te	to
な	に	ぬ	ね	の	ナ	ニ	ヌ	ネ	ノ	na	ni	nu	ne	no
は	ひ	ふ	へ	ほ	ハ	ヒ	フ	ヘ	ホ	ha	hi	fu	he	ho
ま	み	む	め	も	マ	ミ	ム	メ	モ	ma	mi	mu	me	mo
や		ゆ		よ	ヤ		ユ		ヨ	ya		yu		yo
ら	り	る	れ	ろ	ラ	リ	ル	レ	ロ	ra	ri	ru	re	ro
わ	を	ん			ワ	ヲ	ン			wa	wo	n		

Durch zwei Beispielsätze kann deutlich werden, wie die verschiedenen Schriftsysteme miteinander verbunden werden:

1. Beispielsatz

プールに飛び込みました。
Pū ru ni tobi komi mashi ta.

Pūru bedeutet »Pool« im Sinne von »Schwimmbecken« und ist ein Lehnwort aus dem Englischen; *ni* ist eine grammatische Partikel, die hier den Ort anzeigt; *tobi* ist eine Form von *tobu*, was »fliegen« bedeutet; *komi* ist eine Form von *komu*, was »hinein« bedeutet; *mashi* ist eine Form von *masu*, was ein Suffix der Höflichkeit ist; *ta* ist eine Partikel, mit der die Vergangenheit angezeigt wird. Also: In den Pool hineingesprungen.

Die verschiedenen Schriften sind unterschiedlich verteilt. Die ersten drei Schriftzeichen gehören zum Katagana, das, wie auch in diesem Falle, für die Umschrift von neu aufgenommenen Wörtern z. B. aus der englischen Sprache verwendet wird. Das vierte Schriftzeichen gehört zum Hiragana, das unter anderem, wie hier, für die grammatischen Partikeln benutzt wird. Das fünfte und siebte Schriftzeichen ist ein sinojapanisches Zeichen. Das sechste und achte sind jeweils grammatische Endungen, die direkt zu dem sinojapanischen Zeichen gehören und im Hiragana aufgezeichnet werden. Die letzten drei Schriftzeichen gehören dem Hiragana an.

2. Beispielsatz aus dem Werk *Studie über das Gute* von Kitarō Nishida

経験するといふのは事実其侭に知るの意である。
keiken suru to iu no wa jijitsu sono mama ni shiru no i de aru.

keiken 経験 – setzt sich aus zwei chinesischen Zeichen zusammen und ist in dieser Form das Übersetzungswort für das Substantiv »Erfahrung«.
suru する – bedeutet »tun«, »handeln« und steht hier in der Finalform, d. h. der unbestimmten Grundform. Da in diesem Fall »suru« an das vorhergehende Wort »keiken« angeschlossen ist, macht es dieses zu einem Verb, in diesem Falle »erfahren«.
to iu といふ – ist ein Ausdruck, der auf Verben folgt und »sogenannte«, »besagt« oder »ist bestimmt als« bedeutet.
no の – kann nach Verben stehen und nominalisiert diese. In diesem Falle bezieht es sich auf keiken suru, so dass dieses zu dem nominalisierten Verb »Erfahren« wird.
wa は – ist eine Themapartikel, wodurch auch längere Satzteile eine subjektäquivalente Funktion erhalten können. In diesem Falle zeigt es an, dass Erfahren das Hauptthema und auch Subjekt des Satzes ist.
jijitsu 事実 – ist aus zwei chinesischen Zeichen zusammengesetzt und ist das philosophische Übersetzungswort für »Realität«, »Wirklichkeit«.
sono mama 其侭 – ist eine Redewendung, die aus den Bestandteilen »dieses« und »so wie es ist« besteht und »so, wie es von sich her ist« bedeutet.
ni に – bedeutet nach der vorhergehenden Wendung »in dieser Weise«.
shiru 知る – ist das Verb »wissen« in der Finalform und damit ohne weitere grammatische Bestimmungen.
no の – ist in diesem Falle eine Genitivpartikel, die das nachstehende Wort und die vorhergehende Phrase genitivisch aufeinander bezieht.
i 意 – heißt »Bedeutung«, kann hier aber auch mit »bedeuten« übersetzt werden.
de aru である – wird manchmal als die japanische Kopula bezeichnet. Die ursprüngliche Bedeutung ist aber »seiend wie« bzw. »Seinsweise«.

In dem ganzen Satz wird keine Person genannt, keine Zeitstufe direkt ausgedrückt, kein Singular oder Plural unterschieden. Es werden im Grunde nur zwei verbale Vollzüge aufeinander bezogen: »Erfahren bedeutet Wirkliches, so wie es von sich her ist, zu wissen.« In dem Satz zeigt sich deutlich, wie die verbale Dimension den eigentlichen Sinngehalt bestimmt, ohne dabei eine Person mitbezeichnen zu müssen. Im Text spricht Nishida dann auch davon, dass das Individuum nicht Erfahrungen macht, sondern vielmehr umgekehrt aus dem Vollzug des Erfahrens hervorgeht und bestimmt wird. Diese besondere Ausdrucksmöglichkeit des Japanischen wird im vierten Teil im Abschnitt über das Subjekt in der Sprache noch ausführlicher thematisiert.

Man kann das Verfahren im Japanischen, verschiedene Schriftformen zu kombinieren, auch auf der Grundlage unseres Schriftsystems verständlich machen. Im folgenden Beispiel wird das Zeichen »2« wie ein sinojapanisches Zeichen in den verschiedenen Wörtern behandelt. Die Buchstaben entsprechen dagegen dem Hiragana.[68]

		Lesung
Konstante Bedeutung	2fach	zweifach
	2när	binär
	2t	doppelt
	2ett	Duett
	2weise	paarweise
	2licht	Zwielicht
	ver2n	verdoppeln
Konstante Lautung	2fel	Zweifel
	Ver2feln	Verzweifeln
	2ge	Zweige

Man kann durch die verschiedenen Funktionen, die das Zeichen »2« in diesen Beispielwörtern übernimmt, die phonetische und semantische Offenheit sinojapanischer Zeichen in unserer eigenen Schrift nachvollziehen. Dabei ist z. B. zu erkennen, dass sich in diesem Beispiel die Menge der Schrift reduziert. Auch wenn das Verfahren zunächst fremd wirkt, so ist es auch in unserer Schrift nicht unmöglich.

Gleichwohl könnte sich bei deutschsprachigen Lesern der Eindruck großer Kompliziertheit des japanischen Schriftsystems einstellen. Das

---

[68] Vgl. Coulmas, Über Schrift, 67.

mag zwar zutreffend sein, verdeckt aber die Tatsache, dass die japanische Sprache und ihre Schrift die japanische Kultur getragen und eine umfangreiche und bedeutende Literatur hervorgebracht hat. Für diejenigen, die diese Schrift bereits in der Kindheit erlernen, ist sie etwas ähnlich Gewohntes, wie dies für unser Alphabet gilt. Für den vorliegenden Zusammehang reicht zunächst aus, deutlich gemacht zu haben, dass die japanische Schrift aus verschiedenen Formelementen zusammengesetzt ist und daher verschiedene Möglichkeiten der Verschriftung der gesprochenen Sprache besitzt.

In den Kurzdarstellungen des Sanskrit, des Altgriechischen, des Lateinischen und des Deutschen sollten signifikante grammatische Unterschiede verdeutlicht werden. Zum anderen ist versucht worden, auf dem Boden der lateinischen Grammatik nur schwer erklärbare Unterschiede zwischen den indoeuropäischen Sprachen sowie dem Chinesischen und Japanischen herauszuarbeiten. Dabei konnte es in den Erläuterungen nicht darum gehen, alle grammatischen Details der einzelnen Sprachen auszubreiten. Vielmehr sollten mögliche Formen von Differenzen zwischen Sprachen sichtbar und nachvollziehbar werden, um so die Einzelanalysen im nächsten Kapitel des Buches vorzubereiten.

4. Philosophische Sprachenbetrachtung zwischen Europa und Asien

In den ersten drei Kapiteln wurde hingeleitet zu einer Untersuchung sprachlicher Strukturen, die es erlaubt, die Verschiedenheit der Sprachen als kulturellen Reichtum zu betrachten und nicht nur als Hindernis, um Informationen schnell und effizient auszutauschen. Die Vielfalt der Sprachen erscheint unter den Erfordernissen der Globalisierung und ihren ökonomischen Zwängen immer wieder als Relikt alter Zeiten, das es zu beseitigen gilt. Die voranschreitende Internationalisierung der englischen Sprache soll hier Abhilfe schaffen und zumindest in den großen Zentren der Welt die Kommunikation ermöglichen.

Wenn man diese Entwicklungen allerdings ausgehend von dem Gedanken betrachtet, dass verschiedene Sprachen unterschiedliche Weisen des Denkens und Erlebens begünstigen und nahelegen, so zeigt sich in der Entwicklung neben den Erleichterungen, die sicherlich auf bestimmten Ebenen durch eine Sprachvereinheitlichung erreicht werden können, auch eine bedrohliche Dimension der Machtentfaltung. Denn sobald sich nur eine Sprache als die einzig verbindliche durchsetzte, würden auch deren Strukturen und Blickweisen eine dominierende Stellung einnehmen. Dies ist nicht nur in politischen Zusammenhängen, sondern auch für den Sprachgebrauch in den Wissenschaften von nicht zu unterschätzender Bedeutung. Vielleicht mag es im Rahmen naturwissenschaftlicher Forschungen eine geringere Rolle spielen, in welcher Sprache diese durchgeführt werden. Dennoch wird die Interpretation der Ergebnisse auf die einzelnen Sprachen angewiesen sein. Im Bereich der Geistes- und Kulturwissenschaften wäre die Einengung auf eine einzige Sprache fatal. Sollte es in diesem Bereich zu einer wachsenden Alleinherrschaft des Englischen kommen, würden nicht nur die älteren Traditionen der französischen, chinesischen, tibetischen, japanischen und deutschen Sprache sowie anderer Sprachen stark in den Hintergrund treten, da nicht alle Texte übersetzt werden können und auch die Übersetzungen bereits Verschiebungen und Interpretationen des Inhalts mit sich bringen. Eine Fixierung auf eine einzige Sprache in den Wissenschaften und der Philosohpie würde auch die gegenwartsbezogene und innovative Entwicklung von philosophischen Gedanken erheblich einengen.

Es ist sicher mühevoll, verschiedene Sprachen zu erlernen. Es ist aber unter dem Aspekt der Bereicherung und Differenzierung der eigenen Welt auch eine nicht zu unterschätzende Möglichkeit, die Gestaltungsprozesse der Wirklichkeit in neuer Weise kennen zu lernen. Da das Erlernen einer fremden Sprache zumeist ausschließlich unter praktischen Gesichtspunkten erfolgt, wird in der Vermittlung selten darauf geachtet, dass mit einer Sprache wesentlich mehr als nur ein großer Wortschatz erlernt werden kann. Beim Erlernen sollte es darum gehen, den *Sinn* für eine Sprache zu wecken. Erst wenn sich ihr Sinn erschließt, kann deutlich werden, wie sie zum Medium von Welterschließung und Unterscheidungs- bzw. Beziehungsstiftung werden kann.

Da in den Lehrbüchern und Grammatiken zu verschiedenen Sprachen dieser Aspekt nur am Rande angesprochen wird, bleibt das Erlernen einer Sprache häufig ein bloßes Auswendiglernen. Gerade die Grammatiken zu einzelnen Sprachen beschränken sich auf Basisinformationen, die möglichst knapp gehalten sind, ohne die einzelnen Formen in ihrem Sinn zu erschließen. Dabei stellen sich diese Grammatiken zudem nicht selbst in Frage, da sie sich in den meisten Fällen nicht selbst als besondere *Theorien* verstehen, die die betreffende Sprache in bestimmter Perspektive interpretieren und erschließen. Beim Erlernen einer Sprache beginnt durch langen und zunächst unverstandenen Sprachgebrauch ein Sprachverständnis zu wachsen, das durch die hermeneutische Erschließung verschiedener Sinnkomponenten und -strukturen bereits am Anfang hätte erleichtert werden können.

Da Menschen und vor allem Wissenschaftler immer wieder dazu neigen, alles eindeutig und möglichst ohne jede Ambivalenz auffassen und verstehen zu wollen, können wir an der Vielfalt der Sprachen, der wir überall begegnen, auch den Umgang mit der eigenen Endlichkeit lernen. Kein einzelner Mensch ist in der Lage, alle existierenden Sprachen zu sprechen oder auch nur im Ansatz zu erlernen. Im Reichtum der Sprachen können wir das Leben und Denken der Menschheit aufgefächert sehen in verschiedene, teils sich widersprechende Lebensformen. Sicher ist es wichtig, Gemeinsamkeiten festzuhalten, um immer wieder hervorbrechenden Diskriminierungen entgegenzuwirken. Zugleich ist aber auch mit Nachdruck das Akzeptieren der Verschiedenheit nicht weniger von Bedeutung. Das Verbindende und das Differenzierende stehen in bewegter Wechselwirkung, die gerade am Zusammenhang von Sprache und Sprachen auf exemplarische Weise studiert werden kann. Die Verschiedenheiten müssen die Gemeinsamkeiten nicht stören und die Gemeinsamkeiten müssen die Verschiedenheiten nicht verdrängen. Für diese Perspektive bleibt es von entscheidender Bedeutung, Sprache und Sprachen nicht als statische Gehäuse aufzufassen, sondern als Medium und Medien lebendiger Wechselwirkung. Durch den Gebrauch von Sprache und Sprachen bereichern sich Menschen untereinander, aber auch die Sprachen werden bereichert vor allem dadurch, dass Menschen jeweils auch Neues aus anderen Sprachen in die eigene Muttersprache hineinbringen. Auf diese Weise entstehen Wechselwirkungen nicht nur zwischen verschiedenen Menschen, sondern auch zwischen verschiedenen Sprachen.

In dieser Perspektive ist einem immer noch verbreiteten Missverständnis in Bezug auf den Gedanken einer »Philosophie der Grammatik« von Anfang an mit allem Nachdruck entgegenzutreten. Immer wieder sieht sich die Betonung der Vielfalt der Sprachen dem Vorwurf ausgesetzt, dass durch diesen Ansatz jeder in seine Sprache *eingesperrt* sei und somit jedes Verstehen über verschiedene Sprachen hinweg unmöglich werde. Dieser Vorwurf basiert darauf, dass den Überlegungen zu einer »Philosophie der Grammatik« ein *statisches* Sprachverständnis untergeschoben wird. Dagegen ist zu sagen, dass es bei der »Philosophie der Grammatik« nicht um eine statische Verknüpfung von Sprachform und Denk- bzw. Lebensform geht, sondern um die Frage, welche Denk- und Lebensformen durch die Sprachformen einer bestimmten Sprache *nahegelegt* werden. Denk- bzw. Lebensform und Sprachform sind dabei *dynamisch* aufeinander bezogen, so dass sie sich gegenseitig hervorbringen und erhellen. Sprachformen beeinflussen zweifelsohne die Denkformen, aber sie fesseln diese nicht. Es ist daher auch zu beobachten, wie Denk- und Lebensformen umgekehrt die Sprachen prägen. Erst dann, wenn man nur auf eine Denkform blickt und diese für die einzig universale und richtige hält und anhand dieser Denkform zudem die Einheit der Menschheit garantiert sieht, muss allein der Satz, dass Denkform und Sprachform einander beeinflussen, beängstigend wirken. Dabei ist durch die Behauptung des Wechselverhältnisses von Sprache und Denken noch gar nichts entschieden über die Möglichkeit von »universalen Formen des Denkens«.

So war es z. B. durchaus möglich, anhand der altchinesischen Sprache Ansätze zu einer formalen Logik zu entwickeln. Dies ist in dem Buch von Christoph Harbsmeier *Language and Logic* innerhalb der Reihe von Joseph Needham *Science and Civilization in China* deutlich geworden. Hierdurch wird unterstrichen, dass natürlich auch die Chinesen in ihrer Sprache immer schon »logisch« denken konnten und sie auch keine »andere Logik« besaßen, wenn man den Begriff der Logik an dieser Stelle einmal auf bestimmte Formen der aristotelischen Logik beschränkt. Man könnte nun aufgrund dieser Einsicht leichtfertig meinen, dass eine philosophische Untersuchung der sprachlichen und grammatischen Struktur des Altchinesischen nicht mehr notwendig sei, da sich ja durch den Befund das »logische Denken« als universal erwiesen habe. Einem solchen Kurzschluss liegt zum einen ein stark eingeschränkter Begriff von Philosophie zugrunde, dem es nur darum geht, bestimmte universale Formen zu eruieren und sich dabei zu beruhigen. Eine solche Auffassung von Philosophie ist bei genauerem Hinsehen bei keinem bedeutenden Philosophen zu finden. Der Gebrauch des Wortes »Philosophie« besitzt vielmehr auch in der europäischen Tradition eine Breite, durch die solche Kurzschlüsse nicht gerechtfertigt sind.[1] Weitet man hingegen den Blick und fragt beispielsweise nach Sinn und Bedeutung der Logik in verschiedenen Traditionen, verschiebt sich die Perspektive erheblich, ohne dass die Wichtigkeit der Logik als solcher in ihrer Bedeutung geschmälert werden müsste. In diesem Zusammenhang ist das Beispiel Chinas von besonderer Relevanz.

»One cannot emphasise enough: logic, no matter whether Buddhist or Mohist, remained marginal in Chinese culture until modern intellectuals needed to demonstrate that China had its own logical tradition, just like the West. Chinese logic was rediscovered in an attempt to prove that China was the intellectual equal of the West. The result was a large modern indigenous literature on indigenous Chinese logic.«[2]

Ausgehend von diesem Zitat können unterschiedliche Sachverhalte betont werden. Der erste Punkt, der hervorgehoben wird, ist, dass, obwohl im alten China bei den sogenannten Mohisten die Entwicklung einer formalen Logik zu beobachten war und zudem durch die buddhistische Literatur aus Indien eine hoch spezialisierte Diskussion logischer Zusammenhänge nach China gebracht wurde, sich die Logik nicht als eine

---

[1] Vgl. Elberfeld (Hg.), Was ist Philosophie? Programmatische Texte von Platon bis Derrida.
[2] Harbsmeier, Language and Logic, XXI.

zentrale Disziplin des Denkens etablieren konnte und im Hauptstrom der chinesischen Philosophie eine untergeordnete Rolle spielte. Der zweite Punkt, der von hoher Bedeutung ist, betrifft den Machtaspekt. Als China sich unter dem Druck der europäischen Kultur öffnete, versuchte man verschiedene Bereiche der europäischen Kultur zu studieren, aber vor allen Dingen auch die, von denen man annahm, sie hätten die Entwicklung der Macht Europas über die ganze Welt gefördert. Man bemerkte dann schnell in Bezug auf die Logik, dass es auch im alten China solche Ansätze gegeben hatte, und war bemüht, diese in den Vordergrund zu rücken, um die intellektuelle Gleichwertigkeit mit der europäischen Kultur zu unterstreichen.

Im Gegenzug zu dieser Entwicklung verlief die Rezeption Chinas und der chinesischen Sprache in Europa in anderer Weise. Wie bereits weiter oben gezeigt wurde, spielte gerade die chinesische Sprache von Anfang an eine zentrale Rolle für das Wichtigwerden der Verschiedenheit der Sprachen in der Philosophie. Die Europäer waren erstaunt über die einzelnen Komponenten der chinesischen Sprache, die sich mit den Kategorien der europäischen Grammatik nicht fassen ließen. Dabei hatte man immer weniger die Gegenwartssprache im Blick, sondern ab dem 19. Jahrhundert vor allem das Altchinesische, das in seiner Struktur den europäischen Sprachen gegenüber ausgesprochen fremd ist. Der Blick wurde so auf die alte chinesische Kultur gelenkt und man bemerkte häufig nicht, dass sich in China ein tiefgreifender Wandel vollzog. Die Chinesen selbst waren gerade im 20. Jahrhundert zunehmend an der Gestaltung der eigenen Gegenwart interessiert und versuchten sich von ihren alten Traditionen zu lösen, was jedoch die europäischen Wissenschaftler zunächst wenig interessierte. So entstanden in Europa immer wieder Beschreibungen der »Chinesen«, die diese auf eine alte Kultur festlegten, die längst nicht mehr existierte oder in der Form nie existiert hatte. Es wurde somit ein Bild Chinas erzeugt, das mit den Chinesen der Gegenwart nur wenig zu tun hatte. Auf der anderen Seite versuchten die Chinesen immer »europäischer« zu werden bis hin zur Phase des vom Marxismus inspirierten Maoismus, der in der sogenannten Kulturrevolution für die alte Kultur Chinas bis heute verheerende Wirkungen hatte.

Inzwischen hat sich in Europa ein Interesse auch für die modernen Entwicklungen Chinas ausgebildet, nicht zuletzt aus ökonomischen Gründen, und in China beginnt mehr und mehr eine Neuaneignung der eigenen alten Kultur- und Denktraditionen. In vielen Forschungen wird inzwischen differenziert angegeben, aus welchem Interesse und für welchen Teil einer anderen Kultur man sich interessiert. Auf diese Weise wird die Interessenlage durchsichtig, sodass sich Untersuchungen nicht mehr so leicht instrumentalisieren lassen für Machtinteressen aller Art. Diese möglichen Verwicklungen und Instrumentalisierungsmöglichkeiten deutlich zu benennen gehört inzwischen zu den methodischen Grundlagen aller Kulturwissenschaften. Denn allzu oft wurden Bilder von anderen Kulturen erzeugt, die die betreffende Kultur aus Machtinteressen auf ein bestimmtes Bild verpflichten wollten. Das Interesse und der Blick auf eine andere Kultur sind immer auch verbunden mit Motivlagen der eigenen Kultur. Je deutlicher diese benannt und geklärt werden, umso fruchtbarer kann die Auseinandersetzung werden.

Es bleibt also die Frage: Warum haben sich chinesische Philosophen vor der Begegnung mit der europäischen Welt nur in vergleichsweise geringem Maße für Aussagenlogik interessiert? Kann es möglich sein, dass sie zentral an Phänomenen interessiert waren, die nicht vorrangig anhand von »logischer Aussagenwahrheit« thematisiert werden konnten? Es bleibt dabei unentschieden, ob das Interesse für bestimmte Phänomene oder eine bestimmte sprachliche Struktur zuerst vorlag. Wahrscheinlich entwickelte sich beides in wechselseitiger Entsprechung. Ähnlich wie sich der bestimmte Artikel im Griechischen, der ein wichtiger Schritt in der Bildung der philosophischen Terminologie in Europa war, erst allmählich aus dem Demonstrativpronomen entwickelt hat,[3] so hat auch die chinesische Sprache langsam bestimmte philosophische Sprachformen entfaltet und favorisiert. Nach der Stabilisierung bestimmter Sprachformen lässt sich auch untersuchen, ob philosophische Sinnbildungsprozesse durch vorliegende Sprachstrukturen möglicherweise immer wieder in entsprechende Bahnen des Denkens gelenkt wurden.

Es ist heute nicht mehr möglich, wie es früher immer wieder geschehen ist, einer Sprache etwas ganz abzusprechen oder zu behaupten, dass ein gewisser Sachverhalt nur in dieser einen Sprache auszudrücken möglich sei. Die sprachwissenschaftlichen Analysen zu verschiedenen Sprachen sind einerseits inzwischen so differenziert, dass zu pauschale Thesen schnell ihren Boden verlieren. Andererseits hat der Spezialisierungsgrad sprachwissenschaftlicher Untersuchungen ein Niveau er-

---

[3] Snell, Die Entdeckung des Geistes, 200 ff.

reicht, auf dem der Zusammenhang von Sprache und Denken keine Rolle mehr spielt. Auch wenn nach der Grammatik gefragt wird, spielen selbst die einzelnen Sprachen keine Rolle mehr, da es häufig um eine Form von Grammatik geht, die allen einzelnen Sprachen vorausgehen soll und somit die einzelnen Sprachen übersteigt. Philosophen trauen sich vor diesem Hintergrund nur noch selten, den Zusammenhang von Grammatik und Denken herzustellen, da es hoffnungslos zu sein scheint, dem aktuellen Forschungsstand linguistischen Wissens gerecht zu werden. Sprachwissenschaftler halten dagegen häufig sprachphilosophische Ansätze, in denen der Zusammenhang von Sprache und Denken eine Rolle spielt, für unhaltbar und zu pauschal. Sicher sind in dieser Situation die verschiedenen Spezialisierungen anzuerkennen und so weit wie möglich einzubeziehen. Die Spezialisierungen haben aber auch zur Folge, dass der Blick für die umfassenderen Wirkungen von Sprache verlorengeht und nicht mehr danach gefragt wird, was der Gebrauch einer bestimmten Sprache und Sprachform bedeutet.

Im Folgenden wird der Versuch unternommen, anhand von sieben Themenfeldern, die zugleich eine besondere Relevanz für das philosophische Denken besitzen, den Zusammenhang von Sprache und Denken zu erörtern. Es soll dabei vermieden werden, Sprachen oder Denktraditionen in allzu einfacher Weise einander gegenüberzustellen. Dies ist wichtig, da sowohl die Sprachen wie auch das Denken sich immer in Bewegung befinden und somit Pauschalurteile unangebracht sind. Es soll nicht darum gehen – wie dies bei Cassirer der Fall ist –, die abstrakte Begriffsbildung als den Gipfel aller sprachlichen Entwicklungen insgesamt darzustellen, sondern es soll vielmehr mit Humboldt und Nietzsche darauf aufmerksam gemacht werden, in welcher Weise sich für das Denken und die Philosophie relevante Formen des Sprachgebrauchs in verschiedenen Sprachen entwickelt haben. Das konkrete Hin- und Hergehen zwischen verschiedenen Sprachen kann für verschiedene Formen des Sprachgebrauchs sensibilisieren, so dass auch ein Bewusstsein für den eigenen Sprachgebrauch und seine Selbstverständlichkeiten erzeugt wird. Hierdurch entsteht die Möglichkeit, die eigenen Sprach- und Beschreibungsformen durch sprach(en)philosophische Reflexionen kritisch zu hinterfragen.

Das erste Thema ist das »Subjekt« in der Sprache. Aus grammatischen Analysen wissen wir, dass in deutschen Sätzen gewöhnlich ein Subjekt vorhanden sein muss. In der philosophischen Sprache sprechen wir von »Subjektphilosophie«. Wie stehen diese beiden Sachverhalte zueinander? Welche Optionen zeigen sich beim Blick in die chinesische und japanische Sprache? Das zweite Thema ist das Verhältnis von Subjekt und Objekt, das anhand der drei Aktionsformen des Verbs thematisiert werden soll. In der deutschen Sprache kennen wir die aktive Umgangsform, in der ich aktiv mit etwas umgehe, und die passive Form, in der mir etwas geschieht, ohne dass ich selbst dabei aktiv wäre. In anderen Sprachen wie der japanischen gibt es darüber hinaus das sogenannte »Medium«, das eine Aktionsform jenseits der Unterscheidung von aktiv und passiv ausdrückbar macht. Was kann dies für die Interpretation unseres Handelns bedeuten?

Das dritte Thema umfasst die Strukturierung von Zeit in verschiedenen Sprachen. Zeit ist ein Grundthema auch der Philosophie. Es stellt sich somit die Frage, ob das Denken der Zeit in einem Zusammenhang mit unseren Sprachen steht. Welche Formen der Strukturierung der Zeit gibt es in der Sprache und im Denken?

Das vierte Thema kontrastiert zwei semantisch sehr reiche Wortfelder. Im Kontrast zu dem Wortfeld *Kultur* in der deutschen Sprache, das zunächst ausführlich vorgestellt wird, wird das Wortfeld *qi / ki* in der chinesischen und japanischen Sprache thematisiert, das von erstaunlicher Größe und besonderer philosophischer Relevanz für das Denken in Ostasien ist. Für *qi* bzw. *ki* existiert kein direktes Äquivalent in indoeuropäischen Sprachen, so dass hier bereits die Frage nach der Übersetzung ins Spiel kommt.

Das fünfte Thema bringt das philosophische Problem der Übersetzung ausführlicher in den Blick. Dieses Problem ist zwar in der Philosophie wohl bekannt, wird aber leicht durch das selbstverständliche Vorhandensein von Übersetzungen in den Hintergrund gedrängt. So gelten in der deutschsprachigen akademischen Welt Übersetzungen von philosophischen Texten aus anderen Sprachen nicht als eigenständige philosophische Leistungen. Wer jedoch einmal einen philosophischen Text übersetzt hat, der weiß, dass es sich bei einer derartigen Übersetzung immer auch um eine bis ins kleinste Detail gehende eigenständige Interpretation des Ausgangstextes handelt. Die Frage nach der Übersetzung wird ausgehend von zwei philosophischen Übersetzungsprozessen verdeutlicht: Übersetzungen vom Sanskrit ins Chinesische sowie vom Japanischen ins Englische bzw. Deutsche.

Das sechste Thema behandelt verschiedene Formen von Sprachpragmatik. Dabei handelt es sich um einen Blick auf die gesprochene und geschriebene Sprache hinsichtlich ihrer Performativität. Im vorliegenden Zusammenhang werden nur Texte im Hinblick auf ihr »Handeln« untersucht, wobei vor allem verschiedene Textpragmatiken im Chinesischen und Japanischen einbezogen werden.

Das siebte Thema widmet sich dem Zusammenhang von Philosophie und Schreibkunst in Ostasien. Am Beispiel des modernern japanischen Philosophen Kitarō Nishida, der nicht nur der bedeutendste japanische Philosoph im 20. Jahrhundert ist, sondern auch ein berühmter Schreibkünstler, soll die Verbindung von Philosophie und Kunst behandelt werden, die durch die besonderen Möglichkeiten der chinesischen und japanischen Schrift entstanden ist.

4.1 Das Subjekt in Sprache und Denken

Das deutsche Wort *Subjekt* ist vieldeutig und besitzt eine lange Geschichte, die bis auf die altgriechische Philosophie zurückgeht. Es leitet sich ab von dem lateinischen *subjectum*, was wörtlich das »Daruntergeworfene« bedeutet. Das lateinische Wort geht seinerseits auf das aristotelische Wort *hypokeimenon* zurück, was wörtlich das »Zugrundeliegende« heißt. Diese Rückführung auf das altgriechische Wort ist wichtig, weil bei Aristoteles eine Verbindung zwischen einer grammatischen und einer philosophischen Bedeutung im Begriff des *hypokeimenon* geschaffen wurde, die auch heute noch in der Wortbedeutung mitschwingt. Denn »seit Aristoteles meint *hypokeimenon* (a) im syntaktisch-formalen Sinn das Subjekt einer Aussage und (b) im ontologischen Sinn den Träger einer Eigenschaft oder Bestimmung«.[4] Die erste Bedeutung umfasst die grammatische Funktion des Subjekts in der Sprache. Das grammatische »Subjekt« bezeichnet somit eine *Funktion im Satz* im Gegensatz zum »Substantiv«, das eine *Wortart* kennzeichnet und keinesfalls mit dem »Subjekt« identisch sein muss.[5] Dennoch sind Subjekt und Substantiv eng miteinander verbunden, da das Subjekt eines Satzes in der deutschen Sprache in vielen Fällen als Substantiv

---

[4] Horn / Rapp (Hg.), »Subjekt«, Wörterbuch der antiken Philosophie, 212.
[5] In herkömmlichen Grammatiken besteht daher ein strikter Unterschied zwischen der Behandlung des »Wortes« und der Behandlung des »Satzes«. Inzwischen hat sich darüber hinaus gezeigt, dass »Texte«, die aus mehreren oder vielen Sätzen bestehen, über Wort und Satz hinaus eine eigene Ebene der Betrachtung erfordern, die heute mit dem Terminus »Textgrammatik« bezeichnet wird.

Das Subjekt in Sprache und Denken

auftritt. In dieser Verbindung kann auch die zweite Bedeutung des *hypokeimenon* bei Aristoteles gesehen werden, die eine Person oder ein Ding assoziieren lässt. Wenn eine Aussage getroffen wird, so ist das Subjekt häufig zugleich der Träger dieser Aussage, wie in den Sätzen »Sokrates ist sterblich« oder »Der Tisch ist grün«. Sokrates bzw. der Tisch als grammatisches Subjekt der Aussage ist zugleich der ontologische Träger der Aussage. Die Verbindung von grammatischem und ontologischem Subjekt ist vor allem im philosophischen Sprachgebrauch so selbstverständlich geworden, dass sie in dem Wort »Subjekt« immer mitschwingt. Es liegt daher nahe, wenn von »Subjekt« gesprochen wird, an eine Person oder einen Gegenstand zu denken.

Dies wurde im philosophischen Sprachgebrauch durch Descartes in bestimmter Richtung verstärkt, als er die Selbstreflexion des »Ich« zur Grundlage der Philosophie machte, was in dem berühmten Satz »Ich denke, also bin ich« zum Ausdruck kommt. Durch diese Wende wird das Subjekt in Form des »Ich« zum zentralen Bezugspunkt des Philosophierens bis hin zu Hegel und noch darüber hinaus. Im Zuge dieser Entwicklung bildet sich der Gegensatz von Subjekt und Objekt heraus, der zum thematischen Rahmen vieler philosophischer Ansätze bis in das 20. Jahrhundert hinein geworden ist. Das Subjekt wird somit mehr und mehr mit dem Menschen als einer in sich identischen Person verbunden, die aus sich *frei* zu handeln vermag. In diesem Subjektbegriff geht es weniger um Gegenstände als vielmehr um das bewusste Subjekt, in dem alle Gegenstände als bewusste Gegenstände zustande kommen.

Wenn heute in der Grammatik vom Subjekt gesprochen wird, so ist dies nicht identisch mit dem, was bei Aristoteles und Descartes gemeint ist. Man hat sich vielmehr immer weiter von dieser philosophischen Auslegung des Subjekts entfernt. Es ist wichtig, diesen Unterschied zu betonen, da in der Untersuchung des Zusammenhangs von Sprache und Denken die Bedeutungen z. B. des Begriffs »Subjekt« im Rahmen der Sprachbeschreibung und der philosophischen Reflexion allzu leicht identifiziert werden und man auf diese Weise die Fragestellung aus dem Auge verliert. Um annähernd den Unterschied zwischen grammatischer und philosophischer Thematik zu markieren, wird hier die Unterscheidung zwischen »grammatischem Subjekt« und »logischem Subjekt« aufgenommen. In dem Satz »Jona schreibt ein Buch« ist Jona das grammatische und logische Subjekt des Satzes. In dem Satz »Das Buch wurde von Jona geschrieben« ist das Buch grammatisches

Subjekt und Jona logisches Subjekt. Man bemerkt, dass in dieser Unterscheidung mit dem logischen Subjekt der Auslösende einer Handlung gemeint ist bzw. die Ursache für eine Handlung als dem »Zugrundeliegenden«. In der Frage nach dem Subjekt verzahnen sich immer wieder die grammatische und philosophische Thematik in verwirrender Weise, was dieses Thema jedoch auch für die Untersuchung des Zusammenhangs von Sprache und Denken prädestiniert.

Um den folgenden Untersuchungen zum Subjekt in verschiedenen Sprachen von Anfang an eine sprachkritische Perspektive zu geben, sollen zwei Textstellen von Nietzsche im Anschluss an das in Teil eins Entwickelte vorangestellt werden, in denen er die traditionellen Vorstellungen vom Subjekt scharf kritisiert und zugleich die Behauptung aufstellt, dass dies vor allem durch grammatische Gewohnheiten zustande gekommen sei. Bei ihm wird die Kritik des Subjektbegriffs zugleich zur Kritik an der Grammatik.

»Ein Quantum Kraft ist ein eben solches Quantum Trieb, Wille, Wirken – vielmehr, es ist gar nichts anderes als eben dieses Treiben, Wollen, Wirken selbst, und nur unter der Verführung der Sprache (und der in ihr versteinerten Grundirrthümer der Vernunft), welche alles Wirken als bedingt durch ein Wirkendes, durch ein ›Subjekt‹ versteht und mißversteht, kann es anders erscheinen. [...] Aber es gibt kein solches Substrat; es gibt kein ›Sein‹ hinter dem Tun, Wirken, Werden: ›der Täter‹ ist zum Tun bloß hinzugedichtet – *das Tun ist alles*. Das Volk verdoppelt im Grunde das Tun, wenn es den Blitz leuchten läßt, das ist ein Tun-Tun: es setzt dasselbe Geschehen einmal als Ursache und dann noch einmal als deren Wirkung. Die Naturforscher machen es nicht besser, wenn sie sagen ›die Kraft bewegt, die Kraft verursacht‹ und dergleichen – unsere ganze Wissenschaft steht noch, trotz all ihrer Kühle, ihrer Freiheit vom Affekt, unter der Verführung der Sprache und ist die untergeschobenen Wechselbälge, die ›Subjekte‹ nicht losgeworden [...].«[6]

Es ist eine »*Fälschung* des Tatbestandes [...], zu sagen: das Subjekt ›ich‹ ist die Bedingung des Prädikats ›denke‹. Es denkt: aber dass dies ›es‹ gerade jenes alte berühmte ›Ich‹ sei, ist, milde geredet, nur eine Annahme, eine Behauptung, vor allem keine ›unmittelbare Gewißheit‹. Zuletzt ist schon mit diesem ›es denkt‹ zuviel getan: schon dies ›es‹ enthält eine Auslegung des Vorgangs und gehört nicht zum Vorgange selbst. Man schließt hier nach der grammatischen Gewohnheit ›Denken ist eine Tätigkeit, zu jeder Tätigkeit gehört einer, der tätig ist‹ [...].«[7]

---

[6] Nietzsche, Zur Genealogie der Moral, in: Kritische Studienausgabe, Bd. 5, 279f.
[7] Nietzsche, Jenseits von Gut und Böse, in: ebd., Bd. 5, 31.

Das Subjekt in Sprache und Denken

Nach Nietzsches Auffassung ist die grammatische Struktur bestimmter indoeuropäischer Sprachen dafür mitverantwortlich, dass die europäische Philosophie nicht erst seit der Neuzeit Subjekt-orientierte Philosophie gewesen ist. Was Nietzsche vehement kritisiert, ist, dass jedes Geschehen im Rahmen europäischer Philosophie mit einem Tätersubjekt verbunden werden muss, das als Ursache für jedes Tun angesehen wird. Er sucht dagegen nach Möglichkeiten, wie »Vorgänge« ohne derartige Zusätze zum Ausdruck gebracht werden können. Dabei greift er vor allem den für die neuzeitliche Philosophie zentralen Satz »ich denke« an, unter dem Verweis auf die Möglichkeit, »es denkt« sagen zu können, was ihm jedoch auch nicht auszureichen scheint.

Diese kurzen Hinweise sollen zunächst genügen, um das Folgende in eine sprachkritische und philosophische Perspektive zu rücken. Auf die beiden Zitate von Nietzsche wird später zurückzukommen sein.

4.1.1 Das Subjekt in der deutschen Sprache

Um die Frage nach dem Subjekt in der Sprache und Grammatik von Anfang an zu konkretisieren, wird im Folgenden der Einstieg über die deutsche Sprache gewählt. Anhand von Beispielsätzen soll verdeutlicht werden, was die Funktion des Subjekts im Satz bedeutet. Zum Subjekt eines deutschsprachigen Satzes kann sehr Verschiedenes werden:

Beispiele a)

Peter schaut seine Mutter an.
Ein Bauer geht nach Hause.
Bäume haben grüne Blätter.
Der Geher brach im Ziel zusammen.
Er brach im Ziel zusammen.
Das Gehen ist keine leichte Sache.
Ein Fremder geht vorbei.
Geraden lassen sich unendlich verlängern.
Das Gute ist allen wertvoll.
Das Ich ist ein Rätsel.
Die Eins bezeichnet die Einheit.
Vernunft ist ein Vermögen des Menschen.
Das Jenseits ist verlockend.

Beispiele b)

Platons Philosophie ist ein großartiger Entwurf.
Es kam ein Mensch, um zu fragen.
Kants Bücher zu lesen, ist sehr schwierig.
Hier spricht man Deutsch.
Du und ich sind die einzig Aufrichtigen hier.
Nicht ich, du hast das gesagt.
Mein Bein, mein Knie, mein Arm und mein Auge schmerzen sehr.
Frisch gewagt ist halb gewonnen.
Auf dem Haus ist nicht im Haus.

Beispiele c)

Herein!
Komme sofort!
Hast mich denn auch lieb?
Es schmeckte gut.
Es regnete den ganzen Tag.
Es wird Tag.
Es gibt Menschen, die nicht sehen können.
Gestern Abend wurde viel getanzt.
Hier wird gesungen.

Die deutsche Sprache besitzt einen weitgehenden Zwang zum grammatischen Subjekt im Satz. Wird das explizite Subjekt weggelassen, sind die meisten Sätze grammatisch falsch. Dennoch zeigen die angefügten Sätze, wie unterschiedlich das grammatische Subjekt in der deutschen Sprache gefasst werden kann. Bevor im Folgenden eine Auslegung der Beispielsätze vorgenommen wird, die auch auf philosophische Ebenen eingeht, müssen linguistische Kriterien angeführt werden, nach denen ein Subjekt im Satz bestimmt werden kann. In dem folgenden Zitat ist erkennbar, dass es aus linguistischer Perspektive nicht einfach ist, eine Bestimmung des grammatischen Subjekts zu geben. Es gibt zudem ein Beispiel für den fachsprachlichen Gebrauch von Sprache in der Linguistik.

Das Subjekt in Sprache und Denken

»Als Kriterien für das sog. ›grammatische Subjekt‹ [...] gelten im Allgemeinen
1. ein im Nominativ stehendes Substantiv (inklusive dessen Denotatum) bzw. als kommutative Ersatzmöglichkeiten ein entsprechendes Pronomen im Nominativ oder gelegentlich auch ein durch ein derartiges Pronomen ersetzbarer sog. Nebensatz, ein entsprechender Infinitiv oder eine entsprechende Partizipialgruppe (inklusive deren Denotata) sowie – wenn auch seltener – außerdem
2. die Kongruenz bzw. seine Ersatzmöglichkeiten mit dem – gemäß dieser Auffassung – stets zum Prädikat gehörenden bzw. stets allein als Prädikat fungierenden Verb hinsichtlich bestimmter morphologischer / ›grammatischer‹ Kategorien, wie z. B. Person und Numerus. [...]
Der Nominativ des Subjektsubstantivs selbst aber ist – so die allgemeine Auffassung – durch eine unter Zugrundelegung der speziellen Verbform des fraglichen Satzes zu bildende *Wer oder was?*-Frage eruierbar.«[8]

Es ist vor allem die Frage »Wer oder was?«, die in Zweifelsfällen weiterhilft. Sie bietet aber eigentlich nicht im strengen Sinne ein linguistisches Kriterium, sondern fragt vielmehr im Sinn der Auslegung bei Aristoteles und Descartes nach der Person oder dem Gegenstand, die bzw. der als *Träger* eines Vorgangs gelten kann. Auch in der Frage nach der grammatischen Bestimmung des Subjektes im Satz schimmert somit das philosophische Vorverständnis für das durch, was unter »Subjekt« verstanden wird.

Wie die verschiedenen Beispiele in a) zeigen, können sehr unterschiedliche Dinge und Sachverhalte zum Subjekt in einem deutschen Satz werden: Menschen, Lebewesen, Dinge, Vollzüge, Eigenschaften, Zahlen, abstrakte Begriffe, aber auch Raumverhältnisse und anderes mehr. Dabei ist zu beobachten, dass sich in dieser Gruppe der Beispiele das Subjekt notwendig mit der Wortart des Substantivs verbindet. Verben als Verben und Adjektive als Adjektive können nicht alleinstehend zum Subjekt eines Satzes werden. Als Anzeige der Substantivierung

---

[8] Herbermann, Gibt es subjektlose Sätze? Eine Untersuchung zu den Begriffen ›Subjekt‹ und ›Prädikat‹ (sowie ›Thema‹ und ›Rhema‹), 18 f. In dem Aufsatz werden verschiedene Interpretationen vorgestellt, wie das grammatische Subjekt in einem Satz bestimmt werden kann. Es stellt sich dabei heraus, dass die Auffassungen in der Linguistik nicht einheitlich sind. Da es im vorliegenden Zusammenhang nicht darum gehen kann, alle Interpretationen zu referieren, soll zunächst nur die »herkömmliche« Interpretation herangezogen werden.

fungiert im Deutschen zumeist der bestimmte oder unbestimmte Artikel oder die Großschreibung.

In der Beispielgruppe b) wird die Interpretation der Subjekte schwieriger. Es zeigt sich, dass nicht nur einzelne Wörter zum Subjekt werden können, sondern auch ganze Wendungen wie »Platons Philosophie« oder »Kants Bücher zu lesen«. Zudem können zwei verschiedene Wörter im Nominativ stehen, aber nur eines von ihnen ist das Subjekt (*Es* kam *ein Mensch* ...). Bei dem Wort »man« handelt es sich um ein Pronomen von unbestimmtem Umfang, das aber dennoch zum Subjekt eines Satzes werden kann. Es kann auch vorkommen, dass zwei oder mehr Pronomen, die zudem in einem unterschiedlichen Verhältnis zueinander stehen können, zum Subjekt eines Satzes werden. Aneinandergereihte Substantive können insgesamt als Subjekt eines Satzes fungieren. Im Fall von Sprichwörtern kann es auch vorkommen, dass einzelne Wendungen aus Verben und Adjektiven oder anderen Kombinationen, die zudem nicht im Nominativ stehen müssen, zum Subjekt des Satzes werden. In diesen Fällen wird die Bezeichnung *Subjekt* bereits sehr offen und überschreitet alle konventionellen Vorstellungen.

In der Beispielgruppe c) begegnen wir verschiedenen Gruppen von Sätzen, die in Bezug auf das Subjekt gewisse Eigentümlichkeiten aufweisen. In der ersten Gruppe von Sätzen kann man bemerken, dass das Subjekt weggelassen werden kann, da solche Sätze in Situationen gesprochen werden, in denen situativ deutlich wird, wer mit »Herein!« gemeint ist, und man sprachlich ohne weiteres »Kommen Sie doch herein, Frau Blechschmidt!« sagen könnte. Es handelt sich bei derartigen Ersparungen um sogenannte »Ellipsen«, die in verschiedener Form vor allem in der gesprochenen, aber auch in der poetischen Sprache häufig vorkommen. In einem Satz wie »Komme gleich!« ist das Subjekt implizit mitgesagt, ohne dass es auf der Ebene der Sprache zum Ausdruck kommen müsste. Die Sätze sind zwar an der grammatischen Oberfläche subjektlos, da kein Wort als Subjekt identifiziert werden kann, aber implizit enthalten sie dennoch ein grammatisches und logisches Subjekt, das durch Ergänzung leicht zu bestimmen ist. Wollte man allerdings im strengen Sinne den Begriff des grammatischen Subjekts so verwenden, dass nur dann vom Subjekt in einem Satz gesprochen werden kann, wenn es an einem Wort im Satz festgemacht werden kann, müsste in diesem Falle von einem »subjektlosen Satz« gesprochen werden.

In der zweiten Gruppe ist das »es« das Subjekt. In den ersten beiden Sätzen können wir ohne weiteres z. B. »Die Birne« oder »Der Re-

Das Subjekt in Sprache und Denken

gen« einsetzen, sodass man sagen könnte, dass »es« Ersatz für ein nicht genanntes Substantiv ist. Das »es« ist jedoch nicht einfach ein Pronomen, denn dann müsste es heißen: »er [der Regen] regnet den ganzen Tag« und »sie [die Birne] schmeckt gut«. Das »es« kann offenbar in unbestimmter Form das konkrete Subjekt im Satz ersetzen, ohne dass es in eine grammatische Kongruenz treten müsste, wie dies das Pronomen gewöhnlich tut. Im dritten Satz wird es schwierig, ein anderes Wort für »es« zu finden. Würde man sagen »Die Nacht wird Tag«, so könnte man dies verstehen, würde aber nicht den Sinn des Satzes treffen. Denn mit dem Satz »Es wird Tag« ist die Dämmerung gemeint, die zwischen Nacht und Tag liegt, so dass »es« an dieser Stelle eher einen unbestimmten Übergang meint. Im vierten Satz wird die Bedeutung abstrakter. Die Wendung »es gibt« weist in dem Satz auf die allgemeine Tatsache hin, dass es Menschen gibt, die nicht sehen können. Dieses kann die Erde betreffen, aber auch das ganze Universum. »Es gibt« betrifft die Möglichkeit von Blindsein schlechthin. Das einzige Wort, das man hier einsetzen könnte, ist vielleicht »Wirklichkeit«, so dass der Satz lauten würde: »Die Wirklichkeit gibt Menschen, die nicht sehen können«. Hier stoßen wir jedoch an Grenzen der grammatischen und auch der philosophischen Auslegung. Um den Status dieser Sätze ranken sich längere Diskussionen, die weiter unten noch einmal aufgenommen werden sollen. An dieser Stelle reicht es zunächst festzuhalten, dass es fraglich ist, in welchem Sinne das »es« ein Subjekt sein kann im vollen Sinne des Wortes.

In der dritten Gruppe von Sätzen begegnen wir einem Fall in der deutschen Sprache, bei dem man von »subjektlosen Sätzen« sprechen kann, und zwar nicht im Sinne einer Ellipse. »Gestern abend wurde viel getanzt.« und »Hier wird gesungen.« sind subjektlose Sätze, ohne dass man einfach ein Subjekt in den Satz einfügen könnte und dabei den Sinn und die Form des Satzes nicht veränderte. Würde der Satz lauten: »Die Studenten haben gestern abend viel getanzt«, wäre er in einen aktiven Satz umgeformt worden mit einem klar bestimmten Subjekt. Anhand von Passivformen des Verbs ist es offenbar in der deutschen Sprache möglich, subjektlose Sätze zu formulieren, die grammatisch dennoch korrekt sind. Was ist das Besondere dieser Sätze? Geht man der Bedeutung weiter nach, bemerkt man, dass in den Sätzen vor allem das *Geschehen* betont wird, das im Satz zum Ausdruck kommt. Um das Geschehen als Geschehen hervorzuheben, bedarf es keines Subjekts. Wie weiter oben bereits deutlich geworden ist, kann das Geschehen auch betont werden, indem das Verb in substantivierter Form als Subjekt des Satzes fungiert: »Das Gehen ist keine leichte Sache.« In diesem Fall wird von dem »Gehen« etwas ausgesagt, es wird ihm etwas zugeschrieben. In dem Satz »Hier wird gesungen.« wird aber nicht *über* das Singen etwas ausgesagt, sondern lediglich das Geschehen des Singens festgestellt und situiert durch das Wort »hier«. Festzuhalten bleibt an dieser Stelle, dass es in der deutschen Sprache im Rahmen von Passivkonstruktionen die Möglichkeit von subjektlosen Sätzen gibt, die eigentlich aus dem Rahmen der deutschen Grammatik herauszufallen scheinen.

An diesem Punkt ist an die Kritik Nietzsches zu erinnern, die als Leitfaden für die Frage nach dem Subjekt in der Sprache dienen soll. Nietzsche sagt, dass zu dem Geschehen immer ein Subjekt hinzugedichtet werden müsse, auch wenn dies für die Beschreibung nicht notwendig sei. An den genannten passiven Sätzen lässt sich dies gut beobachten, da es in dem Satz nicht darum geht, zu präzisieren, wer getanzt hat, sondern dass *viel getanzt* wurde. In der grammatischen Form des Passivs scheint offenbar eine Möglichkeit auf, in der deutschen Sprache Geschehensqualitäten stärker in den Vordergrund zu rücken, ohne dass dabei ein Subjekt als verursachende Instanz genannt werden müsste. Hier scheint mir eine Bemerkung von Johannes Lohmann bedenkenswert, der sich intensiv um den Zusammenhang von Philosophie und Sprachwissenschaft bemüht hat:

»[…] in der menschlichen Geschichte ist das ›Subjekt‹ aus der Sprache, und nicht etwa die Sprache aus dem ›Subjekt‹ herausgewachsen. Und das Merkwürdige ist, objektiv gesehen, dann dieses, daß sich noch niemand bisher mit diesem Herauswachsen des ›Subjektes‹ aus der Sprache beschäftigt hat, was aber eben doch anderseits, subjektiv gesehen, wiederum als durchaus normal erscheint, weil die Wissenschaft ein Produkt dieses aus der Sprache herausgewachsenen ›Subjektes‹ ist, und sie daher, als Sprach-Wissenschaft, zunächst jedenfalls, nicht gut über ihren eigenen Schatten springen konnte.«[9]

Selbst wenn die Behauptung, dass noch niemand dieser Frage nachgegangen sei, nicht zutreffend ist, so kann doch in sprachwissenschaftlichen Forschungen immer wieder beobachtet werden, dass das »Subjekt« als grammatischer Terminus in den meisten Fällen nicht weiter hinterfragt wird. Würde man dies tun, fände man sich direkt verwickelt

---

[9] Lohmann, Philosophie und Sprachwissenschaft, 110.

in philosophische Fragestellungen, die auf den ersten Blick vielleicht nicht direkt etwas mit den grammatischen Fragestellungen zu tun haben. Es ist nicht selten, dass einzelne Wörter oder Begriffe in verschiedenen Feldern des Wissens und der Reflexion unterschiedliche Bedeutungen entwickeln, die sich mehr und mehr im Gebrauch ihrer Bedeutung auseinander entwickeln, aber dennoch in verdeckter Weise aufeinander bezogen bleiben. Dies scheint mir bei dem Wort »Subjekt« im Rahmen von Philosophie und Sprachwissenschaft der Fall zu sein.

Um im Weiteren die Interpretationen des Subjekts im Altchinesischen und Altjapanischen zu verfolgen, ist es zunächst wichtig, einige Überlegungen zur Bedeutung des Subjekts in der Philosophie voranzustellen.

4.1.2 Das Subjekt im Sprachgebrauch der Philosophie

Wie können die bisherigen Hinweise für die Frage nach dem subjektbezogenen Denken in der Philosophie weiterhelfen? Hat es eine philosophische Bedeutung, dass die Mehrzahl der Sätze im Deutschen, um grammatisch korrekt zu sein, ein Subjekt enthalten müssen und nur in speziellen Formen ohne ein solches auskommen? Um den bisherigen Befund mit dem Sprachgebrauch der Philosophie in Verbindung zu bringen, kann auf Aristoteles zurückgegriffen werden, der in seinem wirkungsreichen Text *Peri hermeneias* die Grundbestandteile der Rede und des Satzes analysiert im Hinblick auf das, was für einen Sprachgebrauch im Rahmen der Philosophie angemessen sei.

»Die Nomina und Verba für sich allein gleichen nun dem Gedanken ohne Verbindung und Trennung, wie z. B. das Wort Mensch oder weiß, wenn man sonst nichts hinzusetzt: Hier gibt es noch nicht Irrtum und Wahrheit. Dafür haben wir einen Anhaltspunkt z. B. an dem Wort Tragelaphos [Bockhirsch]: es bedeutet zwar etwas, aber doch nichts Wahres oder Falsches, solange man nicht hinzusetzt, dass das Ding ist oder nicht ist, schlechthin oder zu einer bestimmten Zeit.«[10]

Zunächst ist festzustellen, dass Aristoteles von einzelnen »Wörtern« als Nomina oder Verba ausgeht, die vereinzelt zwar eine Bedeutung besitzen, aber mit denen weder »Irrtum« noch »Wahrheit« verbunden werden kann. Das lässt sich leicht nachvollziehen, da z. B. Wörter wie

---

[10] Aristoteles, Kategorien / Lehre vom Satz, 95.

»Buch«, »Tasse«, »Regen«, »laufen«, »lachen« usw. als solche noch keine Aussage formen, die mit »wahr« oder »falsch« beurteilt werden könnte. Erst wenn Nomen, die gewissen Konventionen entsprechend etwas bedeuten, ohne die Zeit anzuzeigen, oder Verben, die »nie etwas für sich bedeuten« und »immer etwas zu verstehen geben, was von einem anderen gilt«, in einem Satz zusammen auch mit anderen Wörtern eine Aussage im Sinne von »ist« oder »ist nicht« bilden, wird eine Aussage im Sinne von »Irrtum« und »Wahrheit« möglich. Aristoteles führt ganz zu Anfang die binäre Unterscheidung »wahr / falsch« für das Urteil ein, das von einem Satz ausgesagt werden können muss, damit er vor allem im Rahmen des Philosophierens eine sinnvolle Aussage bildet.

Auffällig ist auch die Unterscheidung von Substantiv und Verb. Das Substantiv bedeutet zwar etwas für sich, lässt aber noch nicht ein Urteil im Sinn von wahr oder falsch zu. Das Verb hingegen bedeutet für sich nichts, sondern gewinnt eine Bedeutung erst im Zusammenhang durch die Verbindung mit anderen Wörtern. In dieser Unterscheidung wird deutlich, dass Aristoteles den Substantiven eher einen Dingcharakter zuschreibt, der auch für sich bestehen kann. Die Verben sieht er als nachgeordnet, da sie keine Dinge benennen und so nach seiner Auffassung nur im Zusammenhang mit Substantiven einen Sinn machen, von denen sie ausgesagt werden können.

Diese Bewertung von Substantiv und Verb ist für den Zusammenhang von Sprache und Denken von zentraler Bedeutung. In dieser Interpretation scheint auf, dass ein Substantiv und darüber hinaus auch das Satz-Subjekt in seiner Notwendigkeit, zu einem Substantiv zu werden, notwendig in einem Satz enthalten sein müssen, damit überhaupt eine sinnvolle Bedeutung gegeben ist. Denn Verben allein könnten dem Satz nicht einmal eine Bedeutung geben, geschweige denn eine Aussage bilden. Verben werden bei Aristoteles ganz und gar zu einer abhängigen Wortart. Sie besitzen keinen Bestand für sich.

Erst in der neueren Grammatikschreibung ist diese Bewertung durchbrochen worden. Die Valenz- oder Dependenzgrammatik[11] geht nicht mehr vom Substantiv aus, sondern vom Verb als dem zentralen Teil des Satzes. In der chinesischen und japanischen Sprache hat in der Theoriebildung eine solche Bewertung nicht stattgefunden. Beide Spra-

---

[11] Vgl. Weber, Dependenzgrammatik.

Das Subjekt in Sprache und Denken

chen können problemlos Sätze bilden, die nur aus Verben bestehen. Was sich hier in einem ersten Anlauf zeigt, ist, dass durch die grammatische Form von Sätzen in den indoeuropäischen Sprachen das Substantiv und damit auch das Subjekt im Rahmen einer Aussage *höher bewertet* wurden als das Geschehen, das sich mit dem Verb verbindet. Wichtig ist, dass es sich hierbei um eine *Bewertung* handelt, die durch die sprachliche Form nahegelegt wird und damit das Denken in seiner Aufmerksamkeit in eine bestimmte Richtung lenkt. Wie aus den Beispielen zu Subjekten in der deutschen Sprache deutlich geworden ist, existieren zwar subjektlose Sätze, die vor allem das Geschehen in den Mittelpunkt rücken. Diese Sätze bilden aber einen so speziellen Typ, dass er für das philosophische Denken nie leitend geworden ist.

Aristoteles geht in seiner Bestimmung, welche Sätze für den Sprachgebrauch in der Philosophie in Betracht kommen, noch einen Schritt weiter.

»Es zeigt aber jede Rede (logos) etwas an (semantikos), jedoch nicht in der Weise eines natürlichen Organs, sondern, wie oben erklärt wurde, konventionell, d. h. auf Grund einer Übereinkunft. Dagegen sagt nicht jede etwas aus (apophantikos), sondern nur die, in der es Wahrheit oder Irrtum gibt. Das ist nicht überall der Fall. So ist die Bitte zwar eine Rede, aber weder wahr noch falsch. Doch wollen wir von den anderen Arten der Rede absehen, da ihre Erörterung eher in die Rhetorik oder Poetik gehört. Hier handelt es sich um die Rede im Sinne der Aussage (apophantikos).«[12]

In diesem kleinen Abschnitt wird der Sprachgebrauch gekennzeichnet, der für das Philosophieren der leitende sein soll. Es handelt sich nur um *Aussagen*, bei denen sich »Wahrheit« oder »Falschheit« feststellen lässt. Aristoteles sagt ausdrücklich, dass es darüber hinaus noch ganz andere Arten des Sprachgebrauchs geben kann, diese schließt er aber mit dem Hinweis darauf, dass sie nicht mit den beiden Werten »wahr« oder »falsch« verbunden werden können, aus der Philosophie aus. Da aber die Aussage immer die Form besitze, dass etwas von etwas ausgesagt wird, gehört beispielsweise ein Sprechen über ein Geschehen *als* Geschehen, ohne es als wahr oder falsch zu beurteilen, nicht in den Rahmen philosophischer Aussagen, da derartiger Gebrauch der Sprache letztlich für Aristoteles in philosophischer Hinsicht nichts bedeutet. Er kristallisiert aus allen semantischen Möglichkeiten von Sprache für die

---

[12] Aristoteles, Kategorien / Lehre vom Satz, 99.

Philosophie nur denjenigen Sprachgebrauch heraus, der »apophantisch«, d.h. »aussagend« operiert. Aufgrund dieser Kriterienlage muss ein Denken, das nicht hauptsächlich im Sinne der Aussage bei Aristoteles vorgeht, aus dem Rahmen der Philosophie ausgeschlossen werden. Die aristotelische Schrift, aus der zitiert wurde, bildet den zweiten Teil des sogenannten *Organon*, in dem in sechs Teilen (Kategorien, Lehre vom Satz, Lehre vom Schluss, Lehre vom Beweis, Topik, Sophistische Widerlegungen) der Sinn von Aussagen und von Sprache behandelt wird sowie die Kriterien erarbeitet werden für die Beurteilung eines Satzes als »wahr« oder »falsch«. Darin enthalten ist auch die aristotelische Logik, die vor allem in Teil drei und vier entfaltet wird auf der Grundlage der gerade aufgezeigten Eingrenzungen des Sprachgebrauchs. Ob das *Organon* selber zur »Philosophie« zählt oder nicht, ist umstritten. Sicher ist, dass es den Sprachgebrauch und das Denken so formen möchte, dass ein sicherer sprachlicher Aufbau der Philosophie von Anfang an gewährleistet ist.

Ausgehend von dem entwickelten Gedanken kann man sich an das Zitat Nietzsches erinnern, in dem er behauptet, dass auch die »Logik« einen bestimmten Gebrauch der Sprache annimmt und bildet, um daran anschließend im Rahmen ihrer eigenen Regeln Kriterien von »Wahrheit« und »Falschheit« zu bilden. Es geschieht daher keinesfalls zufällig, dass Aristoteles, bevor er die Grundlagen der formalen Logik entwickelt, den spezifischen Bereich des Sprachgebrauchs herauspräpariert, in dem alle folgenden Erörterungen entwickelt werden. Für den Sprachgebrauch in der Philosophie gibt er keine Alternativen an.

An dieser Stelle sind wir in die Lage versetzt, die Frage, warum in China die formale Logik im Sinne des Aristoteles keine besondere Rolle gespielt hat, neu in den Blick treten zu lassen. Denn wenn man annehmen würde, dass das Denken in China sich weniger im Modus von Aussagesätzen entwickelt hat, sondern die Denker ihre Aufmerksamkeit vielmehr auf verschiedene Geschehensformen, Vollzugsqualitäten und Beziehungskonstellationen gerichtet haben, so stellt sich die Frage: Hat es eine Höherbewertung von Verben gegeben bzw. hat schon die Struktur der Sprache und der Sprachgebrauch die Aufmerksamkeit immer wieder auf das Geschehen gelenkt?

Dies ist nun für das Altchinesische in der Tat der Fall. Verben spielen eine weit größere Rolle als Nomina:

Das Subjekt in Sprache und Denken

»The Indo-European sentence is noun-centered in that the main verb has to be predicated of a noun, its subject, from which it takes person and number; in the Classical Chinese verbal sentence the subject is an optional element and the minimal form is the verb by itself.«[13]

»Im AC [Antikchinesischen] bilden die Prädikatsausdrücke in der Regel die *minimalen Äußerungsformen*. Die Tatsache, dass dabei ein Verb üblicherweise als Kern des Prädikatsausdrucks verwendet wird, verweist auf ein grundsätzliches Ungleichgewicht zwischen Verben und Nomina.«[14]

Anders als in der Interpretation des Aristoteles, der vor allem das Nomen als Substantiv und Subjekt in den Vordergrund seiner Sprachinterpretation gerückt hat, was ihm von der altgriechischen Sprache nahegelegt wurde, rückt allein durch die Struktur der chinesischen Sprache das Verb in den Vordergrund. Wie Graham betont, ist das Subjekt ein »optionales Element«, das nicht in jeder sprachlichen Äußerung benötigt wird. Wie also verstehen altchinesische Denker die Sprache? Gibt es Äußerungen, die einen Vergleich zu der Auffassung von Aristoteles zulassen? Ohne an dieser Stelle zu weit auf die altchinesische Sprachphilosophie eingehen zu können, kann folgendem Gedanken Beachtung geschenkt werden:

»Die altchinesischen Logiker haben unter den Wörtern ihrer Sprache nicht wie Platon zwischen ›Namen‹ und ›Verben‹ unterschieden. Für beide haben sie das Wort *ming*: ›Name‹ verwandt. [...] Im logischen Kapitel des Buches Xun zi werden die Begriffe ›Name‹ und ›Satz‹ in aufschlußreicher Weise zueinander in Beziehung gesetzt: ›Durch Namen wird Realität eingeteilt; im Satz werden Namen für verschiedene Teile der Realität verbunden, um einen Gedanken auszudrücken.‹[15] (Xun 22.38) Die Unterscheidung zwischen Nomen und Verb spielt in dieser Definition wieder keine Rolle. Es ist den alten Chinesen nicht eingefallen, zu sagen, dass in einem Satz über ein Ding (Subjekt) eine Aussage (Prädikat) gemacht wird.«[16]

Xun Zi gehört neben Kong Zi (Konfuzius) und Meng Zi (Mencius) zu den klassischen Denkern des Konfuzianismus. Das Kapitel 22, aus dem

---

[13] Graham, Disputers of the Dao, 394.
[14] Gassmann, Grundstrukturen der antikchinesischen Syntax, 25 f.
[15] Der Satz lautet auf Chinesisch wie folgt: 名也者，所以期累實也。辭也者，兼異實之名 以論一意 也。(ming ye zhe, suo yi zhi lei shi ye. ci ye zhe, qian yi shi zhi ming yi lun yi ye.)
[16] Harbsmeier, Zur philosophischen Grammatik des Altchinesischen im Anschluß an Humboldts Brief an Abel-Rémusat, 158 f.

das Zitat stammt, trägt den Titel: Richtigstellung der Bezeichnungen (zheng ming 正名). In dem gesamten Kapitel wird über die Bedeutung der Bezeichnungen gesprochen im Hinblick auf die Ordnung der Gesellschaft und das Gelingen menschlicher Beziehungen im Rahmen der damaligen Vorstellungen. Der Grundzug, der hier deutlich wird, ist, dass Bezeichnungen und Sprachgebrauch von großer Bedeutung sind für die Aufrechterhaltung einer gesellschaftlichen Ordnung.

Die Bestimmung dessen, was »Name« und »Satz« bedeutet, geht bei Xun Zi somit von anderen Unterscheidungen aus, als man sie in der Lehre des Aristoteles von der Sprache finden kann. Bei Aristoteles war es nicht nur die spezielle Unterscheidung zwischen Substantiv und Verb, sondern auch die *Bewertung* dieser Unterscheidung zugunsten des Substantivs bzw. des Subjekts und die Einschränkung philosophischen Sprachgebrauchs auf die Form der Aussage, die wahr oder falsch ist. Eine entsprechende Bewertung zugunsten des Substantivs bzw. des Subjekts von ähnlicher Wirksamkeit ist in der alten chinesischen Philosophie nicht getroffen worden. Der Sprachgebrauch des Denkens wurde vielmehr, wie gerade angedeutet, häufig im Zusammenhang mit gesellschaftlichen Vollzügen und Konstellationen entwickelt. An dieser Stelle kann deutlich werden, dass eine bestimmte Sprache das Denken nicht einfach festlegt, sondern bestimmte Gedanken nahelegt und evoziert, die im Denken aufgegriffen und durch Beurteilungen in die eine oder andere Richtung weitergetrieben werden. So hat Aristoteles den Aussagesatz im Zusammenhang mit bestimmten Formen des Syllogismus als Grundlage für die Entwicklung seiner Philosophie angesehen. Bei Xun Zi ist dagegen die Konstellation und Beziehung, die durch Sprache denkbar wird, von Bedeutung, so dass Subjekte keine zentrale Rolle in seinem Sprachgebrauch spielen müssen.

Ausgehend von diesem ersten Zwischenergebnis scheint es sinnvoll, zunächst die Stellung des Subjekts in der chinesischen und japanischen Sprache ausführlicher zu untersuchen, um daran anschließend in diesem Abschnitt wieder auf die Frage nach der Bedeutung des Subjekts für das Denken zurückzukommen.

Wie gezeigt wurde, gibt es in der deutschen Sprache zwar die Möglichkeit, subjektlose Sätze wie »Gestern abend wurde viel getrunken« grammatisch korrekt zu bilden, die Möglichkeiten halten sich jedoch deutlich in Grenzen. Diese Form von subjektlosen Sätzen spielte und spielt in der deutschen Sprache weder im Alltag noch in der klassischen

Philosophie eine besondere Rolle. Es gilt vielmehr umgekehrt, dass fehlende Subjekte im Satz das Verständnis erheblich erschweren.

Es ist inzwischen durchaus bekannt, dass in der chinesischen, aber auch in der japanischen Sprache das Subjekt im Satz oft ausgelassen werden kann. Was aber bedeutet das? Ausgehend von der deutschen Sprache lässt sich das zunächst nur anhand der oben genannten Hilfskonstruktionen nachvollziehen und man kommt vielleicht zu dem Schluss, dass eigentlich *implizit doch* immer ein grammatisches oder logisches Subjekt mitgenannt ist, wie dies z. B. auch Gassmann meint, wobei er die als Regel formulierte Voraussetzung macht, dass immer ein Subjekt und ein Prädikat gegeben sein müssen:

»*Funktional* gesehen besteht also jeder Satz aus einem Subjekt und einem Prädikat. […] Auch wenn in einer Äußerung kein Subjekts*ausdruck* realisiert sein sollte (und dies ist im AC sehr häufig der Fall!), so ist stets im Interesse eines einwandfreien Verständnisses und einer präzisen Übersetzung (das Deutsche verlangt *immer* einen Subjektausdruck) die zugrundeliegende Subjektnominalphrase zu rekonstruieren. […] Eine Sondergruppe im Rahmen der monovalenten Denominativverben stellen die sog. Witterungsverben dar […]. Obwohl diese Erscheinungen aus semantischen Gründen beinahe ausschließlich ohne Subjektausdruck realisiert werden (wie dies im Deutschen ja auch üblich ist ›es regnet‹), sind Subjektausdrücke nicht nur vorstellbar, sondern werden auch nötigenfalls realisiert. […] Das häufige Fehlen des Subjektausdrucks ist darauf zurückzuführen, dass dieser im entsprechenden Prädikat inhärent vorhanden ist.«[17]

Dies Zitat wurde angeführt, um nicht den Anschein zu erwecken, dass das im Folgenden Dargestellte von allen Grammatikern der chinesischen Sprache geteilt wird. Es soll an dieser Stelle nicht beurteilt werden, ob die Warnung Humboldts, dass sich bei der Betrachtung und Beschreibung einer anderen Sprache leicht die Kategorien der eigenen Sprache einmischen, an dieser Stelle zutrifft. Vor dem Hintergrund der Stellen bei Aristoteles scheint jedoch durchaus ein Zweifel berechtigt, ob es immer notwendig ist, dass ein Satz aus Subjekt und Prädikat bestehen muss, wie es die europäische Tradition der Grammatik behauptet und auch heute noch von vielen Linguisten vertreten wird. Gassmann führt selbst an, dass die Subjekte »aus semantischen Gründen« nicht realisiert würden, was eigentlich bedeutet, dass der Sachverhalt, um ihn verständlich zu beschreiben, auch auf der Bedeutungsebene kein

---

[17] Gassmann, Grundstrukturen der antikchinesischen Grammatik, 47 und 52.

Subjekt benötigt. Um nun genauer zu untersuchen, was passiert, wenn im Altchinesischen und im Japanischen das grammatische Subjekt ausgelassen wird, müssen Beispielsätze herangezogen werden.

Als These für die folgenden Ausführungen soll Folgendes gelten: Weder ist die chinesische und japanische Sprache einfach ohne Subjekt, noch ist sie *immer gezwungen* zum Gebrauch eines Subjekts.[18] Anhand dieser Feststellung kann vorwegnehmend folgende philosophische These zum Gebrauch des Subjekts in der altchinesischen bzw. japanischen und deutschen Sprache formuliert werden: In der deutschen Sprache und auch in den meisten Sprachen der indoeuropäischen Sprachfamilie gibt es einen weitgehenden *Zwang* zum Subjekt, während die chinesische und japanische Sprache vielmehr die *Möglichkeit* besitzen, ein Subjekt im Satz zu spezifizieren. Das heißt, wenn der zum Ausdruck gebrachte *Sachverhalt* kein Subjekt erfordert, muss kein Subjekt bestimmt werden, wenn es aber für notwendig erachtet wird, *kann* es bestimmt werden.

Im 19. Jahrhundert fand in der deutschen Sprache eine längere Debatte über subjektlose Sätze und Urteile statt, die heute fast ganz in Vergessenheit geraten ist, obwohl sie für die Philosophie Heideggers und für die gerade verhandelte Fragestellung von besonderer Bedeutung ist. Ich möchte an dieser Stelle Kernpunkte dieser Debatte in Erinnerung rufen, bevor ich die Frage nach dem Subjekt im Altchinesischen weiter verfolge.

In der zweiten Beispielgruppe von Sätzen zur deutschen Sprache wurde bereits die Möglichkeit benannt, dass in einem deutschen Satz das Impersonalpronomen »es« zum Subjekt oder Subjektersatz werden kann. In diesem Zusammenhang ist es angebracht, näher auf die Bedeutung des »es« in der deutschen Sprache einzugehen und auf die philosophischen Diskussionen, die es vor allem seit dem Ende des 19. Jahrhunderts in der deutschsprachigen Philosophie ausgelöst hat. Ein wichtiger Impulsgeber für diese Diskussionen war Georg Christoph Lichtenberg (1742–1799), von dem folgendes Zitat überliefert ist:

»Wir werden uns gewisser Vorstellungen bewußt, die nicht von uns abhängen; andere glauben, wir wenigstens hingen von uns ab; wo ist die Grenze? Wir kennen nur allein die Existenz unserer Empfindungen, Vorstellungen

---

[18] Im Folgenden werde ich mich eng an die Ausführungen von Harbsmeier halten, der den Zusammenhang vorbildlich dargestellt hat: Harbsmeier, Zur philosophischen Grammatik des Altchinesischen im Anschluß an Humboldts Brief an Abel-Rémusat, 93–277.

und Gedanken. *Es denkt*, sollte man sagen, wie man sagt, *es blitzt*. Zu sagen *cogito*, ist schon zuviel, sobald man es durch *Ich denke* übersetzt. Das *Ich* anzunehmen, zu postulieren, ist praktisches Bedürfnis.«[19]

Dieses Zitat ist mit großer Wahrscheinlichkeit die Stelle, von der Nietzsche sich für seinen oben angeführten Aphorismus inspirieren ließ. Lichtenberg nimmt somit Nietzsches Kritik an der Wendung »ich denke« vorweg, ohne es jedoch direkt mit Fragen der Grammatik zu verbinden. Es ist auch hier das »es«, wie bereits in der Deutung der verschiedenen Subjektvarianten der deutschen Sprache, das in seiner Funktion als »Subjekt« besonders auffällt und mit dem Lichtenberg versucht, das »ich« zu unterlaufen. Auch wenn die Aussagen mit »es« oder entsprechende andere Formen schon seit der Antike Beachtung gefunden haben, werden sie erst im 19. Jahrhundert verstärkt auch philosophisch relevant und diskutiert hinsichtlich ihres Status als Formen des Urteils im klassischen Sinne.

»Die alte und viel verhandelte Frage nach dem Wesen der sogenannten Impersonalien und der durch sie gebildeten Sätze, die neuerdings auch als ›subjektlose Sätze‹ bezeichnet werden, hat ihr Hauptinteresse darin, dass die Erklärung dieser Redeweise eine Probe zugleich für die grammatische Lehre vom Satz und für die logische Lehre vom Urtheil abgeben muß. Das Problem ist ja eben das, wie denn die Thatsache dieser Sätze mit der in Grammatik und Logik übereinstimmend überlieferten Lehre zu vereinigen sei, dass jeder Satz Subject und Prädicat haben müsse, jedes Urtheil einen Prädicatsbegriff von einem Subject bejahe oder verneine. […] In der That zeigt eine Übersicht über die bisher aufgetretenen weit auseinandergehenden Erklärungsversuche die Verlegenheit, in welche die besonders in den neueren Sprachen sehr häufigen impersonalen Redewendungen sowohl Grammatiker wie Logiker versetzt haben; und diese Verlegenheit rührt hauptsächlich davon her, dass die überlieferte Logik der Grammatik nur eine unvollständige und einseitige Theorie des Urtheils zu bieten hatte, zum Theil auch davon, dass die Gesichtspunkte und die Terminologie der Grammatiker und Logiker sich nicht überall deckten.«[20]

Sigwart benennt das Problem mit aller Deutlichkeit, das aus der Interpretation von es-Sätzen als »subjektlosen Sätzen« für die Grammatik und Logik folgt. Denn würde man »subjektlose Sätze« auch im Rahmen

---

[19] Georg Christoph Lichtenberg, Sudelbücher Heft K, 412. Zitiert nach: Gamm, Ich denke, es denkt. G. Ch. Lichtenbergs Aphorismus über das ›Es‹: Historische Kontexte und philosophische Konsequenzen, 61.
[20] Sigwart, Die Impersonalien. Eine logische Untersuchung, 1.

der Urteilslehre anerkennen, müssten grundlegende und lange in Europa leitende Vorstellungen von Grammatik und Logik neu formuliert werden. Genau mit dieser Absicht wurde bereits einige Jahre vor Sigwart die Studie *Subjectlose Sätze* von Franz Miklosich veröffentlicht, auf die sich Sigwart im angeführten Zitat bezieht. Ohne auf die umfassende Untersuchung von Miklosich im Einzelnen eingehen zu können, sei an dieser Stelle nur die Quintessenz der Studie zitiert:

»Die subjectlosen Sätze sind dem Gesagten zufolge Sätze, die nur aus dem Prädicate bestehen, aus dem, was in einer großen Anzahl von Sätzen in der natürlichen Gedankenbildung als das Prius anzusehen ist, wozu das Subject gesucht werden kann, aber nicht gesucht werden muß. [...] wir erhalten ein subjectloses Urtheil, einen subjectlosen Satz, wofür man auch Prädicatsurtheil, Prädicatssatz sagen könnte [...]. Im subjectlosen Satze gelangt ein Vorgang oder ein Zustand zum Ausdrucke ohne Bezeichnung des wirkenden Gegenstandes. Diese Bezeichnung unterbleibt, weil man den wirkenden Gegenstand nicht kennt oder weil man sich damit begnügt, die wahrgenommene Erscheinung zum Ausdruck zu bringen. [...] Die Möglichkeit der Loslösung des Prädicats vom Subjecte, genauer: die Fähigkeit absoluter Setzung des Prädicates erscheint mir geradezu als ein Vorzug der Sprache, dessen sich entfernt nicht alle Sprachen rühmen können. [...] Der Unterschied beruht darauf, dass im subjectlosen Satz das Prädikat unbeschränkt, absolut auftritt, während im subjectischen Satze das Prädicat durch das Subject beschränkt, nur in Beziehung auf das Subject ausgesagt wird. [...] jene bezeichnen die unwillkürlichen, diese die absichtlichen Äußerungen der Lebensthätigkeit.«[21]

Miklosich betont mit Nachdruck die besonderen Möglichkeiten, durch die von ihm sogenannten »subjektlosen Sätze« Vorgänge oder Zustände zu beschreiben und zu benennen, ohne ein verursachendes Subjekt nennen zu müssen. Er sieht diese Möglichkeit als eine Stärke der Sprache, die nicht in allen Sprachen ausgebildet ist. In dem ganzen Text wird an keiner Stelle auf ostasiatische Sprachen eingegangen, was seine Interpretation durchaus hätte stärken können. Aber allein die Tatsache, dass er in sehr verschiedenen europäischen Sprachen den von ihm als »subjektlos« interpretierten Sätzen nachgeht, zeigt, dass die Option auch in europäischen Sprachen besteht, aber vor allem in der Philosophie nicht weiter ins Zentrum der Aufmerksamkeit getreten ist. Anhand der Beobachtungen wird die These gestärkt, dass in den Haupttraditionen der Philosophie in Europa und China jeweils verschiedene

---

[21] Miklosich, Subjectlose Sätze, 25 f.

Sprachformen in den Vordergrund des Denkens getreten sind. Beiden Traditionen wäre es nicht unmöglich gewesen, jeweils anderes zu favorisieren. Beiden Traditionen wurden durch die Struktur der jeweiligen Sprache bestimmte Sprachformen nahegelegt, sodass sich auch das Denken jeweils besonders um spezifisch geformte Sachverhalte gekümmert hat. Dies bedeutet nicht, dass die Denker in ihrer Sprache eingeschlossen waren und keine andere Möglichkeit besaßen. Es zeigt vielmehr, dass sie den Möglichkeiten gefolgt sind, die durch die jeweilige Sprache verstärkt nahegelegt wurden.

4.1.3 Das Subjekt im Altchinesischen

Es können beim Gebrauch des grammatischen Subjekts im Altchinesischen folgende Arten von Sätzen unterschieden werden: 1. Wesentlich subjektlose Sätze, 2. Subjektoffene Sätze, 3. Sätze mit ausgefallenem Subjekt, 4. Thema / Rhema-Sätze, 5. Subjekt / Prädikat-Sätze.[22]

4.1.3.1 Wesentlich subjektlose Sätze

Wesentlich subjektlos sind Sätze wie: 雨 *yu* (es regnet) oder 雪 *xue* (es schneit). Sie können *aus einem Verb* bestehen und nennen einfach nur den Vorgang »regnen« oder »schneien«, ohne einen Subjektplatzhalter wie das deutsche »es« zu benötigen. Gerade bei dieser Art von natürlichen Vorgängen und Ereignissen ist einsichtig, warum die Festlegung und Bestimmung eines grammatischen Subjekts nicht notwendig ist, da es sich von der Sache her gar nicht entscheiden lässt. Betrachtet man diese Vorgänge sachlich genauer, so zeigen die Phänomene wie »regnen«, »schneien«, »fließen« usw. einen Ereignischarakter, in dem sich kein »Subjekt«, weder als aktives noch als passives, ausmachen lässt. Es handelt sich vielmehr um Vorgänge, die sich als wandelbare Gesamtstrukturen aus sich selbst bewegen, ohne ein klares Aktivitäts- oder Passivitätszentrum zu besitzen.

Dasselbe kann bei sogenannten »adjektivischen« Strukturen beobachtet werden. Die Beschreibung 明 *ming* (hell, klar) bedarf keiner Bestimmung eines Subjekts, da auch hier wieder gilt, dass es sich bei »Hel-

---

[22] Die Einteilung übernehme ich mit geringen Veränderungen von Harbsmeier, Zur philosophischen Grammatik des Altchinesischen, 219 ff.

le« um einen Gesamtcharakter handelt, bei dem es sinnlos ist, ein Subjekt des gesamten Zustandes zu bestimmen. Neben den Naturvorgängen stoßen wir auf einen weiteren Bereich, bei dem der Zwang zum Subjekt die Sachbeschreibung in eine bestimmte Richtung drängt, die den Charakter der Sache aber eher verdeckt. Bei Wendungen wie »Es hört sich gut an« (好聽 *hao ting*), »Es schmeckt gut« (好吃 *hao chi*) muss in der deutschen Sprache immer das »es« als Subjektersatz eingefügt werden. Im Chinesischen muss dagegen kein Subjekt stehen, sondern die jeweilige Sinneswahrnehmung kann als ein Geschehen zum Ausdruck gebracht werden, ohne eigens ein Subjekt und Objekt anzugeben.

Wenn wir den Subjektersatz in der deutschen Sprache durch ein Substantiv ersetzen wollen, so bleibt die Sache weiterhin undurchsichtig. In dem Satz »Der Wein schmeckt mir gut« ist »Wein« das Subjekt. Ist also der Wein der »Täter« des Schmeckens und bin ich das Objekt, dem der Wein etwas zufügt, nämlich das Schmecken? Aber eigentlich bin doch ich der Schmeckende, denn der Wein selber schmeckt sich ja nicht. Je mehr man diese sinnlichen Vorgänge in Bezug auf ihre *Versprachlichung* untersucht, umso mehr kann man feststellen, dass die subjektzentrierte Struktur und Interpretation den genannten Phänomenen in ihrem Vollzugscharakter kaum gerecht wird. Die Möglichkeit, das Subjekt und das Objekt einfach wegzulassen und nur den Vorgang als ein Geschehen – oder »das Tun« – zu benennen, wie es im Chinesischen möglich ist, lässt bestimmte Phänomene, vor allem Naturerscheinungen und sinnliche Vorgänge, eindringlicher und lebendiger vor Augen treten. Im Grunde sind die beiden genannten Phänomenfelder *wesentlich* subjektlos im grammatischen und bei genauerer Betrachtung sogar im philosophischen Sinne, da es sich um Geschehensprozesse handelt, die vor jeder Idealisierung sich jenseits der Subjekt-Objekt-Trennung vollziehen und in denen »ich« selbst auch nur ein Moment im Gesamtvollzug bin.

Neben den Naturvorgängen und den Sinnesempfindungen ist es das Phänomen der *Situation*, bei dem wir in der deutschen Sprache häufiger das Subjekt durch ein »es« ersetzen und damit die Struktur des Phänomens möglicherweise verdecken. In dem Satz »Es ereignete sich ein Unfall.« ist zwar ein Subjektersatz vorhanden, »es« ist aber eigentlich überflüssig für die Aussage. Wenn, dann sind es vielleicht verschiedene Subjekte, die an der Situation »Unfall« beteiligt sind, aber zumeist ist gerade bei einem Unfall kaum noch festzustellen, wer genau

Das Subjekt in Sprache und Denken

das eigentliche Subjekt dieses Vorgangs war. Es sind vor allem die Ereignisverben, bei denen die Bestimmung eines Subjekts oft große Schwierigkeiten bereitet und man in der deutschen Sprache in diesen Fällen ein »es« einfügt. Wendungen wie »es ereignet sich«, »es geschieht«, »es wächst, »es entsteht«, »es vergeht« weisen auf Phänomene hin, die sich vielleicht ohne ein genau bestimmbares Subjekt vollziehen und daher in der deutschen Sprache nur schwer ausgedrückt werden können.

Greifen wir ein Beispiel einer solchen subjektlosen Wendung aus dem *Daodejing* heraus. Die ersten vier Zeichen in Kapitel 25 lauten: 有物混成 *(you wu hun cheng)*. Die Übersetzung könnte lauten: »[Es] gibt / etwas / undurchsichtig / vollendet-werdend«.

»*You*« ist in diesem Falle als Verb die Anzeige dafür, dass es das Geschehen des »Gebens« gibt. Es ist aber im Chinesischen kein »es« notwendig, um dies zum Ausdruck zu bringen. In der Wendung ist zudem wichtig, dass es nicht erst etwas gibt, das dann noch etwas tut oder wird, sondern dieses Etwas *ist* das Geschehen »undurchsichtig vollendet-werdend«, so dass, wenn ein Subjekt bestimmt werden müsste, es das *Geschehen* selbst ist. Die deutsche Übersetzung muss aber ein Subjekt bestimmen, sei es ein »es« oder die substantivierte Form des Verbs. Hier lässt sich ahnen, wie sehr die Übersetzung durch die Grammatikalisierung in unserem Sinne in das Sprechen der Sprache selbst eingreift.

Die genannten Beispiele können für die *philosophische* Beschreibung von Wirklichkeitsvollzügen horizontverschiebende Auswirkungen haben. Interessiert man sich für eine Phänomenebene, in der die Sprache Subjekte ohne Sinnverlust weglassen kann, ja der Sinn sogar gerade dadurch an *Deutlichkeit und Präzision gewinnt*, so wird ein Geschehen vor dem Subjekt sichtbar, aus dem das Subjekt selber erst hervorgeht. Wir stoßen hier auf einen möglichen Sprachgebrauch, der andere Wege des Denkens nahelegt als der sich auf Subjekte und Prädikate verpflichtende Sprachgebrauch. Es wird deutlich, wie Sprachstruktur und Denkstruktur einander stützen und bestätigen können. Prinzipiell wäre auch in der deutschen Sprache ein Sprachgebrauch möglich, der das situative Geschehen in den Vordergrund rückt, wie die Debatte über impersonale Urteile und subjektlose Sätze in der Logik zeigt.

Vor dem Hintergrund der Annahme von subjektlosen Sätzen im Altchinesischen und ihrer Bedeutung für den Ausdruck von Geschehensqualitäten könnte verfolgt werden, wie diese Thematik unabhängig von Reflexionen zur chinesischen Sprache auch im europäischen Denken des 19. Jahrhunderts beginnt, eine zunehmend größere Rolle zu spielen. Ein in ähnliche Richtung drängendes Interesse ist dann bei Denkern in Europa und Nordamerika im 20. Jahrhundert zu beobachten, wenn sie das »es« für ihre Argumentation auf einer grundsätzlichen und radikal philosophischen Ebene in den Vordergrund rücken. In diesem Sinne sind nicht nur die Wendung des »es denkt« bei Lichtenberg und Nietzsche, auf die schon hingewiesen wurde, sondern auch das »es gibt« bei Heidegger, das »il y a« bei Levinas[23] und das »es glückt« bei Rombach[24] zu verstehen. Alle heben durch diese Wendungen Sachverhalte in die Aufmerksamkeit, die nicht anhand von direkten Aussageverhältnissen ausdrückbar sind. Heidegger schreibt dazu in seinem späten Aufsatz *Zeit und Sein:*

»Sagen wir: Es gibt Sein, Es gibt Zeit, dann sprechen wir Sätze aus. Nach der Grammatik besteht ein Satz aus Subjekt und Prädikat. Das Satzsubjekt muß nicht notwendig ein Subjekt im Sinne eines Ich und einer Person sein. Die Grammatik und Logik faßt daher die Es-Sätze als Impersonalien und als subjektlose Sätze. […] Doch was meint dieses ›Es‹? Sprachwissenschaft und Sprachphilosophie haben ausgiebig darüber nachgedacht, ohne dass eine gültige Aufhellung gefunden wurde. Der im Es gemeinte Bedeutungsbezirk reicht vom Belanglosen bis in das Dämonische. […] Angesichts dessen, dass es sich im Sagen: ›Es gibt Sein‹, ›Es gibt Zeit‹ nicht um Aussagen über Seiendes handelt, der Satzbau der Sätze jedoch ausschließlich im Hinblick auf solche Aussagen durch die griechisch-römische Grammatik vermittelt wurde, achten wir zugleich auf die Möglichkeit, dass es sich im Sagen ›Es gibt Sein‹, ›Es gibt Zeit‹ entgegen allem Anschein nicht um Aussagen handelt, die stets in den Satzbau der Subjekt-Prädikat-Beziehung verfestigt sind.«[25]

Gerade Heidegger kämpft in seinen Schriften immer wieder mit den grammatischen Festlegungen unserer Sprache. Inzwischen scheinen auch europäische Philosophen die Ebene der »subjektlosen Sätze« für ihr Denken fruchtbar zu machen, was vielleicht auch erklären mag, warum sich z. B. Nietzsche und Heidegger in Ostasien so großer Beliebtheit erfreuen. Mit den »wesentlich subjektlosen Sätzen« sind die Möglichkeiten in der chinesischen Sprache jedoch noch nicht erschöpft.

---

[23] Vgl. Levinas, Jenseits des Seins oder anders als Sein geschieht (Autrement qu'être ou au-delà de l'essence, 1974).
[24] Rombach, Strukturanthropologie, 212.
[25] Heidegger, Zeit und Sein, in: ders., Zur Sache des Denkens, 18 f.

4.1.3.2 Subjektoffene Sätze

In chinesischen Klassikern finden sich häufig Sätze ohne Subjekt, die jedoch in deutschen Übersetzungen immer mit Subjekten ergänzt werden müssen, so dass der Ursprungstext massiv verändert und in die Ordnung einer anderen Grammatik gepresst werden muss.
Kapitel 22 des *Daodejing* beginnt wie folgt:

曲則全，枉則直 (qu ze quan, wang ze zheng).
»Krumm dann vollständig, unrecht dann recht«.

Es wird durch die sechs Zeichen ein Umschlagsgeschehen beschrieben, das im Chinesischen nicht eindeutig mit einem Subjekt verbunden ist, das etwas Krummes vollständig *macht* oder etwas Unrechtes recht *macht*. Vielmehr ist gerade das *Offenlassen des Subjekts* der Handlung unerlässlich für die *Präzisierung* der Geschehensqualität selbst. Es wird etwas Allgemeines zum Ausdruck gebracht, das in sprachlicher Form als *subjektoffene Geschehensqualität* erscheint. Durch Angabe des Subjektes würde die Allgemeinheit des Sachverhalts verlorengehen. In den Beispielsatz kann ein Subjekt eingefügt werden, ohne dass der nachfolgende Satz seine Bedeutung wesentlich veränderte: »Mensch krumm dann vollständig, unrecht dann recht«. Das Altchinesische besitzt die Möglichkeit, ein *Geschehen* auch grammatisch ohne Subjekt bzw. subjektoffen darzustellen, was hier gerade kein Verlust ist, sondern den Sachverhalt in einer offenen und zugleich allgemeineren Qualität zum Ausdruck bringen kann. Die klassische philosophische Sprache der Chinesen war dementsprechend mehr an der *Unterscheidung von verschiedenen Geschehensqualitäten* interessiert als an der *Feststellung ewiger Wahrheiten im Sinne von Satzaussagen*.

4.1.3.3 Sätze mit ausgefallenem Subjekt

Sätze, in denen das Subjekt ausfällt, weil es im Satz zuvor genannt wurde, sind im Chinesischen häufig. In der deutschen Sprache tritt dann zumeist ein Pronomen an die Stelle des zuvor genannten Subjekts oder es kann durch eine Ellipse ausgelassen werden. In der philosophischen Sprache wird die Figur der Ellipse jedoch eher vermieden, um Mehrdeutigkeiten zu verhindern.
Folgender chinesischer Satz von Konfuzius verdeutlicht dies: 子曰

與之釜請益曰與之庾 zi yue yu zhi fu qing yi yue yu zhi yu. In der deutschen Umsetzung sind all die Elemente in eckige Klammern gesetzt, die im chinesischen Text ausgelassen werden können: »[Der] Meister sagt: ›Gib ihr sechs Scheffel!‹ [Sie] bittet [um] mehr. [Darauf] sagt [er]: ›Gib ihr sechzig Scheffel!‹«.[26] Die Stilfigur der Ellipse ist in der chinesischen Literatur auch im Rahmen philosophischer Texte hoch entwickelt.

Man kann für das Altchinesische – geltend auch für philosophische Texte – folgende These formulieren: *Je weniger Subjekte, umso schöner der Stil.* Für die deutsche Sprache könnte man formulieren, insbesondere in Bezug auf philosophische Texte: *Je eindeutiger die Subjekte, umso klarer die Aussage.* Subjektlosigkeit von Sätzen kann eigens als Sprachstil kultiviert werden, sofern es die Sprache zulässt. Durch diesen Stil kommen *bestimmte* Phänomene viel deutlicher zum Ausdruck und können somit klarer beschrieben werden.

4.1.3.4 Thema / Rhema-Sätze

Indoeuropäische Sprachen werden in der Linguistik als »subjekt-prominent« und ostasiatische Sprachen (z. B. Chinesisch und Japanisch) als »topik-prominent« bezeichnet.[27] Dementsprechend wird in indoeuropäischen Sprachen die Prädikationsstruktur vorrangig verwendet und im Chinesischen die Toposstruktur. In der Prädikationsstruktur wird von einem Subjekt etwas prädiziert. In der Toposstruktur kann jedes Glied oder auch jede längere Sinneinheit des Satzes zum Zentrum und *Thema* werden, welches durch das Rhema – eine weitere inhaltliche Bestimmung des Themas – näher bestimmt wird. Wählen wir folgenden Beispielsatz: »Was die ergrünenden Bäume betrifft, so verbessern sie die Stimmung aller Menschen«. Durch das Wort »betrifft« werden die »grünenden Bäume« als Thema markiert und durch das Rhema »verbessern die Stimmung aller Menschen« näher erläutert. Gewöhnlich würde man zunächst »Bäume« als Subjekt und »grünende« als Attribut zu »Bäume« bestimmen. In der Perspektive von Thema / Rhema-Sätzen hingegen erscheinen die »grünenden Bäume« als Situationszusammenhang, der durch das Rhema mit einem anderen Situationszu-

---

[26] Vgl. auch: Kungfutse, Gespräche, 73.
[27] Vgl. hierzu den Aufsatz von Li / Thompson, Subject and Topic: A new Topology of Languages.

sammenhang – die Stimmung der Menschen – zusammen betrachtet wird. Die Analyse in der Thema / Rhema-Perspektive lässt somit das Moment der »Situation« in der Analyse von Sätzen erheblich wichtiger werden, wohingegen die funktionale Bedeutung der einzelnen Momente in den Hintergrund rückt. Im Gegensatz zum Subjekt-Objekt-Schema erscheint hier ein spezifisch anderer Interpretationsansatz in der grammatischen Analyse von Sätzen. Dieser Ansatz hat sich vor allem bereits in der Analyse von chinesischen Sätzen bewährt, denn Thema / Rhema-Sätze finden sich im Altchinesischen ausgesprochen häufig. Diese Sätze wirken auf den ersten Blick wie normale Subjekt-Sätze, müssen aber dennoch deutlich davon unterschieden werden. Ein Beispielsatz aus dem 大學 Daxue: 物有本末 wu you ben mo. »Was die Dinge betrifft, so gibt es wesentliche und unwesentliche.« Man könnte auch übersetzen: »Was die Dinge betrifft, so sind sie einmal gegeben *als* wesentliche und einmal als unwesentliche«. Hier wird die jeweilige *Gebungssituation* der Dinge betont, die sie je als ganze ausmacht, und sie werden nicht als Substanz verstanden, der einmal dies und einmal jenes zukommt.

4.1.3.5 Subjekt-Prädikat-Sätze

In der klassisch-chinesischen Philosophie hat sich eine Schule herausgebildet, die mit Sätzen operiert, die der Subjekt / Prädikat-Struktur ähneln. Die mohistische Logik hat eine Form der philosophischen Sprache ausgebildet, die sich von den meisten Schulen des alten China unterscheidet. Einer der berühmtesten Sätze aus dieser Schule ist folgender: *(bai ma fei ma)* »Weißes Pferd ist nicht Pferd«. Vereinfachend gesagt, macht dieser Satz vor allem dann Sinn, wenn man »Weißes Pferd« eindeutig als Subjekt des Satzes versteht und »Pferd« als Prädikat. Zudem wird das »weiße Pferd« als substantiell »weißes Pferd« verstanden, so dass verneint werden kann, dass es nicht einfach nur ein »Pferd« ist.[28] Diese Form der Argumentation hat es in China zwar gegeben, ist aber nie leitend für die Tradition der chinesischen Philosophie geworden. Es ist an dieser Stelle auch zu betonen, dass es nicht unmöglich ist, Sätze nach dem Schema von Subjekt / Prädikat zu bilden. »Bedeutsames Kennzeichen der Subjekt / Prädikat-Strukturen im Altchi-

---

[28] Zu einer ausführlichen Interpretation dieses Satzes vgl. Harbsmeier, Language and Logic, 304 ff.

nesischen bleibt es aber, dass ihre scharfe allgemeine Abgrenzung von Thema / Rhema-Strukturen unmöglich erscheint.«[29]

Zusammenfassend kann gesagt werden: Die europäische Philosophie favorisiert in der Form des *Aussagesatzes* und *der schlussfolgernden Satzfolgen* eine Weise des philosophischen Sprechens, durch die das Phänomenfeld eines *subjektlosen ereignishaften Geschehens* für die Philosophie unbedeutend wird und kaum zum Thema werden kann. In welch komplizierten Formen sich der Aussagesatz und die schlussfolgernden Satzfolgen philosophisch und logisch entfalten lassen, zeigt die europäische Philosophiegeschichte. Wie reich und fruchtbar sich aber auch subjektlose Sätze und die damit zum Ausdruck gebrachten »subjektlosen Geschehensweisen« philosophisch behandeln lassen, zeigt die chinesische Philosophietradition. *Beide Formen des Philosophierens* können sowohl in der europäischen wie auch in der chinesischen Tradition gefunden werden. Unterschiedlich ist vor allem die *Gewichtung* innerhalb der Traditionen, wodurch sich stark voneinander abweichende Interessen entwickelt haben und somit auch philosophische Wirkungsgeschichten von sehr eigenem Gepräge.

4.1.4 Das Subjekt in der japanischen Sprache

Obwohl die grammatischen Strukturen der japanischen und chinesischen Sprache sich nicht ähneln, existiert hinsichtlich der Bedeutung des Subjekts eine wichtige Strukturähnlichkeit. Genauso wie im Chinesischen spielt das Prädikat in der japanischen Sprache die zentrale Rolle im Aufbau eines Satzes.

»Das wesentliche Satzglied des Japanischen ist das Prädikat, da es die vergleichsweise meisten Aussagebestimmungen in sich enthalten kann. Demgegenüber ist das Subjekt im japanischen Satz von geringer Bedeutung, zumal es häufig unbezeichnet bleibt und dann nur aus dem Prädikat oder Kontext erschlossen werden kann.«[30]

Auch im Japanischen stoßen wir auf die Tatsache, dass das Subjekt im Satz von geringer Bedeutung ist und man häufig geneigt ist, es zu vermeiden. Wenn Lewin davon spricht, dass das »Prädikat« von zentraler

---

[29] Harbsmeier, Zur philosophischen Grammatik des Altchinesischen, 237.
[30] Lewin, Abriß der japanischen Grammatik, § 199.

Bedeutung sei, so ist diese Behauptung auch von philosophischer Relevanz. Wenn an dieser Stelle von »Prädikat« die Rede ist, darf dies jedoch nicht im Rahmen der deutschen Grammatik vorgestellt werden, da das Prädikat dort auf das engste mit dem Subjekt des Satzes verbunden ist. Vielmehr muss das Prädikat als eigentliches Zentrum gesehen werden, zu dem dann in bestimmten Fällen ein Subjekt hinzutreten kann.

»Das [...] seine Bestimmungen vor sich selbst anordnende Prädikat ist aber kein Prädikat im indogermanischen[31] Sinne; es trägt nicht einen ihm vom Subjekt aufgedrückten Stempel. Es ist vielmehr der Herr im Satz, den alle anderen erwähnten Dinge nur näher bestimmen. Somit ist der japanische Satz ein Gefüge von Attributen, die auf das Prädikat hin dergestalt angeordnet sind, dass dies, indem es auf sie bezogen wird, näher bestimmt wird.«[32]

Die Prädikation ist in der deutschen Sprache – vor allem in der Philosophie – immer auf ein grammatisches (und in diesem Falle auch logisches) Subjekt bezogen. In dem Satz »Sokrates ist sterblich« geht es darum, *wer* sterblich ist und weniger um den Sinn von »Sterblichkeit«. In dem Satz »Ich denke« blicken Descartes und Kant vor allem auf das »Ich« als Subjekt des Satzes und weniger auf das »Denken« als Vorgang. Man kann deutlich erkennen, wie das Subjekt im Denken der deutschen Sprache das Prädikat regiert. Was kann es aber bedeuten, wenn umgekehrt das »Prädikat« die führende und zentrale Stellung im Satz übernimmt? Gehen wir von unserem Beispiel aus, so werden die Vorgänge »Sterblichkeit« und »Denken« zum Ausgangspunkt für das, was sich nachgeordnet auch auf ein Subjekt beziehen kann, aber nicht muss. Das grammatische Subjekt vieler Aussagen bleibt in der deutschen Sprache oft eine Konstruktion, die sich aus dem Zwang der Grammatik ergibt, in logischer Hinsicht aber überflüssig ist.[33] Steht also das Prädikat im Zentrum, so geht es weniger darum, immer ein Subjekt zur Aussage zu finden, als vielmehr um die innere Differenzierung der Aussage oder des Vollzugs selbst. Der Vollzug bzw. das Erleb-

---

[31] Hartmann benutzt hier noch die alte Terminologie. Heute spricht man nicht mehr von »indogermanischen« Sprachen, sondern von »indoeuropäischen«. Die indoeuropäische Sprachfamilie geht zurück auf das heute sogenannte »Proto-Indoeuropäische«. Diese Sprache kann allerdings heute nur noch rekonstruiert werden und ist nicht in Textdokumenten überliefert. Vgl. hierzu: Crystal, Die Cambridge Enzyklopädie der Sprache, 296 ff.

[32] Hartmann, Einige Grundzüge des japanischen Sprachbaus, § 101.

[33] Als Beispiele können die »wesentlich subjektlosen« Sätze herangezogen werden, die in Bezug auf das Altchinesische besprochen wurden.

nis einer Sache selbst steht somit im Zentrum des Interesses. Ob zu diesem Vollzug oder Erlebnis ein »Subjekt« gefunden werden kann, ist zweitrangig und dieses kann, wenn nötig, angegeben werden, wird aber gewöhnlich weggelassen.[34]

»Während das Indogermanische[35] von dem Bestreben beherrscht wird, logische Kategorien (z. B. Einzahl – Mehrzahl) und logische Beziehungen (z. B. Subjekt und Prädikat) klar erkennen zu lassen, ist das Japanische weniger durch ein logisches Bedürfnis als durch unmittelbare Wiedergabe von Eindrücken geformt worden; seine grammatischen Mittel benutzt es, zu zeigen, welche Vorstellungen im Erleben eine Einheit bilden. Das logische Verhältnis der aneinander gereihten Erlebniseinheiten hingegen wird nur nach Bedarf besonders charakterisiert und meist dem gefühlsmäßigen Erschließen aus dem Zusammenhang überlassen. Drei Stufen der grammatischen Beziehung sind zu unterscheiden:
1) Erlebniseinheit (die im Erleben als Einheit aufgenommenen Eindrücke): a) verbale (= Vorgangs-)Einheit, ein Verb als Kern der Vorstellung, erläutert oder ergänzt durch vorangehende andere Worte; b) adjektivische (= Eindrucks-) Einheit; c) substantivische (= Gegenstands-)Einheit.
2) Erlebniskette (verschiedene Erlebnisse, die durch ihre Aufeinanderfolge verbunden sind) a) verbale und adjektivische Kette (die vor dem letzten Glied stehenden Glieder in Kettenform) b) substantivische Kette (›und …‹)
3) Scharfe Scheidung zwischen Einheiten, die nur gedanklich, nicht erlebnismäßig verbunden sind (bei Nebensätzen und Aussagen über ein logisches Subjekt mit *wa*).«[36]

In dieser Einteilung ist ähnlich wie im Altchinesischen die Markierung eines grammatischen und logischen Subjekts nur *ein besonderer Fall*, der aber auch dann noch zentral auf das Prädikat bezogen bleibt und nicht umgekehrt. Der dritte Punkt der Unterscheidung kann dahingehend differenziert werden, dass die Erlebniseinheiten und -ketten eine gedankliche Gliederung erfahren, indem bestimmte Momente der Erlebnisse betont und eigens zum Thema des Satzes werden. Gemäß der auch in der chinesischen Sprache angewandten Unterscheidungen kann der dritte Punkt besser unter der Bezeichnung Thema / Rhema-Bezie-

---

[34] Auch hier muss wieder betont werden: Das Altjapanische war durchaus in der Lage logische Zusammenhänge im Sinne von logischen Satzaussagen zu formulieren. Diese Sprachform wurde jedoch auch in philosophischen Texten nicht dominant.
[35] Gemeint sind wieder die »indoeuropäischen Sprachen«.
[36] Hartmann zitiert hier ein unveröffentlichtes Manuskript von Heinrich Herrfahrdt, 34 f.

hung erfasst werden. In der Thema / Rhema-Beziehung wird nicht von Subjekten etwas prädiziert, sondern es wird aus der Erlebniseinheit ein Thema hervorgehoben und im Hinblick auf die Erlebniseinheit näher charakterisiert.

Verdeutlichen lässt sich das Erörterte auch an den sogenannten Verbalsuffixen *(jodōshi)*, die in der japanischen Sprache eine wichtige Rolle spielen. Sie haben eine andere Funktion als die Postpositionen, »da sie den Aussagengehalt nicht grammatisch ordnen und präzisieren, sondern nach Art und Ort des Geschehens konkretisieren«.[37] Lewin findet für die Unterscheidung der verschiedenen Funktionsebenen von Verbalsuffixen erhellende Formulierungen: Die grammatischen Kategorien zur Bezeichnung der Stellung des Subjekts im Geschehen, zur Bezeichnung des soziativen Verhältnisses zwischen Sprecher und Partner, zur Bezeichnung des Stellenwertes im Zeitablauf, zur Bezeichnung der Vollzugsphasen im Zeitablauf, zur Bezeichnung der Gefühlsbeteiligung des Ich, zur Bezeichnung der Willensbeteiligung des Ich, zur Bezeichnung der Urteilsbeteiligung des Ich.[38] In diesen Einteilungen zeigt sich deutlich, dass wesentlich die *konkrete Situation* das Sprechereignis auch *strukturell* bestimmt.

Aufgrund des Befundes, dass in der alten, aber auch in der neueren japanischen Sprache das Prädikat im Vordergrund des Satzes steht und damit der japanischen Sprache ähnliche Möglichkeiten in Bezug auf »subjektlose Sätze« wie der chinesischen zur Verfügung stehen, stellt sich die Frage, ob dies auch für das Denken relevant geworden ist. Anhand von zwei besonders herausragenden Beispielen soll die Relevanz der Beobachtung für das alte und für das neue Denken aufgezeigt werden.

Das erste Beispiel aus dem alten Japan behandelt einen kurzen Satz von Dōgen (1200–1253), der nicht nur als einer der größten Zen-Meister Japans, sondern auch als ein bedeutender Denker gilt. Im Gegensatz zu einer dem Zen vor allem in Europa zugeschriebenen Sprachverweigerung, verwendet Dōgen Sprache in so zugespitzter Weise, dass gerade durch den Gebrauch von Sprache, die Grenze der Sprache sichtbar wird. Seine Verwendung von Sprache kann bei näherer Betrachtung insgesamt eine vertiefte Reflexion der Sprachlichkeit und des Sprachgebrauchs im Philosophieren evozieren.

---

[37] Lewin, Abriß der japanischen Grammatik, §159.
[38] Ebd., §161–193.

Dōgen hat in einem kleinen Text, der den Titel 有時 *Uji* trägt und zu den schwierigsten der japanischen Literatur überhaupt zählt, sein Denken der Zeit verdichtet zur Sprache gebracht. Bereits der Titel dieses Textes entzieht sich einer eindeutigen Übersetzung, da er ohne Kontext verschiedene Deutungen zulässt. Die Kombination der zwei chinesischen Zeichen 有時 (chin. you shi, jap. uji) war im Altchinesischen durchaus üblich. Im Lexikon ist unter dem Eintrag *you shi*[39] das deutsche Wort »zuweilen« verzeichnet, was allerdings die Bedeutung nur ungenau erschließt. Übliche Übersetzungen des Titels *Uji*, wie man sie in den verschiedenen Übersetzungen in westliche Sprachen findet, sind: *Existence-Time* (Nishijima), *Being Time* (Abe / Waddel), *Being-Time* (Heine), *Living Time* (Wright), *Sein = Zeit* (Tsujimura). Schon in der Übersetzung des Titels zeigen sich Möglichkeiten der Mehrdeutigkeit, die für den Sprachgebrauch bei Dōgen nicht nachteilig wirken, sondern bewusst für den Gedanken eingesetzt werden. In dem Text *Uji* thematisiert Dōgen das Verhältnis dessen, was insgesamt als Seiendes gegeben ist zur Zeit im Allgemeinen. Dabei spielt auch das Ich eine Rolle, jedoch gerade nicht als Subjekt, sondern als Geschehen. In dem Text findet sich folgender Satz:

われを排列しおきて盡界とせり、この盡界の頭頭物物を時時なりと覷見すべし。

»Ich Anordnen als die gesamte Welt wirken lassen; jede einzelne Sache dieser gesamten Welt ist jeweils als Zeit *(jiji)* einzusehen.«[40]

Der Satz beginnt mit dem Wort *ware* (ich), dem Personalpronomen der ersten Person, allerdings nicht als Subjekt des Satzes, sondern als Objekt zu »Anordnen«. Desweiteren ist im Satz kein Subjekt markiert. Wollte man nun behaupten, das logische Subjekt sei aber implizit doch enthalten, würde das Problem entstehen, dass es in diesem Satz gerade um die *Entstehung* des Subjektes selbst geht. Denn das Subjekt ist im Buddhismus nicht vorausgesetzt, sondern man geht vielmehr aus von einem Nicht-Ich, das jeder Rede vom Ich zugrunde liegt. Im indischen

---

[39] Dies ist die chinesische Aussprache der beiden Zeichen, wohingegen *u-ji* eine bestimmte Aussprache der beiden Zeichen im Japanischen ist.
[40] Für eine ausführliche Interpretation des Textes *Uji* vgl. Elberfeld, Phänomenologie der Zeit im Buddhismus. Zu Dōgens Werk vgl. Ōhashi / Elberfeld (Hg.), Dōgen. Shōbōgenzō. Ausgewählte Texte. Anders Philosophieren aus dem Zen.

Kontext war es gerade die Lehre vom *anātman (Nichtich, Nichtselbst,* chin.: *wuwo,* jap.: *muga),* durch die sich der Buddhismus in seiner Entstehungszeit im 4. und 3. Jahrhundert v. u. Z. gegen die anderen indischen Philosophien absetzte. Die buddhistische Lehre vom *anātman* besteht darin, einzusehen, dass kein »Ich« als Substanz existiert, da die Vorstellung von einem Ich nur durch das Zusammenspiel verschiedener Daseinsfaktoren *(skandha)* entsteht, ohne dass es in dieser Ich-Vorstellung ein sich absolut kontinuierlich durchhaltendes Moment geben würde. Die auf den ersten Blick fast unbezweifelbar wirkende Vorstellung vom Ich, als dem festen Bezugspunkt meiner persönlichen Identität, wird schon in den frühen buddhistischen Praktiken durch die Meditation aller einzelnen Daseinsfaktoren fortlaufend destruiert, so dass durch jede Betrachtung sich das Ich als *anātman* realisiert, im Sinne eines Zusammenspiels von Daseinsfaktoren. Aber schon hier werden wir an die Grenzen unserer Sprache getrieben, da unser grammatischer Zwang zum Subjekt dem Realisieren des *anātman* ein Subjekt des Realisierens zuschreiben muss. Wenn man sagt, das Ich realisiert sich als *anātman,* so besteht immer die Gefahr, dass das realisierende Ich doch wieder als ein fester Punkt im Realisieren verstanden wird. Versteht man das Ich *als anātman* jedoch radikaler, so kann eingesehen werden, dass das *anātman* sich nur als *Ich* realisieren kann, aber immer nur als ein Geschehen der Daseinsfaktoren. Denn wie sonst könnte sich *anātman* realisieren, wenn nicht als das *sich immer neu konstellierende Ich.* Dōgens Satz bereitet demgemäß in der Übersetzung besondere Schwierigkeiten. Es wird kein eindeutiges Subjekt im ersten Teil des Satzes genannt. Hier kommt die Möglichkeit, subjektlose Sätze zu bilden, dem Gedanken auf philosophisch subtile Weise entgegen. Eigentlich ist »Ich Anordnen« das »Subjekt«, wodurch die ganze Welt hervorgeht. Im Grunde können wir hier aber nicht mehr von »Subjekt« sprechen, sondern eher von einem Vorgang, aus dem sowohl »Ich« wie auch »Welt« hervortreten als die zusammengehörige Vorgangsstruktur, die nicht auseinandergerissen werden kann. »Ich Anordnen« als das Konstellieren von Daseinsfaktoren ist zugleich das Konstellieren von Weltzusammenhängen. Dieses Konstellieren ist als fortlaufender Prozess etwas *Zeitliches,* so dass jede einzelne Sache der gesamten Welt immer *als Zeit* im Sinne einer Prozessualität hervortritt. Da jedem Einzelnen jedoch eine eigene Weise zeitlicher Prozessualität zukommt, ist jedes in *je eigener Weise* Zeit. Diese jeweilige Zeit ist als Konstellation jedoch auch jeweils die Zeit des Ich, da das zeitliche Anordnen des Ich exakt dem zeitlichen Verlauf der Sachverhalte entspricht. Das Ich *als Anordnen* ist Zeit, wodurch zugleich die ganze Welt als Zeit hervorgeht.

An dieser Stelle kann der Sachverhalt, um den es in Dōgens Text *Uji* geht, nur angedeutet werden. Wichtig ist festzuhalten, dass der Buddhismus, der nicht von der Vorstellung eines festen Ichs ausgeht, im Rahmen der chinesischen und japanischen Sprache auf strukturelle Möglichkeiten trifft, die dem Gedanken auf verschiedenen Ebenen entgegenkommen. Gerade bei der Wanderung einer so großen Religion wie dem Buddhismus durch verschiedene Kulturen kann beobachtet werden, wie sich die Gedanken mit den Sprachstrukturen der verschiedenen Sprachen verbinden.[41]

Als zweites Beispiel soll der Begründer der modernen japanischen Philosophie, Kitarō Nishida (1870–1945), herangezogen werden. Nishida beginnt 1891 mit dem Studium der westlichen Philosophie an der Universität Tōkyō, das er 1894 mit einer Arbeit über Hume abschließt. Ab 1897 übt er intensiv die Zen-Meditation und bereits 1903 bestätigt ihm sein Meister, grundlegende Einsichten in der Zen-Übung gewonnen zu haben. Nishida äußert sich daraufhin eher enttäuscht über den Zen-Weg und widmet sich wieder verstärkt seinen Forschungen in der Philosophie. 1910 wird Nishida als Assistenzprofessor für Ethik an die kaiserliche Universität Kyōto berufen. Gleich im folgenden Jahr erlangt er mit seinem Erstlingswerk *Studie über das Gute* allgemeine Anerkennung in der philosophischen Welt Japans. Es ist der erste umfassende Versuch zu einem »anderen Anfang« der Philosophie in Japan unter Rückbindung an westliche *und* ostasiatische Traditionen des Denkens. Damit gründet er – ohne es explizit zu wollen – eine Schultradition, die später den Namen Kyōto-Schule[42] tragen wird. In den folgenden Jahren widmet er sich nicht nur der Auseinandersetzung mit den damals aktuellen Tendenzen in der europäischen Philosophie, sondern erweitert und vertieft auch sein Studium der westlichen und östlichen Philosophiegeschichte. Im Jahre 1926 schreibt Nishida den Aufsatz *Ort*, den er selber als einen Wendepunkt in seinem Denken sieht. Nishida ist der Überzeugung, mit diesem Gedanken eine logische Grundlage für seine Philosophie gefunden zu haben, die er in den fol-

---

[41] Weiter unten werde ich noch auf den Übersetzungsprozess des Buddhismus von Indien nach China zu sprechen kommen.
[42] Vgl. Ōhashi (Hg.), Die Philosophie der Kyōto-Schule. Texte und Einführungen, 2. erweiterte Auflage mit neuer Einführung, Freiburg i. B. 2011.

genden Jahren weiter ausarbeitet. In dem zuletzt genannten Aufsatz finden wir folgende Worte:

»Gewöhnlich denken wir das Ich (ware) – so wie auch das Ding – als eine subjektive Einheit, die verschiedene Qualitäten besitzt. Eigentlich ist aber das Ich keine subjektive Einheit, sondern muß vielmehr eine prädikative Einheit sein; es ist kein Punkt, sondern ein Kreis, es ist kein Ding, sondern ein Ort.«[43]

Nishida nennt die von ihm entwickelte Logik eine prädikatzentrierte Logik im Gegensatz zur subjektzentrierten Logik. An dieser Stelle wird bis in die Begrifflichkeit deutlich, dass die prädikatzentrierte Struktur der japanischen Sprache es Nishida nahelegt und erleichtert hat, das Prädikat in den Vordergrund des Denkens zu rücken. Dennoch reichte dies allein nicht aus, um eine prädikatzentrierte Logik als Philosophie zu entwickeln, wofür Nishida viele Umwege gehen und philosophische Auseinandersetzungen führen musste, die zwischen den verschiedenen Ansätzen der europäischen und sino-japanischen Tradition angesiedelt waren.

Im Vergleich der beiden Textstellen von Dōgen und Nishida ist auffallend, dass es beiden darum geht, das »Ich« nicht als etwas Feststehendes, Dinghaftes zu verstehen, sondern das Ich selbst als ein Geschehen zu erschließen, das seine Bewegtheit in sich selbst trägt. Es zeigt sich eine erstaunliche Kontinuität gerade in der Interpretation des Ich, die nicht ausgeht von einem Subjekt, das der Prädikation als festes und in sich identisches Wesen vorausgehen würde. Das Ich ist vielmehr eine Konstellation, die immer wieder neue Formen annehmen kann. Vor dem Hintergrund dieses Gedankens läge sogar nahe, nicht nur von einem Ich zu sprechen, sondern von verschiedenen Ichen – eine Pluralform, die in der deutschen Sprache eher ungewöhnlich ist.

Ob die Sprachformen der japanischen Sprache für die Bezeichnung der ersten und zweiten Person mit dem gerade entwickelten Gedanken in direktem Zusammenhang stehen, lässt sich wohl kaum als kausales Verhältnis rekonstruieren. Tatsache ist jedenfalls, dass die japanische Sprache eine erstaunliche Menge vor allem an Bezeichnungen der ersten und zweiten Person ausgebildet hat, die auch, zwar in reduzierter Form, in der Gegenwartssprache noch verwendet werden.

»Im Japanischen gibt es so viele Personalpronomen der ersten Person, dass sie sich – selbst wenn man sich nur auf die relativ gebräuchlichen wie boku, ore,

---

[43] Nishida, Logik des Ortes, 131.

onore, washi, oira, temae, jibun, watashi, watakushi, atashi, uchi usw. beschränkt – nicht an den Fingern beider Hände aufzählen lassen.«[44]

Neben der Neigung, dass in vielen Situationen das Subjekt in der japanischen Sprache ausfallen kann, haben sich für den Fall, wenn das Subjekt in Form eines Personalpronomens der ersten oder zweiten Person genannt wird, nicht nur jeweils ein Pronomen, sondern sehr verschiedene ausgebildet. In der deutschen Sprache können wir den Sachverhalt nur ansatzweise für das Pronomen der zweiten Person nachvollziehen. Denn neben der Bezeichnung für sich selbst durch das Pronomen der ersten Person mit »ich« gibt es für die zweite Person je nach Situation zwei verschiedene: »Du« und »Sie«. Im Japanischen häufen sich die Pronomina für die Ich- und Du-Perspektive wie in kaum einer anderen Sprache.

Bin Kimura, ein japanischer Psychotherapeut, der auch über Praxiserfahrungen in Deutschland verfügt, sieht in diesem Unterschied gar den wichtigsten zwischen den europäischen und der japanischen Sprache. Für ihn wurde der Unterschied vor allem in der Diagnose von psychischen Krankheitsbildern auffällig, wo es um die Interpretation von Identitätsstörungen ging. Er stellte fest, dass die psychisch fundierte Identität sich bei seinen japanischen Klienten auch vor dem Hintergrund der japanischen Sprache anders ausbildet im Vergleich zu seinen europäischsprachigen Klienten. Ausgehend von der Sprache stilisiert er folgenden Unterschied:

»Dass es für das Personalpronomen der ersten Person nur ein Wort, z. B. im Deutschen ›ich‹ gibt, besagt, dass man selbst immer und unter allen Umständen fortfährt, als eine unveränderliche Person ›ich‹ zu sein. Dass ich ich selbst bin, ist eine sozusagen bereits feststehende Tatsache, die jeglichem sprachlichen Ausdruck vorausgeht und ihn bestimmt. Insofern Denken, ohne Sprache vorauszusetzen (und sei es auch als innere Sprache), unmöglich ist, bedeutet das weiterhin, dass die Tatsache meines eigenen unveränderlich selbstidentischen Ichseins auch allem Denken vorausliegt und in allem Denken als eine bereits feststehende Tatsache vorausgesetzt ist.«[45]

Gegenüber der Erfahrung der Identität durch den Wandel der Situationen hindurch, die durch das Personalpronomen der ersten Person »ich«

---

[44] Kimura, Zwischen Mensch und Mensch. Strukturen japanischer Subjektivität, 97.
[45] Ebd., 100.

nahegelegt wird, bildet sich die Erfahrung von Identität im japanischen Sprachgebrauch auf andere Weise:

»Wer ich selbst bin und wer der jeweils andere ist, bestimmt sich in der japanischen Sprache und der Erfahrungs- und Denkweise der Japaner aus der zwischenmenschlichen Beziehung zwischen mir und dem anderen. Noch bevor der einzelne Mensch sich als Individuum identifiziert, ist die Beziehung, das *Zwischen* von Mensch und Mensch. Dass ich der bin, der ich jetzt gerade bin, bestimmt sich nie und nimmer ›innerhalb‹ meiner, sondern immer ›außerhalb‹ meiner selbst, nämlich im Zwischen Mensch und Mensch, im Zwischen zwischen mir und meinem Gegenüber. Der Quellgrund meines Ichs, der mich mich selbst sein lässt, befindet sich nicht innerhalb, sondern außerhalb meiner selbst. […] Der wahrhafte Seinsort dieser ›Realität‹ ist das Zwischen zwischen Ich und Du, das Zwischen als der Quellgrund, aus dem sowohl das Ich als auch das Du sich je und je selbst finden.«[46]

Hier zeigt sich ein anderes Verständnis von Menschsein, das den einzelnen Menschen nicht so sehr als in sich zentriert versteht, sondern vielmehr als auf den anderen Menschen bezogen begreift. Dies drückt sich beispielsweise in dem altchinesischen Zeichen für »Menschlichkeit« aus: Das Zeichen besteht aus zwei Bestandteilen: das Zeichen für Mensch und das Zeichen für Zwei: 仁 (ren). In den alten Lexika wird es dann auch so gedeutet, dass die Situation der Menschlichkeit immer die *Beziehung* zwischen Menschen ist. Zugespitzt gesagt, *Menschlichkeit* realisiert sich nur da, wo mindestens zwei Menschen sich zueinander verhalten. Aber eigentlich geht schon diese Formulierung zu sehr vom einzelnen Menschen als dem vorausgesetzten Individuum aus:

»Man darf sich dieses ›Zwischen Mensch und Mensch‹ bzw. die ›Zwischenverhältnisse‹ nicht wie Beziehungen zwischen Menschen, die es bereits als selbständige Einzelmenschen gibt, vorstellen. Zwischen Mensch und Mensch meint hier gleichsam den Quellort, aus dem heraus das eigene Ich und der andere als je eigenständige, verschiedene Personen hervorgehen.«[47]

In dieser Auffassung und Lebensrealität verschieben sich die Gewichte sehr deutlich. Menschlichkeit bzw. Ichsein bezieht sich nicht auf einen vorgegebenen Einzelmenschen, der dann noch Beziehungen aufnimmt. *Menschlichkeit* ist vielmehr, überspitzt gesagt, ausschließlich ein *Phänomen von Beziehungen zwischen Menschen*. Ein menschlicher Mensch

---
[46] Ebd., 103, 105.
[47] Ebd., 51.

ist derjenige, der alle Formen der Beziehung zwischen Menschen leben und realisieren kann. Die Betonung der Zwischen-Menschlichkeit geht so weit, dass moderne Autoren inzwischen vorschlagen, nicht mehr von »Individuen« zu sprechen, sondern von »Intersubjekten« (kanjin 間人):

»Das mit dem ›Individuum‹ kontrastierende ›Intersubjekt‹ bezeichnet ›eine menschliche Seinsweise, in der man sich bewußt wird, dass innerhalb der zwischenmenschlichen Zusammenhänge die Beziehungen an sich das Selbst sind‹, und nicht Verknüpfungen oder Veränderungen eines unabhängigen ›Ego‹.«[48]

Die unterschiedliche Auffassung vom Menschen, die sich in diesen Sprachformen andeutet, ist in der japanischen Philosophie zum Ausgangspunkt für Ansätze ethischer Reflexionen geworden, die nicht von der »Person« als autonomem Subjekt ausgehen, sondern vielmehr »Zwischenverhältnisse« in den Mittelpunkt der Ethik stellen. An dieser Entwicklung lässt sich erkennen, dass wir erst am Anfang einer weltweiten philosophischen Entwicklung stehen, die ausgehend auch von sprachlichen Besonderheiten der verschiedenen Sprachen Wege der Reflexion entwickeln, die sich in anderen Sprachen nicht nahelegen.

Auch hier ist es wieder Nietzsche, der Fragen stellt, die über den Horizont seiner eigenen Sprache hinausweisen. Seine sprachkritischen Reflexionen haben ihn nicht nur die Frage stellen lassen, ob das »Subjekt« in vielen Sätzen überhaupt notwendig sei, er hat auch die Vorstellung von einer Vielheit der Subjekte entwickelt, ohne dabei eine Sprache zu kennen wie die Japanische. Dies zeigt zum einen, dass der Gedanke selbst, auch ohne durch Sprachformen nahegelegt zu werden, entwickelt werden kann. Zum anderen ist aber der Gestus, mit dem Nietzsche seine Gedanken vorträgt, von dem Bewusstsein getragen, gegen eine übermächtige Tradition anzudenken, die sich gerade auch aus den Selbstverständlichkeiten der Sprachstrukturen herleitet:

»Die Annahme des *Einen Subjekts* ist vielleicht nicht nothwendig; vielleicht ist es ebensogut erlaubt, eine Vielheit von Subjekten anzunehmen, deren Zusammenspiel und Kampf unserem Denken und überhaupt unserem Bewußtsein zu Grunde liegt?«[49]

»Aber der Weg zu neuen Fassungen und Verfeinerungen der Seelen-Hypothese steht offen: und Begriffe wie ›sterbliche Seele‹ und ›Seele als Subjekts-

---

[48] Hamaguchi, Ein Modell zur Selbstinterpretation der Japaner – »Intersubjekt« und »Zwischensein«, 143.
[49] Nietzsche, Nachlaß 1885, in: Kritische Studienausgabe, Bd. 11, 650.

Das Subjekt in Sprache und Denken

Vielheit‹ und ›Seele als Gesellschaftsbau der Triebe und Affekte‹ wollen fürderhin in der Wissenschaft Bürgerrecht haben.«[50]

»[...] unser Leib ist ja nur ein Gesellschaftsbau vieler Seelen. [...] Bei allem Wollen handelt es sich schlechterdings um Befehlen und Gehorchen, auf der Grundlage, wie gesagt, eines Gesellschaftsbaus vieler Seelen.«[51]

Mit diesen kurzen Visionen von der Neufassung und Neubeschreibung des Subjekts und des Ichs antizipiert Nietzsche nicht nur viele Entdeckungen der Psychologie, sondern entwirft auch die Möglichkeit der Frage, wie das Verhältnis zwischen der Realität verschiedener Kulturen und dem einzelnen Menschen neu zu verstehen und zu gestalten ist. Mit dem Konstatieren einer externen und internen Pluralität,[52] die jeweils in ein Verhältnis zueinander treten, legt Nietzsche nahe, dass das eine ohne das andere nicht denkbar ist.

Wie aus den Beispielen deutlich geworden sein dürfte, reicht die Frage nach dem Subjekt in der Sprache und einzelnen Sätzen weit über die Frage nach der grammatischen Beschreibung hinaus. Legt man sich in der sprachwissenschaftlichen Beschreibung *aller* Sprachen darauf fest, dass es immer ein Subjekt in einem Satz zu geben hat – sei es explizit oder implizit –, so ist damit stillschweigend eine philosophische Entscheidung getroffen. Da aber die Sprachwissenschaftler sich nicht notwendig für die philosophischen Konsequenzen ihrer Beschreibung interessieren müssen, geschieht dies immer wieder unreflektiert. Würde man die Beschreibungsoption umdrehen und sagen, dass jeder Satz zunächst subjektlos ist und dann möglicherweise ein Subjekt im Satz benannt werden kann, so könnte dies in philosophischer Perspektive

---

[50] Nietzsche, Jenseits von Gut und Böse, in: Kritische Studienausgabe, Bd. 5, 27.
[51] Ebd., 33.
[52] Sehr deutlich findet sich dieser Gedanke bei Wolfgang Welsch, der ihn jedoch nicht direkt auf Nietzsche bezieht: »Unter den Bedingungen dieser objektiven Pluralität muss nun – so meine These – das Leben der Subjekte selbst ein ›Leben im Plural‹ werden – und zwar sowohl nach außen wie nach innen, also sowohl im Sinne eines Lebens inmitten dieser unterschiedlichen sozialen und kulturellen Kontexte als auch im Sinne eines Lebens, das in sich mehrere solche Entwürfe zu durchlaufen, zu konstellieren, zu verbinden vermag. Äußere Pluralitätsadäquanz wird dabei am vollständigsten dort gelingen, wo innere Pluralitätskompetenz gegeben ist.« Welsch, Subjektsein heute. Überlegungen zur Transformation des Subjekts, 351f. Welsch führt den Gedanken bei seinen geschichtlichen Vorläufern und im Zusammenhang mit Nietzsche in seinem Buch: Vernunft. Die zeitgenössische Vernunftkritik und das Konzept einer transversalen Vernunft, Frankfurt a. M. 1996, 829 ff., weiter aus.

gewaltige Folgen für den Sprachgebrauch haben. Gerade in der Frage nach dem Subjekt verschlingen sich die sprachwissenschaftliche und philosophische Perspektive immer wieder auf fast undurchdringliche Weise. Einfache Lösungen für diese Frage gibt es nicht. Letztlich kommt es auf das eigene Interesse und die Ausrichtung der Aufmerksamkeit im Denken an.

4.2 Handlungsformen in verschiedenen Sprachen: Aktiv, Passiv, Medium

4.2.1 *Genera verbi in der deutschen Sprache*

In der deutschen Sprache werden grammatisch zwei Aktionsformen des Verbs unterschieden: aktiv und passiv. Obwohl die beiden Formen eher einfach zu sein scheinen, verbergen sich dahinter komplizierte semantische Zusammenhänge. Der Verständlichkeit halber soll zunächst von eindeutigen Beispielen ausgegangen werden.

Das Verb in der aktiven Form sagt in dem Satz »Ich sehe eine Blume«, dass das Subjekt des Satzes von sich her aktiv eine Blume sieht. Die Tätigkeit des Sehens geht von der Person aus, die vor einer Blume steht und diese sieht. Die Sprache legt nahe, dass die gesamte Aktivität auf der Seite der Person liegt, die die Blume sieht. Vor allem in den Fällen, bei denen ein aktives Verb mit der Tätigkeit einer Person verbunden wird in Bezug auf ein bestimmtes Objekt, auf das sich die Tätigkeit bezieht, zeigt sich eine typische Subjekt-Objekt-Beziehung, die besonders seit der Philosophie der Neuzeit im Rahmen der sogenannten Erkenntnistheorie eine paradigmatische Rolle für die Begründung des menschlichen Wissens spielt.

Das Verb in der passiven Form, in diesem Falle ein Vorgangspassiv, zeigt in dem Satz »Ich werde geschlagen« an, dass mir als dem grammatischen Subjekt des Satzes etwas passiert, bei dem die Aktivität nicht von mir selbst ausgeht, sondern mir von woanders her widerfährt. Wenn man den Satz erweitert und den Täter, das logische Subjekt, einfügt: »Ich werde von Paul geschlagen«, so wird die Person näher bezeichnet, von der die Tätigkeit ausgeht. In diesem Satz fallen nun grammatisches Subjekt, das ich bin, und logisches Subjekt, das Paul ist, auseinander. Wie bereits in dem Abschnitt über das Subjekt in der deutschen Sprache deutlich geworden ist, kann im Passiv der Vorgang bzw.

Handlungsformen in verschiedenen Sprachen: Aktiv, Passiv, Medium

die Situation – wie beispielsweise im Zustandspassiv: »Die Tür ist geöffnet« – in den Vordergrund gerückt werden. Dabei fällt allerdings auf, dass das Passiv in der deutschen Sprache nicht wie das Aktiv über eigene Wortformen verfügt. Es wird daher auch *werden*-Passiv bzw. Vorgangspassiv oder *sein*-Passiv bzw. Zustandspassiv genannt, gemäß der jeweiligen grammatischen Bildeform.

»Aktiv und Passiv sind in Texten der deutschen Gegenwartssprache ungleich verteilt: Auf das Aktiv entfallen im Durchschnitt etwas 93 %, auf das Passiv etwa 7 % (Vorgangspassiv ca. 5 %, Zustandspassiv ca. 2 %) der finiten Verbformen. Auf Grund dieser Verteilung kann man das Aktiv als Erst- und das Passiv als Zweitform bezeichnen und bei der Beschreibung so verfahren, daß man das Aktiv als einfache, mehr oder weniger merkmallose Ausgangsform ansetzt und das Passiv als davon abzuleitende Kontrastform. [...] Das Aktiv hat seinen Namen von jenen Sätzen, in denen das Subjekt ›tätig‹ ist. [...] Es handelt sich dabei um die für den deutschen Satz charakteristische Blickrichtung, die den Träger (›Täter‹), den Urheber des Geschehens zum Ausgangspunkt macht.«[53]

Die zitierten Daten bestätigen die Vermutung aus dem vorhergehenden Kapitel: Die aktive Subjektperspektive nimmt in der deutschen Sprache eine Vorrangstellung ein. Diese Feststellung impliziert noch keine Bewertung. Dennoch stützt es die These, dass die Vorlieben einer bestimmten Sprache auch das philosophische Denken in eine bestimmte Richtung leiten. Ähnlich wie bei subjektlosen Sätzen, die in der deutschen Sprache vorrangig durch Gebrauch des Passivs gebildet werden können, treten diese, wie auch das Passiv insgesamt, als Sprachform in der deutschen Sprache eher zurück.

Neben den aktiven und passiven Verbalausdrücken existiert jedoch ein Gebrauch von Verben, der eine eigene Form der Beziehung von Subjekt und Objekt bezeichnet, aber nicht unter die Aktionsformen des Verbs subsumiert wird. Die sogenannten »reflexiven Verben« werden als Verben beschrieben, die sich mit anderen Wörtern im Satz verbinden.[54] Man unterscheidet »echte« und »unechte« reflexive Verben sowie reziproke Verben.

---

[53] Drosdowski (Hg.), Duden, Grammatik der deutschen Gegenwartssprache, 4. Auflage, 176 f.
[54] Ebd., 108 ff. Obwohl dies auch das Passiv tut, da es in der deutschen Sprache keine eigenständigen Formen besitzt, werden die reflexiven Formen gewöhnlich nicht zu den Aktionsformen des Verbs gezählt.

Echte reflexive Verben sind beispielsweise »schämen«, »beeilen«, »ereignen«. In den Sätzen »Ich schäme mich« und »Der Unfall ereignet sich« ist das Reflexivpronomen unverzichtbar, denn »Ich schäme« und »Der Unfall ereignet« bilden nach der konventionellen Grammatik keine vollständigen Sätze. Bei echten reflexiven Verben ist der Rückbezug auf das Subjekt – grammatisches wie logisches Subjekt – im Geschehen konstitutiv. In dem Satz »Ich schäme mich« entsteht eine Doppelung, in der ich mich durch das »mich« im Satz auf mich selbst beziehe. »Schämen« kann ich mich offenbar nur in der Weise, dass ich mir meiner selbst in einer Situation *bewusst* werde, die aktiv von mir ausging, aber an der ich im Nachhinein nichts ändern kann. Nachträglich blicke ich dann auf mich selbst und finde unangenehm, was passiert ist, so dass *ich mich* schäme. Sachverhalt und semantischer Gehalt legen nahe, dass ich in gewisser Weise auf mich selbst schaue, so dass Subjekt und Objekt bei dem, was bezeichnet wird, aufs Engste miteinander verbunden sind. In dem Satz »Der Unfall ereignet sich« können im Grunde Subjekt und Objekt nicht mehr unterschieden werden. Denn die Situation eines Unfalls bedeutet, dass in den meisten Fällen der Hergang nur noch schwer geklärt werden kann, da das Geschehen selbst sich als bewusster Prozess entzieht und eine Komplexität angenommen hat, die nicht vollständig objektivierbar ist. Der Satz in der Reflexivform und somit der Rückbezug auf das Geschehen selbst besagen, dass ein Geschehen stattfindet, das nicht eindeutig in aktive und passive Momente unterteilt werden kann. »Ereignen« ist offenbar eine Aktionsform, die sich mit der Unterscheidung aktiv / passiv nicht fassen lässt.[55]

Mit den reziproken Verben wird nicht ein »rückbezügliches«, sondern »wechselbezügliches« Verhältnis zum Ausdruck gebracht. In der deutschen Sprache gibt es Verben, die nur in der reziproken Form gebraucht werden können: »Wir einigen uns«, »Wir verfeinden uns«, »Sie verkrachen sich« usw. In dem Satz »Wir einigen uns« steht das Subjekt des Satzes im Plural. Die Aktivität, die mit dem Geschehen der Einigung verbunden ist, umfasst ein Wechselverhältnis aller, die an der Einigung beteiligt sind. Alle Beteiligten sind logische Subjekte der Einigung, allerdings nicht als Vereinzelte, sondern jeweils als Momente der Einigung, an der alle beteiligt sind. Man kann hier eine Aktionsform erkennen, die nicht von einer einzelnen Person ausgeht, sondern von

---

[55] Auf die nur teilreflexiven und unechten reflexiven Verben muss an dieser Stelle nicht eingegangen werden, da sie zum Gedanken nichts Neues hinzufügen.

Handlungsformen in verschiedenen Sprachen: Aktiv, Passiv, Medium

allen gemeinsam getragen wird. Ähnliches kann gesagt werden für den Satz »Wir verstehen uns«. Nicht ich verstehe dich, sondern *wir* verstehen *uns*. Mit dieser Wendung kann das Problem des Verstehens in eine andere Perspektive gerückt werden. Gewöhnlich wird »Verstehen« so gedeutet, dass es von einem Subjekt in aktiver Weise ausgeht und im Verstehen etwas, das dem Subjekt bisher nicht bekannt war, durch das Subjekt verstanden wird. Man erkennt deutlich das Modell einer aktiven Aktionsform, die für die Auslegung des Vorgangs leitend geworden ist. Geht man hingegen von der Form »Wir verstehen uns« aus, so zeigt sich Verstehen vielmehr als ein Wechselbezug, der nicht nur im einzelnen Subjekt verortet ist, sondern in einer wechselseitigen Bewegung.

Mit der Beschreibung von reflexiven und reziproken Verben in der deutschen Sprache stößt man auf einen Bereich von Vorgängen, in denen Aktionsformen auftauchen, die nicht mit der einfachen Unterscheidung von aktiv und passiv gefasst werden können. Hinter den benannten Formen verbirgt sich eine andere Aktionsform des Verbs, die in der deutschen Sprache grammatisch nicht unterschieden bzw. gewöhnlich nicht als solche beschrieben wird. Sie wird in der Grammatik anderer Sprachen als »Medium« bezeichnet. Diese Aktionsform des Verbs wird weder in der lateinischen, englischen, französischen noch deutschen Sprache grammatisch unterschieden.

»Das deutsche verbale Genussystem[56] ist in der Grammatikschreibung zweigliedrig. Den grammatischen Verbformen *Aktiv* und *Passiv* werden entsprechend aktivische und passivische Bedeutungen zugeordnet, und somit gelten die semantischen Kategorien *Aktiv* und *Passiv* im Gegenwartsdeutsch als grammatikalisiert. Der semantischen Kategorie des *Medium* entsprechen im Deutschen keine grammatischen Formparadigmen. Aber auch die Darstellungen des semantischen Begriffs des *Medium* selbst werden in der Literatur eher universalgrammatisch und im engeren Sinne sogar universalsemantisch als einzelsprachlich verstanden.«[57]

Für das Medium wird festgestellt, dass es semantisch gesehen durchaus in der deutschen Sprache ausdrückbar ist, grammatisch jedoch nicht mit einer eigenen Form unterschieden wird. Die Autorin sieht folgende Alternative:

---

[56] Dies trifft ebenso auf das lateinische, englische und französische Genussystem zu.
[57] Rösch, Gibt es ein Medium im Deutschen der Gegenwart?, 253.

»Die Funktion des Mediums besteht [...] darin, einen *fließenden Übergang zwischen den Genusoppositionen Aktiv : Passiv* zu schaffen. Ich verstehe es so, dass die drei wichtigsten syntaktischen Klassen (transitive, intransitive und reflexive Verben) mit semantischen Funktionsmodellen korrelieren, welche die semantische Abstufung der Aktivität in Richtung Passivität kennzeichnen.«[58]

Um die Handlungs- und Geschehensweisen zu differenzieren, die weder als rein aktiv noch passiv zu bezeichnen sind, legt es sich nahe, in der deutschen Sprache andere grammatische Beschreibungsebenen des Verbs zu betrachten, die in der herkömmlichen Grammatik nicht unter die Kategorie der Aktionsform des Verbs subsumiert werden. Der letzte Satz des Zitats betont zudem, dass die Form des Mediums vermutlich in allen Sprachen vorkommt, *auch wenn sie auf der Ebene der Grammatik nicht unterschieden wird.* An dieser Stelle zeigt sich erneut, dass Grammatiken für bestimmte Sprachen nur Theorien sind, die einen Versuch unternehmen, die betreffende Sprache in ihrer Struktur mehr oder weniger befriedigend zu beschreiben. Diese grammatischen Beschreibungen können erweitert und revidiert werden, so dass vorstellbar ist, auch in der deutschen Sprache ein »Medium« zu beschreiben, das neben die beiden Verbformen Aktiv und Passiv tritt, was in der Linguistik inzwischen auch geschieht.[59]

4.2.2 Das Medium im Sanskrit und Altgriechischen

In den klassisch europäischen Bildungsprachen kennt man das Medium als Beschreibungsform nur in der altgriechischen Sprache. Es gilt bei den Grammatikern als eine besonders schwierige grammatische Kategorie:

»Der bekannte österreichische Sprachforscher Hermann Ammann nannte das Medium die merkwürdigste und rätselhafteste Diathese. Und er hat vollkommen recht. Denn während das Aktiv nur eine Funktion hat, nämlich die Ausführung der Handlung zum Ausdruck zu bringen, hat das Medium vier verschiedene Funktionen: 1. Die Ausführung der Handlung für sich selbst, z. B. griech. *paideúomai* ›ich erziehe mir (= für mich)‹. Das ist das sogenannte in-

---

[58] Ebd., 254 f.
[59] Vgl. Steinbach, Middle Voice. A comparative study in the syntax-semantic interface of German.

direkt-reflexive oder ›dativische‹ Medium. 2. Die reflexive Funktion, z. B. griech. *loúomai* ›ich wasche mich‹. Das ist das sogenannte direkt-reflexive oder ›akkusativische‹ Medium. 3. Die reziproke Funktion, das Medium der Gegenseitigkeit (ursprünglich nur im Plural), z. B. griech. *machómetha* ›wir bekämpfen uns, wir kämpfen miteinander‹. 4. Die passive Funktion: das griechische *paideúomai* hat zwei verschiedene Bedeutungen, sowohl ›ich erziehe mir (= für mich) als auch ›ich werde erzogen‹, wobei allein die Kontextinterpretation über die Bedeutung solcher Medialformen Aufschluß zu geben vermag. [...] Wenn man nun eine Erklärung der Herkunft des Medium sucht, so muß man ein solches Urparadigma, das alle diese vier verschiedenen Bedeutungen erklären könnte, finden.«[60]

In dieser ersten kurzen Darstellung des Mediums wird sogleich deutlich, dass die weiter oben beschriebenen reflexiven und reziproken Verben in der deutschen Sprache einen ganz ähnlichen Bedeutungsumfang besitzen. Entscheidender Unterschied ist aber, dass in der altgriechischen Sprache für das Medium eigene grammatische Formen des Verbs vorliegen, die weitgehend identisch sind mit der Passivform des Verbs. Bei Übersetzungen aus dem Altgriechischen ins Deutsche wird das Medium zumeist durch Reflexivformen wiedergegeben: »ich wasche mich« (louomai). In dieser Aussage bin ich Subjekt und Objekt zugleich. Vorläufig gesagt, wird das Medium als Aktionsform dann eingesetzt, wenn sich ein Vorgang nicht in der klaren Spaltung von Subjekt und Objekt vollzieht, wie beispielsweise bei dem Vorgang des »Wachsens«. »Wachsen« kommt im Altgriechischen nur im Medium (gignomai, fúomai) vor, ähnlich wie »Erwachen« (egeiromai).

Sowohl bei dem Wort »wachsen« als auch bei dem Wort »erwachen« ist einleuchtend, dass eine einfache aktive oder passive Form nicht ausreicht. Wenn man sagt »Der Baum wächst«, so ist in der deutschen Sprache der »Baum« das aktive Subjekt zu dem Verb *wachsen*. Betroffen von diesem Vorgang ist aber auch der Baum selbst, denn er »wächst ja sich selbst«. Bei dem Wort »erwachen« gilt Ähnliches. Wenn ich sage »Ich erwache«, so war ich im Erwachen eigentlich noch gar nicht ganz da, um als ein tätiges Subjekt den Vorgang aktiv zu betreiben.[61] Es gibt offenbar Vollzugsformen, die nicht in diese zweigliedrige

---

[60] Georgiev, Das Medium: Funktion und Herkunft, 218.
[61] Proust beschreibt auf den ersten Seiten seines Jahrhundertromans einen solchen Vorgang des Erwachens: »Ich hatte nur in primitivster Form das bloße Seinsgefühl, das ein Tier im Innern verspüren mag: ich war hilfloser ausgesetzt als ein Höhlenmensch; dann aber kam mir die Erinnerung – noch nicht an den Ort, an dem ich mich befand, aber an

Unterscheidung zu passen scheinen. In vielen Sprachen der Welt hat sich daher die Form des Mediums erhalten, wie z. B. im Japanischen. In anderen Sprachen, wie der deutschen, ist es dagegen auf grammatischer Ebene verschwunden zugunsten der reflexiven Verbformen: »Im Germanischen und im Baltisch-Slavischen ist das Reflexivum schon in vorhistorischer Zeit an die Stelle des Medium gerückt.«[62]

Im *Grundriß der vergleichenden Grammatik der indogermanischen Sprachen* wird folgende allgemeine Beschreibung der Aktionsform des Verbs gegeben:

»Die verschiedenen sogenannten Genera verbi geben im allgemeinen eine Stellung des Subjekts zu dem durch das Verbum bezeichneten Vorgang an und beleuchten ursprünglich und zum Teil auch noch in den historischen Sprachperioden einen Einfluß, den das Subjekt auf den Vorgangsverlauf hat.«[63]

Mit dieser Interpretation wird nahegelegt, dass durch die Entwicklung grammatischer Kategorien das Verhältnis des Subjekts zu den Vorgängen ausgelegt wird und sich dadurch ein bestimmter Objektbezug auf der Sprachebene in den Vordergrund drängen kann. Dies lässt sich vor allem an den beiden Aktionsformen Passiv und Medium deutlich zeigen, wobei das Passiv insgesamt die späteste der drei Aktionsformen ist.

Soweit sich heute nachvollziehen lässt, sind aktive und mediale Verbformen in den indoeuropäischen Sprachen weitgehend zugleich entstanden. Heute kann nur noch vermutet werden, warum sich diese Unterscheidung gebildet hat. In dem genannten Werk zur vergleichenden Grammatik findet man für die ursprüngliche Unterscheidung folgende Auslegung:

»Man hat mediale Flexion angewendet, um gegenüber dem schlechthin die Ausführung durch das Subjekt angebenden Aktivum die intensive (körperliche oder geistige) Beteiligung des Subjekts an dem Vorgang zu betonen,

---

einige andere Stätten, die ich bewohnt hatte und an denen ich hätte sein können – gleichsam von oben her zu Hilfe, um mich aus dem Nichts zu ziehen, aus dem ich mir selbst nicht hätte heraushelfen können; in einer Sekunde durchlief ich Jahrhunderte der Zivilisation, und aus vagen Bildern von Petroleumlampen und Hemden mit offenen Kragen setzte sich allmählich mein Ich in seinen originalen Zügen wieder von neuem zusammen.« Proust, Auf der Suche nach der verlorenen Zeit, Bd. 1, 12.
[62] Brugman / Delbrück, Grundriß der vergleichenden Grammatik der indogermanischen Sprachen, Bd. 2, 3. Teil, 2. Hälfte, 710.
[63] Ebd., 678.

den Vorgang als eine vom Subjekt in sich oder mit sich selber vollzogene Tätigkeit stärker hervorzuheben.«[64]

Es werden hier drei Unterscheidungsmerkmale hervorgehoben: 1. intensive Beteiligung des Subjekts am Vorgang (z. B. beim Rennen), 2. der Vorgang vollzieht sich vor allem im Subjekt (z. B. beim Ärgern), 3. der Vorgang bezieht sich auf das Subjekt zurück (z. B. beim Sich-Waschen). Neben der einfachen aktiven Bedeutung etabliert sich durch das Medium eine Unterscheidung, die die Stellung und Beteiligung des Subjekts im Vorgang weiter differenziert. Neben der »dynamischen« und »reflexiven« Bedeutung, die in der gegebenen Beschreibung enthalten sind, bildet sich aber eine weitere Unterscheidung, die anhand von medialen Verbformen zum Ausdruck gebracht wird, das reziproke Medium:

»Wenn es sich um einen Vorgang handelt, bei dem nicht einer, sondern mehrere Wesen als Subjekte beteiligt sind, z. B. um den Vorgang des Kämpfens oder Begegnens, so entsteht durch den Gebrauch der medialen Verbform, die als solche die Tätigkeit sich in der Sphäre des Subjekts abspielen läßt, bei dualischem oder pluralischem Numerus oft von selbst der Begriff der gegenseitigen Einwirkung.«[65]

Mit »intensiver«, »reflexiver« und »reziproker« Bedeutung sind verschiedene Aktionsformen unterschieden, die jedoch letztlich nicht einfach auf einen Nenner gebracht werden können. Sie zeigen Vorgangs- und Geschehensformen, in denen das Subjekt jeweils unterschiedlich beteiligt ist. Aus diesen Formen hat sich später das Passiv entwickelt:

»Unter Passivum versteht man diejenige Gestaltung der Verbalform, durch die man einen Nominalbegriff als den Mittelpunkt eines von ihm ungewollten Vorgangs und somit als den ›leidenden‹ Mittelpunkt eines Vorgangs erscheinen läßt. Eine eigene Flexionsform für diese Diathese hat es in den indogermanischen Sprachen von Anfang an nicht gegeben. Die älteste Bezeichnungsweise mittels einfacher Verbalformen, die sich schon in urindogermanischer Zeit eingestellt hat, war die mittels der Medialformen. In diesen konnte sich am leichtesten ein in der Verbalform etwa noch mitenthaltener Tätigkeitsbegriff so verdunkeln, daß eine rein passive Vorstellung entstand. [...] Die Abspaltung des Passivs von den beiden anderen Diathesen ist erst möglich geworden nach der Differenzierung von Nominativ und Akkusativ. Die Assoziation zwischen Satzsubjekt und Nominativform hatte sich zu der Zeit, als das Passivum entstand, schon befestigt, und so konnte, mit oder ohne Angabe

[64] Ebd., 686.
[65] Ebd., 695.

des Agens, solches im Nominativ erscheinen, was eigentlich Objekt des affizierenden Vorgangs war. Das Treibende war das Bedürfnis, dem Objekt eines Vorgangs die zentrale Stellung im Satz anzuweisen und es damit psychologisch über die Agensstellung zu erheben.«[66]

Heute denkt man kaum noch darüber nach, wie die grammatischen Unterscheidungen enstanden sind, die wie selbstverständlich in jeder Grammatik auf die Sprachen angewendet werden. Bei der Entstehung der grammatischen Unterscheidungen für die Aktionsformen des Verbs wird deutlich, dass erst langsam ein Spektrum entstanden ist, das von einfacher aktiver bis hin zu rein passiver Bedeutung reicht. Dass für die Entstehung des Passivs auch die Differenzierung zwischen Nominativ und Akkusativ eine Rolle gespielt haben soll, zeigt, wie die verschiedenen grammatischen Differenzierungen ineinandergreifen und auf der Ebene der sprachlichen Differenzierungen fortwährend eine Interpretation von Vorgängen im Spiel ist, die sich im selbstverständlichen Gebrauch der Sprache ständig als eine immer mitlaufende Vorentscheidung dem Bewusstsein entzieht. Erst im Vergleich mit anderen Sprachen können diese immer schon durch die Sprache getroffenen Unterscheidungen durchsichtiger und bewusster gemacht werden. Dies wird jedoch dadurch erschwert, dass die Grammatiken selbst häufig die Formen, anhand derer sie die Sprache beschreiben, nicht einer philosophischen Interpretation unterziehen. Auf der anderen Seite verwenden Philosophen die in ihrer Sprache vorhandenen grammatischen Formen häufig, ohne diese Formen selbst zu reflektieren. Die Form des Mediums ist hierfür ein paradigmatischer Fall.

Es sollte aus den bisherigen Überlegungen zum Medium deutlich geworden sein, dass die Interpretation der Aktionsformen des Verbs einen gewichtigen Einfluss darauf hat, wie die Tätigkeit des Subjekts, die Behandlung des Objekts und der Zusammenhang von Subjekt und Objekt gedeutet werden können. An dieser Stelle wird auch deutlich, dass sich die Frage nach Aktiv, Medium und Passiv eng mit der Frage nach dem Subjekt verbindet, die im vorherigen Abschnitt entfaltet worden ist.

Bevor der philosophische Zusammenhang des Mediums auch mit der Philosophie des 20. Jahrhunderts reflektiert wird, sollen Interpretationen des Mediums im Sanskrit, dem Altgriechischen und Japanischen

---

[66] Ebd., 700.

Handlungsformen in verschiedenen Sprachen: Aktiv, Passiv, Medium

vorgestellt werden, um die Reichweite der Fragestellung weiter zu fundieren und zu radikalisieren. Wie in den Ausführungen zur indoeuropäischen Sprachfamilie bereits beschrieben wurde, bildet das Sanskrit eine der ältesten Sprachen in dieser Familie und übertrifft selbst das Altgriechische noch an Formenreichtum. Die Unterscheidung von Aktiv und Medium auf der Ebene der Verbflexionen ist aber beiden Sprachen gemeinsam. Die indischen Grammatiker haben diesen beiden Formen eigene Namen gegeben:

»Aktivum und Medium werden ähnlich wie im Griechischen gebraucht; der indische Terminus ›Medium‹, *ātmane–padam* ›Wortform in bezug auf sich selbst‹, zeigt (gegenüber *parasmai–padam* ›Aktivum‹, d. i. ›Wortform in bezug auf einen anderen‹), daß im Medium der Anteil des Subjekts an der Handlung irgendwie zum Ausdruck kommt (direktes und indirektes Reflexivum, Reziprozität). [...] Jedoch lässt sich in vielen Beispielen die mediale Bedeutungsnuance nicht mehr erkennen; manche Verba werden überhaupt entweder nur im Aktivum oder nur im Medium gebraucht.«[67]

Der Autor zieht als Referenzsprache für die Erschließung der medialen Bedeutung das Altgriechische heran, führt aber zugleich die beiden Bezeichnungen für Wortformen aus dem Sanskrit ein. Vergleicht man beide Auslegungen, so kann man erkennen, dass die indische Bezeichnung für das Medium eine sehr präzise und einfache Auslegung enthält. Die Bezeichnung »Wortform in Bezug auf sich selbst« erreicht eine allgemeinere Beschreibungsebene als die Fokussierung auf die intensive »Teilhabe des Subjekts an der Handlung«. In der Wendung »in bezug auf sich selbst« ist nicht danach unterschieden, ob ein einzelnes Subjekt sich auf sich selbst bezieht, oder ein Geschehen sich insgesamt auf sich selbst bezieht. Es wird vielmehr der Selbstbezug insgesamt in den Mittelpunkt der Auslegung gerückt. Das Medium wäre somit die Aktionsform der Selbstbezüglichkeit, wobei weder ein eindeutiges Subjekt noch Objekt vorausgesetzt werden muss. In dieser Perspektive kann das »Erwachen«, von dem weiter oben die Rede war, als ein medialer Vorgang interpretiert werden, in dem das Subjekt der Tätigkeit aus der Selbstbezüglichkeit des Geschehens erst hervortritt. An dieser Stelle legt sich die Vermutung nahe, dass der mehr oder weniger starke Zwang zum Subjekt in einer Aussage im Fall der großen europäischen Sprachen auch in die Beschreibung von grammatischen Formen hinein-

---

[67] Thumb, Handbuch des Sanskrit, 153.

wirkt. Da beispielsweise die deutsche Sprache die Fokussierung auf das Subjekt in unterschiedlichen Hinsichten ausgebildet hat, scheint eine grammatische Kategorie wie das Medium, die offenbar in Bezug auf das Subjekt im Geschehen auch andere Möglichkeiten vorsieht, nur schwer beschreibbar zu sein.

Dieser Zusammenhang zeigt sich noch deutlicher, wenn man die Beschreibungen des Mediums für die altgriechische Sprache heranzieht. Zwei Auslegungen sollen hier betrachtet werden:

»Wie schon erwähnt, besitzt das Griechische außer Aktiv und Passiv noch eine dritte Zustandsform, eine Handlung bezeichnend, die das Subjekt des Satzes im eigenen Interesse, also gewissermaßen an der eigenen Person vollzieht, so daß es sowohl als tätig, aktiv, wie als hinnehmend, passiv, erscheint. Deshalb wird diese Form, wenn auch nicht ganz zutreffend, als Medium, d.h. in der Mitte zwischen den beiden anderen Genera stehend, bezeichnet. Wie nahe sich Medium und Passiv stehen, erhellt daraus, dass sie in der Mehrzahl der Tempora, im Präsens, Imperfekt, Perfekt und Plusquamperfekt die gleichen Formen haben. [...] Nur im Futur und Aorist gehen sie auch formal ihre eigenen Wege. Das Medium ist nicht als eine spätere Abspaltung vom Passiv, sondern vielmehr als das Ursprüngliche zu betrachten. [...]

Das Medium bezeichnet eine Tätigkeit, die vom Subjekt des Satzes aus- und auf dasselbe wieder zurückgeht; so drückt es immer eine Zurückbeziehung der Handlung auf das Subjekt aus, jedoch in verschiedenem Sinne. Bald ist das Subjekt auch als Objekt zu denken, das wir im Deutschen durch ein Reflexivpronomen ausdrücken, z.B. *louo* ›ich wasche‹ bedeutet in der medialen Form *louomai* ›ich wasche mich‹. [...] Oft drückt es auch das persönliche Interesse aus, das die Subjektperson an einer Handlung hat. So kann das Medium *paideuomai* auch ›ich erziehe für mich, ich lasse mir erziehen‹ bedeuten.

Häufig besagt das Medium, daß das Subjekt mit besonderer Anteilnahme eine Handlung ausführt. [...] Bei vielen Verben hat sich diese Intensitätsbedeutung des Mediums mit der Zeit abgeschwächt, so daß es schließlich keinen anderen Sinn als das Aktiv hatte. [...] Auf ähnliche Weise sind im Lateinischen die sogenannten Deponentia (Verba mit passiver Form und aktiver Bedeutung) entstanden.«[68]

Der Autor geht wie selbstverständlich vom Subjekt für die Interpretation des Mediums aus. Weder wird der Unterschied zwischen einem grammatischen und logischen Subjekt getroffen, noch werden Fälle angeführt, die sich nicht einfach erklären lassen wie das bereits angeführte »erwachen«. Auch der reziproke Sinn wird mit keinem Wort erwähnt.

---

[68] Poeschel, Die Griechische Sprache, 130 ff.

Bei beiden Beispielen, die der Autor gibt – *louomai* und *paideuomai* –, handelt es sich um die in den Schulbuchgrammatiken immer wieder angeführten Beispiele, die auf der einen Seite Bestimmtes verdeutlichen, aber auf der anderen Seite die Schwierigkeiten und Differenzierungen der grammatischen Form des Mediums unberücksichtigt lassen. Schwerer wiegt aber insgesamt die Fixierung auf das Subjekt in der Interpretation des Mediums. Da man auch in den europäischen Sprachen über keine klare Theorie subjektloser Sätze verfügt, mit denen man auch im Sprachgebrauch der Philosophie nicht rechnet, muss letztlich der semantische Gehalt des Mediums als einer grammatischen Form verschlossen bleiben. Die Fixierung auf das Subjekt findet sich auch in den geläufigen Schulgrammatiken:

»Das Medium bezeichnet die gesteigerte innere und äußere Beteiligung des Subjekts an einem Vorgang. Auf folgende fünf Grundtypen der Verwendung lassen sich fast alle Erscheinungsformen des Mediums zurückführen; eine strenge Scheidung ist jedoch nicht immer möglich. Das *direkte Medium* bezeichnet eine Handlung, die das Subjekt unmittelbar auf sich selbst richtet (reflexives Medium). Das *indirekte Medium* bezeichnet eine Handlung, die das Subjekt für sich in seinem Interesse ausübt (dativisches Medium). Das *reziproke Medium* bezeichnet eine Handlung, die das Subjekt mit anderen Personen bei gegenseitiger Zuwendung ausführt. Das *dynamische Medium* bezeichnet eine Handlung, die das Subjekt mit Aufbietung seiner Kräfte und Mittel oder in unmittelbarem praktischem Einsatz vollzieht. Das *kausative Medium* bezeichnet eine Handlung, die das Subjekt andere für sich oder an sich ausführen läßt. (Manche Verben kommen nur als Medium vor, haben aber keinen für uns unmittelbar erkennbaren medialen Sinn, z. B.: *epomai* [ich folge], *gignomai* [ich wachse], *boulomai* [ich will, ich begehre]«[69]

Der Autor beginnt direkt mit der Definition des Mediums ausgehend vom Subjekt, die wie eine Grunddefinition des Mediums wirkt. Die Erklärungen gehen dann alle von einem Einzelsubjekt aus, so dass auch alle Beispielsätze in Form der 1. Person Singular angeführt werden. Würde man aber beispielsweise für das direkte Medium nicht »ich freue mich (terpomai)«, sondern »wir freuen uns (terpometha)« heranziehen, so wäre die Erklärung, dass im direkten Medium das Subjekt sich auf sich selbst zurückbeziehe, nicht einsichtig, da die Situation, in der wir uns freuen, wohl kaum in diesem Sinne beschrieben werden könnte. In der Beschreibung des reziproken Mediums wird der Sachverhalt, um

---

[69] Happ, Organon. Griechische Grammatik, 146 f.

den es sprachlich geht, bei alleiniger Fixierung auf das Subjekt noch schwerer zugänglich. Für den angeführten Beispielsatz (dialegomai tois philois = ich unterhalte mich mit den Freunden) bedarf es der Hinzufügung eines grammatischen Objekts, um dem Satz Sinn zu verleihen. Ginge man auch in diesem Falle in den Plural (dialegometa = wir unterhalten uns), so würde der Sachverhalt, bei dem es im reziproken Medium geht, mit größerer Deutlichkeit hervortreten. Auch hier wird deutlich, dass die Fixierung auf das Subjekt in der 1. Person Singular bei der Beschreibung grammatischer Zusammenhänge den Sachverhalt, der in der Sprache zum Ausdruck gebracht werden soll, eher vorstellt.

Unter dem Absatz zur Erklärung des Mediums sind Beispiele angeführt (z. B. epomai, gignomai), bei denen es nicht klar sein soll, warum sie nur im Medium stehen können, da die Interpretation dieser Medialformen mit den zuvor gegebenen Erklärungen nicht in Übereinstimmung zu bringen sei. Versucht man eine Interpretation der dort angeführten Verben, so lassen sich vielleicht einige Hinweise für den bisher entwickelten Zusammenhang erkennen.

Wenn »ich jemandem folge« (epomai), dann bin ich zwar durchaus tätig in dem Sinne, dass ich gehe. Die Richtung des Gehens jedoch wird nicht von mir, sondern von dem bestimmt, dem ich folge. Der Vorgang des Folgens hat somit zwei verschiedene Aktivitätspole. Derjenige, der vorangeht, und ich, der folgt. Vom Sinn her lässt sich beides nicht voneinander trennen, so dass es sich nicht um eine einfache aktive Aktionsform handelt, aber auch nicht um eine einfache passive Aktionsform. In einer Hinsicht bin ich aktiv, in anderer jedoch passiv. In dieser Deutung ergibt sich ein klarer Sinn dafür, dass dieses Wort nur im Medium gebraucht wird. Ähnliches kann auch für den Vorgang des Wollens oder Begehrens gesagt werden. Beim Wollen und Begehren ist gewöhnlich ein Auslöser gegeben, der von mir gewollt oder begehrt werden kann, so dass auch dies als ein Geschehen auszulegen ist, in das sowohl aktive sowie passive Momente eingehen.

Mit dem nur im Medium vorkommenden *gignomai* wird der Sachverhalt noch deutlicher. Die zwei Grundbedeutungen des Wortes sind: 1. zum Dasein gelangen, entstehen; a. von Menschen: erzeugt, geboren werden, b. von Leblosen: entstehen, werden, geschehen, sich ereignen. 2. In einen Zustand gelangen, (zu) etwas werden. Die beiden Grundbedeutungen »Entstehen« und »Werden« zeigen an, dass jeweils das, zu was etwas werden soll, noch nicht da ist. Es kann auch im Hinblick auf ein Subjekt eigentlich noch nicht gesagt werden, was es ist und zu was es wird. In den Sachverhalten »Entstehen« und »Werden« steht noch alles auf dem Spiel in Bezug auf das, was aus dem Sachverhalt wird. Es ist daher einleuchtend, dass dieses Geschehen als ein Medium aufgefasst wird, da weder ein klares Aktivitätszentrum noch einfach nur ein Passiv vorliegt. Es könnte auch mit den Schwierigkeiten bei der Interpretation des Mediums zusammenhängen, dass man sich auch in der europäischen Philosophie eher schwer getan hat, die Sachverhalte »Entstehen« und »Werden« zu interpretieren und zu denken.[70]

An dieser Stelle sei noch ein weiteres Wort angefügt, das in seiner verbalen Form nur als Medium im Altgriechischen zu finden ist und für den philosophischen Zusammenhang von besonderer Bedeutung ist. Es handelt sich um das Wort *aisthanomai* = ich nehme mit den Sinnen wahr. Warum macht es Sinn, den Vorgang des Wahrnehmens ausschließlich mit dem Medium wiederzugeben? In herkömmlichen Deutungen wird die Wahrnehmung entweder als rein passiv im Sinne eines bloßen Aufnehmens von Gegebenem verstanden, oder in neuerer Zeit als ein rein aktives Verhalten, in dem das Gegebene ausschließlich vom Subjekt her konstruiert wird. Geht man dem Wahrnehmen aber in seinem Vollzug genauer nach, so zeigt sich, dass es weder ein rein passiver noch ein rein aktiver Vorgang ist. Wahrnehmen ist vielmehr das Stiften eines Bezugs zwischen den Wahrnehmenden und dem Wahrgenommenen, bei dem beide Seiten sowohl aktiv wie auch passiv sind. Denn das Wahrgenommene zeigt sich ja den Wahrnehmenden und die Wahrnehmenden nehmen auf und verbinden es mit ihren Kontexten. In der griechischen Wortform ist somit der Sachverhalt der Wahrnehmung philosophisch treffend gedeutet. Dabei muss jedoch gesagt werden, dass auch Philosophen wie Aristoteles das Medium häufig nur noch als ein Passiv gedeutet haben und den medialen Sinn nicht mehr philosophisch angemessen realisiert haben.[71]

---

[70] Vgl. hierzu Bergson, Zeit und Freiheit.
[71] Für die lateinische Sprache, die hier nicht ausführlich behandelt werden soll, kann Folgendes angeführt werden: »Deponentia (von *deponere* ablegen). Das Verbum hat sozusagen die passivische Bedeutung ›abgelegt‹. Es steckt in den Deponentien ein sonst im Lateinischen verschwundenes Genus verbi, das Medium, welches eine auf das Subjekt gerichtete, also in der Mitte zwischen Aktiv und Passiv liegende Handlung bezeichnet: *delector* heißt sowohl ›ich werde erfreut‹ als auch ›ich freue mich‹.« Haussig et al., Lateinische Kurzgrammatik, 37. Für die lateinische Sprache werden alle Interpretationsmuster wiederholt, die auch für das Altgriechische gelten.

4.2.3 Das Medium im Japanischen

Um das bisher Erörterte aus einer anderen Perspektive zu spiegeln und zu erweitern, soll im Folgenden das Medium in der japanischen Sprache herangezogen werden. Das Japanische besitzt eine grammatikalisierte Form für das Medium, die allerdings in modernen Grammatiken vermutlich unter dem Einfluss des lateinzentrierten Grammatikparadigmas nicht mehr als ein solches beschrieben wird. Für die Grammatik der alten japanischen Sprache wird es aber übereinstimmend angenommen:

»Das Medium steht im Japanischen formal und semantisch dem Passiv sehr nahe, indem es einen verbal bezeichneten Vorgang oder Zustand angibt, von dem das Subjekt betroffen wird, jedoch ohne Bewirkung eines Agens und gleichgültig ob durch eigene Intuition oder nicht. […] Die Medialformen des Japanischen besitzen ein hohes Alter und sind seit dem Beginn der schriftlichen Überlieferung nachweisbar. […] (Das japanische Passiv ist vermutlich nur eine Bedeutungserweiterung des Mediums durch Nennung des Agens, das die Befindlichkeit bewirkt). Dies alte Medium nahm im Laufe der Heian-Zeit zusätzlich die Bedeutung eines Potentialis an.«[72]

Diese, von einem deutschen Japanologen zitierte Beschreibung des Mediums zeigt, dass die Deutung des Mediums aus dem Altgriechischen wirksam wird. Das Betroffensein des Subjekts in einem Vorgang oder Zustand wird als der semantische Gehalt des Mediums verstanden. Der letzte Teil des Satzes bringt jedoch eine Wendung in die Beschreibung, die für das Altgriechische nicht zu finden ist. Mit der Feststellung, dass das Medium im Japanischen »ohne Bewirkung eines Agens« auftritt, d. h. ohne Subjekt bzw. Täter, verbindet sich die Deutung des Mediums im Japanischen mit der Frage nach dem Subjekt im Satz. Wie bereits gezeigt, kann im Japanischen das Subjekt ohne weiteres ausfallen, da es nicht im Mittelpunkt des Satzes steht. Vielmehr tritt das Geschehen bzw. die Situation in den Vordergrund, in dem bzw. in der nicht das Subjekt Mittelpunkt ist, sondern vielmehr die Qualität des Geschehens selbst. Im letzten Satz des Zitats wird erwähnt, dass im Japanischen das Medium auch die Bedeutung eines »Potentialis«, d. h. der Möglichkeitsform angenommen hat. Hier zeigt sich eine weitere semantische Ebene des Mediums, die die indoeuropäischen Sprachen nicht kennen. Insgesamt besitzt das Medium gemäß den Standardbeschreibungen im Ja-

---

[72] Lewin, Abriß der japanischen Grammatik, 152 f.

panischen vier Grundbedeutungen. Das folgende Zitat stammt von einem japanischen Grammatiker, der das Medium nicht im Horizont des Altgriechischen auslegt, sondern von den japanischen Traditionen her versteht:

»1. Spontaneity, an action which occurs without prior intention. (In this sense *ru, raru* shows that a certain action occurs naturally, or a certain condition naturally arises. The original meaning of *ru, raru* was spontaneity, and the other meanings developed from it.)
2. Passive voice. (This passive shows that a certain action is suffered from another person and as a general rule it is used only for people and animals.)
3. Potential. (In this sense the ending shows that a certain action is possible. In the Heian period *ru, raru* was used with the negative auxiliary verb *zu*, when it expressed potential; but with the arrival of the Kamakura period it was used independently. It is important to note that the potential meaning also includes the sense that a condition naturally arises (spontaneity).)
4. Respect. (It is used to show respect with regard to the action of the person who is the topic of a sentence [...]. *Ru, raru* did not express respect until the Heian period when many respectful usages were developed.)«[73]

Die Grundbedeutung des Mediums ist nach dieser Deutung die »Spontaneität« eines Geschehens, das in natürlicher Weise hervortritt. In der Deutung wird kein Wort über das Subjekt gesagt, das von dem Geschehen betroffen ist oder ähnliches. Die Beschreibung stellt direkt die Qualität des Geschehens selbst in den Mittelpunkt und betont, dass aus dieser Grundbedeutung auch die drei anderen Bedeutungen hervorgegangen sind. Das Medium im Altjapanischen vereint somit in sich vier verschiedene Bedeutungsebenen, die alle ineinander spielen und bis heute erhalten sind.[74]

Die erste und älteste Bedeutung des Mediums ist ein Vollzug, der sich ganz von selbst und in diesem Sinne natürlich vollzieht und hervortritt. Im Japanischen wird diese Bedeutungsebene mit *jihatsu* 自発

---

[73] Ikeda, Classical Japanese Grammar illustrated with Texts, 112.
[74] Das *genus verbi* wird in der japanischen Sprache durch Verbalsuffixe gekennzeichnet. Die aktive Form wird formal nicht gekennzeichnet. Gekennzeichnet wird das *Medium*, das sich in verschiedenen Bedeutungen auffächert und der *Faktitiv*, der ein Veranlassen bzw. Zulassen zum Ausdruck bringt. Im Altjapanischen sind die Verbalsuffixe für das Medium seit der Heian-Zeit (auf die Varianten kann an dieser Stelle nicht eingegangen werden): *ru* und *raru*. Im modernen Japanisch finden sich vor allem die Suffixe *reru* und *rareru*.

bezeichnet, wörtlich »von selbst hervortreten«. Mit dieser Deutung tritt vor allem die Selbstbezüglichkeit eines Geschehens ins Zentrum für die Beschreibung des Mediums, ohne ausdrücklich dabei auf ein Subjekt, das im Vorgang betroffen ist, einzugehen.

Aus dieser Bedeutung eines Vollzugs, der sich von selbst ergibt, entsteht die Bedeutung des Passivs durch die Nennung eines Beteiligten, dem dieses Geschehen widerfährt: *ukemi* 受身. Dass das Passiv aus dem Medium entstanden ist, wurde bereits bei der allgemeinen Charakterisierung des Mediums erwähnt. Es ist durchaus von Bedeutung, dass dies auch für das Japanische gilt, das in keinerlei Beziehungen zum Sanskrit oder anderen indoeuropäischen Sprachen entstanden ist.

Eine weitere Bedeutung, die sich aus dem von selbst ergebenden Vollzug herleitet, ist die der Möglichkeit. Denn sobald sich etwas von selbst vollzieht und hervortritt, ergibt sich auch die volle Möglichkeit der Sache von selbst: *kanō* 可能. In diesem Sinne bezeichnet das Medium ein Geschehen, in dem auch die Möglichkeit mit hervortritt bzw. das derart gelingt, dass etwas Bestimmtes möglich ist oder wird.

Die vierte Bedeutung des Mediums ist die einer Höflichkeitsform: *sonkei* 尊敬. Bereits im dritten Teil wurde gezeigt, dass die japanische Sprache über eine umfangreiche Höflichkeitssprache verfügt. Dass sich das Medium mit der Höflichkeitssprache verbunden hat, hat vermutlich seinen Grund darin, dass es vor allem in seiner reziproken Bedeutung die Bezüglichkeit der beteiligten Sprecher betont. Dies steht seinerseits in direktem Zusammenhang mit dem Konzept des »Zwischen-Menschen« (kanjin) bzw. der »Zwischenmenschlichkeit« (ningen), auf das im Abschnitt über das Subjekt hingewiesen worden ist.

Die vier Grundbedeutungen des Mediums im Japanischen sind zusammengefasst:
1. *jihatsu*, ein Geschehen, das sich ganz natürlich und von selbst vollzieht.
2. *ukemi*, die Deutung als Passiv, wenn einem belebten Subjekt in einem Geschehen etwas widerfährt.
3. *kanō*, die Deutung als Möglichkeit, wenn durch das Zusammenspiel des Geschehens etwas möglich ist oder wird.
4. *sonkei*, die Deutung als Höflichkeitsform.

Seit der Meiji-Zeit (1868–1912) hat sich in Japan eine eigene Tradition der Grammatikschreibung entwickelt, die sowohl die europäische Tradition wie auch die eigene Tradition einbezieht, um eine der japanischen Sprache angepasste Form der grammatischen Beschreibung zu entwickeln. Einer der bekanntesten japanischen Grammatiker, der beide Traditionen auf eigene Weise ineinander geführt hat, ist Yamada Yoshio (1875–1958). Er bezeichnet das Medium in seiner japanischen Grammatik mit *shizensei* 自然勢 (bzw. *shizen no ikioi*), was so viel bedeutet wie »der Schwung und die Bewegung des Natürlichen« oder einfach »natürliche Bewegung«. Mit dieser Beschreibung verbindet Yamada die Form des Mediums mit einem alten Grundwort (jap. *shizen*, chin. *ziran* 自然) der sinojapanischen Tradition, das bereits in den Anfängen der chinesischen Philosophie eine entscheidende Rolle gespielt hat. An dieser Stelle wird klar, wie die Deutung grammatischer Formen und philosophischer Gedanken eine Verbindung eingehen können, um den semantischen Gehalt der grammatischen Formen auf neue Weise zu deuten. Stand in der Deutung des Mediums im Rahmen europäischer Traditionen vor allem das Subjekt und seine Betroffenheit im Mittelpunkt, so steht in der Deutung des Mediums im Horizont der japanischen Sprache vor allem die Selbstbezüglichkeit in Form eines natürlichen Geschehens im Zentrum der Aufmerksamkeit. Es zeigt sich hier, wie das Medium selbst durch die Sprachgewohnheiten und vor allem durch den Gebrauch des Subjekts (grammatisches und logisches) in der jeweiligen Sprache eine andere Gewichtung erhält.

Um die Deutung des Mediums in der japanischen Sprache weiter zu erhellen, soll ein Beispiel aus der alten Literatur herangezogen werden. In dem berühmten *Tsurezuregusa* finden wir folgenden Satz: *fude wo toreba, mono kakare* 筆を取ればものかかれ. Die einzelnen Wörter besitzen folgende Bedeutung: *fude* = »Pinsel«, *wo* = Akkusativ-Partikel, *toreba* = »greifen«, »nehmen« in der Konditionalform, *mono* = »Sache«, »Ding«, *kakare* = »schreiben« in der grammatischen Form des Mediums. In dem Satz ist kein grammatisches Subjekt genannt. Logisches Subjekt, wenn dieses überhaupt sinnvoll zu unterscheiden ist, ist der den Pinsel Haltende.

Von deutschen Japanologen wird der Satz unter deutlichem Bezug auf die Beschreibung des Mediums in der altgriechischen Grammatik übersetzt: »Wenn ich den Pinsel ergreife, *schreibe ich (so für mich) etwas hin*«.[75] In dieser Übersetzung wird in Klammern der Rückbezug auf das Subjekt des Schreibens hinzugefügt. Vermutlich hat der Übersetzer an das direkte oder indirekte Medium des Altgriechischen gedacht, bei dem eine Tätigkeit sich auf den Tuenden zurückbezieht bzw.

---

[75] Lewin, Abriß der japanischen Grammatik, 152.

Philosophische Sprachenbetrachtung zwischen Europa und Asien

im eigenen Interesse ausgeführt wird. Im ersten Satzteil wird das »Ich« als Subjekt eingefügt und auch zu dem Verb »schreiben« tritt ein Ich als Subjekt hinzu. Der Satz klingt eher neutral und literarisch nicht besonders interessant.

Eine andere Übersetzung gibt folgenden Satz: »Greift man zum Pinsel, *stellt sich die Lust zum Schreiben ein*«.[76] Im ersten Teil ist anstatt ein »ich« als Subjekt zu nennen, das Indefinitpronomen »man« in die Subjektposition gerückt, so dass der Satz zu einer allgemeineren Aussage wird. Im zweiten Satzteil ist das Medium vermutlich im Sinne eines dynamischen Mediums interpretiert, da die »Lust«, die im japanischen Satz nicht genannt wird, eine besondere Beteiligung am Vorgang durch das Subjekt zum Ausdruck bringen soll. Die »Sache«, die geschrieben wird, fällt durch die Übersetzung aus dem Satz heraus.

Eine alternative Übersetzung, die dem Sinn des Mediums im Altjapanischen gerecht zu werden versucht, könnte lauten: »Den Pinsel ergreifend stellt sich von selbst das Schreiben von etwas ein.« Das Wort *kakare* bezeichnet eine Gestimmtheit des Schreibens, in der sich ohne klare Absicht etwas niederschreibt, von dem der Schreiber selbst im Nachhinein überrascht werden kann. Nimmt man die Beschreibung des Mediums im Sinne eines spontanen Geschehens ernst, so sollte auf der einen Seite die Nennung eines Subjekts vermieden und auf der anderen Seite das »Von-selbst« des Geschehens betont werden. Beides in der Übersetzung zu verwirklichen fällt nicht leicht, da zum einen der Zwang zum Subjekt im deutschen Satz kaum umgangen werden kann und die Qualität des »Von-selbst« geistesgeschichtlich nicht in besonderer Weise aufgeladen ist. Indem in der Übersetzung nicht die schreibende Person, sondern das Schreiben zum Subjekt wird, kann das Geschehen des Schreibens selber in den Vordergrund gerückt werden.

Die zuletzt angeführte Deutung erhält auch durch den ersten Satz des *Tsurezuregusa* eine Bestätigung. In dem berühmten Anfangswort heißt es:

»In einsam verlassener Muße, all seine Tage vor dem Tuschstein zu hocken und nichts Besseres zu tun, als absichtslos und offen aufzuschreiben, was einem gerade in den Sinn kommt, das ist schon ein seltsames Gefühl«.[77]

---

[76] Kenkō, Betrachtungen aus der Stille, übers. v. Benl, 100.
[77] Übersetzung nach der Fassung in: Kenkō, Draußen in der Stille. Klassische Erzählungen, Anekdoten und Aphorismen, übers. v. Berndt, 6.

Handlungsformen in verschiedenen Sprachen: Aktiv, Passiv, Medium

In diesem Zitat kommt ein zentrales *ästhetisches Erlebnis* zum Ausdruck, das als durchaus charakteristisch für die japanische Kultur bezeichnet werden kann.[78] Es entspricht präzise der Vorliebe für subjektlose und ereignisbezogene Sprechweisen in der japanischen Literatur, die sich auf raffinierte Weise mit der grammatischen Form des Mediums verbinden.

Da in der chinesischen Sprache aufgrund ihrer Struktur nicht von einem Medium im grammatischen Sinne gesprochen werden kann, soll stattdessen eine Handlungsform vorgestellt werden, die das für die japanische Sprache Entwickelte von einer anderen Seite beleuchtet und einsichtig macht.

In Ostasien hat sich eine Kultur des Handelns entwickelt, deren höchste Qualität das »Nicht-Handeln« (chin. *wuwei* 無為) ist. Ohne an dieser Stelle in die komplizierten Diskussionen über dieses Motiv einzutreten, möchte ich eine Textpassage aus dem *Huainanzi* anführen, einem chinesischen Text aus der Mitte des 2. Jahrhunderts v. u. Z.:

»Was ich Nicht-Handeln (wuwei) nenne, heißt: nicht den Dingen voraus wirken; was ich ›nicht nicht handeln‹ nenne, heißt: ausgehen von dem, was die Dinge wirken. Was ich ›Nicht-Ordnen‹ nenne, heißt: nicht [das] von selbst so zu verändern. Was ich ›nichts nicht ordnen‹ nenne, heißt: ausgehen von dem gegenseitigen Sosein. [...] Die Dinge beleuchten und sich nicht täuschen lassen, wie ein Echo resonieren und nicht ermüden; dies nenne ich die himmlische Loslösung.«[79]

Diese Stelle bündelt verschiedene Motive in höchst komprimierter Weise. Nach dem *Huainanzi* bedeutet Nicht-Handeln, im Handeln den Dingen keine vorgefertigten Konzepte und Pläne überzuwerfen und in diesem Sinne nicht einseitig vom subjektbezogenen Willen gesteuert den Dingen vorauszugreifen. Dies heißt aber gerade nicht, bloß passiv zuzuschauen und nichts zu tun, sondern das Tun und der Wille erzeugen sich in der Entwicklung des Handelns wie von selbst. Dabei wird vermieden, nur einseitig die eigenen Absichten, die nicht im Zusammenspiel mit den Dingen hervortreten, wirken zu lassen. Parallel zum Nicht-Handeln spricht der Text vom »Nicht-Ordnen«, das er mit dem zentralen Topos des »Von-selbst-so« verbindet. »Von-selbst-so« zeigt

---

[78] Diese ästhetische Qualität geht vor allem auf chinesische Vorbilder zurück. Vgl. Wohlfart, Kunst ohne Kunst, in: ders., Der philosophische Daoismus, Köln 2001.
[79] Kraft: Zum Huai-nan-tzu. Einführung, Übersetzung (Kapitel I und II) und Interpretation, 227. Übersetzung leicht verändert.

eine Geschehensqualität an, in der alle beteiligten Momente so in ein Geschehen einbezogen sind, dass die Gesamtordnung nur im Zusammenspiel aller hervorgeht und kein einzelnes Moment die Ordnung beherrscht und verursacht. Somit bedeutet dieses Nicht-Ordnen zugleich, dass nichts nicht geordnet wird, da es ausgeht vom gegenseitigen Sosein aller Momente im Geschehen.

Absichtsloses Handeln im Sinne des Nicht-Handelns und Nicht-Ordnens bedeutet: nicht vorauswirken, sondern von den Dingen ausgehen. Nicht das von selbst so verändern, sondern das gegenseitige Sosein wirksam werden lassen. In der Absichtslosigkeit des Nicht-Handelns und Nicht-Ordnens ist ein Nichts wirksam, das mich selbst im Zusammenspiel mit den Dingen offen hält und wie ein »Echo« resonieren lässt, und das jeweils in höchst präziser Differenziertheit.

Im letzten Satz spricht der Text von der »himmlischen Loslösung«. Das chinesische Zeichen für »Loslösung« bedeutet zunächst einfach nur »einen Knoten entwirren«. In übertragener Bedeutung bedeutet es aber auch, etwas zu verstehen. »Verstehen« in diesem Bilde besagt dann nicht, die Dinge nach einem vorausgehenden Plan zu verstehen, sondern ein Verstehen, das im Handeln von besagter Qualität hervorgeht. Dieses Verstehen tritt dann immer wieder auf neue Weise durch die handelnde Verbindung von Welt und Ich hervor. Hier durchdringen sich Verstehen und Handeln auf intimste Weise.

Selbst wenn man im Chinesischen nicht von einem grammatischen Medium sprechen kann, so ist der Zusammenhang, der mit dem »Nicht-Handeln« aufgerufen wird, von eminent »medialer« Bedeutung. Die Stelle aus dem *Huainanzi* kann direkt für die Auslegung des Zitats aus dem *Tsurezuregusa* herangezogen werden. In beiden Büchern steht ein Handlungsvollzug im Zentrum, der nicht auf ein Subjekt zentriert ist, sondern die Selbstbezüglichkeit und das »Von-selbst« aller Geschehensmomente betont.

Mit der Betrachtung des Mediums in der japanischen Sprache und dem kurzen Blick auf das »Nicht-Handeln« in der altchinesischen Kultur konnte eine neue Perspektive auf das Medium gewonnen werden. Da die Bedeutung des Satzsubjekts in der japanischen Sprache insgesamt zurücktritt, zeigte sich das Medium als die grammatische Form, in der Geschehenszusammenhänge zum Ausdruck gebracht werden, die aus sich selbst entstehen, ohne dass ein eindeutiges Aktivitätszentrum auszumachen wäre. Zugespitzt könnte man von Prozessen der Selbstbezüglichkeit und Selbstorganisation sprechen, die das semantische

Zentrum der grammatischen Form des Mediums bilden. Dieser Vermutung soll im Folgenden in philosophischen Texten nachgegangen werden. Es soll dabei vor allem gezeigt werden, wie die grammatische Form des Mediums denkerische Möglichkeiten bereithält, die vor allem für die europäische Philosophie des 20. Jahrhunderts von immer größerer Bedeutung wurden.

4.2.4 Das Medium in der neueren westlichen Philosophie

Die These, die mit den folgenden Beispielen verfolgt wird, lautet: Bei bestimmten Denkern in der europäischen und nordamerikanischen Philosophie hat sich gegen Ende des 19. Jahrhunderts die Betonung des »Vorgangs selbst« als Ausgangspunkt des Philosophierens signifikant verstärkt. Zugleich ist eine direkte Rückbesinnung auf das Medium als Sprachform zu beobachten. Die bereits im Abschnitt über die Frage nach dem Subjekt im Satz angeführten Zitate von Nietzsche, der tiefe Zweifel an der Angemessenheit der »grammatischen Gewohnheiten« indoeuropäischer Sprachen im Hinblick auf die Tatsache äußerte, dass es zu jedem Vorgang auch einen eindeutig bestimmten Täter geben müsse, werden an dieser Stelle nicht wieder angeführt. Sein Denken war es jedoch, das nachhaltige Anstöße gegeben hat, das Medium auch in der westlichen Philosophie wiederzuentdecken.

Das erste Beispiel, das hier angeführt werden soll, stammt von William James (1842–1910), einem der Begründer des nordamerikanischen Pragmatismus. Gegen Ende des 19. Jahrhunderts, einer Zeit, in der sich die Psychologie noch nicht wirklich als eigenständiges Fach von der Philosophie getrennt hatte, schrieb er in seinem ersten Hauptwerk *Principles of Psychology* (1890), das zum zentralen Ausgangspunkt seiner Philosophie werden sollte, in den Anfangspassagen folgende Worte:

»We now begin our study of the mind from within. [...] *The first fact for us, then, as psychologists, is that thinking of some sort goes on.* [...] If we say in English ›it thinks‹, as we say ›it rains‹ or ›it blows‹, we should be stating the fact most simply and with the minimum of assumption. As we cannot, we must simply say the *thought goes on*.«[80]

---

[80] James, The Essential Writings, 44.

James ringt darum, die einfache Tatsache, dass in uns Menschen Gedanken aufsteigen und wieder verschwinden, sprachlich möglichst einfach als Ausgangspunkt für eine Beobachtung und Erforschung des menschlichen Geistes zum Ausdruck zu bringen. Er hält die Möglichkeit, »it thinks« d. h. »es denkt« zu sagen für die denkbar einfachste Ausdrucksform für den Vorgang, der sich mehr oder weniger ununterbrochen in uns vollzieht. Auf genau diese Formulierung hatten auch Lichtenberg und Nietzsche verwiesen, um den Vorgang des Denkens besser denken zu können. James nennt zwar die Möglichkeit, verwirft sie aber mit dem Argument, dass man das in der englischen Sprache nicht sagen könne. In dem kurzen Zitat zeigt sich, wie bestimmte Gedanken und Beobachtungen, sollen sie versprachlicht werden, die grammatischen Regeln und sprachlichen Ausdrucksformen einer Sprache immer wieder aufs Neue herausfordern. James will eine Ebene zum Ausdruck bringen, die er »pure experience« nennt, ein Zustand, in dem die Gedanken einfach fließen, ohne eigens von einem Subjekt kontrolliert zu werden. Daher ist es ihm wichtig, in seiner Formulierung das Subjekt in der Aussage zu vermeiden, da sich dieses auf der genannten Ebene noch nicht im wirklichen Sinne des Wortes konstituiert hat. James hat noch keine besondere grammatische Form für seinen Gedanken. Dennoch empfindet er einen Mangel und deutet an, ähnlich wie Nietzsche, dass er eine »es-Wendung« für treffend hält.

In *Sein und Zeit* versucht Martin Heidegger (1889–1976) im Anschluss an die altgriechische Philosophie die von seinem Lehrer Edmund Husserl zu Anfang des 20. Jahrhunderts neu begründete Phänomenologie in eine neue Perspektive zu rücken. Für den vorliegenden Zusammenhang ist vor allem die Herleitung des Sinns von Phänomenologie aus dem Altgriechischen von Bedeutung. Hierzu schreibt Heidegger:

»Der griechische Ausdruck *phainomenon*, auf den der Terminus ›Phänomenologie‹ zurückgeht, leitet sich von dem Verbum *phainesthai* her, das bedeutet, sich zeigen; *phainomenon* besagt daher: das, was sich zeigt, das Sichzeigende, das Offenbare; *phainesthai* selbst ist eine *mediale* Bildung von *phainō* an den Tag bringen, in die Helle stellen. [...] Phänomenologie sagt dann: *apophainesthai ta phainomena*: Das was sich zeigt, so wie es sich von ihm selbst her zeigt, von ihm selbst her sehen lassen.«[81]

---

[81] Heidegger, Sein und Zeit, 28, 34.

Handlungsformen in verschiedenen Sprachen: Aktiv, Passiv, Medium

Heidegger verfolgt das Wort *Phänomen* zurück auf seinen altgriechischen Ursprung, wo auch das *genus verbi* Medium noch in voller Funktion gefunden werden kann. Mit dem Medium *phainesthai* liegt in der Deutung Heideggers der gesamten Phänomenologie ein Medium zugrunde: »Sich zeigen« und das »Sichzeigende« sind Strukturen, die eine Ebene betreffen, auf der das Subjekt als dasjenige, was einen Gegenstand erkennt, sich noch nicht konstituiert hat. Im Hervortreten des »Sichzeigenden« entsteht erst ein Zusammenhang, aus dem sich die verschiedenen Differenzen ergeben. Heidegger beginnt somit nicht mit der Voraussetzung, dass es ein Subjekt und ein Objekt gibt, sondern versucht zu zeigen, dass dieser Trennung ein medial verstandenes »Sichzeigen« vorausgeht, aus dem Subjekte und Objekte ihren Sinn gewinnen können. Bei Heidegger wird die grammatische Form des Mediums explizit zur Grundform des Denkens. Ob hierin die immer wieder behauptete Nähe des Heidegger'schen Denkens zu ostasiatischen Denktraditionen einen gewichtigen Grund hat, kann an dieser Stelle nicht entschieden werden.[82] Sicher ist nur, dass Heidegger selbst auf ostasiatische Gedanken verwiesen hat, zugleich aber immer wieder betont hat, dass seine Sprachkenntnisse nicht ausreichend seien, um in eine wirkliche Auseinandersetzung zu treten.

Auch bei Jacques Derrida (1930–2004) findet man an zentraler Stelle einen direkten Bezug auf das Medium. In seinem berühmten Vortrag *La Différance* bringt er das Thema des Vortrags und damit auch das, was die Philosophie Derridas insgesamt in Bewegung hält, mit dem Medium in Verbindung:

»Nach den Forderungen einer klassischen Begrifflichkeit würde man sagen, dass ›différance‹ die konstituierende, produzierende und originäre Kausalität bezeichnet, den Prozeß von Spaltung und Teilung, dessen konstituierte Produkte oder Wirkungen die *différents* oder die *différences* wären. Während wir uns indes dem infinitiven und aktiven Kern des *différer* nähern, neutralisiert ›différance‹ (mit *a*) das, was der Infinitiv als einfach aktiv kennzeichnet, ebenso wie ›mouvance‹ (Beweglichkeit) nicht die einfache Tatsache des Bewegens, des sich Bewegens, oder des Bewegt-werdens bezeichnet. Die Resonanz *(résonance)* ist nicht mehr der Akt des Ertönens *(résonner)*. Es ist zu bedenken, dass im Französischen die Endung auf *ance* unentschieden zwischen dem Aktiv und dem Passiv verharrt. Wir werden sehen, warum, was sich durch ›dif-

---

[82] Vgl. Elberfeld, Heidegger und das ostasiatische Denken. Annäherungen zwischen fremden Welten.

férance‹ bezeichnen läßt, weder einfach aktiv noch passiv ist, sondern eher eine mediale Form *(voix moyenne)* ankündigt oder in Erinnerung ruft, eine Operation zum Ausdruck bringt, die keine Operation ist, die weder als Erleiden noch als Tätigkeit eines Subjektes, bezogen auf ein Objekt, weder von einem Handelnden noch von einem Leidenden aus, weder von diesen Termini ausgehend noch im Hinblick auf sie, sich denken läßt. Nun hat aber wohl die Philosophie mit der Aufteilung der medialen Form *(voix moyenne)*, einer gewissen Nicht-Transitivität, in Tätigkeitsform und Leideform eingesetzt und sich in dieser Repression konstituiert.«[83]

Derrida sucht nach einer Alternative zwischen den einfach aktiven oder passiven Ausdrucksformen. Er hat dabei ein Geschehen im Auge, das sich mit diesen Kategorien nicht fassen lässt. Worum es dabei geht, ist nichts Geringeres, als die traditionelle europäische Begriffssprache, die auf der aktiv-passiv Unterscheidung aufbaut, zu durchbrechen. Auch wenn Derrida an dieser Stelle der grammatischen Form des Mediums nicht weiter nachgeht, so verweist er doch deutlich auf das Medium als eine mögliche andere Perspektive, um die unliebsame Dichotomie von Aktiv und Passiv zu unterlaufen.

4.2.5 Das Medium in der modernen japanischen Philosophie – Nishida und Nishitani

Von den Entwicklungen in der neueren westlichen Philosophie kann ein Blick auf die moderne japanische Philosophie geworfen werden. Von den verschiedenen Ansätzen, die im Japan des 20. Jahrhunderts entstanden sind,[84] sollen nur die beiden Denker Kitarō Nishida, der weiter oben bereits vorgestellt worden ist, und Keiji Nishitani, ein Schüler von Nishida, zu Wort kommen. Das Denken Nishidas und Nishitanis kann als

---

[83] Derrida, Die différance, 84. In französischer Sprache lautet die zentrale Passage wie folgt:»Il faut méditer ceci, dans l'usage de notre langue, que la terminaison en *ance* reste indécise *entre* l'actif et le passif. Et nous verrons pourquoi ce qui se laisse désigner par ›différance‹ n'est ni simplement actif ni simplement passif, annonçant ou rappelant plutôt quelque chose comme la voix moyenne, disant une opération qui n'est pas une opération, qui ne se laisse penser ni comme passion ni comme action d'un sujet sur un objet, ni à partir d'un agent ni à partir d'un patient, ni à partir ni en vue d'aucun de ces *termes*. Or la voix moyenne, une certaine non-transitivité, est peut-être ce que la philosophie, se constituant en cette répression, a commencé par distribuer en voix active et voix passive.«
[84] Vgl. zur modernen japanischen Philosophie: Elberfeld, Philosophie in Japan – Japanische Philosophie. Perspektiven der Philosophiegeschichtsschreibung im 20. Jahrhundert.

die denkerische Entfaltung des Mediums gelesen werden, auch wenn beide Denker nicht explizit von dieser Form ausgehen. Nishida hat in seinem Erstlingswerk *Studie über das Gute* (1911), das auch in deutscher Sprache vorliegt, das zentrale Wort *pure experience* (»Reine Erfahrung«) von William James übernommen. Wie in dem weiter oben angeführten Zitat deutlich geworden ist, versuchte James einen *medial* verfassten Sachverhalt zu denken. Genau dies verbindet ihn mit Nishida, wie in dem Anfangspassus der *Studie über das Gute* deutlich wird:

»*Erfahren* bedeutet, Wirkliches einfach so, wie es von sich her ist, zu wissen. All unsere eigenen [künstlichen] Zutaten weglassend dem Wirklichen folgend [es] zu wissen. Rein beschreibt den Zustand einer wirklichen Erfahrung einfach so wie sie ist, der in keiner Weise ein reflektierendes Unterscheiden anhaftet. Dem, was gewöhnlich Erfahrung genannt wird, ist eigentlich immer ein irgendwie geartetes Denken beigemischt. Das meint zum Beispiel, dass wir in dem Augenblick, in dem wir eine Farbe sehen oder einen Ton hören, weder überlegen, ob es sich um Einwirkungen äußerer Dinge handelt, noch ob ein Ich diese empfindet. Selbst das Urteil, was diese Farbe und dieser Ton eigentlich sind, ist auf dieser Stufe noch nicht gefällt. Somit sind *Reine* und unmittelbare Erfahrung eins. In der unmittelbaren Erfahrung des eigenen Bewusstseinszustands gibt es noch kein Subjekt und kein Objekt. Die Erkenntnis und ihr Gegenstand sind völlig eins: Das ist die reinste Form der Erfahrung.«[85]

Nishida charakterisiert hier die Grundform von Erfahrung, aus der alle weiteren bewussten Bestimmungen erst hervorgehen. Ausgehend von dem bisher über die grammatische Form des Mediums Entwickelten, kann man die Erfahrungsweise, die Nishida anspricht, als eine Erfahrung im Sinne des Mediums verstehen. Es handelt sich um eine Form der Erfahrung, die der Unterscheidung von Subjekt und Objekt vorausliegt. Als paradigmatische Situationen für eine solche Form der Erfahrung führt Nishida das Sehen einer Farbe und das Hören eines Tones an. Hört man einen Ton ohne alle Absichten und Interpretationen, so tritt allein das Erklingen eines Tones in den Vordergrund. Im Erklingen spannt sich ein bewegter Beziehungsraum auf, von dem der Hörende und die Hörquelle umfasst werden. Für Nishida ist es wichtig, dass in dieser Form der Erfahrung das Ich aufgegeben wird. Dies ist für eine herkömmliche philosophische Deutung von Erfahrung in Europa sehr ungewöhnlich. Ist es nicht gerade das »Ich«, von dem ausgehend alle

---

[85] Nishida, Über das Gute, 29. Übersetzung leicht verändert.

Erfahrungen gemacht werden? Erst vor dem Hintergrund dessen, was weiter oben über das Subjekt in der japanischen Sprache und das Medium gesagt worden ist, wird deutlicher, dass die sprachlichen und grammatischen Voraussetzungen den Gedanken Nishidas durchaus nahelegen. Es geht in der zitierten Anfangspassage nicht um mystische Ekstase, sondern um eine Erfahrungsform, die von der japanischen Sprache nahegelegt wird, da sie das Subjekt ohne weiteres auslassen kann, und zudem das Medium in der japanischen Sprache auf verschiedenen Ebenen die Ausdrucksweisen bestimmt. Das Wegfallen des Subjekts ist daher in gewisser Hinsicht nichts Besonderes, sondern eher der Normalfall einer Geschehenswahrnehmung. Nishida geht von dieser Form der Erfahrung aus und entwickelt ein Philosophieren, das sich immer wieder an diesen »subjektlosen« Vollzug zurückbindet.

Eine ähnliche Konstellation finden wir bei Keiji Nishitani (1900–1990). In seinen Grundannahmen stimmt er mit Nishida weitgehend überein. Er entwickelt Nishidas Denken insbesondere vor dem Hintergrund zenbuddhistischer Erfahrungen weiter und beschreibt die »reine Erfahrung« auf der konkreten Ebene der Sinnlichkeit. In einem Aufsatz schreibt er im Rückbezug auf das Medium über das Sehen und Hören:

»In dem ursprünglichen Ort, der die so genannte Sinnlichkeit hervorbringt bzw. im Ort des Erscheinens, in dem Sinnlichkeit in reiner Einfachheit, so wie sie von sich her ist, anfänglich entsteht, ist kein Unterschied zwischen dem empfindenden ›Etwas‹ und dem empfundenen ›Etwas‹ enthalten. Die Tätigkeit des Sehens ist mit dem Sichtbarsein (mieru to iu koto) des Dinges und die Tätigkeit des Hörens ist mit dem Hörbarsein (kikoeru to iu koto) des Tones unmittelbar eins. Wenn es früher hieß, Subjekt und Objekt sind ungeschieden oder Dinge und Ich vergessen einander, so verwies das auf diesen Ort. Wir sagen: ›Das Meer ist sichtbar‹ oder ›Die Glocke ist hörbar‹. In diesem Falle ist ›… sichtbar‹ etwas anderes als das Meer ›sehen‹ oder das Meer ›wird gesehen‹. Vielmehr drückt [es] beide Seiten ungeschieden ineins aus.«[86]

Nishitani kann, um seinen Gedanken zum Ausdruck zu bringen, direkt auf die Medialformen *mieru* und *kikoeru* zurückgreifen, ohne dass ihm dabei eigens bewusst ist, dass er damit auf eine sehr alte grammatische Form im Japanischen zurückgreift, die auch im modernen Japanischen, wenn auch oft unerkannt, immer noch zentral das Sprechen und Schreiben prägt. Ähnlich wie in der Anfangspassage von Nishida, geht es darum, einen Ort zu beschreiben, an dem Sehendes und Gesehenes in

---

[86] Nishitani, Über das Gewahren, 87. Übersetzung leicht überarbeitet.

einem Vollzug aufgehen, ohne dass darin eine Subjekt-Objekt Trennung auftreten würde. Die Erfahrungsformen, auf die Nishida und Nishitani bei der Fundierung ihres Philosophierens zurückgreifen, stammen zwar nicht nur aus dem Bereich des Zen-Buddhismus, sind aber von diesem in größerem Umfang beeinflusst. Um dies zu verdeutlichen, sollen zwei Beispiele aus dem Bereich des Zen-Buddhismus herangezogen werden.

4.2.6 Beispiele aus dem Bereich des Zen-Buddhismus

Die folgende Textstelle aus Dōgens *Genjōkōan* ist sehr berühmt. In dieser Textstelle verwendet Dōgen zwei Mal die gleiche mediale Verbform, was aber bisher in kaum einer Übersetzung berücksichtigt worden ist. Beide Stellen werden meistens einfach passivisch übersetzt.

»Buddhas Weg erlernen heißt sich selbst erlernen. Sich selbst erlernen heißt sich selbst vergessen. Sich selbst vergessen heißt durch die zehntausend *dharma* von selbst erwiesen werden können (shō seraruru). Durch die zehntausend *dharma* von selbst erwiesen werden können (shō seraruru) heißt Leib und Herz seiner selbst und Leib und Herz der anderen abfallen zu lassen.«[87]

Soll der Buddha-Weg erlernt werden, so bedeutet dies, dass ich mein eigenes Bild von mir, das sich über die Jahre meines Lebens gebildet hat, loslasse und vergesse, um zu einer Ebene vorzustoßen, in der *ich selbst* als Geschehen immer wieder hervortrete.

Gewöhnlich verfestigt sich beim Menschen das Ich-Bild in einer Weise, die für ihn zunehmend undurchsichtiger wird, je länger er im Rahmen bestimmter Vorstellungen und Denkgewohnheiten lebt. Um dieses verfestigte Ich-Bild zu durchbrechen, steht für Dōgen das »Vergessen« am Anfang eines Prozesses, der hineinführt in den Bildakt meiner selbst. Dieser Bildakt kann mir aber nur dann durchsichtiger werden, wenn ich alle verfestigten Selbstbilder »vergessen« habe. Erst dann wird ein Geschehen erfahrbar, in dem ich selbst durch alle Gegebenheiten »von selbst erwiesen werde«. Der Bildakt meiner selbst wird im Vergessen meiner selbst durchsichtig auf die innere Zusammengehörigkeit mit allen Gegebenheiten. »Ich« gehe nicht hervor als ver-

---

[87] Ōhashi / Elberfeld (Hg.), Dōgen. Shōbōgenzō. Ausgewählte Texte. Anders Philosophieren aus dem Zen, 38 f.

einzelte Entität, sondern im Zusammenspiel mit allen Gegebenheiten, die dies auch zeigen und erweisen, wenn ich selbst von mir absehe als dem alleinigen Zentrum meines Hervorgangs. Wenn eigenes und anderes Selbst »abgefallen« sind, zeigt sich das Zusammenspiel aller Momente, aus denen ich selbst und alle Wesen hervortreten. Damit dieses Geschehen Moment meiner Erfahrung wird, ist vorausgesetzt, dass ich zunächst in längeren Übungen alle fest gewordenen Vorstellungen und Interpretationen von mir selbst und den anderen *vergesse*. Im Vergessen meiner selbst zeigt sich dann ein Geschehen, in dem ich selbst als Moment des Geschehens hervorgehe. Genau an dieser Stelle kommt die grammatische Form des Mediums zum Einsatz, die diesen Vollzug zum Ausdruck zu bringen vermag.

Als abschließendes Beispiel soll auf das bekannte Buch von Eugen Herrigel (1884–1955) *Zen in der Kunst des Bogenschießens* eingegangen werden. Dieses Buch ist auch in philosophischen Kreisen sehr einflussreich geworden, da sein Verfasser Philosophieprofessor war und über längere Zeit in Japan Philosophie gelehrt hat. Das Buch hat in der deutschen Sprache die »es-Metaphorik«, die bereits bei Lichtenberg und Nietzsche im »es denkt« philosophisch genutzt wurde, unterstützt und erweitert. Den meisten ist wahrscheinlich die Wendung bekannt »nicht ich schieße, sondern *es* schießt«, um die es nach Herrigel in der zen-buddhistischen Übung des Bogenschießens geht. Herrigel schildert in dem Buch den langen Prozess mit all seinen Schwierigkeiten, bis er zu der entscheidenden Erfahrung durchbricht. Eine zentrale Stelle aus dem Buch, an der der Meister seinem Schüler die Qualität des Vollzugs näherzubringen versucht, lautet wie folgt:

»Eines Tages fragte ich daher den Meister: ›Wie kann denn überhaupt der Schuß gelöst werden, wenn *ich* es nicht tue?‹
›*Es* schießt‹, erwiderte er.
›Das habe ich schon einige Male von Ihnen gehört und muß daher anders fragen: wie kann ich denn selbstvergessen auf den Abschuß warten, wenn "ich" gar nicht mehr dabei sein soll?‹
›*Es* verweilt in höchster Spannung‹
›Und wer oder was ist dieses *Es*?‹ [...]
Sprechen wir nicht mehr darüber, sondern üben wir!‹«[88]

Im deutschen Text taucht zwar kein »Medium« auf, aber es ist erkennbar, dass die »Es-Wendung« hier zu einer Ersatzform für das Medium

---

[88] Herrigel, Zen in der Kunst des Bogenschießens, 40 f.

wird: »Es schießt«. Da die Situation in Japan stattgefunden haben wird, Herrigel aber kein Japanisch verstehen konnte und das Buch auf Deutsch verfasst wurde, fragt man sich, was denn der Meister eigentlich in der Situation auf Japanisch gesagt haben mag. Da das Gespräch nicht originalsprachlich überliefert ist, können wir dies jedoch nicht mehr nachvollziehen. Das Einzige, was einen Anhaltspunkt bieten könnte, ist eine japanische Übersetzung des Buches von Herrigel.[89] Der zunächst 1948 und dann 1951 überarbeitet in deutscher Sprache erschienene Text wurde 1981 auch in japanischer Fassung publiziert. An dieser Übersetzung ist sprachlich Interessantes zu beobachten. Die Wendung »es schießt« wird mit »*sore ga iru no desu*« übersetzt. Das »es« wird durch ein japanisches Demonstrativpronomen übersetzt, das an dieser Stelle aber unbestimmt bleibt im Sinne von »›jenes‹ hat geschossen«. Hier taucht ein Subjektersatz auf, der in alten Texten nicht notwendig war. Hier übernimmt die moderne japanische Sprache eine Form aus den europäischen Sprachen für etwas, das zuvor in anderer Weise zum Ausdruck gebracht wurde. Dies zeigt ein Blick in den Klassiker *Gorin no sho* 五輪書 über die Schwertkunst. Dort finden wir folgenden Satz, um die Qualität der Bewegung zum Ausdruck zu bringen beim Gelingen des Schlages mit dem Schwert:

おのづから打、おのづからあたる、是皆空の道也。[90]

(onozukara uchi, onozukara ataru, kore mina ku no michi nari)
»Von selbst schlagen, von selbst treffen: Dies alles ist der Weg der Leere.«

Eine andere Möglichkeit der Übersetzung im Sinne Herrigels wäre:

»Es schlägt, es trifft: Dies alles ist der Weg der Leere.«

Das Wort *onozukara* ist bedeutungsgleich mit dem Wort *shizen*, das von Yamada Yoshio für die Beschreibung des Mediums herangezogen worden ist. Das, was bei Dōgen noch mit der medialen Form bezeichnet worden ist, wird im *Gorin no sho* auf semantischer Ebene zum Ausdruck gebracht. Durch den Vergleich der Stellen – japanische Herrigel-Übersetzung und Satz aus dem *Gorin no sho* – könnte man zeigen, wie sich die moderne japanische Sprache durch den Import von Subjekten

---

[89] Eugen Herrigel (1884–1955), von 1924–1929 in Sendai. Das Buch *Zen in der Kunst des Bogenschießens* wurde später ins Japanische übersetzt: Zen to umi, übers. v. Inatomi / Ueda, 1981, [16]1996.
[90] Miyamoto Musashi, Gorin no sho, 25.

und Substantiven verändert hat, wodurch gerade auch mediale Sprachformen überdeckt worden sind, die auf der anderen Seite in Europa wiederentdeckt werden z. B. bei Heidegger und Derrida, deren Ansätze ihrerseits wiederum häufig mit klassischen ostasiatischen Denkansätzen verglichen werden. Dieses verwickelte Bezugsgeschehen zwischen verschiedenen Sprachen könnte durch die umfassende Analyse des Mediums in indoeuropäischen und ostasiatischen Sprachen durchsichtiger gemacht werden. Die Bedeutung des Mediums als Sprachform reicht aber weiter. Es gehört zu den grammatischen Grundformen vieler Sprachen und ist vermutlich auch grundlegend für die Auslegung von Erfahrungsformen in verschiedenen Kulturen. An dieser Form kann explizit studiert werden, wie bereits auf der Ebene grammatischer Beschreibung und grammatischen Verstehens semantischer Gehalte Missverständnisse vorprogrammiert sind.

4.2.7 Gebrauchsformen des Mediums in verschiedenen Sprachen – Wiedergewinnung einer alten Sprachform für das Denken der Gegenwart

Da das Medium als grammatische Form in der deutschen und allen anderen heute wichtigen europäischen Bildungssprachen nicht unterschieden wird, sind Geschehensformen, die weder subjekt- noch objektzentriert sind, nur schwer angemessen zum Ausdruck zu bringen. Sie legen sich ausgehend von der deutschen Sprache als zentrale Formen der Erfahrung nicht nahe. Manchmal werden sie nur unter Missachtung der Grammatik zur Sprache gebracht, wenn es die Sache selbst erfordert. Durch die Wiedergewinnung des semantischen Sprachraums, der durch die grammatische Form des Mediums erschlossen wird, können Gedanken, die z. B. sinnliche und leibliche Vollzüge zu deuten versuchen, wesentlich präziser gefasst werden. Zudem können durch die mediale Sprachform Mystifizierungen vermieden werden, die allzu schnell auf eine All-Einheit verweisen. Das Medium ist eine Sprachform, die noch immer in vielen Sprachen zu finden ist, so dass sie in ihren Gebrauchsformen in verschiedenen Sprachen erforscht werden kann. Dies kann gerade auch einen Beitrag für das Gespräch zwischen europäischen und asiatischen Philosophieansätzen leisten.

Suzanne Kemmer hat 1993 aus sprachwissenschaftlicher Perspektive ein umfassendes Buch zum Medium in verschiedenen Sprachen vorgelegt. Im Anhang findet sich folgende Zusammenstellung zum semantischen Gesamtraum des Mediums. Durch diese Zusammenstellung wird deutlich, dass das Medium eine der semantisch kompliziertesten oder vielleicht sogar die komplizierteste grammatische Form ist. In der Zusammenstellung wird klar, dass die Reichweite des Mediums menschliche wie natürliche Vollzüge umfasst. All diese Vollzüge werden im Rahmen des Mediums jenseits der einfachen Unterscheidung von aktiv und passiv erschlossen:

»1. Emphatic domain (I did it myself)
2. Reflexive situations (He saw himself in the mirror)
3. Reciprocal domain (The girls looked at each other)
4. (Middle) passive (lights are lit)
5. Impersonal (They say that ...)
6. Facilitative (This chapter reads easily)
7. Grooming (wash, dress)
8. Nontranslational motion (turn, bow, stretch)
9. Change in body posture (sit down, stand up)
10. Other body actions (breath, sneeze)
11. Translational motion (go, fly, run, fall)
12. Positional (be lying, be sitting)
13. Emotional middle
    a) 1-participant (be glad, be amazed)
    b) 2-participant (love, hate)
    c) desiderative (hope, regret)
    d) speech action (pray, lament, vow)
14. Cognition middle (know, think, realize, forget, meditate)
15. Perception middle (see, hear, touch, taste, smell)
16. Spontaneous events
    a) Motion (rock, waver, droop)
    b) Position (hang, be spread out)
    c) Spontaneous events associated with:
        a. Animate beings (die, be born, grow)
        b. Inanimate beings (sink, burn, explode, vanish ...)
        c. Inanimate state / activity impinging on human sensory organs (flash, ring, hurt)
        d. Property of inanimate entity filtered through cognitive interpretative mechanism (appear, seem)«.[91]

An dieser Tabelle zeigt sich mit Nachdruck, welch unterschiedliche Phänomenbereiche in der grammatischen Form des Mediums zusammen

---

[91] Kemmer, The Middle Voice, 267 ff.

gesehen werden können. Das Verbindende ist, dass es sich bei allen Phänomenen um Vollzugsformen handelt, in denen keine eindeutige Subjekt-Objekt-Zuschreibung stattfinden kann. Die mediale Form des Vollzugs finden wir somit in allen Wirklichkeitsbereichen, was jedoch nicht in den Blick tritt, wenn die grammatische Form, durch die mediale Vollzugsformen angezeigt werden können, verlorengeht. Die Beschäftigung mit der grammatischen Form des Mediums lässt uns somit vor allem aufmerksam werden auf bestimmte *Qualitäten* von Wirklichkeitsvollzügen. Durch die Verschiebung der Aufmerksamkeit tritt in der Analyse von Vorgängen anderes in den Vordergrund. Vor allem die zu einfache Unterscheidung »nur subjektiv« und »nur objektiv« wird unterlaufen und auf neuen Ebenen zugänglich und auslegbar.

4.3 Grammatikalisierung der Zeit

Jede Sprache strukturiert zeitliche Erfahrungen in verschiedener Weise. So besteht in jedem Satz der deutschen Sprache der Zwang – ähnlich wie im Falle des Subjekts – eine Zeitform zu wählen. In flektierenden Sprachen kann die Zeitform nicht offengelassen werden, ohne dass der Satz grammatisch falsch wäre. Oft wird die Zeitform des Satzes zusätzlich durch die semantische Ebene spezifiziert, d. h. durch Wörter wie »morgen«, »gestern«, »heute«, die als solche eine zeitliche Bedeutung besitzen. Wir können somit für jede einzelne Sprache danach fragen,

»auf welche Weise die einzelnen Sprachen mit Hilfe ihrer Tempusformen – vorausgesetzt, sie haben überhaupt solche – das Phänomen Zeit konstituiert, konkretisiert und differenziert haben. Dann stellt sich im Zusammenhang der grammatischen Analyse die phänomenologische Aufgabe zu prüfen, welche Überschneidungen und Diskrepanzen zwischen den grammatischen und den nicht-grammatischen Formen der Zeitkonstitution bestehen.«[92]

Im Zitat wird darauf hingewiesen, dass es Sprachen geben kann, die überhaupt keine Tempusformen ausgebildet haben. Mit der Behauptung, es gebe eine solche »zeitlose Sprache« (timeless language), wurden in den Sprachwissenschaften gegen Mitte des 20. Jahrhunderts kontroverse Diskussionen ausgelöst. Es war Benjamin Lee Whorf, der in seinen sprachwissenschaftlichen Untersuchungen zur Sprache der

---

[92] Köller, Philosophie der Grammatik. Vom Sinn grammatischen Wissens, 39.

Grammatikalisierung der Zeit

Hopi, eines nordamerikanischen Indianerstammes, herausstellte, dass es in der Hopi-Sprache keine grammatischen Zeitformen gebe:

»Nach langer und sorgfältiger Analyse ist man zu der Feststellung gekommen, dass die Hopisprache keine Wörter, grammatischen Formen, Konstruktionen oder Ausdrücke enthält, die sich direkt auf das beziehen, was wir ›Zeit‹ nennen. Sie bezieht sich auch weder auf Vergangenheit, Gegenwart oder Zukunft noch auf Dauern oder Bleiben noch vorzüglich auf kinematische Bewegung[93] im Gegensatz zur dynamischen Bewegung[94]. Ja, sie beziehen sich nicht einmal in einer solchen Weise auf den Raum, dass dabei jenes Element der Extension und der Existenz, das wir ›Zeit‹ nennen, ausgeschlossen wäre, so dass die Zeit indirekt, in der Form eines negativen Residuums, berücksichtigt würde. Kurz – die Hopisprache enthält weder ausdrücklich noch unausdrücklich eine Bezugnahme auf ›Zeit‹.«[95]

Im Zitat spricht Whorf immer wieder davon, dass in der Hopi-Sprache das nicht vorkommt, was »wir« Zeit nennen. Der Ausgangspunkt der Analysen bildet die Strukturierung der Zeit in den »Standardsprachen Europas« (Standard Average European), womit vor allem das Englische gemeint ist. Dabei wird deutlich, dass Whorf unter »Zeit« nur die objektivierte Zeit versteht, die er mit »Vergangenheit«, »Gegenwart« und »Zukunft« identifiziert, die sich seiner Ansicht nach im Temporalsystem europäischer Sprachen manifestieren. Genau diese Formen »verdinglichter« und »verräumlichter« Zeit findet er in der Hopi-Sprache nicht. Er geht dann noch einen Schritt weiter und setzt diese Vorstellung der objektivierten Zeit mehr oder weniger gleich mit der linearen Zeit, die er in den klassischen Naturwissenschaften, insbesondere in der Physik zu finden meint. Die Verbindung dieser beiden Beobachtungen legt dann für ihn den Schluss nahe, dass auf der Grundlage der Hopi-Sprache keine Naturwissenschaft im europäischen Sinne hätte entstehen können. An einigen Stellen hält Whorf diese Vereinfachung der Zeitvorstellungen nicht durch und erweitert seinen Zeitbegriff:

»Das Hopi kann man als eine Sprache ohne Zeitbegriff bezeichnen. Sie kennt die psychologische Zeit, die der ›durée‹ Bergsons ähnelt; aber diese ›Zeit‹ ist etwas ganz anderes als die mathematische Zeit, t, unserer Physiker.«[96]

---

[93] D.h. Bewegung als kontinuierliche Ortsveränderung in Raum und Zeit.
[94] D.h. Bewegung als Äußerung eines Kraftaufwandes in einem gewissen Prozess.
[95] Whorf, Sprache – Denken – Wirklichkeit. Beiträge zur Metalinguistik und Sprachphilosophie, 102.
[96] Ebd. 15.

An dieser Stelle wird deutlich, dass es Whorf nicht eigentlich darum geht, der Hopi-Sprache die Zeit als solche abzusprechen, sondern darum, eine andere Form von Zeit zu finden – sein Hinweis auf Bergson legt dies nahe –, neben der von ihm eher kritisch und als einseitig betrachteten Zeit in der klassischen Physik. Da aber sein Begriffsgebrauch unscharf und allgemein bleibt, wird nicht deutlich, an welchen Parametern und Interpretationen er sich orientiert. Geht er aus vom Temporalsystem der herkömmlichen europäischen Sprachen, um andere Sprachen zu beschreiben? Interessiert ihn ein philosophischer Zeitbegriff, wie er beispielsweise bei Bergson zu finden ist? Oder will er nur den verdinglichten Zeitbegriff der klassischen Physik kritisieren? Aufgrund dieser verschiedenen Ebenen, die bei Whorf nicht scharf getrennt werden, ist sein Ansatz, Sprache und Denken statisch aneinander zu koppeln, immer wieder zu Recht heftig kritisiert worden. An der Beschäftigung mit Whorf kann man daher lernen, dass die verschiedenen Ebenen sauber voneinander getrennt werden müssen, damit nicht in unangemessener Vereinfachung grammatische Phänomene und philosophische Gehalte aufeinander bezogen und in einer monokausalen Abhängigkeit betrachtet werden.

Inzwischen ist vor allem die allzu einfache Behauptung Whorfs, das Hopi sei eine Sprache ohne Zeit, aufgrund von detaillierten sprachwissenschaftlichen Analysen gründlich widerlegt worden.[97] Das Zeit-Problem in den Sprachen zeigt sich damit als wesentlich widerständiger und schwieriger, als es auf den ersten Blick zu sein scheint. Die naheliegende Annahme, man könnte die Zeit in Sprachen einfach und ohne größere Schwierigkeiten an bestimmten grammatischen Formen ablesen, erweist sich als zu grob. Die Frage nach der Zeit in den Sprachen scheint deutlich komplizierter zu sein, als es die Fragen nach dem Subjekt und der Aktionsart des Verbs bereits waren. Um erste Anhaltspunkte zu gewinnen, soll zunächst wieder von der deutschen Sprache ausgegangen werden.

Bevor dies geschieht, ist noch eine Anmerkung zur Terminologie notwendig. In Beschreibungen der deutschen Sprache unterscheidet man zwischen Zeit und Tempus. Auch wenn die beiden Wörter ursprünglich die gleiche Bedeutung besitzen – im Französischen unterscheidet man sie nicht –, so hat sich inzwischen in den Sprachwissen-

---

[97] Malotki, Hopi Time. A Linguistic Analysis of the Temporal Concepts in the Hopi Language.

schaften die Gewohnheit entwickelt, das System der Zeitformen, wie sie in bestimmten Sprachen am Verb angezeigt werden, Temporalsystem zu nennen. So wird die einzelne Zeit, z. B. das Perfekt, als ein »Tempus« bezeichnet und die verschiedenen Zeiten als »Tempora«. Der Unterschied von *Tempus* und *Zeit* besteht darin, dass *Tempus* allein die grammatikalisierte Zeitform benennt und *Zeit* sowohl alle Tempora und alles, was darüber hinaus in den Sprachen eine zeitliche Bedeutung erzeugt, bezeichnen soll.

4.3.1 Die Tempora in der deutschen Sprache

Nach den kurzen Überlegungen zur Hopi-Sprache, soll das Temporalsystem der deutschen Sprache in Erinnerung gerufen werden. Nach herkömmlichen Einteilungen der Schulgrammatik gilt, dass in der deutschen Sprache Präsens und Präteritum die Haupttempora bilden, Futur I und II, Perfekt und Plusquamperfekt die Nebentempora. Die Tempora werden jeweils direkt durch die Flexionen am Verb oder in Verbindung mit Hilfsverben angezeigt.

Ein gewöhnlicher Satz im Präsens kann lauten: »Katrin liest ein Buch.« In dem Satz wird gesagt, dass Katrin gerade jetzt in der Gegenwart ein Buch liest. Betont wird dabei vor allem, dass ein Geschehen, das sich insgesamt über einen längeren Zeitraum erstreckt, gerade jetzt stattfindet. In vielen verbalen Aussagen im Präsens handelt es sich daher inhaltlich gesehen um eine »vollzogene Gegenwart« und nicht um eine punktuelle Gegenwart im Sinne eines einzelnen, abgeschnittenen Augenblicks ohne zeitliche Ausdehnung. Selbst bei Sätzen wie »Es blitzt.« ist ein Vollzug impliziert, der sich als Geschehen ereignet.

Neben Sätzen im Präsens, die sich auf ein bestimmtes Geschehen in der Gegenwart beziehen, finden wir häufig in philosophischen Sätzen mit definitorischem Charakter Formulierungen im Präsens: »Die Zeit ist kein diskursiver, oder, wie man ihn nennt, allgemeiner Begriff, sondern eine reine Form der sinnlichen Anschauung. Verschiedene Zeiten sind nur Teil eben derselben Zeit.«[98] In diesem Satz definiert Kant die Zeit als Form, die selbst nicht der Zeit unterliegt und damit unveränderlich ist. Die grammatische Zeitform, in der er dies beschreibt, ist das Präsens, das hier aber nicht auf eine konkrete Gegenwart beschränkt

---

[98] Kant, Kritik der reinen Vernunft, B 48.

bleibt, sondern die Form der »Allzeitlichkeit« annimmt, denn Kants Satz gilt nach seiner Auffassung *immer* und damit auch jetzt. Dieses Präsens drückt somit die Allzeitlichkeit aus.

Neben philosophischen Sätzen treffen wir in Äußerungen wie der folgenden auf eine ähnliche, aber doch spezifisch andere Bedeutung des Präsens: »Kommt Zeit, kommt Rat.« Es handelt sich um ein Sprichwort, das sich auf eine Gegenwart bezieht, in der etwas Bestimmtes eintritt, das eine Lösung für eine konkrete Situation verspricht. Der Inhalt des Satzes nennt eine Zeit, die gerade jetzt kommt, die aber durch die Wortstellung mit einer Zukunftsbedeutung versehen wird. In diesem Sinn wird nicht eine Zeit benannt, die gegenwärtig schon gekommen ist, sondern eine Zeit, die in Zukunft noch kommen wird. Dennoch steht der Satz im Präsens, da er als Sprichwort über seinen konkreten Inhalt hinaus auch zum Ausdruck bringt, dass der Inhalt des Sprichwortes *immer* gilt und damit auch *jetzt* gilt. In diesem Sinne erstreckt sich das Präsens zum einen auf die Zukunft und zugleich unversehens auf alle Zeiten, so dass in dem Satz zwei Bedeutungen von Gegenwart vorliegen, einmal im Sinne der Allzeitlichkeit und einmal im Sinne der Zukünftigkeit.

Der Satz »In der nächsten Woche fahren wir in Urlaub.« bringt, obwohl er von der grammatischen Form des Verbs im Präsens steht, eine Zukunft zum Ausdruck. Durch den Zusatz »in der nächsten Woche« – es könnte dort auch »morgen«, »in einem Monat« usw. stehen – erhält der Satz, obwohl er im Präsens steht, die Bedeutung einer Zukunft. Wir stoßen hier auf den Sachverhalt, dass durch semantische Elemente die grammatische Anzeige des Tempus am Verb eine andere Bedeutung erhält. An dem Beispiel wird auf sehr einfache Weise klar, dass in der deutschen Sprache und auch in allen anderen Sprachen die Zeit in keiner Weise allein über die grammatischen Strukturen, sondern in hohem Maße auch ausgehend von den semantischen Ebenen bestimmt wird.

Dies wird auch in dem folgenden Satz von Thomas Mann deutlich: »Und aus einem kleinen Tor, das […] sich plötzlich aufgetan hatte, *bricht* – ich wähle hier die Gegenwart, weil das Ereignis mir so sehr gegenwärtig ist – etwas Elementares hervor.«[99] Das Wort »bricht« steht im Präsens und Mann liefert selbst in seinem Satz die Erklärung dazu, warum er dieses Tempus an dieser Stelle gewählt hat. An diesem Bei-

---

[99] Zitiert nach: Drosdowski (Hg.), Duden, Die Grammatik, 4. Aufl., 144.

Grammatikalisierung der Zeit

spiel wird noch deutlicher, wie flexibel die grammatischen Tempora in verschiedenen sprachlichen Zusammenhängen eingesetzt werden können. Durch die Semantik wird die grammatische Einteilung immer wieder durchbrochen und durchkreuzt, so dass allein die Zeitanzeige durch die grammatischen Tempora letztlich keine wirkliche Auskunft über die Zeit des Satzes oder einer Textpassage gibt. Die Zeit eines Satzes ist weitaus komplizierter, als die grammatikalisierten Tempora es anzeigen.

»Die Tempora des Deutschen sind nach dem Vorbild der lateinischen Grammatik zusammengestellt worden: Präsens, Präteritum, Perfekt, Plusquamperfekt, Futur I und Futur II. Darauf sind nicht zuletzt die Schwierigkeiten zurückzuführen, die ihre Deutung heute noch bereitet. Wir tun gut daran, die lateinischen Bezeichnungen als reine Namen zu verstehen, die nur wenig über die jeweiligen Funktionen der einzelnen Tempusformen aussagen. Begreift man sie nämlich als sprechende Namen, kann es nicht nur geschehen, dass man die jeweilige Funktion nur unzureichend erfaßt, sondern es treten auch Ungereimtheiten und Widersprüche auf; etwa dann, wenn man bei näherem Zusehen feststellt, dass dem Futur (als sog. ›Zukunfts‹-Form) auch eine präsentische, also ›Gegenwarts‹-Funktion zukommt oder dem Perfekt (als sog. ›Vollendungs‹-Form) eine ›Zukunfts‹-Funktion. Es ist also streng zu unterscheiden zwischen den grammatischen Tempora als Namen für bestimmte Verbformen und den Zeitstufen als den verschiedenen Arten zeitlicher Einbettung, die mit Hilfe dieser Tempora vollzogen wird. [...] ›Gegenwart‹, ›Vergangenheit‹ und ›Zukunft‹ sind also keine absoluten, kalendarisch-objektiv bestimmbaren, sondern relative Größen, die sich in der Zeiterfahrung des Sprechers / Schreibers jeweils neu bilden.«[100]

Ohne das gesamte Temporalsystem der deutschen Sprache durchspielen zu müssen, wird bereits an der Form des Präsens deutlich, dass die Frage nach der Zeit in den Sprachen verwickelt und kompliziert ist. Denn nicht nur die grammatikalisierten Formen der Tempora, sondern auch ganz andere Ebenen spielen in der Konstitution von Zeit in Sätzen und Texten eine wichtige Rolle.

»Zeitreferenz wird in den Sprachen der Welt auf vielfältige Art ausgedrückt, wobei die meisten Sprachen über mehrere Möglichkeiten verfügen:
- Tempora, das sind grammatikalisierte, im allgemeinen am Verb ausgedrückte Kategorien;
- Aspekte, ebenfalls grammatikalisierte Kategorien;
- (temporale) Präpositionalphrasen: *vor Ostern, nach Freitag*;

---

[100] Ebd., 145.

- Temporaladverbien: *jetzt, vorher, neulich, einst, heute;*
- (temporale) Nominalphrasen: *die ganze Nacht, nächste Woche;*
- (temporale) Verben: dauern, währen, beginnen, enden, vergehen;
- Temporalsätze: als Peter kam, wenn die Uhr zwölf schlägt, sobald es dunkel wird, bis Inge kommt etc.«[101]

In der Aufzählung taucht ein Element auf, das ohne Fachkenntnisse vermutlich nicht nachvollziehbar ist. Es wird von einem »Aspekt« gesprochen, der in eigenständiger Weise neben den Tempora grammatikalisiert sein kann. Da die grammatische Kategorie »Aspekt« im engeren Sinne in der deutschen Sprache nicht zu finden ist bzw. nicht als solche beschrieben wird, ist sie erklärungsbedürftig und bietet damit Gelegenheit, andere Sprachen zu betrachten.

4.3.2 Der »Aspekt« in der russischen Sprache

Da in der deutschen Sprache »Aspekte« nicht grammatikalisiert sind, ist zunächst nicht leicht verständlich, was genau sie unterscheidet von den grammatikalisierten Formen der Tempora. Paradigmatisch wird in der Sprachwissenschaft immer wieder auf die slawischen Sprachen verwiesen, in denen zwei Aspekte in grammatikalisierter Form auftreten:

»Jede russische Verbform gehört an sich entweder dem imperfektiven oder dem perfektiven Aspekt an, genauso wie im Deutschen eine Verbform aktivisch oder passivisch ist. Es handelt sich um eine im Vergleich zu dem deutschen Verb zusätzliche grammatische Kategorie, die zweigliedrig ist.«[102]

Die Bedeutung des imperfektiven und des perfektiven Aspekts ist folgende:

»Perfektive Sätze machen Aussagen über das Stattfinden von Ereignissen in einer bestimmten Zeitspanne. Die Situation wird als ein einzelnes Ganzes verstanden, wobei die verschiedenen Zeitphasen, aus denen sich die Situation zusammensetzt, nicht betrachtet werden. Dabei bestehen Ereignisse im Übergang von einem Zustand in einen anderen. So wird z. B. ein Zustand hervorgebracht (ein Zimmer betreten) oder beendet (ein Zimmer verlassen) etc. Die Funktion perfektiver Sätze besteht darin, die Situation als *Ereignis* darzustel-

---

[101] Vater, Einführung in die Zeit-Linguistik, 53.
[102] Andersson, Aktionalität im Deutschen. Eine Untersuchung unter Vergleich mit dem russischen Aspektsystem, 1. Teil: Die Kategorien Aspekt und Aktionsart im Russischen und im Deutschen, 1.

len. Imperfektive Sätze machen Aussagen über das Herrschen von Zuständen (krank sein, im Bett liegen) bzw. den Verlauf von Ausführungen einer Handlung, d. h. Prozessen (ein Buch lesen). Imperfektive Sätze drücken aus, was für eine bestimmte Zeit konstant der Fall ist oder was für eine bestimmte Zeit charakteristisch ist, z. B. regelmäßige Wiederkehr bestimmter Handlungen (husten) oder eine Gewohnheit (rauchen, i. S. von Raucher sein). Die Funktion imperfektiver Sätze besteht darin, die Situation als *Zustand* oder *Prozeß* darzustellen.«[103]

Aus dieser Beschreibung wird deutlich, dass es sich nicht um die weiter oben besprochenen Tempora handelt, sondern um die Beschreibung bestimmter Verläufe von Zeit, die in zweierlei Hinsicht qualifiziert werden. Unter dem perfektiven Aspekt kann ein Ereignis als Verlauf in seiner Ganzheit und als in sich geschlossener Vorgang thematisiert werden. Man behält bei der Versprachlichung Anfang und Ende einer Handlung oder eines Ereignisses im Blick, so dass nicht das aktuelle Geschehen, sondern auch das Entstehen und Vergehen der Situation in die sprachliche Aufmerksamkeit gehoben wird. Der perfektive Aspekt verbindet sich dabei nur mit dem Futur und dem Präteritum:
Я напишу тебе письмо. – Ich werde Dir einen Brief schreiben. (Dies bedeutet: Ich werde den Brief zu Ende geschrieben haben.)
Он прочитал газету. – Er hat die Zeitung (fertig) gelesen.

Unter dem imperfektiven Aspekt wird hingegen das gegenwärtige Andauern bzw. der gegenwärtige Zustand eines Ereignisses hervorgehoben, wobei auch wiederholte Handlungen, wie sie in bestimmten Gewohnheiten zum Ausdruck kommen, bezeichnet werden können. Dieser Aspekt verbindet sich nur mit dem Präsens, dem Präteritum und dem Futur:
Я пишу тебе письмо. – Ich schreibe Dir einen Brief. (Ich sitze am Tisch und schreibe.)
Он читал газету каждый день. – Er hat jeden Tag Zeitung gelesen.

In beiden Aspekten wird somit jeweils ein anderer Aspekt eines Ereignisses in die Aufmerksamkeit gehoben, wobei die beiden Formen mit verschiedenen Tempora kombiniert werden können: »Auf die Frage: ›Was tust du da?‹ kann nur mit einer imperfektiven Form geantwortet

---

[103] Glavina-Ivanus, Aspekte und Aktionsarten als Möglichkeiten zur Unterstützung des temporalen Ausdrucks in der Sprache.

werden, nur sie kann aktuelles Präsens ausdrücken.«[104] Interessant ist auch der imperfektive Aspekt im Zusammenhang mit Tempusformen der Vergangenheit oder der Zukunft, da mit diesen Formen das Andauern eines Ereignisses als sich Vollziehendes in einer *Gegenwart der Vergangenheit* und in einer *Gegenwart der Zukunft* grammatikalisiert beschrieben werden können. In der deutschen Sprache ist dies für die Vergangenheit möglicherweise zu parallelisieren mit dem sogenannten »historischen Präsens«, bei dem eine Geschichte der Vergangenheit im Präsens geschildert wird. Letztlich trifft diese Parallelisierung jedoch nicht, da durch das Tempus nicht die Ganzheit eines Ereignisses oder das jeweilige Andauern eines Ereignisses unterschieden werden. Für eine Übersetzung bleibt im Grunde nur, durch eine Umschreibung auf der semantischen Ebene die Bedeutung der Aspekte nachzuvollziehen.[105]

Anhand der grammatischen Kategorie des Aspekts lässt sich gerade im Kontrast zum Deutschen gut nachvollziehen, wie grammatische Einteilungen wirken. Da bei jedem Verb in der russischen Sprache und auch in anderen slawischen Sprachen diese grammatische Unterscheidung vollzogen wird, scheint diese Einteilung, von den slawischen Sprachen aus gesehen, unumgänglich zu sein. Ausgehend von der deutschen Sprache jedoch ist sie nur durch umständliche Beschreibungen und andauerndes Hinzufügen von bestimmen Wörtern zu realisieren.

4.3.3 Spezielle Formen des Vergangenheitsbezugs in türkischer und japanischer Sprache

Neben den Tempora, durch die die Zeiten relativ zur Sprechsituation bezeichnet werden, und den Aspekten, durch die die Ereignisform von Zeit zum Ausdruck gebracht wird, kann der Bezug eines in der Vergangenheit geschehenen Sachverhalts zum Sprecher in grammatikalisierter Form näher qualifiziert werden. Eine grammatische Unterscheidung, die beispielsweise in der türkischen und altjapanischen Sprache realisiert werden kann, bezeichnet, ob der Sprecher einen Sachverhalt der Vergangenheit, über den er gerade etwas äußert, selbst erlebt hat, oder

---

[104] Andersson, Aktionalität im Deutschen, 4.
[105] Andersson zeigt in seinem Buch in einem Kapitel mit dem Titel *Übersicht über die Forschung zur Wiedergabe des slawischen Aspekts im Deutschen* (203 f.), wie schwierig es ist, die Unterscheidung der beiden Aspekte im Deutschen adäquat nachzuvollziehen.

davon nur aus anderen Quellen als der eigenen Erfahrung weiß. Bei dieser Unterscheidung handelt es sich zwar nicht eigens um eine zeitliche Einteilung, aber dennoch sagt sie Zentrales über den Bezug des Sprechenden zu dem aus, was geschehen ist.

Das Türkische als eine agglutinierende Sprache unterscheidet zwei Suffixe:

»Die *di*-Form wird auch *görülen geçmiş zaman* (mit den Augen gesehene Zeit) genannt. Der Sprecher war Zeuge des Ereignisses. Es hat sich mit seinem Wissen, unter seinen Augen und seinem Bewußtsein vollzogen. Es ist mithin Bestandteil der direkten Erfahrung des Sprechers.«[106]

Die der *di*-Form gegenüberstehende ist die *miş*-Form:

»Im Türkischen heißt sie *öğrenilen geçmiş zaman* (in die Erfahrung gebrachte Zeit). Die inferentiellen *miş*-Formen können nur mit vollendeten / abgeschlossenen Ereignissen in Zusammenhang gebracht werden. Sie sind in bezug auf Aspekt notwendig perfektiv, in bezug auf das Tempus notwendig Vergangenheit. Der Unterschied zur *di*-Form liegt weniger auf der temporalen Ebene als vielmehr in der Einstellung des Sprechers zum Ereignis. Der Sprecher weiß nicht, ob seine Äußerung wahr ist oder nicht. Das seiner Äußerung zugrundeliegende Ereignis wurde ihm lediglich berichtet.«[107]

Zwei Beispielsätze können die Unterscheidung verdeutlichen:
Ali dün top oynadi. – Ali spielte gestern Fußball. / Ali hat gestern Fußball gespielt.

Präteritum und Perfekt werden in dieser Aussage nicht differenziert, da es darauf ankommt auszudrücken, dass der Sprecher selbst gesehen hat, dass Ali gestern Fußball gespielt hat. Übersetzt man den Satz, wie oben angegeben, kann im Deutschen nicht nachvollzogen werden, ob der Sprecher diese Tatsache selbst erlebt hat. Es müßte dafür beispielsweise hinzugefügt werden »Ich habe gesehen, dass Ali gestern Fußball gespielt hat«.

Die andere Variante würde lauten:
Ali dün top oynamiş. – Ali spielte wohl gestern Fußball / Ali hat wohl gestern Fußball gespielt.

Durch das »wohl« wird im Deutschen erkennbar, dass der Sprecher

---

[106] Canbulat, Formalisierung und Konzeptualisierung von Zeit im Türkischen und Deutschen, 199.
[107] Ebd., 200.

gehört hat, dass Ali Fußball gespielt haben soll, aber nicht ganz sicher ist, ob es auch wirklich zutrifft, da er es nicht selbst gesehen hat.

Die beiden genannten Formen »selbst erlebte Vergangenheit« und »durch Hörensagen erfahrene Vergangenheit«, die nicht einfach mit dem Tempus der »Vergangenheit« zusammenfallen, können, gemäß den Realisierungsformen von Grammatik in agglutinierenden Sprachen, mit verschiedenen anderen Suffixen kombiniert werden, wodurch sich ihre Bedeutung nicht grundsätzlich verändert, aber die Zeitstufe, auf die sie sich bezieht, eine andere wird.

So können die beiden Formen *-rdi* und *-rmiş* zusammen mit dem Morphem *-r* gebildet werden, die eine »habituelle Vergangenheit«, d. h. eine zur Gewohnheit gewordene Handlung zum Ausdruck bringen, die in ihrer Form entweder als selbst erlebte oder nur vom Hörensagen bekannte unterschieden wird: »[Wie ich gesehen habe], hat Ali zum Frühstück immer Tee getrunken« und »Ali hat wohl immer Tee zum Frühstück getrunken«.

Die inneren Bedeutungs- und Kombinationsmöglichkeiten sind sehr differenziert, so dass eine Studie zum Vergleich des Temporalsystems der deutschen und türkischen Sprache zu dem Schluss kommt, dass »den sechs Tempusformen und 15 Tempusvarianten des Deutschen im Türkischen sieben Tempusformen und 30 Tempusvarianten gegenüberstehen.«[108]

Soll eine derartige grammatische Unterscheidung sinnvoll beschrieben werden, ist es unumgänglich, die grammatischen Muster, die immer wieder ausgehend von der lateinischen Grammatik auf andere Sprachen projiziert werden, zu relativieren oder gar zunächst zu vergessen:

»Bei der Untersuchung der Temporalität konstituierenden sprachlichen Mittel des Türkischen ergibt sich die Schwierigkeit, dass wesentliche Vorarbeiten auf der temporal-semantischen Ebene bisher fehlen. Sprachbeschreibungen lehnen sich in der Regel nach wie vor stark an die traditionelle Grammatik an, die nach dem Muster der lateinischen Grammatik vornehmlich die Morphologie ins Zentrum der Sprachbeschreibung rückt.«[109]

Ähnliche Schwierigkeiten ergeben sich in der Beschreibung des Temporalsystems der japanischen Sprache. Seit der Meiji-Zeit (1868–1915)

---

[108] Ebd., 219.
[109] Ebd., 193.

diskutiert man in Japan heftig, ob Paradigmen des Temporalsystems europäischer Sprachen auf das Japanische übertragen werden können. Man hat dies anfangs versucht, was aber sofort Widerspruch hervorrief.[110] Strittig ist, ob es überhaupt ein Temporal-System gibt oder nicht vielmehr nur »Aspekte«, die die subjektive Sicht und Auffassung des Geschehens durch den Sprecher anzeigen, die aber auch eine temporale Bedeutung haben können. In neuerer Zeit scheint sich ein Kompromiss abzuzeichnen:

»Überdies drücken sie [die temporalen Mittel] die Zeit nicht direkt aus, statt dessen haben die Wörter, die Handlungen, Ereignisse, Handlungszustände ausdrücken, eine temporale Seite, die unter bestimmten Bedingungen als temporales Charakteristikum erscheint.«[111]

In Entsprechung zum Türkischen, das sprachgeschichtlich auf bestimmten Ebenen mit der altjapanischen Sprache gewisse Ähnlichkeiten zeigt, soll im Folgenden nur kurz auf die Parallelform in der altjapanischen Sprache hingewiesen werden. In der klassischen Schriftsprache werden für die einfache Vergangenheit (*kako* 過去) zwei Formen unterschieden: -*ki* und -*keri*. »Dort bezeichnet -*ki* in der Regel die Vergangenheit als Rückerinnerung an eigenes Erleben (memoratives Präteritum), -*keri* hingegen die Vergangenheit als überliefertes Erinnerungsgut (episches Präteritum).«[112] Die herangezogene Grammatik betont, dass beide Formen »aspektiv neutral« seien.[113] Ähnlich wie im Türkischen ist eine bestimmte Zeitangabe hier nochmals differenziert in Bezug auf die Weise der Beteiligung des Sprechenden am Geschehen. Zeit erscheint demnach nicht vor allem unterschieden nach Zeitphasen, sondern differenziert nach Erlebnismodus. In der modernen japanischen Sprache ist diese Differenzierung, anders als im Türkischen, nicht mehr zu finden.

Über die genannte Unterscheidung hinaus werden für die vollendete Vergangenheit (*kanryō* 完了) wiederum zwei Suffixe unterschieden: -*tsu* und -*nu*. Für die Deutung dieser Unterscheidung werden u. a. zwei Hypothesen diskutiert. Die erste »besagt, dass -*tsu* bei der Darstellung des Geschehens in direkter Beschreibung *(chokushateki)* aus der Sicht des Subjekts verwendet wird, -*nu* jedoch bei der Darstellung des Geschehens in unbeteiligter Sicht *(bōkan-teki)* eines Berich-

---

[110] Eschbach-Szabo, Temporalität im Japanischen, 54 ff.
[111] *Kokugogaku-daijiten*, zitiert nach Eschbach-Szabo, Temporalität im Japanischen, 69.
[112] Lewin, Abriß der japanischen Grammatik, §171.
[113] Ebd., §162.

tenden.«[114] Eine andere Hypothese besagt, dass »-*tsu* bei aktiven, vorsätzlichen Handlungen *(dōsateki, koiteki)* verwendet wird, -*nu* hingegen bei statischen, unwillkürlichen Vorgängen *(jōtaiteki, shizenteki)*«.[115] Gerade in diesen Zweifelsfällen zeigt sich besonders deutlich, dass die Differenzierungen der Sprache nicht einem vorgeformten System folgen, sondern situativ Unterscheidungen hervorbringen, die sich keiner einfachen Standardgrammatik nach dem Modell des Lateinischen fügen. Festzuhalten ist, dass auch hier der Zeitaspekt nach verschiedenen Hinsichten unterschieden wird, die keine direkte Zeitstufe zum Ausdruck bringen.

Die bisherige Darstellung der verschiedenen Möglichkeiten, Zeit und ihre Qualitäten in der Sprache zum Ausdruck zu bringen, bewegte sich im Rahmen der durch Morpheme oder Suffixe grammatikalisierten Strukturen. Führt man sich jedoch die Struktur des Altchinesischen vor Augen, so stellt sich die Frage, ob eine isolierende Sprache auch ganz ohne Tempussystem die Zeit zum Ausdruck bringen kann.

4.3.4 Zeit im Altchinesischen

Da das Altchinesische keine flektierende Sprache ist, kann auch die Zeitform nicht in Verbindung mit dem Verb abgelesen werden. Wenn es notwendig erscheint, den Satz in zeitlicher Hinsicht zu situieren, so geschieht dies durch hinzugefügte Zeichen mit zeitlicher Semantik. Bei den im Folgenden angeführten chinesischen Zeichen soll nur ihre Bedeutung im Hinblick auf die Zeit hervorgehoben werden. Sie können in jeweiligen Kontexten auch andere Bedeutungsfunktionen übernehmen: 嘗 *chang*: vormals, einst, Zeichen der Vergangenheit; 曾 *ceng*: Zeichen der Vergangenheit, schon, vergangen; 將 *jiang*: Zeichen der Zukunft, im Begriff sein, gerade demnächst, künftig; 且 *qie*: bald, Zeichen der Zukunft; 方 *fang*: soeben, sodann; damals; 始 *shi*: anfänglich, zuerst; erst jetzt; 初 *chu*: anfangs, zuerst, erste; ursprünglich; 未 *wei*: noch nicht, bevor. Neben diesen Zeichen, die einen bestimmten Zeitaspekt in die Aussage bringen, gibt es auch Zeichen wie z. B. 今 *jin*: jetzt, jetzig; heute, heutig; 昔 *xi*: einst, ehemals, in alter Zeit; 明 *ming*: morgen.

Die Bestimmung der Zeit erfolgt somit rein auf der semantischen

---

[114] Ebd., § 173.
[115] Ebd., § 173.

Ebene, so dass sie ohne Zeichen mit temporaler Bedeutung auch ganz unbestimmt bleiben kann. Betrachtet man vor diesem Hintergrund *philosophische* Texte im alten China, so kann z. B. für den Klassiker *Daodejing*, der vermutlich aus dem 4. Jh. v. u. Z. stammt und dem Lao Zi zugeschrieben wird, folgende These formuliert werden: Die meisten Sätze werden zeitlich nicht näher spezifiziert. Sie scheinen dadurch gleichsam etwas Zeitenthobenes zur Sprache zu bringen, das aber immer nur in der konkreten Situation und Zeit sich realisieren lässt. Es wird über das »Immerwährende« *(chang)* gesprochen, das aber immer nur als Hier und Jetzt realisiert wird. Durch das Fehlen der Zeitbezeichnung auf der grammatischen Ebene erhalten die Aussagen eine eigentümliche Gegenwärtigkeit, die Jetzt und zugleich Immer ist. Die Texte sprechen über die Gesetze des *immerwährenden Wandels*. Denn das einzig Immerwährende ist der Wandel. Das Formulieren von immerwährenden *allgemeinen* Gesetzen, die gleichsam zeitenthoben erscheinen, schlägt durch den Inhalt dieser Gesetze – nämlich als Gesetze des *Wandels* – sofort wieder zurück auf die gegenwärtige Situation des Wandels. Auf diese Weise entsteht eine eigentümliche Dialektik zwischen »Immerwährenden Wandlungsgesetzen« und dem »Jetzt der Wandlung«. Niemals kann das eine ohne das andere bestehen. Gerade durch das Weglassen der Zeitform involvieren die Texte den Leser umso tiefer in das gegenwärtige Jetzt der Wandlung.

Vor diesem Hintergrund könnte man vermuten, dass in China keine besondere Reflexion der Zeit entstanden ist. Dies ist aber nicht der Fall. Es soll im Folgenden paradigmatisch und um den bisher entwickelten Zusammenhang von Sprache und Denken von einer anderen Seite zu beleuchten, nur ein Denker in den Vordergrund gerückt werden, der eine hochkomplexe Theorie der Zeit im Rahmen buddhistischen Denkens entworfen hat. Damit soll zum einen die Auffassung, dass das Denken in den Rahmen der Grammatik eingeschlossen ist, widerlegt werden, aber zum anderen auch die Sicht, dass die Sprachform und ihre Grammatik dem Denken bestimmte Gedanken *nahelegt*, nochmals von einer anderen Seite reflektiert werden.

Als der Buddhismus im 1. Jh. n. u. Z. nach China gelangte, wurden zahlreiche Texte aus indischen Sprachen und vor allem auch aus dem Sanskrit ins Chinesische übersetzt.[116] Dabei wurden neue Wörter gebil-

---

[116] Dieser Übersetzungsprozess wird im fünften Anschnitt diesese Kapitels noch ausführlicher thematisiert.

det wie die drei Zeitstufen, die durch die Übersetzung buddhistischer Texte aus Indien in das Chinesische eingeführt wurden: 過去 *guoqu:* vergangen (wörtlich: vorbei-gegangen); 現在 *xianzai:* gegenwärtig (wörtlich: erscheinend anwesen); 未來 *weilai:* zukünftig (wörtlich: noch nicht gekommen). Man kann die drei Zeichenkombinationen verbal oder substantivisch verstehen.

Der buddhistische Denker Fazang (643–712)[117] verwendet diese drei Zeichenkombinationen, um im ersten Schritt eine neungliedrige Zeitstruktur zu entwerfen. Als erstes analysiert er die Zeitdimension des Vergangenen, und zwar aus der Sicht, wie es sich *vom Vergangenen her* zeigt. Im Vergangenen entdeckt er drei verschiedene Zeitphasen: das Gegenwärtige, wie es im jeweils Vergangenen gegenwärtig ist; das Vergangene, wie es vom jeweils Vergangenen aus gesehen vergangen ist; das Zukünftige, wie es vom jeweils Vergangenen aus gesehen noch zukünftig ist, wie z. B. das jetzt Gegenwärtige.

Auch im Gegenwärtigen entdeckt Fazang drei Zeitphasen, wie sie sich *vom Gegenwärtigen her* zeigen: Das Gegenwärtige, wie es im jeweils Gegenwärtigen gegenwärtig ist; das Vergangene, das vom Gegenwärtigen her als vergangen erscheint; das Zukünftige, das vom Gegenwärtigen her gesehen noch nicht in Erscheinung getreten ist. Vom Gegenwärtigen her erschließt sich somit ein jeweils Zukünftiges und ein Vergangenes. Jede Gegenwart hat *ihr* Zukünftiges und Vergangenes.

Als letztes beschreibt Fazang die drei Zeitphasen für das Zukünftige, wie sie sich *vom Zukünftigen her* zeigen: Das Gegenwärtige, wie es in der Zukunft gegenwärtig sein wird; das Vergangene, wie es in der Zukunft als das jetzt Gegenwärtige vergangen sein wird; das Zukünftige, wie es von der Zukunft aus gesehen zukünftig ist. Auch jedes Zukünftige birgt somit in sich eine jeweilige Gegenwart, Vergangenheit und Zukunft.

Die neun Zeitphasen – Vergangenheit der Vergangenheit, Gegenwart der Vergangenheit, Zukunft der Vergangenheit, Vergangenheit der Gegenwart, Gegenwart der Gegenwart, Zukunft der Gegenwart, Vergangenheit der Zukunft, Gegenwart der Zukunft, Zukunft der Zukunft – erschöpfen nach Fazang alle sinnvoll zu unterscheidenden Möglichkeiten der Differenzierung im Hinblick auf Vergangenheit, Gegen-

---

[117] Vgl. zu Fazang: Elberfeld / Leibold / Obert, Denkansätze zur buddhistischen Philosophie in China. Seng Zhao – Jizang – Fazang zwischen Interpretation und Übersetzung.

wart und Zukunft. Denn würde man zum Vergangenen und Zukünftigen weitere Vergangenheiten und Zukünfte bilden, so würde es nur wieder auf das Gleiche hinauslaufen. Neben dieser Differenzierung der Zeitphasen sieht er aber noch eine weitere »Zeit«:

»Wiederum [aber] bilden diese neun Zeitphasen zusammengefaßt eine Vergegenwärtigung bzw. einen Vorstellungsaugenblick, und [dabei bilden] die neun Zeitphasen [ein] Reihen. [Werden sie] auf diese Weise im Ganzen – differenziert und vereinigt – erörtert, sind es zehn Zeitphasen.«[118]

Diese »zehnte Zeit« als eine Vergegenwärtigung bzw. ein Vorstellungsaugenblick fasst alle anderen Zeiten zusammen als ein in sich relational strukturiertes Reihen. Alle Zeiten sind einzelne in der zehnten Zeit in jeweils bestimmter Reihung enthalten. Jede Zeit einer möglichen Gegebenheit umfasst in relationaler Weise immer alle Zeiten. Dies gilt es im Rahmen der buddhistischen Übung zu durchblicken und immer alle Zeiten zu jeder Zeit zu realisieren. Damit wird auf der einen Seite die immerwährende Gegenwart betont, wobei diese auf der anderen Seite immer nur in der Differenzierung verschiedener Zeiten verwirklicht werden kann. Die Betonung der Gegenwart bzw. Allzeitlichkeit, die aufgrund der besonderen Struktur des chinesischen Sprachbaus in klassisch chinesischen Texten der Philosophie zu finden ist, gewinnt bei Fazang im Durchgang durch die Differenzierung der Zeiten in Texten mit indischer Herkunft eine neue Wendung. Bei Fazang wird der »Gedankenaugenblick« nicht als ein Punkt aufgefasst, wie man es leicht bei allen Augenblickstheorien missverstehen kann, sondern als ein hoch differenziertes Geschehen verschiedener Zeiten.

Ähnlich wie die Frage nach dem Subjekt und der Aktionsart erweist sich die Frage nach der Zeit in der Sprache als extrem komplex und kompliziert. Da die Zeit nicht nur auf der Ebene der Grammatik durch Verbalformen angezeigt wird, sondern auch in vielfältiger Weise durch semantische Komponenten in Sätzen und Texten eine Präzisierung erfährt, sprengt sie von Anfang jede Annahme einer monokausalen Abhängigkeit von Denken und Grammatik. Wie in dem letzten Beispiel deutlich geworden ist, kann das Denken der Zeit in einer Sprache weit über das hinausgehen, was auf grammatischer Ebene differenziert wird. Dies ist zugleich ein deutlicher Hinweis dafür, dass das philosophische Denken nicht einfach durch die Sprache, in der es sich vollzieht,

---

[118] Elberfeld, Phänomenologie der Zeit im Buddhismus, 210.

Philosophische Sprachenbetrachtung zwischen Europa und Asien

determiniert und durch die Grammatik festgelegt wird. Dennoch spielt auch im letzten Beispiel auf subtile Weise gerade das Nichtvorhandensein eines grammatischen Systems der Zeiten eine Rolle für die Entfaltung des Gedankens. Unbelastet von einem solchen System konnte Fazang eine Systematik der verschiedenen Zeiten entwickeln, die durch ein ausgeprägtes grammatisches System der Zeiten vermutlich eher verstellt und nicht in der gewünschten Klarheit zum Ausdruck gebracht worden wäre. Die unter dem Einfluss der buddhistischen Sprache gebildeten Bezeichnungen für Vergangenheit, Gegenwart und Zukunft fanden zwar einerseits dauerhaften Eingang in die chinesische Sprache schon vor Fazang, aber Fazangs Gedanken haben sich auf der anderen Seite in der weiteren Entwicklung der chinesischen Grammatik nicht als solche niedergeschlagen. Grammatische Entwicklungen und Gedankenentwicklungen müssen daher keinesfalls parallel verlaufen. Daher kann eine Phänomenologie der Zeit gerade im Durchgang durch *verschiedene* Sprachen und deren Zeitstruktur auf der Ebene der Grammatik und der Wörter Anschauungs- und Differenzierungsformen erhalten, die in der jeweils eigenen Sprache nicht vorhanden sind, um so die gedankliche Durchdringung des Phänomens der Zeit zu bereichern. Die sprachliche Durchdringung kann dabei allerdings immer nur in einer Sprache und den ihr zur Verfügung stehenden Mitteln geschehen. Dabei können aber durchaus aufgrund der grammatischen Zeitstruktur in anderen Sprachen die Grenzen der jeweils eigenen Sprache thematisiert werden. Denken und sprachliche Strukturen verschiedener Sprachen können sich auf diese Weise fordern und bereichern.[119]

---

[119] Dass auch Sprachwissenschaftler ohne philosophischen Hintergrund eine komplexe Theorie der sprachlichen Zeitstrukturen entwickelt haben, zeigt der Ansatz von M. A. K. Halliday. Er differenziert und konstruiert folgende Zeitstufen für das Englische: past, present, future, past in past, past in present, past in future, present in past, present in present, present in future, future in past, future in present, future in future, past in future in past, past in future in present, past in future in future, present in past in past, present in past in present, present in past in future, present in future in past, present in future in present, present in future in future, future in past in past, future in past in past, future in past in present, future in past in future, past in future in past in past, past in future in past in present, past in future in past in future, present in past in future in past, present in past in future in present, present in past in future in future, present in future in past in past, present in future in past in present, present in future in past in future, present in past in future in past in past, present in past in future in past in present, present in past in future in past in future. Die englischen Formulierungen für die letzten drei Zeiten lauten: had been going to have been taking, has been going to have been

Auch am Beispiel der Grammatikalisierung von Zeit in verschiedenen Sprachen ist deutlich nachzuvollziehen, wie sich sprachwissenschaftliche und philosophische Themen gegenseitig fordern und letztlich nicht umfassender erörtert werden können, ohne den Blick für beide Ebenen zu schärften. Zeit ist ein zentrales Thema sowohl der Sprachwissenschaft wie auch der Philosophie. Sollte es in Zukunft zu einer intensiveren Zusammenarbeit kommen, so wären sicher noch viele fruchtbare Einsichten zu gewinnen.

4.4 Philosophisch bedeutsame Wortfelder in verschiedenen Sprachen

In jeder Sprache entwickeln sich ausgehend von einzelnen Wörtern ganze Wortfelder, die in einzelnen Sprachen oder auch in größeren Kulturräumen, welche verschiedene Sprachen umfassen können, eine herausgehobene kulturelle Bedeutung gewinnen. In der Bedeutung dieser Wörter und Wortfelder bündeln sich philosophische Gedanken und Auslegungsformen der Wirklichkeit, die aufgrund ihres komplexen Gehalts im Laufe ihrer Verwendungsgeschichte immer schwerer in andere Sprachen übersetzbar sind, wenn diese ein Wort mit ähnlichem Bedeutungsumfang nicht gebildet haben. Um diese Schlüsselwörter, wie man sie auch nennen könnte, bilden sich nicht selten Wortfelder, die einen fast unüberschaubaren Umfang annehmen. Diese Schlüsselwörter können nur langsam und über einen langen Zeitraum an Bedeutungsreichtum gewinnen, sie können aber auch sehr unverhofft wichtig werden und schnell wieder in Vergessenheit geraten. Der Soziologe Norbert Elias beschreibt in seinem berühmten Buch *Der Prozeß der Zivilisation* die Genese solcher Schlüsselwörter:

»Es kann sein, dass Einzelne sie [die Schlüsselwörter] aus dem vorhandenen Wortmaterial ihrer Gruppe geformt oder wenigstens mit einem neuen Sinn gefüllt haben. Aber sie schlugen ein. Sie setzten sich durch. Andere nahmen sie in ihrem neuen Sinn, in ihrer neuen Gestalt auf, trugen sie fort, schliffen sie zurecht, in Gesprächen oder in Schriften. Einer warf sie dem anderen zu, bis sie brauchbare Instrumente wurden, das auszudrücken, was man gemeinsam erfahren hatte, und worüber man sich zu verständigen wünschte. Sie

---

taking, will have been going to have been taking. Kress (Hg.), Halliday: System and function in language, 127 f.

wurden zu Modeworten, zu gängigen Begriffen der Umgangssprache einer bestimmten Gesellschaft. Das zeigt: sie entsprachen dem Ausdrucksbedürfnis nicht nur des Einzelnen, sondern eines Kollektivs. Dessen Geschichte hat in ihnen einen Niederschlag gefunden und klingt in ihnen nach. Der Einzelne findet diesen Niederschlag in ihnen vor als Möglichkeiten ihres Gebrauchs. Er weiß nicht sehr genau, warum sich diese Bedeutung und diese Begrenzung mit den Worten verbinden, warum gerade diese Nuancierung und jene neue Möglichkeit sich aus ihnen herausholen läßt. Er bedient sich ihrer, weil es ihm selbstverständlich ist, weil er von klein auf die Welt durch die Brille dieser Begriffe sehen lernt. Der Prozeß ihrer gesellschaftlichen Genese mag längst vergessen sein, eine Generation reicht sie der anderen weiter, ohne dass der verändernde Prozeß als Ganzes ihr gegenwärtig bleibt, und sie leben, solange dieser Niederschlag der vergangenen Erfahrung und Situation einen Aktualitätswert, eine Funktion im aktuellen Dasein der Gesellschaft behält, solange die aufeinanderfolgenden Generationen aus dem Sinn der Worte ihre eigenen Erfahrungen heraushören kann; sie sterben allmählich, wenn sich aus dem aktuellen gesellschaftlichen Leben keine Funktion, keine Erfahrung mehr mit ihnen verbindet. Zuweilen ruhen sie auch nur oder es ruhen bestimmte Bereiche in ihnen und erhalten aus einer neuen gesellschaftlichen Situation heraus wieder einen neuen Aktualitätswert. Man erinnert sich ihrer, weil etwas in der gegenwärtigen Situation der Gesellschaft durch den Niederschlag der vergangenen in den Worten Ausdruck erhält.«[120]

Wörter und Strukturen einer Sprache bilden demnach ein sich unablässig wandelndes Gefüge, in dem Altes und Neues, Wichtiges und weniger Wichtiges nebeneinander bestehen und häufig gleichzeitig in den Sprachen verwendet wird. Immer wieder bilden einzelne Wörter in einer Sprache eigene Geschichten aus, die selbst für die Bildung der einzelnen Sprachen von Wichtigkeit werden können. Somit überlagern sich in der Geschichte einzelner Sprachen verschiedene Schichten, die neben der grammatischen Entwicklung auch die Geschichte einzelner Wörter und ihrer Wortfelder umfassen. Wittgenstein verglich daher eine natürliche Sprache mit einer alten Stadt:

»Unsere Sprache kann man ansehen als eine alte Stadt: Ein Gewinkel von Gäßchen und Plätzen, alten und neuen Häusern, und Häusern mit Zubauten aus verschiedenen Zeiten; und dies umgeben von einer Menge neuer Vororte mit geraden und regelmäßigen Straßen und mit einförmigen Häusern. [...] Eine Sprache vorstellen heißt, sich eine Lebensform vorstellen.«[121]

---

[120] Elias, Der Prozeß der Zivilisation, Bd. 1, 94 f.
[121] Wittgenstein, Philosophische Untersuchungen, 24.

Philosophisch bedeutsame Wortfelder in verschiedenen Sprachen

Um die von Wittgenstein verwendete Metapher noch weiter zu variieren, kann gesagt werden, dass sich beispielsweise in einer großen Stadt von Anfang an ein zunächst kleines Gebäude (= Wort) befindet, das nach und nach zu einem riesigen Palast ausgebaut wird. Das Gebäude erhält immer mehr An- und Zubauten, so dass es zum einen immer höher werden kann und zum anderen immer zimmer- und fensterreicher wird. Es ist aber auch möglich, dass weit vom Zentrum entfernt ein Gebäude in einem Vorort entsteht, das mehr und mehr zu einem neuen Zentrum der gesamten Stadt wird. Durch die beständigen – sich in vielen Fällen aber über Jahrhunderte hin entwickelnden – Veränderungen verwandelt sich natürlich auch die Lebensform in der betreffenden Stadt. Das Leben mit vielen großen Häusern oder mit einer hohen Anzahl von Vorstädten ist ein anderes als das Leben in einer Stadt, die leicht überschaubar bleibt und nur ein Zentrum besitzt. Die Metapher Wittgensteins bietet der Phantasie im Hinblick auf die Wandlungsformen und den Strukturaufbau von Sprache und Sprachen ein reiches Feld.

Überträgt man die Wittgenstein'sche Metapher von der einzelnen Sprache auf ein besonderes Schlüsselwort und das zugehörige Wortfeld, so kann gesagt werden, dass schon ein einzelnes Wort und das sich daraus bildende Wortfeld das Ausmaß einer ganzen Stadt annehmen kann. Es sind sicher nur sehr wenige Wörter einer Sprache, die einen solchen Bedeutungsreichtum entfalten, und es sind in jeder Sprache verschiedene Wörter, die ein solches Gewicht erhalten. Im Folgenden sollen nur ein Wort mit seinem Wortfeld in der deutschen und partiell der englischen Sprache und ein chinesisches Zeichen in seinen Kombinationsmöglichkeiten im Rahmen der chinesischen und japanischen Sprache vorgestellt werden. Für beide Wort- und Bedeutungsfelder kann der Gebrauchsumfang nur angedeutet und keine vollständige Wortgeschichte geliefert werden. Sowohl für das deutsche Wort wie für das chinesische Zeichen gilt, dass sie das Denken und Handeln von Menschen in erheblicher Weise geprägt und bestimmt haben. Es geht im Folgenden nicht darum zu fragen, ob diese beiden Deutungsmuster »richtig« sind, sondern nur darum anzudeuten, wie folgenreich und erfolgreich einzelne Wörter oder Zeichen unser Denken und Handeln differenzieren, ausrichten und prägen. Die beiden behandelten Sprachzeichen sind in den jeweiligen Sprachen so selbstverständlich geworden, dass man ihr geschichtliches Werden im Gebrauch kaum noch erinnert.

4.4.1 Das Wortfeld Kultur in europäischen Sprachen

Ein überragendes Beispiel für ein besonderes Wortfeld der deutschen Sprache und anderer europäischer Sprachen hat sich aus dem lateinischen Wort *cultura* entwickelt. Man kann sich fragen, warum dieses Wort vor allem für die *deutsche* Sprache ein besonderes Schlüsselwort geworden ist. Stammt dieses Wort nicht aus dem Lateinischen und ist es nicht in allen Sprachen vorhanden? Man spricht doch von indischer, chinesischer, iranischer, brasilianischer *Kultur*. *Kultur* gibt es doch überall! Ja, aber erst seitdem das Wort *Kultur* in seiner speziellen Bedeutung gebildet worden ist und sich als Beschreibungsmuster und Interpretationsperspektive für das menschliche Handeln und die Lebensformen im Allgemeinen verbreitet hat. Dies geschah wirkungsreich erst im 18. Jahrhundert und zwar in zentraler Weise ausgehend von der deutschen Sprache, da im Englischen und Französischen eher das Wort Zivilisation bevorzugt wurde.

Das Wort *Kultur* wurde bei seiner Einführung in die deutsche Sprache um die Mitte des 18. Jahrhunderts noch als Fremdwort empfunden. Moses Mendelssohn schreibt 1784: »Die Worte Aufklärung, Cultur, Bildung sind in unserer Sprache noch neue Ankömmlinge. Sie gehören vor der Hand bloß zur Büchersprache. Der gemeine Haufe versteht sie kaum.«[122] Man könnte daher mit Wittgenstein im übertragenen Sinne sagen, das Wort *Kultur* ist als ein kleiner Vorort in der deutschen Sprache entstanden. Inzwischen ist es jedoch selbst in semantischer Hinsicht zu einem riesigen ›Gebäude‹ bzw. zu einer ganzen ›Stadt‹ herangewachsen, d. h. zu einem Schlüsselwort für die gesamte Sprache geworden. Bereits zu Beginn des 20. Jahrhunderts hatte das Wort Kultur eine Bedeutungsfülle gewonnen, die seinen differenzierten Gebrauch bis heute erschwert. Immer wieder werden Versuche unternommen, das Wort mit seinen zahllosen ›Anbauten‹ bzw. ›Vororten‹ zu kartographieren und zugänglich zu halten.[123]

---

[122] Mendelssohn, Über die Frage: Was heißt Aufklärung?, 266. »Kinderling, Über die Reinigkeit der Deutschen Sprache 1795 nennt ›Cultur‹ ein Fremdwort aus dem Lateinischen.« Niedermann, Kultur. Werden und Wandlungen des Begriffs und seiner Ersatzbegriffe von Cicero bis Herder, 223.

[123] Vgl. den instruktiven Aufsatz von Busche, Was ist Kultur? Erster Teil: Die vier historischen Grundbedeutungen. Busche unterscheidet vier Grundbedeutungen: 1. Kultur, die man betreibt: vervollkommnende Pflege der individuellen Naturanlagen, 2. Kultur, die man hat: gepflegter Zustand oder hoher Grad erworbener Vervollkommnung, 3. Kul-

Philosophisch bedeutsame Wortfelder in verschiedenen Sprachen

Ohne Anspruch auf Vollständigkeit – die wäre bei dem Ausmaß des Wortes nicht einmal in einer ganzen Monographie zu erreichen – soll im Folgenden ein erster Einblick in die Entwicklung der Semantik des Kulturellen in der deutschen und teilweise auch der englischen Sprache gegeben werden unter Einbezug von zwei zentralen lateinischsprachigen Stellen. Die lateinischen Stellen machen deutlich, dass das lateinische Wort *cultura* bereits lange im europäischen Bildungswortschatz vorhanden war, aber in einem Zeitraum von mehr als 1700 Jahren aus verschiedenen Gründen nicht zu einem besonderen Schlüsselwort geworden ist.

4.4.1.1 cultura / Kultur

Die erste bisher bekannte metaphorische Übertragung des lateinischen Wortes »cultura«, das zunächst nur »Bearbeitung« und »Pflege« im Zusammenhang mit dem »Ackerbau« bedeutete, findet sich bei Cicero (106–43 v. u. Z.) in seinen *Gesprächen in Tusculum*. Cicero verbindet das Wort auf neuartige Weise mit der Seele und den Gehalten der Philosophie. Bei ihm wird das Wort »cultura« zusammen mit dem Genitiv »animi« verwendet, so dass »cultura« den Prozess der Pflege der Seele bedeutet. Das Wort »cultura« steht noch nicht für sich allein, sondern bezeichnet einen Prozess, der sich an einer Seele vollzieht. Die Stelle bei Cicero lautet:

»[…] wie ein Acker, auch wenn er fruchtbar ist, ohne Pflege (sine cultura) keine Frucht tragen kann, so auch die Seele nicht ohne Belehrung. Jedes ist ohne das andere wirkungslos. Pflege der Seele ist aber die Philosophie (cultura autem animi philosophia est): sie zieht die Laster mit der Wurzel aus, bereitet die Seelen dazu, die Saat zu empfangen, übergibt sie ihnen und säet – um so zu reden –, was dann, wenn es ausgewachsen ist die reife Frucht bringt.«[124]

---

tur, in der man lebt: der charakteristische Traditionszusammenhang von Institutionen, Lebens- und Geistesformen, durch den sich Völker und Epochen voneinander unterscheiden, 4. Kultur, die man schafft, fördern und als (nationalen) Besitz verehren kann: die höhere Welt der Werte und Werke in Kunst, Philosophie und Wissenschaft.

[124] Cicero, Gespräche in Tusculum, 114. Der lateinische Text lautet: »[…] ut ager quamvis fertilis sine cultura fructuosus esse non potest, sic sine doctrina animus; ita est utraque res sine altera debilis. Cultura autem animi philosophia est; haec extrahit vitia radicitus et praeparat animos ad satus accipiendos eaque mandat eis et, ut ita dicam, serit, quae adulta fructus uberrimos ferant.«

Im Gesamthorizont der alten lateinischen Sprache bedeutete »cultura« Verschiedenes: 1. Bearbeitung, Anbau, Besorgung, Pflege, 2. Landwirtschaft, Ackerbau, 3. (geistige) Ausbildung, Bildungsmittel, sittliche Veredelung, Verehrung, Huldigung. Zudem gab es noch ein anderes Wort, das eine ganz ähnliche Bedeutung besaß. Das Wort »cultus« wurde in den lateinischen Texten nach Cicero noch häufiger als »cultura« auch in der übertragenen Bedeutung verwendet. Auch dieses Wort besitzt verschiedene Bedeutungen: 1. Ackerbau, Bearbeitung, Anbau, 2. Pflege, Unterhalt, 3. Lebensweise, 4. Kleidung, Schmuck, 5. Bildung, Erziehung, 6. a) Übung, Pflege, b) Verehrung, Anbetung, Kult, c) Huldigung. Das Wort »cultus« als Alternative zum Wort »Kultur« ist auch heute noch in der deutschen Sprache zu beobachten wie beispielsweise das Wort »Kultusministerium« zeigt, das eben nicht »Kulturministerium« heißt. Das Wort »cultus« wurde mit dem Aufkommen des Christentums zunehmend religiös aufgeladen und bezeichnete vor allem Verehrungsformen, wobei sich der Wortgebrauch heute auch auf die populäre Kultur im Rahmen des »Starkults« ausgedehnt hat. Bis ins 18. Jahrhundert wurde das Wort »cultus« dem Wort »cultura« vorgezogen. Erst als das Wort »cultura« eine eigenständige Bedeutung ohne Genitiv erhielt, konnte es zu einem kulturellen Schlüsselwort werden. Die erste zentrale Stelle, in der dies angedeutet wird, die aber zunächst wirkungslos blieb, findet sich bei Samuel Pufendorf (1632–1694), der den »Naturzustand« von einem »Kulturzustand« unterscheidet und damit die bis heute wirkungsreiche Unterscheidung von »Natur und Kultur« präfiguriert.

»[Wir haben] den Naturzustand des Menschen betrachtet, insofern er jener Kultur (culturae) gegenübergestellt wird, die zu dem menschlichen Leben aus dem Beistand, der Rührigkeit und den Erfindungen der anderen Menschen durch eigenes Nachdenken und Vermögen oder durch göttliche Anleitung hinzugekommen ist.«[125]

»Kultur« ist nach Pufendorf alles, was der Mensch aus eigenen Kräften – oder göttlicher Anleitung – selbst zu schaffen im Stande ist. Dies unterscheidet Pufendorf grundsätzlich von dem, was die Natur dem Menschen für sein Leben mitgibt. Der Mensch erscheint im Horizont

---

[125] Pufendorf, Eris Scandica, 1686. Der lateinische Text lautet: »Altero modo statum hominis naturalem consideravimus, prout opponitur illi culturae, quae vitae humanae ex auxilio, industria, et inventis aliorum hominum propria meditatione et ope, aut divino monitu accessit.«

von »Kultur« als ein Wesen, das sich von der Natur emanzipiert und in der Lage ist, aus eigener Kraft sein Leben zu entwerfen und zu gestalten. »Kultur« ist somit das, was über die natürliche, gesetzte Ordnung hinausgeht und eine Vielfalt von Möglichkeiten eröffnet. Mit der Karriere des Wortes »Kultur« ist zugleich eine neue Deutung des Menschen verbunden, die in Europa bereits seit der Renaissance zum Durchbruch gekommen war. »Kultur« stellt die Menschen in die Freiheit, aus sich selbst zu machen, was sie aus sich machen wollen und können.

Zu Beginn des 18. Jahrhunderts wurde das Wort »Kultur« aber nicht vorrangig in dieser übertragenen Bedeutung, sondern in der von »Pflege« und »Kultivierung« im Zusammenhang mit dem Ackerbau und dem Anbau von Pflanzen überhaupt verwendet.

Die bisher erste bekannte Erwähnung des Wortes »Cultur« in einem deutschsprachigen Lexikon stammt aus dem Jahre 1775 in dem Werk von Johann Georg Walch *Philosophisches Lexicon* in der 4. Auflage:

»Cultur zeigt eine Verbesserung einer Sache an, so durch hülfreiches Zuthun und Bemühen erreicht wird. Man sagt sowohl von leblosen als auch von lebenden Dingen, sie sind cultiviret, wenn sie nämlich in einen vollkommenern Zustand versetzt worden, in welchem sie nicht von Natur sich befinden. Man cultiviret den Ackerbau, die Pflanzen, Blumen, Menschen usw.«[126]

Etwa acht Jahre später heißt es in der *Deutschen Enzyclopaedie* von 1783 schon sehr viel ausführlicher – den Wortgebrauch der damaligen Zeit widerspiegelnd – innerhalb von zwei verschiedenen Einträgen wie folgt:

»*Cultur der Erde*, heißt in der Sprache des Staatswirths, die Bemühung der Regierungen, das gemeinschaftliche Beste des Staats, durch die vortheilhafteste Behandlung der unbeweglichen Güter zu befördern. [...] 1. Die gute Cultur befiehlt die Waldungen mit den anderen Grundstücken in ein richtiges Verhältnis zu setzen. [...] 2. Die gute Cultur verlangt die Moräste auszutrocknen und denen Gewässern sichere Grenzen auszuweisen. [...] 3. Die gute Cultur verlangt eine gute Kenntniß der verschiedenen Erdarten, um sie nach Verschiedenheit der Umstände verbessern zu können. [...] 4. Die gute Cultur erfordert jener Art des Ackerbaues einen entschiedenen Vorzug zu geben, welche den höchsten Ertrag und die beständigsten Reichthümer gewähret. [...]«

---

[126] Walch, Philosophisches Lexicon, Bd. 1., 666.

»*Cultur,* wird aber auch im figürlichen Verstande von einzelnen Menschen oder ganzen Völkern gesagt, und hat meistens eine sehr schwankende Bedeutung, weswegen von jeher ein Volk dem anderen die Cultur abgesprochen hat: und es ist noch nicht so lange, daß sich die französische Nation für die einzige cultivierte Nation in Europa (denn von den Völkern auf dem übrigen Erdboden war ohnehin in ihren Augen die Frage nicht) gehalten hat. Will man sich ja dieses Worts in einem etwas bestimmtern Verstande von moralischen Wesen bedienen, so würden wir einen cultivierten Menschen denjenigen nennen, welcher kein Vermögen seines Körpers und seiner Seele gleichsam brach liegen lassen, sondern auch seiner Bestimmung jedes durch Unterricht und Uebung zu der möglichsten Vollkommenheit gebracht hat und ein cultiviertes Volk, welches aus viel solcher Menschen zusammengesetzt ist. So würde man selbst einem Bauern, einem Handwerksmann die Cultur nicht absprechen können, wenn er in seinem Fache alle erforderliche Kenntnisse und Fähigkeiten hat. Einen Grad weiter geht die Politur, welche diesen erworbenen Kenntnissen und Fähigkeiten dasjenige hinzusetzt, wodurch sie sich auch den andern gefällig und beliebt macht. Man sieht also, daß, wenn man diese Erklärung annimmt, zwar die Cultur ohne Politur, die Politur aber nicht ohne Cultur seyn könne. Gute Erziehung kann die Cultur, aber nur der Umgang mit andern Menschen, oder wenn von Völkern die Rede ist, mit andern Völkern, die Politur [das heißt den äußeren »Schliff« RE] geben.«[127]

Der erste Eintrag thematisiert ausschließlich die ackerbaukultürliche Bedeutung des Wortes »Cultur«. Der zweite Eintrag weist dann auf die übertragene Bedeutung hin, die in dem dort beschriebenen Umfang die einzig übliche war. Einer der ersten großen deutschsprachigen Autoren des 18. Jahrhunderts, für den das Wort »Cultur« – damals noch mit »C« geschrieben, da es sich um ein Fremdwort handelte – in dem angeführten übertragenen Sinne von zentraler Bedeutung war, ist Immanuel Kant (1724–1804). Kant nimmt das zu seiner Zeit gerade in der deutschen Sprache heimisch gewordene Wort Kultur in einer Weise auf, wie wir es heute kaum noch verwenden. Bei ihm bedeutet Kultur den Vollzug der *Kultivierung* am Menschen und seinen verschiedenen Gemütskräften, die der Kultivierung zugänglich sind, was zugleich eine Wiederaufnahme und eine Erweiterung des Wortgebrauchs ist, wie er sich bei Cicero findet. »Kultur« ist bei Kant somit weitgehend gleichbedeutend mit »Bildung« und »Kultivierung« des einzelnen Menschen im weiten Sinne. Er spricht häufig in genitivischen Wendungen von »Cul-

---

[127] Deutsche Encyclopädie oder Allgemeines Real-Wörterbuch aller Künste und Wissenschaften, 23 Bde., Bd. 6 Coa – Dek, 1778–1807.

tur der menschlichen Vernunft«, »Cultur des Willens«, »Cultur des moralischen Gefühls«, »Cultur der Tugend«, »Cultur des Geschmacks«, »Cultur des Talents und der Geschicklichkeit« und zusammenfassend von der »Cultur der Gemütskräfte« sowie der »Cultur der Geisteskräfte, Seelenkräfte und Leibeskräfte«.[128] Kant denkt den Menschen als lebendiges Wesen, das sein Menschsein durch die andauernde Kultivierungsbewegung auf verschiedenen Ebenen erst zu gewinnen hat. Zwar sind alle Menschen durch ihre Geburt zum Menschsein befähigt, aber dieses Menschsein ist nicht als eine von Natur aus gegebene Tatsache verwirklicht. In diesem Sinne besagt »Kultur«, dass alle Menschen die von Natur aus gegebenen Möglichkeiten zu ihrer Menschwerdung zu entwickeln haben, so dass »Kultur« zugleich der »letzte Zweck« des Menschen ist:

»Es bleibt also von allen seinen Zwecken in der Natur nur die formale, subjective Bedingung, nämlich der Tauglichkeit: sich selbst überhaupt Zwecke zu setzen und (unabhängig von der Natur in seiner Zweckbestimmung) die Natur den Maximen seiner freien Zwecke überhaupt angemessen als Mittel zu gebrauchen, übrig, was die Natur in Absicht auf den Endzweck, der außer ihr liegt, ausrichten und welches also als ihr letzter Zweck angesehen werden kann. Die Hervorbringung der Tauglichkeit eines vernünftigen Wesens zu beliebigen Zwecken überhaupt (folglich in seiner Freiheit) ist die Kultur. Also kann nur die Kultur der letzte Zweck sein, den man der Natur in Ansehung der Menschengattung beizulegen Ursache hat.«[129]

Es wird deutlich gesagt, dass »Kultur« im aktiven Sinne eine »Hervorbringung« ist. Kultur ist nicht bereits gegeben, sondern bleibt ein Leben lang das ständige Bemühen, – und hier verkürze ich die verschiedenen Bestimmungen, die Kant an dieser Stelle gibt (Tauglichkeit, vernünftiges Wesen, beliebige Zwecke) – »Freiheit« im menschlichen Handeln zu erzeugen. Freiheit bedeutet dabei gerade nicht willkürliches Handeln, sondern sie ist das Zwecksetzungsvermögen des Menschen, das sich nur reflexiv auf sich und das Zwecksetzungsvermögen aller anderen in konkreten Situationen vollzieht. An dieser Stelle treten zwei Begriffe in eine enge Verbindung, die in der geläufigen Kant-Interpretation nicht besonders stark gemacht wird. Wenn, wie das Zitat nahe legt, »Kultur als Kultivierung« und »Freiheit« bei Kant auf das Engste aneinander

---

[128] Diese Wendungen finden sich vor allem in der *Metaphysik der Sitten* im Rahmen der Tugendlehre.
[129] Kant, Kritik der Urteilskraft, §83.

gebunden sind, so ist für den Menschen freiheitliches Handeln eine Möglichkeit, die aber nur im Vollzug der moralischen Willensbestimmung wirklich sein kann und zwar im Zusammenhang mit der Kultivierung all seiner Gemütskräfte. Die kantische Konzeption der Freiheit steht in der Spannung zwischen Möglichkeit und Wirklichkeit der Freiheit, wobei die Wirklichkeit der Freiheit nur durch alle Ebenen der Kultur und Kultivierung gesteigert und lebendig erhalten werden kann. Denn sobald der einzelne Mensch in der Kultivierung *seiner* Verwirklichungsformen der Freiheit nachlässt, gewinnen Gewohnheit und Routine die Oberhand im Handeln. Da »Kultur« und »Kultivierung« das freiheitliche Handeln des Menschen immer wieder erzeugen, bilden sie letztlich für Kant eine notwendige Bedingung für die Verwirklichung der Moral. Denn der Vollzug der Freiheit ist bei Kant das Grundphänomen der Moral schlechthin. Um dieses zu erreichen, ist es vor allem die »eigene Vollkommenheit«, die es zu kultivieren gilt. Im Wortgebrauch von »Cultur« verbinden sich bei Kant sowohl der Wortgebrauch von Cicero als auch der von Pufendorf.

Johann Gottfried Herder (1744–1803) verwendet in seinen Schriften so wie Kant ausschließlich das Singularetantum »Cultur«, so dass der Plural *Kulturen* an keiner Stelle vorkommt. Seine Verwendung des Wortes *Kultur* bezieht sich vielmehr auf verschiedene Grade und Stufen der Kultivierung und Bildung ganzer Völker und der Menschheit. Er spricht von »gebildeten« und »kultivierten« Völkern und Nationen, die ihre »Wildheit« hinter sich lassen und sich damit mehr und mehr abheben von der »Natur«.[130] Mit der Kultivierung der Völker ist für Herder das positive Ziel der »Humanität« verbunden.[131] Seine Deutung legt immer wieder nahe, dass eine Teleologie in der Geschichte der Menschheit wirksam sei, die in sich verschiedene Grade aufweist.

---

[130] »Je mehr die Kultur der Länder zunimmt, desto enger wird die Wüste, desto seltner ihre wilden Bewohner. Gleichergestalt hat auch in unserm Geschlecht die zunehmende Kultur der Menschen schon diese natürliche Wirkung, daß sie mit der tierischen Stärke des Körpers auch die Anlage zu wilden Leidenschaften schwächt und ein zarteres menschliches Gewächs bildet.« Herder, Ideen zur Philosophie der Geschichte der Menschheit, 639.
[131] »Der Verfolg der Geschichte zeigt, daß mit dem Wachsen wahrer Humanität auch der zerstörenden Dämonen des Menschengeschlechts wirklich weniger geworden sei; und zwar nach inneren Naturgesetzen einer sich aufklärenden Vernunft und Staatskunst.« Ebd., 639.

»Wollen wir diese zweite Genesis des Menschen, die sein ganzes Leben durchgeht, von der Bearbeitung des Ackers Kultur oder vom Bilde des Lichts Aufklärung nennen, so stehet uns der Name frei; die Kette der Kultur und Aufklärung reicht aber sodann bis ans Ende der Erde. Auch der Kalifornier und Feuerländer lernte Bogen und Pfeile machen und sie gebrauchen; er hat Sprache und Begriffe, Übungen und Künste, die er lernte, wie wir sie lernen; sofern ward er also wirklich kultiviert und aufgeklärt, wiewohl im niedrigsten Grade. Der Unterschied zwischen aufgeklärten und unaufgeklärten, zwischen kultivierten und unkultivierten Völkern ist also nicht spezifisch, sondern nur gradweise.«[132]

Nach Herders Begriff der Kultur besitzen alle Menschen »Kultur«, wenn auch nur in graduierten Abstufungen. Dass alle Menschen »Kultur« besitzen, scheint aus heutiger Perspektive eine mehr als selbstverständliche Sichtweise zu sein. In damaliger Zeit war es hingegen eher ungewöhnlich, wirklich allen Menschen »Kultur« zuzusprechen, da in der Phantasie und Vorstellung der damaligen Europäer die Menschen vieler Völker eher den Tieren näher zu stehen schienen oder gar als Tiere gesehen wurden.[133] Herders Begriff der Kultur beschreibt die Menschheit als eine Gemeinschaft auf der Grundlage von Kultur und Kultivierung, durch die jeder Mensch in freier und verschiedener Weise im Sinne einer »zweiten Genesis« zu einem Menschen wird. Das einheitliche Ziel, welches im Zitat jedoch durchscheint, ist die möglichst hohe Kultivierung und Aufklärung der gesamten Menschheit im Zeichen der »Humanität«. Dies ist zugleich die grundlegende Perspektive, die im 18. Jahrhundert mit dem Singularetantum *Kultur* verbunden war.[134]

Auch wenn wir heute die Stufeneinteilung und Graduierung von *Kultur* nicht mehr ohne weiteres teilen, schafft Herder mit dem Wort *Kultur* ein *tertium comparationis* für alle gestaltenden Tätigkeiten der verschiedenen Menschen und Völker, wobei dieses *tertium* selbst *nicht*

---

[132] Ebd., 340.
[133] Hier sei an die Diskussionen im spanischen Valladolid des 16. Jahrhunderts erinnert, wo Las Casas und Sepúlveda ihren Disput darüber führten, ob die Einwohner Amerikas Menschen oder Tiere seien. Letztlich wurden sie von der Kirche als Menschen anerkannt, was ihre Versklavung unmöglich machte. Dieses Urteil führte dann unter anderem dazu, dass die Einwohner Afrikas als Sklaven nach Amerika gebracht wurden. Diese wurden in Amerika bekanntlich erst im 19. Jahrhundert im vollen Sinne als Menschen anerkannt!
[134] Ab der Mitte des 20. Jahrhunderts nannte man diesen Prozess »Modernisierung«, wobei dies häufig bis heute mit bloßer technischer Entwicklung und wirtschaftlichem Fortschritt identifiziert wird.

göttlichen Ursprungs ist. Es wurzelt vielmehr in der zeitlichen und kontingenten Tätigkeit und Wirksamkeit des Menschen. In dem Singularetantum *Kultur* als einem *substantivum actionis*[135] wird die gesamte Menschheit im Horizont ihrer *kulturellen Tätigkeit* zu einer Wirkgemeinschaft, da alle gestaltenden und pflegenden Tätigkeiten als *Kultur* bezeichnet werden. Im strengen Sinne sind mit *Kultur* keine Resultate gemeint, sondern allein der Prozess der Gestaltung und der Bildung.[136] Dieser Bezeichnung geht ein umfassender Vergleichsprozess der Länder, Völker, Sprachen, Religionen usw. voraus, der aber im Wort *Kultur* selbst nicht mehr direkt auftaucht und somit verdeckt bleibt, da der Vergleichshorizont all dieser menschlichen Tätigkeiten als solcher im Vergleichen nicht mehr auftaucht! Das umfassende *tertium comparationis* Kultur stellt somit die kulturellen Tätigkeiten aller Menschen erstmalig in einen Vergleichshorizont, der als solcher alle endlichen Tätigkeitsformen der Menschen umfasst. In diesem Rahmen werden dann zunächst vor allem Völker und Nationen im Plural verglichen, aber noch nicht *Kulturen,* da der Plural noch nicht vorkommt. Erst wenn eine Pluralform entsteht, treten die Resultate im Sinne der verschiedenen *Kulturen* in den Vordergrund.[137]

Da der Kulturbegriff bei Kant und Herder konsequent als ein Prozessbegriff gedacht wird – auch wenn beide ihn auf Verschiedenes anwenden –, bezeichnet »Cultur« zum einen den Prozess der Bildung von Menschen, Völkern und der ganzen Menschheit und zum anderen die Dimension, in der dieses geschieht und in der alle Menschen zusammengefasst sind. Bei Kant und Herder ist »Kultur« weitgehend synonym mit dem Wort »Bildung«. Dies ändert sich zu Beginn des 19. Jahrhunderts, wo die Bedeutung des Wortes *Kultur* im Rahmen der sich ausweitenden industriellen Revolution mehr und mehr auch die materielle Ebene als die Ergebnisse von Kultur umfasst. Dieser Prozess der

---

[135] »Ähnliches wie bei Kultur hat sich bei den nomina actionis *Bildung* und *Aufklärung* vollzogen.« Niedermann, Kultur, 12.

[136] Nur an einigen Stellen, wo das Wort *Kultur* mit geographischen Regionen verbunden wird – z.B. europäische Kultur –, erhält es bei Herder eine Bedeutung, die verstärkt zwischen Kultur als Prozess und Resultat zu changieren beginnt.

[137] Niedermann schreibt: »Der Kulturbegriff wird sich bleibend spalten in einen relativen ethnisch-historischen Begriff, der sich aus dem Sachkulturbegriff entwickeln und einen Plural bilden wird, und in einen Wert- und Formungsbegriff, der nur im Singular vorkommt und besonders stark dem Wechsel und Wandel der Denksysteme und der ethischen Anschauungen folgen wird, da er sich besonders auf die Persönlichkeitskultur bezieht, des Einzelnen sowohl als der Menschheit.« Niedermann, Kultur, 170.

Bedeutungserweiterung, der sich über verschiedene Stufen erstreckt, wird im Brockhaus-Artikel »Cultur« wie folgt zusammengefasst und in seinen verschiedenen »Culturzweigen« differenziert:

»So gehören zur moralischen Cultur sowohl die politischen als die religiösen Zustände eines Volks, nicht minder auch seine socialen Umgangsformen, Sitten und Gebräuche; zur intellectuellen Cultur seine Sprache und Literatur, sein Schul- und Unterrichtswesen; zur technischen Cultur sein Ackerbau, Industrie, Handel, Schifffahrt, der Zustand seiner Landstraßen, Posten u. s. w.«[138]

In dem Zitat umfasst »Kultur« alle Handlungsformen, durch die der Mensch sein Leben gemäß den menschlichen Kräften gestaltet. Diese Handlungsformen lassen sich bei allen Menschen auf der Erde beobachten, so dass Kultur zur eigentlichen Bestimmung des Menschen wird. Überall dort, wo es Kultur gibt, gibt es auch Menschen. In dieser kulturellen Auslegung des Menschen gerät schnell aus dem Blick, dass die Auslegung des Menschen als *kulturelles* Wesen selbst hoch voraussetzungsreich ist. Diese Voraussetzungen können selbst aber nicht mehr als »kulturell« bezeichnet werden, da so nur der sprachliche Ausdruck »kulturell« auf sich selbst angewendet werden würde. Hier zeigt sich, wie schwierig es ist, sprachlich der Semantik des Kulturellen zu entkommen oder sie auch nur zu relativieren.

Grammatisch gesehen ist das Wort »Kultur« in den Zitaten bei Kant und Herder ein Singularetantum, das heißt, zu diesem Wort kann in dem Zusammenhang kein Plural gebildet werden. So wie es zu dem Wort »Butter« in der deutschen Sprache keinen Plural gibt, konnte dieser im 18. und zu Beginn des 19. Jahrhunderts zu dem Wort »Kultur« in den philosophischen und geisteswissenschaftlichen Texten nicht gebildet werden.

4.4.1.2 Kulturen

Bis ungefähr Mitte des 19. Jahrhunderts bleibt »Kultur« in der deutschen Sprache ein Singularetantum und erst danach entwickelt sich auch im Rahmen der Geisteswissenschaften der Plural »Kulturen«. In den bisherigen Untersuchungen zum Kulturbegriff wird diese kleine, aber wirkungsreiche Entwicklung nur wenig beachtet. Denn erst gute 100 Jahre, nachdem das Singularetantum *Kultur* eine wichtige Rolle für

---

[138] Real-Encyklopädie (Brockhaus), 11. Auflage 1864–1868, 15 Bände.

die Neufassung der Geschichte der Menschheit bei Herder spielte, wurde der Plural *Kulturen* in den 1860er Jahren bei Adolf Bastian (1826–1905) in der Ethnologie eingeführt. Die erste veröffentlichte Belegstelle für den Plural »Kulturen« im Sinne von eigenständigen Kulturen ist bisher die folgende:

»Ein übermüthiger, aber überall als Consequenz des Egoismus wiederkehrender Stolz hat lange den Europäer verleitet, sich als das Ideal des Menschen anzusehen, auf alle anderen Zeiten verachtend herabzublicken und jedes Volk, das verschiedene Ansichten aus seinem Gesellschaftsleben zu gewinnen wagte, schon deshalb zu verdammen. Er denkt weder an die weiten Continente, die noch den Globus bedecken, und wo unzählige Völker ihre selbstständigen Culturen entwickelten; er erinnert sich nicht der vielen glänzenden Geschichtsepochen, die entstanden und vergingen, wenn noch kein Lichtstrahl der Civilisation in die Barbarei seiner Wälder gedrungen war.«[139]

Einige Jahre später wird er auch bei Jacob Burckhardt (1818–1897) in der Geschichtswissenschaft an prominenter Stelle gebildet. Friedrich Nietzsche (1844–1900) übernimmt den Plural von Burckhardt und verwendet ihn bereits mehrfach in seiner Schrift *Geburt der Tragödie* von 1872. Einer der ersten, der den *begrifflichen* Unterschied zwischen *Kultur* als Singularetantum und dem Plural *Kulturen* sehr deutlich gesehen hat, war Fritz Mauthner in seinem *Wörterbuch der Philosophie:*

»Eine kleine sprachliche Bemerkung mag den Grund bezeichnen, der eine Verständigung über den Kulturbegriff verhindert. *Kultur*, in der Einzahl und ohne Artikel, bedeutet in noch höherem Maße als das geschätzte Wort *Bildung* einen Höhepunkt, eine Sehnsucht, ein Ziel, eigentlich einen Grenzbegriff für das Leben der Völker; eine Aufgabe, eine Pflicht, ein Sollen; ein Volk, ein Mensch *soll* Kultur haben. […] Abgesehen davon, objektiv, hat jedes Volk irgendeine Kultur, irgendeine Summe von Sitten, und mit diesen Sitten oder Kulturen beschäftigen sich die vergleichenden Kulturwissenschaften. Wir haben hier also wieder den gar nicht so seltenen Fall, daß die Mehrzahl gar nicht die Mehrheit der Einzahl ausdrückt. *Kultur* ist ein Sollzustand, zu

---

[139] Bastian, Der Mensch in der Geschichte. Zur Begründung einer psychologischen Weltanschauung, 1. Band, Die Psychologie als Naturwissenschaft, 230. In diesem Buch kommt der Plural nur an einer Stelle vor, aber mit aller wünschenswerten Eindeutigkeit. In dem Buch *Das Beständige in den Menschenrassen und die Spielweite ihrer Veränderlichkeit* von Bastian aus dem Jahre 1868 kommt der Plural dann schön häufiger vor. Hier deutet sich bereits eine besonders problematische Verwendungsrichtung des Plurals Kulturen im Zusammenhang mit den Theorien des Rassismus an, die bis in die Zeit des Dritten Reichs führt.

Philosophisch bedeutsame Wortfelder in verschiedenen Sprachen

welchem sich ein Mensch oder ein Volk hinaufentwickeln mag; *die Kulturen der verschiedenen Völker bezeichnen einen Istzustand.*«[140] Diese Bemerkung macht vor allem deutlich, daß es dringend notwendig ist, den *Kulturbegriff* als Singularetantum von einem *Kulturenbegriff* als Plural mit einem ihm zugehörigen Singular zu unterscheiden. Durch diese Unterscheidung tritt eine grundsätzliche Frage im Rahmen von Begriffsbildungen auf: Sind Begriffe an die Form des Singularetantum gebunden? Ist es überhaupt möglich, einen Begriff als Plural zu bilden? Wie am Begriff der Kulturen deutlich wird, muss die Begriffsbildung dem Sinn gemäß von der Pluralform des Wortes ausgehen, da der Singular eine grundsätzlich andere Bedeutung besitzt. Die Frage, wie sich Singular und Plural im Rahmen der philosophischen Begriffsbildung insgesamt zueinander verhalten, scheint eine noch viel zu wenig beachtete Perspektive zu sein, die dringend einer eingehenden Reflexion unterzogen werden muss. An dieser Stelle drängt sich zudem die Frage auf, wie diese Unterscheidung in Sprachen nachvollzogen werden kann, die keine grammatische Unterscheidung von Singular und Plural vornehmen, wie das Chinesische und das Japanische. In der Wortgeschichte des Wortes »Kultur« scheint hier ein grammatisches Problem auf, das mit der Konzeption von »Begriffen« nicht nur in der Philosophie auf das Engste verbunden ist.

Erst nachdem *Kulturen* durch die Bildung des Plurals nachdrücklich als vorliegende Resultate verstanden werden, können sie selbst zu Objekten des Vergleichs werden. Somit tritt der Vergleich, nachdem er sich im Kulturbegriff als Singularetantum verborgen hatte, nunmehr an die Oberfläche des Begriffes selbst. Dies wird bei Nietzsche mit allem Nachdruck in dem berühmten Aphorismus 23 in seinem Buch *Menschliches, Allzumenschliches* aus dem Jahr 1878 deutlich. Dieser Aphorismus sei hier noch einmal ausführlich zitiert:

»Zeitalter der Vergleichung. – Je weniger die Menschen durch das Herkommen gebunden sind, um so größer wird die innere Bewegung der Motive, um so größer wiederum, dem entsprechend, die äußere Unruhe, das Durcheinanderfluten der Menschen, die Polyphonie der Bestrebungen. Für wen giebt es jetzt noch einen strengen Zwang, an einen Ort sich und seine Nachkommen anzubinden? Für wen giebt es überhaupt noch etwas streng Bindendes? Wie alle Stilarten der Künste neben einander nachgebildet werden, so auch alle

---

[140] Mauthner, Wörterbuch der Philosophie. Neue Beiträge zu einer Kritik der Sprache von Fritz Mauthner, zweite, vermehrte Auflage, 2. Band. Leipzig 1924. 262.

Stufen und Arten der Moralität, der Sitten, der Culturen. – Ein solches Zeitalter bekommt seine Bedeutung dadurch, dass in ihm die verschiedenen Weltbetrachtungen, Sitten, Culturen verglichen und neben einander durchlebt werden können; [...] Es ist das Zeitalter der Vergleichung! Das ist sein Stolz, – aber billigerweise auch sein Leiden. Fürchten wir uns vor diesem Leiden nicht! Vielmehr wollen wir die Aufgabe, welche das Zeitalter uns stellt, so gross verstehen, als wir nur vermögen: so wird uns die Nachwelt darob segnen, – eine Nachwelt, die ebenso sich über die abgeschlossenen originalen Volks-Culturen hinaus weiss, als über die Cultur der Vergleichung, aber auf beide Arten der Cultur als auf verehrungswürdige Alterthümer mit Dankbarkeit zurückblickt.«[141]

In dem Zitat wird mit Nachdruck deutlich, dass das »Zeitalter der Vergleichung« selbst nichts Statisches, sondern in sich hoch Bewegtes ist. Obwohl Nietzsche die verschiedenen Kulturen als nebeneinander bestehend denken kann, werden sie in seinem Gedanken nicht zu statischen Gebilden. Es geht vielmehr darum, die »Vergleichung« selbst zu einer fruchtbaren »Cultur« werden zu lassen. Die Wendung »Cultur der Vergleichung« verbindet in sich sowohl das Singularetantum *Kultur* im Sinne einer Tätigkeit wie auch den Plural *Kulturen* als die verschiedenen Resultate. Man könnte diese Wendung so verstehen, dass die Kultur der Vergleichung als Praxis zugleich eine Beziehung zwischen den Kulturen stiftet. Erst im 20. Jahrhundert stellte sich hierfür ein neues Wort ein: Interkulturalität. Nietzsche verwendet den Plural *Kulturen* mit zunehmender Emphase, was in der Entwicklung der kulturellen Semantik nicht ohne Wirkung blieb. Es war vor allem Oswald Spengler (1880–1936), der, von Nietzsche beeinflusst, den Plural *Kulturen* – der sich zu Beginn des 20. Jahrhunderts schnell in der deutschen Sprache verbreitete – aufnahm und ihm einen Sinn verlieh, der heute zu Recht scharf kritisiert wird. Nach Spengler sind Kulturen in sich abgeschlossene Organismen, die nur aus sich heraus zu verstehen sind.

»Jede Kultur hat ihre neuen Möglichkeiten des Ausdrucks, die erscheinen, reifen, verwelken und nie wiederkehren. Es gibt viele, im tiefsten Wesen völlig voneinander verschiedene Plastiken, Malereien, Mathematiken, Physiken, jede von begrenzter Lebensdauer, jede in sich selbst geschlossen, wie jede Pflanzenart ihre eigenen Blüten und Früchte, ihren eigenen Typus von Wachstum und Niedergang hat. Diese Kulturen, Lebewesen höchsten Ranges,

---

[141] Nietzsche, Menschliches, Allzumenschliches, in: Kritische Studienausgabe, Bd. 2, 44.

wachsen in einer erhabenen Zwecklosigkeit auf wie die Blumen auf dem Felde. [...]«[142]

Erst bei Spengler scheint der radikale und in bestimmter Hinsicht statische Relativismus im Begriff der Kulturen auf, den man schon bei Herder zu finden meint. Er radikalisiert den Plural in relativierender, aber auch in substantialisierender Hinsicht und setzt mit dem Plural Kulturen auch alles andere in den Kulturen in den Plural:

»Es gibt so viele Moralen, als es Kulturen gibt, nicht mehr und nicht weniger. Niemand hat hier eine freie Wahl. So gewiß es für jeden Maler und Musiker etwas gibt, das ihm infolge der Wucht einer inneren Notwendigkeit gar nicht zum Bewußtsein kommt, das die Formensprache seiner Werke von vornherein beherrscht und sie von den künstlerischen Leistungen *aller* anderen Kulturen unterscheidet, so gewiß hat *jede* Lebensauffassung eines Kulturmenschen von vornherein, a priori in Kants strengstem Sinne, eine Beschaffenheit, die noch tiefer liegt als alles augenblickliche Urteilen und Streben und die ihren *Stil* als den einer bestimmten Kultur erkennen läßt. Der einzelne kann moralisch oder unmoralisch handeln, ›gut‹ oder ›böse‹ aus dem Urgefühl seiner Kultur heraus, aber die Theorie seines Handelns ist schlechthin gegeben. Jede Kultur hat dafür ihren eigenen Maßstab, dessen Gültigkeit mit ihr beginnt und endet. Es gibt keine allgemein menschliche Moral.«[143]

»Es gibt mehrere Zahlenwelten, weil es mehrere Kulturen gibt. Wir finden einen indischen, arabischen, antiken, abendländischen Typus des mathematischen Denkens und damit Typus einer Zahl, jeder von Grund aus etwas Eignes und Einziges, jeder Ausdruck eines andern Weltgefühls, jeder Symbol von einer auch wissenschaftlich genau begrenzten Gültigkeit, Prinzip einer Ordnung des Gewordenen, in der sich das tiefste Wesen einer einzigen und keiner andern Seele spiegelt, derjenigen, welche Mittelpunkt gerade dieser und keiner andern Kultur ist. Es gibt demnach mehr als eine Mathematik. Denn ohne Zweifel ist der innere Bau der euklidischen Geometrie ein ganz anderer als der der kartesischen, die Analysis von Archimedes eine andere als die von Gauß, nicht nur der Formensprache, der Absicht und den Mitteln nach, sondern vor allem in der Tiefe, im ursprünglichen und wahllosen Sinn der Zahl, deren wissenschaftliche Entwicklung sie darstellt. [...] *Es gibt keine Mathematik, es gibt nur Mathematiken.*«[144]

---

[142] Spengler, Der Untergang des Abendlandes, 29.
[143] Ebd., 439 f.
[144] Ebd., 79 f.

Mit Spengler ist der Gebrauch des Plurals *Kulturen* in der deutschen Sprache voll ausgebildet. Versucht man heute ohne den Plural *Kulturen* in der Beschreibung kultureller Phänomene auszukommen, so zeigt sich, dass es fast unmöglich ist, den Plural zu vermeiden, ohne es bewusst zu wollen. Die heute in der Ethnologie heftig geführte Debatte, den Kulturbegriff für die Beschreibungen in der Ethnologie vollständig aufzugeben und ihn bewusst aus dem Vokabular zu streichen, richtet sich vor allem gegen den Plural *Kulturen*, was in der Debatte aber nicht immer klar ist.[145] Möglicherweise mag dies in einer einzelnen Wissenschaft gelingen, für den alltäglichen Sprachgebrauch scheint es mir in absehbarer Zeit jedoch nicht möglich, den Plural *Kulturen* aus dem Wortschatz zu streichen.

4.4.1.3 Kulturationen und Kulturalitäten

Fast gleichzeitig mit der Einführung des Plurals Kulturen ereignete sich im Rahmen der Semantik des Kulturellen ausgehend von der englischen Sprache in den USA eine Erweiterung, die bis in die heutige Zeit von großer Relevanz ist. Mit der Einführung des Wortes »acculturation« in die ethnologische Debatte zwischen 1880 und 1890 wurde in der englischen und später auch in der deutschen Sprache die Wortbildeform durch Präfixe genutzt, um im Rahmen der kulturellen Semantik die jeweiligen Problemhorizonte der Zeit zu analysieren. Als Basis für die Wortbildungen fungierten wiederum zwei neue Wortformen, die durch Suffixe aus dem Wort »Kultur« gebildet wurden: Kulturation und Kulturalität. Das Suffix »(at)ion« bezeichnet einen Prozess oder eine Handlung (z. B. »Transkulturat-ion«), wohingegen das Suffix »ität« eine Eigenschaft bezeichnet (z. B. »Multikultural-ität«). Bei den Zusammensetzungen mit dem Wort »Kulturation« wurden in den meisten Fällen in Verbindung mit bestimmten Präfixen zunächst die substantivischen Formen eingeführt. Im Fall des Wortes »Kulturalität« waren es zunächst die adjektivischen Formen (z. B. »intercultural«, »interkulturell«), die mit dem Suffix »al« (im Englischen) und »ell« (im Deutschen) eingeführt wurden, was den Substantivsuffixen »ity« (im Englischen) und »ität« bzw. »ismus« (im Deutschen) entspricht (z. B. »Interkulturalität«, »interculturality«). Dabei ist festzustellen, dass die Worbildungen mit dem Wort »Kulturalität« weit erfolgreicher in den allgemeinen

---

[145] Vgl. Abu-Lughod, Writing Against Culture.

Sprachgebrauch eingegangen sind als die mit »Kulturation«. Im Folgenden sollen nur einige Textstellen für besonders prominente Wörter angeführt werden, durch die der jeweilige Wortgebrauch deutlich wird. Insgesamt wird kein Anspruch auf Vollständigkeit erhoben, da das Feld der Wortbildungen inzwischen weitgehend unübersichtlich geworden ist.[146] Folgende Beispiele beziehen sich auf verschiedene Formen von »Kulturationen«.

Acculturation

»An outstanding development in anthropology during recent years has been the growing interest in the study of peoples whose modes of life are undergoing, or have undergone, extensive change as a result of ascertainable historic contacts with alien cultures. Acculturation, the term current in this country for such studies, has been defined as comprehending those phenomena which result when groups of individuals having different cultures come into continuous first-hand contact, with subsequent changes in the original cultural patterns of either or both groups.«[147]

Transculturation, deculturation (disculturation), neoculturation

»I am going to take the liberty of employing for the first time the term *transculturation*, fully aware of the fact that it is a neologism. And I venture to suggest that it might be adopted in sociological terminology, to a great extent at least, as a substitute for the term *acculturation*, whose use is now spreading. *Acculturation* is used to describe the process of transition from one culture to another, and its manifold social repercussions. But *transculturation* is a more fitting term. I have chosen the word *transculturation* to express the highly varied phenomena [...] of the extremely complex transmutations of culture. [...] I am of the opinion that the word *transculturation* better expresses the different phases of the process of transition from one culture to another because this does not consist merely in acquiring another culture, which is what the English word *acculturation* really implies, but the process also necessarily involves the loss or uprooting of a previous culture, which could be defined as a deculturation. In addition it carries the idea of the consequent creation of new cultural phenomena, which could be called neoculturation. [...] The concept of transculturation is fundamental and indispensable for an understanding of the history of Cuba which is an intense, complex, unbroken process of

---

[146] Vgl. Donalies, Die Wortbildung des Deutschen.
[147] Herskovits, The Significance of the Study of Acculturation for Anthropology, 259.

transculturation of human groups, all in a state of transition, and, for analogous reasons, of that of America in general.«[148]

Enculturation

»[…] enculturation is primarily anthropological. It is a construct, a process in a behavioral sense, that delineates the dynamics of transmission and transmutation of culture throughout human growth. Cultural transmission is a process of acquiring the traditionally inherited culture; cultural transmutation, on the other hand, is a process of psychosocial transmutation through deliberate, reflective, functional, yet occasionally incidental processes of learning. Both these processes operate on the level of early years; thus this level involves both unconscious and reflective responses to the culture. While emphasis tends to be placed upon cultural transmission – cultural replication and stabilization – at this level, cultural transmutation is a significant process in the early years of life. Thus, the child undergoing enculturative experience is not an entirely passive learner, unconsciously acquiring cultural tradition, but rather one who can also engage in creative transaction with his culture. In psychosocial transmutation, learning is not merely passive receiving, but also an active, recreative, and reconstructing interactional interplay […]. Thus, enculturation is a bipolar process of cultural transmission and transmutation – an essential process of human growth. Indeed, it is a universal function of education in a culture.«[149]

Inculturation

»The transposition from the anthropological ›enculturation‹ to the missiological ›inculturation‹ can be considered as an application of the principle of analogy. Just as we say that the individual becomes inserted into his own culture (becomes enculturated) we can speak of the Church becoming inserted into a given culture (becomes inculturated). […] The main difference between enculturation and inculturation is that in that first case, the individual does not yet have a culture, and acquires his culture in the progress of enculturation, whereas Church, though it is bound to no particular culture, does not enter into a given culture unless already linked with elements of another culture. And even, depending on the definition given to ›culture,‹ we can say that several elements which belong to the very nature of the Church are of a cul-

---

[148] Fernando Ortiz, Contrapunteo cubano del tabaco y del azucar, La Habana 1940 (Tabak und Zucker. Ein kubanischer Disput) Zitiert nach: Allolio-Näcke et al. (Hg.), Differenz anders denken. Bausteine zu einer Kulturtheorie der Transdifferenz, 2005, 342.
[149] Shimahara, Enculturation – A Reconsideration, 148.

tural character. Therefore, from an anthropological point of view, the process of inculturation has also the characteristics of a process of acculturation.«[150]

Weitere Wortbildungen, die vereinzelt anzutreffen sind: Interculturation, Reculturation, Subculturation / Subkulturation, Deculturation, Kontrakulturation.

Der zweite Wortbildungskomplex setzt sich zusammen aus dem neu gebildeten Wort »Kulturalität« in Verbindung mit verschiedenen Präfixen. Den Substantiven gehen jedoch – anders als bei den Zusammensetzungen mit »Kulturation« – zunächst die Adjektivbildungen voraus. Bei dem bisher ersten Beleg von 1916 für das englische Adjektiv »intercultural« ist hervorzuheben, dass es in einem Text über Bakterien zu finden ist. Hier zeigt sich, wie sehr das Wort »Kultur« noch zu Beginn des 20. Jahrhunderts auch mit den Wortfeldern in der Biologie und Landwirtschaft verbunden war.

Intercultural

»Thus inter-clonal variation would mean variation in different clones. These might, however, be mixed in the same culture, or be in separate pure cultures; and again interclonal selection would refer to the ordinary selection of clones from a mixed culture, or might mean selection from different cultures, each representing a pure clone. The terms intracultural and intercultural, referring to variation or selection, are descriptive of definite conditions or processes, but are less specific than the other terms suggested.«[151]

»Fourth, how successfully do the ideals and the ethics of each [religion] measure up to the requirements of that newer idealism and worldconscience which is actually in process of formation as an inevitable result of the intercultural relationships of the modern world?«[152]

Multicultural

»›You are very young, Margaret. You've lived twenty-four years, but you dont't know things that other people know at ten: They know that men in all climes and all times live by the narrow little things they know. They organize their societies by individual interest and family feeling and national patriotism

---

[150] Crollius, What is so new about Inculturation?, 7. Vgl. auch: Dhavamony, Christian Theology of Inculturation.
[151] Cole / Wright, Application of the Pure-Line Concept to Bacteria.
[152] Baker, How shall we relate Christianity to other religions?, 480.

and class solidarity and religious faith. This must be so and cannot be otherwise. Their contact has been with one language, one faith, and one nation. They are unicultural. You, Margaret and John, are like them, no different. You and thousands like you live by the things you know, just as they do. But we, being children of the great age of transportation and communication, have contacts with many languages, many faiths, and many nations. We are multicultural‹. [...]
›Such a person,‹ he said, picking up a heavy legal volume, ›is bound to have a way of thinking and behaving not provided for in this written law, a law which was developed before fast trains, airplanes, and wireless; before ultramodern multicultural people‹.«[153]

Transcultural
»Normative, critical, and scientific thought provides the only self-correcting means of combating the diffusion of myth, but it may do so only on condition that we retain a firm and uncompromising faith in the integrity of reason and in the transcultural validity of the scientific enterprise.«[154]

»This does not, however, commit us either to ›ethical nihilism‹ or to ›cultural relativism,‹ both of which positions the author repudiates on the grounds that there are *in fact* universal, transcultural values, termed by him ›authentic‹ or ›rational,‹ which express certain ›primal drives‹ of all men everywhere and always.«[155]

Die Bildung der Substantive in Verbindung mit Kulturalität in der deutschen Sprache erfolgte erst viel später. Sie sind seit den 1970er und 1980er Jahren auch im wissenschaftlichen Sprachgebrauch zu finden. Die im Folgenden angeführten Zitate belegen nicht die bisher erste Fundstelle, sondern repräsentative oder reflektierte Verwendungsformen der Wörter.

Interkulturalität
»Interkulturalität ist durch eine fünffache Perspektive bestimmbar: In *philosoph*. Hinsicht bedeutet Interkulturalität erstens, dass es ein Wahrheitsverständnis zu kritisieren gilt, das einerseits die philosoph. Wahrheit exklusiv durch eine bestimmte Tradition und andererseits eine bestimmte Tradition durch philosophische Wahrheit definiert. Methodisch verfährt sie dabei so,

---

[153] Haskell, Lance. A Novel About Multicultural Men, 320 f./331, 1941.
[154] Bidney, Myth, Symbolism, and Truth, 392.
[155] Danto, Rezension zu: Lewis Samuel Feuer, Psychoanalysis and Ethics, 120.

dass sie kein Begriffssystem unnötig privilegiert und auf begriffl. Konkordanz aus ist. [...] Zweitens ist unter *religiöser* Perspektive Interreligiosität ein anderer Name der Interkulturalität. Interreligiosität ist selbst nicht eine Religion, der man angehören kann. Sie wird als Haltung verstanden, die Offenheit und Toleranz fördert (ßpfeilrß interreligiöser Dialog). Aus *polit.* Sicht ist die Interkulturalität drittens ein anderer Name für eine pluralistisch-demokrat., republikanische Überzeugung, die auch die politische Wahrheit keiner Gruppe, Klasse oder Partei allein zubilligt. Intertextualität ist der Name einer kulturenübergreifenden *weltliterar.* Haltung, die kulturelle Vielfalt in unterschiedl. Sprachen zum Ausdruck kommen lässt. Die fünfte, die *pädagog.* Perspektive der Interkulturalität wird in bestimmter Hinsicht als die wichtigste eingeschätzt. Gegen Fundamentalismus gerichtet, bedeutet sie den prakt. Versuch, die Einsichten und Ansichten der vier anderen Perspektiven in Familie und Gesellschaft, von den Kindergärten bis zur Univ. im Denken und Handeln zu lernen und lehren.«[156]

Multikulturalität

»Unabhängig davon, ob das multikulturelle Zusammenleben abgelehnt, begrüßt oder als tragfähiges Zukunftskonzept favorisiert wird, fallen in der Bundesrepublik speziell zwei Aspekte besonders auf. Zum einen werden Begriffe wie ›Multikultualtiät‹, ›Ethnizität‹ oder ›kulturelle Identität‹ oft vorrangig im Migrationskontext und im Zusammenhang mit dem Streit um die ›Einwanderungsgesellschaft‹ diskutiert. Zum anderen werden sie dabei oft in hohem Maße politisiert und ideologisch verzerrt gebraucht. Dabei wird mit Multikulturalismus oft eine auf Gruppeninteressen verengte Sicht der ›Wirklichkeit‹ und Politik oder ein vager Pluralismus ohne kritische Reflexion des komplexen Gesamtzusammenhangs der Gesellschaft verbunden. Damit sind durchaus auch Ethnisierungsstrategien verbunden, die letztlich in eine Paradoxie führen: *Einerseits* wird eine zunehmende Pluralisierung kultureller Lebensformen, von Lebensstilen, Identitäten konstatiert; aus dieser Sicht befinden sich Identitäten und Kulturen im Fluss, werden situativ ausgehandelt. Die globalen Vernetzungen haben diese Veränderungsdynamik eher radikalisiert und intensiviert. Zunehmend ist von virtuellen Kulturen und Identitäten die Rede. *Andererseits* beobachten wir gesellschaftliche Prozesse, in denen bestimmte Gruppen, in diesem Fall eingewanderte Minderheiten und deren Nachkommen, auf Ethnizität, Religion oder Herkunft festgeschrieben werden. Man geht davon aus, dass die deutsche Gesellschaft einst ethnisch homogen war und erst durch die Einwanderung nach dem Zweiten Weltkrieg multikulturell geworden sei. Diese Sichtweise ist schon historisch nicht haltbar,

---

[156] Stichwort: Interkulturalität, in: Brockhaus Enzyklopädie, 21. Auflage, 2005 f.

insofern Einwanderung in der Geschichte nicht die Ausnahme darstellt, sondern vielfach die Regel war.«[157]

Transkulturalität
»Kulturen sind intern durch eine Pluralisierung möglicher Identitäten gekennzeichnet und weisen extern grenzüberschreitende Konturen auf. Sie haben eine neuartige Form angenommen, die durch die klassischen Kulturgrenzen wie selbstverständlich hindurchgeht. Das Konzept der Transkulturalität benennt diese veränderte Verfassung der Kulturen und versucht daraus die notwendigen konzeptionellen und normativen Konsequenzen zu ziehen. Der traditionelle Kulturbegriff scheitert heute an der inneren Differenziertheit und Komplexität der modernen Kulturen. Moderne Kulturen sind durch eine Vielzahl unterschiedlicher Lebensformen und Lebensstile gekennzeichnet. Ferner ist die klassische separatistische Kulturvorstellung durch die äußere Vernetzung der Kulturen überholt. Die Kulturen sind hochgradig miteinander verflochten und durchdringen einander. Die Lebensformen enden nicht mehr an den Grenzen der Nationalkulturen, sondern überschreiten diese und finden sich ebenso in anderen Kulturen.«[158]

Als weitere Zusammensetzungen, die vereinzelt zu finden sind, lassen sich folgende Wörter angeben: Bikulturalität, Polykulturalität, Hyperkulturalität, Monokulturalität, Plurikulturalität, Ultrakulturalität, Präkulturalität, Metakulturalität, Postkulturalität.[159] Nachdem das Substantiv Multikulturalität durch politische Attacken zunehmend weniger verwendet wird, schwelt zudem seit einigen Jahren in der deutschen Sprache zwischen den Anhängern des Substantivs Interkulturalität und denen, die lieber Transkulturalität verwenden, ein Streit um die richtige und angemessene Bezeichnung. Dieser Streit wird sicher nicht zu einer letzten Lösung führen, sondern vielmehr dazu, dass beide Wörter nicht mehr verwendet werden und sich einfach neue Wörter bilden oder ältere wieder in Gebrauch kommen. An den Wortgebrauchsgeschichten lassen sich wissenschaftliche Moden ablesen, die sicher auch im Zusammenhang mit Sachproblemen stehen, aber immer wieder auch dazu führen, dass ein häufig zunehmend unsinniger Streit über das »richtige« Wort entsteht. Eines der letzten großen Beispiele

---
[157] Neubert / Roth / Yildiz, Multikulturalismus – ein umstrittenes Konzept, 22 f.
[158] Welsch, Transkulturalität. Zur veränderten Verfasstheit heutiger Kulturen, 41.
[159] Vgl. zu diesen Zusammensetzungen: Hahn, Arte. Der europäische Kulturkanal. Eine Fernsehsprache in vielen Sprachen. Plurikulturalität, Transkulturalität, Ultrakulturalität, Präkulturalität, Metakulturalität, Postkulturalität, Intrakulturalität (50–54).

hierfür war die Diskussion um die »Postmoderne«, die sich einfach in Luft aufgelöst zu haben scheint, da inzwischen das Wort kaum noch verwendet wird. In Bezug auf die verschiedenen kulturellen Semantiken wird dies vermutlich nicht so einfach geschehen können, da die kulturelle Semantik insgesamt komplexer und unübersichtlicher ist.

4.4.1.4 Weitere Wortbildungen und andere Sprachen

Bisher wurde vor allem die Verwendung der kulturellen Semantik in der deutschen Sprache thematisiert. Ist »Kultur« aber nicht auch ein kulturelles Schlüsselwort für die französische und englische Sprache im 18. und 19. Jahrhundert gewesen? Ja und nein. Zwar entwickelte sich das Wort »Kultur« auch in den genannten Sprachen, aber es gewann zunächst nicht die Bedeutung, die ihm in der deutschen Sprache zuwuchs. Denn parallel und in gewisser Konkurrenz entfaltete sich im Französischen und Englischen das Wort *Zivilisation* (civilisation, civilization), das in den betreffenden Sprachen vor allem im 18. und 19. Jahrhundert eine weit höhere Bedeutung besaß als das Wort *Kultur*.[160] Auch wenn ab dem Ende des 19. Jahrhunderts und vor allem im 20. Jahrhundert das Wort *Kultur* auch in der französischen und englischen Sprache immer mehr an Wichtigkeit gewann[161] und zudem in zahlreiche andere Sprachen übernommen wurde, so kann doch behauptet werden, dass das Wort *Kultur* bis heute in der deutschen Sprache noch immer beziehungs- und bedeutungsreicher ist als in allen anderen Sprachen.[162] Es sind vor allem auch die Zusammensetzungen mit dem Wort *Kultur*, wodurch seine Bedeutung auf alle möglichen Bereiche ausgeweitet wird.

Für das 19. Jahrhundert lassen sich beispielsweise folgende Zusammensetzungen aufzählen: Kulturstufen, Kulturstaaten, Kulturtyrann, Weltkultur, Kulturherde, Kulturgötter, Kulturkreis, Weltkulturgeschichte, Kulturbilder, Kulturhülle, Allerweltskultur, kulturfähig, Kulturzweige, Kulturvölker, Hochkultur, Kulturstaat, Kulturepochen, Kulturüberlieferungen, Kultureinflüsse, Geisteskultur, Kulturelement, Kulturstadien, Kulturgeschichte, Kulturmensch, Halbkulturvölker,

---

[160] Vgl. den groß angelegten Überblick von Fisch, Zivilisation / Kultur.
[161] Vgl. Kroeber / Kluckhohn, Culture. A Critical Review of Concepts and Definitions.
[162] Vgl. Bollenbeck, Bildung und Kultur. Glanz und Elend eines deutschen Deutungsmusters. Um die bis heute wirksamen Verschiedenheiten zu studieren, empfiehlt es sich auch, das Buch von Huntington *The Clash of Civilizations* und seine deutsche Übersetzung *Kampf der Kulturen* (!) zu vergleichen.

Kulturzerstörung, Kulturprogramm, Kulturleben, Kulturreligionen, Kulturkräfte, Partialkultur, Kulturvergötterung, Kulturgottheiten, Kulturzustand, Nationalkultur.

Für das 20. Jahrhundert seien folgende Beispiele genannt: Leitkultur, Popkultur, Subkultur, Unternehmenskultur, Jugendkultur, Streitkultur, Alltagskultur, Aktienkultur, Spielkultur, Baukultur, Massenkultur, Hauptstadtkultur, Monokultur, Wohnkultur, Musikkultur, Industriekultur, Populärkultur, Gegenkultur, Unkultur, Spaßkultur, Körperkultur, Stadtkultur, Erinnerungskultur, Filmkultur, Diskussionskultur, Lebenskultur, Tischkultur, Sprachkultur, Stadtteilkultur, Lesekultur, Esskultur, Freikörperkultur, Firmenkultur, Zellkultur, Rechtskultur, Stabilitätskultur, Laufkultur, Buchkultur, Soziokultur, Protestkultur, Gesprächskultur, Medienkultur, Lernkultur, Event-Kultur.

Die Liste ließe sich leicht verlängern. Kultur ist neben dem Wort Natur eines der beziehungsreichsten und wortfeldproduktivsten der gesamten deutschen Sprache. An der Geschichte dieses Wortes lässt sich nicht nur studieren, wie ein »Fremdwort« innerhalb von 150 Jahren zu einem Schlüsselwort einer ganzen Sprache und Kultur (sic!) werden kann, sondern auch, wie sich ein ganzes Wortfeld aus einem einzelnen Wort entwickelt. An dem Wort lässt sich aber auch die Geschichte der Internationalisierung eines Wortes ablesen. Spätestens ab 1900, wo das Wort in der deutschen Sprache einen gewissen Höhepunkt als kulturelles Schlüsselwort erlebte und sich immer mehr Zusammensetzungen bildeten, wurde das Beschreibungsparadigma Kultur in vielen Sprachen der Welt übernommen oder es wurde ein neues Wort dafür gebildet. Es ist vermutlich diese Internationalisierungsgeschichte, die heute kaum noch daran denken lässt, dass Kultur als ein kulturelles Schlüsselwort vor allem der deutschen Sprache angesehen werden kann. Ob dies positiv oder negativ bewertet wird, ist eine andere Frage.

4.4.1.5 Ist das Beschreibungsmuster *Kultur* am Ende?

Während einige Ethnologen in jüngerer Zeit vehement dafür argumentieren, den Kultur(en)-Begriff aufzugeben, wurde das Wort Kultur durch die akademische Verbreitung der »cultural studies« ausgehend vom *Centre for Contemporary Cultural Studies* an der Universität Birmingham in Großbritannien seit den 1960er Jahren und durch die institutionelle Förderung der »Kulturwissenschaft« seit den 1990er Jahren im deutschsprachigen Bereich wieder zu einem wissenschaftlichen

Modebegriff. All diese Entwicklungen leiden mehr oder weniger daran, dass das Wort »Kultur« die weiter oben explizierte Vieldeutigkeit besitzt. Immer wieder wird versucht, das Wort durch theoretische Ansätze zu einem »Begriff« zu erheben, mit dem sich wissenschaftlich arbeiten lässt. Aufgrund der Vieldeutigkeit und der hohen Verwendungs- und Innovationsdynamik im Wortfeld »Kultur« werden die verschiedenen Versuche jedoch entweder kaum wahrgenommen oder als unzureichend kritisiert. Einer tausendarmigen Krake gleichend reicht das Wort heute in fast alle Bedeutungsfelder der Sprache hinein. Auch verschiedene Wissenschaften sind maßgeblich von diesem neuen Deutungsmuster geprägt worden. Im 18. Jahrhundert entstand die »Kulturgeschichte« und im 19. die »Kulturwissenschaft«.[163] Zu Beginn des 20. Jahrhunderts wurde eigens eine Disziplin der Philosophie mit diesem Wort verbunden, so dass die Bezeichnung »Kulturphilosophie« nur wenig älter als gute 100 Jahre ist.[164] All das zeigt, wie sehr sich das Wort »Kultur« mit der deutschen Sprache und darüber hinaus durch seine Internationalisierung mit vielen anderen Sprachen verbunden hat. Eine ausführliche Geschichte des Wortes »cultura« in verschiedenen Sprachen brächte sicher vieles zutage über die »Kulturgeschichte« einzelner Sprachen. Es ist daher nicht abzusehen, ob sich das Wortfeld wie bisher in hoher Dynamik weiter entwickelt oder ob es inzwischen seinen Zenit bereits überschritten hat und in Zukunft durch andere, aussagekräftigere Wörter ersetzt werden wird.

4.4.2 Das Wortfeld des Zeichens 氣 (qi / ki) im Chinesischen und Japanischen

Anhand des Wortes »Kultur« ist verdeutlicht geworden, worum es sich bei »kulturellen Schlüsselwörtern« handelt. Da sie vor allem im Kontrast zwischen verschiedenen Sprachen an Profil und Deutlichkeit gewinnen, soll im Folgenden ein kulturelles Schlüsselzeichen der chinesischen Sprache vorgestellt werden, das aufgrund der geschichtlichen

---

[163] Vgl. hierzu: Böhme et al., Orientierung Kulturwissenschaft.
[164] Das Wort taucht erstmalig 1899 im Titel eines Buches auf: Stein, An der Wende des Jahrhunderts. Versuch einer Kulturphilosophie.

Entwicklungen auch in anderen asiatischen Sprachen wie dem Japanischen und Koreanischen eine zentrale und gewichtige Rolle spielt. Viele sind heute auch im Rahmen der deutschen Sprache mit Ausdrücken wie dem chinesischen »Qigong« oder dem japanischen »Aikidō« vertraut. Es handelt sich dabei um Bewegungsformen und Wahrnehmungsschulungen, die inzwischen auch in Europa bekannt sind und sich zunehmend verbreiten. In dem chinesischen Ausdruck »Qigong« 氣功 ist das erste Zeichen »qi«, das in japanischer Lesung »ki« (Aikidō 合気道) lautet. Bei diesem Schriftzeichen handelt es sich um ein sehr altes Zeichen der chinesischen Sprache und zudem in der Perspektive der Entwicklung der chinesischen Sprache von ihren Anfängen bis heute wohl um eines der beziehungsreichsten der chinesischen und auch der japanischen Sprache überhaupt. Die Verwendungsgeschichte reicht nicht nur Jahrhunderte, sondern Jahrtausende zurück. Bereits vor zweitausend Jahren hatte das Zeichen »qi« im Chinesischen einen besonderen Verwendungsreichtum entwickelt. Es hat sich im Rahmen der chinesischen Sprach- und Kulturgeschichte in seinem Gebrauch laufend weiter entfaltet und verändert.

»Das Konzept *qi* (jap. *Ki*, etwa in Ai*ki*do und Rei*ki*) gehört neben *dao*, *yin* und *yang* zweifellos zu den grundlegendsten Begriffen des chinesischen Denkens. Die vielfältigen Übersetzungsvorschläge reichen von Atem, Hauch, Dampf über Pneuma, Äther, Fluidum, Einflüsse, Kraft und konstellierte Energie bis hin zu Weltstoff, Substanz und Materie-Energie (matter-energy).«[165]

Das Schriftzeichen selbst hat eine alte Geschichte, die bis in die Anfänge der chinesischen Geistesgeschichte zurückreicht.

»Das Schriftzeichen *Qi* 氣 findet sich schon auf den Orakelknochen und Bronzegefäßen der Dynastien Shang (ca. 16.–11. Jh. v. u. Z.) und Zhou (11. Jh.–256 v. u. Z.), erfährt aber zu der frühen Zeit offensichtlich noch keine für die Geistesgeschichte relevante Anwendung. Das Schriftzeichen selbst setzt sich aus dem piktographischen Element 气 ›Dampf‹, ›Rauch‹ und 米 ›Reis‹ zusammen und hat, davon abgeleitet, die anschauliche Bedeutung ›Dampf, der beim Kochen von Reis entsteht‹. Es bezieht sich ursprünglich als Nomen erst einmal speziell auf den beim Vorgang des Reiskochens reichlich entstehenden Dampf und verweist damit auf ein sehr konkretes, aber aufgrund seiner Entstehung und Beschaffenheit für die Menschen stets außergewöhnliches Phänomen. […] Sie sehen, dass der Dampf eine von den festen und flüssigen Dingen

---

[165] Linck, Qi. Zur Geschichte eines Begriffs – von numinoser Atmosphäre zu Materie / Energie, 200.

verschiedene Konsistenz hat, in einem Transformationsprozeß aus festen und v. a. flüssigen Dingen entsteht, nach oben steigt und jeden dargebotenen Raum ausfüllen kann.«[166]

Vor diesem Hintergrund hat sich das Zeichen im Rahmen der chinesischen Geistesgeschichte in verschiedenen sprachlichen Bereichen entwickelt. Nach und nach erhielt es eine schier unüberschaubare Bedeutungsvielfalt, die sich mit unterschiedlichen Fachsprachen verbunden hat.

»Qi, dieses Zeichen, das den aktuellen Begriff ›Qigong‹ als gesundheitsfördernde und therapeutische Technik entscheidend mitgeprägt hat, kann innerhalb des klassischen Chinesisch und in der modernen chinesischen Umgangssprache ›Atem‹, ›Luft‹, ›Dampf‹, ›Gas‹, ›Wetter‹, aber auch ›Art und Weise einer Sache‹, ›Veranlagung‹, ›Temperament‹, ›Kraft‹, oder ›lebensspendendes Prinzip‹, ›Einflüsse‹ oder ›materielle Kraft‹ bedeuten, aber auch physikalische oder klimatische Zustände beschreiben. Darüber hinaus finden wir noch spezialisierte Bedeutungen des Terminus technicus Qi innerhalb verschiedener Fachsprachen, wie zum Beispiel Qi in der Bedeutung von ›Geruchsausstrahlung‹, aber auch als ›Temperaturausstrahlung‹ einer Arzneidroge.«[167]

Neben dem Gebrauch in der chinesischen Medizin und den diversen klimabezogenen Ausdrücken entwickelte sich ein Gebrauch in der chinesischen Philosophie. Das Wort *Qi* hat auch dort einen derartigen Bedeutungsreichtum angenommen, dass im Grunde nur eine begriffsgeschichtliche Betrachtung annähernd Aufschluss über die verschiedenen Verwendungsweisen geben könnte. Es scheint zudem ein Schlüsselzeichen zu sein, um die Unterschiede zwischen der alten europäischen und der chinesischen Philosophietradition profilieren und deuten zu können.

»Das chinesische Wortzeichen *qi* 氣 zeigt einen vielschichtigen Zusammenhang von Phänomenen innerhalb chinesischer Welterfahrung und Weltauslegung an. Wir sollten *qi* daher als ein zentrales Paradigma in der philosophischen Bestimmung der Welt und des Menschseins verstehen. Anhand der

---

[166] Ommerborn, Die Einheit der Welt. Die Qi-Theorie des Neo-Konfuzianers Zhang Zai (1020–1077), 22 f.
[167] Kubny, Die Entwicklung des chinesischen Konzeptes Qi als Lebenskraft im Hinblick auf seine qualitative Bedeutung bei der Ausführung der Übungen des Qigong und des Yangsheng, 55.

vielfältigen Redeweisen, welche sich im Gefolge diesbezüglicher Beobachtungen auf verschiedenen Gebieten herausgebildet haben, läßt sich aus dieser Perspektive aufweisen, dass der in der chinesischen Geistesgeschichte mit *qi* umrissene phänomenale Bestand in Denkmuster einfließt, die der gedanklichen Durchdringung von *Bewegtheit, Verhältnissen* und *Bezügen* dienen. Der *Qi*-Gedanke steht für ein grundsätzliches Bemühen, das der parmenideisch-platonisch-aristotelischen Erarbeitung einer Wesensontologie für das Abendland diametral entgegengesetzt ist.«[168]

Da die ganze Fülle und Bedeutungsbreite hier nicht entwickelt werden kann, sollen einige Zitate aus verschiedenen klassischen Schriften einen kleinen Eindruck von der kosmologischen und philosophischen Verwendungsweise geben.

Im *Zuozhuan* aus der Zeit des 4. oder 3. Jh. v. u. Z., einem Kommentar zum *Yijing*, dem berühmten »Buch der Wandlungen«, das vielleicht als die früheste Schrift der chinesischen Philosophie gelten kann, heißt es:

»Der Himmel hat die sechs *Qi*. Sie sinken herab und produzieren die fünf Geschmacksrichtungen, entfalten sich und die fünf Farben entstehen, sammeln sich und die fünf Töne entstehen, degenerieren und die sechs Krankheiten entstehen. Die sechs *Qi* heißen: Yin, Yang, Wind, Regen, Nacht und Tag. […] Gutes und Böses, Lust und Zorn, Trauer und Freude, welche die Menschen besitzen, werden von den sechs *Qi* hervorgerufen.«[169]

Kennzeichnend in diesem Zitat ist, dass durch das *Qi* die verschiedensten Ebenen und Bereiche – Himmel, Geschmack, Wetter, Werte, Gefühle – miteinander verbunden zu sein scheinen. Es ist das, was alles durchdringt und miteinander in Beziehung bringt.

Im *Daodejing*, dem berühmten Buch des frühen Daoismus, das dem Lao Zi zugeschrieben wird, heißt es zum *Qi*:

»Dao produziert Eins, Eins produziert Zwei, Zwei produziert Drei, Drei produziert die unzähligen Dinge. Die unzähligen Dinge tragen auf dem Rücken *Yin* und vorn auf den Armen *Yang*. Die Bewegtheit des *Qi* (von *Yin* und *Yang*) gibt ihnen Harmonie.«[170]

---

[168] Obert, Das Phänomen *qi* 氣 und die Grundlegung der Ästhetik im vormodernen China, 167.
[169] Ommerborn, Die Einheit der Welt, 27.
[170] Ebd., 34.

An dieser Stelle ist das *Qi* die Bewegtheit, durch die die Beziehungen ihren harmonischen Zusammenhalt gewinnen. Ohne diese Bewegtheit könnten die vielfältigen Bezüge nicht entstehen. Der Mensch selbst findet sich inmitten der Bewegtheiten, so dass er selbst von den Bewegtheiten angeregt wird, in harmonischer Weise mitzugehen.

»Das die Einzeldinge und das gesamte Universum durchströmende *Qi* ist das spontane, natürliche Interagieren von *Yin* und *Yang*, das nicht von dem menschlichen Willen künstlich manipuliert werden darf, damit der dem Universum zugrundeliegende, wesentlich harmonische Prozeß des *Dao* nicht künstlich gestört wird. [...] Der Mensch muß darum das Wirken des ihn durchflutenden *Qi* spontan erfassen und sein Leben danach ausrichten, dann wird er im Einklang mit dem universalen *Dao* sein.«[171]

Im *Zhuangzi*, dem anderen berühmten Buch des klassischen Daoismus, heißt es über die Beziehung des *Qi* zum Kreislauf von Leben und Tod:

»Leben des Menschen ist die Verdichtung von *Qi*. Es verdichtet sich, und Leben entsteht. Es zerstreut sich, und der Tod tritt ein. Da nun Leben und Tod einander folgen, warum sollte ich mich sorgen? Darum bilden die unzähligen Dinge einen (Prozeß) [...] Darum heißt es: Was die Welt durchdringt, ist das eine *Qi*.«[172]

Das *Qi* ist aber nicht nur das Medium für die Prozesse des Lebens insgesamt, es manifestiert sich auch im Willen des einzelnen Menschen, so dass *Qi* direkt eine *ethische* Bedeutung erhält, wie aus den Texten des konfuzianischen Philosophen Meng Zi (Mencius) hervorgeht:

»Der Wille (zhi) ist Leiter des *Qi*. *Qi* füllt die Körper aus. [...] Richtet der Wille sich auf etwas, dann wird auch *Qi* bewegt; aber wenn *Qi* auf etwas gerichtet ist, dann wird der Wille (auch) bewegt.«[173]

»Es handelt sich um eine Vorstellung, dass Körperliches und Geistiges eng miteinander verknüpft sind und sich wechselseitig beeinflussen. Eine strikte Trennung zwischen den beiden Bereichen im Sinne einer gegenseitigen Unabhängigkeit gibt es nicht. *Qi* beeinflußt stets den Willen, wie ein körperliches Unwohlsein auch das geistige und psychische Wohlbefinden und Verhalten eines Menschen beeinträchtigen. [...] Auf seine besonderen Fähigkeiten angesprochen, [sagt Meng Zi ...]: ›Ich kenne das, was andere sagen, und bin geschickt in der Kultivierung meines fließenden *Qi*.‹ Als der Gesprächspartner

---

[171] Ebd., 35.
[172] Ebd., 37.
[173] Ebd., 29 f.

des Menzius wissen möchte, was das ›fließende Qi‹ sei, antwortet jener: ›Das ist schwer zu erklären. Was Qi anbetrifft, so ist es etwas höchst Großes, höchst Starkes. Wenn man es ununterbrochen kultiviert und nicht schädigt, dann füllt es das Universum aus. Was Qi anbetrifft, so muß es sich mit Rechtschaffenheit *(yi)* und dem *Dao* vereinigen. Ist es nicht so, dann ist es kraftlos. Es entsteht [als die Kraft sittlichen Handelns] durch die Ansammlung von Rechtschaffenheit und kann [in dieser Form] nicht [nur] durch zufällige [Ausübung der] Rechtschaffenheit erlangt werden.‹«[174]

Neben dieser ethischen Bedeutung, die dem Qi durch die konfuzianischen Philosophen zugeschrieben wird, kommt dem Qi in China auch eine zentrale Bedeutung in der Fundierung ästhetischer Phänomene zu. In dem vielleicht einflussreichsten Text zur Kunst der chinesischen Malerei, dem *Gu hua pin lu* von Xie He (um 500 n. u. Z.), findet sich in vier Zeichen das Hauptziel der chinesischen Malerei und im Grunde auch der Kalligraphie zusammengefasst: *qi yun sheng dong*. Dies könnte übersetzt werden mit »Klingen der *ursprünglichen Lebenskraft [in]* lebendiger Bewegung«.[175] Oder, wie ein anderer Interpret übersetzt: »Gestimmtheit des lebendigen Atmens, das heißt lebendige Bewegtheit.«[176]

Diese Beispiele aus der chinesischen Geistesgeschichte mögen genügen, um die Fülle der Bedeutungen anzudeuten, die dem Qi in der Entwicklung der chinesischen Philosophie zugewachsen sind. Das Zeichen Qi hat zu keiner Zeit seiner über 3000-jährigen Entwicklung seine zentrale Stellung in der chinesischen Geisteswelt verloren.[177] Bis heute spielt es in verschiedenen Sprach- und Wissenschaftsbereichen eine zentrale Rolle. Um die Bedeutungsvielfalt zu ordnen, spricht der zeitgenössische Philologe Zhu Rongzhi von drei grundlegenden Konzepten innerhalb der philosophisch nicht-medizinischen Literatur. Die Bedeutungen sind in folgender Weise eingeteilt:

»I. ›Das Qi der Natur‹
Hier werden vor allem klimatische und thermische, in jedem Falle aber sinnlich wahrnehmbare Phänomene in der Natur beschrieben.

---

[174] Ebd., 30 f.
[175] Vgl. hierzu die verschiedenen Übersetzungsmöglichkeiten in: Lin (Hg.), Chinesische Malerei – Eine Schule der Lebenskunst, 40 f.
[176] Obert, Das Phänomen *qi* 氣 und die Grundlegung der Ästhetik im vormodernen China, 163.
[177] Es ist bemerkenswert, dass der aus Indien stammende Buddhismus, der im 1. Jh. n. u. Z. nach China übertragen wurde, dieses Wort kaum in seine Terminologie übernommen hat.

II. ›Das ursprüngliche Qi von Himmel und Erde‹, welches ich hier auch als ›ontologisch wirksames Qi‹ bezeichnen möchte.
Dieses Konzept des Qi bezeichnet eine Art Urstoff, aus dem sich alle Dinge der sichtbaren Welt bilden, so auch die Lebewesen. [...] Die Einheit eines Urstoffes am Anfang allen Seins ist in diesem Zusammenhang auch die Grundlage für die ›paradigmatische Eigenschaft‹ der Einheit des Qi.

III. ›Das Qi des menschlichen Körpers‹
Dieses Konzept bezeichnet das im lebenden Körper des Menschen wirksame Qi. ›Das Qi des menschlichen Körpers‹ erfährt eine weitere Spezifizierung, die sowohl philosophisch-psychologische Aspekte als auch rein anatomisch-funktionale Aspekte des menschlichen Daseins in sich vereint und sich aus folgenden Hauptkomponenten zusammensetzt:
a) aus dem physiologischen Qi
b) aus dem psychologischen Qi

Das ›physiologische Qi‹ wird wiederum in folgende Subkategorien unterteilt:
a.a) das ›Blut-Qi‹, welches im Körper kreisend, die treibende Bewegungskraft des Lebens darstellt und von einigen Autoren auch ›ursprüngliches Qi‹ genannt wird.
a.b) das ›Qi der Atmung‹
a.c) das ›Qi der Stimme‹, welches die Lebenskraft des menschlichen Körpers anzeigt.

Das ›psychologisch wirksame Qi‹ umfaßt dagegen folgende Inhalte:
b.a) das ›Geist-Qi‹, welches die Funktion und die äußere Erscheinung der Lebenskraft des menschlichen Körpers ist.
b.b) das ›Qi des Wollens‹, welches die Aktivität des emotionalen Wollens und die durch dieses Wollen bedingte Ausstrahlung durch dessen psychisches Abbild im Gesicht des Menschen beschreibt,
b.c) das ›Qi des Wagemutes‹, welches den geistigen Ausdruck von Tapferkeit oder Entschlossenheit beschreibt.«[178]

Qi hat sich nicht nur als zentrales Schlüsselwort in der chinesischen Sprache und Geistestradition entwickelt, sondern auch in der japanischen. Der Japanologe Peter Pörtner sammelt als Anhang zu einem Aufsatz zur Bedeutung des *Ki* in der japanischen Kultur auf ca. 25 Seiten Ausdrücke der japanischen Sprache, in denen der Ausdruck *Ki* enthalten ist. Eine ähnliche Liste könnte auch für die chinesische Sprache erstellt werden. Qi / Ki gehört zu den Worten, die die ostasiatische Kultur am nachhaltigsten geprägt haben. In der deutschen Sprache gibt es

---

[178] Kubny, Die Entwicklung des chinesischen Konzeptes Qi, 57 f.

kein Äquivalent, das alle Bedeutungsebenen in sich vereinen könnte, wie auch aus dem folgenden Zitat deutlich wird:

»Es wäre nicht abwegig, zu versuchen, eine Phänomenologie menschlicher Beziehungen bzw. gegenseitiger Wahrnehmung oder Erfahrung zu formulieren, die sich nur an den Stimulanz-, Reaktions- und Responsformen des *ki* oder, wenn man so will, der interagierenden *ki* orientierte. [...] Es ist wohl deutlich geworden, dass [...] eine ›relationship‹ weniger durch Wider- und Zusammenspiel diverser *ki* konstituiert wird, sondern sich gleichsam nach dem Grad und der Art der Anteilnahme (›response‹) an dem ›movements‹ des *ki* bestimmt, zu der die jeweiligen Agenten fähig und bereit sind; ki scheint hier imaginiert in der Form eines Fluidums, das fordernd und geradezu unentrinnbar den sozialen Raum durchflutet. [...] Es wäre reizvoll, sich den ki-Komplex wie einen Kontinent vorzustellen und eine Landkarte davon zu zeichnen; ein solcher Versuch würde unversehens zu einer Kartographie des Menschlichen geraten. Wie ein Bilderpuzzle würde es sich lückenlos zusammenschließen zu einem Image der Welt ›in terms of *ki*‹. Ki setzt einen in Verblüffung (akke ni torareru), betört als Kindlichkeit (chiki) und lauert in der bösen Absicht (warugi); es vergiftet (dokuke no aru) die Atmosphäre (funiki), steckt im Widerwillen (iyaki) und haust im Argwohn (jaki); aber je nach Temperament und Charaktertyp (katagi, kishitsu) vermag es die Tatkraft (haki), Mut und Begeisterung (iki), den Kampfgeist (shiki), die Entschlossenheit (kigai) zu erregen (ki wo sororu, tasukeru, nobasu, hikitateru, dasu, (tari)naosu). Und wer in Feuer geraten ist (kekki ni hayaru), der wird mit Kühnheit (gōki) und Elan (kakki), Ausdauer (konki), auch bisweilen mit Frechheit (namaiki), nachdem er die jugendlichen Torheiten (wakage) abgelegt hat, den Weg zur Meisterschaft (shōki) finden. Wer allerdings der Nachtluft (yaki) mit ihrer zaubrischen Atmosphäre (yōki) zugetan ist, eine innige Beziehung (kimyaku) zu Eleganz (kiin) und Vornehmheit (kihin) hat und dies in Charakter und Habitus (kishū) mit Geschicklichkeit (kiten) oder wenigstens mit einem gewissen Schick (koiki), ohne freilich prätentiös (kiza) zu werden, bis in den Ton seiner Sprache (goki) zu kultivieren versteht, der hat freilich Konjunktur (keiki), dem ist ki der Himmel (ki mo sora) – und kein Referatsthema.«[179]

Inzwischen gibt es auch Versuche, das *Ki* mit der phänomenologischen Tradition der Philosophie in Europa zu verbinden. In seinem Buch *Ki als leibhaftige Vernunft* schreibt der japanische Philosoph Ichirō Yamaguchi:

---

[179] Pörtner, Notizen zum Begriff des Ki, 226 f. Vgl. die Tabelle IV im Anhang, 396 ff.

»Eine theoretische Betrachtung des Phänomens ›Ki‹ ist neuartig. Es ist eine philosophische Aufgabe, die in dieser Praxis dem Ki innewohnende, eigentliche Logik zu entdecken. Dabei ist der Zusammenhang zwischen dem Begriff ›Ki‹ und der Übung des Atmens wichtig.«[180]

Qi bzw. Ki hat den ostasiatischen Kulturraum wie kaum ein anderes Wort geprägt. Durch dieses Wort und seine Bedeutungen lässt sich zeigen, wie auf der Grundlage einzelner Worte Phänomene zusammengesehen werden können, die in Sprachen, die für die betreffenden Phänomene keine zusammengehörigen Wort- und Bedeutungsfelder entwickelt haben, nicht als ein Zusammenhang wahrgenommen werden. Dadurch entstehen Wahrnehmungs- und Interpretationslinien, die gerade auch durch die sprachliche Realität und Bedeutungsvielfalt einzelner Wörter mitgeprägt werden. Um einen Eindruck von der reichen Verwendungsbreite des *ki* im Japanischen zu vermitteln, ist im Anhang eine nicht vollständige Liste von etwa 160 Ausdrücken angefügt worden. Diese Liste dürfte genügen, um mit Nachdruck zu verdeutlichen, dass es sich bei dem Zeichen 氣 *ki* um ein Schlüsselwort der japanischen Sprache handelt.[181] Ursprünglich aus dem Chinesischen übernommen, ist das Wort im Zusammenhang mit der japanischen Sprachstruktur weiter gewachsen und hat auf diese Weise neue Bedeutungsvarianten hervorgebracht. Die im Anhang aufgeführten Wörter und Wendungen gehören zum normalen Wortschatz der japanischen Gegenwartssprache. *Ki* ist somit nicht nur ein altes und ehrwürdiges chinesisches Zeichen, sondern auch ein Bedeutungsgefüge, welches in der japanischen Gegenwartssprache häufig angewendet wird. Begrüßt man sich beispielsweise unter Freunden, so sagt man »O-genki desu ka?«, was so viel wie »Ist Dein *Ki* in Ordnung (wörtlich: im Ursprung)?« bedeutet. Auch in der chinesischen Gegenwartssprache ist das Zeichen *qi* lebendig, allerdings mit anderen Ausdrucksformen und Konnotationen. Ausführliche historische und vergleichende Studien zu diesem Wortfeld fehlen in der westlichen Forschung noch immer. Es bleibt zu hoffen, dass die wachsende Aufnahme des Zeichens 氣 *qi / ki* in die europäischen Sprachen vertiefte Forschungen für dieses kaum in seiner alltäg-

---

[180] Yamaguchi, Ki als leibhaftige Vernunft. Beitrag zur interkulturellen Phänomenologie der Leiblichkeit, 35 f.
[181] Für eine ausführliche Sammlung von Ausdrücken vgl.: Gerrison / Kimiya, Communicating with Ki. The »Spirit« in Japanese Idioms.

lichen und philosophischen Bedeutung zu überschätzende Wortfeld motiviert. Wortfelder, wie die beiden hier vorgestellten, haben auf den philosophischen Sprachgebrauch einen großen Einfluss, der in Übersetzungen häufig nur schwer zum Tragen kommt. Versucht man *qi* mit einem Wort der deutschen Sprache wiederzugeben, so verschwindet unmittelbar der gesamte kulturelle und philosophische Bezugshorizont des Zeichens. Nicht bei jedem Zeichen oder Wort sind die Beziehungen so vielfältig wie bei *qi* oder *Kultur*. Dennoch zeigen sich hier in verschärfter Weise die Schwierigkeiten, vor denen jede Übersetzung vor allem im philosophischen Kontext steht. Übersetzen bedeutet immer auch, die Zielsprache mit neuen Gedanken in Verbindung zu bringen, was nachhaltige Veränderungen in einer Sprache auslösen kann. Dies soll das Thema des nächsten Abschnittes sein.

4.5 Philosophie und Übersetzung im Kontext verschiedener Sprachen

Ähnlich wie die Vielfalt der Sprachen in der Philosophie Europas lange Zeit vernachlässigt wurde, ist auch die Frage nach der philosophischen Bedeutung von Textübersetzungen zwischen verschiedenen Denktraditionen bis ins 20. Jahrhundert nur wenig reflektiert worden. Obwohl rückblickend viele denkerische Innovationen durch Übersetzungsprozesse ausgelöst oder zumindest gefördert worden sind, wird ihnen noch immer nicht die gebührende philosophische Aufmerksamkeit geschenkt. Dabei wird nicht nur vergessen, dass es außerhalb Europas große und bedeutende Übersetzungsprozesse gegeben hat, sondern auch, dass die europäische Philosophiegeschichte bis ins Mittelalter ohne die großen Übersetzungsprozesse zwischen der griechischen und lateinischen, griechischen und hebräischen, griechischen und arabischen, arabischen und lateinischen sowie der hebräischen und lateinischen Sprache gar nicht möglich gewesen wäre.[182] Aber auch nach dem 14. Jahrhundert wird das philosophische Denken in Europa nachhaltig bestimmt durch die Übersetzungsprozesse aus der griechischen und lateinischen Sprache in die neu aufblühenden Nationalsprachen seit der

---

[182] Vgl. zu verschiedenen Übersetzungsprozessen: Encyclopédie philosophique universelle, Bd. 4, Le discours philosophique.

Philosophie und Übersetzung im Kontext verschiedener Sprachen

Neuzeit wie Englisch, Französisch, Italienisch, Spanisch, Deutsch usw. Spätestens seit dem 18. Jahrhundert prägen dann wiederum die Übersetzungen der wichtigen philosophischen Werke in die jeweils anderen europäischen Nationalsprachen das Denken. Allein das Studium des Übersetzungsprozesses von Kants *Kritik der reinen Vernunft* in die gängigen europäischen Bildungssprachen würde eine philosophisch aufschlussreiche sprachliche Interpretationsgeschichte dieses Textes ergeben. Würde man darüber hinaus die Übersetzungen ins Japanische, Chinesische, Arabische, Koreanische usw. einbeziehen, so würde sich die philosophische Bedeutung der Übersetzungstätigkeit noch grundlegender und weitreichender zeigen.[183] Übersetzen im Bereich der Philosophie und auch der Religion – und auf diese beiden Bereiche möchte ich mich im Folgenden beschränken – ist immer zugleich eine *Übersetzung von Kultur*.

»Übersetzung bedeutet mehr als nur die Übertragung aus einer Sprache in eine andere oder von einem Ausgangspunkt in einen Zieltext. Übersetzung impliziert vielmehr einen weiterreichenden Transfer zwischen Kulturen und ist in den verschiedenen Formen am Kontakt und an der Auseinandersetzung zwischen den Kulturen beteiligt.«[184]

Im Folgenden möchte ich das philosophische Problem der Übersetzung an zwei Beispielen verdeutlichen: die Übersetzung des Buddhismus von Indien nach China und die Übersetzung der Texte des japanischen Zen-Meisters Dōgen ins Deutsche bzw. Englische. Beide Übersetzungsprozesse sind in hohem Maße komplex und finden zwischen Sprachen statt, die verschiedenen Sprachfamilien angehören. Es soll dabei deutlich werden, in welch hohem Maße Übersetzungen eingreifen in semantische und grammatische Strukturen und in welcher Form sie

---

[183] In dieser Hinsicht ist es in keiner Weise verständlich, dass beispielsweise in der deutschen Wissenschaftslandschaft Übersetzungen von philosophischen Texten – und auf diese möchte ich mich an dieser Stelle beschränken – nicht als Forschungsleistungen anerkannt werden. Aus diesem Grunde können derartige Übersetzungen auch nicht von der Deutschen Forschungsgemeinschaft (DFG) gefördert werden. Hierin ist wohl ein zentraler Grund dafür zu sehen, dass immer noch zentrale Texte der indischen, chinesischen und japanischen Philosophie- und Denkgeschichte unübersetzt sind. Dies ist sehr bedauerlich, da eine vertiefte Auseinandersetzung in vielen Fällen ihren Ausgang nimmt von einer Übersetzung oder auch in einer Übersetzung besteht.
[184] Bachmann-Medick (Hg.), Vorwort, in: Übersetzung als Repräsentation fremder Kulturen, V.

immer von einem bestimmten (philosophischen) Interesse getragen und bestimmt werden.

4.5.1 Die Übersetzung des Buddhismus von Indien nach China – Sanskrit und Chinesisch

Die Übertragung des Buddhismus von Indien nach China ist einer der großen Übersetzungs- und Transkulturationsprozesse in der Geschichte der Menschheit. Durch die Einführung des Buddhismus in China ist nicht nur die chinesische Kultur, sondern in Folge auch die koreanische und japanische Kultur grundlegend beeinflusst und verändert worden. In diesem Prozess trafen zwei sprachlich verschiedene Denktraditionen aufeinander, die jeweils in sich einen eigenen, weit zurückreichenden Anfang der Weltdeutung besitzen. Die Begegnung zwischen Indien und China vom ersten bis zum neunten Jahrhundert ist bisher in der Forschungsliteratur noch nicht ausreichend in Bezug auf die damals hochbrisanten und kreativen Prozesse der Kulturbegegnung betrachtet worden. Im Folgenden können nur einige Aspekte angedeutet werden, die für die Erforschung der Übersetzung des Buddhismus aus der indischen in die chinesische Kultur von Bedeutung sind. Sowohl der Buddhismus als auch die chinesische Geisteskultur verwandelten sich in dem Prozess in fruchtbarer Weise. Auf beiden Seiten waren Potentiale vorhanden (was nicht immer der Fall ist), die durch den jeweils anderen Hintergrund verstärkt, verändert und sogar erst geweckt wurden. Aufgrund von inhaltlichen und sprachlichen Entsprechungen konnten sich neue Bedeutungsräume öffnen. Auf buddhistischer Seite ist z. B. eine – und nicht die einzige – Frucht der Begegnung der Chan- oder Zen-Buddhismus, auf der anderen Seite ist es der Neokonfuzianismus, der ohne den Buddhismus wohl kaum in dieser Form entstanden wäre.

Um die Begegnungsweise zu beschreiben, kann auf eine musikalische Metapher zurückgegriffen werden. Man kann in dem Prozess von einer *wechselseitigen Resonanz* sprechen, durch die neue Bedeutungsräume im jeweils anderen zum Klingen kommen. Dass in verschiedenen Sprachen unterschiedliche Resonanzpotentiale vorliegen, zeigt z. B. der Vergleich mit dem Übersetzungsprozess vom Sanskrit ins Tibetische, bei dem der Buddhismus weitaus weniger Veränderungen inhaltlicher Art erfahren hat, als es durch die Übersetzung ins Chinesische der Fall war. Man kann sich nicht nur für diesen Prozess fragen, warum ein bestimmter übersetzter Text in einer anderen Kultur eine besondere *Resonanz* erfährt, wie z. B. die Texte Heideggers in Ostasien.[185] Bei dieser Form von Resonanz wird eine einzelne Sprache als Resonanzkörper aufgefasst, in der bei einer Übersetzung durch andere grammatische Formen und bedeutungsgeladene Wortfelder Neues zum Klingen kommt. Um diesen neuen Klang aber untersuchen zu können, ist man auf die speziellen kulturellen Kontexte verwiesen, in denen eine Übersetzung stattfindet, um in einem weiteren Schritt die Resonanz- und Entsprechungsverhältnisse sehen bzw. hören zu können. Dies soll im Folgenden für die Übersetzung des Buddhismus von Indien nach China auf drei Aspektebenen angedeutet werden.

4.5.1.1 Linguistische Aspekte der Übertragung

Das Sanskrit und andere indoeuropäische Sprachen werden von bestimmten Linguisten als »subjekt-prominent« beschrieben, wohingegen ostasiatische Sprachen als »topik-prominent« bezeichnet werden.[186] Dementsprechend ist im Sanskrit eine Prädikationsstruktur dominant und im Altchinesischen eine Toposstruktur. In der Prädikationsstruktur wird von einem Subjekt etwas prädiziert. In der Toposstruktur kann jedes Glied des Satzes zum Zentrum und Thema werden. Diese Unterscheidung trifft sich mit dem, was im Abschnitt über das Subjekt in Sprache und Denken beschrieben wurde.

Ein anderer Unterschied wird oft nicht bemerkt, der aber in philosophischer Hinsicht von Bedeutung ist. Sanskrit besitzt in seiner entwickelten Form eine ausgesprochen starke Tendenz zur Nominalisierung und damit zur Abstraktion und Substanzialisierung.[187] In der chinesischen Sprache hingegen findet sich eine starke Tendenz zur Konkretion (Topik) und zu verbalen Ausdrucksweisen, den sogenannten Serialverb-Konstruktionen. Vereinfacht gesagt, kann aufgrund dieser Strukturen im Sanskrit Beständiges oder Ewiges in seiner substanziellen und abstrakten Verfasstheit leichter und in gewisser Hinsicht

---

[185] Vgl. Buchner (Hg.), Japan und Heidegger.
[186] Vgl. hierzu den Aufsatz von Li / Thompson, Subject and Topic: A new Topology of Languages. Vgl. hierzu auch 214 f. im vorliegenden Buch.
[187] Vgl. hierzu: Jacobi, Über den nominalen Stil des wissenschaftlichen Sanskrit, und: ders., Was ist Sanskrit? In diesem Sinne steht die europäische Philosophie ganz in der Tradition des Sanskrit.

auch komplexer zum Ausdruck gebracht werden. Im Altchinesischen können demgegenüber Prozessuales und Formen des Bewegtseins leicht und in hoher Differenziertheit versprachlicht werden. Beide Sprachen können auch das jeweils andere ausdrücken, legen aber durch ihre strukturelle Grundtendenz jeweils anderes im Sprachgebrauch nahe.

Zu Anfang des Übersetzungsprozesses war gemäß der grammatikalischen und aufzeichnungstechnischen Struktur die Entwicklung von Abstrakta im Chinesischen noch sehr wenig entwickelt. So wurde bei der Übersetzung im Chinesischen kein Unterschied gemacht zwischen dem Adjektiv *śūnya* und der nominalisierten Form *śūnyatā*. Beides wurde mit *kong* (空) übersetzt, wobei erst später an einigen Stellen *xing* (性) für die Nominalisierung hinzugefügt wurde, so dass *śūnyatā* dann mit 空性 (kong xing) wiedergegeben wurde.

Allein aus den genannten strukturellen Unterschieden wurden alle Übersetzungen aus dem Sanskrit ins Chinesische auf der Ebene der grammatischen Struktur und der Bedeutung überformt sowie mit einer Tendenz zur Verbalisierung und Konkretion durchtränkt. Die zunächst groben Übertragungen wurden zunehmend verfeinert und erbrachten so auf unterschiedlichen Ebenen eine immer subtilere Verbindung und Verschmelzung des indischen und chinesischen Kontextes. Es seien an dieser Stelle zwei Beispiele angeführt, die das Gesagte zunächst auf der Ebene der Schrift veranschaulichen. Bei dem ersten Beispiel handelt es sich um eine Stelle aus dem in Ostasien sehr bekannten Herz-Sutra. Zunächst führe ich den Titel des Sutras in vier Sprachen und drei Schriftformen an und dann eine kleine Textpassage in Sanskrit und Chinesisch, die das philosophische Zentrum des Herz-Sutras bildet:

Sanskrit: परज्ञपारमिता हृदयसूत्र (Prajñāpāramitā Hṛdayasūtra)
Chinesisch: 摩訶般若波羅蜜多心經 (móhē bōre\/ bōluómìduō xīnjīng)
Koreanisch: 마하반야바라밀다심경(Maha-banya-para-mida-simgye-ong)
Japanisch: 摩訶般若波羅蜜多心經 (Maka-hannya-haramita-shingyō)

Zentraler Satz aus dem Herz-Sutra:
Sanskrit (in vereinfachter Umschrift)
rupan na prthak sunyata sunyataya na prthag rupam yad rupam sa sunyata ya sunyata tad rupam

Chinesisch
色不異空 空不異色 色即是空 空即是色
se bu yi kong kong bu yi se se ji shi kong kong ji shi se

Deutsche Übersetzung
Form ist zugleich Leere und Leere ist zugleich Form.

Wie bereits weiter oben beschrieben wurde, kommt das Chinesische ohne Deklination und Konjugation aus. Diese Ebenen werden in der Übersetzung entweder ganz geschluckt oder tauchen auf der Ebene der Syntax in veränderter Form wieder auf. Im Falle der Übersetzung aus dem Sanskrit ins Chinesische ist die strukturelle Veränderung besonders markant.

Ein weiteres Beispiel aus dem Diamant-Sutra (Vajracchedikā-prajñāpāramitā-sūtra)[188] Kapitel 14 zeigt, wie die chinesischen Übersetzungen aus verschiedenen Zeiten immer länger werden und damit technischer und ausgefeilter. Die Länge zeigt an, dass eigene Terminologien gebildet wurden, um den Originaltext des Sanskrit angemessener ins Chinesische zu übersetzen.

In Sanskrit lautet der Satz in vereinfachter Umschrift:
0. sarve sattva[189] maya anupadhisese[190] nirvanadhatau[191] parinirvapayitavyah[192] evam sa sattvan[193] parinirvapya[194] na kascitsattvah[195] parinirvapito bhavati[196]

---

[188] Zum Kontext des Diamant-Sutras vgl. Lehnert: Die Strategie des Kommentars zum Diamant-Sutra.
[189] Nominativ Plural.
[190] *maya* = Instrumentalis von *aham* = ich; Adjektiv im Lokativ – Kongruenz mit dem nachfolgenden Nomen.
[191] Devandra-Kompositum im Lokativ.
[192] Gerundiv kausativ von *parinir*.
[193] Akkusativ Plural.
[194] Verb im Absolutis.
[195] Nominativ Singular.
[196] 3. Pers. präs. aktiv. Singular. Für die genaue grammatikalische Analyse bedanke ich mich bei Jens Schlieter. Alle eventuellen Fehler liegen in meiner Verantwortung.

1. Übersetzung aus dem 4. / 5. Jh. von Kumarajiva (343–413):
   我應滅度一切眾生。滅度一切眾生已而無有一眾生實滅度者。[197]
2. Übersetzung aus dem 6. Jh. von Bodhiruci (6. Jh. n. u. Z.):
   我應安置一切眾生令入無餘涅槃。如是槃涅槃無量眾生已。無一眾生被涅槃者。[198]
3. Übersetzung aus dem 7. Jh. von Xuanzang (603–664):
   我當皆令一切有情於無餘依妙涅槃界而般涅槃。雖度如是一切有情令滅度已。而無有情得滅度者。[199]
4. Deutsche Übersetzung:
   »Alle Lebewesen sind durch mich in dem restlosen Nirvana-Element zum Erlöschen zu bringen. Und wenn so die Lebewesen zum völligen Erlöschen gebracht wären, ist nicht irgendein Lebewesen zum völligen Erlöschen gebracht.«[200]

Spätestens mit den Übersetzungen von Xuanzang kann man von einem *buddhistischen* Chinesisch sprechen. Denn im Laufe der Jahrhunderte haben sich in diesem Übersetzungsprozess nicht nur neue Wörter gebildet, sondern es hat sich auch der Sprachgebrauch und der Gebrauch der chinesischen Zeichen verändert. Zudem haben sich auch auf der inhaltlichen Ebene Transformationen ergeben, die ohne den Übersetzungsprozess nicht entstanden wären.

4.5.1.2 Geschichtliche und übersetzungstechnische Aspekte

Der Übersetzungsprozess lässt sich geschichtlich gesehen in drei größere Phasen einteilen:
1. Die frühe Phase der Übersetzungen, in der verschiedene buddhistische Texte ins Chinesische übertragen wurden, ohne die Schulzugehörigkeit der Texte identifizieren zu können und oft ohne die nötige bilinguale Kompetenz. Man nennt diese Phase die Zeit der »archaischen Übersetzung« (guyi 古譯).

---

[197] Takakusu / Watanabe (Hg.), Taishō shinshū daizōkyō, Bd. 8, Text 235, 751a12.
[198] Ebd., Bd. 8, Text 236, 0760a10.
[199] Ebd., Bd. 7, Text 220, 0983c06.
[200] Walleser (Übers.), Prajñāpāramitā. Die Vollkommenheit der Erkenntnis, 151. Übersetzung leicht verändert.

2. Die Phase seit Kumarajiva (343–413), der mit seinen großen Übersetzungsbüros neue Maßstäbe in der Qualität der Übersetzung schuf und zudem eine einheitlichere Übersetzungsterminologie anstrebte. Diese Phase wird die Zeit der »alten Übersetzung« (jiuyi 舊譯) genannt.
3. Die Phase seit Xuanzang (603–664), dem berühmten chinesischen Mönch, Indien-Pilger, Übersetzer und Mitbegründer der chinesischen Form des Yogacara-Buddhismus. Die von ihm eingeführte Übersetzungsterminologie wird auch heute noch oft benutzt. Diese Phase wird die Zeit der »neuen Übersetzung« (xinyi 新譯) genannt.[201]

Anmerkungen zur ersten Phase: Im dritten und vierten Jahrhundert spricht man von den sogenannten *geyi* 格義-Übersetzungen,[202] das heißt Übersetzungen, die bewusst Wörter aus den chinesischen Klassikern benutzen, um buddhistische Termini in die chinesische Sprach- und Gedankenwelt einzubinden. Im Wesentlichen wurde die Terminologie des Daoismus bzw. des Neodaoismus benutzt. In der *geyi*-Methode wurden buddhistische Schlüsselbegriffe mit Schlüsselbegriffen aus

---

[201] Vgl. hierzu Fuchs, Zur technischen Organisation der Übersetzungen. Nach Fuchs kann man folgende wichtige Phasen ausmachen: 1. Vereinzelte Übersetzungen – nicht im großen Stil organisiert. 2. Seit Kumarajiva unterstützt der Kaiser die Übersetzungsarbeit durch die Bereitstellung von »Übersetzungsplätzen«. Es werden Übersetzerteams gegründet. 3. Gründung des Übersetzungsamtes in Lo-yang im Jahre 590. 4. Gründung des Übersetzungshofes im Jahre 980.
Nach Fuchs waren in den verschiedenen Phasen folgende Personen an den Übersetzungen beteiligt: Späte Han-Zeit bis ca. 400: Rezitator oder Vorleser des Textes, Erklärer und Schriftleiter, der die Übersetzung selbst machte und sie einem Chinesen diktierte, der Kopist, der das Amt des Stilisten mit versah. Ca. 400–Sui-Zeit: Hauptübersetzer, der die Übersetzung selbst machte und sie einem Chinesen diktierte, der Kopist, der das Amt des Stilisten mit versah, Prüfer des Sinnes, Prüfer des Textes. Sui- und Tang-Zeit: Hauptübersetzer, Wortübersetzer, Niederschreiber, Prüfer des Sinnes, Prüfer des indischen Textes, Prüfer des Sinnes des indischen Textes, Kontrolle des auf die Meditation bezüglichen Sinnes, Stilbearbeiter, Sänger buddhistischer Gesänge bei der Eröffnung der Übersetzungsarbeiten, Textprüfer, Oberleiter, der die fertigen Texte an den Thron weiterreichte, Zeichenkorrektor. Sung-Zeit: Hauptübersetzer, Zeichen-Schreiber, Kopist, Prüfer des Sinns, Prüfer des Textes, Übersetzungsvergleicher, Textzusammensetzer, Stilarbeiter, Textverkürzer.
[202] Der Terminus taucht zum ersten Mal im *Gaosengchuang*, einer Biographie großer Mönche, auf. Takakusu (Hg.), Taishō, Bd. 50, 347. Vgl. Tang, On »Ki-Yi«, the earliest Method by which Indian Buddhism and Chinese Thought were Synthesized.

dem klassischen chinesischen Denken erklärt und übersetzt, so dass die Auswahl eines chinesischen Übersetzungswortes unmittelbar einen bestimmten kulturellen Kontext mit anklingen ließ und damit zugleich die Bedeutung veränderte.

So versuchte man etwa das Sanskritwort *nirvana*, das ins Deutsche übertragen werden kann mit: »Verwehen, Verlöschen der Lebensflamme«, zunächst mit dem daoistischen Terminus *wuwei* (無為) zu übersetzen, der im Daoismus die Bedeutung von »Nicht-handeln« besitzt. Im daoistischen Kontext bedeutet er aber nicht *nichts tun*, sondern gerade ein Tun, in dem sich alles selbst erweist und somit dieses Nicht-Handeln selbst ein Handeln ist, das die Bewegungsgestalt des *dao* aufnimmt. Der Terminus *tathata*, der übersetzt werden kann mit *Soheit* und im Buddhismus das wahre Wesen aller Dinge bezeichnet, wurde in bestimmten Texten mit *ziran* (自然) übersetzt. Das Wort *ziran* besitzt im klassisch-chinesischen Denken eine hoch aufgeladene Bedeutung, die nicht nur auf den Daoismus begrenzt ist. Es kann übersetzt werden mit »von selbst so« oder »Selbsterweis«.[203] Das Wort *arhat*, das im indisch-buddhistischen Kontext denjenigen bezeichnet, der die höchste Stufe der Befreiung von Befleckung und Leidenschaft in dieser Welt erreicht hat und mit seinem Tode in das vollkommene Nirvana eingehen wird, wurde übersetzt mit *zhenren* (真人). Dieses Wort bezeichnet im chinesischen Kontext einen durch die Klassiker gebildeten und in aufrechter Haltung lebenden Weisen, der aber weiterhin in den sozialen Kontexten lebt. Das Wort *sila*, das im indisch-buddhistischen Kontext die ethischen Richtlinien bezeichnet, die im Buddhismus das Verhalten von Mönchen, Nonnen und Laien bestimmen, wurde übersetzt mit *xiaojing* (孝敬). Dieses Wort bezieht sich im chinesischen Kontext auf die Kindesliebe, d. h. auf die Beziehung zwischen Eltern und Kind. Besonders in dieser frühen Phase der Übersetzung bemerkt man die enormen Verschiebungen des Sinns in der Zielsprache durch das stark am chinesischen Denken orientierte Vorgehen.

Anmerkungen zur zweiten Phase: In der Forschung wird übereinstimmend angenommen, dass mit Kumarajiva und seinem Übersetzerteam eine neue Phase der Übersetzung begann. Inzwischen wurden nicht nur die verschiedenen buddhistischen Schulen klarer unterschieden, sondern es wurden auch eigene Traktate verfasst, die in sinisieren-

---

[203] Vgl. Röllicke, Selbst-Erweisung. Der Ursprung des *ziran*-Gedankens in der chinesischen Philosophie des 4. und 3. Jhs. v. Chr.

der Weise den Buddhismus auslegten. Mit Kumarajiva wird jedoch auch die *geyi*-Methode zurückgedrängt und man versucht stärker am Original orientiert neue Worte für die ausgangssprachliche Terminologie zu prägen.

Anmerkungen zur dritten Phase: Auf die neuen Übersetzungen von Xuanzang (600–664), der maßgeblich die auch heute noch verwendete Terminologie des Buddhismus in chinesischer Sprache schuf, kann an dieser Stelle nicht näher eingegangen werden. Stattdessen soll in exemplarischer Weise ein Beispiel angeführt werden, bei dem aus allen drei Übersetzungsphasen Übersetzungen desselben Sutras zur Verfügung stehen. Die drei Übersetzungen des *Vimalakirti-nirdesa-sutra* sind folgende: 1. die Übersetzung von Zhiqian (frühes 3. Jh.), 2. die Übersetzung von Kumarajiva (Ende 4. Jh.), 3. die Übersetzung von Xuanzang (Mitte 7. Jh.).

1. 普入哉佛自然如也 (Zhiqian, T 474, S. 524a)
   pu ru zai fo *ziran* ru ye
   Umfassend hineingelangen, (das ist) fürwahr Buddha und (dies ist) wie *ziran*.

2. 至是菩提至實際故 (Kumarajiva, T 475, 542b)
   zhi shi *puti* zhi shi ji gu
   Erreicht ist *bodhi*, daher ist zugleich die (Grenze der) Wirklichkeit erreicht.

3. 隨至是菩提隨真如故 (Xuanzang, T 476, 565a)
   sui zhi shi *puti* sui *zhenru* gu
   Sogleich erreichen, das ist *bodhi* und daher ist dies sogleich *tathata*.

An den drei Übersetzungen können die Veränderungen in den drei Phasen paradigmatisch beobachtet werden. Die erste Übersetzung geht im Sinne der *geyi*-Methode vor und verwendet das stark daoistisch geprägte Wort *ziran* für den Sanskrit-Terminus *thatata*.[204] In der zweiten Übersetzung findet sich bereits eine Lautübersetzung, die das Sanskrit-

---

[204] Dass es sich hier um dieses Wort handeln muss, kann erst aus Xuanzangs Übersetzung zurückgeschlossen werden, da der Originaltext verloren ist.

Wort *bodhi* mit dem chinesischen Wort *puti* wiedergibt, wobei die Zeichen nicht als Bedeutungsträger, sondern als Lautgeber eingesetzt werden. In der dritten Übersetzung wird die Lautübersetzung *puti* übernommen, aber für das Sanskrit-Wort *thatata* eine chinesische Neuprägung gesetzt, die auch heute noch im Buddhismus in China und Japan gebräuchlich ist. Man kann beobachten, wie die Übersetzung zunehmend technischer wird und sich eine eigene Fachsprache ausbildet: das buddhistische Chinesisch.

An dieser Stelle sei darauf hingewiesen, dass nicht alle Übersetzungen der dritten Phase diesen fachsprachlichen Charakter besaßen. Insbesondere die Texte des Chan-Buddhismus griffen in ihren Ausführungen auf die früheren Übersetzungen zurück und verwendeten häufig daoistische Termini, um ihre spezifischen Inhalte zum Ausdruck zu bringen. Somit überlagern sich die verschiedenen Übersetzungsphasen, so dass je nach Bedarf und Interpretation auf Verschiedenes zurückgegriffen wurde.

4.5.1.3 Kulturelle Aspekte

Auf der kulturellen Ebene möchte ich abschließend noch einen Kontrast aufzeigen, der die Schwierigkeiten und Möglichkeiten einer Übersetzung der Kultur deutlich machen soll. Dabei kann nur ein Beispiel herausgegriffen werden, das als besonders relevant gelten kann, um die Resonanzmöglichkeiten für den hier beschriebenen Übersetzungsprozess näher zu beleuchten. Ein zentraler Unterschied in der kulturell geprägten Erfahrungsstruktur von *Welt* in Indien und China bezieht sich auf die Erfahrung des Wandels in dieser Welt. Wandel und Veränderung wurden in Indien und China zumindest in den Texten der Hochtradition sehr unterschiedlich erfahren und bewertet.

Das Ziel des Buddhas – auch wenn es in den verschiedenen Strömungen des Buddhismus verschieden interpretiert wird – heißt Nirvana, das ein gänzliches Verwehen und Auslöschen der Lebensflamme bedeutet. Nirvana ist in der Auslegung bestimmter Schulen des frühen Buddhismus zweistufig: Im »nicht fixierten Nirvana« *(apratishthita nirvana)* wird zwar der äußerliche Lebensprozess fortgeführt, aber es ist keine Anhaftung an die weltlichen Veränderungen mehr gegeben. Die eigentliche Befreiung vom Leiden und Wandel der Welt geschieht aber erst mit dem physischen Tod im »statischen Nirvana« *(pratishthita nirvana)* bzw. im »Nirvana ohne Bedingungsrest« *(nirupadhisesa nir-*

vana), das der gänzlichen Überwindung des Lebenskreislaufes gleichkommt. Hier enden auch die körperlichen Prozesse und gehen über in vollkommene Ruhe. Der Wandel der Welt wird negativ erfahren, so dass die Zeitlichkeit, die Bedingtheit und die Wandelbarkeit aller weltlichen Zusammenhänge als die Quelle des Leidens überwunden werden müssen.[205]

Heiler schreibt zum Nirvana: »Alle Unruhe, aller Wechsel, alle Bewegung, alle Bedingtheit hat aufgehört. Nirvana ist vollendeter Stillstand.«[206] Um das nach seiner Terminologie »jenseitige Nirvana« (d. h. vollkommene Nirvana oder auch *parinirvana)* zu erläutern, zitiert er aus dem *Khuddaka-nikaya* den Abschnitt *Udanam:* »Zerbrochen ist der Körper, zerstört das Bewußtsein, die Empfindungen sind dahingeschwunden allesamt, zur Ruhe gekommen sind die Bildekräfte.«[207]

Zunächst ist aber festzuhalten, dass der Wandel und die Veränderlichkeit in der Welt die Quelle des Leidens bilden und damit überwunden werden müssen. Dies bedeutet, dass jeder Wandel und jede Veränderung durch spezifische Übungen zur Ruhe gebracht werden, was insbesondere im frühen indischen Buddhismus zu einer sich von der Welt abwendenden Haltung führt. Denn je weniger man selbst von den Zusammenhängen des weltlichen Wandels berührt wird, umso näher scheint das letzte Ziel der absoluten Ruhe zu sein. Aber *absolute Ruhe in* dieser Welt kann es nicht geben, denn Menschen müssen zumindest atmen und Nahrung zu sich nehmen. Das Anerkennen dieser Tatsache führt im Buddhismus – sehr vereinfacht gesagt – dazu, dass die absolute Ruhe im Zusammenhang mit dem Wandel gesucht wird und das Nirvana nicht mehr als etwas Jenseitiges erscheinen muss. Der Wandel als Quelle des Leidens wird somit zunehmend in die Übung der Befreiung vom Leiden einbezogen. Generell und vereinfacht kann gesagt werden: Je weiter sich der spätere Mahayana-Buddhismus in Indien entwickelt hat (ca. ab dem 1. Jh. v. u. Z.), um so wichtiger wird die

---

[205] Für diese beiden Stufen des Nirvana gibt es im Buddhismus verschiedene Bezeichnungen. Eine andere Bezeichnung für die beiden Arten des Nirvana ist: Nirvana mit Substratrest *(sa-upadhisesa nirvana)* und Nirvana ohne Substratrest *(an-upadhisesa nirvana),* d. h. das vollkommene Nirvana. Der Weg zur vollkommenen Ruhe ist ein langer Übungsweg, der sich in den verschiedenen Traditionen des Buddhismus sehr unterschiedlich entwickelt hat.
[206] Heiler, Die buddhistische Versenkung, 39.
[207] Ebd., 37 f.

Durchdringung von Samsara (Werdewelt) und Nirvana (Befreiung vom Wandel), d. h. die Möglichkeit der Überwindung des Wandels erscheint gerade durch die wandelbaren Weltzusammenhänge hindurch, die damit nicht mehr nur negiert werden. Diese Entwicklungen entstanden zum Teil gleichzeitig mit der Übertragung des Buddhismus nach China. Genau diese innere Entwicklungstendenz stieß in China und in dem Prozess der Übersetzung auf ein fruchtbares geistiges Umfeld. Denn in China war es vor allem der Umgang mit dem Wandel, um den man sich auch denkerisch und übungspraktisch gekümmert hatte.

In China steht seit der frühesten semantisch zusammenhängend deutbaren schriftlichen Überlieferung, nämlich den Orakelknocheninschriften der ausgehenden Shang-Dynastie (12. Jh. v. u. Z.), die Frage nach Veränderungen, nach dem Wandel der Dinge und der Welt im Mittelpunkt des Denkens. Das in seinem Kern zu den ältesten Schriften gehörende Orakelbuch *Yijing* 易經 beschäftigt sich seinem Namen gemäß – das Buch der Wandlungen – vornehmlich mit den Wandlungsphasen der weltlichen Zusammenhänge und deren Deutbarkeit. Das *Yijing* enthält vierundsechzig Hexagramme, die jeweils eine andere Wandlungsphase repräsentieren. Durch bestimmte Vorgänge kann jeder Fragesteller Informationen über den eigenen derzeitigen Wandlungszustand erhalten, die zugleich eine Handlungsanweisung für das Kommende beinhalten.

Als mit dem 6. Jh. v. u. Z. eine Bewegung der reflektierenden, philosophischen Schulen beginnt, bleibt der Grundgedanke des Zusammenhanges von Welt und Wandlung für alle Gründergestalten, wie Kong Zi, Lao Zi oder Mo Zi prägend. Am deutlichsten ist die Frage der Wandlung und des Umganges des Menschen mit diesem Wandel im klassischen Daoismus zum Thema geworden.

Im Gegensatz zur indischen Tradition ist eine negative Sicht der weltlichen Zusammenhänge, aus denen es zu entkommen gilt, in keiner bedeutenden chinesischen Denktradition zu erkennen. Für Lao Zi ist das Grundphänomen der Welt das *dao* (道), das Einheitsgestalt, Absolutheit und Wandel zugleich ist. Das menschliche Idealbild, der daoistische Heilige (*sheng ren* 聖人), begibt sich in diesen Wandel und kann aus ihm heraus gestaltend tätig werden. Das Empfinden und Erfahren des natürlichen Wandels auf allen Ebenen, wie er sich etwa in den Zyklen der Natur als Frühling, Sommer, Herbst und Winter darstellt, und ein Sich-Einlassen darin, führte auch zu der Forderung nach einem Rückzug aus einer menschlichen Gesellschaft, die sich in ihren Regeln und Reglementierungen von diesem natürlichen Ideal zu weit entfernt hatte. Nie aber ist dieser Rückzug in die Natur ein Rückzug aus den weltlichen Zusammenhängen als solchen, es soll vielmehr der Annäherung an die eigentliche Wandlungsgestalt der Welt dienen, die ihre höchste Gestalt im natürlichen Wandel zeigt, d. h. dem sich selbst erweisenden Wandel bzw. dem Wandel, der von selbst so ist, wie er ist *(ziran)*. Im Zhuangzi wird an einer Stelle die Einstellung zum Wandel sehr deutlich, dort heißt es:

»Das Dao kennt nicht Ende noch Anfang, nur für die Einzelwesen gibt's Geburt und Tod. Sie können nicht verharren auf der Höhe der Vollendung. Einmal leer, einmal voll, vermögen sie nicht festzuhalten ihre Form. Die Jahre lassen sich nicht zurückholen, die Zeit läßt sich nicht aufhalten. Verfall und Ruhe, Fülle und Leere machen einen ewigen Kreislauf durch. Damit ist die Richtung, die allem Sein Bedeutung gibt, ausgesprochen und die Ordnung aller Einzelwesen genannt. Das Dasein aller Dinge eilt dahin wie ein rennendes Pferd. Keine Bewegung, ohne daß sich etwas wandelt; keine Zeit, ohne daß sich etwas änderte. Was du da tun sollst, was nicht tun? Einfach der Wandlung ihren Lauf lassen (zi hua 自化)!«[208]

Entscheidend ist dabei, dass der Wandel der Welt bzw. die Welt als Wandel in der natürlichen Form der Veränderung immer positiv bejaht wurde. Es entstand nie die Frage nach einer möglichen Transzendenz oder Negation der Wandlungswelt, sondern es ging in der chinesischen Geisteswelt vielmehr immer um die richtige Weise des »Mitwandelns« und »Mitgehens« mit dem Wandel, was zugleich immer eine bestimmte Ordnungsfunktion im weltlichen Wandel erfüllte.

Als die buddhistischen Gedanken im Rahmen der frühen Übersetzungen im Chinesischen mit der klassisch-chinesischen Denkwelt verbunden wurden, wurde das Motiv des Wandels zunehmend stärker in das buddhistische Denken integriert. Als im 5. Jh. n. u. Z. die ersten eigenständigen buddhistischen Traktate im Chinesischen entstanden, konnte dies auch auf der Ebene der philosophischen Reflexion in Erscheinung treten. Man versuchte beispielsweise den zeitlichen Augenblick in zwei verschiedene Weisen des Augenblicks zu unterscheiden. Zum einen der Augenblick, der jetzt und immer jetzt gerade vergeht, und zum anderen der Augenblick, der als Jetzt beständig bestehendes Jetzt ist. Denn Jetzt ist immer. Auf diese Weise versuchte man die ab-

---

[208] Dschuang Dsi, Das wahre Buch vom südlichen Blütenland, 185.

solute Ruhe inmitten des zeitlichen Wandels zu denken und zu leben.[209] Zu diesem geistesgeschichtlichen Nährboden traten auch die grammatischen Formen der chinesischen Sprache hinzu, die durch die Dominanz verbaler und ereignisorientierter Sprachstrukturen bestimmte Gedanken nahelegte. Nicht nur die Verbalorientierung, sondern auch die Möglichkeit subjektloser Sätze und medialer Sprechweisen (im Sinne des grammatischen Mediums) legte in der Auslegung buddhistischer Grunderfahrungen bestimmte Wege nahe. So könnte aus dem entwickelten Kontrast folgende These für den behandelten Übersetzungsprozess formuliert werden: Die bereits in Indien begonnene Entwicklung, dass der Buddhismus die gegenwärtige Lebenswelt aufwertete und grundlegend in das Ziel der Befreiung integrierte, ist durch die durchaus diesseitsorientierte chinesische Welterfahrung und die besonderen sprachlichen Möglichkeiten im Chinesischen gefördert und betont worden. Als ein besonderes Ergebnis dieses Prozesses kann der Chan- bzw. Zen-Buddhismus gesehen werden, der vermutlich ohne die Übertragung des Buddhismus von Indien nach China und ohne die chinesische Sprache so nicht zustande gekommen wäre.

4.5.2 Die Übersetzung von Dōgens Uji in europäische Sprachen

In der Auseinandersetzung zwischen verschiedenen sprachlichen Denktraditionen spielen bei der Übersetzung von Texten sprachliche Unterscheidungen, die in einer bestimmten Sprache für selbstverständlich gehalten werden, eine kaum zu überschätzende Rolle. Durch diese Unterscheidungen werden oft Probleme erzeugt, die in anderen Sprachen kaum von Bedeutung sind, da diese Unterscheidungen dort nicht in gleicher Weise getroffen werden. Eine dieser wirkungsreichen sprachlichen Unterscheidungen, die in Europa in einem langen Prozess entstanden ist und im europäischen Denken nachhaltig stabilisiert und häufig substantialisiert wurde, ist die zwischen Philosophie und Religion. Diese europäische Unterscheidung spiegelt auf der einen Seite die Welt der griechischen Antike und auf der anderen Seite die Welt des Christentums wider. Beide Seiten der Unterscheidung haben sich

---

[209] Für eine ausführliche Interpretation eines dieser frühen Traktate vgl.: Elberfeld / Leibold / Obert, Denkansätze zur buddhistischen Philosophie in China. Seng Zhao – Jizang – Fazang zwischen Interpretation und Übersetzung.

in der europäischen Geistesgeschichte auf vielfältige Weise verbunden, aber auch grundsätzlich voneinander distanziert. Noch im vierten Jahrhundert zeigte sich Augustinus zuversichtlich hinsichtlich der Zusammengehörigkeit von Philosophie und Religion:

»Wir Christen glauben und lehren ja, und unser Heil hängt daran, daß Philosophie (philosophiam), das heißt Weisheitsstreben (sapientiae studium), und Religion (religionem) nicht voneinander verschieden sind.«[210] »Wenn also jene Männer [Sokrates und Platon] noch einmal das Leben mit uns teilen könnten, würden sie ohne Zweifel einsehen, durch wessen Autorität den Menschen soviel leichter zurechtgeholfen wird. Dann brauchten sie nur wenige Worte und Ansichten zu ändern, um selbst Christen zu werden. So haben es ja die meisten Platoniker unserer jüngsten Zeit gemacht.«[211]

Bei Thomas von Aquin spitzt sich das Verhältnis von Religion und Philosophie deutlich zu:

»Wie aber die Theologie auf dem Licht des Glaubens gegründet ist, so gründet sich die Philosophie auf dem Licht der natürlichen Vernunft. Daher können die Aussagen der Philosophie niemals den Glaubenswahrheiten widersprechen, allenfalls hinter diesen zurückbleiben.«[212]

Zu Beginn des 20. Jahrhunderts entbrannte über die Frage ein heftiger Streit, ob es überhaupt eine »christliche« Philosophie geben und ob das Denken im europäischen Mittelalter als »Philosophie« bezeichnet werden könne. Heute findet man Formulierungen wie »Philosophie im lateinischen Mittelalter«, um nicht entscheiden zu müssen, ob es sich um »Philosophie« oder »Religion« handelt.

Ganz ähnlich wie in Bezug auf das mittelalterliche Denken wird immer noch häufig die Frage gestellt, ob es sich bei bestimmten buddhistischen Texten um Ausdrucksformen von »Philosophie« oder »Religion« handele. Hier stellen sich – die Unterscheidung von Religion und Philosophie voraussetzend – zunächst die allgemeinen Fragen: Wie erkenne ich einen spezifisch *religiösen* und wie einen spezifisch *philosophischen* Text? Nach welchen Kriterien grenze ich einen Text, der als ein »religiöser« Text gilt, von einem Text ab, der für »philosophisch« gehalten wird? Die notwendigen Kriterien dafür zu ermitteln, ob etwas

---

[210] Augustinus, De vera religione / Über die wahre Religion, 19.
[211] Ebd., 17.
[212] Zitiert nach: Elberfeld (Hg.), Was ist Philosophie? Programmatische Texte von Platon bis Derrida, 113.

als »religiös« gelten kann oder zum Bereich der »Religion« gehört, ist ein Dauerthema nicht nur der Religionswissenschaft, sondern auch der Philosophie, und hat vor allem mit den sprachlichen Unterscheidungen zu tun, die in bestimmten Sprachen wie naturgegeben erscheinen. Bei der Übersetzung des Buddhismus von Indien nach China spielte die Unterscheidung zwischen Philosophie und Religion keine Rolle, da es diese Unterscheidung in der damaligen chinesischen Sprache nicht gab. Auch wenn der Buddhismus als fremd empfunden wurde, so konnte man dennoch in ihm einen Lebensweg erkennen, der strukturelle Ähnlichkeiten zu bestimmten Schulen des Denkens und Lebens im alten China aufwies. Erst als buddhistische Texte ab dem 19. Jahrhundert in europäische Sprachen übersetzt wurden, stellte sich immer häufiger die Frage, ob es sich dabei um philosophische oder religiöse Texte handele. Die Auszüge aus dem Text, der im Folgenden im Hinblick auf die Frage nach der Übersetzung behandelt werden soll – der Text *Uji* aus dem *Shōbōgenzō* von Dōgen, der bereits in Abschnitt drei des vierten Kapitels herangezogen wurde –, ist von der genannten Schwierigkeit der Zuordnung in verschiedener Hinsicht betroffen. Zunächst ist festzustellen, dass Dōgen mit seinen Schriften explizit zur Sōtō-Schule des Zen-Buddhismus zählt und damit zu einer geschichtlichen Erscheinung gehört, die gewöhnlich als *Religion* bezeichnet wird. Obwohl gerade der Zen-Buddhismus immer wieder den Kriterien der Zuschreibung, ob etwas Religion ist oder nicht, besondere Schwierigkeiten bereitet, da er die meisten Kennzeichen, die eine monotheistische Religion auszeichnen, nicht aufweist, kann man unter den genannten Vorbehalten einerseits begründet davon ausgehen, dass es sich bei dem Text *Uji* von Dōgen um einen *religiösen* Text handelt. Anderseits besitzten die Texte Dōgens jedoch seit über 80 Jahren in Japan eine explizit *philosophische* Rezeption. Denn in der modernen japanischen Philosophie wurden die Texte von Tetsurō Watsuji (1889–1960) und Hajime Tanabe (1885– 1962) bewusst dem religiösen Kontext entrissen und als *philosophische* Texte neu gelesen.[213] Diese Aufspaltung in der Rezeption hängt einerseits mit der althergebrachten Unterscheidung von Religion und Philosophie in Europa zusammen. Andererseits spiegelt sie aber auch die Rezeption dieser sprachlichen Unterscheidung in Japan wider, die von japanischen Philosophen im 20. Jahrhundert mit der neuen Lektüre Dōgens im Horizont der Philosophie bewusst durchbrochen worden ist.

---

[213] Vgl. zu diesem Thema: Ōhashi / Elberfeld (Hg.), Dōgen: Shōbōgenzō.

Dōgens Texte wurden durch die genannte Aufspaltung bis heute in der Rezeption in verschiedener Weise wirksam. Zum einen gibt es eine wachsende philosophische Rezeption und zum anderen eine zunehmend kulturwissenschaftlich orientierte religionswissenschaftliche Aufarbeitung der kulturell-religiösen Lebenswelt, in der Dōgen seine Texte verfasste. Beide Zugänge haben meines Erachtens ihre volle Berechtigung, solange der jeweilige Zugang nicht als der einzig mögliche hypostasiert wird.

Im Problemkreis der Übersetzung eines Textes tritt zudem eine Fragestellung in den Vordergrund, für die man inzwischen vor allem in der Literaturwissenschaft eine Sensibilität entwickelt hat. Es ist die Frage nach der Pragmatik von Texten oder, anders ausgedrückt, um ihre Performativität. Texte können mögliche Leser in verschiedener Weise ansprechen und unterschiedliche Resonanzen auslösen. Welche Arten von Resonanz beim Lesen des Textes gewünscht sind, wird weitgehend durch die Form und den Ausdruck des Textes bestimmt. Dies kann die pragmatische oder performative Dimension des Textes genannt werden.

In den sogenannten Religionen gibt es dementsprechend verschiedene Formen von religiösen Texten, so dass es zentral zu sein scheint, bevor man einen Text im Zusammenhang mit der Unterscheidung von Religion und Philosophie übersetzt, nach seiner pragmatischen und performativen Dimension zu fragen. Grundsätzlich kann gesagt werden, dass *Sprache* im Kontext von Religionen in unterschiedlicher Weise zum Einsatz kommt, wobei eine Grundunterscheidung die zwischen *oraler* und *verschrifteter* Sprachlichkeit ist.

Im Bereich der gesprochenen Sprache stoßen wir in den Religionen auf bestimmte Urlaute, die sich der Übersetzungsthematik auf spezifische Weise entziehen, da sie schlechthin nicht übersetzbar sind, weil sie nur als Laut oder Name und nicht als Bedeutungsgehalt eine oft magische Wirkung ausüben. Im Buddhismus hat vor allem die tantrische Tradition diese Form der Sprachlichkeit für die buddhistische Übung zu nutzen versucht.

Konzentriert man sich auf den *schriftlichen* Bereich und damit auch auf Religionen, die ihre Inhalte in Textform niedergelegt haben, so wird der Kreis der betroffenen Religionen erheblich kleiner. Man stößt dabei beispielsweise auf folgende Textarten: Gebetstexte, Ritualtexte, Gesetzestexte bzw. Kompendien von ethischen Regeln, mythische Erzählungen, Offenbarungstexte, prophetische Texte, aufgezeichnete Stifterworte, Predigten, Texte der dogmatischen Lehrtradition sowie

Kommentarwerke zu allen zuvor genannten Textgattungen. Die genannten Textarten üben innerhalb einer Religion unterschiedliche Funktionen aus: Sie können die Inhalte einer Religion neu stiften, treu bewahren, intellektuell auslegen, dogmatisch festlegen oder subtil erweitern. Somit zählt jede Textart zu einem bestimmten Bereich *religiöser Pragmatik*, die jeweils durch eine spezifische Wirkungsweise ausgezeichnet ist. Ein Gebetstext entfaltet eine andere Wirkung als das Kompendium ethischer Regeln oder ein Offenbarungstext. Wie sehr diese Fragen in das Problem der Übersetzung eingreifen, zeigt sich z. B. besonders deutlich bei der Übersetzung des Korans, der als offenbarter Text eigentlich nicht übersetzt werden darf, da er nur in der arabischen Sprache als authentisch gilt.[214]

Zu welcher Textart gehört nun Dōgens *Uji*? Es handelt sich weder um einen Gebetstext noch um einen Ritualtext, es geht weder um ethische Regeln noch um eine mythische Erzählung, es handelt sich weder um einen Offenbarungstext noch um eine prophetische Vision.

In der ursprünglichen Form handelte es sich um eine »Predigt« bzw. um einen »Lehrvortrag«, der dann in schriftlicher Form ausgearbeitet wurde. Wendungen wie »wer dies noch nicht erweisen kann, schaue genau hin!« oder »dies sollte man lernen« zeigen noch Spuren der ursprünglichen gesprochenen Form. Sie haben appellativen Charakter und fordern den Zuhörenden zu etwas auf, was noch näher zu charakterisieren ist. Der Lehrvortrag – auch als bearbeiteter und niedergeschriebener Text – möchte also etwas zeigen, zu dem die zuhörenden Mönche noch keinen Zugang haben bzw. was sie noch nicht wissen. Handelt es sich nun bei diesem noch nicht Gewussten um einen einfachen gegenständlichen Wissensinhalt, z. B. aus den historischen Begebenheiten des Buddhismus? Wenn das nicht der Fall ist, um welchen »Lehrinhalt« geht es stattdessen? Vielleicht um dogmatische Belehrung? Wenn dogmatische Belehrung heißt, die Mönche mit traditionellen Auslegungen der Lehre Buddhas vertraut zu machen, so ist dies wohl nicht der Fall, denn es werden keine Sutren zitiert oder Lehrsätze aus der buddhistischen Tradition ausgelegt. Was also macht Dōgen in seinem Text? Wer den Zen-Buddhismus nur über die Kōan-Sammlungen kennt, ist vermutlich erstaunt über den »theoretischen« Charakter, den Dōgens Text auf den ersten Blick zu zeigen scheint. Bereits der Titel des Textes deutet an, dass hier ein Weg eingeschlagen

---

[214] Vgl. die Diskussion in: Wild (Hg.), The Qu'ran as text.

wird, buddhistische Inhalte in neuer Weise zum Ausdruck zu bringen – zumindest der Wortwahl nach. Hiermit beginnt aber schon das Problem der Übersetzung in verschärfter Weise virulent zu werden, da wir uns dem Text in deutscher Sprache zu nähern versuchen und der Text selber zwischen zwei Sprachen – dem Chinesischen und dem Japanischen – changiert.

Um die Problematik aufzeigen zu können, sollen im Folgenden zwei Übersetzungen eines Satzes aus dem Text *Uji* miteinander verglichen werden, wodurch auch die Frage nach der *Ambivalenz des Textes im Hinblick auf seine Pragmatik* zu radikalisieren ist. Indem zwei verschiedene Übersetzungen des Textes verglichen werden, sollen zwei Grundrichtungen – Religion und Philosophie – der Auslegung und Pragmatik des Textes deutlich werden, die sich kaum versöhnen lassen. Mit dem Vergleich der beiden Übersetzungen soll zugleich die These vertreten und belegt werden, dass einzelne Übersetzungen *immer* ein bestimmtes Interesse verfolgen. Die sogenannte »Übersetzung« (von religiösen, philosophischen, poetischen und anderen Texten) ist *immer* eine *interessegebundene Umsetzung* eines Textes in eine andere Sprache. Im Folgenden werde ich nicht mehr von Übersetzung sprechen, sondern von »Umsetzung«, wodurch der Aspekt der Interpretation betont werden soll, der bei der Umsetzung von philosophisch-religiösen Texten ebenso wichtig ist wie bei einer theatralen Umsetzung eines dramatischen Textes auf der Bühne. Neben dem Problem der Übersetzung bzw. Umsetzung soll im Folgenden ein bestimmtes Sachproblem (Ich und Zeit) erörtert werden, wodurch zum einen das Problem der interessegebundenen Umsetzung verdeutlicht und zum anderen das Problem der Übersetzung und Textpragmatik näher betrachtet werden kann.

Die beiden Umsetzungen, die ausgewählt wurden, stammen von Kōichi Tsujimura (1922–2010) und Tom Wright (geb. 1944). *Kōichi Tsujimura* war Philosophieprofessor an der Universität Kyoto. Er studierte in den 50er Jahren Philosophie bei Heidegger und veröffentlichte 1967 seine japanische Übersetzung von Heideggers *Sein und Zeit*, die durch ihre buddhistische Prägung, vor allem in der Wortwahl, immer wieder Stein des Anstoßes war und ist. Der Amerikaner *Tom Wright* wurde 1974 in Kyoto Zen-Mönch der Sōtō-Schule und war beteiligt z. B. an Publikationen wie *Shikantaza – An Introduction to Zazen* von 1985.

Das Profil der beiden Übersetzer gibt bereits erste Hinweise darauf, welche Motivation jeweils im Hintergrund der Umsetzung steht. Tsujimuras Umsetzung ist daran interessiert, den Text im Kontext von

Heideggers Philosophie zu erschließen, was durch seine Wortwahl unterstrichen wird. Wrights Umsetzung zielt darauf ab, den Text als ein Hilfsmittel für die Praxis der zenbuddhistischen Übung zu erschließen, so dass philosophische Fragestellungen keine Rolle spielen.

Der Titel des Textes *Uji* wird von Tsujimura mit »Sein = Zeit« wiedergegeben und von Wright mit »Living Time«. Tsujimuras Orientierung an dem Titel *Sein und Zeit* ist nicht zu übersehen. Er interpretiert die beiden chinesischen Zeichen als Substantive und setzt ein mathematisches Zeichen zwischen die beiden deutschen Worte, um das Verhältnis der Substantive »Sein« und »Zeit« zu interpretieren im Sinne von »ist gleich«. Dieses hinzugefügte »ist gleich« birgt ein schwerwiegendes Problem, nämlich die Frage nach dem Verhältnis von »Sein« und »Zeit«, ähnlich wie das »und« in dem Titel »Sein und Zeit«. Tsujimura erwartet offenbar, in Anlehnung an Heidegger, aus dem Text eine philosophische Aufklärung über das Verhältniss von Sein und Zeit zu gewinnen.

Wright interpretiert das erste chinesische Zeichen als Verlaufsform des englischen Verbs »to live« und betont in seiner Umsetzung die Prozessualität der Zeit, wobei hier die Zeit selbst als das Subjekt erscheint im Sinne von »lebende« oder »lebendige Zeit«. Seine Umsetzung blendet somit die philosophische Frage nach dem Verhältnis von »Sein« und »Zeit« vollständig aus. Es geht ihm offenbar mehr darum, auf einen Akt der Lebendigkeit zu verweisen, den der Text erfahrbar machen soll.

Im Folgenden soll nur an der Umsetzung von zwei Sätzen das jeweilige Interesse verdeutlicht und gleichzeitig aufgezeigt werden, wie Tsujimura und Wright in ihrer Umsetzung mit den grammatischen Strukturen umgehen. Die erste Umsetzung stammt von Tsujimura, die zweite von Wright und die dritte von mir. Meine eigene Umsetzung habe ich hinzugefügt, um einen weiteren Kontrast zu erzeugen.

要をとりていはば、盡界にあらゆる盡有は、つらなりながら時時なり。
有時なるによりて吾有時なり。

1. (Tsujimura) Rekapitulation sagt: das Sein-im-Ganzen dessen, was im Weltall-im-Ganzen ist, ist gereiht, aber je und je, Zeit und Zeit. Da es die Sein = Zeit ist, so ist es die Ich = Sein = Zeit.[215]

---

[215] Tsujimura, Sein = Zeit, in: Festschrift für Medard Boss, hg. v. Gion Condrau, Stuttgart 1973, 176 f.

2. (Wright) The essential (characteristic) of *uji* – living time is, while all existences in all the various worlds are interconnected, each existence is ever-changing; and, precisely because of this, we can speak of personally experiencing the living quick of time.[216]
3. (Elberfeld) Kurz und zusammenfassend gesagt: alles Seiende in der ganzen Welt ist zusammenhängend und zugleich je und je Zeitigung. Da (alles) Seiende Zeitigung ist, so ist auch das Ich seiende Zeitigung.

Die schwierigste Stelle in diesem Zitat, die von den Übersetzern jeweils sehr prägnant gedeutet wird, ist die Kombination der drei chinesischen Zeichen »go-u-ji« (吾有時). Tsujimura sagt »Ich = Sein = Zeit«, Wright »personally experiencing the living quick of time«. Die Zeichen für »uji« wurden bereits besprochen.[217] Hinzutritt hier das Zeichen »go«, was »Ich« bedeutet und im Chinesischen »wu« gelesen wird. Es handelt sich dabei um ein Pronomen für »ich« oder »wir« und wird heute nur noch in der Schriftsprache verwendet. *Wu* ist also im klassischen Chinesisch ein übliches Personalpronomen der 1. Person singular oder plural.

Mit Tsujimuras Umsetzung der drei Zeichen als »Ich = Sein = Zeit« wird eine weitreichende philosophische Fragestellung aufgeworfen: Wie verhält sich das »Ich« zu »Sein« und »Zeit«. Ausgehend von der europäischen Philosophie, liegt sogleich eine bewusstseinsphilosophische Deutung nahe. Ohne die Leistung des »Ich« kein Sein und keine Zeit. Allerdings lässt sich in der Umsetzung von Tsujimura keine deutliche Fundierungsrangfolge erkennen, vielmehr ist das »Ich« in ein gleichursprüngliches Verhältnis mit Sein und Zeit gesetzt. Tsujimuras Umsetzung wirft somit die schwierige philosophische Frage auf, welche Rolle das »Ich« für den Zusammenhang von »Sein« und »Zeit« spielt, die im Kontext buddhistischer Philosophie auf den ersten Blick ein gewisses Erstaunen auslösen könnte. Geht es im Buddhismus nicht gerade darum, »anātman«, d. h. »Nicht-Selbst«, zu realisieren?

In Wrights Umsetzung der drei chinesischen Zeichen als »personaly experiencing the living quick of time« kommt ein ganz anderer

---

[216] Wright, Living Time, in: Time and Nothingness, hg. v. Michael Lazarin, Kyōto 1997, 118.
[217] Vgl. zur Erklärung den Abschnitt 4.1.4. *Das Subjekt in der japanischen Sprache* in diesem Buch.

Zugang zum Ausdruck. Wright deutet das Zeichen »go« als »personally experiencing« und nicht im Sinne eines abstrakten, im philosophischen Sinne verstandenen »Ich«. Er hat bei seiner Deutung offenbar einen Zazen-Übenden vor Augen, der die lebende Lebendigkeit der Zeit erfährt. Der sehr weitgehende interpretative Eingriff, den er hier vornimmt, ist, zu dem »go« ein Verb hinzuzusetzen, das zudem noch die Bedeutung des Satzes eigentlich erschließt. Nach Wright geht es hier um die »Erfahrung« im zen-buddhistischen Sinne, die hier so gedeutet wird, dass zen-buddhistisches Erfahren das Erfahren der lebenden Lebendigkeit der Zeit ist. Seine Deutung geht nicht näher darauf ein, in welchem Verhältnis die persönliche Erfahrung und die lebendige Zeit stehen.

Zu meiner eigenen Umsetzung sei an dieser Stelle nur gesagt, dass sie weder versucht, einfach nur den Sprachgebrauch eines wichtigen europäischen Philosophen nachzuahmen, noch die Absicht hat, eine spirituelle Anleitung zu sein. Vielmehr soll der philosophische Gedanke selbst als eine bestimmte Praxis verstanden werden, die sich auch mit der buddhistischen Übung verbinden lässt.

Zu den beiden ersten Umsetzungen kann zusammenfassend gesagt werden: Tsujimura tut alles dafür, dem Text eine möglichst umfassende philosophische Bedeutung abzugewinnen. Wright tut alles dafür, den Text als einen Hinweis auf die zen-buddhistische Erfahrung des Erwachens zu lesen. Im Umsetzungsvergleich kann somit beobachtet werden, wie die beiden Übersetzer mit dem Text umgehen und ihn im Hinblick auf ein bestimmtes Interesse umsetzen. Für eine bestimmte Deutung werden Gedanken ausgelassen oder so umgedeutet, dass sie wieder zur eigenen Deutung passen. Bei der Umsetzung von Wright ist sehr deutlich zu beobachten, dass ihn philosophische Fragen, z. B. die nach dem Ich, nicht interessieren oder diese Fragen möglicherweise seine spirituell ausgerichtete Interpretation stören. Tsujimura bindet den Text dagegen durch seine Wortwahl an eher abstrakte Traditionen des europäischen Denkens, denen es darum geht, Reflexionsstrukturen bzw. ontologische Strukturen im Sinne von philosophischen Wahrheiten aufzuzeigen. Es bleibt die Frage: wie ist der Text zu verorten: Ist es ein rein philosophischer Text, dem es um die Erörterung von allgemeinen Wahrheiten geht? Oder ist es ein Text, der ausschließlich als Leseimpuls für die Praxis des Zen-Weges fungiert und nicht als eine intellektuelle Herausforderung gelesen werden soll? Zugespitzt lautet die Frage: Handelt es sich um einen *philosophischen* oder um einen *religiösen* Text? Könnte es sein, dass beide Weisen sich gegenseitig implizieren, ohne dass die eine die andere dominiert? Wäre es möglich, dass die philosophische Ebene nicht nur in einem sklavischen Verhältnis zur religiösen Bedeutung steht, sondern selber gleichursprünglich die religiöse Bedeutung mit hervorbringt. Wenn dies zutreffen sollte, so haben wir einen Text vor uns, der in eigentümlicher Weise das *philosophische Denken* mit der *religiösen Übung* verbindet. Der Text fungiert nicht als eine einfache Auslegung buddhistischer Lehren, aber auch nicht einfach als eine antiintellektuelle spirituelle Anleitung. Der Text versucht vielmehr im betont intellektuellen Nachvollzug immer zugleich auch das Erwachen im zen-buddhistischen Sinne zu realisieren. Im Text gehen *Denken* und *Erwachen* eine eigentümliche Verbindung ein, die ähnlich auch bei buddhistischen Denkern wie Nagarjuna und Fazang zu finden ist. Die Pragmatik des Textes ist somit auf der einen Seite betont philosophisch – es geht um die Konstitution des Seienden, der Zeit, des Ich und der ganzen Welt und um die Einsicht in dieses Konstitutionsgeschehen selbst. Auf der anderen Seite ist sie aber betont religiös ausgerichtet, da es gerade anhand der philosophischen Analyse darum geht, jeden Einzelnen in die Leerheit seines eigenen Grundes zurückzuführen, um so das Erwachen im buddhistischen Sinne zu evozieren, das selber nicht als Gegebenes in objektivierender Weise besprochen werden kann.

Bei der Lektüre von philosophischen Texten aus anderen Sprachen, die man selber nicht beherrscht (z. B. Altgriechisch, Latein, Sanskrit, Chinesisch usw.), sollten – dies legen die beiden angeführten Beispiele mit besonderem Nachdruck nah – immer zumindest zwei Übersetzungen zu Rate gezogen werden. Prinzipiell gilt, je mehr Übersetzungen, umso besser, wobei man dann in eine Unentscheidbarkeitsdiskussion hinsichtlich der richtigen Übersetzung geraten kann, die nur durch einen eigenen prägnanten Interpretationsansatz zu lösen ist. Im Bereich philosophischer Texte und ihrer Übersetzungen scheint mir die Perspektive angemessen zu sein, dass man nicht davon ausgehen kann, es gäbe die einzig richtige Übersetzung, da jede profilierte Übersetzung mit einem Interesse und einer Interpretationsstrategie verbunden ist. Als im produktiven Sinne »profiliert« möchte ich eine Übersetzung von philosophischen Texten bezeichnen, die ein philosophisch fruchtbares Verstehen erlaubt und evoziert. Dies geschieht vor allem dann, wenn auch die jeweilige Verschiedenheit der Sprachen in möglichst radikaler Weise mit in die Interpretation und Reflexion einbezogen wird. Hierfür muss insgesamt ein Sinn für die Verschiedenheit grammatischer und sprachlicher Strukturen geweckt werden, wobei gerade dann deutlich wird, dass ein einfaches Wissen um die Schulgrammatik nicht ausreicht. Denn auch die Schulgrammatik ist eine bestimmte Interpretation der einzelnen Sprache, die es philosophisch zu reflektieren gilt. Die Vorstellung von einer eindeutig »richtigen« Übersetzung philosophischer Texte wird gerade durch die Praxis der Übersetzung brüchig, da es auch den *einen* Sinn eines Satzes, den es eins zu eins zu übersetzen gilt, nicht geben kann. Das Problem der Übersetzung steigert daher nur die Schwierigkeit dessen, was wir Verstehen nennen. Denn wie Humboldt sagt, ist »jedes Verstehen zugleich ein Nicht-Verstehen«. Diesen Gedanken bei der Übersetzung nicht als zu überwindendes Hindernis, sondern als Aufforderung zur philosophischen Profilation zu verstehen, scheint mir ein sinnvoller Impuls für das Erstellen von und das Umgehen mit philosophischen Übersetzungen zu sein.

4.6 Philosophische Textpragmatik

Im bisherigen Gang durch verschiedene Ebenen der Sprache – Subjektfunktion, Aktionsform, Zeitform, Wortfelder und Übersetzungsfragen – wurde eine Ebene noch wenig betrachtet, die auch in der Sprachwissenschaft erst in neuerer Zeit eine bedeutende Rolle spielt. Neben der Struktur des sprachlichen Ausdrucks im Hinblick auf Grammatik und Semantik kann auch die soziale Funktion und Wirkweise des Sprachgebrauchs untersucht werden. Bei diesen Untersuchungen wird die Aufmerksamkeit verschoben auf die verschiedenen Wirkweisen von Sprache. Diese Wirkweisen sind wiederum in vielen Fällen eng verbunden mit der Grammatik und Semantik einer Sprache. Wenn im Folgenden der Sinn geweckt werden soll für verschiedene Wirkweisen von Sprache(n) allein im Kontext der Philosophie, so ist dies eine bewusste Einengung des Themenfeldes. Zu fragen ist nach Wirkweisen *philosophischen* Sprachgebrauchs, so dass die performativ-soziale Dimension von Sprache in der Philosophie in die Aufmerksamkeit tritt. Wie sprechen mich die Texte an? Was »tun« die Texte mit mir und in welcher Form tun sie dies? Was hier in den Vordergrund tritt, könnte man auch die literarische Dimension philosophischer Texte nennen, wobei eine reine literaturtheoretische Betrachtung in philosophischer Hinsicht nicht ausreicht. Es ist vielmehr danach zu fragen, was es für das Philosophieren im Sprechen und Schreiben bedeutet, dass es immer an eine bestimmte sprachliche Form – sei sie formal oder poetisch – gebunden ist, die zudem die Möglichkeiten sprachlicher Formen in jeweils spezifischen Sprachen spiegelt. Im Folgenden werde ich mich nur auf *textliche* Sprachformen beschränken und zudem nur Beispiele aus Ostasien anführen. Es geht vor allem um die Erschließung der Frage nach philosophischer Sprachpragmatik, die auch im Kontext verschiedener Sprachen erst am Anfang ihrer Entfaltung steht.

4.6.1 Vom Sinn philosophischer Sprachpragmatik

Wenn Philosophieren sich in unterschiedlichem Bezug zur Sprache und damit auch in verschiedenen Textformen manifestiert, so hat dies auch Folgen für die *Wissens- und Sprachformen* der Philosophie selbst.

»Philosophie drückt sich in einer ganz bestimmten literarischen Gattung aus und kommt deswegen erst in ihr zur vollen Verwirklichung.«[218] »Für die Untersuchung philosophischer Werke ist es essentiell, dass die Korrelation von Lehre und literarischer Gattung sich nicht allgemein bestimmen lässt, sondern nur im Einzelfall untersucht und analysiert werden kann.«[219]

Diese Situation sollte Anlass genug sein, darüber nachzudenken, in welcher Weise sich Philosophieren im Rahmen sprachlicher Äußerungen entfaltet und was dies für die Philosophie und das Philosophieren selbst bedeutet. Im Folgenden müssen aus Gründen des Umfangs die mündlichen Formen des Philosophierens unbeachtet bleiben. Es sollen vor allem die Strategien im Rahmen der textlichen Überlieferung untersucht und in Sprachen der ostasiatischen Traditionen gesichtet werden. Diese Entscheidung impliziert keinerlei Wertungen. Weder sollen dadurch die mündlichen Formen abgewertet noch die textlichen aufgewertet werden.

Wenn es zutrifft, »dass grundlegende philosophische Einsichten sich nicht nur auf Argumente gründen«,[220] sondern gerade durch die

---

[218] Marías, Die literarische Ausdrucksform in der Philosophie und die Frage nach dem möglichen Sinn von Philosophie heute, 31.
[219] Brandt, Die literarische Form philosophischer Werke, 548. Vgl. auch: ders., Die Interpretation philosophischer Werke. Eine Einführung in das Studium antiker und neuzeitlicher Philosophie, 103–136.
[220] Gabriel, Literarische Form und nicht-propositionale Erkenntnis in der Philosophie, 17.

Weise des Philosophierens bestimmte Evidenzen erzeugt werden, so gewinnt die Textform, in der das Philosophieren präsentiert wird, erheblich an Bedeutung.

»Diese Erkenntnis ist selbst eine grundlegende philosophische Einsicht und scheint mir, *weil* sie grundlegend für das Verständnis der Philosophie ist, insbesondere selbst zu denjenigen Einsichten zu gehören, deren Anerkennung argumentativ nicht erzwingbar ist.«[221]

Das Phänomen der Sprach- bzw. Textpragmatik ist erst in der Sprachphilosophie des 20. Jahrhunderts explizit untersucht worden. Wittgenstein und Austin gingen davon aus, dass die Benutzung von Sprache, ob in gesprochener oder geschriebener Form, notwendig in einen »Handlungskontext« bzw. in eine »Situation« eingebettet ist und ohne diesen Zusammenhang meist gar nicht verstanden werden kann.

»Wieviele Arten der Sätze gibt es aber? Etwa Behauptung, Frage und Befehl? – Es gibt unzählige solcher Arten: unzählige verschiedene Arten der Verwendung alles dessen, was wir ›Zeichen‹, ›Wort‹, ›Sätze‹, nennen. Und diese Mannigfaltigkeit ist nichts Festes, ein für allemal Gegebenes; sondern neue Typen der Sprache, neue Sprachspiele, wie wir sagen können, entstehen und andere veralten und werden vergessen. [...] Das Wort ›Sprachspiel‹ soll hier hervorheben, dass *das Sprechen der Sprache* [Hervorhebung R. E.] ein Teil ist einer Tätigkeit, oder einer Lebensform.«[222]

Geht man von dieser allgemeinen Charakterisierung der Sprache aus, so ist zu erwarten, dass sich auch im Rahmen der Philosophie Sprache in unterschiedlichen »Sprachspielen« bzw. »Sprachformen« entwickelt hat und wesentlich verbunden ist mit verschiedenen »*Lebens*formen«.

John Austin hat im Anschluss an Wittgenstein den Gedanken der Sprachpragmatik weiter konkretisiert. Für das »Handeln« der Sprache gibt er unter anderem folgende Beispiele: 1. »*Ja*« als Äußerung im Rahmen einer Trauung; 2. »Ich *taufe* dieses Kind auf den Namen ›Jona‹« als Ausspruch des Priesters in einer Taufe; 3. »Ich *vermache* meine Uhr meinem Bruder« als Teil eines Testamentes; 4. »Ich *wette* einen Fünf-

---

[221] Ebd., 17.
[222] Wittgenstein, Philosophische Untersuchungen, §23. Eine Entwicklungslinie dieses Gedankens ist bekanntlich im Rahmen der Alltagssprache von Austin in seinem Buch *How to Do Things With Words* (1962) entwickelt worden. Uns interessiert im vorliegenden Kontext jedoch weniger die Alltagssprache als vielmehr die »philosophische« Sprache in ihren verschiedenen Weisen, etwas zu »tun«.

ziger, dass es morgen regnet« im Gespräch unter Freunden. Austin legt dieses sprachliche Handeln in folgender Weise aus:

»Jeder würde sagen, dass ich mit diesen Äußerungen etwas Bestimmtes *tue* (natürlich nur unter passenden Umständen); dabei ist klar, dass ich mit ihnen nicht beschreibe, was ich tue, oder feststelle, dass ich es tue; den Satz äußern heißt: es tun. [...] Wie sollen wir Sätze oder Äußerungen dieser Art nennen? Ich schlage als Namen ›performativer Satz‹ oder ›performative Äußerung‹ vor. [...] Der Name stammt natürlich von ›to perform‹, ›vollziehen‹, man ›vollzieht‹ Handlungen. [...] Ganz allgemein gesagt, ist es immer nötig, dass die Umstände, unter denen die Worte geäußert werden, in bestimmter Hinsicht oder in mehreren Hinsichten passen, und es ist sehr häufig nötig, dass der Sprecher oder andere Personen zusätzlich gewisse weitere Handlungen vollziehen – ob nun ›körperliche‹ oder ›geistige‹ Handlungen oder einfach die, gewisse andere Worte zu äußern.«[223]

Austin hat bestimmte Vollzüge unseres Lebens im Auge, wenn er von »performativen Sätzen« spricht. Die Sätze des Philosophierens selbst versteht er jedoch nicht ausdrücklich als ein solches Handeln. Anschließend an Wittgenstein und Austin stellt sich aber die Frage, was eigentlich geschieht, wenn im Philosophieren durch den Sprachgebrauch in verschiedenen Texten die »Lebensweise«, das »Handeln« und das »Denken« verändert werden sollen? Um bloße neutrale Aussagen kann es sich dabei nicht handeln. Im Anschluss an diese Frage legt sich der Gedanke nahe, auch die Sprache und das Sprechen im Philosophieren als ein »Handeln« zu verstehen, auch wenn dies eine Erweiterung und Verschiebung des Ansatzes von Austin bedeutet. Wäre jedes Philosophieren im Rahmen der Sprache als eine bestimmte Form des »Handelns« zu vollziehen, so drängte sich die Überlegung auf, dass es verschiedene Formen des Handelns im Rahmen des an Sprache gebundenen Philosophierens geben kann. Dieser Gedanke ist heute immer noch weit davon entfernt, ins allgemeine Bewusstsein der Philosophie eingedrungen zu sein. Vielmehr ist oft Folgendes zu beobachten: »Der *Leser* irgendeiner Epoche – etwa der unseren – liest alle philosophischen Texte in der gleichen Weise, nämlich unter dem Gesichtspunkt, was *er* unter Philosophie versteht.«[224]

Entgegen dieser immer noch häufigen Praxis kann die Festlegung der Philosophie und des Philosophierens auf eine bestimmte Sprach-

---

[223] Austin, Zur Theorie der Sprechakte, 27.
[224] Marías, Die literarische Ausdrucksform in der Philosophie, 32.

form ausgehend von der Geschichte philosophischer Sprachformen zurückgewiesen werden. In der Entfaltung dieses Gedankens ist zu erwarten, dass unterschiedliche Themen und Phänomene durch unterschiedliche Sprachformen und im Rahmen verschiedener Sprachen erschlossen werden können und sich so verschiedene Formen der Korrespondenz zwischen Thema, Sprachform und verschiedenen Sprachen bilden.

Dieses Themenfeld, das allein schon für die europäische Tradition einen erheblichen Umfang besitzt, erweitert sich in signifikanter Weise, wenn außereuropäische Denk- und Lebenstraditionen in die Reflexion einbezogen werden. Ausgehend von ausgewählten Beispielen im ostasiatischen Raum sollen im Folgenden einige Gedanken zur Textpragmatik entwickelt werden als erste Schritte in eine Forschungsperspektive, deren Weite und Größe erst langsam in den Blick tritt.[225]

4.6.2 Philosophische Textpragmatiken in Ostasien

4.6.2.1 Frühe Textpragmatik in China: Das *Yijing*

Auch wenn man sich inzwischen daran gewöhnt hat, andere Traditionen nach »Philosophien« und »Religionen« einzuteilen, und bei den »Religionen« selbstverständlich verschiedene »-ismen« (Buddhismus, Hinduismus, Daoismus etc.) unterscheidet, so zeigt der differenzierende Blick in andere Traditionen häufig, dass diese Einteilungsmentalität das Verständnis eher verstellt als befördert. Nur weil die drei monotheistischen Religionen Judentum, Christentum und Islam auf eine klare Abgrenzung bedacht waren, muss dies keinesfalls auch für andere Traditionen gelten. Gerade die ostasiatische Geistesgeschichte ist ein Beispiel dafür, dass die allzu klaren Einteilungen und Unterscheidungen kaum weiterhelfen. Schon das älteste Buch der chinesischen Geistestradition, das *Yijing* 易經 (Buch der Wandlungen), lässt sich nicht eindeutig zuordnen, vielmehr wird es in China immer wieder in unterschiedlicher Weise und im Rahmen verschiedener Geistesströmungen Ausgangspunkt des Denkens und Handelns.

Das in seinem Kern zu den ältesten chinesischen Schriften gehö-

---

[225] Vgl. den sehr instruktiven Aufsatz von Kantor, ›Right Words are Like the Reverse‹. The Daoist Rhetoric and the Linguistic Strategy in Early Chinese Buddhism.

rende Orakelbuch *Yijing* (vermutlich erstes Drittel des 1. Jahrtausends v. u. Z.) und seine wichtigsten Kommentare, die »Zehn Flügel« (vermutlich zwischen 206 v. bis 220 n. u. Z.), sind ein Paradebeispiel für einen Textkorpus, der über alle Schulzuordnungen hinweg in China wirksam geworden ist und bei dem eine klare Zuweisung zu »Religion« oder »Philosophie« wenig sinnvoll scheint. Es handelt sich weder um einen »Schöpfungsmythos« noch um eine »Offenbarung«, weder um einen rein reflektierenden noch um einen »logischen« Text, sondern vielmehr um die Auslegung und Deutung bestimmter *Bewegungsqualitäten*. Das *Yijing* beschäftigt sich vornehmlich mit den Wandlungsphasen der weltlichen Zusammenhänge und deren Deutbarkeit. Es enthält vierundsechzig Hexagramme, die jeweils eine andere Wandlungsphase repräsentieren. Durch bestimmte, festgelegte Vorgänge kann jeder Fragesteller Hinweise für die eigene derzeitige Wandlungsphase erhalten, die zugleich Handlungsanweisungen für das Kommende umfassen. Der Text und die zu ihm gehörenden praktischen Vorgänge lassen uns aufmerksam werden auf die gegenwärtige Bewegungsqualität der *eigenen* Lebenssituation in ihrer *Übergänglichkeit*.

»Nicht eine einzige Situation, sondern die Spannung zwischen zwei Situationen, von denen die zweite aus der ›Verwandlung‹ der ersten hervorgeht, ist es also, über die das *Yijing* Auskunft geben will; immer steht die Veränderung im Zentrum der Aussage.«[226]

Dabei geht es nicht darum, nur die Formen der Wandlung ein für alle Mal zu *wissen*, sondern im jeweils zeitgebundenen Wissen um die Verwandlung, gemäß dieser Wandlungsphase zu *handeln*. Das Wissen, welches in dem Text vermittelt wird, ist jeweilig und kann immer nur in der Situation des *einzelnen* Menschen eine Wirkung entfalten. Dennoch erheben die Texte des *Yijing* selber den *allgemeinen* Anspruch, die grundlegenden Möglichkeiten der Wandlungsphasen im Allgemeinen zu umfassen. Es handelt sich jedoch um eine »Allgemeinheit«, die immer nur im Konkreten eine Wirksamkeit entfaltet. Sie strebt nicht einseitig danach, sich von jeder Konkretion zu lösen, um eine möglichst zeitlose Geltung zu erlangen, die noch dazu den reinen Selbstzweck als höchsten Maßstab anlegt.

Bei den Texten, die in den Auslegungsteilen zu den Hexagrammen des *Yijing* versammelt sind, handelt es sich wahrscheinlich um alte

---

[226] Bauer, Die Grundlagen des »Buches der Wandlungen«, 4.

Spruchweisheiten, die zunächst dem Alltag entwachsen waren. In der Zusammenstellung wurden diese dann geordnet und jeweils mit bestimmten Wandlungsphasen verbunden. Besonders wichtig für das Thema der Textpragmatik ist, dass es diesen Texten in keinem Fall darum geht, bestimmte Sachverhalte »festzustellen«, sondern vielmehr darum, konsequent »Bewegungsqualitäten« in verschiedenen »Wandlungsphasen« ins Bewusstsein zu heben, die jedoch immer nur in konkreten Situationen einen Sinn gewinnen. Es handelt sich somit um ein Wissen um *Bewegung* und *Wandel*, das selbst in seiner Anwendung in Bewegung bleibt. Die Textform verbindet somit die Besonderheit einer Situation mit den allgemeinen Strukturen der sich wandelnden Welt. Es handelt sich nicht nur um einen einfachen Ratgeber, sondern um einen Text, der zugleich theoretisch und praktisch wirksam wird. Da die Verwendung des Textes in den meisten Fällen auch mit einer rituellen Praxis des Schafgarbenwerfens verbunden ist, betrifft die Performativität nicht nur das Lesen des Textes, sondern eine weiter gefasste Situation, in der der Text zum Einsatz kommt. In diesen Texten durchdringen sich in spezifischer Weise Lebensform und Sprachgebrauch, die in ihrer Bewegtheit eng aneinander gebunden sind.

4.6.2.2 Textpragmatik in den Kommentaren der chinesischen Denktradition

Für die klassisch-chinesischen Texte ist ein Sachverhalt besonders zu beachten, der durch allzu leichte Identifikation mit dem europäischen Horizont schnell in der Gefahr steht, übersehen zu werden. Wie bereits im Zusammenhang mit dem *Yijing* erwähnt worden ist, wurde der Text zusammen mit bestimmten »Kommentaren« gelesen und überliefert. Spätestens seit der Han-Zeit (206 v. bis 220 n. u. Z.) spielte der Kommentar eine zunehmend größere Rolle in der Textkultur Chinas.

»Die Trennungslinie markiert den Übergang vom Text zum Kommentar als dem Hauptmedium der politischen Philosophie und der religiösen Erkenntnis, den Übergang von einer Text- zu einer Kommentarkultur. Seit der Han-Zeit wird in der Tat der Kommentar zum wichtigsten Instrument des Denkens, und selbst der philosophische Essay wird zunehmend zu einer im Vergleich zum Kommentar systematischen Reflexion über in den Klassikern enthaltene, aber verborgene Erkenntnis.«[227]

---

[227] Wagner, Der vergessene Hinweis. Wang Pi über den Lao-tzu, 239.

Die Kommentare sind somit nicht Texte, die einen nachgeordneten Rang besitzen und den Ausgangstext bloß epigonenhaft nachvollziehen. Dies ist eine europäische Vorstellung, die in der westlichen Sinologie lange auf die Texte in China projiziert worden ist.

»Die aus der protestantischen Tradition unter die Grundweisheit der Philologie geratene Vermutung von der Bedeutung des Originals und des Urtextes und der Zweitrangigkeit und Epigonenhaftigkeit der Kommentare der ›Späteren‹ hat in der Sinologie zu der merkwürdigen Erscheinung geführt, dass ungeachtet der Bedeutung und des Volumens der Kommentarliteratur deren eigenständiges Studium gerade erst beginnt.«[228]

Spätestens seit der Han-Zeit wird somit der Kommentar zu einem notwendigen Begleiter der Klassiker.[229] Diese Tradition hielt über Jahrhunderte an und dabei ist zu beobachten, wie durch die Kommentare die Klassiker jeweils zu sehr verschiedenen Texten wurden mit je anderer Grundausrichtung. Dies ist vor allem auch möglich gewesen aufgrund der Struktur der chinesischen Sprache und Schrift. Da die chinesischen Zeichen isoliert weder eindeutig in Wortarten eingeteilt sind und auch keine Flexionen aufweisen, ist der Deutungsspielraum der Texte größer als in vergleichbaren Texten der europäischen Tradition. Diese Vieldeutigkeit wird jedoch nicht als Nachteil gesehen, sondern auch für die philosophische Reflexion als Vorteil genutzt.[230]

»Die Unausdrücklichkeit grammatischer Beziehungen bei gleichzeitiger extremer Dichte des Ausdrucks etwa im Lun-yu, Lao-tzu oder Chou-i läßt dem Kommentator im einzelnen viel Freiheit bei der Konstruktion des Haupttextes, während sie zugleich den hohen Anspruch an ihn stellt, ein homogenes Ganzes aus dem Gesamttext zu machen.«[231]

Text und Kommentar treten somit in eine fruchtbare Beziehung als eine Form von Sinnproduktion, die von Ausgangspunkt zu Ausgangspunkt und von Zeitalter zu Zeitalter andere Akzente setzt. Durch die Kommentierung eines Haupttextes treten die Kommentatoren im Laufe der Zeit zudem in eine Auseinandersetzung mit den anderen Kommentaren.

---

[228] Ebd., 273.
[229] Zum »Kanon« der Klassiker vgl. Grimm, Der chinesische Kanon – seine Struktur, Funktion und Kritik.
[230] Vgl. Elberfeld, Bilder und Bedeutung zwischen Sinnlichkeit und Denken – Vexierbilder und chinesische Schrift.
[231] Wagner, Der vergessene Hinweis, 263. Die Abweichungen in der Umschrift kommen aufgrund verschiedener Umschriftsysteme für die chinesische Sprache zustande.

»Insofern ist die Konstruktion des Textes durch den Kommentar zugleich auch die Dekonstruktion einer anderen Leseweise.«[232]

Die Auswirkungen dieser Kommentarstrategie werden beispielsweise deutlich in den Kommentaren zum *Daodejing*. Das *Daodejing* des Lao Zi gehört zu den bekanntesten Büchern Chinas.[233] Es umfasst Spruchweisheiten, die in der Wang Bi-Fassung in 81 Kapitel aufgeteilt sind. Zu diesem Text sind mehrere hundert Kommentare entstanden, die je nach Ausgangspunkt den Text als Anweisung zum politischen Handeln des Herrschers, als philosophische Reflexionen über *dao* und Nichts (wu) oder als Anweisung für eine Praxis der Lebensverlängerung lesen und erschließen. Der Text scheint somit eine Textpragmatik zu zeigen, die in sich eine bemerkenswerte Offenheit besitzt im Hinblick auf die Formen seines Wirkens. Verbindendes Element bleibt jedoch der Anleitungscharakter, in dem sowohl praktische wie auch reflexive Momente eine Rolle spielen. Um dies näher zu verdeutlichen, sollen drei Kommentare kurz vorgestellt werden.

Zu den ältesten Kommentierungen des *Daodejing* zählen die Passagen in dem Werk von Han Fei Zi (280–233 n. u. Z.), in denen er zu Lao Zi Stellung nimmt. Han Fei Zi, der als Konfuzianer gilt, liest das *Daodejing* als einen *politischen* Text, der dem Herrscher Hinweise zum Regieren geben soll:

»Was man ›die Mutter zur Erhaltung des Staates‹ nennt, ist das *dao*. Das *dao* entspringt aus der Staatskunst, mit deren Hilfe man den Staat erhält, und eben weil es die Kunst ist, mit deren Hilfe man den Staat erhält, nennt man es ›die Mutter zur Erhaltung des Staates‹. In Eintracht mit der Welt seine Kreise ziehend schafft das *dao* beständig neues Leben und gewährt ewige Wohlfahrt.«[234]

In dem Kommentar Wang Bis (226–249), der lange Zeit als »der« klassische Kommentar galt und das *Daodejing* in vielen Ausgaben heute noch begleitet, finden wir eine weitgehend andere Ausrichtung. Wang Bi entwickelt in seinem Kommentar eine Philosophie des »Nichts« (wu), die für die Rezeption des Buddhismus in China eine zentrale Rolle

---

[232] Ebd., 264.
[233] Zu den verschiedenen Textausgaben und den Übersetzungen vgl. Wohlfart, Der Philosophische Daoismus. Philosophische Untersuchungen zu Grundbegriffen und komparative Studien mit besonderer Berücksichtigung des Laozi (Lao-tse).
[234] Mögling (Übers.), Die Kunst der Staatsführung. Die Schriften des Meisters Han Fei. Gesamtausgabe, 174.

Philosophische Textpragmatik

gespielt hat. In dem Kommentar ist deutlich zu beobachten, wie die Stellen, an denen Lao Zi das Nichts erwähnt, besonders beachtet werden und ins Zentrum der Deutung rücken. Bereits im Kommentar zum ersten Kapitel wird die grundlegende Richtung der Auslegung bestimmt:

»›The Nameless is the origin of Heaven and Earth; The Named ist the mother of all things. (Kap. 1)‹ All being originates from nonbeing. After forms and names appear, *dao* develops them, nourishes them, provides their formal shape and completes their formal substance, that is, becomes (or is) their Mother. This means *dao* produces and completes things with the formless and nameless. Thus they are produced and completed but do not know why. Indeed it is the mystery of mysteries.«[235]

In dem wichtigen Kommentar von Heshang Gong (ca. 2. Jh. n. u. Z.), der in deutliche Konkurrenz zu Wang Bi tritt, sind es vor allem die religiösen Praktiken der Lebensverlängerung, die mit dem Text verbunden werden. Der Daoismus hat in einer seiner Strömungen diese Praktiken entwickelt und mit vielfältigen rituellen Vollzügen zusammengeführt. Im Kommentar zum 6. Kapitel finden sich folgende Erläuterungen:

»›If one nourishes the spirits, one dies not.‹ If one is able to nourish the spirits, one does not die. By the spirits the spirits of the five viscera are meant. The liver contains the spiritual soul (hun), the lungs contain the animal soul (po), the heart contains the spirit (shen), the kidneys contain the essence (ching), the stomach contains the will (chi). If all of the five viscera are hurt, then the five spirits flee. ›This is called the dark and the female.‹ This means: The Tao of immortality is contained within the dark one and the female.«[236]

Auf diese Weise ist das *Daodejing* immer wieder Ausgangspunkt von Deutungen und Reflexionen gewesen, die bis in unsere Tage reichen. Ein wichtiger Einschnitt in der Kommentierung war zum einen das Erstarken des Buddhismus in China und zum anderen die Rezeption westlicher Philosophie. Eine besondere Frucht buddhistischer Kommentierung zum *Daodejing* ist der Kommentar des Chan-Meisters

---

[235] Übersetzung aus: Rump (Übers.), Wang Pi. Commentary on the »Lao Tzu«, 1.
[236] Übersetzung aus: Erkes (Übers.), Ho-Shang-Kung's commentary on Lao-tse, 21. Besonders aufschlussreich ist an dieser Stelle der Vergleich zu Wang Bis Kommentierung, der ein Zeichen anders deutet, so dass der Text Lao Zis »The spirit of the valley never dies« (Übersetzung Rump, 21) lautet. Die Kommentierung sagt dann: »The spirit of the valley is comparable to the center of the valley which is nothing, without form, without shadow, without opposing it and without going against it.« (Rump, 21).

Hanshan Deqing aus dem 16. Jh.[237] In seinem Kommentar durchdringen sich Daoismus und Chan-Buddhismus auf eigene Weise, ohne dass eindeutige Zuschreibungen eine Rolle spielen würden. Ähnliches ereignete sich im *Daodejing*-Kommentar von Yan Fu (1853–1921), in dem nicht buddhistische, sondern europäische Termini zur Auslegung herangezogen wurden. So heißt es in seinem Kommentar zum Wort *dao* im 1. Kapitel: »Die Westler nennen es ›summum genus‹«. Yan Fu interpretiert in diesem Satz *dao* anhand lateinischsprachiger Terminologie der europäischen Philosophie. Mit der Auslegung versucht er eine Brücke zu schaffen zwischen Daoismus und westlicher Philosophie. Die Tendenz, das Buch des Lao Zi mit europäischen Begriffen auszulegen, hat sich im 20. Jahrhundert verstärkt, so dass zahlreiche Versuche unternommen wurden, den Text beispielsweise in der Perspektive Heideggers zu lesen.[238]

Man könnte die Entwicklung der Kommentierung als ein geschichtliches »Driften« der Interpretation bezeichnen, die je nach Kommentator und Zeit eine neue Sinnschicht hervortreten lässt. Es zeichnet sich hier eine eigene Form der »Geschichtlichkeit« in den Kommentierungen ab, die aus der besonderen Form der Kommentarpraxis und deren Stellung in der Geistesgeschichte entsteht. Im Wachsen der Bedeutung entstehen verschiedene Plateaus, die in ihrem geschichtlichen Hervorgang auch miteinander verbunden werden. Letztlich gibt es jedoch nicht die einzig *richtige* Auslegung, es geht vielmehr um das Verfolgen verschiedener Konsequenzen und Tendenzen im Text verbunden mit den Aufgaben und Situationen der jeweiligen Zeit.[239] Ausgehend von dieser Praxis der Textauslegung in den Kommentaren können wir heute noch Hinweise gewinnen, in welcher Form auch zeitgenössisches Philosophieren mit Texten aus verschiedenen Kulturen und Zeiten produktiv umgehen kann. Nietzsche schreibt hierzu: »Der Spruch der Ver-

---

[237] Jäger, Der Daodejing-Kommentar des Chan-Meisters Hanshan Deqing (1546–1623), Microfiche, Marburg 1999.
[238] Vgl. Elberfeld, Laozi-Rezeption in der deutschen Philosophie. Von der Kenntnisnahme zur »Wiederholung«; ders., Heidegger und ostasiatisches Denken. Annäherungen zwischen fremden Welten.
[239] Für einen gelungenen Versuch, die komplexen Strukturen intertextueller Verknüpfung im Rahmen der buddhistischen Kommentartradition in China aufzuzeigen und sie mit dem Sinn buddhistischer Sprachverwendung zu verknüpfen, vgl. Lehnert, Die Strategie eines Kommentars zum Diamant-Sūtra.

gangenheit ist immer ein Orakelspruch: nur als Baumeister der Zukunft, als Wissende der Gegenwart werdet ihr ihn verstehen.«[240]

4.6.2.3 Textpragmatik im Chan-Buddhismus in China

Als der Buddhismus im 1. Jh. n. u. Z. in China eindrang, brachte er neue Textformen mit, die sich ihrerseits wieder mit der chinesischen Geisteswelt verbunden haben. Der Chan-Buddhismus, den viele in Europa nur unter der japanischen Bezeichnung »Zen-Buddhismus« kennen, ist eine besondere Frucht aus der Begegnung des indischen Buddhismus mit der chinesischen Geisteswelt, worauf weiter oben bereits hingewiesen wurde.[241] Er entstand etwa im 6. Jahrhundert in China und hatte dort eine Blüte bis ins 13. Jahrhundert. Ab Ende des 12. Jahrhunderts wurde er auch nach Japan übertragen, wo er in verschiedenen Schulen und besonders in den Künsten eine einzigartige Wirkung entfaltet hat. Er wurde jedoch nicht nur in Künsten wirksam, sondern im Rahmen chanbuddhistischer Übungspraxis entstanden bemerkenswerte sprachliche Formen, die in Europa unter dem Namen *Kōan* (chin. gong'an, 公案) bekannt geworden sind. Zumeist verbindet man mit dem Wort *Kōan* paradoxe Sprüche wie »Höre den Ton der einen Hand« oder Ähnliches, so dass sich ein Gefühl der Exotik und des Geheimnisvollen einstellt, wodurch jedoch die Sache gänzlich verstellt wird. Nur selten reflektiert man auf die Sprach- und Textpragmatik dieser, bei genauerem Hinsehen hoch komplexen Sprachformen, die sich in verschiedener Weise im Chan entwickelt haben. Die literaturwissenschaftliche Forschung steht hier erst am Anfang.[242] Es dürfte sich lohnen, über den Rahmen der europäischen Philosophie hinaus, diese Textformen und die damit verbundenen Pragmatiken genauer zu studieren.

Das Wort *Kōan* (wörtlich: öffentlicher Fall)[243] stammt ursprünglich aus der juristischen Sprache und wurde zunächst von dort her in den buddhistischen Sprachgebrauch übertragen.

---

[240] Nietzsche, Unzeitgemässe Betrachtungen II. Vom Nutzen und Nachtheil der Historien für das Leben, in: Kritische Studienausgabe, Bd. 1, 294.
[241] Vgl. Dumoulin, Geschichte des Zen-Buddhismus.
[242] Vgl. Heine (Hg.), The Kōan. Texts and Contexts in Zen Buddhism.
[243] Ich werde hier die japanische Lesung beibehalten, da sie sich inzwischen in der deutschen Sprache eingebürgert hat.

»An examination of the earliest occurrences of the word *kung-an* [= *gong'an*] in Ch'an texts shows it was first used simply to compare the spiritual authority of a Ch'an master with the legal authority of a civil magistrate, not to refer to the old cases of the patriarchs.«[244]

Die erste Verwendung des Wortes im Sinn der kurzen Erzählung einer Begebenheit zwischen Meister und Schüler findet sich erst in der Mitte des 11. Jahrhunderts in den Aufzeichnungen der Worte des Chan-Meisters Xuetou (gest. ca. 1052). Dort heißt es:

»Although the case (kung-an) was clearly decided, he asked Chao-chou, and let him wander at his leisure [...]«[245]

Die verbreitete Verwendung des Wortes im Sinne einer niedergeschriebenen alten Begebenheit zwischen Meister und Schüler findet sich dann in der *Kōan*-Sammlung 碧巖錄 *Biyanlu* (jap.: *Hekiganroku*), die Yuanwu (1063–1135), ein Schüler Xuetous, zu Beginn des 12. Jahrhunderts verfasste. Er baute dabei auf der Sammlung von hundert alten Begebenheiten durch Xuetou auf, indem er diese auf unterschiedlichen literarischen Ebenen kommentierte. Das *Biyanlu* ist eine der literarisch komplexesten Entwicklungen der chan-buddhistischen Literatur. Erst der Schüler Yuanwus mit dem Namen Dahui (1089–1163) entwickelte dann die Praxis, einzelne Kōan direkt in der Zen-Meditation zu benutzen.

»Viewed in this light, contemplation phrases appear to be more a variation of refinement of the traditional practice of commenting on old cases than a rejection of it.«[246]

Im Umkreis des Wortes *Kōan* finden sich andere, im Westen nicht so bekannte Ausdrücke, die hier angeführt seien, da sie andeutungsweise die weite der Pragmatik im Rahmen des Kōan-Gebrauchs zeigen: 1. 機緣問答 *kien-mondō*, *kien* bedeutet »Gelegenheit«, »Anlass« und im Kontext des Buddhismus bezeichnet es die Gelegenheit oder den Anlass, wodurch Erwachen realisiert wird. *Mondō* bedeutet »Frage und Antwort« im Sinne von: »die Gelegenheit zum Erwachen, die durch Fragen und Antworten gegeben wird«. 2. 看話禅 *kanna-zen*, zen-buddhistische *kōan*-Meditationsmethode, die von Dahui entwickelt wurde und vor allem in der Rinzai-Schule tradiert wurde. 3. 話頭 *watō*, Hauptvers

---

[244] Foulk, The Form and Funktion of Koan Literature. A Historical Overview, 18.
[245] Ebd., 19.
[246] Ebd., 23.

in einem alten Fall, der von einer Begebenheit zwischen Meister und Schüler berichtet und in der Meditation benutzt wird. 4. 古則 kosoku, paradigmatischer Fall, der überliefert wurde. 5. 頌古 juko, poetischer Kommentar zum vorhergehenden Fall in den Kōan-Sammlungen. 6. 拈古 nenko Prosakommentar zum vorhergehenden Fall in den Kōan-Sammlungen. 7. 著語 jakugo, Zwischenbemerkung zum Kōan in den Sammlungen. 8. 葛藤 kattō, wörtlich: »Schlingpflanzen«, übertragen: »Verwicklungen«, die in einer Begegnung zutage treten und gelöst werden müssen. 9. 工夫 kufū, Methode, Vorgehensweise. 10. 機関 kikan, pädagogische Gelegenheiten, die Erwachen evozieren. 11. 転語 tengo, Wendewort, durch das jemand zum Erwachen gelangt.

Schon nach diesem kurzen Blick in die Geschichte und das Bedeutungsumfeld des Wortes Kōan lässt sich die Komplexität ahnen, die sich mit diesem Wort verbindet. Hier zeigt sich eine Verwendung von Sprache und Texten die noch längst nicht – auch für das philosophische Sprechen – ausgeschöpft bzw. entdeckt worden ist.

Heute kann man zumindest drei verschiedene Bedeutungen von Kōan unterscheiden:

»Generally, ›kōan‹ is used in at least three overlapping yet distinct ways. [1] The term can refer in the most general sense to the spontaneous T'ang dialogues, eventually recorded in the chronicles, from which the traditional cases were usually drawn; this significance more or less corresponds to the meaning of kien-mondō, kikan, and kattō. It has been said by Japanese Rinzai master Daiō Kokushi, who helped introduce koan training into Japan, that there are seventeen-hundred kōans, which is a rough approximation of the number of masters discussed in the Keitoku Dentōroku. [2] But in a stricter sense, ›kōan‹ refers only to the formal, paradigmatic cases serving as the basis of instruction and included in the Sung kōan collections – these are the ›public (kō) records (an)‹, or kosoku, usually accompanied by nenko and juko commentaries. [3] And in its most limited meaning, ›kōan‹ is sometimes considered identical with the shortcut method (kufū) of the watō, or with kanna-zen. But it is crucial to avoid conflating these levels of meaning because kōans in the second and third senses – that is, as catechistic and shortcut techniques, respectively – were probably relatively late developments that involved interpreting the dialogues in a certain though by no means necessarily predetermined direction.«[247]

Untersucht man verschiedene Kōan im Hinblick auf ihre Textpragmatik, so lassen sich unterschiedliche Wirkformen unterscheiden, wobei

---

[247] Heine, Dōgen and the Kōan Tradition. A Tale of Two Shōbōgenzō Texts, 38.

immer zu beachten ist, dass es sich ursprünglich immer um gesprochene Situationen gehandelt hat. In der Sprache der Kōan verquicken sich auf eigene Weise gesprochene und geschriebene Sprache. Ohne dieses Ineinanderdringen eigens zu beachten, möchte ich vorläufig sechs Wirkweisen differenzieren, die einen Ansatz für die sprachpragmatische Interpretation liefern sollen. Bei den Unterscheidungen stellt sich das Problem, dass sie sich letztlich nicht scharf voneinander trennen lassen. Positiv gewendet können die Unterscheidungen auch als verschiedene »Gewichtungen« verstanden werden, so dass in der Gewichtung eines bestimmten Moments auch die anderen Momente aufscheinen, aber nicht im Vordergrund stehen. Zusammen mit der Charakterisierung soll auch der chinesische Text und eine Übersetzung von Beispielen aus dem 無門關 *Wumenguan* (jap. *Mumonkan*),[248] einer weiteren berühmten Kōan-Sammlung, angeführt werden.

Die hier angeführte Form des Kōan besteht aus der kurzen Schilderung einer Situation, einer ebenso kurzen Erklärung von Meister Wumen und einem dichterischen Vers am Ende. Alle Teile sind intertextuell miteinander verwoben und entfalten auf einzigartige Weise eine textliche Wirkung, die in der Meditation und der Arbeit mit dem Kōan das »Erwachen« des Menschen im buddhistischen Sinne evozieren soll. Worin dies genau besteht, erklären die Texte nicht. Es wird vielmehr damit gespielt, dass das, worum es geht, nicht im Sinne der Aussagelogik ausgesagt werden kann. Aus diesem Grunde werden paradoxe und ausweglose Situationen erzählt, die auf den weiteren Textebenen noch einmal in paradoxer Weise durchkreuzt werden.

1. Pragmatik der Befremdung: In Beispiel 14 des *Wumenguan* zeigt ein Meister seinen Schülern eine Katze verbunden mit der Aufforderung, das richtige Wort für diese Situation zu äußern. Wenn dies nicht geschehe, würde er die Katze töten. Da niemand in der Lage dazu war, tötete der Meister die Katze.

十四　南泉斬貓

南泉和尚。因東西兩堂爭貓兒。泉乃提起云。大眾道得即救。道不得即斬卻也。眾無對。泉遂斬之。晚趙州外歸。泉舉似州。州乃脫履。安頭上而出。泉云。子若在即救得貓兒。

---

[248] Dumoulin (Übers.), Mumonkan. Die Schranke ohne Tor. Meister Wu-men's Sammlung der 48 Kōan.

Philosophische Textpragmatik

【無門曰】

且道。趙州頂草鞋意作麼生。若向者裏下得一轉語。便見南泉令不虛行。其或未然險。

【頌曰】

趙州若在　倒行此令　奪卻刀子　南泉乞命

[Die Situation]

»Als einst die Mönche von der Osthalle [des Klosters] mit denen von der Westhalle um eine Katze stritten, hielt Meister Nan-ch'üan die Katze hoch und sprach: ›Ihr Versammelten alle, wenn einer es [das Zen-Wort] sagen kann, werde ich sie retten; wenn keiner es sagen kann, werde ich sie töten.‹ Keiner der Versammelten vermochte zu antworten. So tötete Nan-ch'üan sie. Am abend kam Chao-chou von draußen heim. Nan-ch'üan erzählte ihm das Vorkommnis. Da zog Chao-chou seine Strohsandalen aus, legte sie auf seinen Kopf und ging heraus. Nan-ch'üan sprach: ›Wenn du da gewesen wärest, hätte ich die Katze retten können.‹«

[Wu-mens Wort]

»Sag, was bedeutet es, daß Chao-chou die Strohsandeln auf seinen Kopf legte! Wenn einer diesbezüglich ein Kehrwort geben kann, so begreift er, daß Nan-ch'üan's Befehl nicht nutzlos war. Wenn er es aber nicht kann, so ist Gefahr.«

[Der Gesang:]

»Wäre Chao-chou da gewesen,
So hätte er diesen Befehl umgekehrt ausgeführt.
Er hätte ihm das Schwert entrissen,
Und sogar Nan-ch'üan hätte um sein Leben gefleht.«[249]

2. Pragmatik des direkten Aufzeigens: In Beispiel 3 des *Wumenguan* wird berichtet, dass der Meister, was immer er auch gefragt wurde, nur einen Finger hob. Am Ende seines Lebens sagt der Meister dann, dass er sein ganzes Leben das »Chan des einen Finger« benutzt habe, es aber nicht habe ausschöpfen können.

三　俱胝豎指

俱胝和尚。凡有詰問。唯舉一指。後有童子。因外人問。和尚說何法要。童子亦豎指頭。胝聞。遂以刃斷其指。童子負痛號哭而去。胝復召

---

[249] Dumoulin (Übers.), Mumonkan. Die Schranke ohne Tor, 71f.

之。童子迴首。胝卻豎起指。童子忽然領悟。胝將順世。謂眾曰。吾得天龍一指頭禪。一生受用不盡。言訖示滅。

【無門曰】

俱胝并童子悟處。不在指頭上。若向者裏見得。天龍同俱胝并童子。與自己一串穿卻。

【頌曰】

俱胝鈍置老天龍　利刃單提勘小童　巨靈抬手無多子　分破華山千萬重

[Die Situation]

»Was immer Meister Chü-chih (bezüglich des Zen) gefragt wurde, stets hob er nur einen Finger. Ihm diente ein Knabe, den einmal ein auswärtiger Besucher fragte: ›Was ist die Hauptsache der Lehre deines Meisters?‹ Der Knabe hob den Finger. Als Chü-chih davon erfuhr, schnitt er mit einer Klinge den Finger ab. Der Knabe lief vor Schmerz schreiend davon. Chü-chih rief ihm nach. Als der Knabe den Kopf zurückwandte, hob Chü-chih wieder den Finger. Da faßte der Knabe plötzlich die Erleuchtung. Als Chü-chih zum Sterben kam, sprach er zu seiner Jüngerschar: Ich habe von T'ien-lung das ›Zen des einen Fingers‹ empfangen, ich habe es mein ganzes Leben lang benutzt, aber nicht erschöpft. Als er diese Worte geendet hatte, ging er in die Ruhe ein.

[Wu-mens Wort]

Chü-chih's und seines Jüngers Erleuchtung steckt nicht in der Fingerspitze. Wer diesbezüglich begreift, dem sind T'ien-lung, Chü-chih, der Knabe zusammen mit dem Selbst an einem Spieß aufgereiht.

[Der Gesang]

Chü-chih hat den alten T'ien-lung zum Narren gemacht,
Mit scharfer Klinge schnitt er den Knaben.
Der gewaltige Geist hob mühelos die Hände
Und spaltete den tausendschichtigen, den zehntausendschichtigen Berg.«[250]

3. Pragmatik der einen Wortwendung: In Beispiel 1 des *Wumenguan* wird der Meister gefragt, ob der Hund die Buddha-Natur besitze. Die Antwort des Meisters lautet »Wu« (nicht, Nichts).

---

[250] Ebd., 45 f.

一　趙州狗子

趙州和尚因僧問。狗子還有佛性。也無。州云無。

【無門曰】

參禪須透祖師關。妙悟要窮心路絕。祖關不透。心路不絕。盡是依草附木精靈。且道。如何是祖師關。只者一箇無字。乃宗門一關也。遂目之曰禪宗無門關。透得過者。非但親見趙州。便可與歷代祖師。把手共行。眉毛廝結。同一眼見。同一耳聞。豈有不慶快。莫有要透關底。歷將三百六十骨節八萬四千毫竅。通身起箇疑團。參箇無字。晝夜提撕。莫作虛無會。莫作有無會。如吞了箇熱鐵丸。相似吐又吐不出。蕩盡從前惡知惡覺。久久純熟。自然內外打成。一片如啞子得夢。只許自知。驀然打發。驚天動地。如奪得關將軍大刀入手。逢佛殺佛。逢祖殺祖。於生死岸頭得大自在。向六道四生中。遊戲三昧。且作麼生提撕。盡平生氣力。舉箇無字。若不間斷好。似法燭一點便著。

【頌曰】

狗子佛性　全提正令　纔涉有無　喪身失命

[Die Situation]

»Ein Mönch fragt den Chao-chou: ›Hat der Hund die Buddha-Natur oder nicht?‹ Chao-chou antwortete: ›Mu‹ [Nicht / Nichts].

[Wu-mens Wort]

Beim praktischen Üben des Zen muß man die von den Altmeistern errichtete Schranke durchschreiten. Um die wunderbare Erleuchtung zu erlangen, ist es nötig, die Regungen des Bewußtseins völlig anzuschneiden. Wer die Schranke der Altmeister nicht durchschritten und die Regungen des Bewußtseins nicht abgeschnitten hat, gleicht Geistern, die an Gräsern und Bäumen gebunden sind. Doch sprich: Was bedeutet diese Schranke der Altmeister? Nur dieses eine Schrifzeichen: *Mu*, die eine Schranke des Tores der Schule. Deshalb heißt es die Schranke ohne Tor der Zen-Schule.

Wer hindurchzuschreiten vermochte, kann nicht bloß mit Chao-chou freundschaftlich verkehren, er wandelt auch Hand in Hand zusammen mit den Altmeistern der Generationslinie von Geschlecht zu Geschlecht; Augenbrauen und Haar einander berührend, schaut er mit gleichen Augen, hört mit gleichen Ohren. Ist dies nicht beglückend? Möchtest du nicht diese Schranke durchschreiten? Dann erwecke mit den 360 Knochen und Gelenken und mit den 84 000 Poren aus Leibeskräften diesen Zweifel und versenke dich in das eine Wort ›Mu‹! Trage es mit dir bei Tag und Nacht! Verstehe es nicht als leeres Nichts oder als Nichts in bezug auf Sein! Es ist, wie wenn jemand einen glühenden Eisenball verschluckt hat, er möchte ihn ausspeien, kann ihn aber nicht ausspeien. Wirf alles bisherige böse Wissen und alles unnütz Erlernte weg! So kommt es nach geraumer Weile, wenn der Zeitpunkt reif ist, von selbst äußerlich und innerlich zu einem Zustand der Einheit. Es ist wie beim Traum eines Stummen – er kann ihn nur für sich selbst wissen. Wenn es plötzlich in Handeln ausbricht, kannst du den Himmel erschrecken und die Erde zittern machen. Es ist, als ob du dem Feldherrn Kuan das große Schwert entrissen und es ergriffen hättest. Wenn dir so ein Buddha begegnet, du tötest den Buddha, wenn dir ein Patriarch begegnet, du tötest den Patriarchen. Auf der Felsscheide von Leben und Tod besitzest du die große Freiheit; inmitten der sechs Wege und vier Geburten erfreust du dich vollkommener Sammlung. Doch wie soll man es (= das ›Mu‹ des Kōan) bei sich tragen? Gib dich nur mit Anstrengung aller Kraft diesem ›Mu‹ hin! Wenn du nicht abläßest, wird es sein, wie wenn eine Dharma-Leuchte angezündet wird.

[Der Gesang]

Hund-Buddha-Natur:
Der gültige Befehl ist vollkommen aufgezeigt.
Wer zwischen Sein und Nichtsein verbleibt,
Verliert Leib und Leben.«[251]

4. **Pragmatik des Schweigens**: In Beispiel 6 des *Wumenguan* wird beschrieben, wie Buddha vor einer Schar von Mönchen schweigend eine Blume emporhob. Nur einer der Schüler wusste darauf zu antworten mit einem kleinen Lächeln, worauf der Buddha ihm einen besonderen Auftrag zur Weitergabe der Lehre erteilt.

六　世尊拈花

世尊昔在靈山會上。拈花示眾。是時眾皆默然。惟迦葉尊者破顏微笑。世尊云。吾有正法眼藏涅槃妙心實相無相微妙法門。不立文字教外別傳。付囑摩訶迦葉。

【無門曰】

黃面瞿曇傍若無人。壓良為賤。懸羊頭賣狗肉。將謂。多少奇特。只如當時大眾都笑。正法眼藏作麼生傳。設使迦葉不笑。正法眼藏又作麼生傳。若道正法眼藏有傳授。黃面老子誑諕閭閻。若道無傳授。為甚麼獨許迦葉。

【頌曰】

拈起花來　尾巴已露　迦葉破顏　人天罔措

---

[251] Ebd., 37 f.

[Die Situation]

»Als einst der Welterhabene auf dem Geierberg weilte, hob er mit den Fingern ein Blume empor und zeigte sie der versammelten Schar [der Mönche]. Damals schwiegen alle. Nur der ehrwürdige Kāshyapa verzog sein Gesicht zu einem Lächeln. Der Erhabene sprach: ›Ich habe das wahre Dharma-Auge, den wunderbaren Geist des Nirvana, die formlose wahre Form, das geheimnisvolle Dharma-Tor, das nicht auf Worten und Buchstaben beruht, eine besondere Überlieferung außerhalb der Schriften. Diese vertraue ich dem Mahākāshyapa an.‹

[Wu-mens Wort]

Gautama von goldfarbenem Gesicht hat ganz unverschämt Gute in Niedrigkeit zwingend, einen Schafskopf ausgehängt und Hundefleisch verkauft. Man kann schon sagen: Etwas sonderbar. Wenn in der großen Versammlung alle gelacht hätten, wie wäre dann das wahre Dharma-Auge überliefert worden? Wenn aber Kāshyapa nicht gelacht hätte, wie wäre das wahre Dharma-Auge überliefert worden? Wenn einer sagt, das wahre Dharma-Auge kann überliefert werden, so ist dies, wie wenn der Alte mit goldfarbenem Gesicht am Dorftor betrügt. Wenn aber einer sagt, es kann nicht überliefert werden, wie wurde es dann allein dem Kāshyapa übermacht?

[Der Gesang]

Als er die Blume emporhob,
Erschien der Schwanz.
Kāshyapa verzog sein Gesicht im Lächeln,
Menschen und Himmel wußten nicht, was tun.«[252]

5. Pragmatik der paradoxen Frage: In Beispiel 5 des *Wumenguan* beschreibt der Meister eine Situation, in der ein Mann sich mit den Zähnen an einem Ast festhält und gefragt wird, was die eigentliche Bedeutung der Lehre Buddhas sei. Wenn er in dieser Situation die Frage beantwortet, fällt er vom Baum und verliert sein Leben, wenn er die Frage nicht beantwortet, wird er seinem Meister nicht gerecht.

五　香嚴上樹
香嚴和尚云。如人上樹。口啣樹枝。手不攀枝。腳不踏樹。樹下有人。問西來意。不對即違他所問。若對又喪身失命。正恁麼時。作麼生對。

【無門曰】

---

[252] Ebd., 52 f.

縱有懸河之辨。總用不著。說得一大藏教。亦用不著。若向者裏對得著。活卻從前死路頭。死卻從前活路頭。其或未然。直待當來。問彌勒。

【頌曰】

香嚴真杜撰　惡毒無盡限　啞卻衲僧口　通身迸鬼眼

[Die Situation]

»Meister Hsiang-yen sprach: Es ist wie ein Mann, der auf einen Baum gestiegen ist. Mit dem Mund hält er einen Ast. Seine Hände ergreifen keinen Zweig, seine Füße treten auf keinen Baumstamm. Unter dem Baum steht jemand und fragt ihn nach der Bedeutung des Kommens (Bodhidharmas) vom Westen. Wenn er nicht antwortet, wird er der Frage jenes nicht gerecht. Wenn er antwortet, wird er Leib und Leben verlieren. Wie soll er in diesem Augenblick antworten?

[Wu-mens Wort]

Mag deine Beredsamkeit einem Fluß gleich dahinfließen, es nützt nichts. Magst du den ganzen großen Sutrenkorb der Lehre zu erklären vermögen, so hilft es doch nichts. Wer darauf die Antwort weiß, kann bisher Tote lebendig machen und bisher Lebendige töten. Wer sie nicht weiß, soll auf Maitreya's Kommen warten und ihn fragen.

[Der Gesang]

Hsiang-yen redet wirklich ins Blaue hinein,
Er sprengt sein böses Gift ohne Maß.
Den Mönchen schließt er den Mund.
Aus dem ganzen Leib preßt er ihnen die Teufelsaugen.«[253]

6. Pragmatik der Alltagsverrichtung: In Beispiel 7 des *Wumenguan* bittet ein Schüler den Meister, ihm den Weg zu weisen. Als Antwort erhält er nur, dass er seine Essschale waschen solle.

七　趙州洗缽

趙州因僧問。某甲乍入叢林。乞師指示。州云。喫粥了也未。僧云。喫粥了也。州云。洗缽盂去。其僧有省。

【無門曰】

---

[253] Ebd., 50 f.

Philosophische Textpragmatik

趙州開口見膽。露出心肝者僧聽事不真。喚鐘作甕。

【頌曰】

只為分明極　翻令所得遲　早知燈是火　飯熟已多時

[Die Situation]

»Einst bat den Chao-chou ein Mönch: ›Ich bin gerade erst ins Kloster eingetreten; bitte, zeige mir den Weg!‹ Chao-chou sprach: ›Hast du schon deine Reissuppe gegessen?‹ Der Mönch sprach: ›Ich habe die Reissuppe gegessen.‹ Chao-chou sprach: ›Geh' und wasch deine Eßschale!‹ Da faßte der Mönch die Erleuchtung.

[Wu-mens Wort]

Chao-chou öffnet den Mund und ließ seine Galle sehen, er zeigte sein Herz und seine Leber. Dieser Mönch hörte nicht richtig und nahm die Glocke für einen Topf.

[Der Gesang]

Weil es allzu sonnenklar ist,
Braucht es lange zum Begreifen.
Wenn du verstehst, [daß es töricht ist,] mit einem Feuer [in der Hand] Feuer zu suchen,
Ist das Mahl schon längst gekocht.«[254]

Die angeführten Texte wollen nichts erklären und geben auch keine Theorie des Buddhismus. Sie sind entstanden aus den Erfahrungen und Situationen einer buddhistischen Übungspraxis im klösterlichen Leben. In vielen Fällen beziehen sie sich auf Situationen, in denen Mönche das buddhistische Erwachen erfahren, so dass sie im Rahmen des Buddhismus zu Schlüsselsituationen werden, in denen das passiert, worum es in der buddhistischen Übungspraxis geht. Diese Situationen sind im Laufe der Zeit gesammelt worden und haben zunehmend einen paradigmatischen Charakter angenommen, so dass sie in der erzählten Form selbst zu Übungsformen des Erwachens geworden sind. Als diese Erzählungen dann zu ganzen Sammlungen zusammengestellt wurden, konnten – wie im *Wumenguan* – Kommentare und Verse hinzutreten. In diesem Sinne wurden die einzelnen Situationen in literarischer Form weiter entwickelt, immer mit Bezug auf die konkrete Situation des Er-

---

[254] Ebd., 55 f.

wachens, die Ausgangspunkt der Erzählung war. Dies bedeutet aber auch, dass der Text erst dann seine volle Wirksamkeit entfaltet, wenn die Lesenden oder mit dem Kōan Arbeitenden selbst das Erwachen im buddhistischen Sinne erfahren. Aus diesem Grunde handelt es sich um radikal selbstreferenzielle Texte, die auf nichts anderes hinweisen, die nicht etwas erklären wollen. Sie wirken, indem sie alle Konzepte und Konstruktionen darüber, was das buddhistische Erwachen sein könnte, negieren. Dadurch wird, befindet man sich auf dem Weg der buddhistischen Übungspraxis, jeder Einzelne in radikaler Weise auf sich selbst und seine eigene Erfahrung des Erwachens zurückgestoßen. Die Texte provozieren einen existentiellen Akt der Selbstwerdung, den jeder nur aus sich selbst vollziehen kann. In diesem Sinne sind sie reine Provokation voller Ironie und Ernsthaftigkeit zugleich. Hier deutet sich ein Zusammenhang von Sprachgebrauch und buddhistischem Erwachen an, der in den meisten Texten selbst nicht thematisch wird. Ein volles Bewusstsein für den Zusammenhang von Sprache und Erwachen finden wir bei Dōgen, um den es im nächsten Abschnitt gehen soll.

4.6.2.4 Textpragmatik im Zen-Buddhismus bei Dōgen

Als der Chan-Buddhismus im 12. Jahrhundert nach Japan gelangte, war auf der einen Seite die Bildung einer chinesisch-buddhistischen Fachsprache längst abgeschlossen, die durch den Übersetzungsprozess buddhistischer Texte aus indischen Sprachen ins Chinesische entstanden war, und auf der anderen Seite hatte der Buddhismus insgesamt in China den Zenit seiner dortigen Entwicklung längst überschritten. Dōgen (1200–1253), der Begründer der japanischen Linie der Sōtō-Schule, brachte diese Schule nach einem zweijährigen Aufenthalt in China mit nach Japan. Er gilt nicht nur als einer der größten Zen-Meister Japans, sondern auch als ein philosophischer Denker ersten Ranges.[255] Seine Texte sind in vielerlei Hinsicht innovativ. Er knüpft zum einen an die Textformen der Kōan-Sammlungen an[256] und zum anderen entwickelt er eine Sprache, die sowohl die Vorteile der chinesischen wie auch der japanischen Sprache zu nutzen weiß. Wendet man sich seinen Texten

---

[255] Zu dem Prozess, wie Dōgen im 20. Jahrhundert zu einer wichtigen Quelle für moderne japanische Philosophen geworden ist, vgl. Elberfeld, Philosophie in Japan – Japanische Philosophie.
[256] Vgl. Heine, Dōgen and the Kōan Tradition.

Philosophische Textpragmatik

zu, so ist man zunächst überrascht über die oft »theoretisch« anmutenden Sprachwendungen, die man bei einem »Zen-Buddhisten« nicht erwartet. Zen scheint gerade in Europa dafür zu stehen, alle intellektuellen Gedankenspiele aufzugeben und die sprachliche Dimension radikal abzuschneiden. Dies ist bei Dōgen explizit nicht der Fall, da er vielmehr umgekehrt den sprachlichen Ausdruck bis zur äußersten Grenze nutzt, um das Sichrealisieren von Wirklichkeit auch in der Sprache *zu üben*. Auf diese Weise versucht er, die *Sprache und das Sprechen selbst erwachen zu lassen*. Diese Verwendung von Sprache kann bei näherer Betrachtung insgesamt eine vertiefte Reflexion der Sprachlichkeit und des Sprachgebrauchs beim Philosophieren nach sich ziehen. Die andere Verwendung von Sprache bei Dōgen wird jedoch nicht einfach in den Texten erklärt, sondern vollzieht sich vielmehr auf performativer Ebene. Die Texte sind selbst Formen, wie das Erwachen im buddhistischen Sinne geübt werden kann. Es handelt sich um Übungen des Erwachens. Zu diesem Charakter der Texte gehört eine besondere Weise des Lesens. Der noch ungeübte Leser ist nach dem ersten Lesen eher verwirrt und weiß oft nicht genau, worum es in den Texten gehen soll. Erst nachdem die Texte mehrmals gelesen wurden und ihre eigene Form der Wirksamkeit entfalten, beginnen sie sich mit dem Leser zu verbinden.

In der folgenden Passage wird deutlich, wie Dōgen die Missverständnisse anprangert, die offenbar schon damals in China bezüglich der Sprache und Ausdrucksformen in den Kōan-Erzählungen entstanden waren.

»Gegenwärtig gibt es im großen Sung-Reich [= *China*] eine Art von groben Leuten, die jetzt eine ganze Schar bilden. Die wenigen Wahrhaften können sie nicht schlagen. Diese [*Leute*] sagen folgendes: Die Rede vom Ostberg, der auf dem Wasser geht, und die Rede von Nansens Sichel[257] seien unsinnige Reden. Der Sinn dieser Reden sei, dass eine Rede, die mit allerlei Nachdenken[258] verbunden ist, keine Zen-Rede im Sinne der buddhistischen Meister sei. Unsinnige Reden, das sei die Rede der buddhistischen Meister. Daher seien Ōbakus

---

[257] Von Meister Nansen ist folgende Geschichte überliefert: Ein Schüler kommt zu Nansen und fragt: »Wohin führt der Weg Nansens?« Der Meister hält seine Sichel hoch und sagt: »Ich habe diese Sichel für 30 Cent gekauft!« Der Mönch erwiderte: »Ich habe dich nicht nach dem Preis der Sichel gefragt. Wohin führt dein Weg?« Der Meister sagt: »Jetzt kann ich sie gebrauchen, sie ist wirklich sehr handlich!«
[258] Jap. *nenryo*. *Nen*: rezitieren, auswendig lernen, Gedanke. *Ryo*: im Sinne haben, planen. Das Wort kann als »nachdenklich werden« gedeutet werden.

Philosophische Sprachenbetrachtung zwischen Europa und Asien

Gebrauch des Stocks und Rinzais Donnern[259] nur schwer verständlich und haben nichts zu tun mit Nachdenken; diese halte man für das große Erwachen, das noch vorhergeht dem Entstehen jeglichen Anzeichens. Die Worte, mit denen die früheren Meister oft als Hilfsmittel alles Verschlungene [*des Nachdenkens*] abgeschnitten hätten, seien unverständlich. [...] In verschiedenen Gegenden des Sung-Reiches gibt es viele von diesen Leuten. Ich habe es mit eigenen Augen und Ohren erfahren. Wie erbärmlich! Sie wissen nicht, dass Nachdenken in Worten geschieht und Worte das Nachdenken loslösend durchdringen.«[260]

Die Weise, wie Dōgen durch seine Worte das »Nachdenken loslösend durchdringen« will, hat in seinem Sprachgebrauch eine Perfektion erreicht, die im Folgenden nur an vier sprachlichen und schriftlichen Strategien verdeutlicht werden soll. Dafür müssen die chinesischen und japanischen Zeichen angeführt werden, ohne die sich die Bewegungen der Sprache nicht verdeutlichen lassen.

1. Im Spiel mit Kombinationen chinesischer Zeichen erreicht Dōgen es immer wieder, eine erstaunliche Bewegung in die Sprache zu bringen. Kombinationen von zwei, drei oder vier chinesischen Zeichen werden dabei so in ihrer Kombination durchgespielt, wie es in keiner europäischen Sprache möglich wäre. Aus der chinesischen Kombination 即心是佛 (soku shin ze butsu), die Dōgen in eine Passage einbindet, baut er im Verlauf des Satzes folgende Kombinationen: 心即佛是 (shin soku butsu ze), 佛即是心 (butsu soku ze shin), 即心佛是 (soku shin butsu ze), 是佛心即 (ze butsu shin soku). Er lässt somit die Zeichen jeweils eine andere Stellung einnehmen, so dass in jeder neuen Verbindung ein verschobener Sinn hervorgeht. Durch das Spiel der Kombinationen erreichen die Zeichen einen Durchdringungsgrad, der nur aufgrund der besonderen Schrift und Struktur der chinesischen Sprache erreicht werden kann. Im Spiel der semantischen Komponenten wird der Sinn verflüssigt und selbst zum Medium des Erwachens. Die Passage, in der dieses geschieht, könnte wie folgt übersetzt werden:

---

[259] Zen-Meister Ōbaku war bekannt für die plötzlichen Schläge, die er seinen Schülern versetzte. Meister Rinzai verwendete hingegen plötzlich ausgestoßene Laute, um seine Schüler aufzurütteln.

[260] Übersetzung aus: Ōhashi / Elberfeld (Übers.), Dōgen, Shōbōgenzō. Ausgewählte Schriften, 126 ff. Sprache und Sprechen ist für die zenbuddhistische Praxis außerordentlich wichtig. Es sei an dieser Stelle nur auf die Interpretation Toshihiko Izutsus verwiesen in seinem Buch *Die Philosophie des Zen-Buddhismus*.

»Wir ergründen konkret, dass ›das Herz zugleich Buddha ist‹; wir ergründen konkret, dass ›das Herz, das zugleich Buddha ist, dies ist‹; wir ergründen konkret, dass ›der Buddha zugleich dieses Herz ist‹; wir ergründen konkret, dass ›das Zugleich von Herz und Buddha zutreffend ist‹; wir ergründen konkret, dass ›dieses Buddha-Herz das Zugleich ist‹.«[261]

2. Dōgen erreicht semantische Umdeutungen durch syntaktische Neudeutung von chinesischen Zeichenkombinationen. Die auf chinesisch eher einfach klingende Wendung 此法起時 (chin. ci fa qi shi) wird bei Dōgen zu 此法は起時なり (jap. kono hō wa kiji nari). Die erste Wendung kann übersetzt werden mit »Wenn diese *dharma*[262] entstehen ...«. Die zweite Wendung kann übersetzt werden mit: »Diese *dharma* sind die Zeit des Hervorgehens«. Durch die kleine Verschiebung auf syntaktischer Ebene im japanischen Sprachgebrauch wird aus dem »wenn« im Chinesischen ein philosophischer Gedanke, der die »Zeit« im Zusammenhang mit dem Hervorgehen der *dharma* deutet. Derartiges Vexieren zwischen alltäglicher Konkretion und hoher Abstraktion gehört zu den bevorzugten Mitteln bei Dōgen, den sprachlichen Ausdruck in eine Ebene zu überführen, bei der die Unterscheidung von konkret und abstrakt überwunden zu sein scheint.

3. Die Mehrdeutigkeit chinesischer Zeichen wird von Dōgen durchgehend eingesetzt als Stärkung seiner Sprachkraft. Gelten insbesondere in der europäischen Philosophie Mehrdeutigkeiten als massive Störung eindeutiger Sinnkonstruktionen, so werden sie bei Dōgen, ganz im Sinne verschiedener älterer Traditionen chinesischer Philosophie, zu Momenten der Bewegungsqualität der Sprache an sich. Titel seiner Texte wie 空華 *Kūge* und 道得 *Dōtoku* zeigen dies deutlich.

Die Kombination *Kūge* besteht aus zwei Zeichen. Das erste Zeichen 空 *kū* bedeutet zunächst einfach »Himmel«. Daneben ist es aber auch die Übersetzung für das Sanskritwort und buddhistische Grundkonzept *śūnyatā*, welches mit »Leerheit« übersetzt werden kann. In diesem Gedanken, der vor allem im 1./2. Jh. in Indien von Nāgārjuna entwickelt worden ist, werden alle Dinge im Sinne des Buddhismus als »leer« durchschaut.[263] Das zweite Zeichen 華 *(ge* bzw. *ka)* bedeutet

---

[261] Diese Passage findet sich im Text *Sokushinzebutsu* des *Shōbōgenzō* von Dōgen.
[262] Bei diesem Wort handelt es sich um einen buddhistischen Terminus, der einfach gesagt »alle Dinge und Wesen« bedeutet.
[263] Weber-Brosamer / Back (Übers.), Die Philosophie der Leere. Nāgārjunas Mūlamad-

»Blume« bzw. »Blüte«. In dem Wort *kūge* spielt Dōgen dann mit den Bedeutungen »Himmel« und »Leerheit«, so dass er sowohl von der »leeren Blüte« wie auch von der »Himmelsblüte« spricht, so dass das konkrete Bild der Leere des Himmels umschlägt in die »Leerheit« gemäß der buddhistischen Lehre.

Die Kombination *Dōtoku* besteht ebenfalls aus zwei Zeichen. Das erste Zeichen, japanisch *dō* ausgesprochen, ist das Zeichen für das chinesischen Zeichen 道 *dao*, was häufig mit »Weg« übersetzt wird. Es kann aber auch »sagen, sprechen« bedeuten. Das zweite Zeichen 得 *toku* bedeutet »erreichen, gelingen«. *Dōtoku* kann somit zum einen das »Erreichen des Weges« bedeuten und zum anderen das »Gelingen des Sprechens«. Auf sehr subtile Weise verbindet Dōgen den Weg des Buddhismus mit dem Sprechen und der Sprache. Zwischen dem »Erreichen des Weges« und dem »Gelingen des Sprechens« liegt ein Unterschied, der dem eines Vexierbildes gleicht. Dort sehen wir eine Gestalt, ohne zugleich die andere sehen zu können. Erst im Umspringen in die andere Gestalt wird klar, dass in der gleichen Zeichnung zugleich eine andere Gestalt wohnt, ohne dass beide zugleich zu sehen wären. Es ist somit vor allem das *Umspringen* und die Bewegung des Vexierbildes, die ihm einen tiefen Sinn verleihen. Dōgen erreicht mit seinem vexierenden Sprachgebrauch, dass die Sprache auch in einzelnen Wendungen immer nur im Umspringen und der Bewegung ihre Wirksamkeit entfaltet, so dass ständig jede Substanzialisierung von Gedanken und Konzepten durch die Pragmatik der Sprache unterlaufen wird.

4. Dōgen treibt die Selbstreflexivität sprachlicher Wendungen in eine Bewegung hinein, die sich immer wieder aus sich selbst heraus sprengt. An einer Stelle in dem Text 山水経 *Sansuikyō* heißt es:

»Es gibt einige, die im Wasser wohnend Fische angeln, Menschen angeln, und Wege angeln. [...] Weiter voranschreitend soll es die geben, die sich selbst angeln, soll es die geben, die die Angel angeln, soll es die geben, die von der Angel geangelt werden, soll es die geben, die vom Weg geangelt werden.«[264]

In diesem kurzen Abschnitt wird der Vorgang des »Angelns« so hin und her gewendet, dass alles von allem geangelt wird. Zugespitzt könnte

---

hyamaka-Kārikās. Übersetzung des buddhistischen Basistextes mit kommentierender Einführung.
[264] Übersetzung aus: Ōhashi / Elberfeld (Übers.), Dōgen, *Shōbōgenzō*. Ausgewählte Schriften.

man sagen, dass alles am »Haken« von allem hängt, und genau so geschieht Bewegung als Übung des Erwachens. An einer anderen Stelle wird die Selbstreflexivität noch weiter auf den Gipfel getrieben. In dem Text 有時 *Uji* heißt es:

礙は礙をさへ、礙をみる。礙は礙を礙するなり、これ時なり。

»Verhindern verhindert Verhindern und sieht [dadurch] Verhindern. Verhindern verhindert Verhindern – dies ist Zeit.«

Die Textstelle, die hier freilich aus dem Zusammenhang gerissen ist, setzt eine sprachliche und denkerische Bewegung in Gang, die kein eindeutiges Ziel besitzt, sondern immer wieder in sich zurückkehrt, ohne dabei einfach sinnlos zu werden. In Bezug auf das Wort »Verhindern« sei daran erinnert, dass im Huayan-Buddhismus das »Nicht-Verhindern« (無礙, chin.: wuai) eine zentrale Rolle spielt. »Nicht-Verhindern« bedeutet, dass alles genau das sein kann, was es ist, ohne dass es durch anderes verhindert wird. Anders gesagt, da alles das ist, was es ist, lässt es auch anderes sein, was es ist, ohne es zu verhindern. In dem Wort »Nicht-Verhindern« ist aber auch ein »Verhindern« enthalten in dem Sinne, dass jedes einzelne verhindert, dass anderes dieses ist und es sich somit gegen anderes *absetzt*. »Verhindern« schlägt somit um in Ermöglichung von konkreter Bewegung, die nie »festgestellt« werden kann, da sie nur in den verschiedenen Ebenen und Vollzügen des »Verhinderns« zustande kommt. In diesem Sinne verhindert auch ein Wort ein anderes Wort und wird somit genau zu diesem Wort. Das andere Wort vollzieht sich jedoch in gleicher Weise, so dass sich Negation und Position vollständig durchdringen. Hier deutet sich ein Sprachgebrauch an, der nicht nur in Negation und Verschiebung besteht, wie dies vielleicht auch bei Derrida gesagt werden kann,[265] sondern immer zugleich mit der radikalen Negation in positiver Weise volle, konkrete »Einzigkeit« hervortreten lässt, die an keiner Stelle an sich selber festhält.

Die angeführten Beispiele müssen genügen, um einen Sprachgebrauch anzudeuten, der für ein gegenwärtiges Philosophieren im interkulturellen Kontext weiter entwickelt werden kann. Dies wird vor allem darum nahegelegt, weil die angeführten Beispiele alle auf ihre Weise *nichtsubstanzialisierende* Sprachpragmatiken zeigen und somit dem Interesse entgegenkommen, das »Zwischen« und die »Bewegung«

---

[265] Vgl. Elberfeld, Ort – Derrida und Nishitani.

stärker zu betonen und zu entfalten im Gegensatz zu eindeutigen Zuschreibungen und Feststellungen. Im Durchgang durch die Beispiele hat sich gezeigt, dass der Gebrauch von Sprache in zentraler Weise abhängig ist von der Struktur und den sprachlichen Mitteln der jeweils einzelnen Sprache. Die angeführten Beispiele sind alle eng verbunden mit den Strukturen der chinesischen und japanischen Sprache und Schrift. Bestimmte Formen hätten sich in der deutschen Sprache nicht entwickeln können, wie etwa der vexierende Gebrauch der chinesischen Zeichen in den Texten Dōgens. Wie die Erfahrungen mit dem Sprachgebrauch im Chinesischen und Japanischen einfließen können in den deutschsprachigen Gebrauch von Sprache in der Philosophie, ist im Einzelnen zu prüfen. Sicher ist, dass sich hier sprachliche Experimentierfelder eröffnen, die es philosophisch zwischen verschiedenen Sprachgebrauchstraditionen auszuloten gilt.

4.7 Philosophieren und Schreiben – Kitarō Nishida als Schreibkünstler

Das letzte Beispiel in diesem Buch knüpft an den vorangehenden Abschnitt an und spitzt diesen auf der Ebene der Schrift weiter zu. Es handelt sich zudem nicht um ein Beispiel aus den alten philosophischen Traditionen Ostasiens, sondern aus der modernen japanischen Philosophie. Es zeigt in paradigmatischer Weise, wie bereits im 20. Jahrhundert auf bestimmten Ebenen des Sprachgebrauchs eine alte ostasiatische Tradition des Schriftgebrauchs in innovativer Weise mit zeitgenössischen Formen des Philosophierens verbunden worden ist. Das, was im letzten Abschnitt nur angesonnen werden konnte – die Verbindung von alten ostasiatischen Sprachformen mit zeitgenössischen Formen des Philosophierens –, ist in der Philosophie Kitarō Nishidas bereits zumindest auf einer Ebene realisiert worden. Das folgende Beispiel betrifft zudem einen Zusammenhang, der bisher noch nicht thematisiert worden ist. Die bisherigen Beispiele haben sich häufig auf den Zwischenbereich von Philosophie und Religion bezogen. Bei Nishida tritt demgegenüber der enge Zusammenhang von Philosophie und Kunst auf der Ebene des Sprachgebrauchs in den Blick. Allerdings nicht auf der Ebene der literarischen Form, wie man vermuten könnte, sondern auf der Ebene des Schriftgebrauchs im Zusammenhang mit seinem Philosophieren.

Philosophieren und Schreiben – Kitarō Nishida als Schreibkünstler

Dies gilt es nun im Kontext der ostasiatischen Schrifttradition näher zu betrachten. Schreiben gehört zu den grundlegenden Kulturtechniken der Menschheit. Eine besondere Schreibkultur hat sich in China entwickelt, die dort nicht nur auf das Innerste mit der Entwicklung der chinesischen Künste verbunden ist, sondern auch mit der Entfaltung einer Gelehrtenkultur. Aus dem Gebrauch des Pinsels für das Schreiben hat sich zugleich eine Maltradition mit eigenem Gepräge entwickelt. Beide Künste waren zudem eng verbunden mit der Entfaltung der Dichtung, wobei häufig Gedichte als Schreibkunstwerke und Bilder als Malkunstwerke in einer Bildrolle vereint wurden. Voraussetzung für diese Entwicklung war jedoch die Erfindung und Verfeinerung des Pinsels in China.

»Die Entwicklung der chinesischen Schrift ist nicht vorstellbar ohne Pinsel, Tusche, Reibstein und schließlich auch nicht ohne das Papier. Nicht nur um die Einführung dieser Schreibutensilien haben sich zahlreiche Legenden gebildet, sondern auch um deren handwerkliche Vervollkommnung. Der Pinsel soll von Meng Tian (Ende des 3. Jh.s v. u. Z.), einem General der Qin, eingeführt worden sein, doch hat er ihn wohl nur verbessert, denn es hat den Pinsel lange vorher schon gegeben, und manche Forscher gehen so weit, schon für die Shang-Zeit den Gebrauch des Pinsels beim Schreiben anzunehmen. [...] Ebenso wie im Falle des Schreibpinsels wird auch die Einführung der Tusche erst einem berühmten Kalligraphen und Tuscheherstellter, Wei Dan (179–253) nämlich, zugeschrieben, während man zuvor mit Firnis oder schwarzem Lack geschrieben habe. [...] Das Schreiben galt nicht nur als eine der wichtigsten Fähigkeiten des Literaturbeamten, sondern des Kaisers selbst. Daher war und ist bis heute die Fertigkeit im Umgang mit Pinsel, Tusche und Papier ein Kennzeichen des Gebildeten schlechthin. [...] Vor diesem Hintergrund wird auch verständlich, daß die Schreibutensilien des Gelehrten nicht nur zu höchster Verfeinerung entwickelt wurden, sondern sich einer Kennerschaft und Lieberhaberei um das Schreibgerät herausbildete, wie sie sich in diesem Maße in keiner anderen der uns bekannten Kulturen finden. [...] Die Ausweitung des Schreibens, die Literarisierung der chinesischen Kultur ging einher mit der Ausbildung öffentlicher wie privater Bildungsbemühungen, bei denen das Schreibenkönnen immer im Vordergrund stand. Die Handschrift war es, anhand derer jeder Gebildete die Fertigkeit jedes anderen beurteilen und etwa erkennen konnte, wie jemand den Tuschefluß auf weichem Papier zu kontrollieren imstande war. Entsprechend haben sich ästhetische Beurteilungskriterien nicht etwa zuerst an der Dichtung, sondern an der Musik und dann an der Kalligraphie herausgebildet, die alsbald freilich auch auf Malerei und Dichtung angewendet wurden. Die Kalligraphie wurde auf diese Weise zu einem Medium der Verständigung und der Selbstdarstellung.«[266]

Vor diesem Hintergrund ist besonders hervorzuheben, dass sich auch die Denkgeschichte in China seit der Verbreitung des Pinsels als Schreibutensilie mit dieser besonderen Kunst eng verbunden hat. Sicher waren es auch die chinesischen Staatsbeamten, die diese Kunst in besonderer Weise auszuüben hatten, aber spätestens seit der Einführung des Buddhismus in China verband sich das Schreiben mit dem Pinsel auch mit der Entwicklung des buddhistischen Denkens. Wie genau sich die Denkentwicklung mit der Entwicklung einer Ästhetik des Schreibens[267] verbunden hat, bleibt noch zu erforschen. Es ist aber zu erwarten, dass die besondere Materialität der chinesischen Schreibkunst einen erheblichen Einfluss auf die Denkentwicklung besaß.

»Im Unterschied zu gedruckten Texten weisen Kalligraphien in starkem Maße auf ihre eigene Materialität hin. Die jeweilige konkrete Form wird durch Untergrund und Schreibgerät entscheidend mitgeprägt. Die materielle Spur ist mehr als nur verläßliche und auswechselbare Instruktion zur Sinngewinnung und deshalb Gegenstand sorfältiger textsorten- und funktionsspezifischer Auswahl. Außerdem können Kalligraphien, dadurch daß Art und Geschwindigkeit der Pinselführung, seine Beschaffenheit etc. aus dem ›Bild‹ ablesbar sind, beim Rezipienten auch Eigenschaften oder Affekte des Produzenten revozieren [...]. Nicht nur Schriftkenntnis, sondern auch eine schöne Schrift gehörten zu den wichtigsten Qualifikationen der Beamten, und kein chinesischer oder japanischer Schreiber hätte die Form des Geschriebenen ignoriert, denn unter den Bedingungen ihrer Schrift besteht ein anderes Verhältnis zwischen Schrift und Rede als für ›Alphabeten‹.«[268]

Ohne an dieser Stelle auf die überaus große Schreibtradition Chinas und Japans[269] ausführlicher eingehen zu können, möchte ich nur zwei Fragen anhand eines Beispiels nachgehen. Die erste Frage lautet: In

---

[266] Schmidt-Glintzer, Geschichte der chinesischen Literatur. Von den Anfängen bis zur Gegenwart, 84 f.
[267] Eines der ersten Traktate der Schreibkunst stammt aus dem 7. Jahrhundert n. u. Z. von Sun Guoting; vgl. die Übersetzung in: Göpper, Shu-pu. Der Traktat zur Schriftkunst des Sun Kuo-ting. In China und später auch in Japan existieren zahlreiche Texte, die in verschiedener Weise eine Kriteriologie der Schreibkunst entwickeln vor dem Hintergrund der ostasiatischen Philosophie.
[268] Cloumas, Über Schrift, 145 f.
[269] Nachdem in Japan die chinesische Schrift übernommen wurde, hat sich auch eine eigene, verfeinerte Kultur der Schreibkunst entwickelt.

welcher Form kann der Vollzug des Schreibens mit dem Pinsel in chinesischer und japanischer Schrift für das Denken von Bedeutung sein? Die zweite Frage lautet: Blieb dieser Zusammenhang bestehen, als die europäische Philosophie in Ostasien eingeführt wurde?

Als Beispiel für die Behandlung der beiden Fragen möchte ich im Folgenden erneut die Philosophie Kitarō Nishidas (1870–1945) aufgreifen, der nicht nur der bedeutendste Denker Japans im 20. Jahrhundert war, sondern auch als Schreibkünstler hoch geschätzt wird.[270] Er verbindet durch diese Kombination in seiner Person auf unvergleichliche Weise Philosophie und Kunst.[271] Schon früh lernte er sowohl die chinesische wie auch die japanische Schrift in künstlerischer Weise zu gestalten. Als Nishida in der Meiji-Zeit (1868–1912) aufwuchs, galt noch die alte chinesische Regel, dass ein großer Gelehrter auch ein bedeutender Schreibkünstler sein sollte. Bei der Schreibkunst handelt es sich um eine Kunst, die sich in Europa nicht annähernd in gleicher Weise entwickelt hat. Die Schrift als Schrift spielte in China und Japan in verschiedener Hinsicht eine zentrale Rolle auch für die Entwicklung von Bildern, Gedichten und Gedanken. Auch wenn Nishida bereits in früher Jugend die Schreibkunst übte, so entwickelte er diese Kunst vor allem nach seiner Emeritierung im Jahr 1928. Es ist nicht zufällig, dass seit dieser Zeit der künstlerische Gestaltungsakt in seinem Denken immer mehr zum Modell auch für sein Philosophieren wird.[272] Nishida gestaltete neben Gedichten auch einzelne Zeichen und, was für die Schreibkunst ungewöhnlich ist, auch einzelne Gedanken seines philosophischen Denkens. Die jeweils wertende Unterscheidung von Philosophie und Kunst bei Hegel, Schelling und Hölderlin wird durch die Verbindung von Philosophie und Schreibkunst in der Person Nishidas in neuer Weise getroffen. Dass das Schreiben eines Textes selbst zum Medium von Kunst

---

[270] Interpretationen zur Schreibkunst bei Nishida finden sich in: 西田幾多郎の書 (Nishida Kitarō no sho / Die Schreibkunst von Kitarō Nishida), Tokyo 1987, mit Beiträgen von 唐木順三 (Karaki Junzō), 下村寅太郎 (Shimomura Toratarō), 高山岩男 (Kōyama Iwao), 久松真一 (Hisamatsu Shin'ichi), 山内得立 (Yamauchi Tokuryū), 片岡仁志 (Kataoka Hitoshi), 中込忠三 (Nakagome Chūzō) und 西谷啓治 (Nishitani Keiji); sowie in: 北室南苑 (Kitamuro Nan'en), 哲学者西田幾多郎の書の魅力 (Tetsugakusha Nishida Kitarō no sho no miryoku / Der Zauber der Kalligraphien des Philosophen Nishida Kitarō), Tokyo 2007.
[271] Eine Sammlung der Schreibkunstwerke Nishidas enthält der Band: 西田幾多郎遺墨集編集委員会, Tokyo 1983.
[272] Vgl. Nishida, Der künstlerische Gestaltungsakt als Gestaltungsakt der Geschichte.

im höchsten Sinne werden kann, war den drei deutschen Denkern unbekannt. Für Nishida war diese Möglichkeit nichts Besonderes. Bei ihm hat sich beides in seinem Leben vielmehr zufällig verbunden, so dass er vermutlich die philosophisch-künstlerische Reichweite dieser Verbindung nicht gesehen hat. Sensibilisiert durch französische Denker des 20. Jahrhunderts und durch die Aufarbeitung der ästhetisch-philosophischen Bedeutung der Schreibkunst in China und Japan können wir heute vielleicht ahnen, welche Möglichkeiten durch die Verbindung von Philosophie und Schreibkunst bei Nishida aufscheinen.

Bevor einige Schreibkunstwerke von Nishida vorgestellt werden, sollen einige Interpretationen zu seiner Schrift aus der japanischen Literatur herangezogen werden. In ihnen wird die Besonderheit der Schreibweise bei Nishida eigens hervorgehoben und der Zusammenhang mit seinem Denken markiert.

»Gewöhnlich, wenn ein Schreibkünstler ein Werk schafft, bedenkt er genau die Anzahl der Striche im Zeichen und die weißen Flächen, er macht sich einen Plan, wie er schreiben und wie die Schrift fließen soll, er probiert mehrfach die Komposition der Schriftzeichen auf dem Papier aus und während er wiederholt [das Werk] konzipiert, schreibt er es nieder. So jedenfalls machen es die meisten. Nishida Kitarōs Schreibweise hingegen ist so, dass sich während des Schreibens sein Entwurf entfaltet. Während des Schreibens denkt er. In dem Zustand, in dem er denkend schreibt, entwickelt sich sein Schreiben, so dass man bei seiner Schaffensweise nicht vorhersehen kann, wie es wird, bevor er nicht zu Ende geschrieben hat. Dies bedeutet, dass er aus einem Zustand schafft, in dem er denkt, während er schreibt, und schreibt, während er denkt, und dieser Zustand gleicht der Entwicklung Nishidas in seinen Vorlesungen, in denen er denkend vortrug und vortagend dachte.«[273]

»Wenn Nishida ein Spruch oder ein chinesisches Zeichen besonders gefielen, probierte er in origineller Weise Verschiedenes aus und manchmal kam es auch vor, dass sich die Schrift ganz spontan wie von selbst schrieb.«[274]

»Letztlich gibt es in Nishidas Schreibwerken keine festgelegte ›Handschrift‹. Im Prozess der Pinselbewegung und durch die Pinselbewegung gestalten sich die Formen immer wieder neu; bzw. treten neue Formen hervor. Nishida gelangt, während er auf verschiedenen Blättern immer wieder das Gleiche

---

[273] 北室南苑, 哲学者西田幾多郎の書の魅力, 72.
[274] 「自分に気に入るような書を独創的にいろいろと工夫して、自発的に書かれるようなことも時々あるようになって来た。」Shin'ichi Hisamatsu, in: 西田幾多郎の書, Tokyo 1987, 56.

schreibt und sich dieses von selbst verändert und verfeinert, zu jenen einzigartigen und orginellen Formen.«[275]

»Bei Nishida drückt die Schrift nicht nur den Menschen aus, sondern es handelt sich um Nishidas ›Kunst‹.«[276]

»Das Schreiben und seine Schreibwerke zeigen den gleichen Charakter wie sein Denken.«[277]

Als Abschluss meiner hier entwickelten Gedanken möchte ich einige Beispiele von Nishidas Schreibkunstwerken anführen und kurz erläutern. Die im Folgenden in den Schreibkunstwerken angeführten Zeichen und Sätze spielen jeweils eine verschiedene Rolle in der Philosophie Nishidas, was kurz zu erläutern ist.

Nishida zeichnet die meisten seiner Schriften mit Sunshin (寸心), seinem Namen als Zen-Schüler und Schreibkünstler, was mit »kleiner Herzgeist« übersetzt werden kann. Dies zeigt, dass er sich bei den meisten seiner Schreibkunstwerke als ein Künstler in zen-buddhistischer Tradition verstanden hat. Wie ich weiter unten noch zeigen möchte, war dies aber nicht die einzige Ebene, auf der er Schreibkunstwerke geschaffen hat. Das erste Schreibkunstwerk, das ich hier anführen möchte, zeigt das chinesische Zeichen 道 dao, das als Wort bereits in den deutschen Sprachgebrauch übergegangen ist:

---

[275] 「結局、先生の書には一定の「書体」なるものは存在しない。揮毫の過程に於いて、揮毫を通して、常に新しく形が作られる。或いは新しい形が生れて来る。何枚か書く中に生成し、自ら彫琢洗練されて、あなような独自な形に定着するのであろう。」Toratarō Shimomura, in: 西田幾多郎の書, Tokyo 1987, 45.
[276] 「先生の書は単に人を現わすだけではなく、先生の「芸術」である。」Toratarō Shimomura, in: 西田幾多郎の書, Tokyo 1987, 46.
[277] 「先生の書は先生の思索と同一の性格をもっている。」Toratarō Shimomura, in: 西田幾多郎の書, Tokyo 1987, 45.

Auf der rechten Seite sieht man in »Grasschrift« das Zeichen 道 *dao*, das durch einen dynamisch-schwungvollen Schriftzug umgesetzt ist. Auf der linken Seite oben ist die Unterschrift Nishidas mit seinem Zen-Namen Sunshin zu sehen. Das Zeichen 道 spielt keine Rolle in Nishidas Denken, dennoch gehört es in besonderer Weise zu seinem kulturellen Hintergrund in Ostasien. Er wählte dieses Zeichen für ein Schriftkunstwerk nicht aus dem Grunde aus, weil es als Wort in seinem Denken wichtig gewesen wäre, sondern weil es spätestens seit dem 4. Jh. v. u. Z. in China von großer philosophischer Bedeutung war – ähnlich wie das altgriechische Wort λόγος in den philosophischen und religiösen Traditionen Europas – und zum Grundbestand der Zeichen zählt, die man als Schreibkünstler interpretiert.

Im nächsten Schreibkunstwerk ist die Zeichenkombination 無我 *muga* umgesetzt. *Muga* bedeutet »Nicht-Ich« und ist ein Grundwort des Buddhismus. Auch diese Wendung spielt als solche in der philosophischen Sprache Nishidas keine besondere Rolle. Dennoch ist der Gedanke des »Nicht-Ich«, wie er in verschiedenen buddhistischen Schulen entwickelt worden ist, in vielen Texten Nishidas von grundlegender Bedeutung. Sowohl die Reine Erfahrung wie auch die Handelnde Anschauung weisen in ein Geschehen, in dem das Ich sich erst als Moment eines Geschehens bestimmt. In diesem Sinne sind die beiden Termini – Reine Erfahrung und Handelnde Anschauung – Geschehensweisen und Erfahrungsformen des »Nicht-Ich«. In seinem Schreibkunstwerk interpretiert Nishida dieses aus der Tradition kommende Wort in direkter Performativität. Die Linien im Schreibkunstwerk zeichnen sich durch einen besonders eleganten Schwung aus. Vollzieht man die Bewegung der Linienführung mit den Augen und dem ganzen Leib mit, so kann dies selbst zu der bewegten Erfahrung des »Nicht-Ich« führen. Denn beim Betrachten eines Schreibkunstwerkes kommt es eben nicht auf das einfache Lesen der Bedeutung an, sondern auf den bewegten Nachvollzug der Schriftspur, in der sich der performative Akt des Schreibens als solcher und die Bedeutung selbst auf eigene Weise manifestieren. Nishida als Schreibender konnte die Bewegung des Schreibens nur ausführen, indem er selbst leiblich ganz zu dieser Bewegung geworden war. Würde sich beim Schreiben nur die kleinste Unsicherheit in der Bewegung einstellen, so wäre dies direkt in der Linienführung sichtbar. Auch dieses Werk zeichnet Nishida mit seinem Zen-Namen Sunshin.

Philosophieren und Schreiben – Kitarō Nishida als Schreibkünstler

Das nächste Beispiel zeigt nun etwas Anderes. In dem Schreibkunstwerk ist der zentrale Satz Nishidas »Zur Sache werden und denken, zur Sache werden und handeln« gestaltet worden, den er in seiner späteren Philosophie für ausgesprochen wichtig hält. Der Satz weist auf ein Denken und Handeln hin, das aus dem Vollzug einer Sache entsteht. Ein Gedanke kann beispielsweise ganz »von selbst« in mir auftreten, ohne dass »ich« ihn mir »ausgedacht« hätte. Im Deutschen gibt es die Wendung »mir kommt ein Gedanke«, die dann verwendet wird, wenn ich eine gute Idee habe, die aber unerwartet auftaucht. Ein von selbst hervortretendes Denken kann somit auch ein schöpferisches Denken sein, von dem ich selbst überrascht werde. In dem Aufsatz *Poiesis und Praxis* aus dem Jahr 1940 führt Nishida über die Wendung das Folgende aus:

»Die Wendung ›zur Sache werden und denken, zur Sache werden und handeln‹ *(mono to natte kangae mono to natte okonau)* wird von vielen als etwas Intuitives und Unlogisches aufgefasst. Dies geschieht, weil der östliche Geist als etwas Unlogisches gedeutet wird. Ich meine hingegen, dass ›zur Sachen werden‹ bedeuten muss, zu einem Sachverhalt der geschichtlichen Welt zu werden. […] Zur Sache werden und denken, zur Sache werden und handeln muss bedeuten, poietisch und zugleich praktisch, geschichtlich und natürlich zu wirken.«[278]

Nishida meint, dass wir, wenn wir »zur Sache werden«, denkend und handelnd eingehen in den Prozess geschichtlicher Gestaltung. Bezeichnenderweise unterschreibt Nishida dieses Werk nicht mit *Sunshin*, sondern mit *Nishida Kitarō*. Der Satz sagt genau das, was Nishida im Schreiben des Werkes tut. Er selbst verbindet sich auf das Innigste mit Pinsel, Tusche, Papier und der Bedeutung, die er in dem Augenblick schreibt. Im Schreiben vereint sich Nishida mit der Situation des Schreibens selbst und schreibt einen Satz, der in seiner Philosophie die-

---
[278] Nishida Kitarō zenshū: Gesamtausgabe Kitarō Nishida, 19 Bde., Tokyo 1947–1953, 3. Auflage 1978–1980, Bd. 10, 158. Im Folgenden abgekürzt als NKZ.

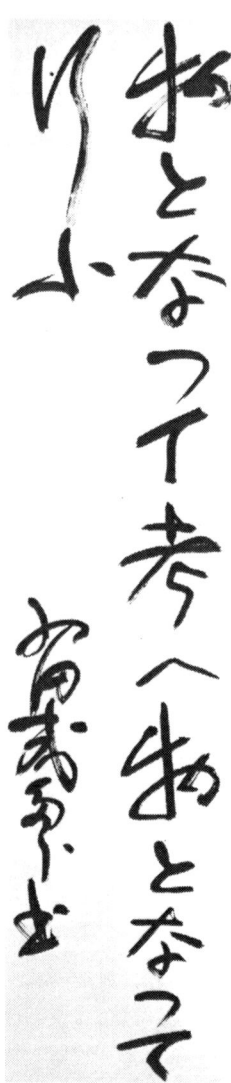

ses zum Ausdruck bringt. Schreibkunstwerke zeichnen sich vor allem dadurch aus, dass in ihnen immer das gleiche Zeichen oder der gleiche Satz wiederholt geschrieben werden kann. Denn das Schreiben bildet selbst nichts ab, sondern zeigt nur den Vollzug des Schreibens selbst, der zu einer bestimmten Zeit und an einem bestimmten Ort stattgefunden hat. Ein Schreibkunstwerk ist somit die leiblich-lebendige Spur des Lebens, die im Falle Nishidas zur leiblichen Spur philosophischer Gedanken wird.

Dies gilt auch für das letzte Beispiel, das ich hier anführen möchte. Nishida hat in seinem Leben oft das Zeichen 無 *mu* – Nichts – geschrieben. Dieses Zeichen steht nicht nur im Zentrum der ostasiatischen Philosophietradition, sondern auch im Zentrum der Philosophie Nishidas, wie bereits ausgeführt wurde. Auch bei diesem Schreibkunstwerk gilt in besonderer Weise, dass in der Linienführung des angeführten Zeichens sich der performative Vollzug des philosophischen Gedankens selbst zeigt. Wenn Nishida das Zeichen 無 schreibt, so zeigt und erweist sich – versenkt man sich in die besondere Lesehaltung für Schreibkunstwerke – darin in performativer Weise sein Gedanke des absoluten Nichts. Das geschriebene Schriftzeichen wird selbst zum Erweis des Gedankens, was im Falle Nishidas weit über jeden äußerlich-logischen Beweis hinausgeht. Indem er das Zeichen 無 schreibt, kann Nishida in Handelnder Anschauung zeigen, wie sich 無 vollzieht. Es geht somit nicht nur um das »Verstehen« des Wortes oder des Begriffs »Nichts«, sondern um das Geschehen selbst, das mit diesem Zeichen verbunden ist. Das von Nishida geschriebene 無 ist zugleich der konkret-leibliche Vollzug der Bedeutung von 無 im Denken. Die Schrift wird selbst in radikaler Weise zum performativen Vollzug des Gedankens und des Philosophierens.

Philosophieren und Schreiben – Kitarō Nishida als Schreibkünstler

Einen kleinen Eindruck davon, wie verschieden Nishida das Zeichen 無 in seiner wiederholenden Schreibpraxis umgesetzt hat, zeigt die Übersicht auf der nächsten Seite. Die einzelnen Zeilen in der Abbildung stehen jeweils für verschiedene Schreibvariaten des Zeichens 無 in der Umsetzung von Nishida aus verschiedenen Schreibkunstwerken.

Nishida steht damit in einer langen Tradition der Schreibkunst, in der jedes Zeichen in seinen besonderen Schreibvarianten überliefert wird. So zeigt die Übersicht auf der übernächsten Seite das Zeichen 無 in der Umsetzung berühmter Schreibkünstler aus China. Die Variante, die ich von Nishida angeführt habe, ist im Vergleich zu den alten Schreibweisen, die man in der folgenden Übersicht erkennen kann, durchaus originell.

Nishidas Variante zeichnet sich dadurch aus, dass der untere Teil besonders erdverbunden wirkt, sich darüber aber eine eher tänzerische Bewegung vollzieht und erhebt, die ein stark aufstrebendes Moment enthält, ohne dabei die Erdverbundenheit zu verlieren. Für eine ausführlichere Deutung der Schreibkunstwerke auch von Nishida müsste zunächst eine Kriteriologie vorgestellt und in deutscher Sprache entwickelt werden, die von den Reflexionen zu den Kriterien in Ostasien ausgehen müsste. Dies würde den vorliegenden Text sprengen und soll bei späteren Gelegenheiten geschehen. Stattdessen soll noch ein Zitat von Nishida aus seinem kleinen Text zur »Schönheit in der Schreibkunst« (Sho no bi) angeführt werden. Dort heißt es über die besondere Form der Schreibkunst im Zusammenhang mit den anderen traditionellen Künsten:

»Der Wert der Schreibkunst liegt vermutlich weniger in ausgefeilten Techniken als vielmehr darin, dass sie jeweils von jedem einzelnen Menschen abhängt. Natürlich kommt in jeder Kunst die Persönlichkeit des Künstlers selbst zum Ausdruck. Aber in Malerei und Skulptur und auch in der Musik

Philosophische Sprachenbetrachtung zwischen Europa und Asien

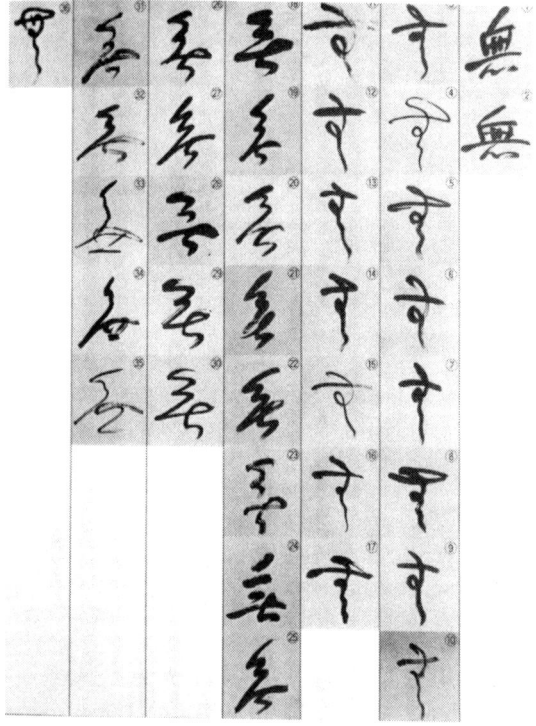

spielen viele objektive Einschränkungen eine Rolle. In der Schreibkunst jedoch sind diese äußerst gering, so dass vermittels der Muskelempfindungen und durch die Zeichen, die sich aus einfachen Strichen und Punkten bilden, in freier Weise die tanzende Bewegung des lebendigen Selbst zum Ausdruck kommt.«[279]

»Ich sage manchmal zu den jungen Leuten, dass sie beim Lesen der Werke eines großen Denkers die Gemütsart bzw. sein besonderes Können erkennen müssen. […] Jeder große Denker zeigt notwendigerweise eine besondere Gemütsart bzw. ein Können. […] Ähnlich ist es bei bedeutenden Schreibkünstlern, die in gleicher Weise eine besondere Gemütsart bzw. Können besitzen.«[280]

---

[279] NKZ, Bd. 12, 151.
[280] NKZ, Bd. 12, 229.

Philosophieren und Schreiben – Kitarō Nishida als Schreibkünstler

Mit der Verbindung von Philosophieren und Schreibkunst bei Nishida ist in performativer Weise eine Durchdringung von Bewusstseinstätigkeit und leiblicher Bewegung angezeigt, die den Dualismus des Descartes nicht nur in theoretischer Hinsicht, sondern auch in philosophisch-künstlerischer Weise überwindet. Denn wenn das Schreiben philosophischer Sätze zur »tanzenden Bewegung des lebendigen Selbst« wird, zeigt sich in dieser Tätigkeit und in ihren Spuren das Ineins von Bewusstseinstätigkeit und leiblicher Bewegung, so dass philosophischer Akt und künstlerischer Akt in vielerlei Hinsicht nicht mehr zu unterscheiden sind. Ausgehend von dieser Perspektive ist Nishidas Schreibpraxis in mehrfacher Hinsicht eine philosophische

Herausforderung für die Unterscheidung von Theorie und Praxis im Denken. Denn bei Nishida ist die Schreibpraxis nicht nur eine Form künstlerischer Tätigkeit, sondern auch eine zentrale Form des philosophischen Denkens, die sich in der Verbindung von Philosophieren und Schreibkunst manifestiert. Nishida gibt den Blick frei für ein denkendes Handeln und ein handelndes Denken, wodurch die Unterscheidung von Bewusstsein und Leib sowie die Unterscheidung von Philosophie und künstlerischer Praxis in neuer Weise konzipiert werden müssen – oder möglicherweise gar nicht mehr gemacht werden können.

Die bei Nishida in den Blick tretende Verbindung von Philosophie und Kunst konnte vor allem durch die Möglichkeiten und Traditionen der japanischen Schrift entstehen. Ohne die lange ostasiatische Tradition der Schreibkunst wäre die Verbindung nicht zustande gekommen. Es wäre nun rückblickend zu untersuchen, inwiefern bestimmte philosophische Entwicklungen in Ostasien auch schon lange vor Nishida im Zusammenhang mit der künstlerischen Praxis der Schreibkunst nahegelegt worden sind. Umgekehrt kann der durch Nishidas Schreibpraxis aufmerksam gewordene Blick auch die Funktion des Schreibens und der Schreibpraxis für das Philosophieren in der euroäpäischen Tradition untersuchen, so dass über Derrida hinaus ein bedeutsames Forschungsfeld eröffnet ist.

5. Fazit: Vielfalt der Sprachen und Transformative Phänomenologie

Das Hauptziel des vorliegenden Buches ist es, den Gebrauch der Sprache beim Philosophieren im Zusammenhang mit den Strukturen verschiedener, zum Teil strukturell weit auseinanderliegender Sprachen zu reflektieren. Es sollte nicht primär um die Sprache im Allgemeinen und auch nicht um den alltäglichen Sprachgebrauch gehen. Die Kernfrage ist, inwiefern der Sprachgebrauch und das Denken *in der Philosophie* (nicht in den Wissenschaften oder der Sprache überhaupt!) mit den Strukturen der einzelnen Sprachen, in denen Philosophie betrieben wird, in einem Zusammenhang stehen. Dabei sollte der universalisierende ebenso wie der nur relativierende Blick vermieden werden. Ausgehend von der Erfahrung, dass bestimmte Sprachen bestimmte Gedankenkonstellationen erleichtern oder sogar nahelegen (nicht festlegen!), sind vor allem in Kapitel vier exemplarisch unterschiedliche philosophische Themen im Zusammenhang mit grammatischen und semantischen Strukturen verschiedener Sprachen erörtert worden. Dabei wurde gezeigt, dass durch die einbezogenen Sprachen verschiedene philosophische Perspektiven und Fragen relativiert, perspektiviert oder neu eröffnet werden konnten.

Die Frage nach dem Subjekt in den Sprachen und im Denken führte durch die Strukturen der alten chinesischen und japanischen Sprache zu der Einsicht, dass philosophische Beschreibungsformen für bestimmte Sachverhalte besonders fruchtbar sein können, die in der sprachlichen Formulierung ohne Subjekt auskommen. Denn versucht man Geschehens- und Bewegungsformen zu beschreiben, ist der grammatische Zwang zum Subjekt eher hinderlich und verstellt den Blick auf die zu beschreibenden Sachverhalte, die hingegen durch subjektlose Sprechweisen evidenter und in ihrer philosophischen Bedeutsamkeit weitreichender erschlossen werden können.

Die Frage nach den Geschehens- und Bewegungsformen führte zu der Frage nach den grammatischen Formen der Verben. Vor allem durch die vergleichende Analyse des Altgriechischen und des Altjapanischen wurde deutlich, dass in der deutschen Sprache der Gegensatz von Aktiv und Passiv eine Einengung darstellt, die in den beiden anderen Sprachen durch die grammtische Form des Mediums in philosophisch relevanter Weise erweitert erscheint. Denn können Handlungs-, Geschehens- und Bewegungsformen in der grammatischen Form des Mediums zum Ausdruck gebracht werden, erschließen sich für die Beschreibung verschiedener Sachverhalte neue Möglichkeiten, die durch die Entschränkung auf den Gegensatz von Aktiv und Passiv nicht klar und evident genug beschrieben werden können. Philosophisch ist dabei besonders relevant, dass in ostasiatischen Texten der Philosophie schon sehr früh die grammatische Möglichkeit subjektloser Sätze in Verbindung mit medialen Ausdrucksformen für die präzise Reflexion bestimmter Handlungs- und Geschehensformen eingesetzt wurde. Dies ist bisher in Übersetzungen von alten chinesischen und japanischen Texten ins Deutsche oder Englische nicht ausreichend reflektiert worden, da der philosophische Sinn für diese anderen grammatischen Strukturmöglichkeiten in den meisten Fällen nicht präzise genug gesehen wurde.

In der Erörterung der grammatischen Formen für das Phänomen der Zeit konnte gezeigt werden, dass sich Zeit auf verschiedenen Ebenen der Sprache ausdrücken lässt und die grammatisch manifesten Formen nur einen Teil dieses Ausdrucks bilden. An dem Verhältnis von Sprache und Zeit lässt sich demnach in exemplarischer Weise studieren, wie die Reflexion des Zeitphänomens zwar erste Hinweise durch die sprachlichen Strukturen erhalten kann, aber in keiner Weise nur an die in einer Sprache vorhandenen grammatischen Zeitstrukturen gebunden ist. Im Durchgang durch verschiedene Sprachen wurde auch deutlich, dass in ihnen höchst unterschiedliche Formen der Grammatikalisierung von Zeit anzutreffen sind. Dies kann wiederum für die Reflexion des Zeitphänomens genutzt werden, so dass sich auf verschiedenen Ebenen das Denken der Zeit und die Grammatik der Zeit gegenseitig erhellen.

Nach der Erörterung von drei grammatischen Themenfeldern wurde die Ebene der Semantik stärker in die Aufmerksamkeit gerückt. An den beiden Wortfeldern »Kultur« und qi / ki wurde ausführlich gezeigt, wie sich Wortfelder durch einen geschichtlichen Prozess semantisch aufladen und differenzieren. In den einzelnen Wortfeldern werden im Laufe ihrer Entwicklung Sachverhalte durch die Wortverbindung in einen Zusammenhang gebracht, der in anderen Sprachen nicht zu beobachten ist. So stehen beispielsweise im Wortfeld Kultur

Fazit: Vielfalt der Sprachen und Transformative Phänomenologie

Prozesse der Pflege und Kultivierung mit objektiven Ausdrucksformen verschiedener Kulturen in Verbindung, was ohne das Wort *Kultur* nicht naheliegen würde. Oder im Wortfeld *qi* / *ki* sind Phänomene des Wetters, der Medizin, der Ästhetik, der Stimmungen und Gefühle sowie der Elektrizität miteinander verbunden, eine Kombination, die ausgehend von der deutschen Sprache nur schwer nachvollziehbar ist und in vielen Fällen an die Grenzen der Übersetzbarkeit in andere Sprachen führt.

Vor dem Hintergrund verschiedener Wortfelder in bestimmten Sprachen ist es evident, dass Übersetzungen im Bereich der Philosophie und Literatur immer auch eine Übersetzung der Kultur sein müssen. Denn der Sprachgebrauch der Philosophie entwickelt sich immer in enger Anbindung an kulturelle Entwicklungen, so dass die Philosophie im alten Griechenland sicher nicht in gleicher Form entstanden wäre, hätte es die Tragödienschriftsteller zuvor nicht gegeben. Die Texte des chinesischen Buddhismus hätten ebenfalls nicht die gleiche Sprache gefunden, hätten sie nicht auf den Sprachgebauch im älteren Daoismus und Konfuzianismus zurückgreifen können. Dringt man tiefer in die Fragen der Übersetzung ein, so wird in radikaler Weise deutlich, dass es die heutige Philosophie ohne die verschiedenen Übersetzungsprozesse zwischen höchst verschiedenen Sprachen nicht geben würde. Die Übersetzungsprozesse zeigen auf exemplarische Weise, wie sich Philosophieren zwischen verschiedenen Sprachen entfaltet, was bisher in der Philosophie notorisch unterschätzt worden ist und immer noch wird.

Achtet man über die grammatische und semantische Ebene hinaus auch auf die Weisen des Sprachgebrauchs im Philosophieren in verschiedenen Sprachen, so ist zu erkennen, dass sich im Zusammenhang mit den Strukturen einzelner Sprachen höchst verschiedene Strategien entwickelt haben, gesprochene und geschriebene Sprache im Philosophieren einzusetzen. Spätestens seit Humboldt können wir Sprache als eine Wirkweise betrachten, die in der Philosophie Sachverhalte jeweils anders zu erschließen in der Lage ist. Schärft man die Aufmerksamkeit in diese Richtung, so zeigt sich, dass nicht nur in Europa reiche Formen des philosophischen Sprachgebrauchs entwickelt wurden, sondern auch in Asien ein reicher Schatz davon bereit liegt, entdeckt zu werden. Im ostasiatischen Buddhismus hat sich dabei vor allem ein Sprachgebrauch ausdifferenziert, der in verschiedener Weise an die Grenzen der Sprache und der Sprachlichkeit führt, wie dies auch bei Wittgenstein und Derrida zu beobachten ist. Geht man diesen Hinweisen nach, so wird deutlich, wie unterschiedliche Sachverhalte sich durch verschiedenen

Fazit: Vielfalt der Sprachen und Transformative Phänomenologie

Sprachgebrauch jeweils anders eröffnen und mehr oder weniger überzeugend analysiert werden können. Dies gilt es eingehend zwischen verschiedenen Sprachen und dem in ihnen entwickelten Sprachgebrauch zu reflektieren.

Nicht nur der Sprachgebrauch in der buddhistischen Philosophie führt an die Grenzen der Sprache und geht immer wieder auch in Poesie über. Dies ist auch für die europäische Tradition nicht unüblich, wie beispielsweise die drei Denker Schelling, Hegel und Hölderlin in ihren Ansätzen zeigen. Bei ihnen wird das Verhältnis von Philosophie und Kunst in jeweils besonderer Weise verhandelt und in bestimmten Hinsichten wird die Unterscheidung auf inhaltlicher Ebene selbst unterlaufen. Der Übergang von Philosophie in Poesie steht dabei in besonderer Weise im Zentrum, wobei der Unterschied vor allem auf der Ebene des semantischen Gebrauchs von Sprache festgemacht werden kann. In Ostasien gibt es zusätzlich die Möglichkeit eines Übergangs von Philosophie in Kunst durch die besondere Schrifttradition und die lange Entwicklung einer Schreibkunst. Hier ist es nicht der inhaltlich bestimmte Sprachgebrauch der gesprochenen Sprache, sondern der *Schriftgebrauch*, der eine Verbindung von Philosophie und Kunst ermöglicht, was in Europa nur ansatzweise denkbar ist. Denn philosophische Sätze oder Gedanken schreibkünstlerisch in philosophisch produktiver Weise umzusetzen wird durch eine Alphabetschrift nicht nahegelegt. Demgegenüber stand im ostasiatischen Schreibraum die Entfaltung des Philosophierens seit fast 2000 Jahren in enger Verbindung mit dem Gebrauch des Pinsels und der Schreibkunst. Hier stellt sich folgende philosophische Frage: Welche Bedeutung kann der Akt des Schreibens für das Philosophieren besitzen, wenn er eine künstlerische Form im höchsten Sinne annehmen kann? Auch hier ist wieder ein Phänomenfeld eröffnet, das ohne die ostasiatischen Sprachen nicht annähernd in gleicher Weise in den Blick treten würde.

Welche philosophischen Konsequenzen sind aus den bisher entwickelten Perspektiven und Fragen zu ziehen? Welche grundlegenden Vorgehensweisen lassen sich aus der Vielfalt der Sprachen für das Philosophieren gewinnen?

Erst im 18. Jahrhundert hat sich in Europa in der Philosophie ein tiefergehendes Interesse für die Vielfalt der Sprachen gebildet. Im 19. Jahrhundert ist bei Wilhelm von Humboldt und auch bei Friedrich Nietzsche ein Höhepunkt dieser philosophischen Entwicklung zu sehen. Die Entfaltung des Themas im 20. Jahrhundert ist insbesondere

Fazit: Vielfalt der Sprachen und Transformative Phänomenologie

durch das Auseinanderdriften von Philosophie und Sprachwissenschaft geprägt, so dass man heute meiner Überzeugung nach nicht mehr wie Cassirer in philosophisch vereinheitlichender Weise den Bezug der Philosophie zur Vielfalt der Sprachen entwickeln kann. Es gilt somit nach Wegen der Betrachtung zu suchen, die philosophisch sind, aber nicht die Verschiedenheit der Sprachen auf einer abstrakt-philosophischen Ebene tilgen. Die Frage ist: Wie kann man in philosophischer und zugleich kleinschrittiger Weise die Vielfalt der Sprachen in das philosophische Denken einbeziehen und fruchtbar machen?

Die Methode, die ein solches Vorgehen möglich macht, ist meines Erachtens die Phänomenologie, die zu Beginn des 20. Jahrhunderts von Edmund Husserl begründet wurde. Es gibt jedoch ein grundlegendes Problem mit der traditionellen Phänomenologie, da diese in vielen Zweigen ihrer Entwicklung sprach- und sprachenvergessen ist. Es war das Motto von Husserl »Zu den Sachen selbst«, das die philosophische Aufmerksamkeit auf die Sachgehalte richtete, wodurch die Sprache, in der dies geschah, in den Hintergrund trat. Husserl selbst war nicht interessiert an der Vielfalt der Sprachen, sondern allein an der präzisen Beschreibung der Sachverhalte, die in gut aristotelischer Tradition nicht durch die Verschiedenheit der Sprachen berührt, behindert oder befruchtet wird. Die verschiedenen Sprachen bleiben der Sache äußerlich. Genau dies möchte ich radikal in Zweifel ziehen. Es ist an der Zeit, dass Phänomenologie und Sprach(en)philosophie in grundsätzlicher Weise zusammengeführt werden. Diese Zusammenführung scheint mir verschiedene grundlegende Probleme zum Verschwinden zu bringen. Zum einen wird die Phänomenologie durch eine sprach(en)philosophische Reflexion ihres eigenen Sprachgebrauchs befreit von einem substantialisierenden Verständnis der Sachen bzw. Phänomene, was ja bereits durch Derrida eingeleitet worden ist, aber im Rahmen der Vielfalt der Sprachen weiter radikalisiert werden muss. Zum anderen gewinnt die Sprach(en)philosophie einen forschenden Erfahrungsbezug, der sich in der Arbeit an den einzelnen Phänomenen bereits vielfältig als fruchtbar erwiesen hat. Man könnte somit von einer sprach(en)philosophischen Phänomenologie oder einer phänomenologischen Sprach(en)philosophie sprechen.

Da mir diese Bezeichnung jedoch zu eng und nicht radikal genug ist, möchte ich den sprach(en)philosophischen Ansatz als integralen Bestandteil von dem verstehen, was ich seit meinem Buch *Phänomenologie der Zeit im Buddhismus* eine *transformative Phänomenologie* nenne. Die transformative Phänomenologie geht in radikaler Weise von der Unabschließbarkeit der Arbeit an den Phänomenen aus und begreift diese als Übungsformen der Wirklichkeit. Ein zentraler Grund hierfür ist, dass die Phänomene immer wieder neu durch die phänomenologische Analyse in einer *bestimmten Sprache* hervorgebracht werden müssen und dadurch fortlaufend neue Perspektiven von sich selbst zeigen. Jedes Phänomen bietet eine unendliche Fülle von Aspekten, die sich vor allem dadurch noch einmal signifikant verschieben und verändern, wenn man die Analysen in verschiedenen Sprachen durchführt. Denn die Struktur der Phänomene wird in einer jeweils besonderen Sprache zum Erscheinen und zum Ausdruck gebracht. Nun haben insbesondere die Analysen zum Subjekt im Denken und der Sprache sowie zu den Handlungsformen in der Sprache gezeigt, dass das, was durch die Sprachen ohne größere Anstrengungen in die Aufmerksamkeit gehoben werden kann, sehr unterschiedlich ist. Denkt man darüber hinaus an verschiedene Wortfelder in unterschiedlichen Sprachen, so wird deutlich, dass allein die zur Verfügung stehenden Wörter in einer Sprache die phänomenologische Analyse stark beeinflussen. Hätten wir in der deutschen Sprache ein ähnliches Wortfeld wie das von *qi* bzw. *ki* im Chinesischen und Japanischen, so würde eine Phänomenologie der Gefühle oder der Atmosphäre grundsätzlich anders ausfallen, da in den genannten Sprachen Erfahrungsräume mit dem Wortfeld *qi* bzw. *ki* versprachlicht worden sind, anhand derer in bestimmten Phänomenen einiges einfacher und zudem differenzierter zum Ausdruck gebracht werden kann.

Die Vielfalt der Sprachen ist höchst fruchtbar in der phänomenologischen Analyse einzusetzen. Im Durchgang durch verschiedene Sprachen lässt sich die Analyse der Phänomene in verschiedener Weise bereichern und präzisieren. In welcher Weise diese Bereicherung und Präzisierung genau geschieht, kann nur im Zusammenhang mit der einzelnen Sprache gezeigt werden. Transformative Phänomenologie ist somit von Anfang an philosophisch auf die Vielheit der Sprachen angewiesen. Die Angewiesenheit bezieht sich aber nicht nur auf die grammatischen Strukturen oder die Wortfelder. Auch die Weise des Sprachgebrauchs im Sinne verschiedener Textpragmatiken kann den Sprachgebrauch in der Phänomenologie selbst befragbar machen. Auf diese Weise bleibt die phänomenologische Arbeit immer sprach(en)philosophisch rückgebunden.

Diese grundsätzliche philosophische Bedeutung der Vielfalt der

Fazit: Vielfalt der Sprachen und Transformative Phänomenologie

Sprachen für die phänomenologische Arbeit bedeutet auch, dass die phänomenologische Arbeit in verschiedenen Sprachen, wie sie ja bereits jetzt weltweit stattfindet, eine konstitutive Form der phänomenologischen Arbeit selbst ist. Inzwischen kann man in Ostasien beobachten, dass ein Bewusstsein von dieser Sprachenbezogenheit der phänomenologischen Arbeit entstanden ist. Demgegenüber bleibt die europäische und nordamerikanische Phänomenologie oft hilflos, da in diesen Bereichen noch kaum ein Bewusstsein von der Bedeutung der Vielfalt der Sprachen für die phänomenologische Arbeit entstanden ist.

Die Wichtigkeit der Sprachen für die Phänomenologie ist mir selbst erst deutlich geworden durch eine Untersuchung der Phänomenologie der Zeit im Buddhismus, in die Texte aus dem Sanskrit, Chinesischen und Japanischen einbezogen wurden. Wie Zeit beschrieben und in welcher Form Zeit strukturiert ist, ist auch abhängig davon, wie dies in der einzelnen Sprache geschieht. Für die Beschreibung der Zeit ist es von zentraler Bedeutung, ob man nur die beiden Handlungsformen aktiv und passiv zur Verfügung hat oder ob die Zeit auch medial verstanden werden kann. Im Durchgang durch das Phänomen der Zeit erwuchs mir somit ein anderes Verständnis von Phänomenologie. Dieses Verständnis besteht in einem wesentlichen Punkt darin, dass die Phänomene unabschließbar, in ihrer Beschreibung auf verschiedene Sprachen angewiesen und damit selbst Einübungen in das Geschehen von Wirklichkeit sind.

Die Analysen in Kapitel vier können als erste Ansätze dafür verstanden werden, wie einzelne phänomenologische Themen sprach(en)philosophisch zu wenden und zu erweitern sind. Auf diese Weise können einzelne sprachliche Strukturen aus verschiedenen Sprachen helfen, ein Phänomen fruchtbar zu beschreiben und oft überraschend zu erschließen. Es kann aber auch durch die Unterscheidung oder Nichtunterscheidung bestimmter Wörter in verschiedenen Sprachen deutlich werden, dass die Unterscheidung bestimmter Phänomene selbst problematisch ist und man möglicherweise zwei in einer Sprache deutlich unterschiedene Phänomene philosophisch fruchtbarer als einen Zusammenhang betrachtet. Denn was sind Phänomene in der Beschreibung zunächst anderes als sprachlich Unterschiedenes? Durch diese immer auch auf die verschiedenen Sprachen blickende Betrachtung können unter Umständen viele Selbstverständlichkeiten in der Phänomenologie neu befragt und sprach(en)philosophisch radikalisiert werden.

Für die transformative Phänomenologie ist es aus den genannten

Fazit: Vielfalt der Sprachen und Transformative Phänomenologie

Gründen selbstverständlich, dass in die Ausbildung der Philosophie eine möglichst große Zahl von Sprachen einbezogen wird. Der klassische Kanon von Altgriechisch und Latein erweitert sich notwendig und es ist aus philosophischen Gründen naheliegend, dass zusammen mit Altgriechisch auch Chinesisch oder Japanisch als zentrale Bezugssprache für das Philosophieren anerkannt werden. Dies bedeutet nicht, dass das Altgriechische vergessen werden soll. Es bleibt eine wichtige Option und bei intensivem Studium der antiken Philosophie notwendiger Bezugspunkt. Wichtig ist, dass die verschiedenen Sprachen zu philosophischen Bezugsquellen werden und als Sprachen eine philosophische Bedeutung gewinnen.

Die philosophische Fruchtbarkeit der vorgeschlagenen Perspektive kann nur durch zahlreiche phänomenologische Einzelanalysen erwiesen und entwickelt werden. Daher ist insbesondere zu hoffen, dass Philosophierende weltweit ihre jeweils eigenen Sprachen philosophisch ernst nehmen und sich befreien von der Fixierung auf nur eine Sprache als der allein gültigen Sprache der Philosophie, egal welche Sprache dies für sich in Anspruch nimmt. Denn jede Sprache besitzt philosophische Potentiale, die es erst zu entdecken gilt. Philosophieren ist in Zukunft mehr denn je auf die Vielfalt der Sprachen angewiesen.

Persönliches Nachwort

Als Schüler war mein Verhältnis zur Sprache und zu Sprachen nie besonders gut. Der herkömmliche Sprachunterricht konnte mein Interesse nur im begrenzten Maße wecken. Erst als ich mit 14 Jahren mit einer Jugendgruppe nach England und Frankreich reiste, wurde mir klarer, was es bedeutet, eine andere Sprache als die eigene Muttersprache sprechen zu können. Dennoch löste dies noch keine besondere Beschäftigung mit Sprachen aus. Als ich mit 17 Jahren – noch während der Schulzeit – im Sommer nach Marokko und ein halbes Jahr später nach Sri Lanka reiste, lernte ich nicht nur erstmalig andere Schriftsysteme, sondern auch Sprachen anderer Sprachfamilien kennen, was mir damals allerdings nicht in dieser Form klar war. Insbesondere die Reise nach Sri Lanka hatte in mir nicht nur ein tiefes Interesse für den Buddhismus geweckt, sondern auch die Bedeutung verschiedener Sprachen in ihrer Verschiedenheit klarer werden lassen.

Im Jahr 1983 begann ich an der Universität Würzburg Theologie und Philosophie zu studieren. Für das Theologiestudium hatte ich nun Altgriechisch und ansatzweise Hebräisch zu lernen. Als ich dieses Studium nach zwei Semestern wieder beendete, hatte ich zumindest diese beiden alten Sprachen kennengelernt, auf die ich nun in verschiedenem Maße neben meinem Schullatein zurückgreifen konnte.

Während dieser Zeit war es, dass ich im Rahmen meines Interesses für den Buddhismus und Daoismus das Buch von Alan Watts »Der Lauf des Wassers« gelesen habe. In diesem Buch geht Watts ausführlich auf verschiedene Strukturmerkmale der chinesischen Sprache ein. Diese Beschreibungen haben mich damals auf besondere Weise elektrisiert, was dazu führte, dass ich 1984 im zweiten Semester meines Philosophiestudiums in einem Hauptseminar bei Prof. Dr. Franz Wiedmann einen Seminarvortrag zum Thema »Sprache und Weltanschauung« hielt, in dem ich versuchte, die deutsche und chinesische Sprache – ohne diese je studiert zu haben – miteinander zu vergleichen. Der Vortrag

Persönliches Nachwort

war mehr Ausdruck meiner Faszination für die chinesische Sprache als ein gelungener Versuch des Vergleichs. Watts hatte in mir erstmalig den Sinn für die philosophische Bedeutsamkeit der Verschiedenheit der Sprachen geweckt. Seit dem SS 1984 stand dann für mich fest, dass ich nicht Theologie, sondern neben der Philosophie das Fach Sinologie studieren wollte. Aus verschiedenen Gründen konnte ich das Doppelstudium Philosophie/Sinologie erst zum WS 1985/86 aufnehmen. Das Studium der Sinologie bedeutete in Würzburg, dass ich neben der chinesischen auch die japanische Sprache als Nebenfach zu erlernen hatte. Im November 1985 begann ich somit gleichzeitig modernes Chinesisch und Japanisch sowie klassisches Chinesisch zu lernen.

Nach zwei Semestern des Studiums dieser Sprachen begab ich mich auf eine Reise nach Japan mit der Transsibirischen Eisenbahn. Als ich Anfang August 1986 erstmals nach einer Schifffahrt von Russland nach Japan meine Füße auf japanischen Boden setzte, war mir noch nicht klar, was dieser Aufenthalt für mein weiteres Leben bedeuten würde. Ich lernte während dieser Zeit Prof. Dr. Ryōsuke Ōhashi und Dr. Elmar Weinmayr kennen, der mit einem Stipendium des japanischen Erziehungsministeriums für zwei Jahre Philosophie in Japan studierte. Als ich dieses erfuhr, wuchs in mir sehr bald der Entschluss, so bald wie möglich auch das Studium der Philosophie in Japan aufzunehmen. Obwohl ich bereits neun Monate Japanisch studiert hatte, war meine Sprachkompetenz für das Japanische damals noch sehr gering, was mich umso mehr motivierte, nach meiner Rückkehr meine Sprachenstudien zu vertiefen.

Im WS 1986/87 nahm ich zu den Sprachen Chinesisch und Japanisch auch Unterricht in Sanskrit, was ich allerdings nur zwei Semester durchhielt. Das Interesse für diese Sprache war vor allem durch meine Studien zum Buddhismus geweckt worden, die ich nun in der Religionswissenschaft, die gerade in Würzburg mit dem Lehrstuhl von Prof. Dr. Norbert Klaes gegründet worden war, weiter entwickeln konnte.

Da ich nach meiner Rückkehr aus Japan so schnell wie möglich mit meinem Studium fertig werden wollte, entschied ich mich, dies in der Philosophie zu tun mit einer Magisterarbeit. Die Beendigung des Studiums der Sinologie hätte mich zu sehr aufgehalten, um meine Pläne für ein Studium der Philosophie in Japan zu realisieren.

Noch im November 1986 trug ich philosophische Deutungen zu Japan im Philosophischen Kolloquium von Prof. Dr. Heinrich Rombach vor, an dem ich bereits seit zwei Jahren teilnahm. 1987 vereinbarte ich dann mit Prof. Rombach ein Thema für meine Magisterarbeit, in der es über die Philosophie des Lao Zi im *Daodejing* gehen sollte. Als Vorbereitung hierfür ging ich im Sommer 1987 den Text des Lao Zi Zeichen für Zeichen durch und versuchte mich an ersten eigenen Übersetzungen. Die Magisterarbeit mit dem Titel »Der Aspekt der Genese im Tao Te King« konnte ich dann im Sommer 1988 einreichen. Während dieser Zeit hatte ich mich bereits für ein Promotionsstipendium beim japanischen Erziehungsministerium beworben mit dem Thema »Hegel-Rezeption in Japan«, wobei ich vor allem den Text von Keiji Nishitani »Prajna und Vernunft« ins Zentrum meines Interesses stellte. Im Spätsommer 1988 erhielt ich die Nachricht, dass ich das Stipendium am 1. April 1989 antreten könne, was ich dann auch nach dem Abschluss des Magisterstudiums im Februar 1989 tat.

Bis zu meinem Studium in Japan hatte ich zwar verschiedene Sprachen gelernt und auch Verschiedenes über Heideggers Interesse an Ostasien erfahren. Dennoch war mein philosophischer Blick für die Verschiedenheit der Sprachen noch lange nicht gereift. Vor allem damit beschäftigt, die schier unendliche Zahl von chinesischen Zeichen zu erlernen, war mir der Sinn für die philosophische Qualität der Zeichen noch nicht aufgegangen. Dies änderte sich zunächst auch in Japan nicht, wo ich zuerst in Tokyo ein halbes Jahr intensiv umgangssprachliches Japanisch lernte und dann eineinhalb Jahre lang in Kyoto vor allem Texte aus dem Japanischen ins Deutsche übersetzte und privaten Japanischunterricht nahm, in dem ein ehemaliger Philosophieprofessor mit mir alte japanische Literatur las. Vor allem in diesem Einzelunterricht konnte ich erstmals mit jemandem über die philosophisch interessanten Unterschiede zwischen Deutsch und Japanisch intensiv auf Japanisch diskutieren.

1991 kehrte ich nach zwei Jahren Philosophiestudium in Japan nach Würzburg zurück, um meine Dissertation zur Philosophie Nishidas bei Heinrich Rombach zu schreiben, der mich in all meinen Bemühungen in ganz besonderer Weise unterstützt hatte. 1992 erhielt ich die Gelegenheit, an der Universität Würzburg Seminare in der Religionswissenschaft zu halten. Mein erstes Seminar hatte den Buddhismus zum Gegenstand und mein zweites, das ich zusammen mit Michael Leibold hielt, war den Religionen Chinas gewidmet. Als Vorbereitung für dieses zweite Seminar studierten wir intensiv verschiedene klassisch chinesische Texte vom *Yijing* über das *Lunyu* zu Meng Zi, Zhuang Zi bis hin zu chinesisch buddhistischen Texten. Unsere Diskussionen waren in besonderer Weise fruchtbar, da mein Partner Michael Leibold, mit dem ich 1985 Chinesisch zu studieren begonnen hatte, sein Studium der Sinologie inzwischen abgeschlossen hatte, wohingegen ich mein Japanisch vertieft und Philosophie studiert hatte. Immer wieder diskutierten wir über Fragen der Übersetzung und der sprachlichen Strukturen und wie diese im Zusammenhang mit den Inhalten zu verstehen sind. Aus unserer Zusammenarbeit erwuchs dann eine Übersetzung eines Textes von dem chinesischen Buddhisten Seng Zhao (5. Jh. n. u. Z.), die 1999 publiziert wurde. Im Jahr 1997 konnte ich einige Ergebnisse unserer Zusammenarbeit auf der Tagung der *Academie du Midi* zum Thema »Translation und Interpretation« vortragen unter dem Titel: *Übersetzung der Kultur am Beispiel der Übersetzung von buddhistischen Texten vom Sanskrit ins Chinesische.* In diesem Vortrag versuchte ich erstmals strukturell bedeutsame Analysen durchzuführen, die aber noch keine klare Zielrichtung besaßen.

In den darauf folgenden Jahren – seit 1997 war ich Assistent im Fach Philosophie bei Prof. Dr. Günter Wohlfart an der Universität Wuppertal – fertigte ich immer wieder Übersetzungen an und stieß bei meinen Überlegungen zur chinesischen und japanischen Sprache irgendwann in den späten 90er Jahren auf den Text von Christoph Harbsmeier *Zur philosophischen Grammatik des Altchinesischen.* Hier hatte ich eine Quelle gefunden, mit der sich arbeiten ließ. Der Versuch Harbsmeiers, eine philosophische Grammatik des Altchinesischen zu schreiben, regte mich in verschiedenster Weise an, das Thema auch für das Japanische weiter auszuleuchten. Als Vorbereitung für meine Habilitation über das Phänomen der Zeit im Buddhismus begann ich nun intensive Literaturrecherchen zu betreiben und meine Humboldt-Lektüre zu intensivieren.

Die ersten Ergebnisse dieser Überlegungen konnte ich dann im Oktober 2000 in Hildesheim vortragen, wo der damals noch so genannte »Engere Kreis der Allgemeinen Gesellschaft für Philosophie« unter der Leitung von Prof. Dr. Tilman Borsche tagte. Der Titel meines Vortrags lautete damals: *Überlegungen zur philosophischen Grammatik des Altchinesischen.* Dieser Vortrag war dann eine Grundlage für die Ausführungen zur Grammatik des Altchinesischen und Altjapanischen in meiner Habilitationsschrift, die 2001 eingereicht wurde.

Im Jahr 2000 war ich zum Geschäftsführer der »Gesellschaft für interkulturelle Philosophie« unter der Präsidentschaft von Prof. Dr. Ram Adhar Mall geworden. Als es darum ging, ein Thema für den

Persönliches Nachwort

nächsten großen Kongress zu finden, schlug ich das Thema »Sprachen der Philosophie in interkultureller Perspektive« vor. Diese Tagung wurde im Oktober 2002 an der Universität München durchgeführt. Auf der Tagung wurden Vorträge zur philosophischen Analyse von verschiedenen Sprachen wie Altgriechisch, Persisch, Sanskrit, Japanisch, Chinesisch, Hebräisch, afrikanischen Sprachen und Arabisch gehalten. Leider kam es aus gesellschaftsinternen Gründen nicht zu einer Publikation der Tagung.

Im Jahr 2003 konnte ich eine Vorlesung zum Thema *Vielfalt der Sprachen und die Philosophie* an der Universität Wuppertal halten, in der ich vor allem meine Analysen aus der Habilitationsschrift zu vertiefen versuchte. Ein glücklicher Zufall ergab es, dass mir 2005 Hubertus Busche, Philosophieprofessor an der Fernuni Hagen, das Angebot machte, zum Thema Sprachen und Philosophie eine Studieneinheit für den Fernunterricht zu schreiben. Dies gab mir die Gelegenheit, mich auch in verschiedene sprachwissenschaftliche Zusammenhänge weiter einzuarbeiten. Immer wieder war es dabei eine große Schwierigkeit, mit der Fülle des sprachwissenschaftlichen Materials umzugehen und dabei nicht die philosophische Dimension aus dem Blick zu verlieren. Die Unterrichtseinheit ist 2009 in Hagen erschienen.

In einem Gespräch mit Herrn Trabert, dem Leiter des Alber-Verlags, ergab sich 2010 beiläufig die Idee, eine eigenständige Publikation aus der Lehreinheit zum Thema Sprachen und Philosophie zu machen. Ich nahm wieder die Arbeit am Thema auf und nutzte die Gelegenheit im SS 2011, erneut – jetzt an der Universität Hildesheim, wo ich im Juni 2008 eine Professur für Kulturphilosophie erhalten hatte – eine deutlich erweiterte und philosophisch vertiefte Vorlesung zum Thema *Philosophie und die Vielfalt der Sprachen* zu halten. Die Vorlesung und die verschiedenen Kommentare der Studierenden haben mir geholfen, das Thema zu bündeln und philosophisch weiter zuzuspitzen. Die vorliegende Studie kann, wie der beschriebene lange Weg dorthin, nicht mehr als eine Spur meiner bisherigen Auseinandersetzung mit der Vielfalt der Sprachen und ihrem Zusammenhang mit dem Philosophieren sein. Es bleibt noch vieles zu entdecken und ich hoffe, dass das vorliegende Buch dazu ermutigt, verschiedene Sprachen zu erlernen – nicht nur im Zusammenhang mit der Philosophie. Die Wege transformativer Phänomenologie im Zusammenhang mit der Vielfalt der Sprachen sind noch längst nicht ausgeschritten. Sie warten darauf, erwandert zu werden.

Persönliches Nachwort

Dabei werden sicher wieder neue Wege entstehen, die noch gar nicht als Wege zu sehen sind.

Zu guter Letzt danke ich allen, die mich auf meinem Weg in die verschiedenen Sprachen und beim Verfassen dieses Buches begleitet haben, für die vielen Gespräche in unterschiedlichen Sprachen, die hilfreichen Hinweise, die kritischen Einwände, das Korrekturlesen und die Ermutigungen, die philosophische Auseinandersetzung mit der Vielfalt der Sprachen in der vorliegenden Form auszuarbeiten.

Anhang

Tabelle I: Sprachen in Europa

1.	Russisch	Über 100 Mio.
2.	Deutsch	91 Mio. (mit Österreich und Schweiz)
3.	Englisch	59 Mio.
4.	Italienisch	58 Mio.
5.	Französisch	56 Mio.
6.	Ukrainisch	45 Mio.
7.	Polnisch	40 Mio.
8.	Spanisch	30 Mio. (genauer Kastilianisch)
9.	Rumänisch	23 Mio. (inklusive Moldauisch)
10.	Niederländisch	20 Mio. (inklusive Flämisch)
11.	Kroatisch / Serbisch / Bosnisch	5 Mio. / 10 Mio. / 2 Mio.; zusammen 17 Mio. (Verschiedene politisch motivierte Bezeichnungen, aber doch eine Sprache)
12.	Ungarisch	14 Mio.
13.	(Neu-)Griechisch	12 Mio.
14.	Türkisch	7–10 Mio. (im geographisch zu Europa zählenden Teil)
15.	Portugiesisch	10 Mio.
16.	Tschechisch	10 Mio.
17.	Bulgarisch	10 Mio. (inklusive Makedonisch, 2 Mio.)
18.	Schwedisch	8 Mio.
19.	Weißrussisch	8 Mio.
20.	Katalanisch	6 Mio.
21.	Albanisch	5,7 Mio.
22.	Slowakisch	5,7 Mio.

Anhang

23.	Dänisch	5,3 Mio.
24.	Finnisch	5 Mio.
25.	Norwegisch	4,8 Mio. (mit Varietäten)
26.	Romani	Ca. 4,5 Mio. (Sprache der Roma, vor allem in Osteuropa)
27.	Litauisch	3,2 Mio.
28.	Galicisch	3,1 Mio.
29.	Tatarisch	2,2 Mio. (auf europäischem Gebiet in Russland)
30.	Slowenisch	2,1 Mio.
31.	Lettisch	1,5 Mio.
32.	Tschuwaschisch	1,4 Mio. (auf europäischem Gebiet in Russland)
33.	Sardisch	1,4 Mio.
34.	Estnisch	1 Mio.
35.	Baschkirisch	1 Mio. (auf europäischem Gebiet in Russland)
37.	Baskisch	Ca. 800.000
38.	Friesisch	Ca. 750.000
39.	Bretonisch	Ca. 700.000
40.	Rätoromanisch	Ca. 700.000
41.	Kymrisch	Ca. 500.000 (auch Walisisch)
42.	Maltesisch	Ca. 480.000
43.	Letzeburgisch	Ca. 280.000
44.	Jiddisch	Ca. 275.000
45.	Isländisch	Ca. 220.000
46.	Gagausisch	Ca. 220.000
47.	Kalmückisch	Ca. 170.000 (auf europäischem Gebiet in Russland)
48.	Gälisch	Ca. 120.000 (Irland und Schottland)
49.	Sorbisch	Ca. 60.000
50.	Färingisch	Ca. 47.000

Anhang

Tabelle II: Die 23 offiziellen Sprachen der EU

1. Bulgarisch (Български език)
2. Dänisch (Dansk)
3. Deutsch (Deutsch)
4. Englisch (English)
5. Estnisch (Eesti)
6. Finnisch (Suomi)
7. Französisch (Français)
8. Gälisch (Gàidhlig)
9. Griechisch (Ελληνικά)
10. Italienisch (Italiano)
11. Lettisch (Latviski)
12. Litauisch (Lietuviškai)
13. Maltesisch (Malti)
14. Niederländisch (Nederlands)
15. Polnisch (Polski)
16. Portugiesisch (Português)
17. Rumänisch (Română)
18. Schwedisch (Svenska)
19. Slowakisch (Slovenčina)
20. Slowenisch (Slovenščina)
21. Spanisch (Español)
22. Tschechisch (Čeština)
23. Ungarisch (Magyar)

Die in Klammern angeführten Eigenbezeichnungen zeigen, dass in den Amtssprachen der EU außer im Neugriechischen und im Bulgarischen durchgehend das lateinische Alphabet mit entsprechenden Sonderzeichen benutzt wird. Berücksichtigt man Russland, so kommen für ganz Europa noch weitere Abweichungen hinzu.

Tabelle III

Um einen sprachlichen Eindruck von den verschiedenen Sprachzweigen der indoeuropäischen Sprachfamilie zu vermitteln, folgen 55 Fassungen des Anfangssatzes des »Vater unser« in lateinischer Umschrift, ein Vorgehen, das schon Johann Christoph Adelung (1732–1806) und seine

Anhang

Mitarbeiter in ihrem Werk *Mithridates oder Allgemeine Sprachenkunde mit dem Vater Unser als Sprachprobe in beinahe fünfhundert Sprachen und Mundarten* (1806–17) wählten, um die Vielfalt verschiedener Sprachverwandschaften zu verdeutlichen. Die Auflistung beschränkt sich auf die indoeuropäische Sprachfamilie:[1]

Keltisch
Ein Tad, yr hwn wyt yn y nefoedd (Walisisch)
Ár n-atheir, atá ar neamh (Irisch-Gälisch)
Ar n-athair a tha air nèamh (Schottisch-Gälisch)
Ayr ain, t'ayns niau (Manx)
Agan tas ny, us yn nef (Kornisch)

Romanisch
Pater noster, qi es in caelis (Latein)
Notre père, qi es aux cieux (Französisch)
Pare nuestro, que estás nos céus (Spanisch)
Pai nosso, que estás nos céus (Portugiesisch)
Pare nostre, que estau en lo cel (Katalanisch)

Germanisch
Vater unser, der du bist im Himmel (Deutsch)
Undzer voter, vos bist im himl (Jiddisch)
Fæder ūre, Þū Þe eart on heofonum (Altenglisch)
Onze vader, die in de hemelen zit (Niederländisch)
Fader vår, du som er in himmelen (Norwegisch)
Fader vår, som är i himmelen (Schwedisch)
Vor Fader, du som er i himlene (Dänisch)

Baltisch
Teve mūsų, kurs esi danguje (Litauisch)
Mūsu tēvs debesīs (Lettisch)
Tāwa noūson, kas tu essei en dangon (Altpreußisch)

---

[1] Dieses Vorgehen geht zurück auf die erste europäische Sprachenenzyklopädie aus dem 16. Jahrhundert, die auch den Titel *Mithridates* trug. Vgl. Trabant, Mithridates, 116 und für Adelung 229 ff.

Slawisch
Otīče našī iže jesi na nebusīchū (Altkirchenslawisch)
Ótče naš, súščij na nebesách (Russisch)
Ojča naš, katory jěść u nebe (Belorussisch)
Ojcze nasz, któryś jest w niebie (Polnisch)
Otče náš, kterýž jsi v nebesich (Tschechisch)
Otče náš ktorý si v nebesiach (Slowakisch)
Oče naš, što si na neboto (Makedonisch)
Oče naš, kojto si na nebesima (Serbo-Kroatisch)
Otče naš, kojto si na nebesata (Bulgarisch)
Oče naš, ki sa na bebesih (Slowenisch)

Griechisch
Páter 'ēmōn, 'o en toīs ouranoīs (Neues Testament)
Patéra mas, poù eīsai stoús ouranoús (Neugriechisch)

Albanisch
Ati ynë që je në qiell

Armenisch
Mer hayr or erknk'umn (östlicher)
Ov hayr mer or erkink'n es (westlich)

Iranisch
Max fyd, kæcy dæ ærvty midæg (Ossetisch)
Yā bāwk-ī ēma, ka la āsmān-āy (Kurdisch)
Ei pedar-e-mā, ke dar āsmān ast (Persisch)
Phith manī, ki bihishtā asti (Belutschi)
Aj jmuğ plāra, če pa āsmān kxe ye (Paschto)

Indisch
Bho asmākham svargastha pitah (Sanskrit)
Saggatha no pitā (Pali)
He hamāre svargbāsī pitā (Hindi)
He sāde pitā, jihrā surg vic hai (Pandschabi)
E asān-jā piu, jo āsmāna men āhe (Sindhi)
He hāmrā svargavāsī pitā (Nepali)
O ākāśamānnā amārā bāpa (Gujurati)
He āmacya sargātila pityā (Marathi)

395

Anhang

Svargayehi vädasitina apagē piyān)eni (Singhalesisch)
He āmār svargat thakā pitri (Assamesisch)
He āmāder svargastha pitā (Bengali)
He āmbharmānañka svargasha pitā (Oriya)
Dáde amaré, kai isién k'o devlé (Romani)

Tabelle IV: Ausdrücke mit *ki* im Japanischen

Naturwissenschaft
電気 denki = Strom, Elektrizität
磁気 jiki = Magnetismus
換気 kanki = Lüftung, Ventilation
気圧 kiatsu = Luftdruck
気団 kidan = Luftmasse
気泡 kihō = Luftblase
気体 kitai = Gas

Medizin
気孔 kikō = Pore, Atemöffnung
気功 kikō = Akupunktur
気血 kiketsu = Ki und Blut im Körper
気管 kikan = Luftröhre
気息 kisoku = Atem
病は気から yamai wa ki kara = Krankheiten entstehen aus dem Zustand des Ki
病気 byōki = krank

Wirtschaft
景気 keiki = Konjunktur
気配 kihai = allg. Stimmung, Tendenz (Börse)

Klima
蒸気 jōki = Dampf
寒気 kanki = Kälte
気候 kikō = Klima
気温 kion = Temperatur
気類 kirui = alle Dinge zwischen Himmel und Erde
気象 kishō = Wetter

気色 kishoku = Stimmung, Wetter
空気 kūki = Luft, Atmosphäre, Klima
熱気 nekki = Heißluft
湿気 shikki = Luftfeuchtigkeit
暑気 shoki = Hitze
秋気 shūki = Herbststimmung, Herbstwetter
天気 tenki = Wetter
温気 unki = Schwüle
雲気 unki = Wolkenzustände
夜気 yaki = Nachtluft
雨気 amake = Regenhimmel
夏気 kaki = sommerliche Ki
気節 kisetsu = Jahreszeit

Stimmung / Atmosphäre
雰囲気 funiki = Stimmung, Atmosphäre
気分 kibun = Gefühl, Laune, Stimmung
気風 kifū = Atmosphäre, »Geist«
人気 hitoke = Anzeichen von jemandem in der Umgebung
氣印 kein = »Hochstimmung«
鬼気 kiki = dämonische Atmosphäre
和気 waki = harmonische Atmosphäre
陽気 yōki = lebendige Atmosphäre
妖気 yōki = Atmosphäre, in der Ungutes in der Luft liegt
気味 kimi = »Geschmack des Ki«: »etwas liegt in der Luft«

Psychologie
正気 shōki = klares Bewusstsein
気気 kigi = Ki eines jeweiligen Menschen / die verschiedenen Ki des Menschen
気勢 kisei = psychische Lebenskraft
気象 / 気性 kishō = Temperament, Charakter
才気 saiki = Intelligenz, Geistesreichtum
生気 seiki = der Geist
気心 kigokoro = innerste Gefühle und Gedanken
気絶 kizetsu = Ohnmacht

Anhang

Ästhetik

気韻 kiin (no aru) = elegant (klingendes ki)
気品 kihin (no aru) = edel, vornehm, fein
色気 iroke = sex appeal
浮気 uwaki = Affäre, Seitensprung
男気 otokogi = männlich, Macho
女気 onnake = weiblich
勝気 kachiki (na) = siegeslustig

Wille

意気 iki = Mut, Begeisterung, Tatwillen
嫌気 iyaki = Unlust, Widerwillen
気合 kiai = Entschlossenheit, Energie, Mut
気概 kigai = Entschlossenheit, Mut
殺気 sakki = Mordlust, Blutdurst

Gefühl

気持ち kimochi = Gefühl, Stimmung
怒気 doki = Ärger, Zorn
元気 genki = Frische, Lebendigkeit, Energie
衒気 genki = Arroganz, Anmaßung
平気 heiki (de) = gleichgültig, ungerührt
本気 honki = ernsthaft, seriös
気軽 kigaru (ni) = frei, ungeniert
気苦労 kigurō = Sorge, Sorgen
気丈 kijō = Herzhaftigkeit, Tapferkeit
気前 kimae = Großzügigkeit, Freigebigkeit
気楽 kiraku (na) = sorglos, bequem
気鬱 kiutsu = Melancholie
気障 kiza (na) = affektiert, prätentiös
侠気 kyōki = ritterlicher Geist
狂気 kyōki = Wahnsinn
生意気 namaiki = Frechheit
生気 seiki = Frische, Vitalität
弱気 yowaki = Schwäche, Schwachheit
勇気 yūki = Mut
内気 uchiki (na) = introvertiert
活気 kakki = Belebtheit, Lebendigkeit

Bewegungs- und Kampfkunst
合気道 Aikidō = Weg des sich treffenden / versammelnden Ki (Bewegungskunst)
気合 kiai = Entschlossenheit, Energie (im Kampfsport)

Verschiedenes
堅気 katagi = solide, fest, tugendhaft, ernst
気転 kiten = Geschicklichkeit
気運 kiun = Lauf des Schicksals
人気 ninki = Popularität
花気 kaki = Duft einer Blume
気随 kizui = dem eigenen Ki folgen, eigensinnig
気音 kion = aspirierter Laut
気働き kibataraki = Wirken des Ki
気力 kiryoku = Kraft des Ki

Die bisher aufgezählten Wörter bestehen zumeist aus zwei chinesischen Zeichen, so dass sie ohne weiteren Zusatz als Substantive gedeutet werden können. Die nun folgenden Wendungen bestehen aus mehreren Bestandteilen. Der erste Bestandteil ist immer das *Ki*, gefolgt von einer grammatischen Partikel – ga, ni, no, wo –, die im japanischen verschiedene Funktionen erfüllen, die hier aber nicht weiter besprochen werden müssen. Der dritte Teil der Wendungen ist entweder ein Verb oder ein Adjektiv, das durch die grammatischen Partikel mit dem *Ki* zusammengebunden wird. Die folgende Liste ist nicht nach Themen, sondern nach Partikeln geordnet.

気が荒い ki ga arai (wild, stürmisch, grob) = wild, leidenschaftlich, unbeherrscht
気が小さい ki ga chiisai (klein) = furchtsam, ängstlich, übertrieben, gewissenhaft
気が早い ki ga hayai (schnell) = voreilig, unüberlegt, überstürzt
気が細い ki ga hosoi (dünn, schmal), unruhig, nervös
気がいい ki ga ii (gut) = unkompliziert, brav, gutherzig
気が軽い ki ga karui (leicht) = unbeschwert, sorglos, locker
気が変わりやすい ki ga kawariyasui (leicht änderbar) = launisch, unberechenbar
気が短い ki ga mijikai (kurz) = ungeduldig, (stets) unruhig, nervös
気が長い ki ga nagai (lang) = langmütig, ruhig, geduldig

気が多い ki ga ōi (zahlreich) = vielseitig, unternehmungslustig (bis »sich verzetteln«)
気が大きい ki ga ōkii (groß) = großherzig, großzügig
気が重い ki ga omoi (schwer) = schwermütig sein
気が高い ki ga takai (hoch) = hochmütig
気が強い ki ga tsuyoi (stark) = wissen, was man will, sich nichts gefallen lassen
気が若い ki ga wakai (jung) = geistig jung sein, sich jung fühlen
気が悪い ki ga warui (böse, schlecht) = boshaft, hintertrieben
気が弱い ki ga yowai (schwach) = unsicher, schwächlich
気が合う ki ga au (zusammentreffen) = aufeinander eingespielt sein, zusammenpassen
気が利く ki ga kiku (wirken) = aufmerksam, zuvorkommend sein
気が回る ki ga mawaru (sich drehen, kreisen) = auf die kleinsten Dinge achten; nichts der Aufmerksamkeit entgehen lassen
気が通る ki ga tōru (durchdringen) = verständnisvoll sein; einen durchdringenden Geist, Sinn haben
気が付かない ki ga tsukanai (nicht anhaften) = unaufmerksam sein, nicht bemerken
気が緩む ki ga yurumu (sich lösen, lockern) = unaufmerksam sein

気に当たる ki ni ataru (treffen) = auf die Nerven fallen; die Laune verderben
気に会う ki ni au (treffen, passen) = Gefallen finden an etwas
気に違う ki ni chigau (anders, falsch) = die Laune, Stimmung verderben
気に入らない ki ni iranai (nicht hineingehen) = nicht gefallen
気に入る ki ni iru (hineingehen) = gefallen
気に食わない ki ni kuwanai (nicht essen) = den eigenen Gedanken, Wünschen, Vorlieben nicht entsprechen
気に逆らう ki ni sakarau (sich widersetzen) = die Gefühle anderer verletzen, rücksichtslos sein
気に障る ki ni sawaru (stören) = auf die Nerven gehen, die Laune verderben
気にする ki ni suru (tun, machen) = etwas nicht vergessen können
気に進まない ki ni susumanai (nicht vorankommen) = sich mit einer Sache etc. nicht anfreunden können
気に留める ki ni tomeru (anhalten) = besondere Aufmerksamkeit auf etwas lenken

気に病む ki ni yamu (leiden) = sich zu Herzen nehmen

気の毒 ki no doku = bemitleidenswert, arm
気の方 ki no kata = Depression
気のきいた ki no kiita = aufmerksam, einfühlsam, geschmackvoll
気の薬 ki no kusuri = Herzensbalsam, »Seelenbalsam«
気のまま ki no mama = unbekümmert, nach Lust und Laune
気の回り ki no mawari = besorgte Aufmerksamkeit
気の迷い ki no mayoi = Unentschlossenheit, geistiges Schwanken
気の持ちよう ki no mochiyō = Geisteshaltung, Sichtweise
気のない ki no nai = unbeteiligt, gleichgültig
気の病 ki no yamai = »seelisches Leiden«
気の図 ki no zu = Nachsinnen, grübeln

気を出す ki wo dasu (herauslassen) = voller Energie und Lebenskraft sein
気を得る ki wo eru (erreichen) = wieder munter werden
気を励ます ki wo hagemasu (ermuntern) = seine Kräfte zusammennehmen
木を運ぶ ki wo hakobu (bringen) = von einem Gedanken besessen sein
気を吐く ki wo haku (spucken) = lebensvolle, kräftige Worte äußern; voller Begeisterung sein
気を張る ki wo haru (aufspannen) – alle seine Sinne zusammennehmen, keine Blöße zeigen
気を隔たる ki wo hedateru (entfernen, entfremden) = nicht vertraulich werden können mit etwas oder jemandem
気を減らす ki wo herasu (vermindern) = vor Ungeduld brennen
気を引く ki wo hiku (ziehen) = die Aufmerksamkeit auf sich ziehen
気を入れる ki wo ireru (hineintun) = aufmerksam, vorsichtig, besorgt sein
気を傷める ki wo itameru (schädigen) = tief besorgt, voller schlechter Vorahnungen sein
気を変える ki wo kaeru (ändern) = seinen Sinn ändern
気を利かせる ki wo kikaseru (wirken lassen) = sich taktvoll, aufmerksam benehmen
気を込める ki wo komeru (hineinlegen) = sich auf etwas konzentrieren
気を配る ki wo kubaru (verteilen) = auf etwas Acht geben, kümmern
気を回す ki wo mawasu (drehen) = sich zu viel Gedanken machen; zu aufmerksam sein

Anhang

気を持たせる ki wo motaseru (tragen lassen) = in jemandem Erwartungen wecken
気を飲まれる ki wo nomareru (getrunken werden) = überwältigt sein
気を飲む ki wo nomu (trinken) = in eine große Schwierigkeit geraten
気を死なす ki wo shinasu (sterben lassen) = enttäuscht sein
気を唆る ki wo sosoru (anregen) = Interesse, Verlangen erregen
気を取る ki wo toru (nehmen) = schmeicheln
気を使う ki wo tsukau (gebrauchen) = aufmerksam sein, sich nicht gehen lassen
気を移す ki wo utsusu (verlagern) = den Sinn ändern

Literaturverzeichnis

Abu-Lughod, Lila: Writing Against Culture, in: Richard Fox (ed.): Recapturing Anthropology. Working in the Present, Santa Fe 1991, 137–162.
Adelung, Johann Christoph: Umständliches Lehrgebäude der Deutschen Sprache, Leipzig 1782.
Adrados, Francisco R.: Geschichte der griechischen Sprache. Von den Anfängen bis heute, Tübingen / Basel 2002.
Allolio-Näcke, Lars / Kalscheuer, Britta / Manzeschke, Arne (Hg.): Differenz anders denken. Bausteine zu einer Kulturtheorie der Transdifferenz, Frankfurt a. M. 2005.
Anderson, Benedict: Die Erfindung der Nation. Zur Karriere eines folgenreichen Konzepts, Frankfurt / New York 2005.
Andersson, Sven-Gunnar: Aktionalität im Deutschen. Eine Untersuchung unter Vergleich mit dem russischen Aspektsystem, 1. Teil: Die Kategorien Aspekt und Aktionsart im Russischen und im Deutschen, Uppsala 1972.
Apel, Karl-Otto: Die Idee der Sprache in der Tradition des Humanismus von Dante bis Vico, Bonn 1963.
Arens, Hans (Hg.): Sprachwissenschaft. Der Gang ihrer Entwicklung von der Antike bis zur Gegenwart, dargestellt, dokumentiert und interpretiert, 2. Bd., Freiburg / München 2. Auflage 1969.
Aristoteles: Kategorien / Lehre vom Satz, übers. v. E. Rolfes, Hamburg 1974.
Assmann, Aleida / Assmann, Jan / Hardmeier, Christof (Hgg.): Schrift und Gedächtnis. Beiträge zur Archäologie der literarischen Kommunikation, München 1983.
Augustinus, Aurelius: De vera religione / Über die wahre Religion, übers. v. Wilhelm Thimme, Stuttgart 1983.
Auroux, Sylvain et al. (Hg.): Geschichte der Sprachwissenschaften. Ein internationales Handbuch zur Entwicklung der Sprachforschung von den Anfängen bis zur Gegenwart, 1. Teilbd., Berlin / New York 2000.
Austin, John L.: Zur Theorie der Sprechakte, Stuttgart 1972.
Bachmann-Medick, Doris: Vorwort, in: Übersetzung als Repräsentation fremder Kulturen, hg. v. Bachmann-Medick, Berlin 1997.
Baker, G.: How shall we relate Christianity to other religions?, in: The Journal of Religion, 9 / 3 (1929).
Bastian, Adolf: Der Mensch in der Geschichte. Zur Begründung einer psychologischen Weltanschauung. Die Psychologie als Naturwissenschaft, 1. Band, Leipzig 1860.

Literaturverzeichnis

Bauer, Wilhelm: Die Grundlagen des »Buches der Wandlungen«, in: I Ging. Text und Materialien, übers. v. R. Wilhelm, Köln 1973.

Bergson, Henri: Zeit und Freiheit, Frankfurt a. M. 1989.

Besch, Werner et al. (Hg.): Sprachgeschichte. Ein Handbuch zur Geschichte der deutschen Sprache und ihrer Erforschung, 2. Auflage, 4 Teilbände, Berlin / New York 1998–2004.

Bidney, David: Myth, Symbolism, and Truth, in: The Journal of American Folklore, Myth: A Symposium, 68 / 270 (1955).

Böhme, Hartmut; Matussek, Peter; Müller, Lothar: Orientierung Kulturwissenschaft, Reinbek bei Hamburg 2000.

Böhtlingk, Otto (Hg.): Pāṇini's Grammatik, Bonn 1839–1840.

Bodmer, Frederick: Die Sprachen der Welt. Geschichte – Grammatik – Wortschatz in vergleichender Darstellung, Köln / Berlin 1960.

Bollenbeck, Georg: Bildung und Kultur. Glanz und Elend eines deutschen Deutungsmusters, Frankfurt a. M. 1994.

Bopp, Franz: Ausführliche Lehrgebäude der Sanskrita-Sprache, Berlin 1827.

Boretzky, Norbert: Kreolsprachen, Substrate und Sprachwandel, Wiesbaden 1983.

Borsche, Tilman: Die Säkularisierung des tertium comparationis. Eine philosophische Erörterung der Ursprünge des vergleichenden Sprachstudiums bei Leibniz und Humboldt, in: T. De Mauro / L. Formigari (Hg.): Leibniz, Humboldt, and the Origins of Comparativism, Amsterdam 1990, 103–118.

Borsche, Tilman: Sprachansichten. Der Begriff der menschlichen Rede in der Sprachphilosophie Wilhelm von Humboldts, Stuttgart 1981.

Borsche, Tilman (Hg.): Herder im Spiegel der Zeiten: Verwerfungen der Rezeptionsgeschichte und Chancen einer Relektüre, München 2006.

Borsche, Tilman (Hg.), Klassiker der Sprachphilosophie. Von Platon bis Noam Chomsky, München 1996.

Borsche, Tilman: Wilhelm von Humboldt, München 1990.

Braem, Penny Boyes: Einführung in die Gebärdensprache und ihre Erforschung, Hamburg 1992.

Brands, Hartmut: »Cogito ergo sum«. Interpretationen von Kant bis Nietzsche, Freiburg / München 1982.

Brandt, Reinhard: Die Interpretation philosophischer Werke. Eine Einführung in das Studium antiker und neuzeitlicher Philosophie, Stuttgart 1984.

Brandt, Reinhard: Die literarische Form philosophischer Werke, in: Universitas 40, 1985.

Brockmeier, Jens: Literales Bewusstsein. Schriftlichkeit und das Verhältnis von Sprache und Kultur, München 1998.

Brugman, Karl; Delbrück, Berthold: Grundriß der vergleichenden Grammatik der indogermanischen Sprachen, Bd. 2, Straßburg 1916.

Buchner, Hartmut (Hg.): Japan und Heidegger, Sigmaringen 1989.

Busche, Hubertus: Was ist Kultur? Erster Teil: Die vier historischen Grundbedeutungen, in: Dialektik. Zeitschrift für Kulturphilosophie 1 (2000), 69–90.

Buske, Helmut: Einführung in die Hieroglyphenschrift, Hamburg 2005.

Canbulat, Mehmet: Formalisierung und Konzeptualisierung von Zeit im Türkischen und Deutschen, Frankfurt a. M. 2002.

Cassirer, Ernst: Philosophie der symbolischen Formen, in: Ernst Cassirer, Gesammelte Werke, hg. v. Birgit Recki, Bd. 11, Hamburg 2001.
Cicero, Marcus Tullius: Gespräche in Tusculum, übers. u. hg. v. Olof Gigon, München 1970.
Chang, Tsai: Rechtes Auflichten, hg. und übers. v. M. Friedrich et al., Hamburg 1996.
Chen, Tingyou, Chinese Calligraphy, Cambridge University Press 2011.
Cole, L. J.; Wright, W. H.: Application of the Pure-Line Concept to Bacteria, The Journal of Infectious Diseases, 19:2 (1916).
Coulmas, Florian et al.: Kleines Formellexikon Japanisch-Deutsch, Berlin 1983.
Coulmas, Florian: The Blackwell Encyclopedia of Writing Systems, Oxford 1996.
Coulmas, Florian: Über Schrift, Frankfurt a.M. 1981.
Coseriu, Eugenio: Die Geschichte der Sprachphilosophie von der Antike bis zur Gegenwart, neu bearbeitet und erweitert von Jörn Albrecht, Tübingen / Basel 2003.
Crollius, Ary Roest: What is so new about Inculturation?, in: Inculturation. Working Papers on living Faith and Cultures, Rom 1984.
Crystal, David: Die Cambridge Enzyklopädie der Sprache, Köln 1998.
DeCamp, David: The Development of Pidgin and Creole Studies, in: Albert Valdman (Hg.), Pidgin and Creole Linguistics, Indiana 1977, 3–20.
Derrida, Jaques: Die différance, in: Postmoderne und Dekonstruktion, Texte französischer Philosophen der Gegenwart, hg. v. Peter Engelmann, Stuttgart 1990.
Derrida, Jaques: Grammatologie, übers. v. H.-J. Rheinberger u. H. Zischler, 4. Aufl. Frankfurt a.M. 1992.
Deutsche Encyclopädie oder Allgemeines Real-Wörterbuch aller Künste und Wissenschaften, 23 Bde., Bd. 6 Coa – Dek, 1778–1807.
Dhavamony, Mariasusai: Christian Theology of Inculturation, Rom 1997.
Donalies, Elke: Die Wortbildung des Deutschen. Ein Überblick, 2. überarbeitete Auflage, Tübingen 2005.
Drosdowski, Günther et al. (Hg.): Duden, Grammatik der deutschen Gegenwartssprache, 4. völlig neu bearbeitete und erweiterte Auflage, Mannheim 1984.
Drosdowski, Günther et al. (Hg.): Duden, Grammatik der deutschen Gegenwartssprache, 5. völlig neu bearbeitete und erweiterte Auflage, Mannheim 1995.
Dschuang Dsi: Das wahre Buch vom südlichen Blütenland, übers. v. Richard Wilhelm, Köln 1984.
Dumoulin, Heinrich: Geschichte des Zen-Buddhismus, 2 Bde., Bern 1986.
Dumoulin, Heinrich (Übers.): Mumonkan. Die Schranke ohne Tor. Meister Wumen's Sammlung der 48 Kōan, Mainz 1975.
Dürscheid, Christa: Einführung in die Schriftlinguistik, 3. überarbeitete und ergänzte Auflage 2006, Göttingen 2006.
Eco, Umberto: Die Suche nach der vollkommenen Sprache, 3. Auflage, München 2002.
Elberfeld, Rolf: Bilder und Bedeutung zwischen Sinnlichkeit und Denken – Vexierbilder und chinesische Schrift, in: Weltbild – Bildwelt, hg. v. Walter Schweidler, St. Augustin 2007, 337–346.
Elberfeld, Rolf: Globale Wege der Philosophie im 20. Jahrhundert. Die Weltkon-

gresse für Philosophie 1900–2008, in: Allgemeine Zeitschrift für Philosophie, 1:2009.

Elberfeld, Rolf: Heidegger und das ostasiatische Denken. Annäherungen zwischen fremden Welten. In: D. Thomä (Hg.): Heidegger-Handbuch. Leben – Werk – Wirkung. Stuttgart / Weimar 2003.

Elberfeld, Rolf: Laozi-Rezeption in der deutschen Philosophie. Von der Kenntnisnahme zur »Wiederholung«, in: Philosophieren im Dialog mit China, hg. v. H. Schneider, Köln 2001.

Elberfeld, Rolf: Ort – Derrida und Nishitani, in: Komparative Philosophie. Begegnungen zwischen östlichen und westlichen Denkwegen, hg. v. R. Elberfeld et al., München 1998.

Elberfeld, Rolf: Philosophie in Japan – Japanische Philosophie. Perspektiven der Philosophiegeschichtsschreibung im 20. Jahrhundert, in: Polylog. Zeitschrift für interkulturelles Philosophieren, Nr. 10 / 11, 2004, 51–66.

Elberfeld, Rolf (Hg.): Was ist Philosophie? Programmatische Texte von Platon bis Derrida, Stuttgart 2006.

Elberfeld, Rolf; Leibold, Michael; Obert, Mathias: Denkansätze zur buddhischen Philosophie in China. Seng Zhao – Jizang – Fazang zwischen Interpretation und Übersetzung, Köln 2000.

Elberfeld, Rolf: Phänomenologie der Zeit im Buddhismus. Methoden interkulturellen Philosophierens, Stuttgart 2004.

Elias, Norbert: Der Prozeß der Zivilisation, 2 Bde., Frankfurt a. M. 1997.

Encyclopédie philosophique universelle, Bd. 4, Le discours philosophique, hg. v. Jean-François Mattéi, Paris 1998.

Erkes, E.: Ho-Shang-Kung's commentary on Lao-tse, Ascona 1950.

Eschbach-Szabó, Viktoria: Temporalität im Japanischen, Wiesbaden 1986.

Eschbach-Szabó, Viktoria: Sprache und Denken in der Japanischen Sprachforschung während der Zeit des Kokugaku, in: Geschichte der Sprachwissenschaften. Ein internationales Handbuch zur Entwicklung der Sprachforschung von den Anfängen bis zur Gegenwart, hg. v. Sylvain Auroux et al. 1. Teilbd., Berlin / New York 2000, 85–92.

Danto, Arthur C.: Rezension zu: Lewis Samuel Feuer, Psychoanalysis and Ethics, in: The American Journal of Sociology, 62/1 (1956).

Finck, Frank Nikolaus: Die Haupttypen des Sprachbaus, Leipzig 1910.

Fisch, Jörg: Zivilisation, Kultur, in: O. Brunner et al. (Hg.), Geschichtliche Grundbegriffe. Historisches Lexikon zur politisch-sozialen Sprache in Deutschland, Bd. 7, Stuttgart 1992, 679–774.

Flusser, Vilém: Gesten. Versuch einer Phänomenologie, Düsseldorf 1991.

Földes, Csaba: Was ist Kontaktlinguistik? Notizen zu Standort, Inhalten und Methoden einer Wissenschaftskultur im Aufbruch, in: Hubert Bergmann et al. (Hg.): Fokus Dialekt. Analysieren – Dokumentieren – Kommunizieren. Festschrift für Ingeborg Geyer zum 60. Geburtstag, Hildesheim / Zürich / New York, 133–156.

Foulk, T. Griffith: The Form and Funktion of Koan Literature. A Historical Overview, in: The Kōan. Texts and Contexts in Zen Buddhism, hg. v. S. Heine et. al., Oxford 2000.

Frisch, Karl von: Tanzsprache und Orientierung der Bienen, Berlin 1965.
Fuchs, Walter: Zur technischen Organisation der Übersetzungen, in: Asia Major, 1930, 84–103.
Gabelentz, Georg von: Chinesische Grammatik. Mit Ausschluss des niederen Stils und der heutigen Umgangssprache, Leipzig 1881, vierte Auflage Halle (Saale) 1960.
Gabriel, Gottfried: Literarische Form und nicht-propositionale Erkenntnis in der Philosophie, in: G. Gabriel u. C. Schildknecht (Hg.), Literarische Formen der Philosophie, Stuttgart 1990.
Gamm, Gerhard: Ich denke, es denkt. G. Ch. Lichtenbergs Aphorismus über das ›Es‹: Historische Kontexte und philosophische Konsequenzen, in: ders., Nicht nichts, Frankfurt a. M. 2000.
Gassmann, Robert H.: Grundstrukturen der antikchinesischen Syntax. Eine erklärende Grammatik, Bern 1997.
Georgiev, Vladimir I.: Das Medium: Funktion und Herkunft, in: Grammatische Kategorien. Funktion und Geschichte, hg. v. B. Schlerath, Wiesbaden 1985.
Gerrison, Jeff; Kimiya, Kayoko: Communicating with Ki. The »Spirit« in Japanese Idioms, Tokyo 1994.
Gesner, Conrad: Mithridates sive de differentiis linguarum tum veterum tum quae hodie apud diversas nationes in usu sunt, Tiguri 1555.
Gessinger, Joachim; Rahden, Wolfert von (Hg.): Theorien vom Ursprung der Sprache, 2. Bd., Berlin / New York 1989.
Gipper, Helmut: Gibt es ein sprachliches Relativitätsprinzip? Untersuchungen zur Sapir-Whorf-Hypothese, Frankfurt a. M. 1972.
Glavina-Ivanus, Sanja: Aspekte und Aktionsarten als Möglichkeiten zur Unterstützung des temporalen Ausdrucks in der Sprache, 1997, Internetseite: http://www.linse.uni-due.de/esel-seminararbeiten/articles/aspekte-und-aktionsarten-als-moeglichkeiten-zur-unterstuetzung-des-temporalen-ausdrucks-in-der-sprache.html, 10.3.2012.
Göpper, Roger: Shu-pu. Der Traktat zur Schriftkunst des Sun Kuo-ting, Wiesbaden 1974.
Gordon, Raymond C. (Hg.): Ethnologue. Languages of the World, 15. Auflage, Dallas 2005.
Graham, Angus Charles: Disputers of the Dao, Princeton 1989.
Grewensdorf, Günther: Noam Chomsky, München 2006.
Grimm, Tilemann: Der chinesische Kanon – seine Struktur, Funktion und Kritik, in: Kanon und Zensur, hg. v. A. u. J. Assmann, München 1987.
Günther, Hartmut; Ludwig, Otto (Hg): Schrift und Schriftlichkeit. Ein interdisziplinäres Handbuch, Bd. 10, Berlin / New York 1994.
Halbfass, Wilhelm: Indien und Europa, Stuttgart 1981.
Haarmann, Harald: Kleines Lexikon der Sprachen. Von Albanisch bis Zulu, München 2001.
Haarmann, Harald: Universalgeschichte der Schrift, Frankfurt / New York 1991.
Hahn, Oliver: Arte. Der europäische Kulturkanal. Eine Fernsehsprache in vielen Sprachen, München 1997.
Hamaguchi, Eshun: Ein Modell zur Selbstinterpretation der Japaner – »Intersub-

Literaturverzeichnis

jekt« und »Zwischensein«, in: Die kühle Seele. Selbstinterpretationen der japanischen Kultur, hg. v. Jens Heise, Frankfurt a. M. 1990.

Happ, E. et al.: Organon. Griechische Grammatik, München 1995.

Harbsmeier, Christoph: Language and Logic, in: Joseph Needham, Science and Civilisation in China, vol. 7, part I, Cambridge 1998.

Harbsmeier, Christoph: Zur philosophischen Grammatik des Altchinesischen im Anschluß an Humboldts Brief an Abel-Rémusat, in: Wilhelm von Humboldt, Brief an M. Abel-Rémusat. Über die Natur grammatischer Formen im allgemeinen und über den Geist der chinesischen Sprache im besonderen, hg. u. übers. v. C. Harbsmeier, Stuttgart-Bad Cannstatt 1979.

Harnack, Adolf von: Geschichte der königlich preussischen Akademie der Wissenschaften zu Berlin, 1. Band, erste Hälfte, Berlin 1900.

Hartmann, Peter: Einige Grundzüge des japanischen Sprachbaus, vorgezeigt an den Ausdrücken für das Sehen, Heidelberg 1952.

Haskell, Edward F.: Lance. A Novel About Multicultural Men, 1941.

Haussig, Carl; Troll, Paul; Stosch, Wilfried: Lateinische Kurzgrammatik, 16. Auflage, Frankfurt a. M. 1975.

Havelock, Eric A.: Schriftlichkeit. Das griechische Alphabet als kulturelle Revolution, Weinheim 1990.

Hegel, Georg Wilhelm Friedrich: Werke in 20 Bd., hg. v. E. Moldenhauer u. K. M. Michel, Frankfurt a. M. 1970.

Heidegger, Martin: Unterwegs zur Sprache, siebte Auflage, Pfullingen 1982.

Heidegger, Martin: Zeit und Sein, in: ders., Zur Sache des Denkens, Tübingen 1969.

Heiler, Friedrich: Die buddhistische Versenkung, zweite vermehrte und verbesserte Auflage 1922.

Heine, Steven: Dōgen and the Kōan Tradition. A Tale of Two Shōbōgenzō Texts, New York 1985.

Heine, Steven et. al. (Hg.): The Kōan. Texts and Contexts in Zen Buddhism, Oxford 2000.

Hempel, Heinrich: Wortklassen und Bedeutungsweisen, in: ders., Bedeutungslehre und allgemeine Sprachwissenschaft, Tübingen 1980, 74–104.

Herbermann, Clemens-Peter: Gibt es subjektlose Sätze? Eine Untersuchung zu den Begriffen ›Subjekt‹ und ›Prädikat‹ (sowie ›Thema‹ und ›Rhema‹), in: Acta Linguistica Academiae Scientiarum Hungaricae 33 (1983 [1985]), 13–63.

Herder, Johann Gottfried: Ideen zur Philosophie der Geschichte der Menschheit, in: Werke in 10 Bänden, hg. v. M. Bollacher et al., Bd. 6, Frankfurt a. M. 1986 ff.

Herrigel, Eugen: Zen in der Kunst des Bogenschießens, München 1948/1951, 35. Auflage München 1994.

Herskovits, Melville J.: The Significance of the Study of Acculturation for Anthropology, in: American Anthropologist, New Series, Bd. 39, Nr. 2, 1937.

Holenstein, Elmar: China ist nicht ganz anders, Zürich 2009.

Horn, C; Rapp, C. (Hg.): Wörterbuch der antiken Philosophie, München 2002.

Humboldt, Wilhelm von: Brief an M. Abel-Rémusat. Über die Natur grammatischer Formen im allgemeinen und über den Geist der chinesischen Sprache im besonderen, nach der Ausgabe Paris 1827 ins Deutsche übertragen und mit einer Einführung versehen v. Christoph Harbsmeier, Zur philosophischen Grammatik

des Altchinesischen im Anschluß an Humboldts Brief an Abel-Rémusat, Stuttgart-Bad Cannstatt 1979.
Humboldt, Wilhelm von: Schriften zur Sprachphilosophie, in: Werke in fünf Bänden, Bd. 3, hrsg. v. A. Flitner u. K. Giel, 8. Auflage, Darmstadt 1996.
Ikeda, Tadashi: Classical Japanese Grammar illustrated with Texts, Tokyo 1975.
Inatomi, Eijiro; Ueda, Takeshi (Übers.): Zen to umi, Tokyo 1981, 16. Aufl. 1996.
Iser, Wolfgang: Der Akt des Lesens – Theorie ästhetischer Wirkung, Stuttgart 1976.
Izutsu, Toshihiko: Die Philosophie des Zen-Buddhismus, Reinbek bei Hamburg 1986.
Jackob, Nikolaus; Petersen, Thomas; Roessing, Thomas: Strukturen der Wirkung von Rhetorik. Ein Experiment zum Wirkungsverhältnis von Text, Betonung und Körpersprache, in: Publizistik 53 (2), 2008, 215–230.
Jacobi, Hermann: Über den nominalen Stil des wissenschaftlichen Sanskrit, in: Indogermanische Forschungen, 14 / 1903, 236–251.
Jacobi, Hermann: Was ist Sanskrit?, in: Scientia 14 / 1913, 251–274.
Jäger, Henrik: Der Daodejing-Kommentar des Chan-Meisters Hanshan Dequing (1546–1623), Microfiche, Marburg 1999.
James, William: The Essential Writings, hg. v. Bruce W. Wilshire, New York 1984.
Jungen, Oliver; Lohnstein, Horst: Geschichte der Grammatiktheorie. Von Dionysios Thrax bis Noam Chomsky, München 2007.
Kant, Immanuel: Kritik der reinen Vernunft, 1781/1787.
Kant, Immanuel: Kritik der Urteilskraft, 1788.
Kantor, Hans Rudolf: ›Right Words are Like the Reverse‹. The Daoist Rhetoric and the Linguistic Strategy in Early Chinese Buddhism, in: Asian Philosophy, 20/3, November 2010, 283–307.
Karlgren, Bernhard: Schrift und Sprache der Chinesen, 2. Auflage Berlin 2001.
Kemmer, Suzanne: The Middle Voice, Amsterdam 1993.
Kenkō, Yoshida: Betrachtungen aus der Stille, übers. v. Oscar Benl, Frankfurt a. M. 1991.
Kenkō, Yoshida: Draußen in der Stille. Klassische Erzählungen, Anekdoten und Aphorismen, aus dem Japanischen von Jürgen Berndt, Berlin 1993.
Kimura, Bin: Zwischen Mensch und Mensch. Strukturen japanischer Subjektivität, übers. v. Elmar Weinmayr, Darmstadt 1995.
Köller, Wilhelm: Philosophie der Grammatik. Vom Sinn grammatischen Wissens, Stuttgart 1988.
Kraft, Eva: Zum Huai-nan-tzu. Einführung, Übersetzung (Kapitel I und II) und Interpretation, in: Monumenta Serica XVI (1957).
Kress, Gunther (Hg.), Halliday: System and function in language, London 1976.
Kroeber, Alfred Louis; Kluckhohn, Clyde: Culture. A Critical Review of Concepts and Definitions, Cambridge 1952.
Kubny, Manfred: Die Entwicklung des chinesischen Konzeptes Qi als Lebenskraft im Hinblick auf seine qualitative Bedeutung bei der Ausführung der Übungen des Qigong und des Yangsheng, in: Das Qi kultivieren. Die Lebenskraft nähren, hg. v. G. Hildenbrand et al., Uelzen 1998.
Kungfutse: Gespräche. Lun Yü, übers. u. hg. v. Richard Wilhelm, Köln 1980.

Literaturverzeichnis

Kürschner, Wilfried (Übers.): Die Lehre des Grammatikers Dionysios, in: Ancient Grammar. Content and Context, hg. v. Pierre Swiggers und Alfons Wouters, Leuven / Paris 1996, 177–215.

Kwan, Tze-wan: Abstract Concept Formation in Archaic Chinese Script Forms: Some Humboldtian Perspectives, in: Philosophy East and West, Vol. 61, no. 3, July 2011.

Kwan, Tze-wan: The Overdominance of English in Global Education – Is an Alternative Scenario Thinkable, in: Roger T. Ames and Peter D. Hershock (Hg.), Educations and Their Purposes: A Conversation Among Cultures, Honolulu 2008, 54–71.

Lehnert, Martin: Die Strategie des Kommentars zum Diamant-Sutra (Jingang-boruo-boluomi-jing Zhujie, T. 1703), Wiesbaden 1999.

Leibniz, Gottfried Wilhelm: Neue Abhandlungen über den menschlichen Verstand, Hamburg 1971.

Leonhardt, Jürgen: Latein. Geschichte einer Weltsprache, München 2009.

Lewin, Bruno: Abriß der japanischen Grammatik auf der Grundlage der klassischen Schriftsprache, 4. unveränderte Auflage, Wiesbaden 1996.

Levinas, Emmanuel: Jenseits des Seins oder anders als Sein geschieht, übers. v. T. Wiemer, 2. Aufl., Freiburg i. Br. / München 1998.

Li, Charles N.; Thompson, Sandra A.: Subject and Topic: A new Topology of Languages, in: Subject and Topic, hg. v. Charles N. Li, New York 1976, 457–490.

Li, Wenchao; Poser, Hans (Hg.): Das Neueste aus China. G. W. Leibnizens Novissima Sinica von 1697, Stuttgart 1997.

Lin, Yutang (Hg.): Chinesische Malerei – Eine Schule der Lebenskunst. Schriften chinesischer Meister, Stuttgart 1967.

Linck, Gudula: Qi. Zur Geschichte eines Begriffs – von numinoser Atmosphäre zu Materie / Energie, STUDIA RELIGIOSA HELVETICA 6 / 7 (2000 / 2001).

Löffner, Heinrich: Probleme der Dialektologie. Eine Einführung, Darmstadt 1974.

Lohmann, Johannes: Philosophie und Sprachwissenschaft, Berlin 1965.

Ludwig, Otto: Geschichte des Schreibens, Bd. 1, Von der Antike bis zum Buchdruck, Berlin / New York 2005.

Malotki, Ekkehart: Hopi Time. A Linguistic Analysis of the Temporal Concepts in the Hopi Language, Berlin 1983.

Marías, Julian: Die literarische Ausdrucksform in der Philosophie und die Frage nach dem möglichen Sinn von Philosophie heute, in: R. Wisser (Hg.), Sinn und Sein. Ein philosophisches Symposion, Tübingen 1960.

Matsuoka McClain, Yoko: Handbook of modern japanese Grammar, Tokyo 1981.

Mauthner, Fritz: Wörterbuch der Philosophie. Neue Beiträge zu einer Kritik der Sprache, zweite, vermehrte Auflage, 2. Bde., Leipzig 1924.

Meier, Christel; et al. (Hg.): Pragmatische Dimensionen mittelalterlicher Schriftkultur, München 2002.

Mendelssohn, Moses: Über die Frage: Was heißt Aufklärung? In: ders.: Ästhetische Schriften in Auswahl, hg. v. O. F. Best, Darmstadt 1974.

Meyer, Markus: Grammatische Praxis. Probleme der grammatischen Theoriebildung und der Grammatikschreibung, Tübingen 2006.

Michaelis, Johann David: Beantwortung der Frage von dem Einfluß der Meinungen eines Volks in seine Sprache, und der Sprache in die Meinungen, in: Dissertation qui a remporté le prix proposé par l'académie royale des sciences et belles lettres de prusse, sur l'influence réciproque des opinions du peuple sur le langage et du langage sur les opinions, hg. v. Ewald Friedrich von Hertzberg, Berlin 1760, 3–84.

Miklosich, Franz: Subjectlose Sätze, Wien 1883.

Miller, Roy Andrew: Die japanische Sprache. Geschichte und Struktur, München 1993.

Miyamoto Musashi: Gorin no sho, hg. v. Watanabe Ichirō, Tokyo 1991.

Mögling, W. (Übers.): Die Kunst der Staatsführung. Die Schriften des Meisters Han Fei. Gesamtausgabe, Leipzig 1994.

Naji, Fawzy: Einführung in die arabische Sprache und Kultur, Books on Demand 2007.

Neubert, Stefan; Roth, Hans-Joachim; Yildiz, Erol: Multikulturalismus – ein umstittenes Konzept, in: Dies. (Hg.), Multikulturalität in der Dikussion. Neuere Beiträge zu einem umstrittenen Konzept, 2. Auflage, Wiesbaden 2008.

Niedermann, Joseph: Kultur. Werden und Wandlungen des Begriffs und seiner Ersatzbegriffe von Cicero bis Herder. Florenz 1941.

Nietzsche, Friedrich: Kritische Studienausgabe, 15. Bd., hg. v. G. Colli u. M. Montinari, München 1988.

Nishida, Kitarō: Der künstlerische Gestaltungsakt als Gestaltungsakt der Geschichte, in: Ōhashi, Die Philosophie der Kyōto-Schule, 2. Aufl, Freiburg 2011, 115–130.

Nishida Kitarō zenshū (Gesamtausgabe Kitarō Nishida), 19 Bde., Tokyo 1947–1953, 3. Auflage, 1978–1980.

Nishida, Kitarō: Logik des Ortes, übers. und hg. v. Rolf Elberfeld, Darmstadt 1999.

Nishida, Kitarō: Über das Gute, übers. v. Peter Pörtner, Frankfurt a. M. 1989.

Nishitani, Keiji: Über das Gewahren, übers. v. Rolf Elberfeld, in: Philosophie der Struktur – »Fahrzeug« für die Zukunft? Für Heinrich Rombach, hg. v. Georg Stenger, München 1995, 77–93.

Obert, Mathias: Das Phänomen qi 氣 und die Grundlegung der Ästhetik im vormodernen China, in: Zeitschrift der Deutschen Morgenländischen Gesellschaft, Bd. 157, Nr. 1, 2007.

Obert, Mathias: Philosophische Sprache und hermeneutisches Sprechen. Kritische Überlegungen zur chinesischen Sprache und ihrer Beschreibung aus philosophischer Sicht, in: Zeitschrift der Deutschen Morgenländischen Gesellschaft 2005, 545–575.

Obert, Mathias: Welt als Bild. Die theoretische Grundlegung der chinesischen Berg-Wasser-Malerei zwischen dem 5. und dem 12. Jahrhundert, Freiburg i. B. 2007.

Oesterreicher, Wulf; Schmidt-Riese, Roland: Amerikanische Sprachenvielfalt und europäische Grammatiktradition. Missionarslinguistik im Epochenumbruch der frühen Neuzeit, in: Zeitschrift für Literaturwissenschaft und Linguistik, 29 (1999) 116, S. 62–100.

Ōhashi, Ryōsuke (Hg.): Die Philosophie der Kyōto-Schule. Texte und Einführungen, 2. erweiterte Auflage mit neuer Einführung, Freiburg i. B. 2011.

Ōhashi, Ryōsuke / Elberfeld, Rolf (Hg. u. Übers.): Dōgen. Shōbōgenzō. Ausgewählte Texte. Anders Philosophieren aus dem Zen (Zweisprachige Ausgabe), Stuttgart-Bad Cannstatt 2006.

Ommerborn, Wolfgang: Die Einheit der Welt. Die Qi-Theorie des Neo-Konfuzianers Zhang Zai (1020–1077), Amsterdam 1996.

Ortner, Hanspeter: Schreiben und Denken, Tübingen 2000.

Pabst-Weinschenk, Marita (Hg.): Grundlagen der Sprechwissenschaft und Sprecherziehung, München / Basel 2004.

Patzig, Günther: Leibniz, Frege und die sogenannte ›lingua characteristica universalis‹, Studia Leibnitiana. Supplementa, 1969, Akten des Internationale Leibniz-Kongresses Hannover 1966, Bd. 3, Erkenntnislehre, Logik, Sprachphilosophie, Editionsberichte.

Platon: Werke in acht Bänden. Griechisch und Deutsch, Phaidon, Das Gastmahl, Kratylos, übers. v. Friedrich Schleiermacher, hg. v. Gunther Eigler, Band 3, Darmstadt 1990.

Poeschel, Hans: Die Griechische Sprache, 5. Aufl., München 1968.

Pörtner, Peter: Notizen zum Begriff des Ki, in: Referate des VI. Deutschen Japanologentags in Köln, 1984, hg. v. G. S. Dombrady et al., Hamburg 1985.

Proust, Marcel: Auf der Suche nach der verlorenen Zeit, übers. v. Eva Rechel-Mertens, 10 Bd., 6. Auflage Frankfurt a. M. 1979.

Puelma, Mario: Die Rezeption der Fachsprache griechischer Philosophie im Lateinischen, in: Freiburger Zeitschrift für Philosophie und Theologie, Bd. 33, 1986, 45–69.

Pulleyblank, Edwin G.: Outline of Classical Chinese Grammar, Vancouver 1995.

Pufendorf, Samuel von: Eris Scandica, 1686.

Rabin, Chaim: Die Entwicklung der hebräischen Sprache, Wiesbaden 1988.

Ramsey, Robert: The Invention and Use of the Korean Alphabet, in: Ho-min Sohn (Hg.): Korean language in culture and society, Hawai'i 2006, 2–30.

Raster, Peter: Perspektiven einer interkulturellen Linguistik: Von der Verschiedenheit der Sprachen zur Verschiedenheit der Sprachwissenschaften, Frankfurt a. M. 2002.

Raster, Peter: Wortarten des Deutschen aus der Sicht der indischen Grammatiktradition, in: Essener Linguistische Skripte – elektronisch, Jahrgang 1, Heft 2, 2001, 7–46. Abrufdatum 27. 4. 2011: http://www.uni-due.de/imperia/md/content/elise/ausgabe_2_2001_raster.pdf.

Real-Encyklopädie (Brockhaus), 11. Auflage 1864–1868.

Reinhard, Wolfgang: Sprachbeherrschung und Weltherrschaft. Sprache und Sprachwissenschaft in der europäischen Expansion, in: Ders. (Hg.), Humanismus in der neuen Welt, Weinheim 1987.

Röllicke, Hermann-Josef: Selbst-Erweisung. Der Ursprung des *ziran*-Gedankens in der chinesischen Philosophie des 4. und 3. Jhs. v. u. Z., Frankfurt a. M. 1996.

Rombach, Heinrich: Strukturanthropologie.»Der menschliche Mensch«, Freiburg / München 1987.

Rösch, Olga: Gibt es ein Medium im Deutschen der Gegenwart?, in: Neue Fragen der Linguistik, Bd. 1, hg. v. E. Feldbusch et al., Tübingen 1991, 253–261.

Rozenberg, Grzegorz; Salomaa, Arto (Hg.): Handbook of Formal Languages, Volume I–III, Berlin / Heidelberg / New York 1997.
Rump, A. (Übers.): Wang Bi, Commentary on the »Lao Tzu«, Honolulu 1979.
Saussure, Ferdinand de: Grundfragen der allgemeinen Sprachwissenschaft (franz. 1916), übers. v. Peter von Polenz, Berlin 1967.
Schlegel, Friedrich: Über die Sprache und Weisheit der Indier, Heidelberg 1808.
Schlott, Adelheit: Schrift und Schreiber im Alten Ägypten, München 1989.
Schmidt, Wilhelm: Die Sprachfamilien und Sprachenkreise der Erde, Heidelberg 1926.
Schmidt-Glintzer, Hellwig: Geschichte der chinesischen Literatur. Von den Anfängen bis zur Gegenwart, 2. Auflage, München 1999.
Shimahara, Nobuo: Enculturation – A Reconsideration, in: Current Anthropology, Bd. 11, Nr. 2, 1970.
Sick, Bastian: Der Dativ ist dem Genitiv sein Tod – Ein Wegweiser durch den Irrgarten der deutschen Sprache, Köln 2004.
Sigwart, Christoph: Die Impersonalien. Eine logische Untersuchung, Freiburg i. B. 1888.
Simon, Josef: Sprachphilosophie, Freiburg / München 1981.
Snell, Bruno: Die Entdeckung des Geistes. Studien zur Entstehung des europäischen Denkens bei den Griechen, Hamburg 1946.
Spengler, Oswald: Der Untergang des Abendlandes, 7. Auflage, München 1983.
Speroni, Sperone: Dialogo Delle Lingue, hg., übers. und eingel. von Helene Harth, München 1975.
Stein, Ludwig: An der Wende des Jahrhunderts. Versuch einer Kulturphilosophie, Freiburg i. B. 1899.
Stein, Peter: Schriftkultur. Eine Geschichte des Schreibens und Lesens, Darmstadt 2006.
Steinbach, Markus: Middle Voice. A comparative study in the syntax-semantic interface of German, Amsterdam 2002.
Steiner, George: Nach Babel. Aspekte der Sprache und des Übersetzens, Frankfurt a. M. 1994.
Stenzler, Adolf Friedrich: Elementarbuch der Sanskrit-Sprache, Breslau 1868.
Stetter, Christian: Schrift und Sprache, Frankfurt a. M. 1999.
Störig, Hans Joachim: Abenteuer Sprache. Ein Streifzug durch die Sprachen der Erde, 2. Aufl. München 2003.
Takakusu, Junjirō; Watanabe, Kaigyoku (Hg.): Taishō shinshū daizōkyō (= T), Tokyo 1924–1932.
Tang, Yung-Tung: On »Ki-Yi«, the earliest Method by which Indian Buddhism and Chinese Thought were Synthesized, in: Comparative Studies in Philosophy, hg. v. W. R. Inge, Festschrift für Radhakrishnan, 1951, 276–286.
Tawada, Yoko: Eine leere Flasche, in: Tawada, Yoko, ÜBERSEEZUNGEN, Tübingen 2002, 53–57.
Thumb, Albert: Handbuch des Sanskrit, Heidelberg 1905.
Trabant, Jürgen: Mithridates im Paradies: Kleine Geschichte des Sprachdenkens, München 2003.
Trauzettel, Rolf: Bild und Schrift oder: Auf welche Weise sind chinesische Schrift-

zeichen Embleme?, in: Werner Stegmaier (Hg.), Zeichen-Kunst, Frankfurt a. M. 1999, 130–163.

Tsujimura, Kōichi: Sein = Zeit, in: Festschrift für Medard Boss, hg. v. Gion Condrau, Stuttgart 1973, 173–201.

Unger, Ulrich: Aspekte der Schrifterfindung. Das Beispiel China, in: Frühe Schriftzeugnisse der Menschheit. Vorträge gehalten auf der Tagung der Joachim Jungius-Gesellschaft der Wissenschaften, Göttingen 1969, 11–38.

Vater, Heinz: Einführung in die Zeit-Linguistik, 3. verb. Aufl., Hürth Efferen 1994.

Wackernagel, Jakob: Altindische Grammatik, Bd. 1, Göttingen 1896, Bd. 2, Göttingen 1905.

Walch, Johann Georg: Philosophisches Lexicon, Bd. 1., 4. Auflage, Leipzig 1775.

Walleser, Max (Übers.): Prajñāpāramitā. Die Vollkommenheit der Erkenntnis, Göttingen 1914.

Wagner, Rudolf G.: Der vergessene Hinweis. Wang Pi über den Lao-tzu, in: Text und Kommentar. Archäologie der literarischen Kommunikation IV, hg. v. J. Assmann u. B. Gladigow, München 1995.

Weber, Heinz J.: Dependenzgrammatik, 2. überarb. Aufl., Tübingen 1997.

Weber-Brosamer, B.; Back, D. (Übers. u. Hg.): Die Philosophie der Leere. Nāgārjunas Mūlamadhyamaka-Kārikās. Übersetzung des buddhistischen Basistextes mit kommentierender Einführung, Wiesbaden 1997.

Welsch, Wolfgang: Subjektsein heute. Überlegungen zur Transformation des Subjekts, in: Deutsche Zeitschrift für Philosophie 39:4 (1991).

Welsch, Wolfgang: Transkulturalität. Zur veränderten Verfasstheit heutiger Kulturen. In: Zeitschrift für Kulturaustausch. Heft 1, 1995, 39–44.

Welsch, Wolfgang: Vernunft. Die zeitgenössische Vernunftkritik und das Konzept einer transversalen Vernunft, Frankfurt a. M. 1996.

Wendt, Reinhard (Hg.): Wege durch Babylon: Missionare, Sprachstudien und interkulturelle Kommunikation, Tübingen 1998.

Whorf, Benjamin: Sprache – Denken – Wirklichkeit. Beiträge zur Metalinguistik und Sprachphilosophie, Reinbek bei Hamburg 21. Auflage 1997.

Wiese, Harald: Eine Zeitreise zu den Ursprüngen unserer Sprache. Wie die Indogermanistik unsere Wörter erklärt, Berlin 2007.

Wild, Stefan: The Qu'ran as text, Leiden 1996.

Windisch, Ernst: Geschichte der Sanskrit-Philologie und Indischen Altertumskunde, 1917–21, Nachdruck Berlin 1992.

Wittgenstein, Ludwig: Philosophische Untersuchungen, Frankfurt a. M. 1971.

Wiredu, Kwasi: The concept of truth in the Akan Language, in: The African Philosophy Reader, hg. v. P. H. Coetzee und A. P. J. Roux, London / New York 1998, 234–239.

Wohlfart, Günter: Der Philosophische Daoismus. Philosophische Untersuchungen zu Grundbegriffen und komparative Studien mit besonderer Berücksichtigung des Laozi (Lao-tse), Köln 2001.

Wright, Tom: Living Time, in: Time and Nothingness, hg. v. Michael Lazarin, Kyōto 1997, 115–131.

Yamaguchi, Ichiro: Ki als leibhaftige Vernunft. Beitrag zur interkulturellen Phänomenologie der Leiblichkeit, München 1997.

Yan, Zhenjiang: Der geheime Phono- und Eurozentrismus des Redens von Schrift, in: Materialität und Medialität von Schrift, Erika Greber et al. (Hgg.), Bielefeld 2002, 151–164.

Yanabu, Akira: Modernisierung der Sprache. Eine kulturhistorische Studie über westliche Begriffe im japanischen Wortschatz, übersetzt und kommentiert v. Florian Coulmas, München 1991.

Japanischsprachige Literatur

西田幾多郎遺墨集編集委員会, (Sammlung der Schreibkunstwerke Nishidas), Tokyo 1983

西田幾多郎の書 (Nishida Kitarō no sho / Die Schreibkunst von Kitarō Nishida), Tokyo 1987.

北室南苑 (Kitamuro Nan'en): 哲学者西田幾多郎の書の魅力 (Tetsugakusha Nishida Kitarō no sho no miryoku / Der Zauber der Kalligraphien des Philosophen Nishida Kitarō), Tokyo 2007.